Adalbert Becker

Beiträge zur Geschichte der Frei- und Reichstadt Worms

und der daselbst seit 1527 errichteten höheren Schulen

Adalbert Becker

Beiträge zur Geschichte der Frei- und Reichstadt Worms
und der daselbst seit 1527 errichteten höheren Schulen

ISBN/EAN: 9783743629905

Hergestellt in Europa, USA, Kanada, Australien, Japan

Cover: Foto ©ninafisch / pixelio.de

Weitere Bücher finden Sie auf **www.hansebooks.com**

Beiträge

zur

Geschichte der Frei- und Reichsstadt Worms

und der daselbst seit 1527 errichteten

Höheren Schulen

von

Dr. Adalbert Becker,

Grossh. Gymnasial- und Realschuldirector in Worms.

„Nun liegt einer Stadt Gedeihen nicht allein darin, daß man große Schätze sammle, feste Mauern, schöne Häuser, viel Büchsen und Harnisch zeuge; sondern das ist einer Stadt bestes und allerreichstes Gedeihen, Heil und Kraft, daß sie viel feiner, gelehrter, vernünftiger, ehrbarer, wohlgezogener Bürger hat, die können darnach wohl Schätze und alles Gut sammeln, halten und recht gebrauchen."   Luther.

Worms.
Im Selbstverlag des Großherzoglichen Gymnasiums zu Worms.
(In Commission der Buchhandlung von J. Stern.)
1880.

Druck von Eugen Kranzbühler in Worms.

Als am 20. Juni 1877 die ersten Steine in die Fundamente des Neubaus unsres Gymnasial- und Realschulgebäudes gelegt wurden, wurde eine feierliche Schlußsteinlegung und Einweihung des neuen Hauses in Aussicht genommen: und ich wurde ersucht, für dieses Fest eine Geschichte unsrer Anstalt zu schreiben. Denn obwohl das Gymnasium zu Worms auf eine dreihundertundfünfzigjährige Geschichte zurückblickt, war dieselbe doch bis zur Gegenwart unbearbeitet geblieben. — Unsre Anstalt mußte nun aber ihr altes, in der Wollstraße gelegenes Haus, in das sie im Jahre 1824 eingezogen, als sie das frühere Gymnasialgebäude der städtischen Volksschule einräumte, schon vor der Vollendung des neuen Gymnasialgebäudes am 11. Juli 1879 verlassen, damit das alte Haus für das am 1. Oct. 1879 zu eröffnende Amtsgericht umgebaut werden konnte. So geschah es, daß das Gymnasium, die Realschule und die Vorschule zunächst am 18. August 1879 durch eine schlichte Schulfeier, die in der neuen Turnhalle abgehalten wurde, ihren Einzug in das neue Schulhaus weihte und um Gottes Segen bat. Nachdem nun in den letzten Monaten die Aula des neuen Gebäudes der Vollendung entgegengeführt worden ist, wird deren Einweihung mit der Schlußsteinlegung am 14. April l. J. erfolgen, und die vorliegende Arbeit soll ein äußeres Zeichen des Dankes sein, den unsre Schule der Großherzoglichen Staatsregierung und der Stadt Worms für die würdige Vollendung des neuen Hauses zollt.

Um unsre Schulgeschichte in Zusammenhang mit dem eigenartigen politischen und kirchlichen Leben der Frei- und Reichsstadt Worms zu setzen und ihr dadurch ein allgemeineres Interesse zu verleihen, ließ ich dieselbe von dem Hintergrunde der Stadtgeschichte sich abheben. Weil im Laufe der Zeit die benutzten handschriftlichen Quellen Gefahr laufen, zu Grunde zu gehen, so habe ich dieselben entweder wörtlich abgedruckt oder in der Erzählung durch engsten Anschluß an dieselben der Localgeschichte für die Dauer gesichert. Wenn nun meine Arbeit an ihrem Theile dazu veranlassen würde, daß geeignete Veranstaltungen getroffen werden, um die bis jetzt noch nicht gehobenen Schätze des reichsstädtischen Archivs zu Worms durchzuziehen, für die Freunde der Specialgeschichte instructiv zu registriren und für die Darstellung einer eingehenden Geschichte der Stadt, die wir leider immer noch vermissen, zu bearbeiten, so wäre mein wesentlichster Zweck erfüllt; und es würden dann wohl auch noch Nachrichten über die hiesigen Schulen gefunden werden. Obwohl ich unsre Schulgeschichte bereits bis zur Gegenwart bearbeitet habe, verbot doch diesmal der Umfang, den die vorliegende Arbeit schon gewonnen, nicht nur die Veröffentlichung einer ausführlichen Geschichte der französischen Secundärschule, die aus der Verschmelzung des evangelischen Gymnasiums der

Stadt Worms und des katholischen, ehemals fürstbischöflichen Schulseminariums zu Worms entstand, am 23. Jan. 1804 eröffnet und an dem darauf folgenden 9. März eingeweiht wurde, sondern auch die eingehende Darstellung der Geschichte des Großherzoglichen Gymnasiums und der Großherzoglichen Realschule zu Worms, die aus der französischen Secundärschule seit 1813 nach und nach sich entwickelten, mußte hier unterbleiben. Ich beschränkte mich also auf Beiträge zu der Geschichte der höheren Lehranstalten, die in der Frei- und Reichsstadt seit 1527 errichtet wurden; und nach den Quellen, die ich bis jetzt aufzufinden vermochte, bespreche ich das lutherische Gymnasium, das Jesuitencolleg und das fürstbischöfliche Gymnasium zu Worms. Dazu füge ich (S. 101—103) einen Excurs über die kurpfälzische reformirte Füritenschule zu Neuhausen bei Worms, die von den in Worms und in der Umgegend wohnenden Reformirten besucht wurde. In einem Nachtrage habe ich die Entwickelung unsrer Anstalt seit dem Jahre 1804 kurz angedeutet und die Persönlichkeiten wenigstens genannt, die sich das Verdienst erwarben, unter der Großherzoglichen Heissischen Verwaltung zunächst die französische Secundärschule zu einem deutschen Gymnasium umzubilden und dann neben demselben eine Realschule zu gründen. Ehe die Geschichte dieser Anstalten veröffentlicht werden soll, muß das Archiv unsrer Anstalt durch Akten der ehemaligen Großherzoglich Heissischen Pädagogcommission zu Mainz, sowie des Großherzoglichen Oberstudienraths und der Großherzoglichen Oberstudiendirection zu Darmstadt ergänzt werden, da das Archiv unsrer Anstalt über wichtige Erlebnisse derselben keine Documente besitzt.

Aufrichtigsten Dank spreche ich an dieser Stelle allen denjenigen aus, welche die vorliegende Arbeit unterstützten, insbesondere dem Großherzoglichen Staatsministerium und dem Großherzoglichen Haus- und Staatsarchivar Dr. Freiherr Schenk zu Schweinsberg für die Benutzung der einschlagenden Urkunden des Großherzoglichen Staatsarchivs, sowie dem Herrn Bürgermeister Heimburg zu Worms für die Erlaubniß zur Ausbeutung des Reichsstädtischen Archivs zu Worms. Das Material, welches die Schularchivacten und die Rathsprotocolle unsres Archivs für die Wormser Schulgeschichte des 18. Jahrhunderts darbieten, ist in vorliegender Schrift nur zum Theil verarbeitet und es bleibt eine Nachlese für Spätere übrig. Viele Vorgänge, die weniger für das Leben der Frei- und Reichsstadt, als für das innere kleinliche Leben der Schule und ihrer Lehrer charakteristisch sind, konnten nach der Anlage der vorliegenden Schrift in derselben keine Stelle finden. Aber wiewohl ich Vieles, was nur für den Schulmann Reiz besitzt, ferngehalten, gebe ich doch mit einiger Schüchternheit die Arbeit hinaus, und mit dem Wunsche, daß die Bilder des Reichsstädtischen Kleinlebens auch bei den Lesern dasjenige Interesse finden möchten, das sie bei der Aufsuchung und Durchforschung der Stoffe dem Bearbeiter der Localgeschichte in höherem Grade erwecken.

Worms, im April 1880.

I.

Kämpfe und Verträge zwischen der Frei- und Reichsstadt Worms und dem Bisthum Worms bis zu der Einführung der Reformation Martin Luthers und der Gründung der lutherischen lateinischen Schule zu Worms,

dargestellt im Anschluß an die Wormser Chronik des Rectors M. Friedrich Zorn als Vorgeschichte zur Entstehung des reichsstädtischen Gymnasiums zu Worms.

Das lutherische Gymnasium der Frei- und Reichsstadt Worms scheint im Jahre 1527 entstanden zu sein. Die frühzeitige Entstehung dieser Schule erklärt sich besonders aus der hochbedeutsamen Geschichte der inneren Entwickelung der Stadt Worms. Deshalb darf die Darstellung der Geschichte dieser Anstalt nicht unterlassen, auch der ihrer Gründung vorausgehenden staatlichen und kirchlichen Bestrebungen und Kämpfe der für ihre alten Rechte und Privilegien mit unbeugsamer Ausdauer ringenden Stadt zu gedenken.

Vom Anfang des dreizehnten bis zum Ende des achtzehnten Jahrhunderts kämpften Rath und Bürgerschaft der Stadt Worms mit besonderer Wachsamkeit und Festigkeit gegen alle Bestrebungen der Wormser Bischöfe und ihrer Geistlichkeit, durch welche die Stadt Worms allmählich zu einer bischöflichen Residenzstadt, wie das benachbarte Mainz, gemacht und die durch die Privilegien der deutschen Kaiser der Stadt gewährte freie Verfassung nach und nach vernichtet werden sollte. In diesen Kämpfen zwischen der Stadt und dem Bisthum war ein oft mit Erfolg angewandtes Mittel der Geistlichkeit die Verhängung des Bannes und Interdicts über die dem Bisthum sich nicht fügende Stadt. Wenn die Geistlichkeit Worms verließ, die frommen Gemüther in der Stadt des Trostes der Religion entbehrten, wenn die Sacramente ruhten, Eltern nicht geschlossen, Verstorbene nicht mit der Weihe der Religion zur ewigen Ruhe gebettet werden konnten: so führten häufig die zwischen Stadt und Bisthum entstandenen Irrungen oder Zänkereien zu Verträgen, durch die die Stadt, wenn nicht freundlich gesinnte Kaiser dem begangenen Unrechte der Vergewaltigung entgegentraten, in ihren wohl erworbenen Rechten durch die Geistlichkeit geschädigt wurde. Als nun aber im Zeitalter der kirchlichen Reformation die biblische und evangelische Lehre von dem allgemeinen Priesterthum aller von Gott selbst zu seiner Kindschaft berufenen Menschen die Seelen erweckte und erquickte und neue Lebensformen in Familie, Gesellschaft, Kirche und Staat hervorrief, mußte die

1

Wiederbelebung dieser uralten und ursprünglichen christlichen Erkenntniß nicht nur fruchtbaren Samen in das geistige und religiös-sittliche Leben der Wormser Bürgerschaft einsenkten, sondern, wie allerwärts in Deutschland, auch sociale und politische Neugestaltungen hervorriefen. Als nämlich die Wormser Bürgerschaft erkannte, daß für ihr Seelenheil auch ohne Vermittelung der bischöflichen Geistlichkeit von Gott wohl gesorgt werde, führte sie den Protestantismus in ihrer Stadt ein: und sie hatte nun nicht mehr zu fürchten, daß ihnen die Geistlichkeit durch Bann und Interdict ihre bürgerlichen Rechte abzutrotzen vermöge. Sollte aber der Bürgerschaft durch die Reformation die geistige und politische Freiheit bewahrt werden, so mußte vor Allem auch die Erziehung der Jugend darnach gestaltet werden. Auch die Gründung evangelischer Schulen, eines Gymnasiums und einer sog. deutschen oder Elementarschule, konnte nach der Einführung der Reformation in Worms nicht lange unterbleiben. Daß die Wormser Bürgerschaft fast in der Nothwehr in diese Bahnen der Reformation der Kirche und Schule getrieben wurde, beweist die vorausgehende Geschichte ihrer hartnäckigen Kämpfe gegen die Uebergriffe des Wormser Bisthums und seiner Geistlichkeit.

M. Friedrich Zorn, Rector des Wormser Gymnasiums in den Jahren 1585–1610, hat in seiner Wormser Chronik auf Grund der zuverlässigsten Urkunden die Geschichte der Stadt Worms bis in die Zeit der Entstehung seines Gymnasiums geschrieben. Derselbe „ist in Historiis ein erfahrener und gleich der Stadt allhie Magister in fürfallenden wichtigen Sachen ein anschlagiger Mann und ein nützlicher Rathgeber gewesen, der einen guten Anschlag hat geben können", wie M. Andreas Bül in der noch erhaltenen Grabrede rühmt, die er dem Rector Zorn am 9. October 1610 hielt.

Da Zorns Chronik in der Geschichte der Stadt Worms und ihres Gymnasiums eine hervorragende Stelle einnimmt und Zorns deutsche und kaisertreue Gesinnung, wie auch dessen Treue gegen die Stadt Worms, in der er geboren und erzogen wurde, in der Geschichte des Wormser Gymnasiums nachgewiesen und geehrt werden müssen, so mögen hier neben andern urkundlichen Angaben besonders Stellen aus der Zorn'schen Chronik jene Kämpfe zwischen der Stadt Worms und ihren Bischöfen vergegenwärtigen, die der Einführung der Reformation und der Gründung des lutherischen Gymnasiums in Worms vorausgingen und die Bahn brachen. In der Zorn'schen Chronik sind verschiedene Bestandtheile zu unterscheiden. Im Wormser Archiv befindet sich die ursprüngliche Chronik, woran Zorn mit eigener Hand bereits im J. 1565 oder 1566 schrieb. Dieses Exemplar erzählt die Geschichte der Stadt bis zum Jahr 1570, nennt auf dem Titelblatt als Verfasser Fridericum Zornium Vangionem, mit dem Datum: Anno 1570 den 12. augusti. Arnold bezeichnet diese Originalhandschrift mit A. Wenn Zorn dieselbe dem Magistrat zu Worms einhändigte, so behielt er ein zweites Exemplar dieser ursprünglichen Chronik in seinen Händen: theils erweiterte er dasselbe, theils wurden darin Erzählungen und kurze Angaben getilgt, die sich in der Originalhandschrift befinden. So entstand eine erweiterte Zorn'sche Chronik, die in vier Abschriften des Wormser Archivs und einer Handschrift der Frankfurter Stadtbibliothek vorliegt. Dazu kommt endlich ein dritter Bestandtheil: die Zusätze des Franz Berthold von Flersheim, eines Zeitgenossen Zorns und Lehensträgers des Hochstifts Worms. Die vorliegenden Bruchstücke aus der Zorn'schen Chronik dienen um nicht nur zur Einführung in die Zeit der Entstehung des Wormser Gymnasiums und zur Characterisirung Zorns. Um nämlich gewisse Streitigkeiten und Processe zu verstehen, die in dem Zeitraume von 1527 bis 1792 auf die höheren Schulen der Stadt Worms Bezug hatten, ist es erforderlich, von gewissen Verfassungs- und Rechtsverhältnissen der Frei- und Reichsstadt Worms zuvor Kenntniß zu nehmen. Insbesondere die langwierigen Zwistigkeiten zwischen der Stadt und dem Bisthum in Betreff des Wormser Jesuitencollegiums und des im Jahre 1778 gegründeten fürstbischöflichen katholischen Gymnasiums, des sog. Seminariums, weisen auf die Verträge zurück, die in den Jahren 1300, 1386, 1407, 1424, 1509 und 1519 zwischen der Stadt und dem Bisthum vereinbart wurden. Es ist also auch aus diesem Grunde angewiesen, die Geschichte jener Zeit und den Inhalt jener Verträge hier zu erzählen. Die Zorn'sche Chronik faßt am Ende der Erzählung über die Verfassungsstreitigkeiten der Stadt den wesentlichsten Inhalt der Verträge oder Rachtungen zusammen, die namentlich hinsichtlich der Besetzung des Raths und des Gerichts der Stadt Worms und der Besteuerung des Clerus in dem Zeitraume von 1233 bis 1526 vereinbart wurden. „Dieweil dieser rachtungen in 300 jahren mit grossem nachtheil der stadt Worms etlich fürgenommen, will ich sie kürzlich hinsetzen", sagt der Chronist, „damit man sehe, wie von tag zu tag vermittelst des städtischen banns die geistlichen je länger je weiter gegriffen haben." (Zorns Chron., herausg. v. Arnold, S. 201.) Zur Einleitung in die Erzählungen Zorns, die hier folgen, möge Arnolds Rückblick auf die freiheitliche Entwickelung der Stadt Worms unter den salischen und hohenstaufischen Kaisern dienen.*)

„In raschem Lauf war die Stadt Worms in dem verhältnißmäßig kurzen Zeitraum von hundert Jahren, geschützt und begünstigt durch die salischen und hohenstaufischen Kaiser, aus einer von den Bischöfen abhängigen Schutzgemeinde ein unabhängiger Freistaat geworden (1156—1220), welcher nun umgekehrt dem Klerus Schutz verleihen sollte. Sie hatte nun kaum eine andre eine Fülle von Macht und Freiheit erlangt und den bestimmten Charakter republikanischer Selbständigkeit angenommen." „Die Civitas im weiteren Sinne besteht aus Bürgern und Schutzgenossen. Die eigentliche Bürgerschaft besteht nur aus den dienstmännischen und patricischen Geschlechtern. Unter den Schutzgenossen bilden die Geistlichen einen privilegirten Stand, der zwar vom Stadtregiment ausgeschlossen, aber auch von der städtischen Gerichtsbarkeit und von den städtischen Lasten eximirt ist. Alle übrigen weltlichen Einwohner dagegen sind der Herrschaft des Raths unterworfen und werden zu den städtischen Abgaben, Leistungen und Diensten herangezogen; sie bilden die Beherrschten, die Dienenden, wenn man will die Unterthanen. Denn die Verfassung ist eine rein aristokratische. Doch nicht in der Weise, daß wenige Geschlechter ausschließlich im Besitz der Herrschaft gewesen wären. Vielmehr ruht die Gewalt dem Recht nach bei der Gesammtheit der Bürger. Die Ausübung kommt aber nur dem Rath zu, einem zwar aus der Gesammtheit hervorgegangenen, aber doch nicht von ihr abhängigen Ausschuß.**) Der Rath leitete sein Recht nicht von der Stadt ab, sondern vom Kaiser: ihm hatte Friedrich I. in dem Freiheitsbrief vom Jahr 1156 sogleich die Gerichtsbarkeit übertragen:***) die Belehnung des Schultheißen sollte das An-

---

*) Arnold, Verfassungsgeschichte der deutsch. Freistädte im Anschluß an die Verfassungsgesch. der Stadt Worms, B. 1, S. 308—311.

**) Derselbe besteht aus 12 ritterlichen Dienstmannen und 28 Bürgern, die lebenslänglich im Amte bleiben und sich durch Cooptation ergänzen: die vierzig Consuln.

***) Der Freiheitsbrief Friedrichs I., der sich wohl erhalten mit noch anhängendem Siegel in dem Archiv zu Worms befindet, verleiht der Stadt Worms einen kaiserlichen Frieden, folgenden Bestimmungen gemäß: „Devotionis civium Wormatiensium haud immemores pacem Imperialem eis tradidimus." Zur Handhabung dieses Friedens, die gleichbedeutend mit der Handhabung des allgemeinen Rechtsschutzes ist, werden 40 Richter eingesetzt: „Ad confirmationem praedictae pacis ex mandato imperiali XII Ministeriales Eortesiae Wormatiensis et XXVIII Burgenses statuantur, qui de invasione laudumium et honorum a testibus testimonium audiant, et secundum veritatem testium discernant, et si praedicti XL judices in aliquo discordaverint, standum erit judicio partis majoris. Daß diese Vierzig mit dem Rath identisch sind, geht daraus hervor, daß dieselben in der Urkunde geradezu auch als Rathsherren (consiliarii) bezeichnet werden. So geht also die Gerichtsbarkeit in der Stadt, die

denken an den Ursprung des Rechts erneuern. Selbst bei einer republikanischen Verfassung wurde im Mittelalter die Gewalt niemals von der Gesammtheit der Unterworfenen, ja nicht einmal von der Gesammtheit der herrschenden Stände abgeleitet. Alle Gewalt kommt stets von oben, letzte Quelle derselben ist der Kaiser, und diesem hat Gott unmittelbar das „weltliche Schwert" geliehen. Also ist der Rath auch für die Gemeinde der dienstmännischen und patricischen Geschlechter eine wahre Obrigkeit; nur in einem andren Sinne, als für die niedern Stände, welche gar nicht zur Bürgerschaft gehören. Die am Rath keinen Antheil nehmenden Bürger bilden die Bürgerversammlung, an deren Beschlüsse der Rath namentlich bei der Erhebung der Abgaben und der Errichtung von Statuten gebunden ist. Im Uebrigen regiert und verwaltet der Rath allein: er hat überall Recht, Ehre und Vortheil der Stadt zu wahren. Er wählt die Bürgermeister, welche den Rath berufen und darin vorsitzen, den Schultheiß, den Greven, die beiden Amtleute und die Schöffen an das städtische Gericht. Alle Aemter werden mit Mitgliedern des Raths besetzt, und zwar jedes Jahr mit neuen; Mitglieder des Raths bilden daher auch das Gericht. Nur die Frohnboten und Heimbürger werden nicht vom Rath ernannt und brauchen nicht dem Bürgerstand anzugehören. Die Besetzung dieser untergeordneten Aemter geht von den vornehmsten Zünften aus; und darin liegt schon ein unter geordneter Antheil der Zünfte am Bürgerrecht. Gleichwohl dauern die alten Standesunterschiede, wie sie durch die freie oder unvollkommen freie Geburt bedingt werden, noch ungeschwächt fort. An die Stelle der fränkischen Volksgemeinde ist die neue Bürgerschaft vertreten. Sie besteht aber nicht mehr aus Altfreien allein, sondern zugleich aus den bischöflichen Dienstmannen, dem obersten der ehemals unfreien Stände. Auch ruht die neue Bürgerschaft nicht mehr auf den Grundlagen der alten Volksgemeinde: denn zu dem Landeigenthum ist der Handel als zweites wesentliches Moment gekommen. Selbst von den Dienstmannen treiben wenigstens die Münzer den Wechsel als städtisches Gewerbe. Doch läßt sich ein gewisser Zusammenhang der Bürgerschaft mit der fränkischen Gemeinde trotz der Mischung der alten Standesverhältnisse nicht verkennen. Der Stand der Patricier entspricht ganz dem der Altfreien, auch wenn von den ehemals vollkommen freien Geschlechtern vielleicht keines mehr zu Ende des 12. Jahrhunderts vorhanden gewesen wäre. Und auch, daß ein ursprünglich unfreier Stand jetzt vor die Altfreien getreten ist, steht nicht mit der fränkischen Verfassung in Widerspruch: erhob doch schon damals der königliche Dienst auch einen Unfreien über die Gemeinfreien, obgleich diese ihrer Geburt nach eine höhere Stelle einnahmen. Die Hauptverschiedenheit liegt darin, daß eine früher unbekannte genossenschaftliche Verfassung die fränkische Gerichtsverfassung verdrängt hat: daß also die Gemeinde Trägerin von Regierungsrechten geworden ist, die ehedem nur vom König, von den Grafen und Richtern besessen werden konnten. Ein langes unbestrittenes Herkommen schien dieser freien Stadtverfassung auch für die Folge festen Bestand zu verleihen. Wiederholt wurde sie durch Otto IV. im Jahr 1208 und durch Friedrich II. im Jahr 1220 bestätigt; Friedrich II. ließ sogar den Freiheitsbrief von 1156 in sein Privileg wörtlich aufnehmen und nannte die Bürger darin ausdrücklich „des Reichs Getreue" (fideles regni Wormatienses).*

Bischof Heinrich II., geborner Graf von Saarbrück, versuchte nun zuerst besonders durch die Anwendung des Interdicts und die Entfernung der Geistlichkeit aus der Stadt die Bürger zu

---

vorher nur dem Vogt, dem Schultheißen und ihren Unterrichtern zustand, auf eine rein städtische oder republikanische Obrigkeit über. Der Stadtfriede verbietet nach in seinen einzelnen Bestimmungen jedes Fehderecht und jede Selbsthülfe im Gebiete der Stadt und ihres Weichbildes. Als einen kaiserlichen Frieden darf ihn die Stadt auch im Gebiet des ganzen Reiches geltend machen. (Näheres über den Freiheitsbrief Friedrichs I. siehe bei Arnold, Verfassungsgeschichte der deutschen Freistädte, B. I, S. 214—224.

zwingen, von der Munizipalverfassung, welche die Huld der salischen und hohenstaufischen Kaiser der Stadt geschenkt, werthvollste Rechte aufzugeben. Das geschah in jener Zeit, als Friedrich II., in Italien in Kämpfe verwickelt, anstatt in Deutschland die Kaisermacht durch Förderung der Städte und der Ritterschaft den Fürsten gegenüber zu stärken, durch ungünstige Reichsgesetze die Städte den weltlichen und geistlichen Fürsten preisgab, da er deren Hülfe nöthig hatte. (Gleichwohl freute er sich oft, wenn der Widerstand der Städte diese Fürsten bedrängte, die nur auf Kosten der Kaisermacht ihre Gewalt zu vermehren suchten. Wie Friedrich II. die Schutzverbindungen der Städte verbot, so beseitigte er durch das Edict von Ravenna die Freiheit der Stadtgemeinden, ihre Räthe, Bürgermeister und sonstige Beamten. Diese Aufhebung der alten Privilegien war ein um so grösseres Unrecht, als die Freistädte dieselben einst dadurch erwarben, dass sie den Kaisern mit grossen Opfern schwere Dienste leisteten und in der Noth ihre Treue bewiesen. Und während nun die den Städten seit der Zeit Heinrichs IV. aus der Fülle der Gewalten der Kaiserkrone zugeflossenen Rechte zurückgefordert wurden, verblieben den Fürsten die in derselben Zeit ihnen gewordenen Privilegien.

Die gedachten Angriffe des Bischofs Heinrichs II. erzählt Zorn in der ursprünglichen Chronik. „Anno 1217. Nach dem tod bischofs Leopoldi von Schönfelt, wird Heinrich, propst zu Neuhausen und ein Graf von Saarbrücken, bischof, welcher sich mit ungelt, die pfaffen belangend, — welche er in allem ihrem einkommen gefreiet wollt haben, so vormals allein des ungelts und zolls von ihren präbenden frei waren — und besetzung des raths vieler neuerung in der Stadt Wormbs unterstanden, welche ein anfang und ursache gewesen alles unraths, schadens, kriegs und letzten verderbens der stadt, und ist also zugangen, bei zeiten kaiser Friedrichs des andren und darvor viel jahr, und also lang, dass niemands glaublich anders beweisen mag, da hat ein rath zu Wormbs sich selbst besetzt, alle sachen geregiert". und so einer aus dem rath gestorben, haben sie aus den ihrigen einen an dessen statt ohn des bischofs willkür vermög der freiheiten, ihnen von kaisern und königen gegeben, erwählet[*) und hat damit ein Bischof nit zu thun gehabt. da seind auch zu rath gangen 12 ritter und 28 edlen, so der Zeit burger (denn beinah alle vom adel, so jetzund uf dem wormser gau und darumb wohnen, seind etwan in der stadt als burger gesessen, welchen doch die uneinigkeit hat ursach geben hinauszuziehen), und ist Wormbs in solchem redlichen vermögen gestanden, dass sie merkliche thaten dem heiligen reich vollbringen", ‚auch vielen kaisern und königen, so von ihren feinden bedrängt gewesen, grossen beistand und hülf in ihren äussersten nöthen erzeigt", „wie solches alle Chroniken weitläufig bezeugen und ausführen". Vergl. Arnolds Ausg. der Zorn'schen Chron. S. 61, 62.

Dazu fügt die Hersheim'sche Chronik folgende Erzählung. „Es hat aber um diese Zeit ohngefähr ein ehrbarer rath auch ein gewaltig gros frei steinern Haus in der Hahngassen**) baut, zum zoll genannt. dasselbig hat ein ehrengemelter ehrbarer rath alsobald viel zierlicher und herrlicher angefangen zu bauen, auch den ban, welcher sie mehr denn in die 2000 mark gekostet, so stattlich hinausgeführt, dass am Rheinstrom weit und breit kein schöner gewaltiger haus dann dieses gewesen ist. in demselbigen hat ein rath hernach, des bischofs ohngeachtet, rath gehalten und, was städtischen gewesen sind, ohn jemands eintrag verrichtet. hinzwischen hat sichs begeben, dass bischof Heinrich ihm ein reis vornahm zu ziehen gen Ravennam in Welschland und an kaiser Friedrichs Hof, der denn daselbst hin ein Reichstag, wie wir jetzt reden, hatte ausgeschrieben. und als er

---

*) Aus Zorns erweiterter Chronik.
**) D. i. in der Hagengasse, der heutigen Ludwigstrasse, vgl. Arnold, Wcrs.-Gesch. B. 2, S. 20.

gen Ravennam kommen, hat er den Wormsern mit klagen alles leid angethan und sie gewaltig in die eisen gehauen, fürnehmlich hat er sich beklagt des köstlichen baus, welchen die Wormser ihm zum hohn, spott, trutz und allerlei beläftigung gebaut hätten, und hat die sach also scheinbarlich und gewaltig durch hilf vieler mitbischofen fürbracht, daß er privilegien von kaiserlicher Majestät ausbracht [Mai 1232], daß das haus mit grund und boden und aller seiner gerechtigkeit sein und seiner nachkommen am bisthum sein soll. — Als solches die vom rath und von der burgerschaft vermerkt und gesehen, so solches haus in eine andre, denn des raths hand, sollte kommen, daß entweder der bischof oder sonst jemand, der sein mächtig würde, eine gewaltige festung drauß machen könnte und die stadt hierdurch seines gefallens zwingen und bändig machen, haben sie einhellig beschlossen, das haus in boden hinweg zu reißen, haben derowegen daßelbig auf dominica jubilate [2. Mai] um die 3 Uhrn angesteckt und mit großem schaden in grund hinweggebrannt im Jahr 1232, dadurch ist der bischof noch mehr zum zorn bewegt und erbittert worden". Zorn selbst schreibt: „hat mit etlichen andern bischofen Teutschlands ein gemeinen Brief [¹) erlaupt, uit [deutlich und fürnehmlich] auf Worms bestimmt, in welchen ihnen zugelassen, dieweil sie sich beklagt, daß in den städten die bischof nit hoch geachtet würden von den bürgern, daß die macht, der rath**) und zünft ihnen pfändlich sein sollte". (Arnolds Ausgabe der Zorn'schen Chronik, S. 62 u. 64.)

Die Wormser hatten sich so dem Edict von Ravenna widersetzt, und schon am 17. März 1232 sicherte des Kaisers Sohn, der mit der Regierung in Teutschland betraute Heinrich, vielleicht mit des Kaisers Vorwissen, der Stadt den Schutz ihrer alten, kurz zuvor aufgehobenen Privilegien wieder zu, salva tamen libertate ecclesiae. Jedoch öffentlich wurde die Acht über die widerspenstige Stadt ausgesprochen, wie auch dem Bischof gestattet worden war, den sämtlichen Bürgerhof in der Hagengasse niederzureißen: aber die Bürger hatten denselben bereits niedergebrannt, als Bischof Heinrich II. mit seinen Vollmachten vom Hofe des Kaisers aus Italien nach Teutschland zurückkehrte. Die erweiterte Zorn'sche Chronik erzählt: „Als nun der obgenannte bischof von Ravenna wieder anheimisch kommen, hat er sich, den rath allhie zu setzen und zu ordnen, seines gefallens alsbald unterstanden, und zum ersten in kraft des vermeinten briefes, welchen, als er wieder vom reichstag aus Welschland heim kommen, er einem rath von Worms durch den schultheißen von Lautern insinuieren lassen) begehrt, seinem fürnehmen also zu willfahren. Demnach aber des kaisers Friderici II. gemüth nie gewesen, daß einiger bischof den rath zu setzen oder zu ordnen macht haben, oder etwas mit der stadt geschäften zu thun haben, und also das regiment an sich ziehen sollte [wie dann hochgedachter kaiser Friedrich im zweiten jahr darnach] zu Worms solches ganz und gar retractiert und nit gestatten wollen), hat die stadt Worms des bischofs begehrn nit geachtet, sondern mit onerschrockenem gemüth sich ihm entgegengesetzt und ihm ganz und gar kein Gehorsam leisten wollen".

„Da legt der bischof bann in die stadt und verkündt alle Bürger in die geistliche acht, da aber der bischof vernerkt, daß er damit auch nichts hat nit mögen schaffen, da gebeut er aller pfaffheit, aus der stadt zu ziehen, also daß keiner darin bleib, ausgeschieben allein die pfarrherrn. Die wurden dann angericht, daß sie keinem kranken die sacrament reichten, er verrüchert sie denn, wie er wieder zur Gesundheit käme, daß er des bischofs partei sein und seinen willen thun wollt und gehorsam sein in allen sachen; sie ließen sonsten keinen todten leichnam begraben, und diese beschwerung erneuhret sich und währt ein jahr. Da waren etliche bürger, die münzer, so ohne das

---

*) Das Edict von Ravenna vom Jan. 1232, zwar in allgemeiner Fassung, jedoch insbesondere auf Köln und Worms gemünzt. Vgl. Arnold, Verf.-Gesch., B. 2, S. 14, 15.

**) Arnold lieft: „die macht des rathes und zünften"; Zorns Autographon gibt obigen Text. Vgl. S. 54.)

Die erste Rachtung zwischen Bischof und Stadt vom J. 1233. 7

des bischofs lehenleut waren, die wollten das nit mehr leiden, und entstund deshalben zwietracht und uneinigkeit zwischen den burgern. Da dies der rath vermerkte, da war groß sorg und angst, und besorgte ganz verderben der stadt und alles böses, so daraus und davon entstehen würd, wenn sich die zwietracht gemehrt hätt. Obgenannt bischof, der sast mächtig war vom adel, erfordert seine freund und umbliegende ritterschaft, die grafen von Leiningen und andere viel: da hat ein rath sorg, sie möchten in der zwietracht und uneinigkeit der burger die stadt gar verlieren, und war also mit verwilligung könig Heinrichs, kaiser Friedrichs sohn, durch etliche schiedsleut, nämlich den bischof von Mainz, bischof von Speier und markgrafen von Baden der erst vertrag zwischen dem bischof und den burgern zu Worms aufgericht zu Frankfurt*) anno 1233 den 17. tag hornungs." (Nach Zorns Originalhandschrift.)

Die fünfzehn Artikel der Nachtung des Jahres 1233 säeten die Saat der Zwietracht für die folgenden dreihundert Jahre, so daß schließlich die Stadt Worms im Zeitalter der Reformation auch in kirchlicher Hinsicht vom Biesthum abfiel. Die wesentlichsten Bestimmungen dieser verhängnißvollen Nachtung sind folgende: In den Rath wählt der Bischof 9 Bürger, diese wählen dazu 6 in der Stadt ansäßige Ritter; diese fünfzehn besitzen mit dem Bischof den Rath; entfernt sich der Bischof für längere Zeit aus dem Lande, so gibt er dem Rathe einen stellvertretenden Vorsitzenden. Bischof und Rath wählen jährlich auf Martini den Schultheißen und die Amtleute. Bischof und Rath wählen aus jeder Pfarrei vier Männer, mit der Verwaltung des Ungelts beauftragt werden: mit diesen und dem Rath der Fünfzehn sorgt der Bischof für den Vortheil der Stadt. Wenn einer der 9 Bürger stirbt, wählt der Bischof einen Ersatzmann, wenn einer der 6 Ritter abgeht, wählen die neun Bürger seinen Nachfolger. In gleicher Weise werden Ersatzmänner gewählt für bürgerliche oder ritterliche Rathsherrn, die auf Reisen gehen oder ein Jahr lang abwesend sind. Der König wählt aus den bürgerlichen Rathsherrn den einen, der Bischof aus den sechs Rittern des Raths den andren Bürgermeister. Die Zünfte wurden beseitigt, nur die Innungen der sog. Hausgenossen (d. i. der adelichen Münzer, die Vasallen des Bischofs waren) und der Bildwerker wurden beibehalten. Nach diesen Bestimmungen war der Rath nicht mehr eine unabhängige Obrigkeit, die alle ihre Gewalt unmittelbar vom Kaiser ableitete, sondern fast ein bischöflicher Rath, und der Bischof nahm nun an allen jenen Rechten Theil, die dem Rath seit mehr als hundert Jahren von den salischen und hohenstaufischen Kaisern verliehen worden waren. Die Nachtung des Jahres 1233 stellte also nicht ein früheres Verhältniß wieder her, sondern der Bischof eignete sich die Errungenschaften der Stadt an.**) Als der Vertrag zwischen Bischof und Stadt geschlossen war, zog der Bischof mit der Geistlichkeit nach Neuhausen: dahin kamen dann die gedemüthigten Bürger von Worms. Nachdem sie vor dem Bischof auf die Knie gesunken, wurde ihnen Absolution ertheilt; und sie zogen dann mit dem Bischof in die Stadt ein, wo der Gottesdienst, nachdem er ein Jahr lang geruht, wieder eröffnet wurde. Die Bestimmungen der neuen Verfassung wurden im Frühjahr 1233 durchgeführt.

„Seit der Zeit nun bisher" — schreibt Zorn in seiner Originalhandschrift — „fast in die 333 Jar, ist für und für und beinahe zwischen allen gewesenen bischofen und der stadt, des ersten

*) Nur die vorläufige Feststellung der wichtigsten Punkte war in Frankfurt im Jahr 1232 erfolgt, der Abschluß und die Vollziehung des Vertrages, der sog. ersten Rachtung, zwischen Bischof und Stadt erfolgte, nachdem mittlerweile Bischof Heinrich in einer Fehde gegen den Landgrafen von Thüringen in dessen Gefangenschaft gerathen und wieder ausgelöst worden war, zu Oppenheim am 27. Febr. 1233. Vgl. Arnold, Verf.-Gesch., B. 2, S. 89.

**) Arnold, Verfassungsgeschichte der deutsch. Freistädte, B. 2, S. 10-39.

Bischof Landolph und Kaiser Friedrichs II. Sohn Heinrich.

verträge und darin verleibten irrungen halten, zweitracht gewesen, wie solches vielfältig auf-
gerichte verträg erhellerung und anzeigung geben." Die erweiterte Erzählung der Zorn'schen
Chronik fügt dann erläuternd hinzu: „dann man hiebei nit verblieben, sondern als weiter gegrübelt,
damit sich der rath weder römischer kaiser oder könig, noch des reichs mehr annähme, noch dasselb für
augen hätte, sondern sich zum bischof hielt. und ist in summa aus diesen untäglichen verträgen
entstanden und erwachsen, daß die bischof und pfaffheit dem heiligen römischen reich und der alten
erbarn stadt obrigkeit, herrlichkeit, herkommen, freiheiten, recht und gerechtigkeit, die sie von dem
heiligen reich hergebracht, ohn wissen und willen römischer kaiser und könig (in den stücken der
obrigkeit und auch der renten, zöllen und anderer nutzung) genommen und entzogen, und dazu
die frommen mächtigen ritter, edlen burger, kaufleut, hantthierer, handwerker, baulent und inwohner zerstöret und verdrungen, derselbigen dörfer, zehenden, hofgüter, baugüter, mühl, fisch-
wasser oder auen, weltgülten, zins und zinsgüter an sich verpfändt und zu ihnen bracht, und die
stadt worms mit dem wesen also schwerlich und gröslich vernichtiget und verarmet, daß dieser zeit
viel hundert herdstätten in der stadt worms zu acker und weingart worden sind, welche stadt doch
vormals vor dem anfang und wesen der bösen untüglichen verträgen also schön und mächtig gewesen, daß sie in 2 pfarren, deren acht zu wormbs sind gewesen, 2100 streitbarer männer vermöcht
hatte." (Arnolds Ausgabe d. Zorn'schen Chronik, S. 65, 66.)

In dem von Zorn erzählten Uebergang von der Verfassung der vierzig Conjuln zu der
Nachtung des Jahres 1233 liegt der Schlüssel für das Verständniß und für die gerechte Beurtheilung
aller späteren Verwicklungen zwischen Bischof und Stadt. Zorn erzählt in der im Nachfolgenden
abgedruckten Stelle mit sichtlicher Genugthuung, wie die Wormser auch dem klugen Beseitiger der
Nachtung von 1233 und Nachfolger des Bischofs Heinrich II. von Saarbrück, jenem Landolph
von Hohened Widerstand leisteten, der Kaiser Friedrichs II. Sohn Heinrich gegen den Vater
aufhetzte, bis der Kaiser aus Italien nach Teutschland kam und den ungehorsamen Sohn im Thurme
Luginsland zu Worms, dann in Alzen und endlich in Italien bis zu seinem Tode gefangen hielt.

„Dieser Landolphus" — — schreibt Zorn, theils nach der ursprünglichen, theils nach der späteren
Fassung — „that sich zu kaiser Friedrichs II. sohn Heinrichen mit andern viel mehr bischofen und
unterstunden mit hülf des kaisers sohn, keinem vater, kaiser Friedrichen, Teutschland und besonders
den Rheinstrom vorzubehalten. der zeit war kaiser Friedrich in Sicilien und welschen landen.
darum seinen sohn etliche bischof also anhetzeten, „dann die geistlichen fürchteten kaiser Friedrichen
übel". (Sah Heinrich dem bischof viel gerechtigkeit über die stadt Worms, daß er ihme desto
treulicher zu seiner praktiken wider den Vater behülflich wäre. demnach begehrte Heinrich reiter
und knechte oder söldner von den städten. und als ihm etlich städte hülf zuschickten, begehrte er
solches gleichfalls an die von Worms mit allem fleiß und ernst. und weiters auch, daß sie ihm
huldeten, welches die bürger gemeiniglich nicht thun wollten, sondern sagten, sie hätten kaiser
Friedrichen, seinem vater, gehuldet, darbei gebührt ihnen zu bleiben. und wider den nicht zu thun.
könig Heinrich widerrieth ihn ernstlich. aber die burger wollten von ihrem fürnehmen keineswegs
abstehen. derowegen dann könig Heinrich bei die stadt Worms mit großer macht rück und begehrt
an sie, mit großer und mannigfaltiger verheißung viel guts, gnaden und freiheiten, daß sie ihn für
ihren herrn erkennen wollten. aber es wolt alles nichts verfangen. dadurch ward er zur unquad
bewegt und droht ihnen allerlei ungemach, gefahr, schweren schaden, ja das äußerste verderben
zuzufügen, wo sie ihm nicht würden folgen. aber die von Worms wollten von ihrem herren, kaiser
Friedrichen, nit abstehen, oder von ihm weichen und waren beständig in dem, desgleichen die von
Speyer. So aber Heinrich vermerkt, daß die von Worms in seinen weg von kaiser Friedrichen

zu wenden wären, ward er also hart über sie ergrimmt mit aller ungnaden, und erlaubt aller männiglichen, die von Worms zu beschädigen, zu bedringen an leib und ihren gütern, und überzog sie mit raub, brand und anderen schweren kriegsgeschäften und aller unguad, in dieser zeit mocht oder kunnt nit ein einiger burger vor die stadt sicher kommen; und erlitten großen schaden. doch wie hart sie benöthigt und beschädigt waren, dennoch vermochte niemands, daß sie von kaiser Friedrichen ihrem herren wichen soviel als umb ein bohn". „In dem jahr 1235 erhub sich kaiser Friedrich und zog in Teutschland gegen seinen sohn Heinrichen und seine rathgeber, und kam erstmals gen Worms auf dem Rhein anno 1235 auf St. Ullrichstag, mit großen freuden der bürger zu Worms: denn da waren sie von ihren feinden erlöset". (Vgl. Arnolds Ausgabe. S. 75, 76.)

Mit gleicher Wärme erzählt Zorn, wie die Wormser, im Gegensatz zu ihren Bischöfen Landolph von Hoheneck und Richard von Daun, dem hohenstaufen'schen Kaiserhause fast bis zu dessen Untergang treu blieben. Die Wormser halten zu Konrad IV., nachdem voruehmlich geistliche Fürsten 1247 den Grafen Wilhelm von Holland demselben als Gegenkönig entgegengestellt, und ertragen zwei Jahre lang (1252 1253) das von Bischof Richard von Daun über die Stadt verhängte Interdict. Mit besonderer Freude berichtet auch Zorn, wie nach dem Vorgange der Städte Mainz und Worms in der kaiserlosen Zeit der große rheinische Stadtebund gegründet wurde. Ueber die Stiftung dieses Bundes schreibt derselbe: „Desmals (1254) stuhnd in teutschem land und fürnehmlich am Rhein also, daß wer der stärkst war, der schub den andern in sack, wie er kunnt und möcht. Die renter und edelknecht nähreten sich aus dem siegreif, morbeten, wen sie kunnten, verlegten und versperrten die päß und strasen und stellten denen, so ihres gewerbes halben über land ziehen mußten, wunderbarlich nach. Darneben hatten etliche herrschaften neue zöll am Rhein angericht; auch war das arm voll mit übermäßigen unbilligen schatzungen hoch beladen, beschwert und bedrängt, derhalben weil sie sonst keiner hülf oder trosts gewärtig, verbunden sich mit einander, nach deren von Worms (Mainz und Oppenheim) exempel, fast in die sechzig städt am Rhein gelegen, daß sie der andern in nöthen beistahn thun sollte. Ward also durch deren von Worms löblich exempel wiederumb fried und ehrbarkeit zimlicher maßen gepflanzt. Actum anno 1254 uf Margrethä". (Zorn, in der Orig.-Handschr. S. 87, 88.)

In den Städten Straßburg, Mainz und Speier war die Bestimmung getroffen in Straßburg seit 1220, in Mainz seit 1244 — daß die Bischöfe vor der Huldigung der Städte die Freiheiten und Rechte derselben anerkennen mußten. Um nun auch die Rechte der Stadt Worms gegen zukünftige Vergewaltigungen ihrer Bischöfe sicher zu stellen, schwuren sich im Jahre 1283 die patricischen Mitglieder des Rathes einen Eid, daß sie ihren jeweiligen Bischof nöthigen wollten, vor der Huldigung die Beobachtung der Rachtung vom Jahr 1283 zu versprechen, und sie formulirten die von dem Bischof zu fordernden Versprechungen in fünf Artikeln,*) die im Jahre 1283 der Bischof Simon von Schöneck ohne Weiteres annahm,**) und die auch von dem Bischof Eberhard von Strahlenberg nach anderthalbjährigem Kampfe mit der Stadt bestätigt werden mußten. Diese Vereinigungen wird die erweiterte Zorn'sche Chronik die zweite Rachtung: „Die „ander" Rachtung ist durch bewegung weiland bischof Eberhards auch in gewaltiger weis beschehen, der über die vorberührten einträg bischof Landolfs und Heinrichs sich in der stadt regiment gedrungen hatt, actum 1293". (Arnolds Ausg. S. 263 gibt hier einen falschen Text.) Die Einzelheiten der Kämpfe, die zu dieser Rachtung führten, sind nicht bekannt, weil Zorns Chronik darüber schweigt.

*) Original auf Pergament in lateinischer Sprache im Worms. Archiv.
**) Original in deutscher Sprache befindet sich im Worms. Archiv. Vgl. Arnold, Verf.-Gesch. der deutschen Freistädte, B. II. S. 110 ff.

Benutzung der Zunftunruhen durch die Bischöfe Emicho und Eberwein. Die dritte Rachtung 1300.

Die Wormser Patricier hatten also die Bischöfe Simon und Eberhard zur Anerkennung jener fünf Artikel gezwungen, in denen der Bischof vor der Huldigung alle Rechte der Stadt anerkennen und insbesondere zugestehen mußte, daß der Rath (Geschoß und Ungelt) ansetze und erhebe, den Frieden richte, Dienstleute des Bischofs als Bürger aufnehme. Allein Eberhards Nachfolger, Bischof E m i ch o, Raugraf von Weicnburg, glaubte diese Artikel beseitigen zu können, wenn er in den seit dem Interregnum auch in Worms zwischen den patricischen Geschlechtern und dem gemeinen Volke der Zünfte entstandenen Zwistigkeiten auf die Seite des gemeinen Volkes treten und dadurch seine Macht und die Rechte der Gemeinde auf Kosten der edlen Geschlechter und ihres Rathes vermehren würde. Zorn schreibt darüber: „Unter diesem Emicho hat sich zwischen dem rath und burgerschaft zu wormbs ein unwillen begeben, darüber uf beiden seiten etlich todt blieben. in dieser empörung hat er die burger und gemein voll an sich gehängt, uf daß er den rath desto besser zwingen und bändigen möcht. derhalben als er gestorben [1299], haben ihn die gemein burgerschaft mit großer solennität und pomp zum grab bestättiget." (Aus der Originalhandschr.)

Emicho hatte bewirkt, daß die gemeine Bürgerschaft an der Verwaltung des Ungelts dadurch Theil nehmen sollte, daß die Gemeinde aus den Parochieen sechzehn Männer wählte, die mit den vom Bischof und Rath bestellten sechzehn Männern, welche die Verfassung des Jahres 1233 für die Verwaltung des Ungelts vorgesehen, nun gemeinschaftlich die Verwaltung der öffentlichen Einkünfte beaufsichtigen sollten. Emicho starb, bevor die Betheiligung der gemeinen Bürgerschaft an dem Regimente vollständig geregelt war.

Ihm folgte E b e r w e i n von Kronenberg. Derselbe verwandelte den alten Sechzehnerausschuß der Gemeinde, der nach der Verfassung von 1233 an der Controle des Ungelts und an der Polizeiaufsicht Theil nahm, in eine besondere, dem R a t h d e r S t a d t z u r S e i t e s t e h e n d e G e m e i n d e v e r t r e t u n g. Bis Martini des Jahres 1300 blieben noch die von Emicho zur Verwaltung des Ungelts eingesetzten Zweiunddreißig bestehen. Für die Folgezeit sollten aber zunächst diese zweiunddreißig aus jeder der vier Pfarren fünf „biderbe Mann, die Ehre haben", also zusammen zwanzig Männer wählen, aus denen Bischof und Rath sechzehn zur Gemeindevertretung bestellten. Später sollen jährlich diese Sechzehn für das folgende Jahr zwanzig aus den vier Pfarren, d. h. nicht nur Patricier, sondern auch Kaufleute und Handwerker wählen, aus denen Bischof und Rath sechzehn zur jährlich wechselnden Gemeindevertretung berufen. Auf diese Vertretung oder den Rath der Gemeinde ist zu beziehen, was die Zornsche Chronik über Eberweins Neuerungen meldet: „Dieser Eberwein von Kronenberg hat anno 1300 16 mann in den rath [d. i. vertretung der gemeinde] gesetzt, so hat die gemein auch 16 gesetzt. damit nun irrung zu vermeiden, aufruhr gestillt würde, ist ein vertrag gemacht worden, daß dieselben [nämlich die zweiunddreißig] sollen wählen 20 mann, aus denselbigen 20 soll ein bischof mit sammt dem rath 16 mann wählen, den rath [d. i. gemeindevertretung] zu besetzen." (Erweit. Chron., Arnolds Ausg. S. 131. Handschr. II, Fol. 100). In jedem Vierteljahr verwaltet ein Ausschuß, bestehend aus zwei von Bischof und Rath ernannten Rathsherrn und vier Mitgliedern der Sechzehner den städtischen Haushalt, Einnahmen und Ausgaben, die Ungeltbücher und die Schlüssel dazu. Allein die jährlich wechselnde Vertretung der Gemeinde, die Sechzehner, bilden neben dem ständigen Rathe der Geschlechter ein selbständiges Organ der gemeinen Bürgerschaft, das in allen wichtigen Angelegenheiten gehört werden muß: Briefe und Urkunden der Stadt sollen mit Willen und Geheiß der Sechzehn besiegelt werden: bei Ausfahrten und Kriegszügen sollen Bischof und Rath an die Zustimmung der Sechzehn gebunden sein: wenn Rath und Sechzehner nicht einig werden können, sollen diese mit dem Bischof zu gemeinsamer Besprechung zusammentreten und Stimmenmehrheit entscheiden lassen. Die Sechzehn und die Gemeinde sollen Recht und Freiheiten des Stifts, des Bischofs und der Stadt halten und schirmen. Die gemeine Bürgerschaft war zwar durch diese Bestimmungen der neuen Rachtung zwischen Bischof und Stadt vom Jahre 1300 zur Selbständigkeit gekommen, aber dieselbe ließ auch zu, daß in diesem Statut der Rath der Stadt Worms „Rath des Bischofs" genannt wird und daß darin die Bestimmung getroffen wird, daß man bei Verletzung des Stadtfriedens „Gericht fordern soll von dem Bischof und seinem Rathe." So ist die in den fünf Artikeln der Jahre 1283 und 1293 bestätigte freie Gerichtsbarkeit der Stadt Worms in Zweifel gestellt; die Gerichtsbarkeit der Stadt Worms wird durch mehrere Bestimmungen an den Bischof gebunden. Die Zunftunruhen hatten also dem Bischof geholfen, die Freiheiten der Stadt wirksam zu untergraben. Bischof Eber wein bestätigte die fünf Artikel nicht. Erst Bischof Heinrich von Daun bequemte sich 1318 zur Anerkennung der Rechte der Stadt, als Worms einen Bund mit Mainz, Speier und Straßburg geschlossen hatte.*) Zorn erzählt uns von diesem Rückgang der städtischen Freiheit nur weniges.

Ueber das Wesen und die Bedeutung dieser Zunftunruhen schreibt Arnold (Verf. Geschichte d. deutsch. Freistädte, B. 2. S. 290): „Kannte ein entartetes und übermüthiges Geschlechter regiment nicht Maß und Ziel zu halten, so war es natürlich, daß die frische Kraft des unter drückten Standes, die sich eben hatte fühlen lernen, das lästige Joch mit Gewalt abschüttelte. Die zwischen den Handwerkern und Geschlechtern ausbrechenden Kämpfe konnten begreiflicher Weise nicht ohne Rückwirkung auf das Verhältniß der Städte und Bischöfe bleiben und bei den letzteren wohl den Gedanken hervorrufen, den dritten Stand zur Wiederherstellung ihrer Herrschaft zu gebrauchen. Gleichzeitig mußte das System der territorialen Hoheit, das sich im vierzehnten Jahrhundert immer fester begründete, die Bischöfe zu dem Streben verleiten, die Städte ihrer Landesherrschaft zu unterwerfen: es blieb allerdings sonderbar, daß die Hauptstadt eines Bisthums nicht zu dem weltlichen Gebiete desselben gehören sollte. So entstanden zwischen Bischof und Rath neue Kämpfe: die alten Ansprüche der Parteien erwachten im schroffsten Gegensatz und ließen es auch nach Verlauf der Zunftunruhen nicht zu einem aufrichtigen und dauerhaften Frieden kommen. In diesen Kämpfen, die mit längeren oder kürzeren Unterbrechungen bis in das sechzehnte Jahrhundert fortdauern, wurden die letzten Reste städtischer Kraft allmälig aufgezehrt, bis die gewaltigen Städte des Mittelalters nur noch Schatten ihrer früheren Größe waren. Aber auch die geistliche Herrschaft wurde untergraben: die alten Waffen, Interdict und Bann, verloren ihre Wirkung; und am Anfang einer neuen Zeit erschien — die Reformation."

Während der kirchlichen Kämpfe Kaiser Ludwigs des Baiern gelang es der Stadt Worms, über nachtheilige Bestimmungen der Rachtungen vom J. 1233 und vom J. 1300 sich hinweg zusetzen. Allein von Ludwigs Nachfolger Karl IV. trug Bischof Dietrich von Boppard am 24. Juni 1364 die Wiederholung des Edicts von Ravenna und anderer der Freiheit der Stadt ungünstiger Erlasse davon. Aber selbst der Bann und die Klage des Bischofs bei dem kaiserlichen Hofgericht waren bei den Wormsern wirkungslos. Dietrich verließ verstimmt und entmuthigt gern das Bisthum, ward Bischof von Metz, und die Aufgabe, die unter Kaiser Ludwig eingebüßten Rechte des Bisthums zurückzuerobern und die Stadt in noch größere Abhängigkeit zu bringen, fiel mit des Papstes Zustimmung Dietrichs Nachfolger, dem Dominikaner Johannes Schad land aus Köln zu. „Nach Bischof Dietrich wird erwählt Johannes Schadenland von Cöln, prediger ordens, päbstlicher legat und theologiä doctor, desgleichen administrator des stifts Hildesheim, Augsburg, Culm in Preussen, Costniz und letzlich Worms, mit dieser grabschrift verehrt:

---
*) Schannat, hist. ep. Worm. II. 156.–159.; I. 389.

hie liegt Herr Johann Schadland von Köln, der heiligen schrift magister, der abtrünnigen von der kirchen verfolger ꝛc. Es macht sein großer anhang ihn auch muthig, derohalben er von wegen der bebesetzung des raths sich auch neuerung unterzogen, daraus zwischen ihme und der burgerschaft große unrichtigkeit entstanden, welche pfalzgraf Ruprecht der jünger, kaiser Ruprechts vater, und der rath der stadt Speier und Mainz anno 1366 vertragen haben." (Zorn - Flersheim, Arnolds Ausg. S. 141.) Schadlaubs Neuerungen beschränkten die Rechte der Nachtung vom J. 1233: der bischof ernennt jetzt alle Mitglieder des Raths, und zwar sechs Ritter, neun patricische Bürger, die nur vom Reich oder Bischof Lehen haben dürfen, und noch vier sogenannte Bischofsleute, von denen zwei aus den Geschlechtern, zwei aus der Gemeinde genommen werden. Die Sechzehn, der Rath der Gemeinde, präsentiren jeweilig für das nächste Jahr dem Bischof vier und zwanzig Männer, aus denen dieser die jedesmaligen Sechzehn auswählt. Die Sechzehn nehmen am ständigen Rath Theil. Der Bischof wählt aus den Sechzehn einen zweiten Bürgermeister, und zwar aus vier Sechzehnern, welche die Sechzehn dem Bischof präsentiren. Der Bischof besetzt, wie den Rath, so auch das Gericht, ernennt Schultheiß, Greven, Richter alljährlich an Martini, und darf sich in dieser Function vertreten lassen. Wenn der Bischof dem Rathe die Ausübung bischöflicher Rechte überläßt, sollen die Sechzehn dabei sein. Bezüglich der Besteuerung wird bestimmt, daß die Geistlichkeit zwar von Beneficien und eignen Gütern Zoll, Schatzung oder Ungelt nicht zahlen soll, dagegen sollen sie bezüglich dessen, was sie an Frucht oder Wein kaufen oder verkaufen, wie die Bürger besteuert werden. Außerdem werden Bestimmungen über weltliche und geistliche Gerichtsbarkeit gegeben.*)

Pfalzgraf Ruprecht hatte diesen der Stadt ungünstigen Vertrag vermittelt, weil er dadurch, wie seine Nachfolger, die gedemüthigte und hülflose Stadt, die er zur Hauptstadt der Rheinpfalz zu machen begehrte, in seine Arme zu treiben hoffte. Als die drückende Nachtung vollzogen war, hob Bischof Schadland von Neuhausen aus das am 31. Jan. 1366 über die Stadt verhängte Interdict auf, ritt in die Stadt ein und ließ sich vom Rath huldigen. Aber dem Kaiser Karl IV. scheint denn doch Pfalzgraf Ruprecht zu hart gegen die Stadt Worms verfahren zu haben, und in dem Ausschreiben vom 26. Febr. 1366, in welchem er die Stadt von der Acht lossprichꜩt, nennt er, um ausdrücklich der Stadt den Character der Reichsstadt zu wahren und dem Bischof das Recht zu weiteren Ansprüchen auf Verwandlung der Reichsstadt in eine Bischofsstadt zu nehmen, Burgermeister, Rath und Bürger von Worms „unser und des heiligen Reichs Bürger und lieben

---

*) Die Chronik faßt die Bestimmungen der Nachtung des Jahres 1366, wie folgt, zusammen: „Bischof Johann, predigermönch, hat mit etlichen fürsten und herrn gegen die stadt merklichen krieg beweget und gebracht, dadurch die stadt noch weiter in unvermögen wuchs, dadurch sich der bischof noch weiter einbrang in der stadt obrigkeit mit besetzung und ordnung der stadt regiments, und nämlich also: erstlich hat er die wahl der sechs ritter dem rath abgedrungen und ihm die zu seinem gefallen gezogen und doch fürder nicht mehr gewählt, dadurch sind die sechs ritter aus dem rath kommen. 2. so hat er die satzung des schultheißen und pedellen an das weltliche gericht allein gezogen, so er doch vormals mit sammt einem rath erwählen mußten. 3. so hat er ihm zugezogen, aus den 24 vom rath 'd. h. aus 24 präsentirten gemeindevertretern' 16 zu erwählen und 8 auszuthun nach seinem gefallen. 4. so hat er ihm eine freie wahl gezogen, 4 mann in rath seines gefallens zu erwählen, die man zu derselbigen zeit die genannten oder 4 bischofsgenannten gebrauch hat. 5. als vor solchem eintrag des einen burgermeisters wahl einem römischen könig vorbehalten war, hat ihm der bischof auch zugezogen. 6. hat er ihm die macht zugezogen, seine lehnmann in rath zu ziehen. 7. ob je zu zeiten in satzung des raths der bischof nicht zugegen wäre, hat dann ein capitel der erzählten ding macht haben sollt. 8. ist in gemeiner rachtung weiter gelegt, daß die elb, so gemeine burger gethan haben und bleiben thun werden, dem bischof und seinen vorfahren keinen abbruch thun sollen. (actum 1366)." (Erweiterte Zorn'sche Chron., Arnold S. 243.)

Getreuen." So wahrte er der Stadt die Reichsunmittelbarkeit, und dann erst bestätigte er, am 27. Februar 1366, die von Pfalzgraf Ruprecht vermittelte Nachtung.*) Bald verbündete sich der Pfalzgraf mit der Stadt.

Auch von den Greueln erzählt Jorn, die in den Jahren 1384—1386 begangen worden, als der Wormser Klerus, der nach der oben gedachten Nachtung vom J. 1366 der Besteuerung des von ihm gekauften oder verkauften Weines unterworfen war, in widerrechtlicher Weise sich weigerte, das nach kaiserlichem Privileg von der Stadt zum Zweck der dringend nothwendigen Vermehrung der Einnahmen eingeführte kleinere Weinmaß (das sog. Spitzmaß), wie alle andern Einwohner der Stadt, zu gebrauchen. Bischof und Klerus veranlaßten zwar im Gegensatz zur Nachtung des Jahres 1366 ein Edict des Kaisers Wenzel vom 16. December 1384, wonach durch das von ihm der Stadt gewährte Privilegium der Einführung des kleineren Weinmaßes die Geistlichkeit nicht gehindert werden solle, das frühere größere Maß auch weiter zu gebrauchen; allein der Rath widersetzte sich, indem er den Laien verbot, von der Geistlichkeit Wein zu kaufen oder denselben beim Herbsten, Keltern und Einführen der Weine behülflich zu sein. Es folgten Confiscationen der Weine der Geistlichen, Mißhandlungen der Männer und der Dienstleute der Geistlichkeit. „Anno 1385 haben die burger von Worms" — so erzählt die erweiterte Jorn'sche Chronik — „der pfaffheit viel ihrer privilegien, so sie ihnen fälschlich angeheimit, entzogen, auch den pfaffen den überbau an ihren häusern und höfen verboten, derohalben sich die pfaffen aus Worms eine zeit lang nach Neuhausen begaben. Anno 1386 hat die pfaffheit die burgerschaft für das kaiserlich gericht citirt von wegen gepflegter neuerung; aber sie sind nit erschienen, derhalben kaiser Wenceslaus durch seinen hofrichter Przemisla, herzog zu Teschen in beheim, sie montag für unser frauen lichtmeß in die acht gethan und um 1000 mark goldes gestraft, deren ursach sind die burger den 1. martii donnerstage vor esto mihi mit ausgerichtem Fähnlein in Neuhausen gefallen, die kirch eingerissen und geschleift, alle häuser verbrannt, kirchenornat geplündert, die steinbrück über den fluß Pfrimme eingeworfen und, wie es der zeit geschätzt worden, wohl in die 30000 gulden schaden gethan, die pfaffen über den altar geschlagen, verwundet, gefänglich eingezogen, soviel sie der ankommen, darzu dann ihnen die von Mainz behülflich waren. derwegen in der stadt interdict gehalten und die burgerschaft vom pabst Urbano II. excommuniciret worden. letzlich ist die sach durch pfalzgraf Ruprechten, herzogen aus Bayern, und graf Henrichen von Spanheim vertragen worden anno 1386 in festo nativitatis Johannis baptistae folgender weis: item sollen die pfaffen mit alter maß weins zu schenken, so von ihren beneficiis und pfründen oder väterlichen gütern jährlich fallen, 7 wochen lang macht haben, anzufangen zu ostern, hernachmals aber mit der spitzmaß, darvon sie gleich andern burgern sollen ungelt geben. hiergegen sollen die pfaffen dran sein, daß die burger und die gemeine stadt aus kaiserlicher acht und päpstlichem bann absolvirt werden". (Erweiterte Jorn'sche Chron., Arnolds Ausg. S. 149, 150.) Dieser Vertrag über den Weinschank, nach Jorn die fünfte Nachtung, sollte unbeschadet aller früheren beiderseitigen Rechte für sechs Jahre Geltung haben.**)

Die Nachtung von 1386, die für sechs Jahre vereinbart war, bestand bis Johannistag 1393. Dann erstrebten die Geistlichen völlige Steuerfreiheit: aber nochmals kam im Jahre 1393 für die nächsten sechs Jahre eine weitere Vereinbarung, ähnlich der früheren, zu Stande und zwar auf Bitten der Stadt, um ihr „eine Gnade" zu erweisen. Nach Ablauf dieser Zeit wollte die Geistlichkeit der durch die Landfriedensbündnisse in ihren Finanzen schwer heim-

---

* Schannat, hist. epise. Worm. II. 185. Arnold, Verf. Gesch. d. deutsch. Reichsstädte, B. 2, 322 331.
** Schannat, hist. epise. Worm. II. 196, 197, 199—203.

genannten Stadt keinerlei Abgaben zahlen. Die Stadt gerieth nun in einen Conflict mit der Geistlichkeit und dem Bischof, der für die Freiheit der Stadt Worms verhängnißvoll geworden wäre, wenn es dem Kaiser Ruprecht, der Worms gern zur Hauptstadt seiner pfälzischen Lande gemacht hätte und nun in die Wormser Irrungen eigennützig eingriff, gelungen wäre, von dem altersschwachen Bischof Eckhard die Rechte, welche derselbe zu Worms hatte, gegen Anweisung einer jährlichen Rente auf die Zölle zu Mannheim und Schriesheim einzutauschen. Als nach Eckhards Tode dessen gelehrter Nachfolger Matthäus von Krakau durch Aufhebung der Zünfte den Rath in Sachen des Weinschanks und der Besteuerung der Geistlichkeit zu besiegen hoffte, schrieben die Zünfte in einem stolzen Briefe an Herrn Matthäus: „Was unsere Herren, der Rath, bisher in diesen Sachen gethan haben oder noch thun, da wollen wir seitiglich und ungezweit bei bleiben". Und sie riethen dem Bischof, die Pfaffheit anzuweisen, „daß sie Weinschenkens und anderer solcher Sachen, die Priestern doch nicht zugehören, am sein ließen". Der Streit wurde beschlossen durch die sog. Pfaffenrachtung vom Jahre 1407, die wiederum für die Stadt so ungünstig war, daß sich später die Kaiser Friedrich III. und Maximilian veranlaßt sahen, die älteren Privilegien der Stadt zu erneuern und dieselbe als Reichsstadt zu erhalten, während Mainz seine Freiheit vollständig an den Bischof verlor.

Die Wormser Chronik erzählt diese Vorgänge und die Geschichte der Stadt im 15. Jahrhundert und zu Anfang des sechzehnten, namentlich die Verwickelungen, die der Einführung der Reformation vorangehen, mit größerer Ausführlichkeit. Ueber die Bewegungen, die zur sog. Pfaffenrachtung des Jahres 1407 führten, schreibt Flersheim. „Als Bischof Eckhards regiment fast zum end eilet, hat sich abermal des weinschanks und anderer beschwerung halben zwischen der geistlichkeit und burgerschaft großer unwill zugetragen, deswegen alle stift sich innerhalb der ringmauern mit einem ausgeretten eid zusammen verpflichtet, bei einander bis zu anstrag der sachen steif und fest zu halten, den krieg mit fallen zu lassen bis zu end des ganzen handels, als sie auch thaten; wählten aus ihrem mittel dreizehn, hinter dieselben gelobten sie, was diese 13 im krieg von anfang bis zu end thäten, das soll den andern wohl und wehe thun. Reutlinien, der stift, hat sich in diese bündnis nit wollen begeben, dieweil, als sie vor 20 jahren von wegen der bach Pfrimmen, welche ihnen die stadt abgegraben hatte, mit ihr in unwillen stunden und von den bürgern in Worms heftig beschädigt worden, sie auf ihre eignen kosten, ohn der andern hülf, mit Worms hätten müssen kriegen und handeln, über das so besorgten sie auch, wo sie in diesem geistlichen krieg den andern stiften beiständen, es möcht ihnen wiederum wie vormals ergehen, schickten derhalben Heilmanuen Bonnenberger dechant und Johann Wachenheimen scholaster, welche dem rath ihr gemüth zu erkennen geben, daß sie mit diesem krieg nichts wollten zu schaffen haben, wie sie denn dasselbig gleicher maßen auch zuvor den andern fünf stiften in der stadt zu verstehen geben hatten. Als sie sich der sachen also verglichen, wußten sie kein bessern rath zu finden, denn so sich aus der stadt begeben, hierauf auf pfingsten anno 1404 haben sich des mehrertheils Canonici gen Labenberg*) begeben. solches als ein rath gewahr war worden, hat er an die ganz clerisei, so im dom versammelt, geschickt, ihnen lassen anzeigen, wie sie von ihrem fürnehmen vernommen; hierauf ließen sie sie bitten, sie wollten ruhig sitzen bleiben, ihres gottesdienstes auswarten, damit nit von ihnen etwan ein solch geschrei ausgienge, welches beiden theilen möchte nachtheilig sein; wo sie etwas an gemeine stadt zu fordern oder hier gegen die stadt an die geistlichkeit, das wollten und sollten sie mit einem freundlichen gleichen rechten mit ihnen austragen; und im fall die sach nicht gütlich möchte gerichtet werden, so wollten sie recht

---

*) Ladenburg.

geben und nehmen vor dem heiligen vater, dem papſt, oder ſonſt an allen den enden, da ſie es
billig thun ſollten: ſie wollten auch bei ihren burgern und allen zünften beſtellen, daß ſie oder
die ihrigen niemand beleidigen ſollen, weder mit worten oder werken: aber ſie gaben auf ſolches
freundliches erbieten der ſtadt gar nichts, ſondern beharreten in ihrem fürnehmen und brachten bei
könig Ruprechten brief und mandata aus, darinnen er der ſtadt heftig gebot, daß ſie bei ſeiner
und des reichs halben und verluſt aller ihrer freiheit und rechten die geiſtlichen keineswegs in
ihren freiheiten ſollten hindern. hierauf ſtellten ſie das recht zu beiden theilen an könig Ruprechten,
derowegen er denn auch von beiden theilen anſpruch und verantwortung in ſchriften nahm, ließ
auch alle freiheiten beider theile ex originali abcopieren, dadurch dann die ſach in die vier monat
aufgeſchoben und verhindert worden. der zeit war biſchof Eckhard von Terich, ein achtzigjähriger
mann und derowegen etwas kindiſch, und wiewohl er ſich anfänglich hat merken laſſen, er wolle
mit der ſache nichts zu ſchaffen haben, wie denn auch ſein nie, bis man die burgerſchaft in bann
thut, gedacht worden: jedoch dieweil ihm die domherren für und für zu Ladenberg in ohren lagen,
brachten ſie ihres gefallens an alle pfarrherr im ganzen biothum einen brief aus, durch welchen
die Wormier ganz und gar excommuniciert worden. es ſupplicieren die Wormier an könig Ruprechten,
er wolle den bann abſchaffen, bis die ſach vertragen wäre. wiewohl er ihnen aber gute
vertröſtung gab, ward doch bei ihm wenig hülf gefunden, denn er die von Worms alſo hoch verbannt
achtet, daß er auch ihre legaten keineswegs für ſich ließ kommen. hierzwiſchen als noch die ſach alſo
ſchwebt, blieben anßerhalb der canonicorum viel geiſtliche zu Worms, aßen und tranken mit den burgern,
bekannten frei öffentlich, nit allein ſie, ſondern auch andere gelehrte mehr hie und anderswo, daß die
Wormier nit mit recht gebannt wären. als ſolches die ausgezogene gewahr worden, brachten ſie
ſo viel zu weg bei ihnen, daß ſie auch auf Scholaſtica anni 1405 auszogen und bis auf Jacobi
1407 anßerhalb der ſtadt verharreten und vermeinten, hiedurch die burgerſchaft dem rath feindſelig
zu machen. dieweil durch dieſen auszug den handwerkern an ihren täglichen gewinn nit ein geringes
abging, vermeinten derowegen, dieweil ſie der geiſtlichen ſchwerlich entbehren könnten, es würde rath
und gemein deſto eher ihren willen thun und folgen: aber mangeltehen den ſchaden, den eine
burgerſchaft hierüber litt, vergaß ſie doch ihres eids und pflicht nit, damit ſie einem rath zugethan,
ließen ſich auch kein geſchrei von den mönchen irre machen, welche in ihren ohrenbeichten den rath
bei der burgerſchaft heftig verunglimpft. da nun alle geiſtliche bis auf die vier pfarrherrn ausgezogen, hielt man kein geſang in keiner kirchen, ſondern verkündigte ihre bannbrief: das ließ ſich
der rath nit gemein nit irren. als ſie aber in ihren öffentlichen predigten dahin geriethen, daß ſie
den rath ſchmählich antaſteten und die gemein an ihn zu hetzen ſich unterſtuhden, auch ſonſt viel
unziemlicher reden auf der kanzel gebrauchten, die nirgends zu, als zu einer aufruhr dieneten, als
das ſie faſt in allen predigten fürbrachten, daß der rath dem römiſchen könig um 100 pfund löthigs
golds verfallen wär, und daß die gemein thörlich thäte, daß ſie dem rath ſo viel glauben gäb,
hat ſie der rath von ſolchen ungereimten reden abzuſtehen freundlich gebeten. als aber ſolches nichts bei
ihnen wollte verfangen, hat ſie ein rath zuletzt auch heißen ausziehen, allermeiſt darum, daß ihnen
von der burgerſchaft kein ſchmach widerführe und alſo der ſtadt nit zum unglimpf würde. hierauf
als nun auch die vier pfarrherrn ausgezogen waren, beſtellt der rath vier fremde prieſter, die
verrichteten alle gottesrecht mit ſingen und leſen: dazu dann die burger und ihre kinder halfen,
ſo viel ſie konnten. aus den drei bettelorden, obwohl aus mangel der proviant viel perſonen ausgezogen, ſo blieb doch der Convent und ſangen meß mit beſchloſſenen thüren auch zu oſtern, weihnachten, pfingſten und aſſumptionis Mariä. — die Carmeliter waren gleich anfänglich ausgezogen
und ließen das kloſter leer ſtehen, dieweil ſie macht haben, im dom zu predigen vor anderen orden.

König Ruprechts Absichten auf Worms. Des Papstes Innocentius VII. Ungnade.

Wiewohl aber die stadt Worms in diesem krieg der geistlichen sich wohl hätt können erwehren, so mußt sie doch allweg könig Ruprechts, welcher zu der zeit sehr mächtig war und gern an Worms gewesen wäre, ungnad besorgen, denn er den geistlichen gnädiger, dann der stadt, mit zwar darum, daß sie etwas wider ihn gethan oder ihm etwas versagt hätt (als er die stadt um 2000 fl. gebeten zu leihen, haben sie ihm noch 500 fl. darzu geschenkt, den krieg in der Wetterau zu vollführen) sondern daß er etlich jahr mit bischof Edharden, seinem successore — (Matthäus) und den Domherrn umgegangen, daß sie ihm sollten geben alle die freiheiten und rechte zu Worms, die ein bischof da hätt, damit etwa Worms sein eigen möchte werden. Dargegen wollt er einem bischof geben jährlich gült auf dem zoll zu Mannheim und Schriesheim, und solches mit bewilligung des pabstes, wie dann zweifels ohn solches geschehen wär, wo nit pabst, kaiser und bischof kurz auf einander von dieser welt abgefordert wären worden.

In diesem larmen ließen sich die geistlichen des banns nit genügen, denn man sich außerhalb des bisthums nit viel dran kehrte: derowegen sie einen brief herfür brachten, den nenneten sie carolinas litteras, gaben für, daß kaiser Karl IV. ihnen darin freiheit gegeben hätte, daß niemand wider sie thun soll; schickten hierauf ihre botschaft gen Rom an pabst Innocentium VII., erhielten bei demselbigen eine bull an den dechant zu St. Stephan zu Mainz, daß er die geistlichen zu Worms bei ihren freiheiten solle haudhaben und die burger durch den bann dahin zwingen, daß man ihnen ihre vermeinte freiheit hielt." Die Wormser „erboten sich des rechten, aber es half nit viel, sondern sie wurden immerfort verbannet. Derowahlben damit sie sich gewalts erwehrten, appellierten sie auch gen Rom, schickten eine stattliche legation von gelehrten und burgern, welche die streitpunkten fürbrachte, wie sie ihr advocat magister Heinrich Brettheim, ein geistlicher von Mainz, gestellt hat. aber man wollt sie nit hören, denn pabst Innocentius denen von Worms ungnädig war, der ursachen halben: zu der zeit, als die Wormser Neuhausen stürmten und plünderten, war er legatus Germaniae und lag allhier zur Tauben, sah und höret alles, wie es der zeit er gieng. nun war der dompropst indessen pabst kämmerer zu diesem mal, wie denn sonst auch andere canonici mehr zu Rom waren, die erinnerten den pabst dieser geschicht, daß er noch verbitterter ward und ihnen keine audienz geben wollte, sondern befahl noch ferner den ganzen handel Johann von Nassau, bischof zu Mainz, daß er die bänn, so über die von Worms vormals ergangen, ausführen und vollbringen solle. Es suchten die von Worms abermals hülf bei könig Ruprechten, vermeinten auch, er würde soviel bei den geistlichen erhalten, daß sie abthäten, was sie wider Worms gethan hätten. als er aber noch Worms auch zu Rom in bann bracht und alle sach hieraußen nach ihrem gefallen bestellt und die Wormser wohl hintergangen hatten, da sagt könig Ruprecht aller erst, daß es ihm nit gebühren wollte, sich der sachen anzunehmen. bischof Johann von Mainz, ob er schon vom pabst mandata empfangen hatte, die Wormser auch zu bannen, eilet er doch damit nit, sondern hielt eine gute zeit in. solches als die geistlichen vermerkten, hielten sie bei ihm mit ganzem ernst an, daß er seinem empfangenen befehl vom pabst wollte nachsetzen: darauf er geantwortet, was ihm der pabst befohlen habe, das wollt er gern verrichten, doch ließ er sie bitten, sie wollten ihm bewilligen, die von Worms ersuchen zu lassen, ob er die sach gütlich möchte richten und schlichten". Damit waren die geistlichen zunächst zufrieden. Aber wie frühere Verhandlungen zu Bingen und Elfville nicht zum Ziel geführt, weil die geistlichen merkten, daß Bischof Johann von Mainz der Stadt Worms sich annahm, damit sie nicht der Pfalz zufalle, so vermochte Bischof Johann erst nach Abhaltung mehrerer Tage, zu Tieburg und Weinheim, den Frieden zwischen der Stadt und ihrer Geistlichkeit zu vermitteln. „Die von Worms hielten mit ernst bei bischof Johannen von Mainz an, dieweil die sach an ihn gestellt, und er sich der sachen unternommen, wären sie

Bischof Matthäus und der sechste Vertrag oder die Pfaffenrachtung v. J. 1407.

tröstlicher Hoffnung, er sollte ihnen den bann aufthun, bis auf seinen ausspruch. aber die pfaffen waren heftig darwider und ließen das keineswegs passieren, schickten gen Rom heimlich andre legaten und erhielten den bischof von Würzburg zu einem richter. dem hat der pabst gewalt gegeben, daß er weltliche hülfe anriefe und daß er macht hätt, den könig und allermänniglich darzu zu bringen, daß sie der Wormser leib und gut möchten angreifen und sie mit dem schwert dazu zwingen, daß sie den pfaffen ihren willen thun müßten. als nun Worms in solcher gefahr stund und täglich überfalls sich besorgen mußte, schrieb sie an alle stätt am rheinstrom, desgleichen vielen grafen, rittern und edlen, auch dem stift Speier und Mainz, und beklagte sich dermaßen, daß sie sich für niemands mehr angriffs besorgte, den für dem pfalzgrafen. hierzwischen anno 1405 [14. Mai] stirbt bischof Edhard." (Flersheim, in Arnolds Ausg. der Wormi. Chron., S. 157.)

„Nach ihm (1405) wird zum bisthum Worms, dem pfalzgrafen zu gefallen, vom pabst präsentirt Matthäus, ein schuhmachers sohn von Cracau, welcher der zeit zu Rom war doctor theologiä, ein gelehrter mann, dann er zu Prag und Paris professor und antistes theologicä scholä gewesen, hernachmals kaiser Ruprechts confessionarius und ein guter prediger, daher er denn letzlich zum bisthum Worms kommen. ist von könig Ruprechten gen Pisa aufs concilium geschickt worden. hat viel bücher geschrieben. dieser als er von Rom kam gen Heidelberg, schickt er seine botschaft gen Worms, insinuirt ihnen eine bull, so vom pabst empfangen und ließ an die von Worms gesinnen, daß sie ihn zum bischof empfangen wollten, ob er schon der zeit. dieweil die stadt bannirt, nit im sinn hätt, in Worms zu kommen. darauf ward ihm bescheid, es könnte eine stadt nach gelegenheit vom handel nit wohl zur sachen thun; doch wenn er der stadt ihre freiheiten bestätigt, besiegelt und geschwüre und der stadt thäte, was er billig thun sollte, auch andre vor ihm gethan hätten, so wollte eine stadt hiergegen wiederum, fürnehmlich weil sie ihn als einen gottliebenden biedermann hörte rühmen, auch thun, was sie sollt und einem andern bischof vor ihm gethan hätte. also schied man der zeit freundlich und in güte von einander. nit lang hernach ließ er sich vernehmen, er wollte gar keinen brief wie seine vorfahren besiegeln; es hätte auch bischof Edhard mehr besiegelt, als er sollt. darauf ihm die von Worms zu entboten, sie wollten sich lassen begnügen, wenn ers in der form thäte, als zween oder drei vor Edhards gethan hätten. aber es war ihm auch nit gelegen." *) Der Bischof wollte in seinen Reversen eine Bestimmung bringen, wodurch er in allgemeiner Fassung die Rechte des Stifts und des Klerus wahrte, aber hierauf vermochte der Rath nicht einzugehen. Damals versuchte der Bischof in der oben angedeuteten Weise (S. 14.) die Zünfte vom Rath abwendig zu machen und durch diese den Rath zu besiegen; aber an den bischof wurde jenes Schreiben geschickt, aus dem die Treue der Zünfte gegen ihre Obrigkeit, den Rath, hervorleuchtete.

Nach vielen Verhandlungen wurde zwischen beiden Parteien vom Kaiser Ruprecht im Jahre 1407, Samstag vor Margaretha, unter Mitwirkung des Erzbischofs Johann von Mainz, Grafen zu Nassau, ein neuer Vertrag abgeschlossen, der die Pfaffenrachtung genannt wird. In derselben befinden sich in Betreff des Ungelts folgende Bestimmungen, die hier in modernisirter Fassung gegeben werden: „Wir Ruprecht x. haben entschieden, daß die Burgermeister und der Rath zu Worms den vorgenannten Matthäum, Bischof zu Worms, freundlich sollen bitten, daß er ihnen wolle gönnen, daß die Minderung der Weinmaße, die daselbst zu Worms geschehen ist, diese nächste sieben und zwanzig Jahre nach Datum dieses Briefs also verbleibe, und er soll ihnen auch ihre Bitte gewähren." „Von des Weinschanks wegen haben wir entschieden: was die Pfaffheit

---

*) Flersheim, s. Arnolds Ausg. der Wormi. Chron., S. 158, 159.

zu Worms sämmtlich oder sonderlich Weins hat oder gewinnt, der zu den Stiften, Pfründen, Präsentien oder Beneficien gehöret, die in der Stadt zu Worms gelegen sind, oder was ein Priester oder Cleriker, der zu Worms beneficirt ist, Weins hat und gewinnt, die Weine wachsen innerhalb oder außerhalb des Bistums zu Worms, denselben Wein mögen sie zu einer jeglichen Zeit frei ein- und ausführen, und den auch mit dem alten Maß schenken — und sollen davon kein Ungelt, Zölle oder ander Beschwerniß zu geben schuldig sein - und dieß soll zu ewigen Zeiten also bestehen und gehalten werden." Darauf folgt die Bestimmung, daß die Geistlichen von auswärtigen Beneficien oder erkauften Privatgütern keinen Wein in die Stadt führen, doch mit der Altmaß schenken dürfen, ohne ihn zu versteuern, wie die Bürger. Doch wird dann weiter bestimmt: „Wäre es auch, daß ein Domherr und andere geistliche Personen ein gut Stück Elsäßer, Rheinischen oder andern guten Wein kaufen wollte, das mag er thun, und demselben Wein auch frei und ohne Zoll und Ungelt gen Worms führen, doch also daß keiner solchen Wein verzapfe oder sonst verkaufe. Geistliche, die nicht Weingülten oder Weinwachs haben, die mögen wohl Wein kaufen zu ihrer und ihres Gesindes Nothdurft — und auch dieselben Weine allezeit frei zu sich einführen. „Wäre es auch, daß ein armer Vicar oder Priester guten Weinwachs hätte, der zu seinem Beneficio, das in Worms gelegen wäre, gehörte - denselben guten Wein mag er wohl verkaufen und mit der alten Maß verschenken ohne Ungelt, doch seinem gesind andern gemeinen Wein ohne allerlei Gefährde kaufen, davon er auch kein Ungelt oder andere Beschwerniß geben soll." Nach den folgenden Bestimmungen sollen die Geistlichen von der Abgabe von 4 Hellern, welche die Bürger auf jedes Malter Korn, das aus der Stadt verkauft wurde, gesetzt hatten, befreit sein. Auch sollen die Müller oder Bäcker, welche für die Geistlichen mahlen oder backen, von der Stadt nicht besteuert werden dürfen. Die übrigen Artikel enthalten noch Bestimmungen über die Streitpunkte zwischen dem Bischof und der Bürgerschaft, die erst beseitigt werden mußten, ehe der Bischof seinen Eintritt in die Stadt halten und die Huldigung empfangen konnte. - So „ist der Stadt eine gute Feder gerupft worden", bemerkt dazu die Wormser Chronik.*)

Als unter dem Nachfolger des Bischofs Matthäus, Johann von Fledenstein, der bei der pfälzischen Politik seiner Vorgänger verharrte, abermals Reibungen zwischen Bisthum und Stadt entstanden waren, kam am 8. Sept. 1424 durch Vermittelung der Kurfürsten von der Pfalz und von Mainz ein Vergleich zu Stande, wodurch die Stadt genöthigt ward, die Bestimmungen des Vertrags vom Jahre 1407 sich alljährlich vom Bischof in Erinnerung bringen zu lassen: auf Martini jedes Jahres sollte die Pfaffenrechnung in Gegenwart der Vertreter des Bischofs und des Domcapitels dem Rath und den Zünften verlesen werden. „Dieser aber er sahe, daß kaiser Ruprechts vertrag v. J. 1407 gar wohl mit der pfaffheit dran war und ihr autorität wohl erhöhet" - erzählt Zorn in der Originalhandschrift — „hat 1424 einen beicht zu wegen bracht, daß kaiser Ruprechts brief jährlich auf allen zünften ein mal soll gelesen werden, er ist in zeit seines lebens in den bischöflichen amt gen Worms nit kommen, nit allein dieweil er mit dem rath und burgerschaft seiner einführung halben in widerwillen gerathen, sondern auch dieweil stadt Worms ihm zu wider einen thurn hat angefangen." Weil die Geistlichkeit mit Mißgunst auf diesen Thurm sah, der in der Nähe des bischöflichen Palastes erbaut worden, wurde er Neidthurm genannt. „Es ist auch von bischof Conraden zu Mainz und pfalzgraf Ludwigen zwischen dem bischof Johann und der stadt Worms zu Bensheim ein vertrag aufgerichtet worden, darin zugelaßen, obgenannten brief Ruperti jährlich zu lesen und dem bischof den zoll alten gebrauch nach

---

*) Schannat, hist. epise. Worm. II. 210—224. Arnold, Verf.-Gesch. 2., 437—440.

Vorläufige Wiederherstellung der Privilegien der Freistadt Worms durch Kaiser Friedrich III. 1442, 1455.

anzuheben, doch daß die burger höher nit gesteigt werden. auch hat die stadt demmals ein neu insigel (gerichtssigel) graben lassen. das hat sie müßen hinweglegen. (Jorns Original.) Durch den gedachten Vertrag wurde auch bestimmt, daß die stadt den bischof Johann nach dem Vertrage v. J. 1366 schirmen solle und demselben Zölle und Frohnwage lasse.*)

Hatten unter der Regierung der Kaiser Wenceslaus und Ruprecht die Beziehungen der Stadt Worms zu den benachbarten Städten, insbesondere zu Mainz und Speier, und die Unterstützung des Erzbischofs von Mainz die Stadt Worms gegen die Gelüste der Pfalzgrafen, Worms zu ihrer Hauptstadt zu machen, geschützt: so gebührt dem Kaiser Friedrich III. die Anerkennung, daß er Worms als Reichsstadt dem Reiche erhalten und sowohl der Vergewaltigung der Bischöfe von Worms als auch der Pfalzgrafen enthoben hat. „Anno 1442 [20. Aug.] ist kaiser Friedrich III. gen Worms kommen zu roß mit 800 stark, ist ihm ein bürgermeister mit drei rathspersonen und vierzig reutern in ihrem harnisch entgegengeritten. Die stadt verehrt ihm drei zuber bodenheimer weins, hundert malter habern, eine silberne übergüldt flasch, geformet als eine muschel zu beiden Seiten, und war die eine muschel erhaben, die andere aber geneigt, soll 138 fl." (Flersheim.) Schon vor der Ankunft in Worms und vor der Huldigung hatte Friedrich III. von Frankfurt aus Privilegien der Stadt bestätigt, und den Bau eines Gebäudes, das eine halbe Meile von Worms am Rhein aufgeführt werden sollte, untersagt, weil zu besorgen war, „daß das in künftigen zeiten ein burgliche bau werden, der an andere Haude kommen möchte, dadurch uns und dem Reich die stadt Worms abgedrungen und entfremdet werden, auch andere Leute davon Schaden nehmen möchten." (Arnold, Verf.-Gesch. 2. 448.) Nochmals bekräftigte er als römischer Kaiser alle Rechte der Stadt. „Hat erwählter kaiser Friedrich III.** der stadt Worms viel gutes gethan, ist auch oft mit großer herrlichkeit daselbst gewesen und die stadt mit großen freiheiten begabt, und sonderlich hat er die verträg, so etwan mit den geistlichen, gemeiner stadt zu nachtheil, aufgericht worden, nach ernstlicher inquisition und erkundigung aufgehoben und caßiert, hat aber nit lang gewährt." (Jorns Originalhandschrift.) Das kaiserliche Privilegium vom J. 1455 bestimmte, daß weder eine geistliche noch eine weltliche Person einen Hof, eine Wohnung oder liegende Güter, in der Stadt und ihrem Burgbann gelegen, kaufe ohne Bewilligung des Bürgermeisters und Rathes, es sei denn, daß sie von diesen Erwerbungen, wie die Bürger der Stadt, Abgaben geben wollten. Ferner ward bestimmt, daß, wenn einem Geistlichen Höfe, Wohnungen oder liegende Güter in Folge einer Erbschaft oder wegen einer verfallenen Schuld zufallen, derselbe „da von thäte, was einem bürger der stadt zu thun gebühret, oder sie binnen Jahresfrist einem Bürger verkaufe." Ueberdies erkannte der Kaiser der Stadt das Recht zu, „Gesetz und Ordnungen zu machen, doch uns und dem heiligen Reich an unser Oberkeit und Rechten und sonst männiglich an seinen Rechten und Gerechtigkeiten unvergriffenlich."

Den Rückhalt, den die Stadt bei dem Kaiser Friedrich III. fand, veranlaßte Bischof Reinhard von Sickingen, der des Kaisers Freund und nicht dem Pfalzgrafen ergeben war (1445—1482), mit der Stadt im Frieden zu leben und vor seinem Eintritt, wenn auch mit Widerstreben, der Stadt einen Revers auszufertigen, worin er derselben ihre Freiheiten und insbesondere solche Gerichte bestätigte, „die der Rath und die Sechzehn von Worms bis auf diesen heutigen Tag gethan hant, die Sechzehn nun auch zu dem Rath und dem Gericht gehörend." (Arnold, Verf.-Gesch. 2. 450.) Ueber reformatorische Kundgebungen, die in Worms ein halbes Jahrhundert vor

---

* Schannat, hist. episc. Worm. II. p. 233.
** Am 5. Mai 1455, s. Arnold, Verf.-Gesch. B. 2, S. 449.

20   Dr. Johann Ruchrath von Oberwesel, Reformator zu Worms vor Luthers Kirchenreformation.

Luthers Reformation unter Bischof Reinhard von Sickingen Aufsehen erregt haben müssen, erzählten Zorn und Flersheim. „Es hat auch dieser bischof einen prediger im domstift, einen sehr gelehrten, beredten mann, mit namen magister Eucharius de Wessalia superiori,*) welcher als er etliche fehl und mängel freudig gestraft, ist ihm der bischof abhold worden und hat ihn der stadt prädicatur entsetzt. hierzwischen hat ihn ein doctor von Prag gesucht, welcher ihn verdächtig gemacht, als wenn er ein Hussit wär, dieweil er vormals gelehrt, daß der mensch lauter aus gnaden durch den glauben seelig würde, item daß der freie will ein erdicht ding wäre, item daß auch der pabst-primat nichts wär. derhalben hat ihn der inquisitor haereticae pravitatis M. Gerhardus de Elten gen Mainz citiert und zu red gestellt, ihn als einen ketzer, doch fälschlich und ohnverschuldt ad perpetuos carceres damnirt. ist doch, nach dem, wie etliche schreiben, er revociert hat, aus fürbitt den Carmelitern über antwortet worden, bei welchen er nit lang geseyn hat." (Aus der erweiterten Zorn'schen Chronik.) Flersheim fügt ergänzend hinzu: „Anno 1470 – ist Johannes Ruchard von Oberwesel, ein doctor der heiligen schrift und prediger zu Worms, als ketzer examiniert, verdammt und zum widerruf gedrungen worden, und sind seine Bücher verbrannt worden aus Anordnung herrn Diethers erzbischofs zu Mainz, dazu ihn dann die ketzermeister fast nöthigten; denn, dieweil er nach seines widerparts**) tod zum erzbisthum mit großer mühe wieder kommen war, bedrohten sie ihn mit des pabstes ungnaden. Ruchard ist in das Augustinerkloster, darinnen buß zu thun, verwiesen worden, aber bald darin vor leid gestorben. Unter den Artikeln, um welcher willen er verdammt und die er zu widerrufen ist gedrungen worden, sind auch diese gewesen: 1. die bischof und prälaten haben nit macht, neue gesetz zu stellen, sondern sollen beim evangelio bleiben und dies allein lehren und treiben, das unser herr Christus gelehrt und befohlen hat, Matth. 28. 2. der heiligen schrift auslegung soll allein aus der heiligen schrift genommen und also ein spruch und text durch den andern erklärt werden, und daß man keinem lehrer oder auslegung wider die heilige schrift glauben und annehmen soll. 3. die indulgentien und päbstliche abläß sind nichts. 4. unser herr Christus hab keine faiten unterschied der speis geboten. 5. hab s. Petrus die faiten eingesetzt, so hab ers vielleicht gethan

---

* Johann Ruchrath von Ober-Wesel, ein Freund des Johann Wessel aus Gröningen, war Professor in Erfurt, dann Prediger in Mainz und Worms. Er kämpfte auf der Grundlage augustinischer Theologie gegen das kirchliche Herkommen: „denn sieben die Auserwählten von Ewigkeit her im Buche des Lebens, so kann ihren Namen kein Bannfluch tilgen, kein Ablaß hineinsetzen, keine Probehaltung bloß menschlicher Satzungen, mit denen die Kirche beschwert ist, sie fördern." Er predigte das alleinige Heil im Glauben an Christum. Der kirchlichen Transsubstantiationslehre setzte er die Impanations- oder Consubstantialitätslehre entgegen, die Pabst Gelasius, † 496, also ausspricht: res non desinit substantia vel natura panis et vini. Im Dogma von der Kirche spiritualisirte er. Gegen das kirchliche Fastengebot schrieb er „de jejunio', gegen den Ablaß „de indulgentia', gegen die Hierarchie „de potestate ecclesiastica'. „So lange die Behauptungen Wesel's sich nicht an's Volk wandten, konnten sie unter günstigen Verhältnissen als Schulmeinungen geduldet werden. Aber Johann von Wesel, der den Papst verachtete und Christum lobte, ist von den Dominikanern in Mainz angeklagt und als Ketzer verurtheilt worden." Durch Alter und Krankheit gebeugt, wurde er zum Widerruf gezwungen, seine Schriften verbrannt; er selbst wurde 1479 in ein Kloster gesperrt und daselbst in Gefängniß gehalten, bis 1481 der Tod ihn befreite. Hase, Kirchengeschichte, § 292. Ullmann, Reformatoren vor der Reformation, B. 1, S. 367 ff.

** Gemeint ist Erzbischof Adolph von Nassau. Diether von Isenburg ward schon 1459 Erzbischof von Mainz, wurde 1461 von Papst Pius II. abgesetzt, und an seine Stelle wurde Adolph, geborner Graf von Nassau, zum Erzbischof von Mainz gewählt, der, nachdem er unter der Mainzer Bürgerschaft Zwietracht und Verrath gesäet, mit Heeresmacht in der Nacht vom 27. bis 28. October 1462 die Stadt Mainz überfiel, nach allen Gräueln der Eroberung ihrer Freiheiten beraubte und zur bischöflichen Residenzstadt machte. Nach Adolphs Tod wurde der früher vom Papste abgesetzte Diether wiederum Erzbischof.

Bischof Johann III. Kämmerer von Dalberg und Pfalzgraf Philipp.

der urfach halben, daß er feine füch defto beffer verlaufen möchte. 6. die gen Rom wallen, find narren, denn fie hätten eben das zu Worms gefunden, das fie dort gefucht haben. 7. Item ob fei nirgend in der heiligen fchrift ausgedrückt, daß der heilig geift vom fohn ausgehe. Den proceß haben die zween gelehrte und gottfelige männer der h. fchrift doctores Engelinus von Braunfchweig und Johannes Kaifersberger mit gebilligt." (Flersheim, in Arnolds Ausg. der Wormf. Chron. S. 180, 189, 190.)

Dem Erzbischof Adolph von Mainz war gelungen, was die Pfalzgrafen in Worms an ftrebten. Jener hatte im October 1462 die Stadt Mainz durch alle Schrecken einer Belagerung, Eroberung und Plünderung fich unterthan und zu feiner Haupt- und Refidenzftadt gemacht. Nachdem in Folge diefer Vernichtung der Selbftändigkeit der Stadt Mainz die Stadt Worms der Hülfe diefer ihr früher verbündeten Stadt verluftig geworden, konnte nach dem Tode des milden und friedfertigen Bifchofs von Worms, Reinhard von Sickingen (1482), der zu der Stadt und zum Kaifer in freundlichen Beziehungen ftand, Pfalzgraf Philipp hoffen, im Einverftändniß mit einem zu ihm haltenden Bifchof von Worms die Stadt zunächft diefem und dann fich felbft zu unterwerfen. Diefer Plan wäre verwirklicht worden, wenn nicht die Kaifer Friedrich III. und Maximilian I. der von allen Bundesgenoffen verlaffenen Stadt wirkfamen Beiftand geleiftet hätten.

Zorn felbft berichtet über die durch Kurpfalz der Stadt Worms bereitete Nothlage. „Nach tod bifchofs Reinhardi (1483) fchickt pfalzgraf Philipp feine räth an das capitel hieher, dafelbig zu bitten, daß das capitel wollt einen wählen, der edel, aus der Pfalz geboren, gelehrt, eines fürnehmen anfehens, der auch fonft in wichtigen fachen zu brauchen wäre, damit er **Johann kämmerer von Dalberg**, domprobft und der Pfalz kanzler gewefen. Ift alfo zum bifchof erwählt worden noch fehr jung, ein gelehrter mann in griechifcher, lateinifcher und hebräifcher fprach und der gelehrteften Männer, fo der zeit gelebt. Zwifchen diefem bifchof und der ftadt hat fich bald eine zwietracht angefponnen von wegen des eids, welchen er vor dem Einritt fchwören follte. Diefes einritts halben ift die ftadt, ob fie fchon, größeres ungemach zu verhüten, dem bifchof in etlichen punkten feines gefallens willigen müffen, bei pfalzgraf Philippen in folche große ungnad kommen, daß er ihnen die bach abgegraben, nit in die ftadt bringen laffen, die burger auf den ftraßen gefchlagen, beraubt, gefänglich eingezogen und aufs feindfeligft mit ihnen umgegangen." „Als nun der rath feine gefandten gen Heidelberg gefchickt zu bitten, daß man fie zu verantwortung wollt laffen kommen, hat man fie erftlich nit verhören wollen, bernach, als fie gehört worden, haben die räth geantwortet, daß der pfalzgraf zu einem abtrag haben wollt 10000 fl. Demnach aber diefes den Wormfern zu erlegen unmöglich, ift mit großem fleiß, mühe und arbeit die fach dahin geleidingt worden, daß die ftadt dem fürften geben follt 5000 fl., darzu in feinen fchirm kommen und jahrs 3000 fl. zu fchirm geben. Mit ihm — Johann von Dalberg — ift eingeritten pfalzgraf Philipp, aber in der ftadt nit blieben, und hats der bifchof dahin bracht gehabt, daß der rath im einritt feine farb führet, nämlich gelb, fchwarz und graue ftrich in rothem kleid. Ihm hat die ftadt verehrt ein vergüldten Becher auf 100 fl., 1 fuder wein und 30 malter habern." (Flersheim in Arnolds Ausg. d. Wormf. Chronik, S. 191, 192.)

Die Stadt Worms erfuhr diefe Behandlung, weil fie fich weigerte, daß der Rath dem Bifchof Johann von Dalberg den von diefem geforderten Huldigungseid fchwöre, durch den der Rath im Namen der Gemeinde dem Bifchof und dem Stifte als dem Herrn der Bürgerfchaft fchwören follte, obgleich es bis dahin gebräuchlich war, daß in dem Huldigungseide die Stadt ausdrücklich eine freie Stadt genannt wurde, die vom Reich gefreiet und gefüftet ift, und obgleich

22   Der vom Bischof Johann von Dalberg der Stadt Worms aufgenöthigte Huldigungseid 1483.

nur der Rath dem Bischof den Eid leistete, während die Bürgerschaft dem Rathe und dem Kaiser schwur. Die Chronik stellt drei Formen des Eides zusammen: 1. die altherkömmliche, 2. die von Joh. von Dalberg geforderte, 3. die endlich durch die genannten Vermittler zwischen dem Bischof und der Stadt, in der Noth und Verlassenheit derselben, vereinbarte Huldigungsform. „Forma des eids, welcher bräuchlich von alters her gewesen dem bischof zu schwören: Wir burgermeister und rath in unser freien stadt Worms schwören dem ehrwürdigen in Gott vater, herren N. unserm bischof zu Worms, der hie zugegen steht, also hold und getreu sein, als von recht eine frei stadt, die von dem reich gefreiet und gefüritet ist, sein soll, und seine schaden zu warnen, ohn alle arge list und gefährd, so uns Gott helfe und alle heiligen." Forma des eids nach bischof Dalbergers meinung: Was wir burgermeister und rath der stadt Worms, von der ganzen gemein wegen, dem ehrwürdigen in Gott vater, herren Johansen unserm lieben Herren und bischof zu Worms, hiezugegen stehend, und dem stift getreu sein und sie vor ihrem schaden warnen und all ihr recht und freiheit handhaben und schirmen wöllen, ohn alle arge list, als schwören wir, als uns Gott helfe und die heiligen.

Dieser bischof hat auch wöllen haben, daß ihm die gemein auch schwören soll, dieweil es aber nit also herkommen war, wollt es der rath zuvor nit ändern, so wollt es auch die gemein nit thun. In dem ratheid wollt er auch nit zulassen das Wort unser freien stadt Worms. Denn er wollt nit, daß der rath gegen ihn sagte „unser stadt oder freistadt", somit gönnt er dem rath wohl, also zu sagen und zu schreiben an allen enden, auch gegen ihn, ausgenommen im eid. Er wollt auch nit, daß Worms eine freistadt wär gegen ihm, doch ließ er nach, daß es eine gefreite stadt wäre, aber nit ganz frei. Stellt derowegen eine neue formam juramenti: Wir burgermeister und rath der stadt zu Worms geloben und schwören dem ehrwürdigen in Gott vater, unserm Herren, Herren Johansen, dem bischof zu Worms, hiezugegen stehend, getreu und hold zu sein und ihn vor seinem schaden zu warnen, ohn alle gefährd und arge list. Tiß müßten nun der rath beißen, denn der bischof auf seiner seiten den pfalzgrafen, den bischof von Mainz, den markgrafen von Baden, alle gelehrte treffliche ritterschaft im land; Worms aber niemands, denn der städt Basel, Straßburg, Speier und Frankfurt freund hatte, welche auch aus furcht der satzen die schell nit wollten anhängen." (Fleroheim, Arnolds Ausg. d. Wormj. Chron. S. 192—193.) In dem vereinbarten Huldigungseide hatte zwar der Rath nicht im Namen der Bürgerschaft, auch nicht dem Stifte geschworen, allein der Bischof hatte darin den Namen „Herrn" erhalten und die Stadt die Bezeichnung: „eine frei stadt, die von dem reiche gefreiet und gefüritet ist", verloren. Unter diesen Umständen konnte im Nov. 1483 Bischof Johann von Dalberg vor seinem Einritt in die Stadt, auf dem freien Felde vor Worms, als der Rath die Farben des Bischofs, gelbe, schwarze und graue Striche im rothen Kleide, führte, recht wohl die materiellen Rechte der Stadt bestätigen; denn sie waren nun nahezu seinen eigenen; die Stadt aber stellte sich am 9. Dez. 1483 gegen Zahlung einer jährlichen Summe in den Schirm der Pfalz. Hatte sie nur die Wahl, ihre Beherrscher zu wechseln? Am 10. Nov. 1483 war Luther geboren!

Johann von Dalberg und Pfalzgraf Philipp hatten durch den bewaffneten Angriff auf die Stadt, wie durch den der verlassenen Stadt abgerungenen Huldigungseid auch die Rechte des Kaisers verkürzt, und Friedrich III. besaß die erforderliche Zähigkeit, um die Frei- und Reichsstadt Worms nicht wie die Stadt Mainz dem Reiche rauben und zu einer Land- oder Bischofsstadt, sei es durch den Bischof, sei es durch den Pfalzgrafen, machen zu lassen. Nur konnte der Kaiser, der im Reich aller Orten den- nach völliger Selbständigkeit strebenden Territorialherrn in seiner Weise Widerstand leisten mußte, nicht sogleich Abhülfe schaffen. Aber im Jahre 1487 scheint er die

Worms zur Ausdauer gegen die Vergewaltigung des Bisthums aufgefordert zu haben. „Hat in gemeldtem jahr den 23. Octobris kaiser Friedrich aus Nürnberg denen von Worms ernstlich befohlen, dem bischof und pfaffheit auf vermeint unförmlich verträg weiter keinerlei gelübd, eid noch gehorsam zu thun, sondern auf den kaiser ihren rechten herrn warten und ihr aufsehen haben." (Flersheim.) Und Friedrich ließ nicht mehr lange auf sich warten. Das Osterfest des Jahres 1488 verbrachte er in Worms und sah mit eignen Augen, wie die Stadt vom Bischof und vom Pfalzgrafen vergewaltigt worden war. „In diesem jahr hat kaiser Friedrich III. den 24. tag decemb. zu Innsbruck denen von Worms ein stattlich privilegium der verfallenen häuser und bau an die stadtmauer, auch andrer sachen halben geben." (Flersheim.) Darnach durfte der Magistrat verfallene Häuser der Stadt, die binnen Jahresfrist nicht aufgebaut wurden, an den Fiscus ziehen; niemand durfte auf Stadtmauer, Gräben oder Zwinger bauen oder Ausgänge darin anlegen; niemand durfte um bürgerlicher Sachen willen einen Bewohner der Stadt vor ein geistliches Gericht ziehen; der Bischof durfte Bürger, die in die Stadt aufgenommen waren, nicht mit Aemtern oder Dienstbarkeiten beschweren; die Stadt durfte richten über Todtschlag, Frevel und Friedensbruch und den Verbrecher auf drei Meilen umher verfolgen. Bei seinen Angriffen auf die Bürgerschaft wurde nun aber der Bischof unterstützt von den in der Bürgerschaft allezeit Parteiungen anzettelnden Inhabern der Münze, den sog. Hausgenossen, die bischöfliche Vasallen und von dem Rathe nicht abhängig waren. „Anno 1489 *) hat der rath zu Worms von kaiserlicher majestät die bewilligung erlangt wieder die, so man die hausgenossen oder münzjunkern (welche dem bischof verpflicht) nennet, damit ihnen an ihren privilegien, so sie von kaiser Friedrichen und andern gehabt, abbruch gethan. **) als sie sich aber auf ihre alte freiheiten beriefen und an kais. maj. appellirt, haben die von Worms die hausgenossen mit weib und kind zur stadt hinausgejagt, welche auf Michaelis gen Neuhausen kommen, da sie denn aufgenommen und fast 1½ jahr verharret sind. mittlerweil als der kaiser anderst berichtet worden, hat er den von Worms befohlen, sie wieder bis zu anstrag der sach, die er graf Eberhard von Wirtemberg befohlen, einzunehmen. darauf sie denn von kaiserlicher majestät zu beiden theilen in der gült vertragen, aber hernach anno 1491 um Michaelistag hat der rath zu Worms alle freiheit, privilegia, rechte, gerechtigkeit der Hausgenossen sampt der alten münz von ihnen um 300 fl. erkauft. ist also der span, so zwischen dem rath und hausgenossen sich bishero über die 200 jahr erhalten, gänzlich aufgehoben worden." (Erweiterte Zorn'sche Chron., Arnolds Ausg. S. 196, 197.) Diesem Vergleich ging ein kaiserlicher Erlaß vom 28. Juni 1491 voraus: „Damit die Stadt Worms, so eine alte würdige Stadt und allezeit an dem Reiche gewesen und dem getreulich und nützlich gedient hat, — bei uns und dem heiligen Reich bleiben und desto stattlicher gedeihen möge, ordnen wir, daß Bürgermeister und Rath in der Gesellschaft der Münzer Ordnungen und Satzung zu machen Gewalt haben, auch fürohin Münzer und Hausgenossen in ihre Gesellschaft ohne Bürgermeister und Raths willen Niemand aufnehmen und sich zu Aemtern der Stadt, wenn sie von Bürgermeister und Rath dazu aufgefordert werden, gebrauchen lassen." (Arnold, Verf. Gesch. 2. 468.) „Ihre gesellschaft wurde abgethan, darauf sie, gleich andern leuten, haben zünftig müssen werden." (Flersheim.)

*) Nach dem Datum der Ausfertigung der kaiserlichen Verordnung schon am 11. Dez. 1488; vgl. Arnold, 2. 467.
**) Kaiser Friedrich III. decretirte, weil die Münzer und Hausgenossen sich der Obrigkeit der Stadt entzögen, was der Kaiser, dem die Stadt ohne Mittel unterworfen und zugehörig sei, nicht dulde, so solle die Stadt die Münzer im Gehorsam halten, wie er, was dawider sei, aufhebe.

24 Aufhebung aller der Stadt nachtheiligen Verträge zwischen Bischof und Stadt durch Kaiser Friedrich III. 1489.

Um aber für die Stadt Worms einen neuen Rechtsboden zu schaffen, that Kaiser Friedrich III. den kühnen Schritt, ebenso wie im Jahre 1233 Friedrich II. dem Bischof zu Liebe die unter den salischen und hohenstaufischen Kaisern erworbenen Rechte, trotz langen Bestandes anthob, nunmehr im Jahre 1489 auf den Rechtsboden vor 1233 zurückzulehren und alle von den Bischöfen durch Bann, Interdict und andere Erpressungen und Vergewaltigungen der Stadt abgenöthigten Verträge zu cassieren, „und sonderlich", sagt des Kaisers Mandat, „den letzten Eid, so Bürgermeister und Rath der Stadt dem ehrwürdigen Bischof Johann, unserm Fürsten und lieben Andächtigen, uns und dem heiligen Reich zu ganzem unbilligem Nachtheil o h n u n s e r W i s s e n u n d V e r w i l l i g e n gethan". Allein während der bis zu des Kaisers Tod sich hinziehenden Verhandlungen zwischen Bischof und Kaiser machte die Stadt noch keinen Gebrauch von der für sie günstigen Declaration des Kaisers, sondern gestattete zunächst dem Bischof alljährlich nach herkömmlichem Brauch die Ernennung der Mitglieder des Raths und des Gerichts und des Bürgermeisters der Gemeinde, vermuthlich deshalb, weil sie in den Worten des Kaisers nur eine theoretische Wahrung der uralten Rechte der Stadt sah und fürchten mußte, daß sie, wenn sie zu ungeeigneter Zeit von der neuen Vergünstigung des Kaisers ohne dessen thätige Hülfe Gebrauch mache, ihren Gegnern, insbesondere dem Pfalzgrafen, erliegen müsse. Aber schon im Jahre 1493, kurz nach Kaiser Friedrichs Tod, ordnete die Stadt nach Jorns Bericht selbst den Rath für das folgende Jahr: „In diesem jahr [1493] ließ man die neuner in ihrer ordnung bleiben" sie bestimmten also nach dem unter ihnen üblichen Wechsel den aus den Geschlechtern zu ernennenden Bürgermeister — „und küret der rath 20 ehrbar manu", — d. h. 16 für den jährlich wechselnden rath und 4 für den beständigen rath statt der diesmal wegfallenden sog. 4 bischofsleute — „und einen aus denselben zu bürgermeister auf donnerstag nach Michaelis, und am freitag frühe läutet man die h o g l o d, und wurden auf der n e u e n m ü n z genannt b u r g e r m e i s t e r Hans Baumann und Johann Wölge. schultheiß Johann Curich, ward auch eine n e u e i d s f o r m f ü r d i e r a t h s p e r s o n e n gestellt". (Erweit. Jorn'sche Chron., Arnolds Ausg. S. 190.) Hierdurch setzte sich die Bürgerschaft auf Grund der kaiserlichen Declaration über den unzweifelhaften, wenn auch erzwungenen Rechtsbestand der letzten 260 Jahre hinweg, und hoffte, daß der junge König Maximilian, um sich die Stadt als Reichsstadt zu erhalten, dieselbe thatkräftig schützen werde. Maximilian erkannte alsbald die Privilegien der Stadt an (14. April 1494). „Anno 1494 13. tag des brachmonats [Juni] ist kaiser Maximilian und sein gemahl Maria gen Worms kommen, haben die herren des rath ihm geschenkt mehr denn 4 fuder wein, 120 malter habern, 2 salmen, 40 stück fisch, item zwo schöne vergüldte scheuern,*) dem könig eine für 150 fl., der königin eine für 115 fl. samstag hernach ist seine majestät auf die neue münz gangen und von rath und gemein, so sie untergestanden, huldigung empfangen." (Erweit. Jorn'sche Chron., Arnolds Ausg. S. 190.) „A l s d u r c h d e n r ö m i s c h e n k a i s e r a l l e v e r t r ä g z w i s c h e n d e m b i s c h o f u n d p f a f f h e i t u n d d e r s t a d t W o r m s a b g e t h a n waren laut einer Declaration, und dieselb durch den römischen könig confirmirt, [am 25. Aug. 1494. vgl. Moritz, app. doc. 205] haben die räthe zu Worms in kraft der stadtfreiheiten sich selbst besetzt;**) desgleichen schultheiß, grafen und richter an das gericht erwählt, die 4 bischofsmänner abgesetzt, auch das weltlich gericht aus dem gewöhnlichen Ort, nämlich aus des bischofs hof, auf die alte münz gelegt und transferiert, desgleichen jetzt bemeldts jahrs auf den zunfthäusern den brief***) könig Ruperti zu lesen abgestellt.

*) „Scheuer" ist ein Becher, besonders Doppelbecher, wofür man auch „die Scheure" sagte.
**) Schon am 8. Oct.: pridie beati Francisci, nach Jorn.
***) D. i. die sog. Pfaffenrechnung vom J. 1407, vgl. oben S. 17 u. 18.

darüber die stadt Worms mit der pfaffheit in einen neuen hab gerathen". (Erweit. Zorn'sche Chron., Arnolds Ausg. S. 201.)

Aber bald gelingt es dem Bischof, dem König Maximilian nachzuweisen, daß die Declaration Friedrichs III. vom J. 1489 und Maximilians Confirmation derselben vom J. 1494 gegen das durch rechtlich gültige Verträge begründete Herkommen von mehreren Jahrhunderten verstießen, und des Königs Räthe erließen schon am 23. December 1494 zu Antwerpen ein Urtheil, durch welches erkannt wurde, daß die Erlasse Friedrichs und Maximilians und das auf dieselben sich stützende Vorgehen der Stadt Worms die bestehenden Rechte des Bischofs verletzten. Gleichwohl gibt Maximilian die Rechte der Stadt nicht auf; dieselbe soll Reichsstadt bleiben, und nachdem des Bischofs Recht an erkannt worden ist, sollen weitere Verhandlungen zwischen Bisthum und Stadt zu einem billigen Vergleiche führen. Aber während Maximilian 1495 in Worms war, „hat der rath abermals der stadt ämter erlegt, die hofglod läuten und auf dem neuhaus oder münz mit folgenden worten lassen ausrufen: lieben freund, nach alten löblichen freiheiten, dieser stadt Worms von römischen königen und kaisern gegeben, und auf kaiserliche declaration und königliche confirmation sind der stadt amt geordnet und gesetzt, zu bürgermeistern: Hamman Rebstod genannt Litzpergl von den Nemern und M. Reinhard Rolz von der gemein". — „Denn dieser kaiser Maximilian ist der stadt sehr gnädig gewesen und hat sie fast lieb gehabt". (Flersheim). Als nun der Bischof gegen das Verfahren der Stadt dem König Vorstellung machte, bestimmte derselbe, daß, bevor im Reichstag darüber entschieden, „Bürgermeister, Rath und Gericht bleiben, wie die jetzo sitzen".) Aber auch im October 1496, 1497 und 1498 ernannte der Rath wiederum die Beamten der Stadt. Als nun der Reichstag zu Freiburg am 5. Sept. 1498 beschlossen, daß der Bischof, bis die Sache geschlichtet sei, im Namen des Kaisers die Aemter der Stadt besetzen solle, und Maximilian von der Stadt forderte, daß sie diesem Beschlusse sich fügen solle, blieb sie doch hartnäckig bei der Neuerung der letzten Jahre und besetzte bis zum Jahre 1500 die Aemter der Stadt, wie sie auch seit 1494 die Verträge über die Steuerfreiheit der Geistlichkeit nicht beachtete. „Als nun dieser gebrauch zu weit wollt einreißen wider die Geistlichkeit willen, damit sie ohn minder gefahr dem möchten zuvorkommen und sich außerhalb der stadt desto muthiger wehren und wider die stadt handeln, entschließen sie aus der stadt zu ziehen, schreiben derowegen auf Ulbrici anno 1499 an bischof Johann, verständigen ihn des fürnehmens durch die, welche von allen stiften dazu ernannt worden". — „Als aber der rath solches der pfaffen fürnehmen gewahr worden, bittet sie ernstlich ein rath, sie wollen solchen unlust und unwillen einem ehrbaren rath und gemeiner stadt nit erzeigen, oder ursachen anzeigen, was sie zu solchem auszug bewegen möchte. aber die pfaffheit hat sich hieran nichts gekehrt, sondern ist auf ihrem fürnehmen beharret, und als sie vom bischof solchen anno aus Ueberlingen beantwortet, daß ihm die sach gefiel, ziehen sie 1499 montag den 9. september aus Worms, etliche wenig traurig, das mehrer theil aber mit aufwerfen ihrer arm und unpriesterlichem ungewohnlichem jauchzen und schreien, mit schimpflichen saitenspielen und andern unordentlichen anzeigungen, und also die bürgerschaft göttlicher dienst und ämter beraubt und entzogen. sie haben auch alle heiligthum, kleinod, kirchgezierd, kelch, monstranzen und ander beweglich hab, zu denselben kirchen gehörig, heimlich aus der stadt hinweg geführt, item die gemalte tafel von den wänden abgerissen, die schwengel und sträng von den gloden abgenommen, der stadt zu spott und schaden". (Flersheim, Arnolds Ausg. der Zorn'schen Chronik, S. 200, 204.)

Da die Stadt in dieser Weise in ihren Neuerungen beharrte und auch im Jahr 1500 die

---

*) Schannat hist. episc. Worm. tom. II. p. 278.

26 **Worms in der Acht, Sept. u. Oct. 1501. Erneuter Conflict zwisch. d. Stadt u. Bischof Johann v. Dalberg 1502.**

Reuter selbst besetzte, mußte endlich Maximilian im September 1501 den Forderungen der Reichsstände und des Bischofs von Dalberg nachgeben und über alle männlichen Einwohner von Worms,
die über vierzehn Jahre alt waren, die Acht aussprechen, doch sollte die Ausführung bis Aller-
heiligen verschoben werden. „Haben die rathsverwandten in ansehen der schweren pön der acht,
so vor augen war, sich vernehmen lassen, dem bischof in wähluug des raths zu willfahren, ist
derhalben pfalzgraf Philipp kurfürst und der bischof auf freitag Simonis und Judae allhie erschienen,
hat sich der rath einzählig in die saalstuben versammelt, zu welchem die fürsten auch getreten und
nach etlicher gepflegter unterredung hat sich ein rath gegen den bischof vernehmen lassen, daß sie
wollten (doch) ihrer rechten, auch ihrer hievor beschehener protestation ꝛc. nichts begeben haben) in
furcht der pön, wie sie des reichs regiment zugeschrieben, zu gehorsam königlicher majestät, den
bischöflichen insatz verwilligen". Der Bischof ernannte nun die Mitglieder des Raths und Gerichts,
die alsbald in Gegenwart des Kurfürsten und des Bischofs von der Saalstiege den Bürgern mit
den Worten verkündet wurden: „Lieben freund, zu gehorsam königlicher majestät und auf sonderliche
protestation ist man hie einen insatz zu thun, und der hochwürdig fürst „mein gnädiger
herr" der bischof hiezugegen wählet zu burgermeistern herrn Hans Brun und Jost Zollern".
(Flersheim, Worms. Chron., Arnolds Ausg., S. 205.) Nachdem hierauf die Acht und das
Interdict aufgehoben und die Geistlichkeit in die Stadt zurückgekehrt war, entzweien sich im folgenden
Jahre Bischof und Stadt wegen der Form der Proclamation der für die Aemter Erwählten, wegen
des von denselben dem Bischof zu leistenden Eids und wegen der Vorladung von Bürgern vor
auswärtige geistliche Gerichte. Der Conflict steigert sich nach dem Tode des Bischofs von Dalberg,
unter dessen Nachfolger Reinhard von Rippur. Darüber erzählt die Chronik Folgendes: „Als
man auf Martini (1502) auf dem bischöflichen saal zusammen kommen war und die ämter des raths
besetzt, hat sich abermals der proclamation und des eids halben eine irrung zwischen dem bischof
und dem rath zugetragen. Denn als abermals — wie 1501 — Herr Hamman Lynerger
proclamiert, öffentlich und überlaut dieser Wort gebrauchte: Lieben freund, auf etliche geschehene
protestation erscheint man hie, die amt der stadt zu ersetzen, und nach der ordnung; so ist bürgermeister von den neunern herr Nicolaus Stephan": fällt ihm mit ganz ernstlichen Worten der
bischof in die red, sagt: „Ich geb ihn, ich geb ihn zu burgermeister". aber herr Hamman ließ
sich nit irren, fuhr fort, nennt gleichergestalt seinen gesellen, schultheißen, grafen, richter. — des
andern tags, als die rathspersonen schwören sollten, ließ ein rath dem bischof anzeigen, daß ein
rath auf dißmal nit schwören könnt, die pfaffen bei ihren freiheiten zu behalten und zu handhaben,
dieweil das domcapitel und etliche andre der pfaffheit neuerung fürnehmen zu unleidlicher beschwerung
einem ehrbaren rath und ganzen gemeinen burgerschaft, indem sie die gemeine burgerschaft, so sie etwas
mit ihnen im rechten zu schaffen, vor das geistlich gericht und ihre geistliche conservatores zu Mainz citierten,
welches wider alt herkommen und der stadt freiheit wäre, und ob sie schon seine gnad hievor mit
fleiß ersucht, die pfaffheit dahin zu weisen, solch neuerung und mißbrauch abzustellen, den rath und
gemein bei ihren freiheiten und altem herkommen bleiben zu lassen, so führe doch mit desto minder
die pfaffheit mit ihrem unbilligen fürnehmen fort, und das gestatte seine gnad, derhalben sie diesmals
nothdürftiglich den eid müssen anstehn lassen. wenn aber die pfaffheit ihres unbilligen fürnehmens
abstünden, so wollten sie alsdenn auch thun, was sich gebührt. es war der bischof wohl
etwas ungestüm, protestiert auch darwider. aber ein rath ließ sich das nit bewegen und blieb
also diesmals auf seiner meinung und schwor dem bischof ganz und gar nit. (Flersheim, a. a. O.,
S. 205, 206.)

Scheitern der Verhandlungen zwischen Bischof Reinhard von Rippur und der Stadt 1503.   27

„Als bischof Johann zu Heidelberg verschieden"') (1503), auf welchen die clerisei all ihren trost, zuversicht und hoffnung gesetzt hat, haben etliche glaubwürdige personen an des raths freund gelangen lassen, wo einem rath gemeint wär, durch gütlich gespräch zu einem vertrag zu kommen, möcht sich jetzt solche gelegenheit wohl finden, dieweil das domcapitel, so der zeit zu Ladenburg war, darzu ziemlich willig. Derhalben ward zu solcher unterredung zeit und malstatt benannt, montag nach omnium sanctorum zu Frankenthal. auf angesetzten tag schickt der rath herren Hamman Linperger, M. Reinhard Nolzen, Bartholome Dieheln, Hans Eberbachen, D. Jacob von Mosenheim, ihren advocaten, und Adam von Schwedenheim, ihren stadtschreiber. als die gen Frankenthal kommen, finden sie daselbst von des domcapitels wegen herren Reinhard von Rippur, so zukünftiger bischof erwählt soll sein. als man nun der clerisei auf ihr begehren von raths wegen einen vorschlag thäte des weinschanks, ihres auszugs und anderer fehl und mängel halben mehr, wollten die gesandten von der clerisei ganz und gar nichts handeln, sie wüsten denn, wie man sich auf s. Martinstag gegen den erwählten bischof in besetzung der stadt ämter und des raths verhalten wollt, ob man dasselbig, wie von alters herkommen, dem bischof zu thun gestatten wollt oder nit. als aber die gesandten vom rath keinen befehl hatten, deshalben mit der clerisei zu handeln, schickten sie herren Hamman Linperger und den stadtschreiber zurück und erholten sich bescheids. als aber derselbig den geistlichen nit gefallen wollt, that sich Reinhard von Rippur (welcher zum bisthum den 18. tag augusti anno 1503 vom ganzen capitel einmüthiglich zu Ladenburg erwählt worden), von den andern, ritt gen Mirschgarten und schickt an den rath Josten von Bechtolsheim, einen edelmann, und Johann Erlewein, anzuhalten, daß sie dem erwählten bischof geleit geben wollten, auf s. Martinstag in die stadt zu kommen und die ämter zu besetzen. Darauf ihme zu antwort worden, es wäre ein rath ganz willig und geneigt, dem, so zum bisthum erwählet, für seine person allen willen und wohlgefallen zu beweisen, jedoch nach dem er noch nit als ein bischof qualificiert wäre, auch sich der stadt noch nit, wie sichs gebührt, verschrieben oder verpflicht, wüst ein rath weiters in dieser sache nit zu thun oder zu bewilligen. Ward also der rath weiters nit ersucht und erschien s. Martinstag ohne weitere verhandlung. Nachdem aber die personen nach verlaufung ihres jahrs der amt gern erledigt gewesen wären, auch unter den neuern viel schwach und alters halben kranf, ward mit zeitigem rath beschlossen, mit einer protestation die stadt und ämter zu besetzen, wie denn Mittwoch nach Martini ist geschehen. (Aleroheim, a. a. C. S. 206, 207.) So besetzte also der Rath die Aemter der Stadt eigenmächtig wie eine freie Stadt, gerade so wie bis zum Jahre 1233 unter den Hohenstaufen.

Aber zur vollständigen und sogar zur legalen Unabhängigkeit von dem Bisthum gelangte die Stadt Worms, nachdem Bischof Reinhard von Rippur in den Jahren 1503—1504, als Verbündeter des Pfalzgrafen Philipp, in den pfalzbaierischen Erbfolgekrieg verwickelt worden war, in dem die kurfürstliche Pfalz auf einmal von sechs Herren übergezogen wurde. **)

„Als pfalzgraf Philipp und alle seine helfer und helfershelfer in die acht und aberacht erklärt (1504), schickt der rath eine botschaft an königlichen hof auf eine einnahme aller des bischofs

---

*) Es ist nur zu natürlich, daß die Wormser Chronisten in Johann von Dalberg nur den Bischof sehen, der die Rechte und das Vermögen ihrer Stadt, wie wenige andre, geschädigt. Sogar Zorn, der in den oben (S. 21) angeführten Worten die hervorragende Stellung andeutete, die derselbe unter den Humanisten seiner Zeit einnahm, unterläßt es nicht, den für einen Bischof sehr schimpflichen Tod Johanns von Dalberg auf dem Rande seiner Originalhandschrift S. 110 mit den Worten zu verzeichnen: „Hic Dalburgius Heidelbergae ingrediens aedes adulterae in eodem deelicti ac statim extinctus est. Uff solchen Kürben holt man solchen Ablaß."

**) Häusser, Gesch. d. rhein. Pfalz, B. I, 463 ff.

gerechtigkeit und obrigkeit in der stadt Worms: und auf ein königlich mandat, darin die kaiserliche
majestät dem rath gebot, rath und gericht zu besetzen, besetzt auf Martini der rath die ämter selbst
und ruft mit meldung des königlichen mandats solches auf der münz aus, als man zuvor die
hofglock dreimal redlich geläutet hatte." (Flersheim, a. a. O. S. 208.) So waren aber nicht
nur die Rechte, die der Bischof über die Stadt hatte, auf diese übertragen worden, sondern der
König befahl auch, am 20. Aug. 1504, daß die Stadt das jährliche Schirmgeld nicht mehr an
den geächteten Pfalzgrafen, sondern als confiscirtes Gut an den König entrichte, der nun als
Herzog von Oesterreich und Landgraf im Elsaß selbst die Schirmvogtei über die Stadt übernahm.
Die Stadt war nun von der Gewalt des Bischofs und des Pfalzgrafen befreit, stand nur unter
des Königs Schirm und erfreute sich wieder der Gerechtsame einer freien Reichsstadt.
Der Herzog von Württemberg, der Markgraf von Baden, der Landgraf von Hessen, die Land-
vögte im Ober- und Unterelsaß wurden im September 1505 zu Beschützern und Richtern über die
der Stadt verliehenen neuen Freiheiten vom König Maximilian ernannt. „Nachdem kaiser Maximilian alle obrigkeit, herrlichkeit und gerechtigkeit, raths und gerichts besetzung, zoll, wage und
anders der stadt Worms wieder geben, haben die räth nach neuer fürgenommener ordnung noch
eine person zu den Neunen des alten beständigen raths gewählt, also daß nun hinfüro neben der
alt und beständigen rath sein und genannt werden sollen noch 10 personen des gemeinen raths, haben
auch die ordnung des raths und gerichts, welche sie zu zeiten bischof Eberweins auf martini angefangen, geändert und auf den heiligen neuen jahresabend mit angehendem jahr angehen
lassen, damit alle renten, gülten, zins und derselben rechnung nit unter zweien jahren
wie bisher, sondern mit einem mit einnehmen und ausgeben verrechnet werden mögen. sie haben
auch weiter einen beständigen schultheiß doctor Balthasar Meiel zum stadtgericht gesetzt und nach
folgend am fenster der neuen stuben auf der münz vermög königlicher und
kaiserlicher freiheit solches ausrufen lassen, wie sie denn auch anno 1506 und 1507
gethan haben." (Flersheim, a. a. O. S. 210.) In demselben Jahre (26. Juni 1505) hat
kaiser Maximilian zu Cöln der stadt Worms, als der ältesten und vordersten stadt, allda er auch
im eingang seiner regierung den ersten, seinen ehren und reichstag in eigner person gehalten,
und da ihm und seiner herzlichen gemahlin ersprießlichen gedient worden ist, die besondere gnad
und freiheit gethan, daß sie alle und jegliche offene und beschlossene brief mit rothem wachs besiegeln oder secretieren sollen." (Flersheim, a. a. O. S. 210.) Auch für das Jahr 1508 besetze
der Rath die Aemter für das folgende Jahr, und zwar bereits ohne öffentliche Ausrufung der
Erwählten und ohne Verlesung der königlichen Bevollmächtigung zu dieser Wahl. So erzählt die
Chronik: „Anno 1508 sind auf circumcisionis domini die räth ersetzt, und ist die hofglock nit geläutet, auch kein ausrufung geschehen, sondern nach erwählung der burgermeister in einer procession
von dem burgerhof in die barfüßer kirch. und nachdem darin eine singende meß vollbracht und gehört, ist man wieder in procession aus der kirchen vor der münz her und den burgerhof
darnach heimgegangen. und also ist es auch etliche nachfolgende jahr gehalten worden. doch
haben domherren und clerisei zu Worms vor dem herren Maximilian römischen kaiser und andern
geistlichen und weltlichen personen mancherlei rechtfertigung gehalten. nach vieler gepflegter unterhandlung ist auf freitag nach s. Marcustag anno 1508 herr Bernhardin, der römischen
kirchen cardinal, durch Germanien der zeit päbstlicher legat, ein hispanier, gen Neuhausen kommen,
die sach zwischen der clerisei und gemeiner stadt zu vertragen. in Worms konnte man ihn nit vermögen, dieweil er fürgab, die stadt wäre im bann und nit recht noch absolviert, dieweil sie allein
durch kaiserlicher majestät gewalt und nit mit willen der pfaffheit ledig gemacht worden. dero

wegen mußten die, so den rath zu Worms präsentierten, zu ihm gen Neuhausen sich verfügen. als nun jetztermeldte zu Neuhausen erschienen, ließ sie der cardinal für sich kommen und hieß sie willkommen sein. demnach als er sich auf einen stuhl gesetzt und einen rothen sammeten handschuh angezogen hatte, mußt je eine rathsperson nach der andern für ihme niederfallen und ihm seine hand küssen: als er aber über einen jeden mit seiner hand ein kreuz gemacht und die benediction gesprochen hatte, da trat Doctor Balthasar Meisel (welcher der zeit mit allein hie, sondern auch an kaiser Maximiliani hof für einen fürtrefflichen juristen gehalten worden) herfür und empfing den cardinal mit einer schönen lateinischen oration, befahl den rath und gemein seiner würden und verehrt ihm von raths wegen 2 ohm wein und 10 malter habern: darauf der cardinal eine lange rede gethan, dem rath und gemein bedankt, und darneben begehrt, man wolle die irrung und zwietracht, so zwischen dem rath und pfaffheit lange zeit sich gehalten haben, ihme und dem herzog Friedrich von Sachsen heimstellen. als sich nun ein rath dreimal nacht und tag darüber berathschlagt, haben letztlich beide theil solche irrung an ihn und Friedrich herzogen zu Sachsen compromittiert." Als bei den Verhandlungen die fünf Stifte zu Worms nicht zugeben wollten, daß die Stadt Worms als Reichsstadt bezeichnet werde, veranlaßte die Stadt eine Declaration des Kaisers, der am 5. Juli 1508 decretirte, „daß die Stadt Worms des heiligen römischen Reichs Städte eine ist." (Arnold, Verf. Gesch. B. 2. S. 481, 482.) Nach des Cardinals Abreise ernannten die beiden Parteien an dessen Stelle Jacob, Erzbischof von Trier, mit Herzog Friedrich von Sachsen zu Vermittlern ihrer Streitsache. Die beiden kamen selbst mit zwei Auditoren nach Worms; vor ihnen erschienen auf dem Bürgerhof die Vertreter der Stadt und der Geistlichkeit, und nach sorgfältiger Berichterstattung und Untersuchung der Streitigkeiten wurde im Juni und Juli 1509 außer den Entscheidungen über Häuser und unbewegliche Güter. Ausbesserung von Straßen, Wegen und Brücken, u. A., ein Vertrag über die Besteuerung des Weins und der Früchte der Geistlichkeit zu Stande gebracht, der, indem er im Wesentlichen auf die Rachtung des Jahres 1386 zurückging, von der Geistlichkeit angestrebte vollständige Steuerfreiheit beseitigte und die Rechte der Stadt wahrnahm, ohne der Geistlichkeit drückend zu werden. „Dieser spruch und entscheid beider kurfürsten hat kaiserliche majestät hernach anno 1510, 8. aprilis zu Augsburg consirmiert und hat zu conservatoren, richter, handhabern, schutzherrn geben Friedrichen herzogen zu Sachsen kurfürsten, Heinrichen herzogen zu Wirtemberg, Philippen landgrafen zu Hessen und jedes insonderheit nachkommen der erben, als nun die sach entschieden, ist die pfaffheit ad vincula Petri abend anno 1509 (31. Jul.) wieder hie zu Worms einkommen, welche sich ins zehend jahr außerhalb Worms, der Dom und s. Andreasstift zu Ladenberg, s. Paul und unser lieben frauen stift zu Oppenheim, s. Martinsstift zu Piddersheim enthalten. (Herrheim, a. a. O. S. 215.)

Die Geistlichkeit der fünf Stifte hatte sich also, den Anspruch auf Steuerfreiheit aufgebend, gefügt; aber die Gewalt des Bisthums über die Stadt vermochte durch ihre Nachgiebigkeit nicht wieder hergestellt zu werden. Denn bald traten solchen Beginnen die Bewegungen der Reformation entgegen. Kurfürst Friedrich der Weise und Landgraf Philipp von Hessen, die Vorkämpfer der Reformation, waren nach kaiser Maximilians Brief vom 8. April 1509 die Schutzherrn der Stadt Worms gegen etwaige Uebergriffe der Wormser Geistlichkeit; und bald nachdem diese Fürsten mit Luther auf dem Reichstag des Jahres 1521 zu Worms erschienen waren, wurde der Bruch zwischen dem Bisthum Worms und der Stadt Worms durch den Uebertritt der letzteren zur evangelischen Lehre unheilbar gemacht. Es mögen hier einige Bestimmungen des Steuervertrags vom J. 1509 folgen.
1. „daß die Pfaffheit in der Stadt Worms gesessen, alle ihre Weine, die ihnen von ihren geistlichen Gaben und Beneficien, die sie binnen der Stadt Worms haben oder besitzen, und von ihren Gütern,

die sie ererbt, fallen haben, zu jeglicher Zeit in die Stadt frei führen lassen mögen, und davon der Stadt nichts zu geben pflichtig oder schuldig seyn; was sie aber von Weinen einführen wollen, die **nicht von ihren Beneficien oder Erb Gütern**, wie jetzt gemelt, gefallen wären, sollen sie, die Pfaffheit, der Stadt davon zu thun und zu geben pflichtig und schuldig sein, **wie andere Bürger zu Worms**". 2. daß die Pfaffheit ihre Weine, die von ihren Beneficien und Erbgütern fallen, zu zweien Zeiten eines jeglichen Jahrs, nämlich von den heiligen Ostern bis auf den Sonntag Trinitatis, und von St. Andreas Tag an bis auf den heiligen drei König Tag mit der alten Maßen frei zu schenken Macht haben, und davon der Stadt Worms sein Ungelt zu geben. 3. „daß die Pfaffheit und jeglicher aus ihnen zu Worms, zu jeder Zeit des Jahres, ihre Weine, die von ihren Beneficien und Erbgütern gefallen, mit ganzen Fudern oder Stücken zu verkaufen, wenn ihnen geliebt, Macht haben, und soll der Käufer, von jeglichem Fuder Weins, zu jeder Zeit, nicht mehr dann **neun Albos der Stadt zu geben schuldig sein**". 4. „daß die Pfaffheit und jeglicher aus ihnen, zu jeder Zeit des Jahres, ihr Korn oder Frucht, die ihnen von ihren geistlichen Beneficien, binnen der Stadt Worms gelegen, und ihren Erbgütern gefallen, zu verkaufen, wenn sie wollen, nach ihrem Gefallen Macht haben, und soll der Käufer von einem jeglichen Walter Korns oder Frucht der Stadt nit mehr dann **einen Pfennig zu geben pflichtig sein**". (Vgl. Schannat, hist. episc. Worm. tom. II. p. 294 bis 308, wo auch die im Jahre 1510 vereinbarten Declarationen und Zusätze zu dem Vertrag vom J. 1500 zu lesen sind).

Bischof Reinhard von Rippur vermochte die Stadt nicht aus dem Besitze der von Maximilian gewährten Rechte zu drängen. Zwar gelang es ihm, die Reichsfürsten zu veranlassen, bei dem Kaiser für ihn sich zu verwenden, und Maximilian ließ durch das Reichskammergericht untersuchen, ob er selbst mit Recht nach dem pfalzbaierischen Kriege die Gerechtsame des Bischofs, z. B. in Bezug auf Zoll, Gefälle und Frohnwage, auf die Stadt übertragen habe; aber das Reichskammergericht förderte im Interesse des Kaisers und der Stadt die Untersuchung nicht: der Bischof kam also nicht in Besitz der Rechte seiner Vorgänger, und weil er die Wiedererlangung der eingebüßten Stellung, die Huldigung nach der Eidesformel vom Jahre 1483 für sein legitimes Recht ansah, schlug er starrsinnig alle Vermittelung, zuletzt auch den von dem Kaiser auf dem Reichstag zu Augsburg (1518) angestrebten Vergleich aus. Mittlerweile hatte die Stadt werthvolle Hoheitsrechte erlangt. Sie erhielt das Recht der Prägung silberner Münzen mit städtischem Wappen; der Gulden trug auf der einen Seite den Reichsadler mit der Umschrift: „Sub umbra alarum tuarum protege nos", auf der andren das Wappen der Stadt. Mehrere neue Privilegien beförderten die Gerichtbarkeit der Stadt. Für zehn Jahre wurde sie von den Reichsabgaben befreit, damit ihre eigenen Finanzen verbessert würden. Die Stadt war durch Maximilian im Verlaufe von dreißig Jahren wieder eine freie Reichsstadt geworden und besaß durch dessen Schutz und Gnade wieder die volle Landeshoheit. Deshalb änderte sie auch ihr Siegel: statt des Petrus mit dem Schlüssel unter einem Thronhimmel wählte sie das noch in Gebrauche befindliche Stadtwappen: einen Schild, gehalten von zwei der Siegfriedsage entnommenen Drachen. Auf dem Schilde befindet sich ein fünfstrahliger Stern, wohl der wieder aufgehenden Freiheit der Reichsstadt, und ein Schlüssel, der von dem früheren Wappen beibehalten war. Die Umschrift des Siegels lautete: Libera Wormacia sacri Romani Imperii fidelis filia. Aber die Stadt konnte ihrer politischen Erfolge doch nicht froh werden. In den Jahren 1513 und 1514 erregte die gemeine Bürgerschaft der Zünfte, unter der Führung des **Jacob Wonjam**, zwei Aufstände gegen die Geschlechter und den Rath der Stadt, von denen der erste durch des Kaisers Erscheinen friedlich geschlichtet, der zweite durch den

Landvogt im unteren Elsaß Jacob von Mörsberg, der von dem Rath zur Hülfe gerufen mit fünfhundert Reitern in die Stadt einrückte, durch Hinrichtung der ergriffenen Schuldigen und Aechtung der Entflohenen beendigt wurde. Da mehrere Advokaten des Bischofs die Aufständischen beriethen, so ist es wahrscheinlich, daß dieser dem Angriffe auf das Regiment der Stadt nicht fern stand. Einer der Geächteten, des Bischofs Notar Balthasar Schlör, brachte die Stadt in größeres Unheil. Neuten, die er in der Stadt Worms von Einwohnern derselben zu beziehen hatte, verkaufte er Franz von Sickingen, der dadurch einen Anlaß fand, die Stadt in den Jahren 1515–1518 durch wiederholte Verwüstung ihres Gebietes, Gefangennehmung ihrer Bürger, Hinderung ihres Verkehrs und ihrer Messen, Wegtreibung der Heerden, Einschließung der Stadt schwer zu bedrängen, bis Maximilian im Jahre 1518 einen Vergleich zwischen der Stadt und dem Raubritter zu Stande brachte. Als bald darauf der Kaiser starb und Pfalzgraf Ludwig V. Reichsverweser am Rhein, in Franken und Schwaben wurde, verschlimmerte sich die Lage der Stadt. Sie hatte ihren Freund und Beistand verloren, das Bisthum Worms aber hatte einen starken Rückhalt an Kurpfalz. So sah sich die Stadt veranlaßt, aus eigenem Antriebe, den Pfalzgrafen zu ersuchen, einen Vergleich zwischen ihr und dem Bisthum Worms herbeizuführen. Der Pfalzgraf ging sofort auf dieses Gesuch ein, legte seinem Ausgleich jenen Entwurf zu Grunde, den Maximilian auf dem Reichstag zu Augsburg im J. 1518 dem Bischof Reinhard von Rippur vorgelegt und den dieser abgelehnt hatte: nur wurde jetzt der Entwurf zu Gunsten des Bischofs umgestaltet. In dem Vertrage wurde zwar die Stadt als „des heiligen Reichs Stadt" anerkannt, aber Stadtmeister, Bürgermeister und Rath gelobten in ihrem und der ganzen Gemeinde Namen dem Bischof zu Worms, als ihrem gnädigen Herrn getreu und hold zu sein, ihn vor Schaden zu bewahren, auch ihn selbst und alle seine Stifte nach bestem Vermögen zu schirmen. Diesen Vergleich, die sog. „Pfalzgrafenrachtung" vom Jahre 1519 mußte die bedrohte, jedes Beistandes entbehrende, vom Pfalzgrafen in drohender Weise an die „seltsamen geschwinden Läufe der Zeit" erinnerte Stadt nach einer Bedenkzeit von wenigen Tagen annehmen, und es blieb ihr dabei nichts übrig, als bei dem Reichskammergerichte gegen die geschehene Vergewaltigung zu protestieren.¹ War es be-

---

¹ Folgendes sind die wichtigsten Bestimmungen der Rachtung vom J. 1519. Es wird festgelegt, „daß nun fürter sechs und dreißig Personen des sitzenden Raths zu Wormbs seyn sollen, nemlich sechs von der Ritterschafft, zwölff von den Geschlechten, achtzehn von den Zünfften." (Art. I. „Und sollen die Sechs von der Ritterschafft durch unsern gnädigen Herrn von Wormbs erwehlt werden. Und wo ein Bischofff von Wormbs dieselbigen nicht alle oder keinen vom Adel haben möcht, jetzt oder hernach nit benommen seyn, so viel er der Mangel hätt, auß den Geschlechten, wo der auch nit so viel, auch den Zünfften, zu nemmen". (Art. VII. Die zwölf aus den Geschlechtern werden nach Artikel VIII zur Hälfte von den Geschlechtern selbst erwählt, zur Hälfte von dem Bischof, den Rittern und den sechs zuerst gewählten Patriciern. — „Die Achtzehen von Zünfftigen sollen also erkiest werden. Daß auß siebenzehen Zünfften, so in der Statt Wormbs seyn, jede Zunfft in sonder, auß ihnen selbst, oder einer andern, zween ehrbar Mann, geziert und qualificiert, wie obbegriffen ist, nemmen und erkiesen, dieselbigen einem sitzenden Bischoffe zu Wormbs anzeigen, der darauß denn je auß zweyen jeder Zunfft einen nemmen." „Und dieweil des Achtzehenden noch mangelt, so sollen die obgemelten Siebenzehn, so der Bischoff von Wormbs auß den vier und dreißig erkiest hat, nachmahl noch zween ehrbar Mann aus den Zünften erwehlen, aus welchen zweyen alsdann der Bischof noch einen wehlen". (Art. X.) „Es sollen die obangezeigten sechs und dreißig Raths-Freunde des ersten Jahrs benennen zween von der Ritterschafft, wo sie fürhanden, sonst auch den Geschlechten, auß denen ein Stättmeister, und zween von den Zünften, darauß ein Burgermeister, und das andere Jahr zween von den Geschlechten, darauß ein Stättmeister und zween von den Zünften, auß denen ein Burgermeister durch einen jeden Bischoff oder seiner Gnaden Statthalter erwehlet werden". (Art. XI. — „Der Eid, den jeder Stättmeister, Burgermeister, Schultheis, ein Rath und Gerichtsverson thun soll: „Ich N. gelobe und schwere, daß ich Römischer Kayserlicher Majestätt, meinem allergnädigsten und rechten Herrn, und meinem gnädigen Herrn dem Bischoff N., dem Stifft und der Statt zu Wormbs hold und treu seyn rc. (Art. XII. Nach einer weiteren Bestimmung sollen aus dem Rath

halb zu verwundern, daß die Stadt, als die kirchliche Reformation mit raschem Laufe um sich griff, nicht nur dem erneuernden religiösen und sittlichen Geiste derselben sich hingab, sondern auch derselben sich bediente, um einer weiteren Vergewaltigung ihrer Freiheiten für die Zukunft ein entscheidendes Hinderniß in den Weg zu stellen? Die Pfalzgrafenrachtung wurde von Kaiser Karl V. am 24. December 1521 bestätigt, nachdem er bereits am 22. April desselben Jahres die Privilegien der Stadt, als er auf dem Reichstag zu Worms anwesend war, in wohlwollender Gesinnung für die Frei- und Reichsstadt bestätigt hatte. Nachdem die Pfalzgrafenrachtung in dem pfälzischen Bauernkrieg 1525 sehr kurze Zeit von dem Clerus ohne Zustimmung des Bischofs aufgegeben worden war, wurde dieselbe Ende Juni 1525 wiederhergestellt, aber am 18. April 1526 durch Vermittelung des Pfalzgrafen Ludwig in einigen Beziehungen zu Gunsten der Stadt umgestaltet. Bemerkenswerth ist, daß in dieser letzten Rachtung insbesondere dem Rath der Stadt diejenige Form gegeben wurde, die er bis zur Auflösung des deutschen Reichs behielt. Die Stadt hat hiernach einen beständigen Rath von dreizehn und einen jährlich wechselnden von zwölf Mitgliedern: jener wird aus dem Adel oder der ehrbaren Bürgerschaft gewählt und fungirt lebenslänglich; geht einer derselben ab, so schlagen die andern dem Bischof für die erledigte Stelle zwei Mitglieder des äußeren, jährlich wechselnden Rathes vor, von denen der Bischof einen zum Ersatzmann für den beständigen Rath ernennt. Der äußere oder jährlich wechselnde Rath besteht aus zwölf Mitgliedern. Dieselben werden vom Bischof aus 24 Bürgern ausgewählt, die jeweilig von den jährlich 2 Ritter, 4 Patricier und 8 Handwerker auslesen, für die auf die angegebene Art 12 neue Mitglieder erwählt werden, (nach Art. XIV.) Ferner wird festgesetzt, „daß Städt-, Burgermeister und Rath ihren Rath und Handlung auf dem Haus, das der Burger Hoff genannt, ohn Eintrag halten mögen, doch wo etwas sein Fürstlichen Gnaden, dem Stifft, Plabheit oder andern laid beschwerliches zustände, darin sie fein Gnade umb Rath auch Nothurft erinnern würde, das sie dann zum wenigsten jedes Jahr einmal zu sein Fürstlichen Gnaden in Bischöflichen Saale zu kommen und ihren Rath mitzutheilen nit verpflegen wollten oder sollten". Art. XVII.) Die folgenden Artikel enthalten Bestimmungen über Gerichtswesen, Zoll, Wage, Gewicht, Weggeld an Pforten der Stadt und andre Nutzungen. Wir heben daraus nur folgendes hervor: „Nach langwieriger Unterhandlung ist die Sach dahin bracht, das ein ganzer Rath zu Wormbs das erst Jahr zwölf Personen benennen, nemblich zwen auß der Ritterschafft, wo die vorhanden, vier von Geschlechtern oder sechs, wo die zwen von der Ritterschafft nicht zu bekommen, daraus der Bischof einen Schultheißen, und sechs von Zünftigen, aus denen sein Gnad, ein Greffen erwehlen". Aber im zweiten und allen nachfolgenden Jahren soll ein Bischof zu Wormbs auß den zwölffen, so vom Rath abtreten, zuforderst ein Schultheißen aus den sechsen von der Ritterschafft und Geschlechtern benennen – darnach soll ein Bischof auß den andern auszugangenen sechs Zünftigern ein Greffen erwehlen". (Art. XX, XXI.) Bestimmt wird ferner, „daß solch Gericht nicht an der alten obgemelten Statt, (in dem Gerichtshauße vor dem bischöflichen Saale, neben der geistlichen Gerichtsstuben) sonder auß dem Burger-Hoff, da es jetzt eine zeit lang gewest, nun hinfür mög gehalten werden." Art. XXVI.) Unter den letzten Bestimmungen sind noch folgende von besonderem Interesse. „Ein jeder Bischoff, so zu Wormbs einreiten will, der soll in seinem Einreiten im Feld für der Statt Wormbs diese nachfolgende Glübd thun: Wir N. Bischoff zu Wormbs geloben und versprechen den unsern Fürstlichen Würden und wahren Worten, das Wir und unser Stifft des heiligen Reichs Statt Wormbs, allen ihren Bürgern und Inwohnern al ihr Freyheit und Recht, von Römischen Käysern und Königen auch den Bischofen zu Wormbs erlangt zc., handhaben und schirmen wollen, ohn alle Argelist und Geferde". Art. LVII.) „Nachfolgend sollen die von der Statt Wormbs einem jeden Bischof, der eingeritten ist, alsbald diesen Eydt thun: Wir Stättmeister, Burgermeister und Rath, von unser und ganzer Gemeine wegen, des heiligen Reichs Statt Wormbs geloben und schweren euch, dem Hochwürdigen in Gott Vattern und Herrn, Herren N. Bischoffen zu Wormbs unserm gnädigen Herrn getreu und hold zu seyn, und vor Schaden zu warnen, auch euch und ewern Stifft alle ewer Recht und Freyheit zc. zu handhaben und zu schirmen unsers besten Vermögens ohne Argelist und Geferde, als uns Gott helff und die Heiligen". Art. LVIII.) Aus den beiderseitigen Eiden geht hervor, was das Wichtigste ist, daß die Stadt Worms als „des heiligen Reichs Stadt" von dem Bischof anerkannt wurde.

Dreizehnern und den aus dem Amte scheidenden Zwölfern dem Bischof zur Auswahl präsentirt werden. Für die Aemter des Städtmeisters und des Schultheißen schlagen die Dreizehner dem Bischof alljährlich aus ihrer Mitte zwei Personen vor, aus denen der Bischof die ihm genehmen ernennt. Für das Amt des Bürgermeisters schlägt der gesammte Rath der Dreizehner und Zwölfer aus den abgehenden Zwölfen zwei Mitglieder vor. Das Dreizehnercolleg ernennt alljährlich aus den abgehenden Zwölfen acht Gerichtsbeisitzer, aus welchen der Bischof einen Greven wählt.

II.

Zur Geschichte der Wormser Religionsneuerungen bis zum Augsburger Religionsfrieden 1555.

Zorn schreibt im J. 1570 in der Originalhandschrift seiner Chronik, daß "die von Worms das Evangelium bald, nachdem es wieder von Luther an den Tag bracht worden, angenommen" (S. 200) und die im Jahre 1095 veröffentlichte "Apologia der Stadt Worms contra bistum Wormbs" sagt sogar aus, die Stadt Worms sei etwa seit dem Jahr 1520 lutherischen Bekenntnisses (K. 1. S. 8). Eine im Wormser Archiv befindliche, aus der Mitte des 17. Jahrhunderts stammende Handschrift der Zorn'schen Chronik (F) enthält in Nachträgen von derselben Hand, die diese Chronik geschrieben, u. A. eine Fortsetzung der Wormser Chronik bis zum Jahr 1666, und diese Fortsetzung gibt "insbesondere auch "zu wissen, wie die Predigt des Evangelii zu Wormbs sich allgemächlich angesponnen und angefangen hat." Die folgende Erzählung schließt sich dieser noch nicht veröffentlichten Chronik an; dabei werden andere Erzählungen und Urkunden den Bericht des Chronisten ergänzen und erhärten. Daß aber derselbe kein anderer, als Zorn ist, wird sich später ergeben.

"Als 1521, den 17. und 18. April, Martinus Luther zu Worms „in des Bischofs Hof, und nit uf dem Burgerhof, wie der gemein Mann meinet", vor Karl V. und dem ganzen römischen Reich sein Bekenntnis abgelegt, sind viele Einwohner dieser Stadt, welche heimlich seiner Lehre beigepflichtet, durch sein beständig, unerschroden Gemüth und Bekenntnis dahin bewegt worden, daß sie seine Bücher fleißiger lasen und dadurch zur Erkenntnis des rechten Lichts des Evangeliums je länger je mehr kamen. — Solches haben dieselben eine Zeit lang in der Stille gehalten. Als sich aber viele Einwohner, und vornehmlich diejenigen, welche in den Vorstädten eingesessen, solches nachmals ohne Scheu vernehmen ließen, auch etliche von den Rathspersonen Lust und Liebe zur evangelischen Lehre bekommen, haben Rath und Gemeinde etliche Prediger bestellt, welche "extra ordinem" neben den Pfarrern" der vier bischöflichen Hauptpfarreien, die zu bestellen dem Bischof und der Klerisei befohlen war, das Evangelium an etlichen Tagen predigten, deren einer Maurus,*) der andre Friedrich Baur gewesen. Als diese solches in's Werk setzen

---
*) Ueber Nikolaus Maurus, der von Worms nach Darmstadt übersiedelte und daselbst lutherischer Stadtpfarrer wurde, berichtet in Nr. 157 der Darmst. Zeitung v. 8. Juni 1879 der Gr. Haus- und Staatsarchivar Dr. Freiherr Schenk zu Schweinsberg nach den von ihm jüngst im Staatsarchiv gefundenen Urkunden. "Die näheren Umstände der Einführung der Kirchenreformation in Darmstadt sind bis jetzt gänzlich unbekannt

sollten, versperrte ihnen die Geistlichkeit alle Kirchen und wollte ihnen als Ketzern nicht gestatten, darin zu predigen; deswegen ließen sie einen hölzernen Predigtstuhl machen, den man von einem Orte an den andern bringen konnte: und also haben sie eine Zeit lang an dem Obermarkt im Tanzhaus und an andern Orten ihre christliche Versammlung gehalten. In solcher Unruhe und armseligem Zustand richtete Luther im Jahr 1523 auf Bartholomäi an die Christen zu Worms einen tröstlichen Brief, wodurch er sie aus Gottes Wort stärkte und zur Beständigkeit ermahnte. Dieser Brief ist an den für die Wormser Gemeinde und Schule gedruckten kleinen Katechismus Luthers „nicht ohne Ursach" — wie der Chronist sagt — angehängt worden. Hierauf sind die von Worms in reiner lutherischer Lehre eine Zeit lang sehr eifrig gewesen."*) So hatte also trotz des zu Worms erlassenen kaiserlichen Edicts vom 26. Mai 1521, durch das Luther nebst seinen Anhängern in die Acht erklärt, seine Lehren und Bücher verboten, die Drucker mit schwerer Strafe bedroht worden waren, gerade in der Stadt, nach der jenes kaiserliche Edict den Namen des **Wormser Edicts** trägt, die Reformation frühzeitig Wurzeln geschlagen.

Aber „der römische Papst Hadrian VI. hatte schon im Jahre 1522, welches das erste seines Papstthums war, eine weitläufige lateinische Bulle, die am 30. November zu Rom geschrieben war, an den Wormsischen Bischof Reinhard II. von Rippur gerichtet, mit dem Befehl, solches der Stadt Worms einzuhändigen, weil derselbe darin die Stadt gar väterlich ermahnte, bei dem alten Glaubensbekenntniß seit zu verbleiben, aber die teuflische lutherische Lehre ja nicht anzunehmen."**) Allein der Bischof hat erst im folgenden Jahr (1523), und zwar am Freitag

geblieben, so daß die Mittheilung einiger kürzlich aufgefundenen Nachrichten über die Persönlichkeit des ersten lutherischen Geistlichen wohl einiges Interesse bieten wird. Die Einführung der Reformation mochte an dem Sitze des Oberamtmanns der Obergraffchaft, dessen Kirche außerdem landgräflichen Patronats war, früh und ohne Schwierigkeit stattgehabt haben. Bereits zu Beginn des Jahres 1527 wird der Magister Nikolaus Mauri als Pfarrer zu Darmstadt bezeichnet, der vom Landgrafen seinen Unterthanen zum Seelsorger gesetzt sei. Meister Nikolaus Mauri oder Maurus ist übrigens, was seine spätere Laufbahn betrifft, eine auch anderweit bereits bekannte Persönlichkeit. Ueber sein Vorleben steht fest, daß er bis zum 25. August 1523 Cantor und Canonicus des Collegiatstifts zu St. Andreas in Worms war; von diesem Tage datirt wenigstens erst sein Verzicht auf diese Pfründe, den er dem Generalvicar des Bischofs von Worms durch einen Bevollmächtigten zu Gunsten des Kaplans der Georgenkapelle daselbst aussprechen ließ, welch' letzterer ihm dafür seine Kaplanei einräumte. Zweifellos war diese Form nur zur Verhütung der eigentlichen Gründe der Verzichts gewählt worden, der in dem dort nicht allein stehenden Anschluß des Cantors Maurus an die Lehre Luthers zu suchen ist. Bereits in einem Schreiben des Wittenberger Reformators vom 24. August 1523, an seine zahlreichen Wormser Anhänger nämlich, empfiehlt er diesen „Herrn Mauren" in einer Weise, daß daraus dessen Eigenschaft als geistiger Hauptleiter der dortigen Lutherischen erhellt. Maurus hatte sich auch bereits in Worms verheiratet; seine eigentliche Heimath soll St. Goarshausen gewesen sein, obgleich sein Vater bereits zu Worms wohnte. In Darmstadt mußt er dem Reichsstädter nicht sonderlich behaglich gefunden haben; 1529 scheint er nach dem benachbarten Zwingenberg übergesiedelt zu sein. Aber auch diese Stelle verließ er bereits im Jahre 1531 wieder, und zwar vermuthlich im Unfrieden. Denn als er im August 1536 Prediger zu St. Katharinen in Frankfurt a. M. wurde, ließ ihn Landgraf Philipp dem Stadtrath als zanksüchtig darstellen, und auch seine Amtsbrüder besorgten, daß er in die Fußstapfen des heftigen Melander treten werde. Maurus wird übrigens von Myconius als einer der namhaftesten Anhänger Luthers aufgeführt, der sowohl durch sein Alter als durch seine Gelehrsamkeit verehrungswürdig sei. Seine schriftstellerische Thätigkeit scheint sich auf ein Lied zu Ehren des Festes der Heimsuchung Mariä beschränkt zu haben, als dessen Autor ihn das Gelehrtenlexicon erwähnt."

Dr. G. S. a. S.

*) Handschrift F. der Zorn'schen Chronik, im Worml. Archiv, Fol. 343—345.
**) Die Bulle soll nach M. Georg Wilhelm Muhls Geschichte der Wormser ev. Prediger in des Raths „rothem Buch", Fol. 252, verzeichnet gewesen sein, vgl. die Wormser Chronik der Wormser Gymn. Bibliothek, Fol. 416. — Auch an die Universität Heidelberg richtete Hadrian VI. eine Bulle ähnlichen Inhalts; vgl. Struve, Pfälzische Kirchen-Historie, S. 13, S. 26.

Bischof Reinhard II. v. Sickingen dankt ab. Heinrich IV. v. d. Pfalz wird Administrator d. Bisthums Worms 1523.

nach Pfingsten seine Botschaft an den Wormsischen Rath gesandt und sich erkundigt, ob nicht E. E. Rath auf das Schreiben des Papstes, welches er ihm lassen einhändigen, beliebte zu antworten; denn er, der Bischof, wäre seines Theils willens, solches zu thun. Darauf zeigte aber der Rath dem Bischof höflich an, es wäre ohne Noth, das Schreiben päpstlicher Heiligkeit zu beantworten, weil das Schreiben solchen Befehl gar nicht in sich hielte oder zu verstehen gäbe: der Herr Bischof möge seines Gefallens thun in dieser Sache; übrigens bedanke sich der Rath aufs beste wegen des bischöflichen Anerbietens.*) Schannat erzählt, der betagte und kränkliche Bischof Reinhard habe erkannt, daß er nicht im Stande sei, die Mühen und Kämpfe auf sich zu nehmen, in die ihn in Worms die lutherische Religionsneuerung und die Theilnahme der Bürger an derselben verwickelte. Deshalb legte er sein Amt 1523 nieder.**) An Reinhards Stelle trat zunächst als Administrator des Bisthums, aber mit der bestimmten Zusicherung der Nachfolge, Heinrich IV., Bruder des Kurfürsten Ludwig V. von der Pfalz, der vor einigen Jahren nach des Kaisers Maximilians Tode das Reichsvicariat versehen hatte. Bei der Wahl Heinrichs zum Administrator in Worms gab die Erwägung den Ausschlag, daß man hoffte, vermittelst der Macht der Kurpfalz und des Beistands ihres angesehenen und einflußreichen Fürstenhauses den Widerstand der Wormser brechen und dieselben unter das Joch ihres Bischofs bringen zu können.***) Allein gerade während Heinrich IV. Bischof zu Worms war (1523—1552) befestigte sich, wenn auch oft unter schwierigen Verhältnissen, nach und nach die lutherische Reformation in der Reichsstadt Worms.

Da Luthers Brief an seine Anhänger in Worms, vom 21. August 1523, auf die religiöse Richtung und Haltung der Stadt nicht geringen Einfluß ausübte, so verdient derselbe hier abgedruckt zu werden. Er enthält eine Ermahnung, bei der angenommenen Lehre des Evangeliums fest zu verharren und lautet also. †)

„An die Christen zu Worms."

„Gnad und Fried in Christo, unserm Heiland. Wir haben von Euch, lieben Herren und Freunden in Christo, mit Freuden gehört, wie Gott, der Vater unsers Herrn Jesu Christi, auch bey euch und über euch hat lassen aufgehen das herrliche Licht seiner Gnaden und den Glanz der Erkenntniß seiner selbs, durch seinen Sohn Jesum Christum, durch welchen wir versühnet, Fried haben mit Gott in fröhlichem Gewissen von allen unsern vorigen Sünden und falsch gelobten guten Werken, auf welche wir durch die Apostel der Finsterniß und Prediger Belial so jämmerlich ver-

*) Dieß soll in des Raths „rothem Buch" zu lesen gewesen sein, Fol. 252; vgl. die in der vorhergehenden Anm. gedachte Chronik, a. a. O.

**) Accessit ad malorum cumulum exorta sub idem tempus gravis in religione catholica discessio, quam dum Martinus Lutherus, in nuperis Comitiis Wormatiae celebratis a Caesare et Imperii ordinibus publice damnatus ac proscriptus, sua severe doctrina non destitit, negotio etiam operosioribus Praesulem nostrum implicuit; siquidem adversus novatorum licentiam nec non Civium suorum (?) ausus ipsi deinceps quasi continuo dimicandum fuit. Hinc, ut erat devexa jam aetate Reinhardus et corpore fatigato — certis conditionibus resignavit (anno 1523.) Schannat hist. epise. Worm. tom. 1. p. 428, 429.

***) Vgl. Schannat, hist. epise. Worm. tom. 1. p. 429—432.

†) Mehrere Handschriften der Wormser Chronik erwähnen Luthers Brief. Die Wormser Handschrift B der Zorn Fleischmannischen Chronik gibt eine Abschrift desselben, Fol. 201—203. Die Frankfurter Handschrift E fügt hinzu, „daß er im Druck ausgegangen ist und im ersten Eislebischen tomo der Bücher Lutheri, Fol. 160 und beim Wormsischen catechismo zu finden." Nach der Angabe der Eisleber Ausgabe soll der Brief zuerst in Straßburg im Druck erschienen sein; vgl. Luthers Briefe zc. herausg. von D. W. L. de Wette, Th. II. S. 382.

führet sind bisher (Esai. 9, 2. Luc. 1, 58.) Derhalben wir uns über euch und mit euch freuen, und das Opfer des Lobes und Danks Gott dem Vater aller Barmherzigkeit von Herzen opfern (Ps. 50, 14. Ps. 119, 12, 13, 164, 171), und bitten, daß der Gott, der solche beyde in euch und uns angefangen hat, wolle sein Herrlichkeit auch an uns allen bis ans End mehren und be halten, auf daß wir, kiner Gnaden neues Werk, ohn Straff und Tadel erfunden werden an jenem Tage, Amen.

Und daß wir das Unser auch dazu thun, sintemal wir einerley Gaben und Geistes theilhaftig worden sind, und in gemeinem Gute wohnen, sollen und wollen wir eins dem andern die Hand reichen, und mit steter Ermahnung anhalten, und uns unter einander reizen und erwecken, den Glauben, so uns geben ist, durch die Liebe kräftig und thätig zu machen, auf daß wir nicht mit der Zeit laß und sicher werden, zuletzt auch das hohe, werthe, heilsame Wort des Evangelii fahren lassen, und ein Ekel darob gewinnen, wie die Jüden in der Wüsten ob dem täglichen Manna überdrüssig worden, als geschrieben stehet (4. Mos. 11, 6. Ps. 78, 33, 35. Ps. 106, 15.): Ihre Seele war überdrüssig über allerlei Speise; damit kamen sie hart an des Todes Thor. Wie wir auch sehen Etliche der Unsern überdrüssig werden, welche am neu wiederkommenden Evangelio nur den Fürwitz, als an einer neuen Zeitung, gebüßet, und mit fleischlicher Andacht darauf hitziglich fielen.

Aber wir, lieben Brüder, nachdem wir solche Tück des leidigen Feindes wissen, sollen wacker seyn, und uns den faulen Ueberdruß nicht lassen erschleichen, als hätten wir des Evangelii nu genug, und wüßtens alles, und nach neuem andern Geschwätz und Fragen trachten, wie da thun, denen die Ohren jucken, und von der Wahrheit auf die Mährlein sich wenden ic. (2. Tim. 4, 3, 4), denn sie fühlen ihre Noth nicht, noch die jährlichen Strich des Satans: darumb achten sie des täglichen Brods nicht groß und suchen, wo die Fleischköpfen und Knoblauch in Egypten bleiben.

Ihr aber, lieben Brüder, seyd besonders wohl nothdürftig, daß ihr hart an dem Evangelio der Gnaden hanget, und viel Arbeiter in der Ernten habt; denn ihr wohnet, wie Ezechiel (2, 6), unter den Scorpionen, und mit der Braut unter den Dornen, wie eine Rose (Hohel. 2, 2), die nicht alleine mit ihrem verführischen Schein des erdichten Gottesdienst euch Aergerniß allenthalben in den Weg legen, sondern auch mit beyderley Gewalt ihr falsche menschliche Lehre euch eindräuen und eintreiben. Wiewohl sie nicht mehr vermögen aufzubringen, denn daß sie so herkomen und sie also gewohnet sind, und viel mit ihnen in aller Welt halten, so doch unser ein klein neues Häuflein sey, bey welchem nicht zu vermuthen sey, die Wahrheit zu seyn, sondern bei ihrem alten großen Haufen: das ist ihrer Väter Stimme auch allzeit gewesen. Wenn ein Prophet von neuen erweckt ward und von Gott kam, mußte er diese Einrede hören: Ey, das Gesetz kann den Priestern nicht fehlen, noch der Rath den Alten, noch das Wort den Propheten. Also mußten die Propheten immer Unrecht haben, weil sie anders lehreten, denn ihre vorige Propheten, Priester und Aeltesten gelehrt und gehalten hatten vorn langer Zeit her.

Obs nu euch und uns auch so gehet, soll uns nicht wundern, sondern desstomehr stärken, weil wir sehen und greifen, daß uns über dem Wort Gottes ebenso gehet, wie es den Propheten und Aposteln gangen ist (Matth. 23, 34, 37; 1. Cor. 4, 9); denn auch Christus selbs, weil er anders lehret, denn ihre Schriftgelehrten von Alters her thäten, mußte er ein Verführer des Volks für Pilato gescholten werden (Luc. 23, 2, 5). Darumb sehen wir, daß sie eben also thun, eben dieselbige Einrede wider uns führen, die jene auch wider die heiligen Propheten führeten.

Daß wir billig uns freuen sollen und Gott danken, daß wir den Propheten und Aposteln, auch

Christo selbst so gleich und ähnlich sind (Matth. 5, 11. 12.) Denn wir wissen je, daß wir Gottes Wort für uns haben, das auch die Feinde nicht leugnen. So wissen wir auch, daß sie Menschen Wort und allein alte Gewohnheit der Menge für sich haben, welches sie auch selbst bekennen.

So seyd nu feste, lieben Brüder, bauet und tröstet Euch untereinander in Gottes Kraft, das ist mit Gottes Wort, das Alles überwindet: auch seid gewiß, daß der Spruch Christi euch angehet, da er saget Lucä am 6, (22. 23): Selig seid ihr, wenn euch die Leute hassen und thun euch von sich und spotten euch und verwerfen euren Namen als einen bösen, umb des Menschen Sohns willen; denn also haben ihre Väter den Propheten auch gethan. Und weil sein eigen Sohn solchs hat müssen leiden, wills wohl dabei bleiben, das er saget (Matth. 10, 24. 25): Der Knecht ist nicht mehr, denn sein Herr. Haben sie den Hausvater Beelzebub geheißen, vielmehr werden sie das thun seinem Hausgesind. Was aus Gott kömmt, dem muß die Welt feind seyn, da wird nicht anders aus. Und wo es die Welt nicht hasset, noch verfolget, so ists gewiß nicht von Gott; wie Christus selbs sagt (Joh. 15, 19): Wäret ihr von der Welt, so liebte die Welt das ihre; weil ihr aber nicht von der Welt seyd, sondern ich hab euch erwählet aus der Welt, darumb hasset euch die Welt (cap. 16, 33.) Aber seyd getrost, ich hab die Welt überwunden. In der Welt werdet ihr Noth haben: in mir aber den Frieden.

Derselb unser Heiland und Herr Jesus Christus stärke euch sampt uns in seinem heiligen Licht zu Lob und Ehren seines heiligen Namens in Ewigkeit, Amen.

Bittet für uns, lieben Brüder, und laßt euch Herrn Mauren und Friedrichen befohlen sein, und welche solches Berufs und Gnaden sind, denn sie können in Christo euch allenthalben reichlich trösten und unterweisen, was Gott gefället. (Gnad und Fried sei mit euch.)"

Zu Wittenberg, am Tag Bartholomäi, Anno 1523.

Martinus Luther,
Ecclesiastes Wittebergensium. *)

Nach der Ueberlieferung soll Martin Luther selbst schon im Jahre 1523 zwei Prediger des reinen Evangeliums, Ulrich Preu und Johann Freiherr von Wittenberg aus mit einem besonderen Empfehlungsschreiben nach Worms geschickt haben, wie seiner Zeit auch der Wormsische Katechismus bezeugt haben soll; und Zorn schreibt in der Originalhandschrift seiner Chronik (S. 203), diese Prediger seien im Sommer 1527 Diener des Wortes Gottes zu Worms gewesen und ihren wiedertäuferischen Collegen Kautz, Denck und Hiut in Rede und Schrift entgegengetreten. Aber schon am 25. December 1524 soll Pfarrer Ulrich Preu einen Herrn Nikolaus Karben von Ober-Erlebach, der aus Frankfurt a. M. zum Zweck seiner Trauung nach Worms gekommen, in der Magnuskirche vor versammelter Gemeinde aufgeboten und nach beendigtem gewöhnlichen Gottesdienst copulirt haben. **)

---

*) Abgedruckt aus: Dr. Martin Luthers Briefe ꝛc., herausg. von Dr. W. M. L. de Wette, Th. II. S. 392-395.

**) Eine Uebersetzung des merkwürdigen Trauscheins, den damals Ulrich Preu dem Niklas Karben in schönem Latein ausgestellt haben und der von Senffeluß im Druck veröffentlicht worden sein soll, ist in einer in der Chronik der Worms. Gymn.-Bibliothek enthaltenen Geschichte der lutherischen Prediger zu Worms zu lesen. In dieser Geschichte benutzt der Verfasser ein von dem Wormser Pfarrer M. Georg Wilhelm Muhl (geb. 1728) gesammeltes, zum Theil altes Material. Muhl hat selbst als Visitator des Wormser Gymnasiums und Stellvertreter des erkrankten Rectors Herwig in dem Programm des Wormser Gymnasiums vom Jahre 1768 einen Auszug aus seiner größeren Sammlung veröffentlicht. Zur Beurtheilung der Glaubwürdigkeit der

Wie hoch die Wogen der religiösen und kirchlichen Streitigkeiten in Worms schon in den Jahren 1524, 1525 und 1526 gingen und wie Rath und Gemeinde es nicht verschmähten, die Noth, in welche das Bisthum durch den pfälzischen Bauernkrieg gerathen war, für ihre politischen und kirchlichen Zwecke auszubeuten, erhellt aus den Chroniken und mehreren Urkunden. Das Bisthum Worms, von pfälzischen Landen eingeschlossen, wurde durch den Aufstand der pfälzischen Bauern in hohem Grade bedroht; denn der Bruder des Wormser Bischofs Heinrichs IV., der zugleich Bischof in Utrecht geworden, Kurfürst Ludwig V. von der Pfalz zögerte lange, gegen seine aufrührerischen Landeskinder mit blutiger Strenge einzuschreiten, da er erkannte, daß viele Forderungen der Bauern berechtigt seien, welche die reine Auslegung der heiligen Schrift, freie Wahl ihrer Geistlichen, Beseitigung der Leibeigenschaft, Erleichterung von Frohnden und Feudallasten, Abschaffung des kleinen Zehnten, Benutzung der Jagd und Fischerei x. beanspruchten, indem sie sich darauf beriefen, daß alle Menschen gleich berechtigte Kinder Gottes seien. Die Aufständigen erklärten feierlich, daß „die Bauern, die in ihren Artikeln solches Evangelium zur Lehr und zum Leben begehrten, nicht vermögen ungehorsam oder aufrührerisch genannt zu werden". „Wenn aber Gott die Bauern erhören will, wer will den Willen Gottes tadeln? Ja, wer will seiner Majestät widerstreben? Hat er die Kinder Israel, da sie zu ihm schrieen, erhöret und aus der Hand Pharaonis erlediget? Mag er nit noch heut die Seinen erretten? Ja er wirds erretten!"*) Aber so feierlich solche Rede, so berechtigt viele Forderungen der Bauern waren; ihre verbrecherischen Ausschreitungen verschlimmerten nur ihre eigene Lage und schadeten allen, die in ihre Unternehmungen verwickelt waren. In der Umgegend von Worms wütheten die Bauern im Frühjahr 1525, und besonders im Mai und Juni; sie zerstörten viele Klöster und andere geistliche Stiftungen, plünderten Bechtheim, Osthofen, Westhofen, Bensheim, Lambsheim, Freinsheim. Das kurpfälzische Schloß in Dirnstein beraubten sie; andere Schlösser, z. B. Alleiningen, brannten sie nieder, Renleiningen nahmen sie ein. Eine aufgeregte Menge, insbesondere aus Zunftgenossen bestehend, zog vor das bischöfliche Schloß zu Worms, das damals gerade nicht von dem Bischof bewohnt war. Der Rath ließ ein Zeichen geben, und vor versammelter Menge zerriß und besudelte derselbe die Pfalzgrafenrachtung des Jahres 1519. Die Stadt verlangte vom Bischof und Domcapitel, dieselben sollten diesen Vertrag aufgeben, durch den die Stadt werthvolle Rechte eingebüßt hätte.**) Im Jahre 1525 zerstörten sogar die aufrührerischen Bürger von Worms das vor dem Speierer Thore gelegene Kloster Kirschgarten und vertrieben dessen Bewohner.

Angabe Muhls ist von Interesse, was derselbe über seine Sammlung von Nachrichten über die Wormser Pfarrer schreibt: „Zu allem Glück besitze ich schon seit länger als zwanzig Jahren eine alte beglaubigte Sammlung von allen evangelischen Stadtpredigern, die seit der Reformation hier gelehrt haben. Nach und nach hatte ich dieselbe theils durch gedruckte Urkunden, theils durch die von mir an die Verwandten der verstorbenen Prediger abgelassenen Schreiben mir und da erweitert und berichtigt. Und so lag sie in ihrer alten Schreibart da, in lateinischer und teutscher Sprache. Da ich diese Sammlung einer einsichtsvollen, obrigkeitlichen Person zeigte, so wurde beliebt, daß ich dieselbe in einem kurzen Auszug nach dem Geschmack unseres Zeitalters bekannt machen sollte". Viele Nachrichten Muhls werden durch die in der Handschrift F der Zorn'schen Chronik enthaltene und vorliegender Darstellung zu Grunde gelegte Geschichte der Wormser Kirchenneuerungen bestätigt.

*) Aus dem Vorwort der „gründlichen und rechten Haupt Artikel aller Bauerschaft und Hundersessen der Geistlichen und weltlichen obersessen, von welchen sie sich beschwert vermeynen. x. Im XXV. Jar". H. B. Benien, Geschichte des Bauernkriegs in Ostfranken, S. 514—519.

**) Schannat, hist. epise. Worm. tom. I. p. 430. Vgl. oben die Pfalzgrafenrachtung.

Der Clerus fügt sich der Stadt im Vertrag vom 3. Mai 1525.

"Als es nun von wegen des gemeinen Volks und der Bauern Empörung und Aufstand sich ansehen ließ", erzählt eine andere Chronik des Wormser Archivs*) "als wollt es hie und anderswo mit den Geistlichen ein seltsam Wesen werden, sind sie etwas demüthiger und kleinlauter, nicht allein anderswo, sondern auch vornehmlich in Worms worden. Denn sie besorgten sich eines Ueberfalls, Mords und gänzlicher Ausrottung. Als solches gemeine Stadt und Bürgerschaft zu Worms vermerkten, brachten sie ihrer Priesterschaft etliche Beschwerpunkte vor, mit dem Begehren, denselbigen der Stadt und Bürgerschaft zu gut ein Ende zu machen". So wurde am 3. Mai 1525 zwischen der Stadt Worms und dem Domstift, sowie den andern Stiften ein Vergleich zu Stande gebracht, wodurch die Stifte auf die durch die Aechtung vom J. 1518 der Stadt abgenöthigten Vortheile verzichteten und gewisse kirchliche Reformen versprachen. Die Stifte und der Magistrat sprechen in diesem Vertrag aus, sie hätten zu Herzen gezogen die schwere Zeit und den Aufruhr des gemeinen Volks, der überall im Reich und besonders um und neben der Stadt Worms sich ereigne; und niemand vermöge zu erkennen, worauf die Bewegung abziele. Weil nun die Stadt die Geistlichkeit zu beschirmen habe und solches nicht anders als in Fried und Einigkeit geschehen könne oder solle, so hätten Stadt und Geistlichkeit sich gütlich und freundlich vereinigt und den abgefaßten Vertrag geschlossen.**) Bestimmungen dieses Vertrags waren: "Soll nun hinfort das heilig Wort Gottes und Evangelien in der Stadt Worms in allen Pfarrkirchen lauter, klar, unverdunkelt und ohne alle menschlichen Zusatz gepredigt, und die Pfarrherrn oder Prediger in den Pfarrkirchen sammt ihren Dienern durch die gemeinen Pfarrkindern einer jeglichen Pfarre erwählt, gesetzt und entsetzt werden. Mißbräuche in Ceremonien der Kirchen und was dem Worte Gottes zuwider sei, sollte im Gottesdienst gänzlich abgeschafft werden. Bezüglich anderer Mißbräuche solle es gehalten werden, wie es in umliegenden Fürstenthümern und Städten gehalten werde. Allen geistlichen und weltlichen Personen sollte grobe Unsittlichkeit in verdächtigem Umgang gänzlich verboten sein: dieselben sollten die verdächtigen Personen von sich thun.***) Ferner erklären die Stifte und der Clerus, daß sie auf alle Freiheiten des im Jahre 1519 ss. oben S. 31.) zwischen dem Bischof Reinhard nebst den Stiften und der Stadt Worms abgeschlossenen Vertrags, welcher der Stadt und aller Bürgerschaft hochbeschwerlich sei, gänzlich verzichten, "und haben alsbald mit freiem Willen den obgemeldten Pfalzgräflichen Vertrag mit der Confirmation und Bestätigungsbriefen dem Städtmeister, Rath und ganzer Bürgerschaft heraus zu Handen geben, abgethan und gänzlich vernichtet". Die Stifte und der Clerus verpflichteten sich, daß sie hinfort zu ewigen Tagen mit und neben der Bürgerschaft und Gemeinde alle bürgerlichen Beschwerden mit Zoll, Wacht, Schatzung, Ungelt, Pfortengeld, Manühaus, und aller anderen Renten Last tragen und bezahlen wollen. Gewisse Zinsen, Renten und Gülten des Clerus, die auf der Stadt lauteten, sollten für alle Zeit getilgt sein" ꝛc. Damit dieser Vertrag "in gutem friedlichen Wesen sein und bleiben möge", leisteten die Detane und Capitel aller Stifte, auch aller andre gemeine Clerus einen leiblichen Eid zu Gott und auf das heilig Evangelium. "Wie lang aber dieser Vertrag gewähret, und wie lange die Stadt dessen zu gebrauchen gehabt, hat der Augenschein gelehret" — fügt der Chronist lakonisch hinzu.

* Die im Jahre 1613, vielleicht von M. Andreas Wilf, geschriebene Chronik, S. 568.
** Der Vertrag vom 3. Mai 1525 ist abgedruckt im appendix docum., p. 234, zu Moritz' histor. diplom. Abhandlung vom Ursprung der Reichsstädte.
*** Bezüglich des Wortlauts ist die gedachte Urkunde bei Moritz nachzulesen, app. doc. p. S. 236.

40 Niederlage der Bauern bei Pfeddersheim, Pfalzgraf Ludwig V. restituirt die Wormser Geistlichkeit, Juni 1525.

Kurfürst Ludwig V. von der Pfalz mußte sich endlich entschließen, den Aufstand der Pfälzischen Bauern niederzuschlagen, und dieser Entschluß wurde verhängnisvoll für die Stadt Worms, die aus dem Aufstand der Bauern und der Bedrängnis des Bisthums und seines Clerus Nutzen gezogen, indem sie sich den gedachten Vertrag vom 3. Mai 1525 erwirkte. Kurfürst Ludwig hatte schon am 18. Mai 1525 an Philipp Melanchthon ein Schreiben gerichtet, wodurch er denselben aufforderte, daß er als „ein Geborner und Erzogner der Pfalz", weil er vor andern in der heiligen Schrift erfahren, auch in den Artikeln der Bauern als ein Schiedsrichter bezeichnet sei, auf Pfingsten nach Heidelberg kommen möge, um in der wichtigen und gefährlichen Sache seinen Rath zu ertheilen, oder er möge schriftlich antworten. Auch Johann Brenz wurde aufgefordert, seinen Rath zu geben. Die beiden erklärten sich dahin, die Forderungen der Bauern seien zum Theil ungerecht und dem Evangelio zuwider, und wenn auch eines und anderes darin enthalten sei, das der Billigkeit gemäß sei, so wolle es doch den Bauern nicht zukommen, wider ihre Obrigkeit sich aufzulehnen und sich selbst Recht zu schaffen, was der Evangelischen Wahrheit keineswegs gemäß sei.*) So wurde Kurfürst Ludwig bewogen, den Bitten der bedrängten Fürsten der Umgegend, besonders der Bischöfe von Trier und Würzburg, nachzugeben und den Bauernaufstand in der Pfalz und den benachbarten Gebieten zu unterdrücken. Am 26. Mai 1525 rückte Kurfürst Ludwig mit den geistlichen Herrn von Trier und Würzburg, 1100 pfälzischen, trierischen und jülichischen Reitern und mit 4000 Mann an Fußvolk und Troß aus Heidelberg. Nachdem der Kurfürst die rechtsrheinischen Gebiete der Pfalz zur Ruhe gebracht und die aufrührerischen Bauern am Neckar, Kocher und Main niedergeworfen, zog er den Main hinab, um die kurmainzischen Gebiete von dem Aufruhr zu befreien. Dann zog er über den Rhein und besiegte die pfälzischen Aufrührer bei Pfeddersheim (23.—25. Juni 1525.)**) In den nächsten drei Tagen wird in der Umgegend von Worms die Ordnung wieder hergestellt, und Pfalzgraf Ludwig beschützt nun auch die Rechte seines Bruders, des Bischofs Heinrich IV. von Worms.

Der Magistrat der Stadt Worms mußte sich dazu bequemen, mit dem Kurfürsten Ludwig zu verhandeln, als dieser mit dem siegreichen Heere im Felde bei Pfeddersheim stand; und er versprach alsbald nach der Pfeddersheimer Schlacht in einem vorläufigen Vertrage, die Geistlichkeit der Stadt in ihre früheren Rechte zu restituiren, stellte auch darüber eine vom Dienstag nach S. Johannis - Baptistae datirte Urkunde aus, in der er bezeugt, daß er auf des Pfalzgrafen mit ihm gehabte gnädige Unterhandlung zugesagt habe, den neuesten, am 3. Mai 1525 mit dem Wormser Clerus abgeschlossenen Vertrag dem Pfalzgrafen auszuliefern und dem Bischof Heinrich von Worms alle jene Rechte restituiren zu wollen, die demselben vor dem Vertrage vom 3. Mai 1525 zugestanden. Es solle auch der Vertrag, den Bischof Reinhard mit der Stadt abgeschlossen (die Pfalzgrafenrachtung vom Jahre 1519), der jüngst von der Stadt beseitigt und zerschnitten worden sei, in seinem ganzen Inhalt wieder hergestellt worden.***) Pfalzgraf Ludwig wurde nun von Bischof und Rath zum Schiedsrichter bestellt. Derselbe vermittelte die am 18. April 1526 erlassene Rachtung, welche die oben (S. 31, 32, Anm.) verzeichneten politischen Bestimmungen enthält und bezüglich der kirchlichen Verhältnisse dem Bischof und der Geistlichkeit die Restitution aller Besitzthümer und Rechte, die während des Aufruhrs eingebüßt worden, zusicherte.

---

*) Struve, Pfälzische Kirch.-Hist., S. 20.
**) W. Zimmermann, Geschichte des großen Bauernkriegs, Th. III. S. 865 866. Häusser, Gesch. der rheinischen Pfalz, B. 1, 536—537. Schannat, hist. epise. Worm. tom. I. p. 430.
***) Schannat, hist. epise. Worm. tom. II., p. 396.

Die Wiedertäufer Kauz, Hetzer, Denck und Mint 1527.   41

„Wie aber   wie man gemeiniglich sagt — wohin (Gott eine Kirche baut, der Teufel eine Capelle daneben baut, und wo der Samen göttlichen Worts rein ausgesäet wird, der böse Feind sein Unkraut mit untermengt: also ist es auch in der Kirche zu Worms ergangen. Denn als die römischen Geistlichen aus großer Furcht und dringender Noth, um vielfältige Gefahr zu vermeiden, 1525 im Bauernkrieg gutwillig zugaben, daß hinfort das heilig Wort Gottes und Evangelium in der Stadt Worms in allen Pfarrkirchen lauter, klar, unverdunkelt und ohne allen menschlichen Zusatz gepredigt, und die Pfarrer oder Prediger in den Pfarrkirchen sammt ihren Helfern oder Diakonen durch die Pfarrkinder einer jeglichen Pfarrei erwählt, angestellt und entsetzt werden sollten, sind neben den damaligen reinen Predigern Ulrich Preu, Pfarrer zu St. Magnus, und Johann Freiherr etliche wiedertäuferische, nämlich Jacob Kautz von Großbockenheim, Ludwig Hetzer, Johann Denck und Melchior Rink, unvermerkt mit eingeschlichen, welche ihre wiedertäuferische Lehre so verschlagen verbreiteten, daß sie viele Bürger auf ihre Seite zogen. Denn sie tauften denselben zwar die Kinder, aber mit dem beigefügten Proteste, daß sie solches nur aus Furcht vor der Obrigkeit thäten, nicht weil sie glaubten, daß die Taufe den Kindern zu ihrer Seligkeit nützlich, sondern sie tauften nur deshalb, damit nicht die Eltern von der Obrigkeit vertrieben oder häuslicher Ehren verlustig würden: und jeder Vater müsse solches fest glauben." "*)

„Nachdem die Wiedertäufer Luft gewonnen, und als sie glaubten, sie vermöchten nun ihre falsche Meinung durchzuziehen, weil sie viele Bürger sich anhängig gemacht, schlugen sie im Jahr 1527 auf Pfingsten an der Predigerkirche die Hauptsätze ihrer Lehre an. Da diese Sätze irrig waren und der rechten Lehre von den Sacramenten zuwider liefen, schlugen dagegen die Prediger der reinen lutherischen Lehre Ulrich Preu und Johann Freiherr andere Sätze öffentlich an, in denen sie die rechte Lehre kurz zusammenfaßten, und sie erboten sich, über dieselben vor der Gemeinde zu berichten und dieselbe zu vertheidigen." **)

Zorn schreibt eigenhändig über die Wormser Wiedertäufer in seiner ursprünglichen Handschrift in folgender Weise. ***)

„Anno 1527. Als die von Worms das Evangelium, bald nachdem es wieder von Luthern an den tag bracht worden, angenommen", erzählt Zorn, „hat der Teufel nit ruh gehabt, uneinigkeit und falsche lehr zu machen und zu sehen, daßelbig in verdacht und verachtung bei den widersachern und feinden zu bringen. Sind derowegen durch seine anstiftung in Pfingstfeyertagen solche Artikel an die kirchen angeschlagen worden, aus welchen groß ärgernus im volk erwachsen, welche von wort zu wort also gelaut haben." †) Jacob Kautz prädicant zu Worms mit seinen Brüdern Hetzer ††),

---

*) Handschrift F der Zorn'schen Chronik, im Worml. Arch., Fol. 345—347.
**) Handschrift F der Zorn'schen Chronik, Fol. 347 348.
***) Die vorliegenden Notizen Zorns werden hier zum erstenmal gedruckt. Arnold hat Zorns Chronik nur bis zum Ende der Verfassungsstreitigkeiten zwischen Stadt und Bisthum (1526) abdrucken lassen. Von der eigenthümlichen Orthographie Zorns ist in obigem Abdruck in ähnlicher Weise abgewichen worden, wie in Arnolds Ausgabe der Zorn'schen Chronik.

†) Die aus Zorns Chronik hervorgegangene Chronik des Jahres 1613 (im Worml. Arch., von Andreas Bill?) fügt hier Zorns Worten Folgendes bei: „Wie denn solches auch im Druck vorhanden: Sieben Artikel zu Worms von Jacob Kautzen angeschlagen und geprediget. Verworfen und widerlegt mit Schriften und Ursachen, auf zwen weg, Anno MDXXVII." S. 591.)

††) Vgl. Hase, Kirchengesch., S. 363: „Hetzer, ein gelehrter Freund Zwingli's und volksthümlicher Dichter, wurde für die Einheit Gottes, doch zugleich wegen wiedertäuferischer Meinungen und ehebrecherischer

Dend*) und Rink wünscht allen Christen erkantnus des Vaters durch Jesum Christum seinen lieben Son. Amen.**

„Sintemal die kinder dieser welt sich nit schämen wollen, sondern je länger je mehr gloriiren und die lüge, die aus irem vater dem Teufel und aus seinem eigenthumb entspringt, sich fürther zu handhaben unterstehen, dabei die ewig wahrheit höchlich schmähen: werden wir aus Gottes kraft bewegt, der uns solch gemüt aus gnaden verliehen hat, daß wir von unseres Herren wegen die lügen strafen und von der wahrheit in Gott (der die Wahrheit ist) mit anregung alles, so wir vermögen, zu zeugen, und darauf hernach gestellte artikel mit Gottes macht wahrhaftig, christlich, und aller göttlicher wahrheit gemäß, und ehrlich aus derselb wahrheit aus zu beweisen unternehmen, uff nächst künftigen donnerstag, welcher ist der 13. tag,**) am morgen nach 6 uhrn: hieruff wird männiglich ermahnt, besonders aber diejenigen, so uff den canzlen das gegentheil sagen, daß sie um der reinen wahrheit willen herfür in das licht treten, welches sie scheuen, und ihr lehr und glauben beschützen; dabei werde ich und alle brüder im Herrn erkannt, daß wir die wahrheit lieben.

Articul. 1. Das wort, welches wir äußerlich mit dem mund reden, mit fleischlichen ohren hören, mit händen schreiben und drucken, ist nit das lebenhaft, recht, noch ewig bleibend wort Gottes, sondern nur ein gezeugnis oder anzeigung des innern, damit dem äußerlichen auch genug geschehe. — 2. Nichts äußerlichs, es seien wort oder zeichen, sacrament oder verheißung, ist der kraft, daß es den innern menschen versichern, trösten und gewiß mocht machen. 3. Der kinder tauf ist nit von Gott, sondern richtig wider Gott und sein lehr, die uns durch Christum Jesum seinen lieben Son fürgetragen ist. 4. Im sacrament oder in des Herrn nachtmal ist weder der wesentlich leib noch blut Christi, es ist auch nach dem rechten brauch desselbigen hie mit recht gehalten worden. 5. Alles das in dem ersten Adam untergegangen und gestorben, daselbig ist und wird reichlicher im andern Adam, das ist in Christo Jesu unserm herrn und vorgänger, aufgehen und lebendig werden, nach rechter ordnung. 6. Jesus Christus von Nazareth hat in seinem andern weg für uns gelitten oder gnug gethan, wir stehen denn in seinen fußstapfen und wandeln den weg, welchen er zuvor gebanet hat, und folgen dem befelg des vaters, wie der son, ein jeder in seiner maß. Wer anders von Christo redet, hält oder glaubt, der macht aus Christo einen abgott, welches alle schriftgelehrten und falsche Evangelisten samt der ganzen welt thun.
7. Eben wie der äußerlich anbiß Adams in die verbotene frucht weder ihm noch seine nachkommen geschadet hätt, wo das innerlich annehmen ausblieben wär, also ist auch das leibliche leiden Jesu Christi nit die wahre genugthuung und versühnung gegen den vater ohn innerlichen gehorsam und höchste lust, dem ewigen willen Gottes zu gehorchen.

Thalen, zürnend gegen Gott und doch reumütig, zu Constanz enthauptet, 1528. J. J. Breitinger, Anecd. de L. Helvero (Museum Helv. 1751. Tom. VII.) Meim, L. Heber Jahrbücher f. deutsche Theologie, 1858 B. I. H. 2.) Hagen, Geist der Ref. und s. Gegensäße, B. 3. S. 275."

*) Vgl. Hase, Kirchengesch. § 363: „Hans Dend, der in der Liebesfülle, welche Christus in vorirdischer Wirksamkeit vermittelt und auf Erden vorbildlich dargestellt hat, die Erhebung über die Schrift, über alle Geseze und zugleich ihre freie Erläuung fand, war durch seine humanistische Bildung doch nicht über geheimes Wiedertaufen erhoben, das er vollzog, um 7 bösen Geistern abzusagen, 7 gute aufzunehmen; er widersprach der Gleichheit des Sohnes wie eines Abgotts mit dem Vater, aber sein Grundgefühl war die Barmherzigkeit Gottes als unvereinbar mit einer ewigen Hölle; aus den oberdeutschen Städten seiner Wirksamkeit nur ausgewiesen, ist er durch frühen Tod (1528) dem Kezer-Märtyrerthum entzogen worden. Heberle, J. Dend und sein Büchlein vom Gesez (Stud. u. Krit. 1851, H. 1.) J. Dend und die Ausbreitung seiner Lehre (Ebendas. 1855, H. 4.) G. Möhrig, la vie et les écrits de J. D. Strasb. 1853."

**) Die Chronik aus dem Jahre 1613 sezt hinzu: dieses monats Junii. (p. 591.)

Widerlegung der Wiedertäufer durch Ulrich Preu und Johann Freiherr, Juni 1527.

Ueber diese obgemelte artikel soll niemands anders richter sein, denn der allein, so in aller menschen herzen redet und zeuget, wie die schrift sagt; ursach: keinem menschen ist von Gott besohlen, die wahrheit zu berechten, sondern allein zu bezeugen."

An diese Säze der Wiedertäufer reiht Zorn die Entgegnung der lutherischen Prediger zu Worms Ulrich Preu und Johann Freiher nebst deren Gesinnungsgenossen in folgender Weise an.

„Ulrich Preu und Johann Freiherr,*) Diener des worts Gottes zu Worms samt anderen brüdern"".

„Gnade und Friden von Gott unserm Vater und dem Herrn Jesu Christo sei mit allen menschen, Amen.

Dieweil dieser welt fürst der Teufel nit schläft, sondern allen fleiß fürwendet, mitten unter die kinder Gottes zu treten, den guten samen des worts Gottes mit seinem unkraut und lügen zu vmischen, verstellet sich auch in ein engel des lichts): soll sichs niemands verwundern, ob seine diener und apostel sich auch verstellen unter falschem schein, zu Christi Aposteln, und unter schafskleidern durch den schein göttlichs worts viel einfältige verwirren und verführen. So ist nun männiglich hier zu Worms wissend, daß nit nächst vergangen pfingsten am predigerkloster durch Jacoben Kauzen und die seinen etliche onchristliche, und göttlicher wahrheit ohngemäß, auch dem gemeinen christlichen Volk verjährliche Artikel angeschlagen sein worden, welcher auch etlich von uns dieser zeit mit wahrheit genugsam sind verantwortet: zwingt uns die lieb Gottes in seiner schäflein, und unsers amts pflicht, unseren glauben öffentlich mit schriften zu bezeugen, und unsern widertheil, solch unthunlich und onchristlich fürnehmen, mit göttlichen gnaden, hülf und beistand durch Gottes wort zu widerlegen, und sind diß unsere gründ und Artikel. 1. Das mündlich wort Christi und aller seiner nachkommenden Apostel ist das recht lebendig ewig wort Gottes, 1. Petr. 1. und 1. Theff. 2., ist auch die kraft Gottes, die da selig macht alle, die daran glauben, Röm 1. 2. Das äußerlich wort Gottes macht weise zur seligkeit, ist auch uns zur lehre, zur straf, zur besserung, zur züchtigung in der gerechtigkeit, 2. Timoth. 3., tröstet euch, Röm. 15. 1 und 1. Theff. 4., ist auch allen widersachern viel zu stark, Lucä 21. Wie tröstlich auch die zeugen dem Noah, Abraham und andern sein gewesen, also sind auch tröstlich die zeugen des Neuen Testaments, dieweil sie uns ermahnen göttlicher zusag, sind auch zeugnis des gnädigen Gottes gegen uns. 3. Christus hat geboten zu taufen alle völker, keinerlei person ausgeschlossen, alt oder jung, darumb uns auch nicht gebürt jemands auszuschließen: also hat S. Paulus das hausgesind Stephanae getauft, 1. Corinth. 1. Ist auch der kerkermeister mit allem seinem hausgesind getauft worden, Actor. 16. 4. Im nachtmal des Herrn ist wahrhafter wesentlicher leib und blut des Herrn laut seiner wort Matth. 26. Marc. 14. Luc. 22 und Pauli 1. Cor. 11. 12. Ist auch desselbigen nachmals gebrauch bei den Christen zu Worms recht gehalten worden.**) 5. Wie allein die gesund sein worden, die die ehern schlang haben angesehen in der wüste, Num. 21, also werden auch allein die ewig leben und erhalten durch Christum, die an ihn glauben, Joh. 3. Ueber den ungläubigen aber bleibt der Zorn Gottes, werden auch endlich zur ewigen pein von Christo verurtheilt, Matth. 25, 2. Theff. 1. 6. Christi exempel und fußstapfen wird niemand nachfolgen, er seye dann vorhin ein Christ

---

*) In Salig's Historie der Augsburg. Confession ꝛc., S. 114, wird gelegentlich der Erwähnung der Wormser Wiedertäufer der oben genannte Johann Freiherr mit dem Namen Johann Baro verzeichnet.

**) Die Chronik aus dem Jahre 1613 sagt hier hinzu: „Dieser Artikel ist vor der Zeit durch uns genugsam dem Kauzen und den seinen mündlich und schriftlich verantwortet und einem Erlauen Rath die zu Wormbs, unsern lieben Herrn, bei der Partelen Handlung in Schriften zugestellt, auf welche Schrift wir uns noch heutigs tags berufen."

Dr. Johann Cochläus ermahnt den Rath, alle Religionsneuerer zu vertreiben.

und hab den geist Gottes, der des fleisches geschäft tödte, Röm. 8. Wer aber lehret, vor dem glauben in Christum und vor dem geist, Christo mit leiden nachfolgen, macht nichts denn gleisner, die die frumkeit an werken und nit am glauben anheben und suchen, wie alle Papisten und falsche Aposteln thun, Gal. 2 u. 3. 7. Christus hat unser sünd selb gecreuzigt an seinem leib uff dem holz und durch sein strimen sind wir gesund worden, 1. Petr. 2. Jesaia 53. Ob aber Christus ohn innerlichen willen und gehorsam gelitten hab, lassen wir andere hoffärtige wortzänker von disputiren,*) die aus des Herrn leiden ein gleisnerei machen wollen. — Diese obgesetzte Artikel wollen wir zu kurzem mit göttlichem Beistand uff unsern Canzlen weiter mit göttlichen schriften verklären und setzen hierüber mit S. Paulo zu richtern alle Christen, 1. Cor. 2. denn solche ur theilen allein aus dem wort und geist Gottes, der ein geist der wahrheit ist, welchem mit dem vater und son sei ewig lob und herrlichkeit. Amen. Anno 1527. 13. Juni."" (Worms ursprüng liche Chronik, Handschrift A. im Wormser Archiv, S. 200–206.) Die schon citirte Chronik des Wormser Archivs, die im Jahre 1613 geschrieben ist, berichtet auch sehr ausführlich über eine papistische Entgegnung auf die wiedertäuferischen Lehren Kautzens und seiner Anhänger. „Als nämlich die Thesen der Wormser Wiedertäufer und ihrer Gegner Preu und Freiherr dem Dr. Johann Cochläus, einem hervorragenden und nicht ungeschickten Papisten,**) bekannt wurden, schrieb derselbe am 17. Juni 1527 an den Rath der Stadt Worms eine auch im Druck erschienene ausführliche Beurtheilung des Streits und rieth dem Rath, was er thun solle. Cochläus erörterte die Thesen beider Parteien und verwarf dieselben sämmtlich, weil sie der heil. Schrift nicht gemäß seien. „Welches denn an ihm als einem scharfen Papisten nit zu verdenken", bemerkt der Chronist. Hierauf folgt in der Chronik Fol. 597–609) die „Antwort Dr. Johannis Coclei auf die sieben zwiespältigen Artikel der Prädicanten zu Worms." Cochläus erklärt dem Rath, aus der Bewegung werde der Stadt große Schande, Gefahr und Schaden erwachsen, wenn der selbe nicht zeitig mit Ernst einschreite. Weil aber jene Sätze auf beiden Seiten wider christlicher Kirchen Lehre und Ordnung, auch wider das kaiserliche Mandat, das in der Stadt Worms er lassen worden, durch unbewährte, ja verdammte Lehrer vorgetragen würden, so wolle er der Stadt Worms gemeines Volk in treuer Meinung aufs beste warnen und mahnen, weiterer Schande zuvorzukommen, wozu, wie er weise und erfahrene Männer darüber reden höre, der nächste und sicherste Weg wäre, daß sie solche zwiespältige neue Prädicanten alle von sich thäten, die so neue, spitzfindige, säulische, dunkele, ja ketzerische und verdammte Artikel dem gemeinen, einfältigen Volk aus Ruhmsucht, Trotz und Muthwillen ohne alle Frucht vorhielten und einbläuten, und das Volk also verwirrten, zweiflich im Glauben und uneinig in bürgerlichem Frieden machten." „So Ihr jetzt und höret", schreibt Dr. Cochläus, „daß die lutherische Lehr in so kurzen Jahren in so viel Secten und Zwiespalt zertrennt ist, möget Ihr nicht mit gutem Gewissen achten oder glauben, daß solche Lehre recht evangelisch und christlich sei." „So nun solche irrige Lehr, so

---

*) Die Chronik aus dem Jahre 1613 fährt fort: „Die vielleicht meinen, Christus hab nit aus lust des Vaters willen zu vollstrecken, sondern gleisnerisch gelitten."

**) Dr. Johannes Cochläus ist auch als leidenschaftlicher Gegner Luthers und Melanchthons sehr be kannt. Als solcher verfaßte er mit Ed. Faber und Wimpina die sog. Confutatio, die Kaiser Karl V. auf dem Reichstag in Augsburg am 3. Aug. 1530 zur Widerlegung der Augsburgischen Confession verlesen ließ. Auch gegen die Apologie der Augsburgischen Confession schrieb er heftige Reden, in denen er die Ketzereien Luthers und Melanchthons zusammenstellt und behauptet, daß die lutherische Ketzerei alle verdammten Ketzereien als in einem Inbegriff zusammenfasse.

die lutherischen fürgeben, nicht allein vor hundert Jahren durch ein ganz Concilium zu Costnitz und in vielen andren Concilien, sondern auch zu unserer Zeit von drei Päpsten und allen Universitäten der Christenheit, ja auch von Kaiserlicher Majestät und vom ganzen römischen Reich bei Euch in Eurer Stadt vor 6 Jahren verdammt worden ist, kann man Euch wirklich keinen besseren Rath geben, denn daß Ihr alle Zwiespältigkeit und einen Irrthum mit dem anderen zur Stadt austreibt und also wiederum zu alter Ruhe und christlicher Einigkeit kommt." Aber der Rath ließ sich durch des Dr. Cochläus Vorspiegelungen nicht irre machen; gegen die Wiedertäufer schritt er besonnen und ernst ein, allein Luthers Reformation führte er trotz vieler Schwierigkeiten, die derselben entgegentraten, endlich zum Siege.

In der Religionsgeschichte der Handschrift F der Zorn'schen Chronik wird, wie im Nachfolgenden in engem Anschluß an diese Chronik erzählt wird,*) berichtet, auch Kurfürst Ludwig V. von der Pfalz habe als Vermittler des Vertrags vom Jahre 1526 **) den Magistrat aufgefordert, gegen die streitsüchtigen wiedertäuferischen Prediger einzuschreiten. „Als Kurfürst Ludwig vernommen, wie es in Worms der Religion halben beschaffen war, läßt er im Jahr 1527, Freitags nach Sebastiani an den Rath eine schriftliche Aufforderung gelangen. Als Schutzherr des Vertrags vom J. 1526 ermahnt Kurfürst Ludwig den Rath, gegen die unruhigen Prediger einzuschreiten. Der Rath antwortete, er sei nicht allein willig, sondern auch schuldig, die irrigen Lehrer und Prediger, wenn deren etliche vorhanden seien, hinweg zu schaffen, doch müsse allein der Rath be denken, wie dieß am füglichsten geschehe, damit man bei gemeinen Mann in Ruhe und Frieden halte und nicht geklagt werden könne, daß der Rath der gemeinen Bürgerschaft das Evangelium entziehen wolle. Der Rath sei darauf bedacht, die zänkischen Männer abzuschaffen und einen gelehrten, redlichen, frommen, tapferen Mann, der der Gemeinde das heilig Evangelium und wahr Gotteswort ohne menschlichen Zusatz predige, zu bestellen; dann könnten sie dem Kauf und anderen seines gleichen sagen lassen, sie sollten mit ihrer Predigt einhalten. Weil aber die Verträge auch die bischöfliche Geistlichkeit verbunden hätten,***) die Prädicaten im Domstift und die Pfarreien mit verständigen, frommen, getreuen Predigern und Pfarrherrn zu besetzen, die sich des gemeinen Volks annähmen und das Evangelium lauter predigten, was aber bis dahin noch nicht geschehen; so möge seine Kurfürstliche Gnaden die bischöfliche Geistlichkeit auch dahin anweisen, daß sie solches vollzögen.

Als der Pfalzgraf erkannte, daß dem Rath diese Sache angelegen sei, befahl er den Rathsmännern Philips Wonjam,†) Peter Krapff und Peter von Mos, sich zu Doctor Wolf Eger,

---

* Diese Erzählung ist in der gedachten Handschrift zu lesen Fol. 358 ff.

** In dem Vertrag vom 18. April 1526 (vgl. oben S. 32,) ist der Klage des Bischofs Heinrichs IV. und seiner Geistlichkeit gedacht, die sich darüber beschwerten, daß die lutherischen und aufrührerischen Prediger sie angetastet. Diese Beschwerde wiesen die Gesandten der Stadt bezüglich des Raths zurück, der die Verantwortung für ungeschickte Leute nicht tragen könne, und, wenn Klagen an ihn gelangten, gegen ungeziemende Handlungen einzuschreiten wolle. Vgl. Schannat, hist. episc. Worm. tom. II. p. 408.

*** Der Vertrag vom 18. April 1526 bestimmte u. A., daß das Domcapitel den damaligen Prediger Daniel verhindere zu predigen, und daß es dessen Predigeramt mit einem anderen gelehrten, redlichen und geschickten Prediger, der das Volk nützlich, heilsam und angenehm unterweisen könne, bestelle. Schannat, hist. episc. Wormat. II. p. 409.

† Peter Krapf gehörte seit 1507, Peter von Mos seit 1513, Philips Wonjam seit 1523 dem Rath an, vgl. Moriz, hist.-diplom. Abhandl. über den Ursprung der Reichsstädte, S. 564. Unsere Handschrift nennt anstatt des im obigen Texte genannten Philips Wonjam fälschlich den Namen eines Philips Wolffen. Da kein

juris consulto, und Doctor Theobald Fettich medico, erfahrenen, gelehrten und der Religion mit besonderem Eifer ergebenen Männern, zu begeben und mit denselben zu berathschlagen, wo man etwa einen feinen, gelehrten, ehrbaren Prediger für eine leidliche Besoldung gewinnen könne.

Als nun im Jahre 1527, dominica Laetare, in der Stadt ruchbar geworden, daß einer unter den Predigern, Hilarius genannt, dem Wiedertäufer Mantz zugethan sei, und bei dem Taufen der Kinder gegen altes Herkommen Neuerungen vorgenommen, und etlichen Bürgern, nämlich dem Organisten Mathis, dem Metzger Wolf und dem Sattler Simon u. a. die Kinder mit dem Proteste getauft habe, daß die Taufe den Kindern, ehe sie Verstand hätten, von keinem Nutzen sei, sondern daß sie die Kinder allein deßhalb tauften, damit sie von der Obrigkeit nicht vertrieben würden: so hielt der Rath den Predigern Hilarius und Mantz ihre Handlungsweise ernstlich vor. Aber Hilarius verantwortete sich in der Weise der Wiedertäufer, Mantz ließ sich rund heraus dahin vernehmen, Gott habe ihm also zu predigen befohlen, und er wisse, um Menschen zu gefallen, davon nicht abzutreten. „Es hat aber den Mantzen", sügt der Chronist erklärend hinzu, „in diesem seinem irrigen Wahn und Meinung einer mit Namen Melchior Hoffmann, der sich einen Bekenner Jesu Christi genannt, in allen Sprachen ein gelehrter Mann und aller Wiedertäufer gemeiner Reformator der sich hernach a. 1535 zu Straßburg zu Tod gehungert — heftig gestärkt und confirmiret; denn Mantz hat ihn eine Zeit lang bei sich gehabt und ihm Unterhalt gegeben, damit er ihn im Wiedertaufen unterrichte". Nachdem der Rath die wiedertäuferischen Prediger in der angegebenen Weise verwarnt, ließ er ihnen ernstlich ansagen, sie sollten seiner Ordnung gedenken und von ihrem Vornehmen und ihrer ärgerlichen Lehre, durch die der gemeine unverständige Mann irregeleitet würde, abstehen; oder wenn sie sich dessen nicht zu enthalten wüßten, so möchten sie sich aus der Stadt entfernen. Denn der Rath wolle ihre Neuerung und hochverdammliche Lehre durchaus nicht leiden. Ihrem Lehrmeister Melchior Hoffmann wurde befohlen, die Stadt alsobald mit Anbruch des Tages zu verlassen. Bald darauf entfernten sich auch die andern wiedertäuferischen Prediger mit ihrem Anhang. „Und ist Jacob Mantz in Mähren gezogen, auch darinnen gestorben: doch wie man sagt, habe er seinen Irrthum ernstlich erkannt, bekannt und sei davon abgestanden. Nach seinem Tod sind seine Kinder hierher kommen zu ihres Vaters Bruder Peter Mantz, einem gottseligen Mann, der viele Jahre Kaufhausschreiber, auch eine gemeine Rathsperson gewesen. „Ludwig Hetzer ist anno 1529 zu Constanz geköpft worden, dieweil er wider die Gottheit Christi ein läuterlich Buch geschrieben". „Johann Tend hat zu Basel freiwillig und ungezwungen widerrufen und ist hernach christlich im Herrn entschlafen". „Melchior Rink ist von hinnen in Holland kommen, von dannen er sich mit etlichen seiner Rotte in Schweden gen Stockholm begeben, allda die Kirch zu St. Johann einbekommen, in welcher er die Bilder, Orgel und Anderes gestürmt und überaus sehr tumultuirt".*)

„Es hatten sich aber die wiedertäuferischen Prediger und Wortführer mit glatten Worten und scheinheiligem Leben unter der Bürgerschaft einen großen Anhang erworben. Deßhalb hatte der Rath mit den widertäuferischen Bürgern einige Jahre viele Mühe und Arbeit, bis er die gefährliche Bewegung gedämpft und getilgt hatte. Der Rath schlug zunächst gütige Wege ein, indem er die Irrenden fleißig unterrichten, aus Gottes Wort über ihren schädlichen Irrthum

---

Rathsmitglied dieses Namens bekannt ist und statt des Namens Woulam leicht Wolfsen gelesen werden konnte, so wurde obige Aenderung des Textes vorgenommen. Man erkennt aus diesem Fehler unserer Chronik, daß dieselbe aus älterer handschriftlicher Quelle geflossen ist.

*) Handschrift F. der Forstischen Chron., im Worms. Archiv, Fol. 357. Der Chronist fügt hinzu, König Gustav Wasa von Schweden habe den Melchior Rink und die anderen Bilderstürmer bestraft und aus dem Lande gejagt.

Pfarrer Ulrich Zipinger, zum Taufen der Kinder vom Rath bestellt.

belehren und davon abmahnen ließ. Als aber solches bei den hartnäckigen und halsstarrigen Leuten nichts helfen wollte, mußte er als ordentliche Obrigkeit auch Strenge anwenden. Deßhalb wurden einige derselben mit dem Thurm gestraft, andere, die ihre Kinder nicht taufen lassen wollten, mußten die Stadt verlassen: Lorenz Keller, Dietrich Bender, Steffan von Eggersheim, Hans Rodenbach, Balthasar Trommenschläger, Martin Morn, Bernhard Freinsheimer, Hieronymus Weidling, Baltin Häter und andere mehr. Diese nimmten die Stadt verschwören. Als nun, von den Verbannten Antonius von Geisipitheim, Jacob Grasmann und Heinrich Grün, dem von ihnen geleisteten Eid zuwider, sich wieder in der Stadt betreten ließen, wurden dem Antonius zwei Finger abgeschnitten: die andern wurden im Jahre 1529, Mittwoch nach Antonii wieder mit Ruthen aus der Stadt gestäupt. Die sich aber bekehrt und gutwillig und ungezwungen von ihrem Irrthum abließen und um Vergebung baten, wurden wieder zu Gnaden angenommen: Lorenz Keller, Peter Friedrich Lederschneider, Heinrich Grün, Bernhard Freinsheimer. In demselben Jahr (1529), am 24. Mai, wurde eine von Seiten des Reichs in Betreff der Wiedertäufer erlassene Constitution auf freiem Markte, morgens nach der Predigt, während der Stadt Fahnen aufgesteckt waren, verlesen, damit sich jedermann darnach wüßte zu halten.

In jenen Zeiten waren aber auch viele Bürger, die den Wiedertäufern nicht zugethan waren und die doch ihre Kinder in den Pfarrkirchen bei den papistischen Dienern nicht taufen lassen wollten. Deßhalb wurde Ulrich Zipinger dazu bestellt, die Kinder der Bürger, die es begehrten, in den Häusern zu taufen, was er auch eine Zeit gethan.[*] Allein die papistische Geistlichkeit bewirkte bei des Kaisers Stellvertreter, Ferdinand I., daß dieser Prediger in einen Proceß bei dem Reichskammergericht verwickelt wurde[**]. In diesem Processe wird besonders die Frage erörtert, ob die Prediger zu Worms, die sich verheirathet hatten, noch würdig seien, Gottesdienst zu halten, zu taufen und zu lehren, auch ohne Auftrag und Weihe des Bischofs zu Worms; und ohne Zweifel war es die Hauptabsicht der Urheber dieses Processes, den Prediger Ulrich Zipinger und dessen Gesinnungsgenossen aus ihrem Wirkungskreise zu vertreiben.

Die äußeren Veranlassungen und Handhaben zu diesem Reichskammergerichts Proceß waren folgende. Nachdem schon in den Jahren 1523 und 1524 die evangelischen Prediger Nikolaus Maurus und Friedrich Baur, Ulrich Preu und Johann Freiherr die reformatorische Bewegung geleitet und der gesammte bischöfliche Clerus von Worms in dem oben erwähnten Vertrag vom 3. Mai 1525, (vgl. S. 39) die Predigt des lauteren Evangeliums versprochen, schlossen sich nicht wenige Geistliche zu Worms Luthers Reformation an: und wie sich Luther am 13. Juni 1525 verheirathete, ahmten mehrere Geistliche zu Worms solches Beispiel nach, im Einklang mit den Lehren der Schrift und dem älteren Gebrauch der christlichen Kirche. Diese Pfarrer setzten unter dem Beifall der Bürgerschaft längere Zeit sogar in etlichen Kirchen ihr Seelsorgeramt fort, weil sie von Gott selbst dazu berufen und erweckt seien. Dagegen glaubte der Rath zu Worms als ordentliche Obrigkeit sowenig etwas einwenden zu dürfen, wie andere Stände des Reichs, die in ihren Landen der Reformation keine Schwierigkeiten in den Weg legten. Bezüglich der Mitbenutzung der vorhandenen Kirchen ging des Raths Ansicht dahin, daß dieselben größtentheils durch die Opfer ihrer Vorfahren erbaut seien, und wenn nun Rath und Bürgerschaft das Besitzthum der Stadt zu ihren jetzigen

---

[*] Handschrift F der Zorn'schen Chron., im Worml. Arch., fol. 360.

[**] Die interessanten Acten dieses Processes befinden sich im Großherzoglichen Haus- und Staatsarchiv zu Darmstadt und sind hier benutzt, nachdem das Großh. Staatsministerium die für die vorliegende Arbeit zu gebrauchenden Urkunden des Staatsarchivs in sehr freundlicher Weise zur Benutzung überlassen hat.

Zwecken benutzen wollten, so ständen sie in ihrem Rechte.*) Allein nach der Niederwerfung der aufrührerischen Bauern bei Pfeddersheim mußte, wie oben erzählt ist, der Rath zu Worms dem siegreichen Pfalzgrafen Ludwig V. versprechen, das Bisthum Worms und seinen Clerus in ihre früheren Rechte zu restituiren, und in der am 18. April 1526 durch Vermittelung des Pfalzgrafen zwischen Bisthum und Stadt abgeschlossenen Rachtung wurden einzelne Beschwerden der bischöflichen Geistlichkeit verzeichnet und in Betreff der Restitution bestimmte Forderungen zusammengestellt, weil die Priesterschaft angezeigt habe, daß sie „nach Vermög jüngster Handlung und Abscheid vor Pfeddersheim" noch nicht gänzlich restituirt sei, und daß besonders den Geistlichen des Doms und anderer Stifte „ihre Kleinotter und Kirchenzierden noch versperrt seien". In der Rachtung sind ferner folgende Klagen zusammengestellt, die auf die kirchlichen Zustände des Jahres 1526 Licht werfen und daraus Schlüsse ziehen lassen. „Es werden schier in allen Pfarren die Pfarrherrn zu den Kirchenrechnungen nicht berufen, auch ihnen ihre Nutzung nicht gereicht. Der Pfarrhof zu St. Amandi bei unser lieben Frauen ist noch nicht dem rechten Pfarrer zugetheilt. Der Pfarrer zu S. Lamprecht ist auch nicht mit seinem Haus restituirt. Die Pfarre zu St. Michel ist mit einem andern, als dem rechten Pfarrer, versehen, der im Pfarrhof sitzt und die Güter genießt". Außerdem ist in der Rachtung gesagt, daß von der Geistlichkeit Beschwerden vorgebracht seien, betreffend „den Pfarrherrn zu S. Mangen und andere, die geistlichs Stands ihres eigenen Fürnehmens Ehweiber genommen; und es hätten sich auch andere mit vielem Muthwillen beflissen, die aufrührerischen Meinungen wider der Kirchen Form, Ordnung, Herkommen und Gebrauch zu predigen, und zu handeln, und sie hätten die Geistlichkeit beunruhigt und angetastet"**). Hiernach waren also wohl die Pfarren S. Amandi, S. Lamprecht, S. Michel, S. Magnus unter denjenigen Pfründen, welche die abgefallenen Geistlichen im April 1526 noch einnahmen. Gewiß war der oben genannte M. Nikolaus Maurus, der bereits im Jahre 1527 nach Darmstadt berufen wurde, einer von den evangelischen Predigern, die die Anziehung von Gütern, die sie früher von ihren bischöflichen Oberen als Besoldungstheile empfangen, seit der Zeit des Aufruhrs nicht ohne Vorwissen des Raths weiter zogen. M. Nikolaus Maurus hatte sogar einen vor dem Andreasthor gelegenen Weingarten dem Wormser Bürger Jacob Riesel — ob in Pacht, oder in anderer Form, ist nicht klar — zur Bebauung überlassen, weil Maurus denselben, vielleicht in der Zeit der Empörung und des allgemeinen Abfalls für die Zeit seines Lebens zur Nutznießung empfangen. Auch der oben genannte Prediger Ulrich Sitzinger bewohnte ein Pfarrhaus, das er um den Preis von 100 fl., vielleicht unter ähnlichen Umständen, gekauft zu haben versicherte.

Schon im Jahre 1527, Freitag nach Dreikönigstag wendet sich das Collegiatstift zu St. Andreas an den Rath der Stadt Worms mit der Anzeige, etliche Personen, die früher ihrem Stift angehört, hätten sich untauglich für ihren Stand gemacht; dennoch aber hätten sie des Stifts Häuser, Pfarren und Caplaneien inne und seien im Genuß der Zinsen und Gefälle des Stifts, was wider geistliches und weltliches Recht und Herkommen, gegen des Reichs Ordnung und die letzte zwischen Bischof und Stadt vereinbarte Rachtung (v. 18. April 1526) verstoße. Das Stift ersucht nun den Rath, derselbe möge mit jenen abtrünnigen Geistlichen, die Einwohner der Stadt seien, verhandeln und dem Stift die Rückgabe jener Güter ꝛc. erwirken; die Personen, gegen die

---

*) Solche Ausführungen sind in den im Staatsarchiv zu Darmstadt befindlichen, aus den Jahren 1548—1576 stammenden Voracten eines Reichskammergerichtsprocesses zu lesen, der begann, als die Wormser Jesuiten im J. 1717 versuchten, sich die Magnuskirche zu Worms anzueignen.

**) Vgl. die Rachtung vom 18. April 1526 bei Schannat, hist. episc. Worm., tom. II. p. 407. 408.

sie klagten, seien die vier Geistlichen Ulrich Zitzinger, Johann Rom, (Henrich?) Hilarius, Ulrich Schlaginhauffen und der Heimbürger Jacob Miesel. Nikolaus Maurus war damals bereits evangelischer Pfarrer in Darmstadt. Dechant und Capitel zu St. Andreasstift setzten es bald bei des Kaisers Stellvertreter Ferdinand I. durch, daß Ulrich Zitzinger und Jacob Miesel durch folgendes kaiserliches Mandat vom 24. März 1528 vor das Reichskammergericht geladen wurden.

„Wir Karl der Fünft von Gots gnaden Erwelter Römischer Keyser, zu allen zeiten Merer des Reichs &c., zu Germanien, zu Hispanien, beder Zicilien, Hierusalem, Hungern, Dalmacien, Croacien &c. Konig, Ertzhertzog zu Österreich, Hertzog zu Burgundi &c. Grave zu Habspurg, Flandern und Tyrol &c. Empieten Ulrichen Zutzinger und Jakoben Miesel unser gnad. Unserm keyserlichen Camergericht haben die Ersamen unsre lieben andechtigen Dechan und Capitel sant Andresen Stiffts zu Wormbs mit klag fürpringen: Wie du, gemelter Zutzinger, und Niclas Maurus, als etwa itz gemelts Stiffts gepfründte geistliche personen, Euch vor etlichen Jarn uber und wider verbot geschriebener Rechten aus dem priesterlichen in elichen stand gethan, erweiber genomen und damals du, gedachter Ulrich, eyn Behausung, so du teglich verwärest und beschedigst, und dann gemelter Maurus etliche baugüter (die er dir, Jakoben Miesel, on iren willen zugeteilt, welche behausung und güter auch gemeltem irem Stifft mit der eygenschaft zugehoren) als gepfründte uberurts Stiffts ingehapt. Aber du, Ulrich, und gemelter Niclas vermöge angezogener Rechten auch eines, unseres keyserlichen gebots, uf unserm Reichstag zu Nörmberg an dem sechsten tag Marcii des verschinen dreiundzwenzigisten jars der mindern jarzal Cristi unsers Herrn ausgangen,*) Eure pfründen, freyheiten und anders darzu gehörig, verwirkt haben: und inen solch haus und güter uber ir vilfeltig gutlich ersuchen nit widerumb zustellen, sonder ir irem und des Stiffts merklichem nachteyl bisher also unbilllicher weiß vorhalten, besitzen und niessen. Deshalben su bei den Ersamen unsern und des Reichs lieben getreuen Stetmeyster, Burgermeister und Rat der Stat Wormbs, mit Euch beyden, Ulrichen und Jakoben, zu verschaffen, Euch solcher verwirkten guter zu entschlagen und die wider zu des Stiffts handen komen zu lassen, angesucht, aber das nit erlangen. Und darauf, dieweil ir, die abgedreteuen, dem geistlichen Ordinario keyn Gehoriam erzeugen wollen: noch ju, die klager, bei gedachten von Wormbs weder gegen die Ulrichen noch die Jakoben Hilf erlangen haben mögen: sollen an gedachtem unserm Camergericht, nnb nachfolgend Mandat und ander notdurftig Hilf, des Rechten gegen Euch die**) mutuglich anruffen und bitten lassen. Dieweil wir dann meniglichem Rechtens zu verhelffen schuldig und geneigt seien, inen auch solich Mandat erkent worden ist: Darumb so gepieten wir Euch beyden und Euer jedem in sonderheit, von Römischer keyserlicher macht, bei zweynzig mark lötigs goldts, halb an unser keyserlichen Camer und zum andern halben teyl obgemelten Dechan und Capitel unablößlich zu bezalen, hiemit ernstlich, und wollen, das Ir und Euer jeder in sechs tagen (den nechsten nach uberantwortung oder verkundung dises Briefs: nemlich du, Ulrich, dich berurts Haussen und dann du, Jakob, dich berurter Baugüter genzlich entlaget, die zu iren und des Stiffts handen widerumb stellet, ubergebet und komen lasset und Euch darin nit ungehorsam erzenget, noch haltet, darmit nit not werde zu erlerung obbestimpter und anderer unser und des Reichs swerern penen und straffen gegen Euch zu handeln. Daran thut ir mit ernstlich meynnng. Wo ir Euch aber dises unsers gebots sampt oder sonderlich beswert und rechtmessig inreden dargegen zu haben vermeynntet, alsdann so beschyden und laden wir Euch beyde und Euer jeden in sonderheit,

---

*) Der Nürnberger Reichsabschied vom 6. März 1523 bestimmte, „die verehelichten Geistlichen sollten ihre Freiheiten und Pfründen verwirkt haben."

**) die = diese, nämlich Dechant und Capitel, die durch ihren Anwalt das Gericht anrufen lassen.

von berurter unser keyserlichen macht, hiemit, das ir uff den Achtzehenden tag, den nechsten nach ausgang obgemelter Sechs tagen (oder wir Euch und Ewer jedem Sechs für den Ersten, Sechs für den andern und Sechs für den dritten letsten und entlichen rechtstag setzen und benennen, peremptorie, oder ob derselb tag nit ein gerichtstag sein würde, den nechsten gerichtstag darnach) selbs oder durch Ewere vollmechtige anwelde an gedachtem unserm Camergericht erscheinet, dieselben Ewere inreden im Rechten fürzubringen, der sachen und allen iren gerichtstagen und terminen biß nach entlichen beschluß und urteil aufzuwarten. Wann Ir komet und erscheinet, alsdann also, oder nit, so wird nicht bestanden uf des gehorsamen teyls oder seines anwalts anrufen und ervordern hierinn im Rechten gehandelt und procedirt, wie sich das nach seiner ordnung gepurt. Darnach wisset Euch zu richten. Geben in unser und des Reichs Stat Speier am vier und zwenzigisten tag des Monats Marcii. Nach Cristi gepurt fünfzehenhundert und im acht und zwenzigisten, unserer Reiche des Romischen im Neunten und der andern aller im dreizehenden jarn."

ges.: Ferdinandus
Imperator.*)

Das kaiserliche Mandat war zwar nur gegen den hervorragendsten unter den damaligen evangelischen Predigern, gegen den vom Rath zur Kindertaufe bestellten Ulrich Sitzinger gerichtet; allein der Schlag, der ausgeführt werden sollte, galt allen jenen Geistlichen zu Worms, die von der römischen Kirche abgefallen waren, sich verheirathet hatten, aber im Genuß ihrer Pfründen geblieben waren. Deshalb schlossen sich Sitzingers Vertheidigung sofort Ulrich Schlaginhaussen, der sich als Pfarrherr zu St. Mangen unterzeichnet, und Johann Rom, Caplan daselbst, an. Diese nehmen offenbar in Worms noch im Jahre 1528 diejenige Stellung ein, zu welcher sich der gesammte Clerus am 3. Mai 1525 dem Rath zu Worms verpflichtete. Nun wurden sie die Opfer der damaligen unbesonnenen Politik des Raths, der unter dem Druck seiner aufgeregten Gemeinde handelte. Die von Rom abgefallenen Prediger, die sich verheirathet hatten oder noch die Pfründen der Kirche, von der sie sich abgewandt, besaßen, befanden sich in den Jahren 1527 und 1528 in schlimmer Lage, weil der Rath nach dem Abschluß der Rachtung vom 18. April 1526 eine ganz veränderte Haltung einnehmen mußte und nicht nach dem Beispiele anderer Stände des Reichs trotz des Nürnberger Reichsabschieds Stiftsgüter zu seculariren oder verehelichte Geistliche in ihren Pfründen zu erhalten und zu schützen vermochte. Vergeblich beriefen sich Sitzinger, Schlaginhaussen und Rom in ihrer Angelegenheit auf das Urtheil der Magistrate zu Nürnberg, Augsburg, Straßburg und Ulm. Weil Ferdinand I. und die beiden Brüder Bischof Heinrich IV. und Pfalzgraf Ludwig V. die Stadt bedrohten, zog es der Rath zu Worms vor, Sitzinger, den er als Kindertäufer bestellt, von dieser Stelle zurücktreten zu lassen und an dessen Stelle einen unverheiratheten Prediger, den Elsäßer M. Leonhard Brunner mit einem Gehalt aus dem Aerarium der Stadt anzustellen. Umsonst betheuern die bedrohten Geistlichen in einer an den Rath gerichteten gemeinsamen Eingabe, daß sie nach Gottes Wort nicht untauglich zu ihrem Amte seien. Ihre Gegner seien vielmehr mit „dem Stricke ihrer Sünde gehalten". Sie berufen sich vergebens auf den jüngsten und maßgebenden Reichstagsbeschluß, auf den Speierschen Reichsabschied vom Jahre 1526. Sie erbieten sich sogar, vor einer Versammlung des Reichs zu erscheinen, damit man erkenne, wer Recht und Unrecht

---

*) Original im Staatsarchiv zu Darmstadt; dasselbe ist mit dem kaiserlichen Siegel in rothem Wachs versehen; auf der Rückseite desselben bescheinigt der Kammergerichtsbote die Insinuation des kaiserlichen Mandats an Ulrich Sitzinger und Jacob Kiefel.

habe. „Denn wir schämen uns nicht, ans Licht und an den Tag zu kommen, weil wir wissen, daß wir recht und redlich gehandelt." Sie bitten Gott, daß derselbe dem ehrsamen, weisen Herrn des Raths nach dem Reichthum seiner Herrlichkeit es verleihe, stark zu werden durch seinen Geist an dem inwendigen Menschen. Die drei Geistlichen ersuchen den Rath, er möge dem Ansinnen des Andreasstifts seinen Vorschub leisten. Aber der Rath entfernte sich in dem Processe nicht von Linie strenger Gesetzlichkeit und hütete sich, gegen seine rechtungsmäßigen Verpflichtungen zu verstoßen und gegen Ferdinands I. Mandat auf den Speierischen Reichsabschied vom J. 1526 mit der Absicht sich zu berufen, um dem von diesem in Erinnerung gebrachten Nürnberger Reichsabschied auszuweichen. Dagegen unterließ es der Rath nicht, seine Gerichtsbarkeit zu wahren und dem Wormser Bürger Jacob Miciel Hülfe zu leisten. Der Rath beantragte bei dem Reichskammergericht, daß dasselbe gegen Jacob Miciel nicht vorgehe, sondern dessen Sache, bei der es sich um Zahlung von Zins oder Pacht, oder um Zahlung einer Kaufsumme, oder um einfache Rückgabe handle, an das in solchen Sachen urtheilende Gericht der Stadt überweise. (Apr. 1528.) Denn Jacob Miciel war ein Wormser Bürger, den der Rath vor sein Gericht glaubte fordern zu müssen. Die Rechtsauffassung und den kirchlichen Standpunkt der klagenden Partei, des Dechanten und Capitels zu St. Andreasstift, vertritt deren Syndicus Dr. Simon Engelhart. Dieser bezweckte offenbar nichts geringeres, als das Reichskammergericht zu dem allgemein gültigen Urtheil zu veranlassen, daß nach dem Nürnberger Reichsabschied vom 6. März 1523 Geistliche, die sich verehelicht hätten, ihre Pfründen verwirkt hätten. Der Syndicus Simon Engelhart führte aus, das Collegiatstift zu St. Andreas verleihe den geistlichen Personen des Stifts Weingärten oder andere Güter für so lange Zeit, als dieselben ihm angehörten. So habe auch Maurus jenen Weingarten erhalten; als aber derselbe wider die christliche Satzung zur Ehe gegriffen, habe derselbe dem Nürnberger Reichsabschied gemäß seine Freiheiten, Privilegien, Pfründen und anderes nach geistlichem Rechte verwirkt, und die weltliche Obrigkeit dürfe nach demselben Reichsabschied die Ordinarien der Geistlichkeit in der Verhängung solcher Strafe nicht hindern, sondern müsse zum Schutz der geistlichen Obrigkeit derselben Hülfe und Beistand leisten. Dabei erinnert der Syndicus an den nun Johanni 1525 zu Pfeddersheim im Felde aufgerichteten Vertrag, der die Restitution der bischöflichen Geistlichkeit in die Wormser Pfründen zusicherte. Der Syndicus legt bei dem Kammergericht Protest ein gegen des Raths Verlangen, den Jacob Miciel an das Gericht der Stadt zu überweisen. Es handele sich hier darum, zu verhüten, daß der Beklagte Ausflüchte suche, disputire, und es komme darauf an, daß dem Reichsabschied und dem Kaiserlichen Mandat gehorcht werde. Das kleinere Gericht dürfe das oberste Gericht nicht lahm legen.

Im Namen des Andreasstifts erklärt Syndicus Simon Engelhart in der von ihm am 20. Juni 1528 vorgelegten Replik: „Die Abtrünnigen achten nicht das erlassene Mandat des Kaisers, nicht des Papstes Brief, nicht geistliches oder weltliches Recht. Sie taufen wider die christliche Satzung, wie dieser Sitzinger in der Baarfüßerkirche zu Worms,*) mit schlechtem Wasser, ob es sei Brunnen-, Bach-, Rhein-, Pfützen- oder Pfuhlwasser, wissen die Kläger nit".

---

*) Diese urkundliche Aussage des Syndicus ist auch für die Wormser Schulgeschichte von großem Interesse. Denn sie erhärtet folgende Angabe der Handschrift B. der Zorn'schen Chronik, Fol. 216: „Mittwoch nach Matthias Apostoli hat ein rhat Matthis von Schönberg befohlen, dem Münch im Barfüßer kloster zu sagen, das ein rhat der jungen kinder schul in das kloster, in Ir Conventstuben geordnet, und das er sich der geselschaft mit tegeln, damitt die kinder in Ihrer sehr barburch mit verhindert würden, forter enthielt." Es ist nach obiger Aeußerung Engelharts nicht zu bezweifeln, daß der Rath im Jahr 1527 das Barfüßerkloster als Schulgebäude und dessen Kirche für den Gottesdienst in Beschlag nahm.

Solche Roheit, gegen einen Mann ausgesprochen, den man vermittelst des kaiserlichen Mandats um das vom Rath der Stadt Worms übertragene Amt, um sein Brot und seine geistliche Würde zu bringen suchte, veranlaßte natürlich eine entsprechende Erwiderung. Sitzingers Anwalt Dr. Christoph Hoh antwortet am 21. Sept. 1528 in der am 28. desf. Mts. dem Reichskammergericht übergebenen Vertheidigungsschrift im Namen des Beklagten auf die von dem Stift und seinem Syndicus gegen demselben ausgesprochenen Verunglimpfungen: „Dechand und Kapitel sollten solche Klage unterlassen haben, denn sie reden und erdichten solches wider ihr eigenes Gewissen. Sie hätten sich selbst ansehen sollen; denn sie sind diejenigen, die Gottes Wort, Satzung, Ordnung und Gebote nicht halten, auch nicht ihr eignes geistliches Recht; auch leben sie nicht gehorsam der zu Worms von ihrer Obrigkeit öffentlich angeschlagenen Verordnung, die Fernhaltung der verdächtigen und schlechten Personen*) betreffend. Gottes Wort wollen sie nicht hören, noch wissen, sondern sie verfolgen dasselbe. Sagt man ihnen von ihren geschriebenen Rechten, so ist von Stund an die Antwort da: „wir sind Herren, wir haben Macht zu thun und zu lassen, wie es uns gefällt. Wer willo uns wehren?" Sie haben ein geschrieben Recht: Si clerici moniti concubinas non dimittant, suspendi debent a beneficiis et si se non corrigant, deponi debent! Dieses Recht wollen sie nicht halten. Aber da ist kein Executor vorhanden. Als dann Sutzinger ein ehrlich Weib genommen und zu haben bekannt, da ist die Welt auf, wider den zu zielen und zu schießen; der muß der Welt zum Raub dastehen, weil er vom Bösen ist abgewichen und nicht mit andern in ihrem unordentlichen Wesen wandeln will. Gott sei's geklagt, daß die Ehe verfolgt und Schlechtigkeit**) geehrt wird und unbestraft bleibt. Und wenn die Kläger, um den Beklagten zu verunglimpfen, schreiben, Sutzinger taufe mit schlechtem Wasser, wider christliche Satzung, und wenn die Kläger nicht wissen, ob es sei Brunnen, Bach, Rhein, Pfützen oder Pfuhlwasser, so erklärt der Anwalt, daß Sutzinger taufe mit Wasser nach Christi unsers lieben Herrn und Seligmachers Einsetzung, wie auch seine Jünger getauft haben: sit', die Kläger wollen, um christlicher Lieb willen, lesen das acht Capitel der Apostelgeschichte und sehen, was für ein Wasser gewesen sei, darin sanctus Philippus getauft; so werden sie sehen, mit was für Wasser man taufen soll. Und sagt Anwalt weiter, Sutzinger taufe nicht ohne Befehl und unberufen, sondern sei zu solchem Amt durch einen ehrsamen Rath zu Worms, seine gebietenden Herrn, gebeten und bestellt worden. Es erbeut sich auch Sutzinger nochmals vermöge des Speierischen Abschieds seiner Lehr und Handlung halben und daß er sich in ehelichen Stand gethan, vor einem freien christlichen Concilium oder Nationalversammlung Rede und Antwort zu geben mit der Bitte, ihn bei solchem Speierischen Abschied zu lassen". Der Anwalt stellt endlich den Antrag: weil Sutzinger der Stadt Worms Einwohner sei und hinsichtlich seines Wohnortes keinen anderen Obern, als den Rath zu Worms habe, so erbitte sich Sutzinger als seinen ordentlichen Richter den Rath der Stadt Worms. Also von Schultheiß und Schöffen des Stadtgerichts soll entschieden werden über das von Sutzinger bewohnte Haus, die Zahlung von Zins u. A. Diese Vertheidigung Sutzingers erklären nun Dechant und Capitel für eine schmähliche, schimpfliche und unchristliche Schrift, die Sutzinger, der abtrünnige Priester, ohne Zweifel aus der Schule der Lutherischen und der Anhänger der verdammten Lehre derselben zusammengelesen. Dechant und Capitel bekämpfen mit den bekannten Behauptungen der römischen Kirche die von Sutzinger vertretene christliche Lehre vom allgemeinen Priesterthum der von Gott selbst zu seiner Kindschaft berufenen Menschen, sprechen ihm den geistlichen Character und das Recht zur Ausübung geistlicher Hand-

---

*) Bezüglich des Wortlauts ist das Actenstück nachzulesen, da Bedenken getragen wird, die schwere Anklage hier mit nackten Worten auszusprechen.

**) Milderer Ausdruck statt des Originals.

lungen, wie der Taufe, ab, indem sie wiederholt behaupten, daß Sitzinger besonders durch die Ehe seine geistliche Würde eingebüßt habe. Er sei ein Apostata, der seine priesterliche Gelübde nicht gehalten. „Wenn aber Sutzinger sagt, er tauf aus Befehl und als ein bestellter Geistlicher derer von Worms, so sagen wir: wir sinds nit geständig, daß er einen Befehl zum Taufen hab von einem ganzen Rath, und wenn er auch von einem ganzen Rath Befehl hätte — wie er doch nimmer darthun mag — so ist doch wahr, daß ein ehrbarer Rath deß nit Macht hat, noch Macht hat, ihm zum Taufen Gewalt zu geben: denn das steht dem Bischof zu. Wie einem Laien ist ihm, anders, als in der höchsten Noth zu taufen, verboten". „Darum ist des Sutzingers eigenwillig vorgenommen Taufen nichts anders, denn eine Zerrüttung, Zertrennung, Zwiespaltung in der Kirche". Diese Erörterungen des Stiftscapitels, die nur die herkömmlichen Anschauungen der päpstlichen Kirche wiederholten, veranlaßten Sitzinger, der in seiner Vertheidigung auf dem Boden der heiligen Schrift stand, in einer umfangreichen und gelehrten Vertheidigungsschrift zu beweisen, daß seine Ehe ihm nicht die Würde eines christlichen Predigers geraubt habe und daß er berechtigt sei zu taufen und eine christliche Gemeinde als Seelsorger zu berathen. Dem Vorwurf des Capitels, daß seine Vertheidigungsschrift aus der Schule der Lutherischen und der Anhänger der verdammten Lehre derselben zusammengelesen sei, begegnet er mit der Erklärung, daß seine Vertheidigung aus der heiligen, göttlichen Schrift genommen sei, was er allen, die der heiligen Schrift erfahren seien, zu ermessen gebe. „Werd ich ein Apostata genannt, der seine priesterliche Gelübde nit halt: sag ich in solchem, daß unchristliche Gelübde halten, große Sünde ist". „Aus Sprüchen der göttlichen Schriften ist klar und genugsam angezeigt, daß ich und alle Menschen, Niemand ausgeschlossen, Macht haben, zu der Ehe zu greifen, und daß Niemand Macht hat, solches zu verbieten oder zu wehren: er würde anders vom heiligen Paulo ein Teufelslehrer gescholten, 1. Thim., Cap. 3 und 4.*) Solcher Sprüche habe ich aus Gottes Gnaden gelernt. Wiewohl meine Kläger die Ehe aufs Höchste schänden, können sie solchem Gebot oder dem eingepflanzten Natur nicht widerstehen, das beweiset ihr Haushalten ꝛc., wiewohl solches geschieht wider Gottes Gebot, Gottes Ordnung, Gottes Wort, in größten Sünden und Schanden, zum Aergerniß der ganzen Welt. Das groß und lang Geschwätz der Gegner vom ordentlichen Wandel und Wesen unter den Christen weiß ich von Gottes Gnaden selbst wohl. Denn wiewohl alle Christen Priester sind 1. Petr. 2. 1 5. müssen doch die Aemter des Worts und des Taufs etlichen besonders befohlen werden. Es bedarf aber solcher Beruf keines Scherens, Schmierens noch Larvenspiels, davon die heilig Schrift gar nichts weiß, sondern der Salbung von oben herab, 1. Joh. 2. 27. Von meinem Beruf sag ich: Ich bin von ordentlicher christlicher Obrigkeit zu meinem Amt berufen, die solches für sich und eine ganze Gemeinde gethan; und ich hab mich nicht selbst ein gedrungen. Es ist auch von Gottes Gnaden aus meiner Lehre keine Unruhe, kein Irrthum hervorgegangen, daß aber Irrthum und Zwiespalt in der Christenheit sind, „kann ich nit für". Die göttliche Wahrheit ist öffentlich an den Tag gebracht. Daß etliche darüber zürnen, ist ihre Schuld. Warum nehmen sie es nicht mit Paul an und bessern sich?" Sitzinger unterricht nun

---

* „Das ist je gewißlich wahr, so jemand ein Bischofsamt begehret, der begehret ein köstliches Werk. Es soll aber ein Bischof unsträflich sein, Eines Weibes Mann, nüchtern, mäßig, sittig, gastfrei, lehrhaftig". Cap. 3. 1—2. „Der Geist aber sagt deutlich, daß in den letzten Zeiten werden etliche von dem Glauben abtreten und anhangen den verführerischen Geistern und Lehren der Teufel: durch die, so in Gleichnerei Lügenredner sind und Brandmal in ihrem Gewissen haben, und verbieten ehelich zu werden und zu meiden die Speise, die Gott geschaffen hat, zu nehmen mit Danksagung, den Gläubigen und denen, die die Wahrheit erkennen. Denn alle Creatur Gottes ist gut, und nichts verwerflich, das mit Danksagung empfangen wird. Denn es wird geheiligt durch das Wort Gottes und Gebet". Cap. 4. 1—5.

M. Leonhard Brunner erhält an Zipingers Stelle die „Prädicatur der Bürgerschaft" 1527.

alle theologischen und kirchlichen Streitpunkte, die zwischen ihm und dem Kapitel bestehen, unter fortwährender Bezugnahme auf die heilige Schrift. Seine Vertheidigungsschrift hat zwar als das ebenso wohlbegründete wie freimüthige Bekenntniß desjenigen evangelischen Predigers der Stadt Worms, der, wie es scheint, die ersten Verfolgungen der römischen Geistlichen zu ertragen hatte, ein besonderes Interesse; allein eingehender Bericht über Zipingers theologische Rechtfertigungsschrift, die über 24 enggeschriebene Seiten von Großfoliosormat einnimmt, ist an dieser Stelle nicht gestattet. Zipinger schließt seine Apologie mit folgender Anrede an den Rath: „Gnädige Herren, bitt' um Gottes und der Wahrheit willen, wöllen mein lang, doch nothwendig Schreiben nicht zu Ungnaden aufnehmen. Denn weil ich so unbillig um christlicher That und Wahrheit willen vor Euch als sträflich angebracht werde, habe ich solches mit gutem Wissen nicht unverantwortet lassen können, hab meiner That und Lehre halben Ursach und Grund aus göttlicher Schrift anzeigen müssen, damit Gottes Werk, Ordnung, Gebot und sein heiliges Evangelium ich nicht also schänden, lästern und unterdrücken helfe, sondern, was Gottes Lob und Preis ist, retten, vertheidigen und bekennen helfe, wie ein Christ schuldig ist". Zipinger bittet endlich, daß das Kammergericht ihn in solchem ehrbaren und christlichen Fürnehmen beschütze und handhabe. Zipängers Apologie ist das letzte Schriftstück des besprochenen Processes; eine Verurtheilung, Freisprechung oder Ueberweisung desselben an das Gericht der Stadt Worms scheint nicht erfolgt zu sein. Wie in Betreff des Pfarrhauses, das er bewohnte und für hundert Gulden erkauft zu haben behauptete, entschieden wurde, wer den Urtheilsspruch that oder ob die Sache durch Vergleich oder durch Herausgabe des Hauses erledigt wurde, ist gleichgültig und von geringer Bedeutung. Aber Thatsache ist es, daß Zipinger seit dem Jahre 1527, in dem zuerst das Andreasstift bei dem Rath zu Worms gegen ihn klagte, vom evangelischen Predigeramt zu Worms zurücktrat und einen Nachfolger in der Person des Elsässers Leonhard Brunner erhielt. Die Chronik, die uns sonst immer erzählt, wohin bedeutendere Prediger zogen, wenn sie in schwieriger Lage Worms verließen, erzählt nicht, daß Zipinger Worms verlassen. Sollte er einer der ersten Lehrer der lateinischen Schule geworden sein? „Als es aber Ulrich Zipingers Gelegenheit," die Kinder länger zu taufen „nit war" — erzählt der Fortsetzer der Chronik in der Handschrift F (S. 360), — wurde ein Geistlicher Namens Friedrich Bauer dazu bestellt, diesen geistlichen Dienst in den Häusern zu verrichten, „bis sich die vom Rath verordneten Prädicanten dessen auch in der Kirche haben unterfangen dürfen". Es ist oben erwähnt worden, daß den Mitgliedern des Raths Wonsam, Krapff und von Mos die Weisung geworden, sich nach einem tüchtigen Mann umzusehen, damit „die Kanzel allhie" recht versehen würde. Als sich dieselben bei etlichen Gelehrten umgethan, um eine tüchtige Persönlichkeit der Stadt Worms zu bestellen, wurde ihnen von Doctor Caspar Hedio und Doctor Wolf Capito,*) Predigern zu Straßburg, der Magister Leonhard Brunner, ein Elsässer, empfohlen. Derselbe war nicht verheirathet und verehlichte sich erst im Jahre 1532. Darauf wurde er nach Worms berufen: und als er sich in einer Probepredigt hatte hören lassen und der Bürgerschaft gefallen, auch Mittwoch nach Sixti (1527) mit ihm verhandelt worden, „ist er angenommen und ihm uff gewisse Bestallung die „Prädicatur der Bürgerschaft" befohlen worden, nämlich, daß er zwo Predigten, eine am Sonntag vor Mittag, die andre am Mittwoch, wo sein Feiertag in der Woche einfiele, jährlich umb 60 Gulden thun sollt, welches er also gutwillig einging. Diesen Prediger haben die Papisten die Eul genannt und gesagt: „Der Mann ist aus dem Nest getrieben worden, jetzt

---

*) Ueber Dr. Caspar Hedio und Dr. Wolfgang Capito vgl. Salig's Historie der Augsburg. Confeß. S. 55, 64, 72, 143, 422.

setzt sich eine Eul darin", womit sie zu verstehen gaben, daß sie aus pharisäischen Herzen einen wie den andern gehalten, so doch Herr Leonhard mit den Wiedertäufern nichts gemein gehabt, sondern denselbigen das Maul zu stopfen und zu stillen, bestellt ist worden."*) Aber im Jahre 1529 kam der Rath in neue Verlegenheiten. Sogar nach der Niederwerfung der pfälzischen Bauern durch den Kurfürsten Ludwig V. (1525) und trotz der von diesem Fürsten der Stadt Worms aufgenöthigten Nachtrag vom 18. April 1526, die bestimmte, daß die in den letzten Jahren aus ihrem Besitz und ihren Rechten verdrängten Geistlichen restituirt werden sollten, konnte der Rath seine neben den bischöflichen Pfarrern extra ordinem angestellten Geistlichen beibehalten, weil der am 25. Juni 1526 zu Speier eröffnete Reichstag, auf dem Landgraf Philipp von Hessen und Kurfürst Johann der Beständige von Sachsen dem die Durchführung des Wormser Edicts anstrebenden kaiserlichen Briefe Widerstand leisteten, am 27. August 1526 einen für die Evangelischen wohlwollenden Reichsabschied erließ: „Kaiser Karl solle durch eine Gesandtschaft ersucht werden, aus Spanien nach Deutschland zu kommen, um die Abhaltung eines Concils vorzubereiten. Inzwischen solle sich jeder Stand also verhalten, wie er es gedächte vor Gott und dem Kaiser zu verantworten. So durfte also auch die Reichsstadt Worms die von ihr als weltlicher Obrigkeit neben der bischöflichen Geistlichkeit angestellten Prediger beibehalten, und in diesem Zustande war bereits der Gedanke gegeben, der später in Deutschland zur Herrschaft kam, daß beide Formen des Glaubens und der Kirche in Frieden neben einander bestehen könnten. Allein so wohlthätig für die Evangelischen der Reichsstadt Worms der Speierer Reichsabschied v. J. 1526 war, in so große Verlegenheit versetzte dieselbe der Abschied des Speierer Reichstages vom J. 1529. Karl V. war damals zum Herrn Italiens geworden, hatte den Papst zur Anerkennung seines Uebergewichts in Italien genöthigt und ließ nun 1529 auf dem Reichstag in Speier, bei dem Dr. Eck großen Einfluß ausübte und die Evangelischen in der Minderzahl waren, Beschlüsse fassen, durch die er sich vor Allem die Gemüther seiner katholischen Unterthanen gewinnen wollte. Eine kaiserliche Instruction und die Absicht der Majorität des Reichstags erstrebten gradezu die Aufhebung des den Evangelischen günstigen Speierer Reichsabschieds vom J. 1526, und weil der letzte Speiersche Abschied und dessen Mißverstand zu vielen neuen Lehren und Secten, Abfall, Zwietracht und Unrath gebrauchet worden, so wollten die Stände, die bei dem Wormser Edict geblieben, ferner dabei verharren; bei den anderen aber sollte alle weitere Neuerung bis zum Concilio, so viel mensch- und möglich, verhütet werden. Man wollte die Lehre der Secten vom hochwürdigen Abendmahl ferner zu predigen nicht gestatten, die Aemter der heiligen Messe nicht abthun lassen, die Meß-Störer verhindern und davon bringen, die Wiedertaufe durch ein neues Mandat verbieten. Es sollte kein Stand dem andern mit Entziehung der Obrigkeit, Güter, Renten, Zins und Herkommen bei Strafe der Acht und Oberacht, vorgewaltigen, und im übrigen der Landfrieden festiglich gehalten werden." So sollten also die Stände, die nicht reformirt hatten, in ihrem Bekenntnißstand erhalten, die Evangelischen dagegen im Stillstand, d. h. zur Verzichtung des Reformationswerks durch eine Stimmenmehrheit gezwungen werden. Allein in vielfachen Verhandlungen, Beschwerden, Anträgen, Ausgleichsvorschlägen, Protesten vertraten die Evangelischen die ewigen Rechte ihres Gewissens: in Sachen, welche die Ehre Gottes und die ewige Seligkeit betreffen, könne man nicht an die Stimmenmehrheit gebunden sein. Als aber der endliche Schluß der kaiserlichen Commissarien bestimmte, daß der gemeine Friede bekräftigt, alle

---

*) Handschrift F der Zorn'schen Chronik, im Wormser Archiv, Fol. 861.

fernere Ausbreitung und Veröffentlichung der Protestation der Evangelischen unterbleiben, dagegen die Protestation derselben an die Kaiserliche Majestät geschickt werden solle, vermochten die evangelischen Stände solche Vergewaltigung nicht stillschweigend zu erdulden. Kursachsen, Hessen, Lüneburg, Brandenburg, Anhalt und die 14 Reichsstädte Straßburg, Nürnberg, Ulm, Constanz, Lindau, Memmingen, Kempten, Nördlingen, Heilbronn, Reutlingen, Isny, St. Gallen, Weißenburg und Windsheim bezeugten zwar, sie wollten sich friedlich verhalten, reichten aber eine schriftliche Protestation zu den Reichsacten ein, worin sie für sich, ihre Unterthanen, Verwandten, jetzige und zukünftige Anhänger in der besten Form, von allen Beschwerden, die ihnen von Anfang des Reichstags bis zu Ende und in dem Abschied begegnet oder ferner begegnen möchten, an ein freies allgemeines Concilium oder Nationalzusammenkunft oder anderen unparteiischen Richter appellirten; und sich, ihre Lande und Leute, Leib und Gut, und alle jetzige und zukünftige Anhänger dieser Appellation in des Kaisers oder Concils Schutz und Schirm unterwarfen. Auch behielten sie sich vor, diese Appellation zu mehren, bessern, mindern oder ändern und von neuem einzulegen. Am Tage nach der Protestation kamen zwar Landgraf Philipp von Hessen und Kurfürst Johann von Sachsen nach Worms; aber der Rath zu Worms wurde durch die innere Nothlage der Stadt, im Kampfe mit dem Bisthum gezwungen, eine sehr vorsichtige Haltung einzunehmen. Die ganze Selbständigkeit der freien Reichsstadt ruhte auf den Privilegien des Kaisers Karls V., der sich auf dem Reichstag zu Worms im J. 1521 sehr freundlich gegen die Stadt erwiesen. So lange die Stadt in politischen und kirchlichen Angelegenheiten vorsichtig vorging und des Kaisers Kirchenpolitik keine erheblichen Schwierigkeiten bereitete, hatte derselbe keine Veranlassung, die Stadt zur Beute des Wormser Bisthums oder der Kurpfalz werden zu lassen. Aus diesen politischen Erwägungen erklärt es sich, weshalb der Rath zu Worms seinen Pfarrer Leonhard Brunner an den letzten Speier'schen Reichsabschied nachdrücklich erinnerte. In der Handschrift F der Zorn'schen Chronik bespricht der Fortsetzer derselben die Stellung des Wormser Magistrats zum Speierer Reichsabschied vom J. 1529. „Als Herr Leonhard eine Zeit lang das Evangelium gepredigt, ließ er sich vernehmen, er wolle auch einmal die Lehre von dem Nachtmal des Herrn in Predigten vornehmen und erörtern. Als der Rath solches erfuhr und Sorge trug, es möchte daraus eine Weiterung erwachsen, wurde Leonhard Brunner Freitags post vocem jucunditatis a. 1529 vor den Rath beschieden; und es wurde ihm ernstlich vorgehalten, er möge sich durchaus hüten, in seinen Predigten etwas von dem Sacramente vernehmen zu lassen; davon möge er gar nichts predigen, sondern sich des Reichs Abschieds in Speyer gemäß verhalten. Darauf antwortete Leonhard Brunner, weil dieß eine Sache sei, die sein Gewissen betreffe, begehre er Bedenkzeit bis zum Dienstag, um dann zu antworten; inzwischen wolle er davon nicht predigen, aber zum bezeichneten Tag einem ehrbaren Rath in Schriften seine Antwort übergeben. Er sei zu solchem Amte nicht allein von denen zu Worms, sondern zuvorderst von Gott berufen; dessen Befehl müsse er vor allen Dingen leben. Darauf bewilligte ihm der Rath die Bedenkzeit, ließ ihm sofort des Reichsabschieds über diesen Glaubensartikel vorlesen und ermahnte ihn, diesem zu folgen. Darauf erklärte Brunner, er sei wohl zu einer Antwort bereit und im Stande, sein Gemüth zu eröffnen, er wolle aber im Anblick und Gebet zu Gott über die Sache weiter nachdenken. Befinde er, daß er vom Sacrament zu predigen, mit gutem Gewissen abstehen könne, so wolle er es thun; wo nicht, so wolle er lieber seiner Wege ziehen, als dem göttlichen Befehl sich widersetzen. Dienstags nach Exaudi ist er wieder vor dem Rath erschienen und hat sich dahin erklärt: wiewohl er Ursache habe, nach Gottes Lehre von seinem Vorsatz nicht abzuweichen, so wolle er doch, in Betrachtung dieser gefährlichen Zeit, sich in dieser Angelegenheit um des Raths und der Bürger-

Die Stiftung des Schmalkaldner Bundes ermuthigt M. Leonhard Brunner. 57

schaft willen so verhalten, wie er es vor Gott und aller christlichen Obrigkeit zu verantworten vermöge; er wolle sich auch so geschmeidig zeigen, daß man wahrnehmen müsse, daß er sich dem Speierischen Abschiede „nicht ungemäß" verhalte. Dabei ist es eine Zeit lang verblieben. Aber je größer die Gefahren wurden, in welche die reformatorischen Bestrebungen geführt wurden und führten, um so lebhafter schritt in Leonhard Brunner die Ueberzeugung von der Nothwendigkeit freimüthigen Bekenntnisses der evangelischen Wahrheit geworden zu sein. Nachdem die evangelischen Stände am 25. Juni 1530 in Augsburg dem Kaiser Karl V. die von ihnen verlangte Confession übergeben und dieselbe von den römischen Theologen mit jener unzutreffenden Widerlegung beantwortet worden war, die von Melanchthon und den evangelischen Ständen mit der zweimal bearbeiteten Apologie zurückgewiesen wurde; erfolgte der sehr ungnädige Reichsabschied vom 22. Sept. 1530. Die Protestantischen Stände sollten sich nach demselben bis zum 15. April folgenden Jahres bedenken, ob sie sich mit der römischen Kirche und den übrigen Ständen bis zur Verhandlung eines Concils vereinigen wollten, oder nicht; auch der Kaiser wolle sich bis dahin überlegen, was ihm zu thun gebühre. Inzwischen sollten die Stände in Sachen des Glaubens in ihren Landen keine neuen Schriften drucken oder verkaufen lassen, Friede und Einigkeit halten, keine fremden Unterthanen an sich und auf ihre Seite ziehen, die Anhänger des alten Glaubens nicht irre machen oder bedrängen, keine weitere Neuerung anfangen, Messe und Beichte nicht hindern; dagegen sollten sie sich mit dem Kaiser verbinden, diejenigen, welche das heilige Sacrament nicht hielten, und die Wiedertäufer zu verfolgen. Die römisch gesinnten Stände, welche diesen erst am 19. Nov. 1530 veröffentlichten Reichsabschied annahmen, schlossen ein Bündniß, um sich in Glaubenssachen mit Land und Leuten, Leib und Gut beizustehen; wer abtrünnig werde, solle der Acht verfallen. So wurden die protestantischen Stände genöthigt, nach längeren Verhandlungen am 29. März 1531 in Schmalkalden zunächst auf sechs Jahre zu einem Bund zusammenzutreten, da es „allen Anschein hatte, als wolle man gegen die Evangelischen mit Gewalt vorgehen". In dieser bedenklichen Lage des Protestantismus wollte in Worms Leonhard Brunner die Erkenntniß der biblischen Lehre vom Abendmahl, den Sacramenten und den damit in Zusammenhang stehenden Wahrheiten nicht einschlafen lassen. Deßhalb kündigte er im Jahr 1531 wiederum in einer Predigt an, daß er über das Abendmahl predigen werde. Da rauf eröffnete ihm aber der Rath abermals, sein Vorhaben verstoße gegen den Speierer Reichsabschied vom J. 1529, in dem alle Neuerungen bis zum künftigen Concil verboten worden seien. Allein Brunner erklärte freimüthig, er sei vor viertehalb Jahren als Prediger und Diener Gottes angestellt worden, damit er das heilige Evangelium predigen solle; und sei ja die heilige Handlung des Abendmahls ein Hauptstück des Evangeliums; darum könne oder wolle er davon nicht abstehen, er wolle davon predigen, so lange ihm Gott Gnade verleihen und ihn bei seinem Predigeramt erhalten wolle. Des Reichs Abschied lasse er in seinem Werth bestehen. Wenn man aber diesem nachleben wolle, sollte man auch andre Bestimmungen desselben beobachten, z. B. hinsichtlich der Gotteslästerung ꝛc., wovon die Stadt voll sei. Er könne von dem Evangelium nicht ablassen, und weil dasselbe das Abendmahl in sich schließe und dieses von Christo eingesetzt sei, so wolle er nicht davon abstehen, darüber zu predigen. Der Rath warnte seinen Prediger wiederholt. Als alle seine Vorstellungen vergeblich waren, befiehlt er ihm bis auf weiteren Bescheid sich des Predigens zu enthalten. Damit die Bürgerschaft Kenntniß von den Verhandlungen zwischen Leonhard Brunner und dem Rath erhalte und einem Aufruhr vorgebeugt werde, beauftragte der Rath den Schultheiß Valentin Armbruster, daß derselbe durch die Zunftmeister den Zünften über die Verhandlungen mit Brunner Mittheilungen machen lasse. Einige Bürger legten zwar für ihren Prediger Fürbitte ein, allein der Rath wollte den Herrn Leonhard gegebenen Bescheid wegen des Reichsabschieds nicht ändern. Darauf stellten Leonhard Brunners Freunde dem Rathe vor, wenn dieser nicht predigen dürfe, so möge der Rath auch den Papistischen Pfarrern das Predigen untersagen. Der Rath antwortet, die Erfüllung dieses Begehrens stehe ganz und gar nicht in des Rathes Macht; darum solle die Bürgerschaft eine kleine Zeit Geduld haben. Noch im Jahre 1531 verwandten sich für Brunner bei dem Rath auch die Straßburger Prediger Dr. Wolf Capito und Dr. Caspar Hedio, die mehr zwingli, als Luther anhingen und mit deren Bekenntniß Leonhard Brunner überstimmte, was auch noch eine Ursache dafür gewesen sein mag, daß der Rath seinem Prediger nicht erlaubte über das Abendmahl in seinem Sinne zu predigen. Der Rath antwortete den Straßburgern nicht, und ließ es bei seinem Bescheide. Zwischen dem Rath und Leonhard Brunner wurde später ein Vergleich darüber abgeschlossen, wie er über das Sacrament predigen solle. Dann betrat Brunner wieder die Kanzel und heirathete am 19. Juni 1532 des Goldschmieds Sebastian Henier Tochter Margaretha. Die Ehe dieses Pfarrers der Stadt Worms ward mit Kindern gesegnet. Die Namen von fünf Söhnen und zwei Töchtern desselben nennt die Chronik. Er predigte das Evangelium und verwaltete die Sacramente „bis auf des Interims Zeiten 1548". Diese glückliche Wendung verdankte Worms des Kaisers Nothlage. Karl V. mußte nämlich mit den Protestanten Frieden schließen, weil Sultan Suleiman Oesterreich bedrohte. So wurde am 23. Juli 1532 der Religionsfriede zu Nürnberg zwischen den Papisten und den Mitgliedern des Schmalkaldner Bundes vermittelt. Nun konnte der Rath zu Worms Leonhard Brunner und dessen Collegen Hieronymus Brad sechzehn Jahre lang predigen lassen. Allein was lange gedroht, erfüllte sich. Papst Paul III. ließ im Jahre 1545 den Cardinal Alessandro Farnese in Worms mit dem Kaiser Karl V. über die Religionsangelegenheiten verhandeln. „Sie besprachen sich über den Krieg gegen die Protestanten und das Concilium. Sie vereinigten sich, daß das Concilium unverzüglich angehen sollte. Entschließe sich der Kaiser wider die Protestanten die Waffen zu brauchen, so mache sich der Papst anheischig, ihn aus allen seinen Kräften, mit allen seinen Schätzen dazu zu unterstützen, ja, wäre es nöthig, seine Krone dazu zu verkaufen".*) Kaiser Karl V. ächtete, besiegte, verhaftete die Häupter des Schmalkaldischen Bundes, Philipp von Hessen und Johann Friedrich von Sachsen, und um selbst die Einheit der abendländischen Kirche wieder zu Stande zu bringen, erließ er am 15. März 1548 zu Augsburg für Katholiken und Protestanten jenes den beiden Parteien verhaßte Gesetz, wodurch bis zur Beschlußfassung des Concils zwar die Priesterehe gewährt, aber die Grundanschauungen des Evangeliums beseitigt wurden. Dieses Interim versetzte besonders die Reichsstädte in schlimme Lage. In vielen Städten des Oberrheins wurde daselbe mit Gewalt eingeführt und über vierhundert Prediger wurden entlassen. Der Rath zu Worms fügte sich dem Interim,**) weil die Reichsstädte, die dasselbe nicht annehmen wollten, dem allmächtigen Willen des Kaisers keinen Widerstand leisten konnten. Allen Städten, die evangelische Prediger besaßen, war geboten worden, entweder dieselben anzuhalten, daß sie das Interim annähmen und von der Kanzel verkündeten, oder dieselben zu entlassen. Als auch der Stadt Worms solches auferlegt wurde, berieth sich der Magistrat selbst und suchte bei anderen Rath, wie sie mit ihren Predigern verfahren sollten. Der Rath ersuchte nun von Doctor Friedrich Reifstod,***) daß dem Interim gemäß Pfarrer Leonhard Brunner nicht als Prediger beibehalten werden könne, weil der-

---

* L. v. Ranke, die römischen Päpste in den letzten vier Jahrh., B. I, S. 165.
** Handschrift F der Zorn'schen Chronik, im Worms. Archiv, Fol. 368, 369.
*** Derselbe griff auch in dem Prozesse ein, den Dechant und Capitel des Andreasstifts im Jahre 1528 gegen den lutherischen Prediger Ulrich Zipinger und den Bürger Jacob Kiefel zu Worms bei dem Reichskammergericht anhängig gemacht hatten; er war Kiefels Anwalt. Vgl. oben S. 44.

selbe die kirchlichen ordines nicht empfangen, aber der andere Prediger, Hieronymus Brad, der dieselben vor der Zeit von den Papisten und Weihbischöfen empfangen, könne im Amte bleiben, wenn er das Interim annehmen wolle. Aber keiner derselben war zur Annahme desselben bereit, sondern lieber wollten sie Dienst und Stadt verlassen. Dies geschah denn auch. Denn der Rath der Stadt Worms konnte sich so wenig, wie andre Städte, Kaiser Karls V. Gewalt widersetzen, sondern mußte seine Einwilligung zur Annahme des Interims geben und sich zu dessen Einführung erbieten. Schon am 30. Juli wurde von dem Rathe beschlossen, folgende Tage kirchlich zu feiern und an denselben zu predigen: Nativitas, circumcisio Domini, trium regum, Ostern mit zwei folgenden Tagen, Ascensio, Pfingsten mit zwei folgenden Tagen, Corporis Christi, omn. fest. Mariae, Apostolorum, Johannis Baptistae, Mariae Magdalenae, Stephani, Laurentii, Michaelis, Martini, omnium Sanctorum, ebenso in jeder Kirche die Feste und Tage der Heiligen, die daselbst Patronen seien. Pfarrer Leonhard Brunner zog von Worms ab nach Straßburg, dort war er eine Zeit lang Schaffner in praedicatorum Collegio. Von dort wurde er wiederum zum Kirchendienst nach Landau berufen, wo er am 20. Dez. 1558 in hohem Alter starb. Hieronymus Brad, Brunners Amtsgenosse zu Worms, hielt nach dem Bericht der Chronik, am 28. Aug. 1548 in der Kirche „zu den Predigern" seine Abschiedsrede, ermahnte das Volk herzlich, beständig zu bleiben und begab sich von Worms nach Weilhofen. Als die beiden Prediger ihren Abschied genommen, ließ der Rath den Lehrern der lateinischen und der deutschen Schule die Weisung zukommen, hinfort von den Schülern nicht mehr die deutschen Psalmen auf den Straßen singen zu lassen. „Bald hierauf, nämlich am 3. September (1548), kam Kaiser Karl V. persönlich nach Worms und wurde zum erstenmal feierlich vom Rath empfangen. Das Ceremoniel dieses Empfangs war von Bedeutung: es zeigte, wie großes Gewicht der Rath darauf legte, daß der Kaiser die Stadt Worms als seine und des Reichs Stadt behandle. Unter der äußeren Speierer Pforte wurden der Majestät die Schlüssel der Stadt entgegen getragen. Zu solchem Empfang waren bestellt: Stadtmeister Adam Weidhiner und Stadtschreiber Christoph Klobe, der die Ansprache an den Kaiser hielt. Die Schlüssel der Stadt trugen Kommis Caspar Weichel und Jacob Walter. Dann fand ein zweiter Empfang des Kaisers im bischöflichen Schlosse in Gegenwart der genannten Herren und andrer Vertreter des Raths statt. Die dem Kaiser dargebrachte „Verehrung" ist gewesen: ein Fuder Weins, fünfzig Sad Habern, sechs Fuder Fisch, Hecht und Karpfen zum besten."*) Wenn nun auch der Rath aus politischen Gründen sich für die Annahme des Augsburger Interims erklärt hatte, so war doch die Bürgerschaft, die auf der Seite der entlassenen Prediger Brunner und Brad stand, damit nicht zufrieden. Darum wurde den Bürgern in den Zünften befohlen, erzählt unsere Chronik, das Interim anzunehmen, auch wurde ihnen ernstlich verboten, wider dasselbe schimpflich oder höhnisch zu reden. Wer seine Kinder dem Interim zuwider nicht wollte taufen lassen oder sonst etwas öffentlich oder heimlich wider dasselbe handeln würde, der sollte nach Befund an Leib und Gut gestraft werden. Sie sollten sich auch der Religion halber „alles spöttlichen und ernstlichen Anreizens gegen einander" enthalten, desgleichen auch alles heimlichen, zusammenschleichens, auch sollten sie die „Winkelpredigten" meiden. Dies alles wurde bei unerläßlicher, unvermeidlicher Leibes- oder Geldstrafe, je nach der Art vorfallender Uebertretung des Gebots, oder der Mißhandlung der Anhänger des Interims verordnet. Mit diesem Befehl wurde dem Rath auch auferlegt, keinen Prediger anzustellen, es wäre denn der Bischof als Ordinarius loci darum ersucht worden, einen solchen vorzuschlagen oder für ein Predigtamt „aufzustellen".

*) Handschrift F der Zorn'schen Chronik, im Wormser Archiv, fol. 370.

Als deswegen die Bürger eine Zeit lang keine Prediger gehabt hatten, wurde am 8. Oct. 1548 der Stadtmeister Christoph Mohe, Matthias Scherer, Georg Hoch jun., Martin Albrecht x. zu Bischof Heinrich nach Ladenburg geschickt, der sie dort in Beisein des Doctors Lucas Hugo anhörte. Die Gesandten baten sehr inständig, weil das gemein Volk der Stadt Worms ohne Prediger und ohne Anwendung der Sacramente „zerstreuet ginge", und die Pfarrer in den bischöflichen Pfarren nicht zum besten seien, so wolle seine Gnade in Kraft des ihm eigenen Amts und in dessen Vollmacht bei der Clerisei veranlassen, daß die Pfarreien mit geschickten, gelehrten, frommen Pfarrherrn und Predigern versehen würden, die das arme gemeine Volk dem Interime gemäß durch Predigen und Darreichung der Sacramente befriedigen möchten. Denn die jetzigen Pfarrer verhielten sich bei ihren Predigten, Kindtaufen und bei andren Gelegenheiten in spöttischen Reden sehr unbescheiden gegen die Bürgerschaft, und nicht, wie friedliebenden Lehrern gebühre. Darauf erfolgte die Antwort: Wiewohl dem Domstift Hadamarius angehöre, ein gelehrter und frommer Mann, mit dem man sich wohl vertragen könne, so wolle man sich doch die Sache angelegen sein lassen. Am letzten October 1548 wurde dem Rath durch Peter Nagel, Amtmann zu Dirmstein, und Pankratius Diel, Vicarius in spiritualibus und Canonicus zu Neuhausen, die bischöfliche Entscheidung eröffnet. „Bei allen Stiften seien Erkundigungen eingezogen worden, wie es um die Pfarren zu Worms stehe. Das Ergebniß sei, daß zur Zeit der Empörung der Bauern die Verwaltung dieser Pfarreien der Kirche entzogen worden sei. Und obwohl man geneigt gewesen sei, in diesen Pfarren Pfarrherren aufzustellen, mit denen man hätte zufrieden sein können, so hätten doch solche den neuen Predigern gegenüber keine Stellung finden können. So habe der Rath selbst Hindernisse bereitet. Deshalb solle der Rath die Pfarreien wieder in integrum restituiren, dann wolle der Bischof bewirken, daß an Pfarrern kein Mangel sei." So war also das Verlangen gestellt, daß die Stadt Worms ihre Zugehörigkeit zu den bischöflichen Pfarreien zugebe.*)

„Es wurden die Papistischen Pfarrherren (1549) in ihren Pfarren so frech und tollkühn, daß sie frevenlich ausjagten, die Kinder, die von den Lutherischen getauft worden, seien nicht recht voll kommen getauft". Der Chronist erzählt von einem Falle dieser Art, wie ein lutherisches Kind, das „zu den Predigern" getauft worden war, von einem papistischen Geistlichen nochmals mit allen Ceremonien getauft wurde.**) Diesen Zustand mußten Rath und Bürgerschaft, während sie keine Geistlichen hatten, geduldig ertragen. Der Chronist erzählt darüber Folgendes. „Nachdem Herr Leonhard und Hieronymus ihren Abschied von Worms genommen, waren die Bürger in der Stadt eine gute Zeit ohne Prediger. Sie hatten niemand, als die Pfarrer in den Stiften, dort konnten sie die Predigt hören und, wer wollte, zum Nachtmal gehen. Die Kinder aber mußten sie daselbst taufen lassen; und die Kinder vieler Bürger, die nicht papistisch waren, wurden damals in den papistischen Pfarreien von deren Inhabern getauft. Weil aber zu Heppenheim auf der Wiesen und Horchheim zwei Pfarrer waren, die es etwas besser, als die zu Worms machten, ging eine große Anzahl Bürger Sonntags hinaus zur Predigt, und zwar so lange, bis es den Reichsstädten in Folge des Religionsfriedens wieder erlaubt war, Prediger der Augsburgischen Confession anzunehmen".***)

*) Handschrift F der Jorn'schen Chronik, Fol. 372, 373.
**) Handschrift F der Jorn'schen Chron., Fol. 373.
***) Handschrift F der Jorn'schen Chronik, Fol. 374, 375. Die in dieser Handschrift, Fol. 338—390 enthaltene und vorliegender Darstellung zu Grunde gelegte Geschichte der Wormser Kirchenreformation ist bis zum Jahre 1600 geführt und spricht zuletzt über die evangelischen Pfarrer der Stadt Worms Veit Keißner, M. Andreas Will, M. Hermann Bader und M. Georg Abelin und von der Ordnung der Predigten, die dieselben an gewissen Tagen und zu bestimmten Zeiten in den Kirchen „zu St. Magnen" und

Sicherung d. Protestantismus in Worms durch d. Passauer Vertrag (1552) u. den Augsb. Religionsfrieden 1555.   61

Das geschah im Jahre 1552. Mit welcher Freude mögen Rath und Bürgerschaft der Stadt Worms in diesem Jahre vernommen haben, wie Moritz von Sachsen, anstatt die Acht gegen Magdeburg, das dem Interim sich widersetzte, zu vollziehen, gegen Karl V. zog, und wie dieser vor Moritz in der Nacht aus Innsbruck floh und es seinem Bruder Ferdinand I. überließ, mit Moritz den Passauer Vertrag zu schließen, durch welchen u. A. ein Reichstag in Aussicht gestellt wurde, durch den allen Anhängern der Augsburgischen Confession ein dauernder Religionsfriede gewährt werden sollte. Als dann am 25. Sept. 1555 der Augsburger Religionsfriede die beiden Religionsparteien, die unter bitteren Erfahrungen ihre Kräfte gemessen, zur äußerlichen Einigkeit geführt hatte, als insbesondere den Reichsständen das wichtige Recht der Reformation unzweideutig zugestanden worden war: da waren auch Rath und Bürgerschaft zu Worms von ihrer Pein erlöst. Der mächtige Kaiser, in dessen Reich die Sonne nicht unterging, dessen Politik in Religionssachen vierunddreißig Jahre lang vergeblich auf die Durchführung des Wormser Edicts gerichtet war, mußte endlich doch Luthers Werk, das er auf dem Reichstag zu Worms in seiner Bedeutung nicht begriff, bestehen lassen, weil Gottes Gedanken tiefer und gewaltiger sind, als endlicher Menschen kurzsichtig Bemühen. Kaiser Karl zieht sich lebensmüde ins Kloster zurück. Aber die Frei- und Reichsstadt Worms tritt nach schweren Prüfungen wieder in ein frischeres Leben, in eine Zeit der Verjüngung und kräftigeren Wachsthums ein.

„zu den Predigern" zu halten hatten. Diese Wormser Kirchengeschichte schließt mit folgenden Worten: „Der allmächtig gütig Gott wolle die Kirche zu Worms sampt ihren eifrigen Dienern bei der rechten Erkenntnus seines wesens und willens und Bekenntnus reiner unverfelscheter Lehre wider ihre Feind, welche uff beiden Seiten mit Gewalt und List wider sie streiten, durch seinen heiligen Geist beständig und gnediglich erhalten, trösten und zur ewigen Freude und Seeligkeit erheben. Amen. Gehalten in Examine in der Schul. Anno 1603". Da nun der Anfang der in Rede stehenden Kirchengeschichte Handschrift F Fol. 339. a.: „Als die von Wormbs das Evangelium bald nachdem es wieder von Doctor Martino Luthers an Tag bracht worden" ꝛc. (siehe oben S. 41.) in Zorns ursprünglicher Chronik von dessen Hand Handschr. A. p. 200 geschrieben ist, und weil das Ende unserer Kirchengeschichte, die ohne Zweifel ein wissenschaftlich gebildeter Mann geschrieben, der kein Pfarramt bekleidete, als der Schluß einer im Jahre 1603 in der Wormser Lateinschule in Examine gehaltenen Actusrede erscheint: so ist mit größter Wahrscheinlichkeit anzunehmen, daß Rector M. Friedrich Zorn auch der Verfasser dieser Kirchengeschichte des 16. Jahrhunderts ist. Weil in dem angeführten Schluße denselben den „eifrigen Dienern der Kirche zu Worms" Gottes Segen erbeten wird, so ist aus dem in diesen Worten liegenden Lob der gleichzeitigen Prediger zu entnehmen, daß die gedachte Kirchengeschichte wenigstens von keinem der damals lebenden Prediger verfaßt ist.

III.
Das lutherische Gymnasium der Frei- und Reichsstadt Worms im 16. und 17. Jahrhundert.

1. Die Entstehung der lateinischen Stadtschule zu Worms und der Ankauf des Barfüßerklosters für dieselbe.

Nach der Ueberlieferung des vorigen Jahrhunderts nahm das lutherische Gymnasium der Reichsstadt Worms im Jahre 1527 seinen Anfang. Doch fehlte es bis jetzt an einem Nachweis der Richtigkeit dieser Ueberlieferung. Der Magistrat der Stadt soll für diese Schule im bezeichneten Jahre das seit verlassene Barfüßerkloster in Beschlag genommen haben, das an der Petersgasse, ungefähr an der Stelle lag, wo jetzt am sog. Schulhof hinter der Dreifaltigkeitskirche das alte, im Jahre 1729 vollendete Gymnasialgebäude steht, das, erst im Jahre 1824 der Wormser Communalschule abgetreten, von dieser noch heute benutzt wird. Die Angabe, daß die Beschlagnahme des Barfüßerklosters für den gedachten Zweck im Jahre 1527 erfolgt sei, erscheint schon glaubwürdig, wenn man sich nach der vorstehenden Geschichte der Kämpfe zwischen Bisthum und Stadt und der Wormser Reformationsbestrebungen vergegenwärtigt, wie weit bereits im Jahre 1527 das unheilbare Zerwürfniß zwischen der Stadt Worms und dem Bisthum Worms, der Zerfall mehrerer Klöster und die Religionsneuerung gediehen waren, und in wie naher Beziehung damals der Magistrat der Stadt, wenigstens in seinem Herzen, zu Luther und Melanchthon muß gestanden haben. Allein auch nach einigen Zeugnissen handschriftlicher Chroniken und nach Urkunden des Darmstädter Staatsarchivs sowie des reichsstädtischen Archivs zu Worms erscheint es nahezu gewiß, daß das Jahr 1527 wirklich das Jahr der Gründung der lutherischen Stadtschule oder der lateinischen Schule zu Worms gewesen ist; und es scheint sich nur noch der Zweifel einstellen zu können, ob nicht die ersten Anfänge der lutherischen lateinischen Stadtschule schon in den dem Jahre 1527 nächstvorhergehenden Jahren zu suchen sind. Es sind bereits oben in der Geschichte der Wormser Religionsneuerungen (S. 51, f. Text und Anmert.) die beiden Zeugnisse abgedruckt, durch welche die Ueberlieferung über das Jahr der Entstehung des reichsstädtischen Gymnasiums zu Worms bestätigt wird. In der im Wormser Archiv befindlichen Handschrift B der Zornschen Chronik, Fol. 216, ist auf dem Rande folgender Zusatz zu lesen: „Mittwoch nach Matthiae Apostoli hat ein rhat Matthis von Schönberg beiothen, dem Münch im Barfüßerkloster zu sagen, das ein rhat der jungen kinder schul in das kloster in ir Convent stuben geordnet, und das er sich der geselschafft mit fegen, damitten die kinder in ihrer lehr dadurch nit verhindert würden, forter enthielt." Dieser Zusatz ist von der Hand desjenigen Gelehrten geschrieben, der die gedachte Handschrift B, die Zorns Namen trägt, an vielen Stellen mit Zusätzen und Randbemerkungen versehen hat. Da diese Zusätze mit gewissen Bestandtheilen der Wormser Chronik, die man wohl auf deren Fortsetzer und Ueberarbeiter Franz Berthold von Flersheim zurückzuführen hat, identisch sind, so vermuthet Arnold in der Einleitung (S. 6) seiner Ausgabe der Zornschen Chronik, unsre Handschrift B „könne wohl das Original Flersheims sein."*) Wenn sich Arnolds Vermuthung als berechtigt erweisen sollte, so wäre der Gewährsmann für die Angabe, daß im Jahre 1527 das Barfüßerkloster für die Lateinschule, die sich später ohne Zweifel in diesem Gebäude befand, in Beschlag genommen sei, der Zeitgenosse Zorns Franz Berthold von Flersheim. Allein auch wenn sich die obige Notiz nicht auf Flersheim zurückführen ließe, so würde dieselbe an Werth nicht verlieren. Denn alle Bemerkungen unseres Glossators erweisen sich als die kurzgefaßten Ergebnisse der Forschungen eines gelehrten Mannes. Auch die unmittelbar an obige Notiz auf dem Rande des Blattes 216 b sich anschließende Bemerkung: „De statu Ecclesiae a tempore Lutheri vide tractatum proprium in meis prosopographicis", beweist, daß der Verfasser nicht nur die Ereignisse, Zustände und Personen der Wormser Kirchenreformation studirt, sondern auch darüber geschrieben hat. Die Angabe des Chronisten wird nun aber durch die oben (S. 51) abgedruckte Aussage des Syndicus des Collegiatstifts zu St. Andreas in Worms, Dr. Simon Engelhart bestätigt, der in der am 26. Juni 1528 bei dem Reichskammergericht eingereichten Klageschrift gegen den von dem Rath zu Worms angestellten evangelischen Pfarrer Ulrich Sitzinger bezeugt, daß dieser Pfarrer in der Barfüßerkirche zu Worms taufe, woraus hervorgeht, daß im Jahre 1528 von dem Rath über das Barfüßerkloster bereits verfügt worden war. Da aber urkundlich feststeht, daß die Klage gegen Pfarrer Sitzinger, er taufe wider die christliche Satzung, schon im Jahre 1527 erhoben wurde, so scheint es, als ob demselben bereits seit diesem Jahre die Barfüßerkirche zur Benutzung offen gestanden. So stimmen also die besprochenen Nachrichten darin überein, daß der Rath zu Worms im Jahre 1527 das Barfüßerkloster in Beschlag genommen, dessen Kirche dem evangelischen Gottesdienste, andere Räume, zunächst die Conventstube, der lateinischen Schule geöffnet habe. Da aber der Chronist sagt, der Rath habe „der jungen Kinder Schul in die Conventstube des Barfüßerkloiters geordnet", und da diese Worte vielleicht weniger auf die Errichtung einer erst werdenden, als auf die Unterbringung der bereits in gewissen Bestandtheilen vorhandenen und bekannten Schule schließen lassen: so ist es nicht unmöglich, daß die ersten Anfänge der lateinischen Schule schon früher, vielleicht in den Privatwohnungen lutherischer Prediger oder Lehrer, mögen vorgelegen haben. Die besprochene Nachricht findet sich auch in der sehr sorgfältig gearbeiteten und schön geschriebenen, im Wormser Archiv befindlichen Chronik der Stadt Worms,**) die, nach einer Bemerkung auf S. 151 derselben, im Jahre 1613 geschrieben worden ist und von uns bereits oben, in der Reformationsgeschichte, S. 39, 42, 43, 44, benützt wurde. Diese Chronik, welche die Zorn'sche Chronik enthält, Zusätze zu derselben gibt und dieselbe bis zum Jahre 1612 fortsetzt, scheint das Autographon der Chronik zu sein, die der Wormser Pfarrer M. Andreas Wiß, Gevattermann des Chronisten

---

* So wahrscheinlich nun auch diese Vermuthung Arnolds ist, so ist doch die Frage, wie es sich erkläre, daß schon der Grundtext der Handschrift B sog. Flersheimische Behandtheile enthält, aber nicht alle, die ihm zugeschrieben werden, und wie dann die Randbemerkungen als weiterer Zusatz Flersheims hinzukommen, nicht in der Kürze zu beantworten. Arnold hat diese Frage nicht berührt.

** Die obige Chronik wurde für das Archiv der Stadt Worms von einem Einwohner der Stadt gekauft, der dieselbe aus dem Nachlaß des am 30. März 1851 zu Worms verstorbenen Friedensrichters Johann Daniel Kremer erworben, der ein Enkel des Registrators der ehemaligen freien Reichsstadt Worms Ludwig Philipp Knabe gewesen ist. Arnold sah dieselbe nicht; da sie den Zorn'schen Text in sich schließt, so ist sie als die neunte Handschrift den acht Handschriften Arnolds anzureihen.

64 Auszüge der Chroniken über die Erwerbung des Franziskanerklosters für das Gymnasium.

M. Friedrich Zorn, im Jahre 1613 geschrieben haben soll.*) M. Andreas Will kam, 34 Jahre alt, im Jahre 1585 als Prediger nach Worms. Da er dem Rector Zorn und dessen Gymnasium sehr nahe stand, so ist es mehr als wahrscheinlich, daß er über die Gründung der lutherischen Stadtschule oder der lateinischen Schule zuverlässige Nachrichten empfangen hat. Die zuletzt erwähnte Chronik theilt S. 580 die Nachricht der Handschrift B in folgender Form mit: „Anno 1527 Mittwoch nach Matthiae Apostoli hat ein Rath Matthias von Schönberg besohlen, dem Münch im Barfüßer Kloster zu sagen, das ein Rath der jungen Kinder Schul in das Kloster, in ihr Conventstuben, geordnet, und das er sich der gesellschafft mit Kegeln, damit die Jungen in ihrer Lehr dadurch nit verhindert würden, fortwehr enthielt." Und fast mit denselben Worten erzählt die Chronik der Wormser Gymnasialbibliothek: „Anno 1527 Mittwochs nach Matthiae Apostoli hat E. E. Rath Matthias von Schönberg besohlen, denen München im Barfüßer Kloster zu sagen, daß derselbe derer jungen Kinder Schul in das Kloster, in ihre Conventstuben, geordnet, und das die Münche der Geselschaft mit Kegeln, damit die Jungen in der Lehr dadurch nicht gehindert würden, sich fürterhin enthielten." Da der Verfasser der Chronik unserer Gymnasialbibliothek erst gegen die Mitte des 18. Jahrhunderts lebte (vgl. Fol. 267, 269, 270), so erscheint die Nachricht der Handschrift B der Zorn'schen Chronik und der Chronik des Jahres 1613 glaubwürdiger, wonach zur Zeit der Errichtung der lutherischen Stadtschule zu Worms in dem dafür in Beschlag genommenen Barfüßerkloster noch ein Münch seinen Wohnsitz hatte. Die Chronik der Worms. Gymn. Bibliothek enthält nun noch einige Notizen, die zwar durch Zeugnisse wirklicher Urkunden bis jetzt noch nicht bestätigt sind, aber beachtet werden müssen, weil alle andren Nachrichten, die diese Chronik bezüglich der in dem Barfüßerkloster an der Petersgasse angelegten lateinischen Schule enthält, durch andre Zeugnisse, theilweise durch Urkunden des Wormser Archivs, bestätigt werden. Die genannte Chronik schreibt: „Anno 1532 hat der Provinzial des Barfüßer Klosters dem Hans Georg Saud dieses Kloster in der Petersgaß sammt allem Zugehör eigenthümlich übergeben, daraus ist hernach die lateinische Schul gemacht**) worden: Denn es war die Kirch und das Wohnhaus verfallen und wurde eigentlich nur der leere Platz*** dem Saud überlassen". (Fol. 241ᵇ b.) „Anno 1539 confirmirte Karl V. die lateinische Schul". (Fol. 241ᵇ a). Die Chronik der Gymnasialbibliothek (Fol. 157 b) und die Handschrift F der Zorn'schen Chronik (Fol. 391) enthalten außerdem folgende Angabe: „Anno 1532 hat Georgius Sant, einziger conventual des Baarfüßer Klosters der niederen Brüder zu Worms

---

* Die Chronik des Pfarrers Andreas Will wird auch von Schannat Hist. Episc. Worm. tom. I. p. 212) erwähnt. Ueber Andreas Will schreibt nach M. Georg Wilhelm Muhl, der Pfarrer und Gymnasialvisitator zu Worms in den Jahren 1750—1753 war und die schon erwähnte Geschichte der Wormser Pfarrer geschrieben, die Chronik der Wormser Gymnasialbibliothek, Fol. 418 b.): „Ein Schleusinger von Geburt, ist erstens Prediger zu Bischofsheim auf dem Kraichgau (am Kraichstuß in Baden, welches Städtlein zuständig ist dem Herrn von Helmstadt, eine Zeit lang gewesen, auf Abwerben aber des Pfarrers Nicolaus Balz nach Worms gekommen, daselbst 31 Jahr lang Prediger gewesen und endlich den 12. Aug. 1616 und im 65. actatis gestorben. Er war des Herrn Rectoris Zorns Gevattermann und hatte desselben Chronicon Wormatiense anno 1613 schön geschrieben samt einem saubern Lobgedicht hinterlassen."

**) Hiermit ist offenbar gesagt, daß das baufällige Barfüßerkloster umgebaut wurde oder daß auf dem Gebiete desselben Neubauten für die lateinische Schule aufgeführt wurden.

***) Die obige Beschreibung übertreibt wohl etwas. Denn wir wissen (s. oben S. 51.), daß noch im Jahre 1528 Pfarrer Ulrich Eipinger in der Barfüßerkirche taufte. Die gedachte Uebertreibung rührt wohl daher, daß in den Jahren 1627 und 1628, als Franziskaner, Jesuiten, Kapuziner die Klostergebäude von der Stadt zurückforderten, der Werth des durch die Stadt erkauften Klosters als sehr gering und vollständig erlegt dargestellt wurde.

S. Francisci ordens, gewelt Kloster der Statt eigenthümlich tradirt und übergeben, er war ein Wormser". In der Chronik unser Bibliothek finden sich ferner die folgenden Angaben, die durch die im Nachfolgenden zu besprechenden Urkunden-Abschriften des Wormser Archivs bestätigt werden. „Anno 1541 consentirte der Cardinal Contarenus wegen dem Verkauf des Barfüßer Klosters; die Statt gab Anfangs wegen diesem Kauf einen revers". (Fol. 241ᵃ a.) — Anno 1548 — (richtig: 1549) b. 3. Apr. hat E. E. Rath dem Henrich Stolleisen Barfüßermünchen wegen seiner verlangten restitution des Klosters geantwortet. Nach der Hand haben sie es noch verschiedenmal verlangt, als: anno 1628, b. 7. April frater Alexius; h. a. d. 19. Nov. Ludovicus a musis; h. a. d. 25. Oct. frater Bonaventura Marius. Anno 1628, Dec. wurde es ihnen durch ein Schreiben der Stadt vom Kaiser abgesprochen". (Chron. der Wormi. Comm. Bibl. Fol. 241ᵇ b.). Vgl. ebendaselbst Fol. 276 b: „Anno 1627 den 21. Jun. hat Fridrich (dafür richtig anderwärts: Fr. = frater) Theodor Rheinfeld das Barfüßerkloster der Stadt wider abgefordert, welches sie anno 1539 dem Barfüßer Orden mit Genehmhaltung des Kaisers und Pabstes hatte abgekauft". „Anno 1628, b. 7. Apr. hat frater Alexius praeses des Barfüßerordens das besagte Kloster der Stadt wider abgefordert, auch b. 3. Aug. vom Kaiser Ferdinand II. ein mandatum restitutionis ausgewürckt; den 19. Nov. hat frater Ludovicus a musis dieses Gesuch erneuert. Den 25. Oct. thadt dieses Gesuch frater Bonaventura Marius auch. Den 12./22. Dec. hat E. E. Rath deswegen ein Bittschreiben an Kayserl. Maj. abgehen lassen, und damit denen Anforderungen derer Barfüßer ein Ende gemacht". (Fol. 277 a.) Die vorstehenden Aussagen der Wormser Chroniken werden nun bestätigt durch glaubwürdige Copien einiger Documente, auf die sich die zusammengestellten Aussagen beziehen. Als nämlich in den Jahren 1627 und 1628 (vgl. unten die Geschichte des reichst. Gymnasiums zu Worms im 17. Jahrhundert) die Franziskaner das frühere Kloster an der Petersgasse von dem Magistrat zu Worms zurückverlangten, legte dieser sowohl dem Kaiser Ferdinand II. als auch dem Reichskammergericht die Quittung des Barfüßer Provinzials Bartholomäus Hermann aus dem Jahre 1539 vor, laut welcher der Magistrat der Stadt Worms an den genannten Provinzial für das gedachte Kloster die Summe von 700 fl. und dazu 30 fl. für Bemühungen und Gebühren ausgezahlt hatte. Auch die Bestätigungen dieses Kaufes durch Contarenus, den Legaten des Papstes Paul III., und durch Kaiser Karl V., und die mit den Franziskanern Heinrich Stolleisen, Rheinfeld, Alexius, Ludovicus a Musis, Bonaventura Marius geführten Verhandlungen legte der Magistrat dem Kaiser und dem Kammergericht vor. Abschriften dieser Urkunden befinden sich im reichsstädtischen Archiv zu Worms. Von diesen Schriftstücken sollen zunächst an dieser Stelle diejenigen im Auszug oder vollständig abgedruckt werden, durch welche die Verhandlungen klar gestellt werden, die von der Stadt Worms 1539, 1541, 1543, 1549 mit Bartholomäus Hermann, dem päpstlichen Legaten, dem Kaiser Karl V., sowie mit Heinrich Stolleisen in Betreff des als Schulhaus benutzten Barfüßerklosters geführt wurden. Wiewohl die nachfolgenden Urkunden-Abschriften einigen Raum beanspruchen, so mögen sie doch abgedruckt werden, weil sich daraus ergibt, wie ungerecht im dreißigjährigen Kriege von Franziskanern, Jesuiten, Kapuzinern, Dominikanern gegen die Stadt verfahren wurde.

1. „Copia der Uebergaben des Barfüßer Ordens Provincialis. 1539."

„Ich Bartholomaeus Hermann, der heil. Schrifft Doctor, des mit reformirten Barfüßer Ordens durch Germanien provincial, bekenne öffentlich undt thue kund gegen allermänniglich in undt mit diesem Brieff, vor mich, meine Nachkommen, alle Brüder des ermelten Ordens und den Gantzen Orden, alß unser Ordens arm verfallen Closter, in des heil. Reichs Statt Worms gelegen, nun etliche Jahr lang uff absterben und Mangel ermelter Ordensbrüder leer gestanden.

Uebergabe des Barfüßerklosters an die Stadt durch den Provinzial Dr. Bartholomäus Hermann 1539.

und in solche augenscheinliche ruination. Einfall und Vergehung an der Kirchen und andern Gebäu erwachsen und kommen, daß niemand mehr darinnen wohnen, noch wir solches durch Unsere Armuth restauriren, oder wieder erbauen mögen noch können, daß ich derohalb gantz vorbetrachtlich und auß sonderbahrer Zulaßung und Bewilligung unseres Ordens von Päbstlicher Heiligkeit verordneten Generalis, und dann mit Hülff und Rath der Würdigen Herrn Brüder Joannis Petri Guardians zu Speher und Bruder Joan. Alßpach des Closters zu St. Claren zu Mahntz Confessoris, alß von einem Capitel osstermelten unsers Ordens, insonderheit daßu deputiret, und verordnet, angeregt unser Ordens arm verfallen Closter mit allen seinen Zugehörten und klein geringem Einkommen, Zinßen und Gülten, auß oder innerhalb der Stadt Wormbs, nichts außgenommen, ewiglich und ohnwiederrüflich übergeben, donirt und alß eine Gottes Gabe zu gestellt habe: übergebe, donire und stelle zu, in Krafft dieses Brieffs, wie solches in allen Rechten, Geistlichen und weltlichen, und sonst am aller kräftigsten und beständigsten sein soll, kann oder mag, frey und lauter, umb Gottes Ehre willen, osstermelter Stadt Wormbs angehörigem Spital, vor der Martins Pforte in der Vorstadt gelegen, Hospitale peregrinantium oder die elende Herberg genannt, also und dergestalt, daß hinfürter ermeltem Spital von E. E. Rath geordnete Pfleger solch arm verfallen und zerbrochen Closter sambt denen geringen Gefäll zu banden nehmen, dieselbe nach ihres Spitals Gelegenheit und Nothdurfft nutzen und brauchen, verlauffen, abbrechen, und wiederumb aufbauen, und damit schalten und walten mögen und sollen, wie mit andern ermelten Spitals eigenen Gütern, ohne Eintrag und Hinderniß mein, meiner Nachkommen, unsers gantzen Ordens oder männiglichen. Doch soll hiengegen unserm Orden, auch umb Gottes Willen zu gutem, in ermeltem Spital ein sonderlich Gemach alß Stuben und Gemach verordnet und zugericht werden, darinn ein jeder provincial in visitation Zeiten und andern zu und abreisen, auch andere osstermelten unsers Ordens Priester und professen, so zu jeder Zeit ihren Durchzug mit urkundlichem Schein von ihrer Obrigkeit durch Wormbs haben werden, ihre Wohnung über Nacht mögten, welchen auch also gebührlich essen und trinken zur Nothdurfft, ohne einige Bezahlung, also umb Gottes Willen, gegeben und mitgetheilt, auch sie freundlich und lieblich empfangen, gehalten und tractiret werden sollen: und soll also über solches ich, meine Nachkommen und der gantze Orden an osstermeltes Spital, deren Pfleger, oder auch E. E. Rath der Stadt Worms, dieß unsers Ordens verfallenen Closters halber, keinen weiteren Anspruch haben oder suchen, und damit obangeregte donation und übergab und alle solche Handlung Krafft und Bestand haben, denen auch also, wie gesetzt, gelebt und nachkommen werde, so habe ich Bartholomaeus provincialis obgenannt vor mich, alle meine Nachkommen bemelten Ordens und denselben unsern Orden bey meinen guten wahren Treuen und Würden, anstatt geschwohrnes Eydes mit guter Wissenheit gelobt und versprochen, solche donation und übergab vor stet und vest und ohnwerbrüchlich zu halten, darwieder nimmermehr zu thun, noch schaffen gethan zu werden, in keinen weg, wie das allermänniglich. Sinn und Gemüth erdenken könten oder mögten, mit rechtmäßiger Verzeihung aller und jeglicher privilegien, gnaden und freyheiten, die Ich provincialis oder unser Orden jetzund haben oder hernach überkommen mögten, darzu der restitution, absolution und aller andern Gnaden, wie sie jetzund oder genannt werden, alß daß ich, meine Nachkommen und gedachter Orden dieselbe nimmermehr bitten, begehren und außbringen, auch ob die auß Bewegung höherer Obrigkeit gegeben würden, nit behelffen noch brauchen sollen noch wollen. Ich Bartholomaeus Provincialis obgenannt versprich auch zu erster Gelegenheit, solcher übergab und donation eine gnugsame ratification und confirmation von Päbstlicher Heiligkeit oder deren ordentlichen vollkommenen legaten, damit es also desto stattlicher handgehabt werde, zu erlangen und anhzubringen.

Gefährde und Argelist hierin gänzlich außzuschieden. Vnd zu weiterer Urkund habe ich Bartholomaeus Hermann Doctor und provincialis offtgenannt von mein, meiner Nachkommen und des ganzen Ordens wegen, mein provincial Ambt Insiegel an diesen Brieff gehanget. Dargeben und geschehen Dienstag*) nach Michaelis den 2. 8br. 1539. Wormbs.

             gez.: Ego Fr. Barthol. Hermann
                   Minister provinc. testor supra scripta etc.
                   manu propria.
             gez.: Ego Fr. Ioannes Petri Guardianus
                   Spir. testor supra scripta etc.
                   manu propria. (vgl. Fol. 3—5. Lit. A.)

2. „Der Stadt Wormbß revers."

„Siebenhundert dreißig Gulden dem provinciali des nit reformirten Barfüßer Ordens wegen eingeräumbten Klosters in der Stadt Wormbß einzuhändigen sub dato den letzten Maii Anno 1541."

„Wir Stadt-Burgermeister vnd Rath des heiligen Reichs Stadt Wormbß bekennen vnd thun kundt mit diesem Brief, alß der Ehrwürdig vnd hochgelährte Herr Bartholomaeus Hermann, der heil. Schrift Doctor, des nit reformirten Barfüßer Ordens durch Germanien provincial, seines Ordens ein verfallen Kloster in vnßerer Stadt gelegen, mit allen Zugehördten hievor, vnserm Spital, vor der Martins Pforten gelegen, die elend Herberg genannt, freywillig vnd umb Gottes willen übergeben vnd zugestellt, laut darüber auffgerichtem Brieff vnd Siegel, daß wir derenthalben von ewielts vnßeres Spitalß [wegen] wollten versprechen vnd zuzagen, wo Er angezogener übergab von Päbstlicher Heiligkeit oder dero bevollmächtigten Legaten eine genugsame ratification vnd confirmation, vermöge gethaner Zusagen, aufbringen vnd vns überantworten würde, daß wir alßdann Ihm hergegen zu einer gebührlichen Ergötzung 700 fl., in andrer seines Ordens Klöster Nutz, nach seiner Gelegenheit haben anzutheilen vnd vffzuwenden, vnd 30 fl. vnd nicht mehr, an Kosten zu erlangung angeregter confirmation geben vnd reichen wollten, ohne alle weitere Hinderuß vnd Einrede, sonder Geschwerde, zu Uhrkund mit vnßern Stadt zurück anffgedrucktem Secret Insiegel besiegelt. dat. Dinstag nach Exaudi den letzten May 1541. (vgl. Fol. 24. Lit. C.)

Es folgt hier ein Schreiben des päpstlichen Legaten Contarenus, in dem derselbe in Folge eines Berichtes des Bartholomäus Hermann den Verkauf verarmter, verlassener und zerfallener Barfüßerklöster gutheißt und empfiehlt.

3. „Copia Induti provinciali minorum super alienatione honorum monasteriorum a legato Apostolico dati."

„Caspar, miseratione divina tituli S. Apollinaris S. R. E. presbyter, Cardinalis Contarenus sanctissimi Domini nostri Papae et S. sedis Apostolicae in partibus Germaniae de latere legatus, venerabilibus ac dilectis nobis in Christo, Abbati monasterii S. Walpurgis S. Benedicti prope Hagenau et praeposito ecclesiae S. Petri in Wisenburg, Argentinensis diocesis, salutem in Dom. sempiternam. Exposuit nobis venerabilis in Christo frater Bartholomaeus Hermann S. Theol. Prof., ordinis minor. S. Francisci in provincia superioris Germaniae minister, quod cum nonnulla loca monasteriorum sui ordinis in dicta provincia propter varias tam praeteritorum quam praesentium temporum calamitates adeo desoluta et destructa

    *) In der Handschrift ist hier irrthümlich geschrieben: „Donnerstag nach Michaelis den 28. Septbr. 1539." Richtig: „Dienstag nach Michaelis, den andern des Monats October 1539", wie das unten folgende Schreiben des Raths an den Kaiser Ferdinand vom 22.12. Dez. 1628 auslagt.

sint, ut propter inopiam dictorum monasteriorum non speret ea reaedificari aut restaurari posse, magisque expediret monasteriis praedictis reliquias aedificiorum praedictorum et fundos permutari aut vendi et pretium in utilitatem monasteriorum praedictorum converti, ideo nobis humiliter supplicavit, sibi super praemissis de apostolicae sedis benignitate gratiose provideri. Nos igitur cupientes ex iniuncto nobis legationis officio personis ecclesiasticis praesertim religiosis eorundemque commoditatibus consulere, de praemissis certam notitiam non subeuntes ad infra scripta per literas Domini nostri Papae, quas praesentibus inserere minime tenemur, sufficienti facultate muniti discretioni vestrae tenore praesentium committimus et mandamus, quatenus confestim de praedictis vos diligenter informetis, et si vobis constiterit, legitime vocatis qui fuerint evocandi, venditionem, permutationem seu traditionem praedictas in evidentem utilitatem monasteriorum dictae provinciae cedere, illam vel illas fieri posse ac debere decernatis, illisque apostolica autoritate perpetuae firmitatis robur adiicatis, ita tamen quotquot pretia, quae exinde supervenerint, vel in alia bona stabilia monasteriis praedictis applicanda convertantur vel apud personas fide et facultatibus idoneas ad effectum emtionis praedictae faciendae deponantur, et alia servitia, forma extravagantis felicis recordationis Pauli Papae II de bonis ecclesiae non alienandis, cuius tenorem his praesentibus habere volumus pro expresso, vestram super praemissis conscientiam onerantes initumque eo inane decernentes, si secus a quo quam super praemissis contigerit attentari, non obstantibus constitutionibus et ordinationibus Apostolicis, statutis quoque et consuetudinibus dicti ordinis etiam iuramento, confirmatione Apostolica vel quavis firmitate alia roboratis, ceterisque contrariis quibuscunque. Datum Ratisbonae, Anno Nativit. Domini MDXLI nonis Julii pontificatus sanctissimi in Christo patris et domini nostri Dom. Pauli divina providentia Papae Tertii Anno septimo.

Contarenus legatus etc.

(vgl. Fol. 5, 6. Lit. B.)

4. „Quittung Herrn Barthol. Hermanns Provincialis über ein vfangene 730 fl. wegen des franciscauer Closters, zu Wormbß sub dato 10. August 1541".

„Ich Bartholomeus Hermann, der heil. Schrift Doctor, des mit reformirten Ordens der Barfüßer provincial, bekenne vnd thue kund mit diesem offenen Brieff, alß die Fürsichtigen, Ehrsamen, Weisen Herrn Stadtmeister, Burgermeister vnd Rath des heiligen Reichs Stadt Wormbß, meine Günstige Herrn (umb daß ich vor dieser Zeit ihrem Spital, vor der Martins Pforten gelegen, die eleub Herberg genant, mit sonderlicher Bewilligung vnd Zulassung ernanten Ordens Generals vnd etlicher dazu deputirten Vättern, jetzt angezognen Ordens arm, verfallen, verstorben Closter, in ihrer Stadt gelegen, sambt allen zu- vnd Zugehörden um Gottes willen douirt und frey übergeben, laut darüber vffgerichtetem Brieff vnd Sigillen, mir vnd meinem Orden hingegen zu einer Ergötzlichkeit, sobald angezogene übergab von Päbstlicher Heiligkeit wegen confirmiret würde) zu geben versprochen 730 fl., zu steuren abn der confirmation: daß ich vff heutigem dato solche summa, was mir daran über hievor daran empfangenem Gelde noch außgestanden, von dem fürsichtigen, hochgelährten Herrn Georg (Bendern*), Alten Bürgermeister, vnd Antonio Buchen, beyder Rechten Licentiaten, Stadtschreibern vnd Syndico angezogener Stadt Wormbß, anstalt ehe-

---

*) In obiger Copie ist zwar „Georg Bendern" geschrieben, allein da in jener Zeit kein alter Burgermeister dieses Namens bekannt ist, wohl aber ein Bürgermeister den Namen Georg Gruber trug, so ist oben dessen Namen zu lesen. Vgl. J. F. Moritz, Hist. Diplom. Abhandlung vom Ursprung derer Reichsstädte, S. 579.

Der Barfüßerprovinzial Heinrich Stolleßen fordert die Auslieferung des Klosters an den Erben. 419

genannter Herrn E. E. Raths, an gutem burgezehltem Geldt, in Batzen zu meinem guten Genügen empfangen habe; sage deroshalben vor mich, meine Nachkommen undt den gantzen unßern Orden die dickbenanten Herrn Stadtmeister, Burgermeister und Räthe, Ihres Spitals, die Elende Herberg genant, verordneten Pfleger und wer es weiter bedürftig, auch jetzt benante 2 Herren, Georg Geuder undt Antonium Buch, dieser versprochenen 730 fl. (als deren von ihnen genugsam bezahlt, und, was ich ferner hierin oder sonst an Sie, ihren Spital, oder unser übergeben Closter Zuspruch zu haben vermeinete) quit, ledig und loß; in Urkund habe ich Bartholomeus Hermann mein provincial Ambts Insiegel unten zu End dieses Brieffs gedruckt, datum in die Laurentii d. 10. Aug. nach Christi unsers Seeligmachers Geburth tausend fünf hundert viertzig ein Jahr". (L. S.)

5. "Imperatoris Caroli Quinti Confirmatio, belangend das übergebene Barfüßer Closter in Worms, sub dato Speyer d. 27. Julii 1543".

"Wir Karl der Fünfte, von Gottes Gnaden Römischer Kayser ꝛc. entbieten allen und jeden unsern vndt des heiligen Reichs Unterthanen vndt getreuen, geistlich und weltliches Standts, so dem Gotteshauß St. Franciscaner Ordens, in Unser undt des Reichs Stadt Worms gelegen, Renth, Gült und Zinß zu reichen schuldig seyn und mit diesem unserm Brief oder glaubwürdiger Abschrifft davon ersucht werden, Unsere Gnad und alles Gutes. Nachdem das gemelte Barfüßer Closter zu Worms durch den Provincial, mit Bewilligung des Generals deßelben Ordens, zu dem Spital daselbst zu Worms mit allen seinen Zugehörden, Einkommen, Zinßen undt Gülten, außer vndt innerhalb der Stadt Worms gelegen, ewiglich undt ohnwiederrufflich übergeben und zugeteilt, welche Uebergab und Zustellung folgends durch den Päpstlichen Stul zu Rom confirmirt vndt bestättiget worden ist, inhalt deßelben Uebergab vndt confirmation, dieweil denn vermög solcher Uebergab vndt darauff erfolgter confirmation die gedachten Zinß, Renthen, Gülten vndt Einkommen des Closters hinführan dem gemelten Spital gereichet werden sollen: Demnach empfehlen wir Euch, allen und einem jeden insonderheit, von Röm. Kayserlicher Macht, bei Unserer und des Reichs schwerer Ungnad und Straff, mit Ernst gebietend, daß Ihr alle die Zinß, Renthen und Gülten, es seye ahn Geldt, Getraydt oder anderm, nichts außgenommen, so Ihr vormahln dem gemelten Barfüßer Closter zu Worms zu reichen und zu bezahlen schuldig gewesen, nun fürahn dem gedachten Spital daselbst zu Worms, zu deßelben Verwalthers oder verordneten Einnehmers Händen, ohn allen Abgang entrichtet vndt bezahlet, vndt Euch in solchem gehorsamlich haltet, als lieb Euch seye, Unsere schwehre Ungnad und Straffe zu vermeiden: das meynen wir ernstlich. Geben in unßer und des Reichs Stadt Speyer am 27. July 1543, unsers Kayserthumbs im 23ten vndt unserer Reiche im 28ten Jahr".

gez. Carolus (L. S.)   ad mandatum Caes. et cathol. M⁰ proprium.
Ebernburger (Vgl. Fol. 25, 26, Lit. E.)

Als Heinrich Stolleißen, Provinzial des Barfüßerordens, von dem Magistrat der Stadt das wohl erworbene Gymnasialgebäude zurückgefordert hatte, richtete der Rath an denselben folgendes Schreiben. „Der Stadt Wormbß Schreiben an Herrn Heurich Stollenßen, Barfüßer Ordens provincialen, belangend das von ihme vffgefordert Franciscaner Closter daselbsten. Sub dato d. 3ten april 1549". „Unsere freundl. Dinste zubevor, Ehrwürdiger, Lieber vnd getreuer Freund, Euer Schreiben, das Barfüßer Kloster in unßerer Stadt (belangend), und daß wir Euch und dem Orden daselbe sambt seiner Zugehörung wieder zustellen sollen, haben wir inhalts nach längst hören laßen. Und dieweil nicht Wir, sondern Unser kleiner Spital, die elende Herberg genant, zu nothdürftiger Unterhaltung der fremdben, armen vnd krancken Pilgrime solches zerbrochen Kloster (da

70 Innerer Zusammenhang in den Aussagen über die Verpflanzung des Gymnasiums in das Barfüßerkloster.

denn der provincial zuforderst alle Clinodia, Kirchen Zierde, vnd Haußrath, so die vor darinnen gewesenen Brüder gelassen, zu sich genommen, nicht mit geringen Beschwehrden erhalten [?] vnd dasselbig durch eine freye unwiderrufliche übergab von dem provincial mit Vorwissen des generals vnd dann des ganzten Ordens (wie auch etliche deputirte Ordens Persohnen, von des Capituls wegen, ben solcher übergab gewesen) gegen uit kleiner Ergötzlichkeit, so der Provincial andern seines Ordens Klöstern außzutheilen empfangen, vermittelst Päpstlicher Heiligkeit beschehener confirmation, auch der Röm. Kaÿserlichen Majestet Unseres Allergnädigsten Herrn Wissen, also erwachsen, vnd Euch dasselbig sonder Zweiffel selbst ohnverborgen ist; so seynd wir der Getröstung, Ihr werdet Euch selbst so viel zu berichten haben, daß Ihr euerer Forderung unbesugt vnd darauf derselben jetzo vnd hinführo gütlich vnd freundlich abstehen; welches von Euch zu geschehen, Wir vns also getrösten, vnd solches Euch, denen Wir in andre Wege angenehme Dienste zu beweisen geneigt, zu begehrter Wiederantworth nicht verhalten wollen. Datum Wittwochs d., 3ten april 1549. Städt Burgermeister vnd Rath des heil. Reichss Stadt Wormbs". (Vgl. Fol. 20, Lit. F.)

Die vorstehenden Angaben finden noch eine Bestätigung in einigen Aussagen, die in einem von uns später zu besprechenden, von dem Magistrat der Stadt Worms an den Kaiser Ferdinand II. unter dem 22/12. December 1628 gerichteten Schreiben enthalten sind, durch welches der Magistrat nachzuweisen genöthigt war, daß er das von den Franziskanern zurückgeforderte Kloster, in dem die Lateinschule sich befand, in richtiger Form erworben und bezahlt habe. In diesem Schreiben aus dem Jahre 1628 äußerte der Magistrat: „In solchem nach an dem, als mehr gedachtes Kloster zum Barfüßer, nunmehr unser lateinische Stadtschule, vor mehr als 100 Jahren, aus absterben und ermangel mehr ermelter Ordensbrüder, leer gestanden". Die Worte „vor mehr als 100 Jahren" weisen aus dem Jahre 1628 mindestens in das Jahr 1527 zurück.

Resultat.

Nach den vorstehenden Aussagen der Chronisten, der Urkunden des Darmstädter Staatsarchivs und den Urkunden-Abschriften des Wormser Archivs wurde die lutherische Stadtschule oder Lateinschule zu Worms etwa unter folgenden Umständen in dem Barfüßerkloster an der Petersgasse untergebracht. In dem genannten Kloster lebte im Jahre 1527 nur noch ein Mönch, dem der Magistrat auf Matthiä Apostoli dieses Jahres mittheilt, daß er in die Conventstube des Klosters die Schule „geordnet" habe. Dieser Mönch dürfte der obengenannte Hans Georg Sand, ein Wormser, gewesen sein, der das Kloster, sei es mit, sei es ohne Vorwissen seines Ordens im Jahre 1532 aufgegeben und der Stadt Worms überlassen haben soll. Da das Kloster in schadhaftem Zustand und sein Orden ohne Mittel war, gelang es dem Magistrat durch Verhandlungen, die im Jahre 1539 ihren Abschluß fanden, von dem Ordensprovinzial Bartholomäus Hermann die Gebäude des Klosters und den dazu gehörigen Platz unter Beobachtung aller rechtlichen Formen, gegen Zahlung einer Summe von 700 fl. und 30 fl. für entlaufene Kosten, unter der Zusicherung der zu erwirkenden Genehmigung des Papstes und des Kaisers zu erwerben. Das angekaufte Kloster wurde mit seinen Einkünften der Verwaltung des städtischen Spitals übergeben, das vor der Martinspforte lag und die „elende Herberg" (hospitale peregrinantium) hieß, vielleicht weil durch diese Form des Verkaufs die Thatsache verdeckt wurde, daß der Orden ein Kloster für die Zwecke einer ketzerischen Schule abtrat. Zugleich mußte der Franciskaner oder Barfüßerorden, nachdem er sein Kloster zu Worms aufgegeben, für die durch Worms reisenden Glieder seines Ordens ein anderes Domicil herrichten, weshalb er denselben die Unterkunft in genannter Fremdenherberge ausbedingen mußte. Der Magistrat vermochte alsdann, da die „elend Herberg" ein städtisches Institut war, die Gebäude und den Platz des Barfüßerklosters der lateinischen Schule zu überlassen. Gewisse

Zinsen, Gülten ꝛc. des Klosters konnten dabei der „elenden Herberg" verblieben sein. Die Stadt baute alsdann das Kloster für die Zwecke der Schule um. So entstand das erste Gymnasialgebäude zu Worms an der Petersgasse auf den Ruinen eines Klosters.

2. Bruchstücke aus der Geschichte des lutherischen Gymnasiums zu Worms im 16. Jahrhundert.

Es sind zwar bis jetzt keine Urkunden aufgefunden worden, die über die Organisation, das Klassensystem, die Unterrichtsordnung und die geistigen Richtungen und Bestrebungen des lutherischen Gymnasiums zu Worms ein helles Licht verbreiten; allein aus gewissen Anzeichen und etlichen glaubwürdigen Angaben können doch Umfang und Character der Anstalt wenigstens in allgemeinen Umrissen vermuthet werden.

Noch im 18. Jahrhundert hielt das reichsstädtische Gymnasium streng an dem orthodoxen Lutherthum fest, war von dem lutherischen Consistorium zu Worms in Sachen des kirchlichen Bekenntnisses abhängig und wurde jeweilig von einem lutherischen Geistlichen der Stadt, einem Mitgliede des sog. geistlichen Ministeriums, beaufsichtigt und visitirt; und wie die Reichsstadt Worms bis zur Vernichtung ihrer reichsstädtischen Einrichtungen fast unverändert an den Formen festhielt, die sie im Zeitalter der Reformation nach ihrem Bruch mit dem Bisthum Worms sich gegeben, so können wir schon nach der kirchlichen und confessionellen Richtung, welche die Schule im Anfang des 18. Jahrhunderts einhielt, auf die früheren Jahrhunderte schließen. Die städtische Lateinschule zu Worms stand offenbar im 16. Jahrhundert nicht in der Reihe derjenigen süddeutschen Gymnasien, in denen der Geist des Straßburger Rectors Johannes Sturm lebte, der die alten Sprachen vor Allem wegen ihrer humanistischen Bedeutung betrieb, damit aus denselben die Jugend den idealen Geist des griechischen und römischen Alterthums unmittelbar und rein schöpfe, sondern die Wormser Lateinschule, wie sie von Luthers Reformation hervorgerufen wurde, besaß von Anfang an und für beinahe drei Jahrhunderte mehr die Eigenthümlichkeit der von Luther und Melanchthon geschaffenen sächsischen Schulordnung, nach der die Schule zunächst den Zwecken der lutherischen Kirche diente, derselben gleichsam als ihr Anhang untergeordnet war und alle Pflege der Wissenschaften nach dem Bedürfniß der Kirche betrieb. So nothwendig diese Einrichtung im Zeitalter der Reformation erschien, um nach den Zwecken der Reformatoren eine ausreichende Zahl von Predigern und Lehrern und auch protestantisch gesinnte Organe der bürgerlichen Gesellschaft zu bilden; so mußte doch mit der Zeit der starre Orthodoxismus die Entwicklung der streng lutherischen Gymnasien hemmen; und die innere Geschichte des Gymnasiums zu Worms zeigt im 18. Jahrhundert betrübende Beispiele der nachtheiligen Wirkungen einer engherzigen lutherischen Rechtgläubigkeit.

Wie die Stadt Worms Luthers Brief an die Christen zu Worms vom 24. Aug. 1523 (s. oben S. 35) lange Zeit in der Wormser Ausgabe des kleinen Katechismus Luthers abdrucken ließ, so war ohne Zweifel die im Jahre 1524 von Luther „an die Bürgermeister und Rathsherrn allerlei Städte in deutschen Landen" gerichtete Schrift, worin er zur Gründung evangelisch-christlicher Schulen aufforderte, der eigentliche Gründungsbrief des lutherischen Gymnasiums zu Worms. Deshalb verdienen einige Stellen dieser herzerquickenden Vermahnungsschrift Luthers hier abgedruckt zu werden, um die Richtung und die Ziele anzudeuten, die bei der Errichtung der lateinischen Stadtschule zu Worms maßgebend waren.

„An die Bürgermeister und Rathsherren allerlei Städte in Deutschen Landen. Gnade und Friede von Gott unserm Vater und Herrn Jesu Christo. Fürsichtige, weise, liebe Herrn! Wiewohl ich nun wohl drei Jahre verbannet und in Acht gethan, hätte sollen schweigen, wo ich Menschengebot mehr, denn Gott gescheuet hätte; wie denn auch viel in deutschen Landen, beide Groß und Klein, mein Reden und Schreiben aus derselben Sache noch immer verfolgen und viel Bluts darüber vergießen. Aber weil mir Gott den Mund aufgethan hat, und mich heißen reden, dazu so kräftiglich bei mir stehet, und meine Sache, ohne meinen Rath und That, so viel stärker macht und weiter ausbreitet, so viel sie mehr toben, und sich gleich stellet, als lache und spotte er ihres Tobens. An welchem allein merken mag, wer nicht verstockt ist, daß diese Sache muß Gottes eigen sein. Darum will ich reden (wie Esaias sagt), und nicht schweigen, weil ich lebe, bis daß Christi Gerechtigkeit ausbreche, wie ein Glanz, und seine heilwertige Gnade wie eine Lampe angezündet werde. Und bitte nun euch alle, meine lieben Herren und Freunde, wollet diese meine Schrift und Ermahnung freudig annehmen und zu Herzen fassen. Denn ich sei gleich an mir selber wie ich sei, so kann ich vor Gott mit rechtem Gewissen rühmen, daß ich darinnen nicht das meine suche, sondern meine es von Herzen treulich mit euch und ganzem deutschen Lande, dahin mich Gott geordnet hat, es gläube oder gläube nicht wer da will. Und will eure Liebe das frei und getrost zugesagt und angesagt haben, daß, wo ihr mir hierin gehorchet, ohne Zweifel nicht mir, sondern Christo gehorchet: und wer mir nicht gehorchet, nicht mich, sondern Christum verachtet. — Derohalben bitte ich euch alle, meine lieben Herren und Freunde, um Gottes willen und der armen Jugend willen, wollet diese Sache nicht so geringe achten, wie viele thun, die nicht sehen, was der Welt Fürst gedenket. Denn es ist eine ernste und große Sache, da Christo und aller Welt viel anliegt, daß wir dem jungen Volke helfen und rathen. Damit ist dann auch uns und allen geholfen und gerathen. Liebe Herren, muß man jährlich so viel wenden an Büchsen, Wege, Stege, Dämme und dergleichen unzählige Stücke mehr, damit eine Stadt zeitlichen Frieden und Gemach habe; warum sollte man nicht vielmehr doch auch so viel wenden an die dürftige arme Jugend, daß man einen geschickten Mann oder zwene hielte zu Schulmeistern, denn Gott der Allmächtige hat fürwahr uns Deutschen jetzt gnädiglich dabei gesuchet und ein recht gülden Jahr aufgerichtet. Da haben wir jetzt die feinsten, gelehrtesten jungen Gesellen und Männer, mit Sprachen und aller Kunst gezieret, welche sowohl Nutz schaffen könnten, wo man ihr brauchen wollte, das junge Volk zu lehren. Ists nicht vor Augen, daß man jetzt einen Knaben kann in dreien Jahren zurichten, daß er in seinem fünfzehnten oder achtzehnten Jahre mehr kann, denn bisher alle Hohe Schulen und Klöster gekonnt haben? Ja, was hat man gelernt in Hohen Schulen und Klöstern bisher, denn nur Esel, Klötze und Blöcke werden? Zwanzig, vierzig Jahre hat einer gelernet und hat noch weder Lateinisch noch Deutsch gewußt. — Aber nun uns Gott so reichlich begnadet, und solcher Leute die Menge gegeben hat, die das junge Volk sein lehren und ziehen mögen, wahrlich so ists noth, daß wir die Gnade Gottes nicht in Wind schlagen, und lassen ihn nicht umsonst anklopfen. Er stehet vor der Thüre; wohl uns, so wir ihm aufthun. Er grüßet uns, selig der ihm antwortet. Versehen wirs, daß er vorübergehet, wer will ihn wiederholen? Lasset uns unsern vorigen Jammer ansehen, und die Finsternis, darinnen wir gewesen sind. Ich achte, daß Deutschland noch nie von Gottes Wort so viel gehört habe als jetzt; man spüret je nichts in der Historie davon. Lassen wirs denn so hingehen ohne Dank und Ehre, so ists zu besorgen, wir werden noch greulichere Finsternis und Plage leiden. Lieben Deutschen, kaufet, weil der Markt vor der Thür ist, sammelt ein, weil es scheinet und gut Wetter ist, brauchet Gottes Gnade und Wort, weil es da ist. Denn das sollt ihr wissen, Gottes Wort und Gnade ist ein fahrender Platzregen, der nicht wiederkommt, wo er einmal gewesen ist. — Und ihr Deutschen dürft nicht denken, daß ihr ihn ewig haben werdet; denn der Undank und Verachtung wird ihn nicht lassen bleiben. Darum greifet zu und haltet zu, wer greifen und halten kann: faule Hände müssen ein böses Jahr haben. — Gottes Gebot treibet durch Mosen so oft und fordert, die Eltern sollen die Kinder lehren, daß auch der 78. Psalm spricht: „Wie hat er so hoch unsern Vätern geboten, den Kindern kund zu thun und zu lehren Kindes Kind." O wehe der Welt immer und ewiglich! Da werden täglich Kinder geboren und wachsen bei uns daher! und ist leider! niemand, der sich des armen jungen Volkes annehme und regiere, da läßt mans gehen, wie es gehet. Ja, sprichst du, solches Alles ist den Eltern gesaget, was gehet das die Rathsherrn und Obrigkeit an? Ist recht geredet; ja, wie wenn die Eltern aber solches nicht thun? wer soll es denn thun? Soll es darum nachbleiben, und die Kinder versäumet werden? Wo will sich da die Obrigkeit und Rath entschuldigen, daß ihnen solches nicht sollte gebühren? Daß es von den Eltern nicht geschiehet, hat mancherlei Ursach. — Nun liegt einer Stadt Gedeihen nicht allein darin, daß man große Schätze sammle, feste Mauern, schöne Häuser, viel Büchsen und Harnisch zeuge; ja, wo des viel ist und tolle Narren drüber kommen, ist so viel ärger und desto größer Schade derselben Stadt; sondern das ist einer Stadt bestes und allerreichstes Gedeihen, Heil und Kraft, daß sie viel feiner, gelehrter, vernünftiger, ehrbarer, wohlgezogener Bürger hat, die können hernach wohl Schätze und alles Gut sammeln, halten und recht brauchen. — Weil denn eine Stadt soll und muß Leute haben, und allenthalben der größte Gebreche, Mangel und Klage ist, daß an Leuten fehle, so muß man nicht harren bis sie selbst wachsen; man wird sie auch weder aus Steinen hauen noch aus Holz schnitzen; so wird Gott nicht Wunder thun, so lange man der Sachen durch andere seine dargeliehene Güter gerathen kann. Darum müssen wir dazu thun, und Mühe und Kost daran wenden, sie selbst erziehen und machen. — Ja, sprichst du, ob man gleich sollte und müßte Schulen haben, was ist uns aber nütze, Lateinische, Griechische und Ebräische Zungen und andere freie Künste zu lehren? Könnten wir doch wohl Deutsch die Bibel und Gottes Wort lehren, die uns genugsam ist zur Seligkeit? Antwort: Wenn kein anderer Nutz an den Sprachen wäre, sollte doch uns das billig erfreuen und anzünden, daß es so eine edle, feine Gabe Gottes ist, damit uns Deutschen Gott jetzt so reichlich, fast über alle Länder, heimsuchet und begnadet. Darum, liebe Deutschen, lasset uns hie die Augen aufthun, Gott danken für das edle Kleinod, und feste drob halten, daß es uns die nicht wieder entzücket werde, und der Teufel nicht seinen Muthwillen büße: denn des können wir nicht leugnen, wiewohl das Evangelium allein durch den heiligen Geist ist kommen und täglich kömmt; so ist's doch durch Mittel der Sprachen kommen, und hat auch dadurch zugenommen, muß auch dadurch behalten werden. So lieb nun, als uns das Evangelium ist, so hart lasset uns über den Sprachen halten; denn Gott hat seine Schrift nicht umsonst allein in die zwo Sprachen schreiben lassen, das Alte Testament in die Ebräische, das Neue in die Griechische. Welche nun Gott nicht verachtet, sondern zu seinem Wort erwählet hat vor allen andern, sollen auch wir dieselben vor allen andern ehren. — Also mag auch die Griechische Sprache wohl heilig heißen, daß dieselbe vor allen andern dazu erwählet ist, daß das Neue Testament darinnen geschrieben wurde, und aus derselben als aus einem Brunnen, in andere Sprache durchs Dollmetschen geflossen, und sie auch geheiligt hat. Und lasset uns das gesagt sein, daß wir das Evangelium nicht wohl werden erhalten ohne die Sprachen. Die Sprachen sind die Scheide, darinnen dieß Messer des Geistes stecket; sie sind der Schrein, darinnen man dieß Kleinod traget. Sie sind das Gefäß, darinnen man diesen Trank fasset; sie sind die Kemnat, darinnen diese Speise lieget. Und wie das Evangelium selbst zeiget, sie sind die Körbe, darinnen man diese Brote und Fische und Brocken behält. Ja, wo wir's versehen, daß wir, (da Gott vor sei), die Sprachen fahren lassen, so werden wir nicht allein das Evangelium verlieren, sondern wird auch endlich dahin gerathen, daß wir weder Lateinisch noch Deutsch recht reden oder schreiben können. Des laßt uns das elende greuliche Exempel zur Beweisung und Warnung nehmen in den Hohen Schulen und Klöstern, darinnen man nicht allein das Evangelium verlernet, sondern auch Lateinische und Teutsche Sprache verderbet hat, daß die elenden Leute schier zu lauter Bestien geworden sind, weder Deutsch noch Lateinisch recht reden oder schreiben können; und beinahe auch die natürliche Vernunft verloren haben. Darum ist's gewiß, wo nicht die Sprachen bleiben, da muß zuletzt das Evangelium untergehen. Das hat auch bewiesen und zeiget noch an die Erfahrung, denn sobald nach der Apostel Zeit, da die Sprachen aufhöreten, nahm auch das Evangelium und der Glaube und ganze Christenheit je mehr und mehr ab, und ist, seit der Zeit die Sprachen gefallen sind, nicht viel besonders in der Christenheit ersehen, aber gar viel greulicher Greuel aus Unwissenheit der Sprachen geschehen. Also wiederum: weil jetzt die Sprachen hervorkommen sind, bringen sie ein solches Licht mit sich und thun solche große Dinge, daß sich alle Welt verwundert, und muß bekennen, daß wir das Evangelium so lauter und rein haben, fast als die Apostel gehabt haben, und ganz in seine erste Reinigkeit kommen ist, und gar viel reiner, denn es zur Zeit St. Hieronymi oder Augustini gewesen ist. Wo die Sprachen sind, da gehet es frisch und stark, und wird die Schrift durchtrieben, und findet sich der Glaube immer neu. Es soll uns auch nicht irren, daß etliche sich des Geistes rühmen und die Schrift geringe achten. Etliche auch, wie die Brüder Valdenses, die Sprachen nicht nützlich achten. Aber lieber Freund, Geist hin, Geist her, ich bin auch im Geist gewesen und habe auch Geister gesehen. Auch hat mein Geist sich etwas beweiset, so doch ihr Geist in Winkel gar stille ist, und nicht viel mehr thut, denn seinen Ruhm aufwirft. Das weiß ich aber wohl, wie fast der Geist alles alleine thut. — Ich hätte auch wohl können fromm sein und in der Stille recht predigen; aber den Pabst und die Sophisten mit dem ganzen endechristlichen Regiment würde ich wohl haben lassen sein, was sie sind. Der Teufel achtet meines Geists nicht so fast, als meine Sprache und Feder in der Schrift. Denn mein Geist nimmt ihm nichts, denn mich allein: aber die heilige Schrift und Sprachen machen ihm die Welt zu enge, und thun ihm Schaden in seinem Reiche. So kann ich auch die Brüder Valdenses darinnen gar nicht loben, daß sie die Sprachen verachten. Denn ob sie gleich recht lehreten, so müssen sie doch gar oft des rechten Textes fehlen, und auch ungerüstet und ungeschickt bleiben, zu fechten für den Glauben wider den Irrthum. Dazu ist ihr Ding so finster und auf eine eigene Weise gezogen, außer der Schrift Weise zu reden, daß ich besorge, es sei oder werde nicht lauter bleiben. Denn es gar gefährlich ist, von Gottes Sachen anders reden, oder mit andern Worten, denn Gott selbst braucht. — Nun, das sei gesagt vom Nutz und Noth der Sprachen und Christlichen Schulen, für das geistliche Wesen und zur Seelen Heil. Nun lasset uns auch den Leib vornehmen und setzen: Ob schon keine Seele noch Himmel oder Hölle wäre, und sollten alleine das zeitliche Regiment ansehen nach der Welt, ob dasselbe nicht bedürfte vielmehr guter Schulen und gelehrter Leute, denn das geistliche? — Wenn nun gleich keine Seele wäre, und man der Schulen und Sprachen gar nicht bedürfte um der Schrift und Gottes willen: so wäre doch allein diese Ursache genugsam, die allerbesten Schulen, beide für Knaben und Mägdchen, an allen Orten aufzurichten, daß die Welt, auch ihren weltlichen Stand äußerlich zu halten, doch bedarf feiner und geschickter Männer und Frauen. Daß die Männer wohl regieren könnten Land und Leute, die Frauen wohl ziehen und halten könnten Haus, Kinder und Gesinde. Nun solche Männer müssen aus Knaben werden, und solche Frauen müssen aus Mägdlein werden; darum ist zu thun, daß man Knäblein und Mägdlein recht lehre und aufziehe. — Ja, sprichst du, ein jeglicher mag seine Söhne und Töchter wohl selber lehren und ziehen mit Zucht. Antwort: Ja, man siehet wohl, wie sich's lehret und zeucht. Und wenn die Zucht auf's höchste getrieben wird und wohlgeräth, so kömmts nicht ferner, denn daß ein wenig eine eingezwungene und ehrbare Geberde da ist: sonst bleibens gleichwohl eitel Holzböcke, die weder hievon, noch davon wissen zu sagen, niemand weder rathen noch helfen können. Wo man sie aber lehrete und zöge in Schulen oder sonst, da gelehrte und züchtige Meister und Meisterinnen wären, die da Sprachen und andere Künste und Historien lehreten; da würden sie hören die Geschichte und Sprüche aller Welt, wie es dieser Stadt, diesem Reich, diesem Fürsten, diesem Manne, diesem Weibe gangen wäre, und könnten also in kurzer Zeit gleichsam der ganzen Welt von Anbeginn Wesen, Leben, Rath und Anschläge, Gelingen und Ungelingen vor sich fassen, wie in einem Spiegel: daraus sie denn ihren Sinn schicken und sich in der Welt Lauf richten könnten mit Gottesfurcht, dazu witzig und klug werden aus denselben Historien, was zu suchen und zu meiden wäre in diesem äußerlichen Leben, und andern auch darnach rathen und regieren. Die Zucht aber, die man daheime ohne solche Schulen vornimmt, die will uns weise machen durch eigene Erfahrung. Ehe das geschieht, so sind wir hundertmal todt, und haben unser Lebenlang alles unbedächtig gehandelt; denn zu eigener Erfahrung gehöret viel Zeit. Nimmt man so viel Zeit und Mühe, daß man die Kinder spielen auf Karten, singen und tanzen lehret, warum nimmt man nicht auch so viel Zeit, daß man sie lesen und andere Künste lehret, weil sie jung und müßig, geschickt und lustig dazu sind? Ich rede für mich: wenn ich Kinder hätte, und vermöchts, sie müßten mir nicht allein die Sprachen und Historien hören, sondern auch singen und die Musica mit der ganzen Mathematica lernen. — Es ist jetzt eine andere Welt und gehet anders zu. Meine Meinung ist, daß man die Knaben des Tages lasse eine Stunde oder zwo zu solcher Schule gehen, und nichts destoweniger die andere Zeit im Hause schaffen, Handwerk lernen und wozu man sie haben will, daß beides mit einander gehe, weil das Volk jung ist und gewarten kann. Also kann ein Mägdlein ja so viel Zeit haben, daß sie des Tages eine Stunde zur Schule gehe, und dennoch ihres Geschäfts im Hause warte; verschläft es, vertanzt es, und verspielet es doch wohl mehr Zeit. Es fehlet allein daran, daß man nicht Lust noch Ernst dazu hat, das junge Volk zu ziehen, noch der Welt helfen und rathen mit seinen Leuten. — Welche aber der Ausbund darunter wären, der man sich verhofft, daß geschickte Leute sollen werden zu Lehrern und Lehrerin, zu Predigern und andern geistlichen Aemtern, die soll man desto mehr und länger dabei lassen. So müssen wir ja Leute haben, die uns Gottes Wort und Sacramente reichen, und Seelwarter sein im Volk. Wo wollen wir sie aber nehmen, so man die Schulen zergehen läßt, und nicht andere christlichere aufrichtet? — Darum, liebe Herren, lasset euch das Werk anliegen, das Gott so hoch von euch fordert, das euer Amt schuldig ist, das der Jugend so noth ist, und des weder Welt noch Geist entbehren kann. Wir sind, leider, lange genug in Finsterniß verfaulet und verdorben; wir sind allzu lange genug deutsche Bestien gewesen. Lasset uns auch einmal der Vernunft brauchen, daß Gott merke die Dankbarkeit seiner Güte, und andere Lande sehen, daß wir auch Menschen und Leute sind, die etwas nützliches entweder von ihnen lernen, oder sie lehren könnten, damit auch durch uns die Welt gebessert werde. Ich habe das meine gethan; ich wollte dem deutschen Lande gerne gerathen und geholfen haben. Ob mich gleich etliche darüber werden verachten und solchen treuen Rath in Wind schlagen, bessers wissen wollen, das muß ich geschehen lassen. Ich weiß wohl, daß andere könnten besser haben ausgerichtet; aber weil sie schweigen, richte ichs aus, so gut als ichs kann. Es ist je besser dazu geredt, wie ungeschickt es auch sei, denn allerdinge davon geschwiegen. Und bin der Hoffnung, Gott werde je euer etliche erwecken, daß mein treuer Rath nicht gar in die Aschen falle, und werden ansehen, nicht den, der es redt, sondern die Sache selbst bewegen, und sich bewegen lassen. Am letzten ist auch das wohl zu bedenken allen den jenigen, so Liebe und Lust haben, daß solche Schulen und Sprachen in deutschen Landen auf gerichtet und erhalten werden, daß man Fleiß und Kost nicht spare, gute Libereien und Bücher häufer, sonderlich in den großen Städten, die solches wohl vermögen, zu schaffen. — Erstlich sollte die heilige Schrift beide ani Lateinisch, Griechisch, Ebräisch und Deutsch, und ob sie noch in mehr Sprachen wäre, darinnen sein. Darnach die besten Ausleger und die ältesten, beide Griechisch, Ebräisch und Lateinisch, wie ich sie finden könnte. Darnach solche Bücher, die zu den Sprachen zu lernen dienen, als die Poeten und Cratores, nicht angesehen, ob sie Heiden oder Christen wären, Griechisch oder Lateinisch. Denn aus solchen muß man die Grammatica lernen. Darnach sollten sein die Bücher von den freien Künsten und sonst von allen andern Künsten. Zuletzt auch der Rechte und Arznei Bücher: wiewohl auch hie unter den Commenten einer guten Wahl noth ist. Mit den fürnehmsten aber sollten sein die Chroniken und Historien, waserlei Sprachen man haben könnte; denn dieselben wundernäße sind, der Welt Lauf zu erkennen und zu regieren, ja auch Gottes Wunder und Werk zu sehen. O wie manche feine Geschichte und Sprüche sollte man jetzt haben, die in deutschen Landen geschehen und gangen sind, der wir jetzt gar keines wissen. — Derohalben bitte ich euch, meine lieben Herren, wollet diese meine Treue und Fleiß bei euch lassen Frucht schaffen. Und ob etliche wären, die mich zu geringe dafür hielten, daß sie meines Raths sollten leben, oder mich, als den Verdammten von den Tyrannen verachten: die wollten doch an sehen, daß ich nicht das meine, sondern allein des ganzen deutschen Landes Glück und Heil suche. Und ob ich schon ein Narr wäre und träfe doch was guts, sollte je keinem Weisen eine Schande dünken, mir zu folgen. Und ob ich gleich ein Türke und Heide wäre, so man doch siehet, daß nicht mir daraus kann der Nutz kommen, sondern den Christen, sollen sie doch billig meinen Dienst nicht verachten. Hiermit befehle ich euch Gottes Gnaden, der wolle eure Herzen erweichen und anzünden, daß sie sich der armen, elenden, verlassenen Jugend mit Ernst annehmen, und durch göttliche Hilfe ihnen rathen und helfen zu seligem und christlichem Regiment deutschen Landes, an Leib und Seel, mit aller Fülle und Ueberfluß, zu Lob und Ehren Gott dem Vater durch Jesum Christum unsern Heiland, Amen."

Daß in dem reichsstädtischen Gymnasium zu Worms im 16. Jahrhundert im Geiste Luthers und seiner Anhänger gelehrt wurde, ergibt sich unter Andrem aus der Schilderung der Wirksam keit und der geistigen Richtung des Rectors M. Jorn, die wir dem hier schon öfters erwähnten Pfarrer M. Andreas Will verdanken. In der Handschrift F der Wormser Chronik ist nemlich die oben erwähnte Leichenrede zu lesen, die Pfarrer Will dem Rector Jorn, im Jahre 1610 gehalten hat.*) Die Anerkennung, die dem verstorbenen Rector für seine religiös-sittliche Wirksamkeit ausgesprochen wird, beweist deutlich die Richtung, die der Rath zu Worms der Stadtschule gegeben hatte. „Er ist nun gangen in das 73. Jahr", sagt Will in der Grabrede, „und ist der Stadt-Schul allhier 43 Jahr treulich fürgestanden, und hat solche Zeit über viele seine ingenia erzogen, die zum Theil der christlichen Kirche, zum Theil dem weltlichen Regiment, zum Theil christlichen Schulen mit großem Nutzen und Frucht dienstlich sein. Da ist er ein rechter Epicharmus ge wesen, von dem man schreibt: er habe die Jugend so viele nützliche Sachen gelernet, daß ihm nicht genugsam zu danken wäre. Also hat er die liebe Jugend in Gottesfurcht, in wahrer christlichen Religion, in Lutheri catechismo, in Jugend und Ehrbarkeit, in guten Künsten und Sprachen treulich und fleißig auf-

*) Ein kurzer Auszug aus der Rede ist in der Chronik der Worml. Gymn.-Bibliothek enthalten. Einige Stellen dieses Auszugs hat Director Dr. Wiegand im J. 1855 im Programm des Wormser Gymnasiums veröffentlicht. Die Quelle jener Veröffentlichung wurde damals nicht angegeben.

erzogen und sie nicht gewiesen zu den stinkenden Cisternen menschlicher Vernunst, sondern geführet zu dem heilsamen Bronnen Israelis. Und weil er wohl gewußt, daß dieß die beste Form zu lehren ist, wenn man selber mit gutem Exempel der aufwachsenden Jugend fürleuchtet, so hat er sich eines gottseligen, stillen, sittsamen, nüchternen und eingezogenen Lebens beflissen, sich nicht in fremde Händel eingemengt, sondern allein seinen Büchern mit Fleiß obgelegen. Ist in historiis ein erfahrener und gleich der Stadt allhie Magister in fürfallenden wichtigen Sachen ein anschlagiger Mann und ein nützlicher Rathgeber gewesen, der einen guten Ausschlag hat geben können. Hat zu richtiger Ordnung gute Lust gehabt und ist aller Unordnung Feind gewesen. **Was seine Beständigkeit anbetrifft, da hat er bis an sein Ende Glauben gehalten, ist bei der reinen Lehr, beständig blieben, hat sich durch die eingefallenen Streit in Religionssachen nicht hindern noch irre machen lassen.** Und ob er wohl höher und zu größeren Ehren hätte können kommen, da er hätte ein berühmter Professor auf einer hohen Schule werden können, hat er doch lieber seinem Vaterland wollen dienen und in der Schule allhier ersterben." *)

Nach den Mittheilungen, die Will über Jorns Ausbildung, Character und Wirksamkeit macht, empfing derselbe zu Worms nicht nur seine streng lutherische Richtung, sondern auch seinen ersten Unterricht in den Wissenschaften in derjenigen Schule, deren Rector er später wurde. Da Jorn, der am letzten Februar 1538 zu Worms geboren wurde, in dem Wormser Gymnasium bis zum Jahre 1552 bereits soweit gebildet war, daß er in Heidelberg von Margaretha 1552 bis November 1554 zum Baccalaureus sich heranbilden konnte; so kann vermuthet werden, daß derselbe etwa seit dem Jahre 1543 oder 1544 das Wormser Gymnasium als Schüler besucht habe. Damals besaß also die lateinische Stadtschule bereits solche Einrichtungen, daß in derselben ein Schüler wie Friedrich Jorn nach damaligen Anforderungen in einem Zeitraum von 8—9 Jahren von den ersten Elementen bis zu den für den Besuch der Universität vorbereitenden Disciplinen sich auszubilden vermochte. Dies setzt voraus, daß die Anstalt bereits vorher eine ziemlich feste Organisation mußte gewonnen haben; und es ist deshalb mehr als wahrscheinlich, daß schon damals in der Wormser Lateinschule im Einklang mit den Einrichtungen Melanchthons und der sächsischen Schulordnung die drei Klassen vorhanden waren, die — wie nun zu erweisen ist — Jorn nach seiner Wirksamkeit in Heidelberg und Oppenheim in der Wormser Lateinschule im J. 1565 vorfand, als er das Rectorat derselben antrat. Warum sollte auch die Stadt Worms, die unter den deutschen Reichsstädten auch im Beginn des 16. Jahrhunderts immer noch eine hervorragende Stellung einnahm, nicht im Stande gewesen sein, eine dreiklassige Lateinschule einzurichten und zu erhalten, wenn solche sogar in kleineren Städten vorhanden waren? Allein wir sind bezüglich des Umfangs und der Einrichtungen, die das Wormser Gymnasium im 16. Jahrhundert besaß, nicht bloß auf Vermuthungen angewiesen.

In der schon öfter erwähnten handschriftlichen Chronik der Stadt Worms, die sich im Besitz der Wormser Gymnasialbibliothek befindet, ist auf den Blättern 431 b und 432 ein Verzeichniß der unter Jorns Rectorat an dessen Schule wirkenden Lehrer enthalten. Die Glaubwürdigkeit desselben ist dadurch sicher gestellt, daß z. B. die in demselben genannten Lehrer M. Johann Jorn und M. David Blasius, die nach dem Verzeichniß im Jahre 1608 Lehrer des Wormser Gymnasiums gewesen sein sollen, auch in den im Bureau des Civilstandsbeamten zu Worms gegenwärtig noch

---

*) Handschrift F der Jorn'schen Chronik, im Worml. Archiv, Fol. 846—648.

vorhandenen Taufprotocollen der lutherischen Kirchengemeinde als wirklich vorhandne Personen verzeichnet worden, die in jener Zeit Kinder taufen ließen. Aus dem gedachten Verzeichniß der unter Zorn wirkenden Lehrer ist nun zu ersehen, daß die Lateinschule zur Zeit des Dienstantritts Zorns, im J. 1565, drei Lehrer und drei Klassen hatte, daß erst im J. 1570 die dritte oder unterste Klasse wegen der Menge der Schüler derselben in zwei Klassen getrennt wurde, als Johann Ulrer als vierter Lehrer in die neue, vierte Klasse eintrat. Nach den Angaben des Verzeichnisses trat im J. 1582 ein fünfter Lehrer in eine neue, zwischen der ersten und der zweiten Klasse eingeschobene Klasse ein; und in fünf Klassen unterrichteten nun Rector Zorn und die Präceptoren Haas, Asfald, Silberborn und Hildebrand. Da das erwähnte Verzeichniß der unter Zorns Leitung zu Worms wirkenden Lehrer bis jetzt das einzige Zeugniß ist, woraus für das 16. Jahrhundert auf die Organisation und die Entwickelung der lutherischen Lateinschule der Stadt Worms geschlossen werden kann, so ist es nothwendig, dasselbe durch den Druck zu erhalten und hier zunächst vollständig mitzutheilen. Dies geschieht in der Weise, daß neben dem Verzeichniß übersichtlich angedeutet wird, wie die jeweilig eintretenden Lehrer entweder früheren Lehrern succedirten oder zum Zweck der Bildung neuer Klassen in die Anstalt eintraten. Daß die Succession der Lehrer aus dem Verzeichniß sich ergibt, erhöht dessen Glaubwürdigkeit.

Zunächst aber dürfte es am Orte sein, hier die mehr äußerlichen Notizen über Zorns Lebensgang zusammen zu stellen, die der Pfarrer M. Andreas Will überliefert hat. „Anno 1538 ultimo die Februarii vesperi hora septima ist er allhie zu Wormbs von christlichen Eltern geboren und auf die Welt kommen. Ao. 1552 auf Margarethae, als er 14 Jahr alt gewesen, ist er gen Heidelberg kommen, da er seine studia continuirt und bei Mag. Henrico Stolone Predigern sein Unterschleif gehabt. Ao. 1554 mense Novembri, da er 16 Jahr alt geweien, ist er allda Baccalaureus worden. — Ao. 1558 mense Februario, im 20. Jahr seines Alters ist er Magister bonarum artium und Anno 1559 Paedagogiarcha adjunctis collegis Magistro Johanne Posthio und Magistro Philippo Gisselbachio worden. Ao. 1561, als der Calvinismus zu Heidelberg eingerissen, ist er gen Oppenheim mit einem stattlichen Stipendio zum Schuldienst vocirt worden. — Ao. 1565 auf Fronfest ernest, als auch zu Oppenheim der Calvinismus eingedrungen, ist er, als er 27 Jahr alt gewesen, gen Wormbs in patriam zum Rectorat in die Schule berufen worden. — Ao. 1568, 17. Februar., seines Alters im 30. Jahr, hat er sich allhie mit einer gottseligen, ehrlichen Jungfer Margaretha, G. L. Hasseln eheliche Tochter (quae nata sunt anno 1540 die Margarethae) in den heiligen Ehestand begeben." (Haudschrift F der Zorn'schen Chronik. Fol. 685, 686.) „Er hat sich mit allererst in seinem hohen Alter, sondern bei rechter Zeit, vor vielen Jahren, ja von Jugend auf seiner Sterblichkeit erinnert und sich zu einem seligen Ende und Abscheid aus dieser Welt bereitet. Denn er nit gemeint, daß er so lang leben und so ein hohes Alter, neumlich das 73. Jahr erreichen würde. Diese Worte hab ich oft aus seinem Munde gehört, das wär ein rühmlicher Tod, je eher er stürbe, wenner (und noch vermöglich) wär und könnte den Leuten noch wol dienen und Nutz sein, daß man ihm nachsagte: Es ist schade für den Mann, daß er in der Erden liegen soll. So hat er in seinem Leben, sonderlich in seinem Schulamt und Beruf einen guten Kampf gekämpft, seinen Beruf christlich vollendet und Glauben gehalten. Was seinen Kampf anlangt, da weiß man wol, daß man im Schulstande nit auf Rosen gehet und auf sanften Pulsterlein sitzet, sondern recht Augiae stabulum fegen muß. Da hat er genug zu kämpfen gehabt mit muthwilligen, ungehorsamen Knaben und ihren unbaulbaren Eltern. Denn man in Auferziehung und Unterweisung der Jugend nit allezeit Dank verdient, da kann mans niemands recht machen. Da ist des Klagens kein End; etlichen ist man zu hart und streng, etlichen zu gelind und weich. Das hat er sich aber nit irren lassen" rc. (a. a. O. Fol. 683 · 685.)

Schuldiener de 1565 ad 1608. *)

Anno 1565, 10. Septb. als [ich]**) a senatu legitime vocatus kommen bin ad functionem Scholasticam hab ich allda funden
Crispin Böttcher von Lüdersi.***) † 1567, 4 Octobr.
M. Caspar Walter Vorm. beurlaubt 1567, 12 Junii. In die Stadt ist kommen
Paulus Wells Wittenberg, Cantor u. 2. classis praeceptor erkochen worden 1577, 22 maii.
Wendel Kob Vorm. in Crispini stadt; 1567, 29 Octobr. gestorben.
M. Nicolaus Asfalck Vorm. in Rubenstadt † 1588 29 maii. Dann ist wegen der Menge der Tertianer (denn der Zeit nit mehr denn drey classes gewesen)
Joh. Utrer von Zerbst 1570, 17 maii adjungiret worden. Abiit 1579, 23 maii.
Joh. Haas von Hirsavo in locum Pauli 1577, 22 maii. hat resigniret 1602, 23 Septbr.
Joh. Lautenschleger von Weinheim in locum Utrerii anno 1579, 23 Julii. Evanuit anno 1602, 4ten 8 br. melancholicus als er deutscher Schulmeister viel Jahr gewesen.
Martin Silberborn von Nürnberg in locum Lautenschlegeri 1583, 29 maii, als Lautenschleger deutscher Rechenmeister worden 29. maii, abiit 1586, 28. maii.
M. Conrad Hildebrand Lohrensis**) Mosellanus ist zu der neuen class. quae media ei esset**) inter primam et secundam sui temporis, Anno 1582, 28 aug. † 1585, 6 t. Janr.
Urban Packmann successit Hild. 1585, 23 maii. abiit 1586, 25 maii Heilbronnam und ist mithin die class wieder abgegangen.
Urbanus Wenck Vorm. in locum Silberborn. 1586, 28. maii, abiit, 1587, 25 t. 7 br.
Wolf Lepusculus von Meiningen**) in locum Wenckii 1587, 7 t. decembr. u. post obitum Asfalckii in ejus partem in 2. classe.

1. Klasse.	2. Klasse.	3. Klasse.	4. Klasse.
M. Friedr. Zorn. Rector. 1565–1610.		Crispin Böttcher † 1567, 4. Oct.	0 — —
	M. Caspar Walter beurl. 1567.		
	Paulus Wells † 1577, zngl. Cantor.		
		Wendel Kob † 1567, 29. Oct.	— 0 —
	M. Nicolaus Asfalck in Kl. 2. seit 1577. † 1588.		
			Johann Utrer 1570–1579
	Johann Haas 1577–1602.		
			Joh. Lautenschleger 1579–1583. † 1602
			Martin Silberborn 1583–1586.
		Eingeschobene Klasse zwischen 1. u. 2. Klasse. M. Conrad Hildebrand 1582–1585.	
		Urban Packmann 1585–1586 Denn diese Klasse eingegangen.	
			Urban Wenck 1586–1587
			Wolf Lepusculus 1587–1588 als Wenck's Nachfolger, 1588 Asfalcks Nachfolger.

*) Diese Ueberschrift des Verzeichnisses, vor der die röm. Ziffer VI. steht, rührt von demjenigen Chronisten her, der in unserer Chronik die dort zusammengetragenen Verzeichnisse der Stadt- und Bürgermeister, der Raths-, Stadt-, Gerichts- und Unterschreiber, der Medici und Jurisconsulti, und das Verzeichniss der Schuldiener, die unter Zorn wirkten, mit Ueberschriften versehen hat.
**) Auf dem Rande des obigen Verzeichnisses steht zur Erläuterung des von zwei Strichen eingeschlossenen Wortes „ich" von der Hand des Scribenten des Verzeichnisses in Klammern geschrieben: (Zorn).
***) abgekürzt: wohl Lüderfeld, Dorf in Schaumburg-Lippe.
****) wohl aus Lohr in Lothringen, Kr. Salzburg, C. Albersdorf.
*****) im Verzeichniss steht hier geschrieben: essent.
******) in der Schweiz zwei Orte dieses Namens, im Kant. Zürich und im Kant. Thurgau.

Christoph Rheiner Heidelb. in locum Lepusculi 1588. 3 junii. obiit 1589. 18 Aug.

M. Martinus Rockius, Donauwerthensis, cum non haberem*¹) aliam conditionem in locum Rheineri 1589. 9 Novbr. Abiit praedicator hominum zum Pfarrdienst anno 1590 ipso.

Johann Ritter Alstelensis*²) Thuringus in locum Rockii anno 1590. 8. Octobr.

Ao. 1597. 13 maii ist mir in prima classe M. Ph. Christoph Zorn, mein Sohn,*³) adjungirt worden.

M. Joh. Zorn Vormatiensis*⁴) in stadt des Haases, was die tertiam classem anlangt, docendo; was die musicam betrifft Lepusculus qui diu Hasio praesente id adfectarat, 1602. 23 Septbr.

Ao. 1606. 2 april ist M. David Wasius Franckobergensis*⁵) Hassus von Schweinfurth zum Prorector vocirt worden, als Lepusculus junior 1607. 22 t. 7 br. peste gestorben."

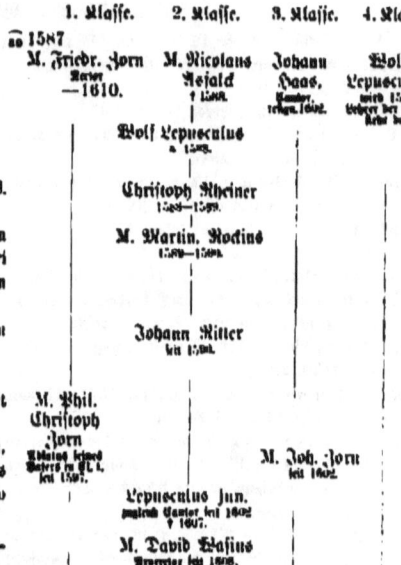

Nach obiger Zusammenstellung sind die Nachfolger des Hendel Mob Lehrer der zweiten Klasse, die Nachfolger des Paulus Wells Lehrer der dritten Klasse. Dies könnte sich etwa daraus erklären, daß Mag. Nikolaus Asfald, der Nachfolger Mobs in der dritten Klasse, im J. 1577 nach dem Tode des Paulus Wells Lehrer der zweiten Klasse oder Prorector wurde, so daß dann Johann Haas als Cantor und Lehrer der dritten Klasse angestellt wurde.

*¹) sc. Fridericus Zorn. Nach dieser Stelle ist zu vermuthen, daß obiges Verzeichniß auf ein Excerpt aus einer lateinisch geschriebenen Aufzeichnung des Rectors Zorn zurückzuführen ist.

*²) Für das Wort Alstelensis dürfte Alslebensis zu lesen sein: Alsleben heißen zwei Städtchen im Rgbz. Merseburg. Der obige Schreibfehler beweist, daß der Scribent des obigen Verzeichnisses aus handschriftlicher Quelle schöpfte.

*³) Auch diese Stelle weist darauf hin, daß obiges Verzeichniß aus einer Aufzeichnung des Rectors Friedrich Zorn, mittelbar oder unmittelbar, geflossen ist.

*⁴) Nach obigen Angaben wirken also seit Herbst 1602 drei Lehrer an der Anstalt, die den Namen Zorn tragen: der Rector M. Friedrich Zorn, dessen Sohn M. Phil. Christoph Zorn und der Lehrer der dritten Klasse M. Joh. Zorn. Letzterer findet sich auch in den oben gedachten Taufprotocollen der lutherischen Gemeinde; denn am 27. April 1607 läßt er einen Sohn Johann Friedrich von seiner Ehefrau Anna Elisabeth taufen.

*⁵) Aus Frankenberg im Rgbz. Kassel.

Aus der vorstehenden Uebersicht ergibt sich nun für den Zeitraum von 1565—1608 Folgendes:
1. In der ersten Klasse, d. h. in der Klasse des Rectors, fungirten: Rector M. Friedrich Zorn und zu dessen Unterstützung seit 1597 auch dessen Sohn M. Phil. Christoph Zorn.
2. Als Prorectoren oder Conrectoren unterrichteten in der zweiten Klasse: M. Caspar Walter, Paulus Wells, M. Nicolaus Asfald, Wolf Lepusculus, Christoph Rheiner, M. Martinus Rodius, Johann Ritter, Lepusculus junior, M. David Rasius. Unter diesen waren Paulus Wells und Lepusculus junior zugleich mit dem Musikunterricht betraut.
3. Präceptoren der dritten Klasse waren: Crispin Böttcher, Wendel Mob, Johann Haas, M. Joh. Zorn. Unter diesen war Johann Haas von 1577—1602 zugleich Cantor.
4. In einer von der dritten Klasse abgezweigten vierten Klasse wirkten 1572—1588: Johann Urer, Johann Lautenschleger, Martin Silberborn, Urban Blenck, Wolf Lepusculus. Die vierte Klasse scheint 1588 wieder eingegangen zu sein.
5. Außer den vorgedachten vier Klassen bestand in den Jahren 1582—1586 eine weitere Klasse, die zwischen der ersten und zweiten Klasse eingeschoben war, so daß die erste Klasse diejenige der Selecti gewesen zu sein scheint. Lehrer dieser Unterprima, die nur vier Jahre bestand, waren: M. Conrad Hildebrand und Urban Packmann.
6. Im J. 1583 hatte Worms außer der lateinischen Stadtschule auch eine deutsche Volksschule; denn Johann Lautenschleger wurde am 29. Mai 1583 deutscher Schul- od. Rechenmeister. Vgl. oben die Nachrichten über das Augsburger Interim, S. 59. Da durch die Angaben des vorstehenden Lehrerverzeichnisses zugleich das Klassensystem und die Entwicklung des Gymnasiums in den wesentlichsten Beziehungen angedeutet wird, ist es möglich, weitere Schlüsse auch bezüglich des Unterrichts zu ziehen.

Der Rath der Stadt Worms stand frühzeitig durch die Wittenberger Prediger Preu und Freyherr und durch sein kirchliches Bekenntniß mit Luther und Melanchthon in naher Beziehung; und es ist deshalb zu vermuthen, daß auch in der Lateinschule der Stadt Worms von Anfang an die von beiden Reformatoren entworfene sog. sächsische Schulordnung zur Richtschnur genommen wurde, die in einem großen Theile von Deutschland überall dort befolgt wurde, wo diese Reformatoren bestimmend auf die Entwicklung der Kirche und Schule einwirkten. Auch ist zu beachten, daß unter den Lehrern, die das oben abgedruckte Lehrerverzeichniß aufführt, mehrere von denjenigen, deren Heimatsort genannt ist, aus Norddeutschland kamen: Crispin Böttcher aus Lüberefeld, Paulus Wells aus Wittenberg, Johann Urer aus Zerbst. Die Heimat einiger Lehrer ist nicht bekannt. Gerade die Vertheilung der lernenden Jugend in drei Haufen oder Klassen, welche der Plan Luthers und Melanchthons bei der Errichtung einer Stadtschule für erforderlich hielt, findet sich in der Wormser Stadtschule sogar unter Zorns Rectorat noch bis zum J. 1576. Man darf deshalb wohl annehmen, daß in dieser Anstalt vom Jahre 1527 an zunächst die Durchführung eines Lehrplans von so einfachen Formen angestrebt wurde, wie er in der sächsischen Schulordnung vom Jahre 1528 enthalten war, die von Melanchthon noch im Jahr 1538 festgehalten wurde. Melanchthon hat bekanntlich an viele Magistrate deutscher Städte eine große Anzahl von Briefen geschrieben, in denen er denselben bei der Einrichtung von Schulen Rath ertheilt. Wir haben nun zwar noch keinen Brief aufgefunden, den Melanchthon an den Rath zu Worms geschrieben, allein Melanchthon hielt sich mehrmals (1540, 1557) persönlich zu Worms auf; und er hat ohne Zweifel den Wormsern in Kirchen und Schulangelegenheiten zur Seite gestanden. Als im Jahre 1557 Melanchthon in Worms dem Religionsgespräche beiwohnte, begab er sich auf die Bitte des Kurfürsten von der Pfalz Otto Heinrich nach Heidelberg, um denselben bei der in Angriff genommenen Reform der Heidelberger Universität mit seinem Rathe zu unterstützen.*) Schon ein Jahr vorher (1556) scheint Melanchthon auch bei der Feststellung der Kurpfälzischen Schulordnung persönlich mitgewirkt zu haben. Dieselbe ist überdies fast wörtlich aus der im Jahr 1552 erlassenen Mecklenburgischen Kirchenordnung entnommen, die nach dem Vorbilde des Melanchthon'schen Schulplanes von dem Rostocker Professor Joh. Aurifaber und drei andren Theologen entworfen und von jenem persönlich Melanchthon zur Prüfung übergeben wurde.**) Im Jahre 1557 wurde auch eine Kirchenagenda der Freistadt Worms nach vorhergehender Prüfung und Billigung Melanchthons veröffentlicht. Und wenn nun in den Jahren 1556 und 1557 Melanchthon in Heidelberg die Einrichtung des dortigen Pädagogiums und der Universität berathen half und in Worms, bei persönlicher Anwesenheit, die Kirchenagenda prüfte, sollte er da nicht auch dahin gewirkt haben, daß die Wormser Lateinschule Einrichtungen empfing, die seiner Aufsichtlichen und der von seinem Geiste getragenen Kurpfälzischen Schulordnung nahe verwandt waren? Es verlohnt sich deshalb zunächst, die gedachten Schulordnungen Melanchthons und der Kurpfalz zu vergleichen und dann hiermit den Lehrplan zusammenzuhalten, nach dem M. Friedrich Zorn in dem Schuljahre 1560/61 als erster Lehrer und Rector des Pädagogiums zu Heidelberg für die dortige Universität in einer zweiklassigen Anstalt vorbereitete, welche die Elementarschüler ausschloß und einen gewissen Grad der Kenntniß der lateinischen Grammatik bei der Aufnahme der Schüler voraussetzte. Im Nachfolgenden sind die gedachten Lehrpläne, die höchstwahrscheinlich für die Wormser Schule vorbildlich oder maßgebend waren, zusammengestellt.

Die für die dreiklassige Lateinschule zu Worms vorbildlichen Schulordnungen.

Aus Melanchthons Schulordnung vom J. 1528, resp. 1538.

Vgl. Vormbaum, Evang. Schulordn., B. I. S. 1—8; v. Raumer, Gesch. der Pädagogik, B. I. S. 155-158. Der folgende Abdruck befolgt v. Raumers Schreibweise.

„Erstlich sollen die Schulmeister Fleiß an lehren, daß sie die Kinder allein Lateinisch lehren, nicht Deutsch oder Griechisch oder Ebräisch. Zum andern sollen sie die Kinder nicht mit vielen Büchern beschweren. Zum dritten ist's noth, daß man die Kinder zertheile in Haufen.

Vom ersten Haufen.

Der erste Haufen sind die Kinder, die lesen lernen. Mit denselben soll diese Ordnung gehalten werden. Sie sollen erstlich lesen lernen der Kinder Handbüchlein, darinnen das Alphabet, Vater Unser, Glaube und andere Gebete innen stehen.

Aus der Kurpfälzischen Schulordnung vom J. 1556.

Vgl. Vormbaum, B. I. S. 66—68, und die Mecklenburgische Schulordn. ebendaselbst S. 59—65. — J. F. Hautz, Lycei Heidelbergi. orig. et progr. p. 59—66. —

„Erstlich sollen die Kinder ordentlich in drei oder vier Häuflein, nach Gelegenheit, getheilt werden".

„Das Erste Häuflein

sind die jüngsten, die anfahen die Buchstaben zu kennen vnd lernen lesen. Die sollen erstlich die gewöhnliche Handbüchlein lernen, darin das Alphabet, oratio dominica, Symbolum, Decalogus zusammengedruckt sein, vnd sollen im Anfang den

---

*) Hautz, Geschichte der Neckarschule in Heidelberg, S. 83, citirt als Quellen: Acta ordin. philos. Univers. Heidelb. T. IV. Fol. 67 a, Annales Univ. Heidelb. T. VII. Fol. 278 b.

**) Vormbaum, Evang. Schulordn. B. 1, S. 59. Anm.

So sie dieß können, soll man ihnen den Donat*) und Cato**) zusammen fürgeben: den Donat zu lesen, den Cato zu exponieren, also daß der Schulmeister einen Vers oder zween exponiere, welche die Kinder darnach zu einer andren Stunde aufsagen, daß sie dadurch einen Haufen lateinischer Worte lernen und einen Vorrath schaffen, zu reden. Darinnen sollen sie geübt werden, so lange, bis sie wohl lesen können. Und halten es dafür, es soll nicht unfruchtbar sein, daß die schwachen Kinder, die nicht einen sonderlichen, schnellen Verstand haben, den Cato und Donat nicht ein mal, sondern das andermal auch lernten. Daneben soll man sie lehren schreiben und treiben, daß sie täglich ihre Schrift dem Schulmeister zeigen. Damit sie auch viel lateinischer Worte lernen, soll man ihnen täglich am Abend etliche Wörter zu lernen fürgeben, wie vor Alters die Weise in den Schulen gewest ist.

Die Kinder sollen auch zu der Musica gehalten werden und mit den andren singen: wie wir drunten, wills Gott, anzeigen wollen.

Vom andren Haufen.

Der andre Haufen sind die Kinder, so lesen können, und sollen nun die Grammatica lernen. Mit denselben soll es also gehalten werden. Die erste Stunde nach Mittage täglich sollen die Kinder in der Musica geübt werden, alle, klein und groß. Darauf soll der Schulmeister dem andern Haufen auslegen die fabulas Aesopi erstlich. Nach der Vesper soll man ihnen exponieren Paedologiam Mosellani, ***) und wenn diese Bücher gelernt, soll man aus den Colloquiis Erasmi wählen, die den Kindern nützlich und züchtig sind. Dieses mag man auf den andern Abend repetieren. Abends.

Kindern mit andere Bücher fürgeben werden". "Hernach soll man ihnen den Donat*) vnd Caton**) zusammen fürgeben, also daß der Schulmeister täglich einen oder zween Vers exponiere, welche die Kinder hernacher zu einer andern Stund aufsagen, daß sie also ansahen, etliche lateinische Wörter zu kennen, und Vorrat schaffen, die lateinische Sprach zu reden; und ist nutzlich, daß sie den Donat und Caton nicht allein einmal lesen, sonder auch das andermal". "Darbey soll man sie lernen schreiben vnd ernstlich darzuhalten, daß sie täglich ihre Schrift dem Schulmeister weisen". "Item, damit sie desser mehr lateinischer Wort lernen, soll man ihnen täglich am Abend zwen lateinische Wörter zu lernen fürgeben, die sie behalten vnd morgens dem Schulmeister aufsagen sollen. Und sollen sie in besondere Büchlein schreiben oder schreiben lassen, als Deus Gott, Coelum Himmel". "Diese Kinder sollen auch zur Musica gehalten werden, und mit den andern singen, wie hernach angezeigt wirdt".

"Das ander Heuflin sind Kinder, die nun im Lesen gewiß sind, vnd die Regulas Grammaticae anfahen". "Teglich soll man die erste Stund nach Mittag alle Knaben in der Musica üben. Hernach soll man diesem Heuflin, das lesen kann, welches mag genennet werden: Secunda classis, die zween Tag Montag vnd Dienstag Fabulas Aesopi exponieren, welche Joachimus Camerarius lateinisch gemacht hat. Und soll der Schulmeister, nach Gelegenheit der Knaben, wählen, welche er will. Mag auch etliche, liebliche Colloquia Erasmi lesen und Erasmi Büchlin de Civilitate Morum, und das Büchlin Joachimi Camerarii, welchs Titel ist:

---

*) Nach Aelius Donatus, der im 4. Jahrh. n. Chr. in Rom Grammatik lehrte, und aus dessen grammatica im Mittelalter Lehrbücher der lateinischen Sprache hervorgingen, wurde der Name „Donat" Bezeichnung eines grammatischen Lehrbuchs im Allgemeinen.

**) „Dionysii Catonis Disticha de moribus ad filium" — ein nach Cato Uticensis benanntes, im Mittelalter viel gebrauchtes Schulbuch.

***) Chrestomathie des Petrus Mosellanus, eines Zeitgenossen Melanchthons, der in Leipzig lehrte: „Praecet Musaeo Lipsiensi Mosellanus ille, qui ducto Aristophanis poetae Graeci Lipsiensem praestantiori linguae restitui", Franc. Jenkel Exeges. Germ. p. 45. Vgl. K. v. Raumer, Gesch. b. Päd. Th. I. S. 151. Anm.

wenn die Kinder nach Hause gehen, soll man ihnen einen Sentenz aus einem Poeten oder andren fürschreiben, den sie Morgens wieder aufsagen, als: Amicus certus in re incerta cernitur: Ein gewisser Freund wird in Unglück erkannt. Oder: Fortuna quem nimium fovet, stultum facit: Wen das Glück zu wohl hält, den macht es zu einem Narren. Item Ovidius: Vulgus amicitias utilitate probat: Der Pöbel lobt die Freundschaft nur nach dem Nutz.

Morgens sollen die Kinder den Aesopum wieder exponieren. Dabei soll der Präceptor etliche Nomina und verba declinieren, nach Gelegenheit der Kinder viel oder wenig, leichte oder schwere, und fragen auch die Kinder Regel und Ursach solcher Declination. Wenn auch die Kinder haben regulas constructionum gelernt, soll man auf diese Stunde fordern, daß sie, wie man nennt, construieren, welches sehr fruchtbar ist, und doch von wenigen geübt wird. Wenn nun die Kinder den Aesopum auf diese Weise gelernt, soll man ihnen Terentium fürgeben, welchen sie auch auswendig lernen sollen, dem sie nun gewachsen, und mehr Arbeit zu tragen vermögen. Doch soll der Schulmeister Fleiß haben, daß die Kinder nicht überladen werden. Nach dem Terentio soll der Schulmeister den Kindern etliche fabulas Plauti, die rein sind, fürgeben, als nemlich: aulularium, trinummum, pseudolum u. dgl.

Die Stunde vor Mittage soll allewege für und für also angelegt werden, daß man darin nichts andres, denn Grammaticam lehre. Erstlich Etymologiam, darnach Syntaxin, folgend Prosodiam. Und stetigs, wenn dieß vollendet, soll mans wieder vorn anfahen, und die Grammatica den Kindern wohl einbilden. Denn wo solches nicht geschieht, ist alles lernen verloren und vergeblich. Es sollen auch die Kinder solche regulas grammaticae auswendig aufsagen, daß sie gedrungen und getrieben werden, die Grammatica wohl zu lernen. Wo auch den Schulmeister solche Arbeit verdreußet, wie man viel Praecepta Morum. Aber Aesopus soll nicht gantz aus der Schul kommen". „Den Donnerstag und Freytag soll man diesem heustin Terentium exponieren, den sollen die Knaben von Wort zu Wort auswendig lernen, darumb soll man nit viel auf einmal fürgeben". Am Abend soll man diesen Knaben, so sie zu Haus gehen, einen nützlichen Spruch fürschreiben und exponieren und gedenken, daß sie ihn morgens aufsagen, als: „Timor domini initium sapientiae"; „Omnibus in rebus modus est pulcherrima virtus", und dergleichen".

„Morgens frühe sollen diese Knaben, sovil sie in Aesopo oder Terentio gehört haben, wiederumb aufsagen. Und soll der Praeceptor etliche nomina declinieren lassen und verba conjugieren, nach Gelegenheit der Kinder, viel oder wenig, und soll die Regeln De Generibus, Casibus, Praeteritis und Supinis fleißig fordern." „So auch die Kin der Regulas Constructionum gelernt haben, soll er die Construction und die Regeln darvon fordern. Die ander Stund vor Mittag sollen die vier Tage in der Wochen, Montag, Dienstag, Donnerstag, Freytag allezeit also gebraucht werden, daß die Knaben erstlich ein Stück in Etymologia auswendig recitieren. Darnach soll der Präceptor dieselbige Regeln mit Exempeln erklären."

„Und so sie die Etymologiam gelernt haben, sollen sie hernach Syntaxin dise Stund auch also auswendig recitieren, und soll der Praeceptor hernach dieselbige Regeln mit exemplis erklären und die Knaben teutsch fragen, daß sie Exempla latina auf die Regel in Syntaxi machen. Als, wie soll man in Latein sprechen: „Straf folget gewißlich nach Verachtung Göttlicher Gebot? Poena comitatur certo contemptum divinarum legum". „Und sollen nun allweg die Schulmeister diesen Fleiß thun, daß sie die Jugend treiben, Regulas Grammaticae auswendig zu lernen. Und soll diese Thorheit nit gedulden

findet, soll man denselbigen laffen laufen und den Kindern einen andern fuchen, der fich diefer Arbeit annehme, die Kinder zu der Grammatika zu halten. Denn kein größerer Schaden allen Künften mag zugefügt werden, denn wo die Jugend nicht wohl geübt wird in der Grammatika. Das foll alfo die ganze Woche gehalten werden, und man foll den Kindern nicht jeden Tag ein neues Buch fürgeben. Einen Tag aber, als Sonnabend oder Mittwoch, foll man anlegen, daran die Kinder chriftliche Unterweifung lernen. Denn etliche lernen gar nichts aus der heiligen Schrift; etliche lehren die Kinder gar nichts, denn die heil. Schrift, welche beide nicht zu leiden find. Denn es ift vonnöthen, die Kinder zu lehren den Anfang eines chriftlichen und gottfeligen Lebens. So find doch viele Urfachen, darum daneben ihnen auch andere Bücher follen vorgelegt werden, daraus fie reden lernen. Und foll in dem alfo gehalten werden: Es foll der Schulmeifter den ganzen Haufen hören, alfo daß einer nach dem andern auffage das Vater Unfer, den Glauben und die zehn Gebote. Und foll den Kindern die Stücke einbilden, die noth find, recht zu leben, als Gottesfurcht, Glauben, gute Werke. Daneben foll der Schulmeifter den Knaben etliche leichte Pfalmen fürgeben auswendig zu lernen, in welchen begriffen ift eine Summa eines chriftlichen Lebens, als: die von Gottesfurcht, von Glauben und von guten Werken lehren: als der 112. Pfalm: Wohl dem, der Gott fürchtet; der 34.: Ich will den Herrn loben allezeit zc. Auf diefen Tag foll man Matthaeum grammatice exponieren, und wenn diefer vollendet, foll man ihn wieder anfahen. Doch mag man, wo die Knaben gewachfen, die zwo Epifteln St. Pauli an Timotheum, oder die I. Epiftel St. Johannis oder die Sprüche Salomonis anlegen. Sonft follen die Schulmeifter kein Buch vornehmen zu lefen.

werden, daß etliche die Regeln verachten, wöllen die Sprach one Regeln lernen". „Auch ift nützlich, daß im ganzen Land ein gleiche Etymologia und Syntaxis, und nicht mancherley, gebraucht werde". „Den Mittwoch und Sonnabend foll man zum Catechismo brauchen, durchaus in allen Haufen, und follen die Praeceptores jeden Jungen nacheinander hören, ganz und deutlich fprechen Decalogum, Symbolum, precationem Dominicam. Und die größern foll man weiter fragen im Catechismo: Quot sunt personae Divinitatis? Quid sit Lex? Quid peccatum? Quid Evangelium? Quid poenitentia? Quomodo homo accipit remissionem peccatorum? Und foll ernftlich befohlen werden, daß ein gleicher Catechismus durchaus im Land gebraucht werde." „Und diefelben Tage foll man den Knaben eine Lection aus göttlicher Schrift exponieren. Am Mittwoch Matthaeum oder proverbia Salomonis. Am Sonabend die erfte Epiftel ad Timotheum oder die Epiftel ad Colossenses oder einen gemeinen Pfalm, als: Miserere, De profundis, Psalmum L: Beatus vir, Psalmum II: Quare gemuerunt gentes, Psalmum XXIV: Ad te Domine levavi, Psalmum XXXIII: Benedicam Dominum in omni tempore, Psalmum CXXVI: Nisi Dominus aedificaverit, Psalmum CXXXII: Ecce quam bonum". „Und follen die Schulmeifter die Grammatik fleißig in derfelben Expofition anzeigen, und die einig, eigentlich Meinung den Jungen deutlich fagen und nicht fremde Difputationes einführen. Die Jungen follen auch diefer Pfalmen etliche auswendig lernen, ihr Gebet darin zu üben". „Etliche Schulmeifter wöllen eitel heilige Schrift lefen, etliche ganz keine. Diefe Meinung beide find fträflich; fonder diefe Ordnung, wie gefagt ift, fo man treulich lehren will, ift der Jugend nützlich.

Vom dritten Haufen.

Wo nun die Kinder in der Grammatica wohlgeübt find, mag man die Gefchicklichkeiten aus-

"Das dritt Heuflin*)

foll man, in den größeren Schulen, alfo machen, daß man die Knaben darzu wehlet, die nun

---

*) Für den Fall, daß in Städten fo viele Schüler vorhanden feien, daß man den „vierten Haufen"

wählen und den dritten Haufen machen. Die Stunde nach Mittage sollen sie mit den andern in der Musica geübet werden. Darnach soll man ihnen exponieren Virgilium. Wenn der Virgilius aus ist, mag man ihnen Ovidii Metamorphosin lesen. Abends officia Ciceronis oder epistolas Ciceronis familiares. Morgens soll Virgilius repetieret werden, und man soll, zu Uebung der Grammatica, constructiones fordern, declinieren, und anzeigen die sonderlichen figuras sermonis. Die Stunde vor Mittage soll man bei der Grammatica bleiben, damit sie darin sehr geübet werden. Und wenn sie Etymologiam und Syntaxin wohl können, soll man ihnen Metricam vorlegen, dadurch sie gewöhnet werden, Verse zu machen. Denn diese Uebung ist sehr fruchtbar anderer Schrift zu verstehen, machet auch die Knaben reich an Worten und zu vielen Sachen geschickt. Darnach, so sie die Grammatica genugsam geübet, soll man diese Stunde zu der Dialectica und Rhetorica gebrauchen. Von dem andren oder dritten Haufen sollen alle Wochen einmal Schrift, als Epistolae oder Verse gefordert werden. Es sollen auch die Knaben dazu angehalten werden, daß sie Lateinisch reden, und die Schulmeister sollen selbst, soviel möglich, nichts denn Lateinisch mit den Knaben reden, dadurch sie auch zu solcher Uebung gewöhnet und gereizet werden." NB. In vorstehender Unterrichtsordnung sind nur die einfachsten Grundlinien für die in der Entstehung begriffenen Lateinschulen enthalten. Sowohl Luther als auch Melanchthon erstrebten bekanntlich eine weitergehende Schulbildung. „Wir beginnen, von Gottes Gnaden, seine herrlichen Werke und Wunder auch aus den Blümlein zu erkennen. In seinen Creaturen erkennen wir die Macht seines Wortes, wie gewaltig das sei. — Sind auch die Historienschreiber die allernützlichsten Leute und besten Lehrer, daß man sie nimmer mehr genug kann ehren; aber es gehört dazu ziemlich Grammatici sind. In der Stund nach Mittag sollen diese mit den andern in Musica geübt werden, wie zuvor gesagt. Hernach soll man ihnen die zween Tag, Montag und Dinstag, Virgilium exponieren. Die andern zween Tag, Donnerstag und Freitag, etliche außerlesne Epistolas Ciceronis oder de Amicitia, de Senectute oder Sallustium." „Am Abend Regulas Prosodiae und etliche liebliche Poemata Ovidii de Ponto oder Heroidas Eobani oder etliche Elegias Sabini oder Stigelii." „Morgens frühe sollen dieselben Jungen, wie es die Zeit bringt, Virgilium oder Epistolas Ciceronis exponiern, und soll der Präceptor durchaus laßen construiern, und auf jede Construktion die Regel aus dem Syntaxi fordern, und soll sich dieser langweiligen Arbeit nit verdrießen laßen, soll auch etliche schwere Declinationes und Conjugationes halten." „Darnach soll man mit diesem dritten Haufen auch repetiern Etymologiam und Syntaxin, und soll jeder insonderheit die Regeln auswendig sagen. Die Repetitio der Etymologia und Syntaxis ist nötig. Es mögen auch die Schulmeister zu dieser Stund beide Haufen, Secundam et Tertiam classem, zusammensetzen, daß sie in dieser Stund sämtlich gehört und geübt werden. — In diesem allem ist nötig, daß der Schulmeister selbs gewisser Grammaticus sei. — Er soll auch selbs mit den Schulern lateinisch reden, und die Schuler dahin halten, daß sie untereinander lateinisch reden." „Alle Wochen sollen die Knaben aus dem dritten Haufen, am Sonnabend, lateinische Schriften dem Schulmeister überantworten. Episteln oder Historien oder Vers, und soll der Schulmeister den Knaben zu teutsch etliche schöne Historien dictiern, die sie hernach die wochen lateinisch machen. Als: von Joseph, von Sambson, von David, vom verlornen Sohn, von Hercule und Omphale, von Cyro, von Cambyso, von Mida etc., und andere nützliche Gedichte, darinn zugleich die Jungen die Sprüch üben, und Historien ler

---

als oberste Klasse bilden könne, sieht die Pfälzische Schulordnung vom J. 1556 für diese Stufe die folgenden Lehrgegenstände vor: Regulae Dialecticae mit leichten, nutzlichen Exempeln; Initia Rhetoricae; Regulae Graecae Grammaticae, Phocylides, Hesiodus, Isocrates; nützliche Sprüch aus Homerus. J. F. Haug, a. a. O. S. 64.

ein trefflicher Mann, der ein Löwenherz habe, | nen, und vil erinnerung von tugent werden mögen,
unerschroden, die Wahrheit zu sagen." Vgl. | und sollen die Schulmeister fleiß thun, daß sie ihnen
K. v. Raumer, Gesch. d. Päd., Th. I. S. 139. 140. | selbs vorrath schaffen solcher Historien und gedicht."

Welche Stellung mag nun in Worms Rector M. Friedrich Zorn zu dem sehr verbreiteten sächsischen Schulplane eingenommen haben? Wir kennen glücklicher Weise den Lehrplan, nach dem Zorn im Jahre 1560/61 im Pädagogium zu Heidelberg als erster Lehrer und Vorstand desselben wirkte. Die Verehrung, welche die Stadt Worms für ihren treuen Geschichtschreiber und deren Gymnasium für den Rector hegt, der in der Geschichte dieser Anstalt an dem Anfang steht, veranlaßt dazu, hier die Züge aus Zorns amtlichem Leben zusammenzustellen, die bis jetzt bekannt geworden sind. Nachdem M. Friedrich Zorn in den Jahren 1552—1558 seine wissenschaftliche Ausbildung auf der Universität zu Heidelberg empfangen, bekleidete er daselbst sein erstes öffentliches Lehramt. Er wurde nämlich im Jahre 1560 „obrister Magister" des Pädagogiums zu Heidelberg, als dasselbe in diesem Jahre als selbständige, wieder unter die Aufsicht der Universität gestellte Anstalt wiederhergestellt worden war. Das Pädagogium war nämlich 1546 auf Antrag der philosophischen Facultät der Universität Heidelberg vom Kurfürsten Friedrich II. und mit Zuziehung Melanchthons gegründet worden, wurde aber schon im J. 1556 mit der dem 12. Jahrhundert entstammten, unter dem Magistrat der Stadt Heidelberg stehenden, sog. „Neckarschule" zu Heidelberg vereinigt, weil die Universität gegen die Anstalt, die aus den Fonds der Universität gegründet und unterhalten wurde, eine sehr unfreundliche Stellung einnahm. Als der lutherische Kurfürst Otto Heinrich im J. 1556 die pfälzische Unterrichtsordnung erlassen, beseitigte er die Zwistigkeiten zwischen dem Pädagogium und der Universität durch Verschmelzung des Pädagogiums mit der Neckarschule (1556), durch bessere Dotirung der verschmolzenen Anstalten und Unterordnung der neuen Anstalt unter den kurpfälzischen Kirchenrath. Nachdem Otto Heinrich am 12. Febr. 1559 gestorben war, folgte demselben Friedrich III. aus der Pfalz-Simmern'schen Linie. Derselbe wandte der Universität und ihren Vorbereitungsanstalten bedeutendere Mittel zu und stellte, indem ihn die Universität unter solchen Umständen bereitwillig unterstützte, das im Jahre 1556 eingegangene Pädagogium im Jahre 1560 wieder her. Johann Friedrich Hautz erzählt nach den handschriftlichen Annalen der Universität Heidelberg sehr ausführlich die Verhandlungen, die zum Zweck dieser Wiederherstellung des Pädagogiums im Auftrag des Kurfürsten geführt wurden.*) Damals wurde M. Friedrich Zorn als erster Lehrer an das wiederhergestellte Pädagogium gezogen. Derselbe befand sich damals in Heidelberg. Von 1552—1558 hatte er auf der dortigen Hochschule studirt, war 1554 Baccalaureus, 1558 Magister geworden. Schon in seinen ersten Studienjahren scheint er dem Hofprediger und Professor der Theologie, Heinrich Stolo (Stoll) nahe gestanden zu haben, der mit Paulus Fagius und Philipp Melanchthon dem Kurfürsten Friedrich II. ein Berather bei der ersten Gründung des Heidelberger Pädagogiums gewesen. Nachdem Friedrich Zorn im Februar 1558 Magister geworden, scheint er fast drei Jahre, bis zum November 1560 Schüler durch Privatunterricht für die Universität vorbereitet zu haben. In jener Zeit befanden sich nämlich zu Heidelberg, wie es scheint, in Folge des Rückgangs der mit dem Pädagogium vereinigten Neckarschule mehrere kleine Privatschulen, die für den Besuch der Universität vorbereiteten. Als am 19. October 1560 M. Friedrich Zorn und M. Johannes Posthius als Lehrer des neuen Pädagogiums angenommen worden, theilen sie mit, daß gegen vierzig Schüler

*) J. F. Hautz, Lycei Heidelbergensis origines et progressus, p. 66—85.

bei dem M. Johann Mercurius seien, die sogleich in die neue Anstalt übergeführt werden könnten.*)
Zunächst wurde dem Pädagogium eine sehr einfache Form gegeben, da es sich darum handelte, die
vorhandenen, zum Theil schon erwachsenen Schüler für die Universität vorzubereiten; Elementarschüler
nahm man nicht auf. Für die Aufnahme wurde im Allgemeinen die Kenntniß der lateinischen Formenlehre
vorausgesetzt, alle Schüler wurden in eine untere und in eine obere Klasse eingereiht, in jener
wurden Ciceros Briefe, Ovid, Tibull, Properz nebst entsprechender Grammatik behandelt, in der oberen
Klasse begann der Unterricht im Griechischen mit Unterricht in der Grammatik und Lectüre
des Neuen Testaments, im lateinischen Unterricht wurden behandelt Ciceros Schrift de officiis,
Horaz' Oden und Episteln, Vergil; Dialektik, Rhetorik. Die Einzelheiten dieses Lehrplanes werden
im Nachfolgenden zusammengestellt werden, damit man denselben mit der sächsischen Schulordnung
und der pfälzischen vom J. 1556 vergleiche. Von den dort angegebenen Fächern lehrte Zorn als
erster Lehrer: (Griechische Grammatik und Neues Testament, Verg. Aen., Horaz' Oden und Episteln,
Prosodie und Metrik nach Phil. Melanchthon. Drei Lehrer sollten den Lehrstoff in zwei Classen
unterrichten. Zunächst wurden als Lehrer designirt M. Fridericus Zornius und
M. Joannes Posthius.**) Diese erbaten sich dann als Collegen den M. Philippus
Geyselbachius, den Sohn des Rectors der Heidelberger Universität, des Joannes Geyselbachius, unter dessen Aufsicht auch das der Universität untergeordnete Pädagogium stand. Da

---

*) Ueber M. Johannes Mercurius aus Worms, der eine vorzügliche lateinische Grammatik verfaßte
nach dem Gebrauche des Mittelalters nach dem röm. Grammatiker Aelius Donatus mit dem zum Gattungsbegriff
gewordenen Eigennamen Donatus benannt -- bringt J. F. Hautz, lyc. Heidelb. orig. p. 82 folgende Notizen:
"Altingius (hist. Palat. p. 165) haec affert: "In Academia nullis scholis juventus tum fovebatur nisi quod a Regentibus
et Magistris, quos inter omnes M. Joannes Mercurius Morsheymerus (Morshemius), Vormatiensis, familiam ducebat,
cum in domo dionysiana, tum alibi privatae haberentur." Jacobo Curione a. 1556 "ad cathedram medicam everso",
mathematicorum Professor Mercurius est creatus. A. 1562 urbem ad Academiam nostram reliquisse videtur.
Mercurii "Donatum" Mirylius (Sylv. p. 297. bis versibus celebrat:

"Grammatica populum rerum sine lege loquentem,   Res placuit urbibus, cognomine dictus eodem
Teutona ut Atlantis venit in arva nepos,   Mercurius recepit Mercuriumque sequi.
Hoc quoque Pieriis, inquit, donabo puellis,   Ex modo Donatum Latio sermone docentem
Et flent Latiis Teutona verba modis.   Teutonicu juxta tectore verba sono."

**) Wir entnehmen aus J. F. Hautz, lycei Heidelbergensis origines et progressus, p. 76—85 die folgenden
Stellen der Heidelb. Universitätsannalen: "Studiorum et exercitiorum in Paedagogio institutendorum rationibus diligenter
examinatis, tandem ex omnibus certa quaedam capita ad primam Paedagogii apertionem seu institutionem necessaria conscripta sunt, et ab utriusque partis consiliariis hoc conditione approbata, ut nostri ad
Universitatis senatum, Ecclesiastici vero ad Illustrissimum Principem ea approbanda referrent, et quod se quam
primum sedulo facturos promiserant, ex sacris proventibus 300 florenos annuos, quibus ad istius Paedagogii non modo institutionem, verum etiam conservationem opus esse plerisque judicarunt, ab eodem impetrarent."
(Annales Univ. Heidelb. manscr. T. VII. Fol. 418 a.) "Deinde die XV Maii — [a. MDLX] — negotio de Paedagogio instituendo rursus proposito, praecertim vero qui Inspectores eius seu superattendentes, ac penes quos
potissimum jus magistros seu praeceptores eligendi esse deberet, respuunam et, Paedagogii totius curam
merito Facultati artium committendam esse. Placuitque dominos Ecclesiasticos admoneri, ut quae in se receprissent,
apud Principem de treventis florenis paedagogicae necessitati impetrandis sedulo instaurent. Tum enim de eligendis
praeceptoribus idoneis commodius consultari posse." (Annales U. H. T. VII. Fol. 418 a.): "Praeceptores deinde XIX. Octobr. M. Fridericus Zornius et M. Joannes Posthius designati sunt, quorum
animum et voluntatem exploraro Rector debeat" (Annales U. H., T. VII. Fol. 55.7.b.) — Utroque die
XXX. eiusdem mensis operam suam Academiae sunt polliciti et affirmaverunt, apud Mercurium esse ad
quadraginta, qui statim ad initium Paedagogii transferri possent. Eodem in consessu est constitutum:
"Et re videri, Paedagogicos omnes esse sub Rectore [Universitatis], et ne quis prorsus Alphabetarius recipiatur."

in den Jahren 1560—1561 noch Verhandlungen über die Dotirung dieser Lehrer und die eigentliche Fundation der Anstalt geführt wurden, so scheint die Ernennung der drei Lehrer fast provisorisch gewesen zu sein. Es mögen nun hier einige Stellen der handschriftlichen Annalen der Universität Heidelberg folgen, woraus sich ergibt, in **welchen dienstlichen Verhältnissen M. Friedrich Zorn in Heidelberg stand.** Da das Pädagogium in strengster und unmittelbarster Abhängigkeit von dem Rector der Universität stand, so hatte Zorn wohl mehr die Stellung eines obersten Magisters, als eines mit größeren Vollmachten ausgestatteten Paedagogiarcha. Bei der Aufstellung des Lehr- und Stundenplans, der Prüfung, Aufnahme und Versetzung der Schüler, der Erhebung des Geldes für Unterricht und Heizung, in der Vertretung der Anstalt gegenüber den Eltern und Privatlehrern, stand M. Zorn, wie seine Collegen, unter der Leitung der von der Universität ernannten Inspectoren und Visitatoren, insbesondere unter der philosophischen Facultät und dem Rector der Universität, wie aus den hier unten anzuführenden Stellen sich ergibt.*)

J. F. Hautz (Lycei Heidelbergensis origines et progressus, p. 77—80) theilt unter Anderem, was er „Von Anrichtung des Pedagogii" nach den Annalen der Heidelberger Universität veröffentlicht, auch den **Lehrplan des Heidelberger Pädagogiums vom J. 1560** mit, nach welchem M. Friedrich Zorn als „obrister Magister" dieser Anstalt lehrte und erzog. Da bei der Errichtung des Pädagogiums im J. 1560 keine Elementarclasse eingerichtet wurde, so fehlte demselben damals natürlich das erste Häuflein der Pfälzischen Schulordnung vom J. 1556. Nach dem vorläufigen Plane, welcher nach der zwischen den Vertretern der Heidelberger Universität und den Deputirten des Kurpfälzischen Kirchenraths geführten Verhandlung entworfen wurde, wurde bezüglich des Klassensystems folgende Anordnung getroffen.

„**Von den Classibus.**

Hat man sich verglichen, das zwo Classes solches Paedagogii sollen angestellt werden, ein Undere und ein Obere, in welchen die Jungen angehenden Studenten zu den Lectionibus und Exercitationibus des Contubernii abgericht vnd eingeleitet werden. Vnd soll in solche classes keiner zugelassen, noch vfgenommen werden, der noch das Alphabet vnd lesen lernet, sondern soll seinen Donat wo nit perfect, doch ziemlicher maßen Studiert haben. Sollen auch alle alsbald Deponieren vnd bei der Vniversität Rectorn sich einschreiben lassen".

---

*) In dem von dem Universitätsrector **Johannes Geyselbach** am 17. Nov. 1560 veröffentlichten Universitätsprogramm ist folgende Stelle enthalten, die sich auf das zu eröffnende Pädagogium und die persönlichen und dienstlichen Verhältnisse seines Rectors bezieht. „Ut juventutis studia pro optima suorum parentum expectatione rectius consulatur, et adolescentes rudiores, qui saepe huc veniunt, ad lectiones publicas maiore cum fructu audiendas, pro sui quisque ingenii capta utilius praeparentur: **Paedagogium publicum suis classibus distinctum aperire decrevimus.** — Pro cuius felici auspicio censores ex Facultate artium deputati una cum praeceptoribus suis examen aliquod ex legomicum diiudicationem publice instituent: atque ut in fidem et tutelam Rectoris paedagogici pueri recipiantur, curabunt. — Ad hoc igitur ut caeteri praeceptores privati discipulos suos quoque mittant, neque repetitionibus aut praelectionibus domesticis adolescentes a publicis contubernali vel Paedagogii lectionibus, contra leges nostras, amplius impediant, sub gravi poena, Senatus decreto infligenda, omnibus edicimus. Non enim aequum est, privati commodi gratia publicam utilitatem impediri. „Designatis jam duobus Paedagogii praeceptoribus Zornio et Posthio hypocausta in Contubernio parata, novis mensis, tabulis, lignis et aliis necessariis coempta, Rector hoc edictum proposuit: **Rector Academiae Heidelbergensis etc.** — cum hoc tempore Paedagogium publice aperiatur, significamus hoc scripto publice Parentibus, Magistris et caeteris omnibus, qui filios suos sive discipulos in Paedagogio publico institui cupiant, ut hodie hora prima a prandio eos ad deputatos Inspectores et Praeceptores mittant, vel ipsi adducant, ut nominibus ipsorum in catalogum relatis, de numero disci-

„Von den Lectionibus in der vndern Classe".

„I. Morgens zu Sechs Vhren Soll der Vnderst Magister die Jungen oben in den leichtern Regeln vnd Formulen des Declinierens vnd Conjugierens, den Regeln aus dem Donato, Philippo oder nach dem es den Praeceptoribus fürgezeichnet würd werden, Aus andern Büchern gezogen, von den Knaben teglich sollen memoriter aufgesagt werden, darmit das, so sie zuvor anderstwo hierin gelernet, allhie bestettigt, gemehret vnd gebessert werde".

„II. Zu Acht Vhren Soll abermahls gedachter Vnderster Magister ihnen die Epistolas Ciceronis familiares, So für die Knaben von Sturmio oder sonst ausgelesen, zum Deutlichsten erclern vnd fürgeben, darneben die praecepta der Etymologi allmall einlauffen lassen vnd dieselben üben".

„III. Zu Zwölf Vhren bis uff eins Sollen die Knaben lateinische vnd dan auch griechische Geschrift zu machen, vnd daselbst artlich vnd behend, geübt werden, damit sie volget in den Lectionibus das Jennig, so von nötten sein wurd, Annotieren vnd auffschreiben kunden". Zu Ain Vhrn solle der Mittler Magister aus den Selectis pro ea aetate Floribus poëtarum, Als Ovidii, Tibulli, Propertii etc. etlich Vers Ihnen fürgeben vnd exponieren, welche sie abschreiben lernen vnd auswendig zu behalten sich gevesen sollen, dan solch baides zu den sitten vnd Kunsten dienstlich. Darneben soll man Ihnen den Brauch, die Vers zu Scandiern einbilden. Vnd soll diß zwen tag in der Wochen geschehen. Die andern zwen tag soll inen von gedachtem Magister der Terentius vleissig für gelesen werden."

„IV. Zu dreyen Vhrn Soll der vnderst Magister einen kurtzen Syntax auß dem Philippo oder wie das sonst zum fueglichsten erkent wurde, explicieren, den sollen die Knaben auswendig lernen vnd auffsagen. Dem soll auch angehenckht werden ein Nomenclatur. Darmit sie allerley Ting lateinisch

---

pulorum certiores reddamur ac singulorum studiis pro sua cuiusque captu omniumque necessitate rectius consuli possit. Datum XXVIII. Novembr. sub Rectoratus nostri sigillo, anno MDIX." (Annal. U. H. VIII, Fol. 14. a.) „Ac jam sequenti die praeceptores significant, ad LX circiter discipulorum nomina in catalogum relata esse. Cupiunt igitur certiores reddi, quid de conditione ac salario suo decretum sit, quidque de classibus ac lectionibus in qualibet instituendis, de pretio Minervali, de poenis pro lignis et aliis eius modi rebus discipulis proponere debeant. In tanto numero discipulorum praeceptore opus esse tertio, praesertim si duae classes sint et quatuor quotidie in qualibet lectiones perficiendae. Quae ab initio consilii ad omnes labores suscipiendos satius sit, quam statim postea in primo limine aliquid mutari. — Illa ad senatum Deputatorum, qui ultima huius mensis (Novembr.) habitus est, relatis, decreverunt Domini, primum quantum ad classes, lectiones, exercitia ac reliquas puerorum conditiones attinet, quantum commodo fieri posset, omnia juxta Paedagogii formulam, in quam senatus Universitatis et Senatores Ecclesiastici superioribus mensibus consensissent, instituenda esse. Deinde cuilibet praeceptorum, quorum juxta formulam tres esse debeant, qualibet septimana florenum, omnibus autem pretii Minervalis aliquam partem, tertiam circiter, ea proportione inter ipsos distribuendam, ut primarii potior ratio habeatur, pro honorario seu salario partim e minervali seu pretio institutionis, partim e fisco Universitatis, donec aliud publice statuatur, dandam esse." „Tertium cum conditione accipiendum Praeceptorem, ut si Princeps pecuniam pro sustentatione Paedagogii elargiri et aliquem ipse praeceptorem constituere velit, his rursum cedat." „Porro ut singuli discipuli per annum duos florenos pro institutione et quartam aurei partem pro ingressu ad usum lignorum exsolvant. Quam pecuniam praeceptores diligenter colligere, in rationes referre, et quolibet semestri finito, Rectori aut Procuratori fisci bona fide tradere seu annumerare debeant." „Denique in quaestione de tertio Paedagogo assumendo ceteri duo adjungi sibi postularunt M. Philippum Geyselbachium, Rectoris filium, qui superiori anno in Sapientia pueris Grammaticam et Musicam tradiderat, ipse eius Collegii alumnus." „Hoc ergo Paedagogii publici Universitatis principium fuit, malevolorum invidia et obtrectationibus difficile valde et impeditum." (Annales Un. H., T. VIII, Fol. 14. 24.)

nennen lernen. Mag die aus dem buechlin Philippi von solchem geschriben, ans Dasypodio*), Dialogis Vivis**) vnd andern zusammengetragen werden".

"In der Obern Classe".

„I. Morgens zu Sechs Uhren soll der obrist Magister die Griechische Grammaticam Crusii,***) oder wie die Ine verordnet werden mag, zum Anfang vnd einleitung in dieselbe Sprache lesen. Darneben die Knaben mit Decliniern vnd Conjugiern vben. Soll auch darneben, von Vbung vnd Exempel wegen, Novum Testamentum oder Catechesin Graece oder etwas anders Sacrum Ihnen fürgelesen, vnd darin der Gebrauch der Regel angezaigt werden".

„II. Zu Acht Uhren Soll ein Compendium der Dialectik zu Anleittung in dieselbe Kunst vnd Vorbereitung ad audiendum Aristotelem etc. dienstlich (wie dan solchs verordnet wurd) von dem mitlern Magister fürgelesen vnd von den Discipeln zu worde außen gelernet werden. Vnd diß zwen tag der Wochen. Die andern zwen tag soll es aller Ding also mit einem Compendio Rhetorices von gemeltem Magistro gehalten werden".

„III. Zu Zwölffe Sollen die Officia Ciceronis angelegt, vnd darneben die Praecepta Grammatica, Sonderlich der Syntax repetirt werden, durch gemelten mitlern Magistrum".

„IV. Zu drey Uhren soll der Crist Magister Vergilii Aeneida oder etwa darfür Odas aliquas vel Epistolas Horatii interpretiren. Vnd aber solcher Lection, ex Melanchthone vel alio, ein Prosodia angehenfft vnd darneben gelernt werden."

"Von den Vbungen der Knaben."

„Die Jungen sollen lateinisch zu reden vnd zu schreiben angehalten werden, Jenen mit gestattet werden, anderst dan Latein zu Reden. Auch jedes Mitwochs vnd Sampstags vor mittag Jnen Ire scripta, so Jnen teutsch fürgeschrieben, vnd von Jnen lateinisch gemacht worden, vberlesen vnd gebeßert werden. Auch sollen die Alltern vnd gelertern aus Jnen Carmina machen vnd die zu corrigieren pringen."

„Nach Mittag Mitwochs Sollen sie in der Rechenkunst, Sampstags nach Auslegung des Sontäglichen Evangelii oder Epistell in der Musica, beyde classes zu hauff, geübt werden." Jn Jeder Claß soll die Erst Lection mit gebett oder einem Lobgesang Angefangen, die letzte darmit beschloßen werden. Jm Abends, wan man die Knaben heimleßt, Soll neben dem gebett oder gesang ein Stuck des catechismi allmal recitiert werden."

Am 29. Nov. 1561 hatte M. Friedrich Zorn das Pädagogium in Heidelberg bereits verlassen; denn die Annalen der Heidelberger Universität berichten, daß an diesem Tage, wie es scheint, bei der bestimmteren Regelung der Besoldungen und der definitiven Besetzung der Lehrerstellen des Pädagogiums M. Johannes Spreng und M. Johannes Posthius als Lehrer des Pädagogiums angenommen waren und daß für die dritte Stelle zwar der oben genannte M. Johannes Gehselbachius, der Sohn des Rectors der Universität, der schon im vorhergehenden Jahre in dem neuen Pädagogium gewirkt, vorgeschlagen, dagegen M. Johannes Heuserus mit dieser Stelle betraut wurde. (Annal. Univ. Heidelb. T. VIII. Fol. 56, J. F. Hautz, lyc. Heidelb. orig. p. 87.) J. F. Andreä, Rector des Gymnasiums zu Heidelberg, schrieb im Jahre 1789, Friedrich Zorn habe nur kurze Zeit seine Stellung an dem Pädagogium inne gehabt: nachdem er die Mühen des Schulamts mit vielem Glück auf sich genommen, sei er

---

*) Petrus Dasypodius (Raufhuß) gab ein lat.-deutsches und deutsch-lateinisches Wörterbuch heraus, 2. Aufl. Argentor. 1526.

**) Joh. Ludov. Vivis colloquia sive lat. ling. exercitatio. Basil. 1538.

***) Martin Crusius war in Tübingen von 1559—1607 Professor der griechischen und lateinischen Sprache.

zu einem philosophischen Lehramt an der Heidelberger Universität befördert worden.*) Aber J. F. Hautz bemerkt dazu, in den Acten sei nirgends überliefert, daß Zorn zum Universitätsprofessor gewählt worden sei. Freilich sagt auch M. Andreas Will in Zorns Leichenpredigt: „Ob er wohl höher und zu größeren Ehren hätte können kommen, daß er hätt ein berühmter Professor auf einer hohen Schule werden können, hat er doch lieber seinem Vaterland wollen dienen und in der Schule allhier ersterben." In Andreäs Mittheilung scheint die Thatsache, daß Zorn nur kurze Zeit am Heidelberger Pädagogium wirkte, mit der auch von Will angedeuteten Berufung zu einer Lehrstelle an einer Hochschule, die Zorn, wenn sie stattgefunden, ausschlug, in irriger Weise verschmolzen zu sein. Andreäs Mittheilung dürfte Wills Aussage unterstützen.

Zorn bekleidete 1561—1565 in Oppenheim ein Schulamt. Aber Kurfürst Friedrich III. unterdrückte in der Pfalz das von seinem Vorgänger Otto Heinrich geförderte lutherische Bekenntniß und führte den Calvinismus in seinen Landen ein. Diener des Kurfürsten, der Kirche und der Schule, die zu dem von ihnen geforderten Wechsel des Bekenntnisses nicht bereit waren, wurden entlassen. Weil Friedrich Zorn offenbar ein überzeugungstreuer Lutheraner war, so beruht Wills Zeugniß auf Wahrheit, wenn er sagt, daß er die pfälzischen Städte Heidelberg und Oppenheim verlassen, weil der Calvinismus in dieselben eingedrungen sei. Die Wirksamkeit, die Zorn in Oppenheim in den Jahren 1561—1565 entfaltete, ist bis jetzt vollständig in Dunkel gehüllt.**)

Ohne Zweifel schrieb Zorn, nachdem er im Jahre 1565 von Oppenheim nach Worms übergesiedelt war und das Wormser Rectorat angetreten, sofort an der Chronik der Stadt Worms.***) Er behandelte in derselben die Geschichte der Stadt bis zum Beginn der Reformation. Daß aber Zorn später auch die Geschichte der Wormser Reformation und der evangelischen Kirche zu Worms geschrieben, ist oben genügend erwiesen. Obwohl die Benutzung der Zorn'schen Chronik zur Darstellung der Wormser Geschichte den besten Beweis für deren Werth gibt, so möge doch das Urtheil Arnolds über dieselbe hier eine Stelle finden. „Unter den vielen Städtechroniken, die uns aus dem 15. und 16. Jahrhundert aufbewahrt sind", sagt Arnold, „nimmt die Wormser wegen der Reichhaltigkeit des Inhalts und der Bedeutung der Stadt eine der hervorragendsten Stellen ein. Zwar hat sie einen Theil ihres Werths verloren, seitdem Böhmer Bruchstücke der alten annales Wormatienses wieder aufgefunden und veröffentlicht hat: da diese indeß nur die Zeit des 13. Jahrhunderts begreifen, bleibt sie für die folgende Periode, von den Urkunden abgesehen, nach wie vor alleinige Quelle der Stadtgeschichte. Und für die Zeiten des 14. und 15. Jahrhunderts ist auch ihr Werth ein ganz anderer, wie für die älteren: die Nachrichten werden zahlreicher und ausführlicher, sind vielfach aus officiellen Actenstücken entlehnt und nehmen an Treue und Glaubwürdigkeit in demselben Maße zu, in welchem sie der Zeit der Abfassung der Chronik näher

---

*) J. H. Andreae, analecta historic.-literar. de Heidelberger Reform. Gymnas. (Programa. a. 1769): „Zornius per exiguum temporis articulum in paedagogica permansit statione. Nam laboribus scholasticis prosperrime exantlatis, ad philosophicam almae huius Universitatis cathedram fuit evectus." cf. Hautz, lyc. Heid. p. 81.

**) (G. J. Wilhelm Wagner (geistl. Stifte im Großh. Hessen, II. 206) berichtet über die Errichtung der Oppenheimer Lateinschule, deren erster Rector Friedrich Zorn war. Diese Schule wurde in dem Franziskanerkloster zu Oppenheim eingerichtet. „Im Jahre 1561, 12. Sept. wurden die Franziskaner, 12 an der Zahl, genöthigt das Kloster zu verlassen; der Rath richtete besonders auf Betreiben des Bürgermeisters Diedrich eine Schule darin ein, deren erster Rector Friedrich Zorn von Worms war (Severus, Mogunt. ecclesiast. hodiern. 99." In vorstehendem Bericht ist offenbar der Name Friedrich Zorn entstellt.

***) Wenigstens ist die Stelle über die Rachtung von 1233 (s. oben S. 7, Absatz 2 Ende 1565 oder Anfang 1566 geschrieben, und der nach der Vollendung der Chronik geschriebene Titel seiner Originalhandschrift, Handschrift A des Wormser Archivs, trägt das Datum „anno 1570 den 12 August."

kommen. Steht gleich der sprachliche Werth unſrer Chronik unter der Straßburger und Kölner, wird ſie an Maſſe des überlieferten Stoffs weit von der Speierer übertroffen, ſo hat ſie doch auch eigenthümliche Vorzüge, die uns mit den Mängeln wieder ausſöhnen und ein erhöhtes Intereſſe an der Geſchichte von Worms erweden. Dahin gehört die Beſchränktheit, daß ſie nicht, wie die übrigen, zugleich allgemeine, ſondern ausſchließlich Chronik der Stadt ſein will, die aufrichtige Parteinahme für die Stadt in dem langen Kampf mit den Biſchöfen, die ſtreng chronologiſche Ordnung, die das zuſammengehörige nirgends aus der natürlichen Verbindung reißt." (Arnolds Ausg. der Zorn'ſchen Chronik, Einl. S. 1.) Auch Arnold iſt der Anſicht, daß unter den Handſchriften der Zorn'ſchen Chronik, die er im reichsſtädtiſchen Archiv zu Worms geſehen, Zorns Autographon ſich befindet. *)

Erſt in die Jahre nach der Vollendung der Chronik fällt die Erweiterung der Wormſer Lateinſchule durch Zorn. Aber keine Urkunden, nur Vermuthungen hellen die Zeit jener Thätigkeit Zorns auf. Als Zorn in Worms ſein Rectorat antrat, fand er daſelbſt in der Lateinſchule die Collegen Crispin Böttcher und M. Caspar Walter vor, und die Schule hatte nur **drei Klaſſen**, natürlich von mehrjährigen Curſen. In Sachſen, Heſſen, der Pfalz und andren Ländern war es damals faſt der Regel nach üblich, eine lateiniſche Schule in drei Klaſſen oder Haufen einzutheilen. Sogar die ſächſiſche Schulordnung vom J. 1580 fordert nur drei Klaſſen. Will man den ungefähren Umfang deſſen vermuthen, was in den drei Klaſſen gelehrt wurde, deren Leitung Zorn übernahm, ſo wird man kaum irren, wenn man annimmt, daß der Lehrplan derſelben im Weſentlichen ungefähr in demjenigen beſtanden habe, was die oben zum Vergleich zuſammen geſtellten drei Schulpläne, der Lehrplan **Melanchthons** vom J. 1528, reſp. 1538, die kurpfälziſche Schulordnung vom J. 1556 und der von Zorn im Jahre 1560—61 im Heidelberger Pädagogium befolgte Lehrplan als **gemeinſame Beſtandtheile** enthalten. Der Unterricht einer dreiklaſſigen Lateinſchule umfaßte hiernach im Weſentlichen folgende Lehrgegenſtände: Leſen, Schreiben, Geſang, Religion, lateiniſche Grammatik und Metrik, Dialektik und Rhetorik, Lectüre lateiniſcher Claſſiker und der heiligen Schrift. Der unterſte Haufen übte vornehmlich das Leſen, Schreiben, Singen, lernte aber bereits lateiniſche Vocabeln und lateiniſche Sprüche, ſowie Erzählungen, Sprüche, Gebote und Gebete der heiligen Schrift, und die Glaubensartikel der Kirche. Der mittlere Haufen wurde in ſyſtematiſcher Grammatik der lateiniſchen Sprache, Proſodie und Metrik derſelben unterrichtet, las lateiniſche Fabeln, Erzählungen, Geſpräche, ſogar Terenz und Plautus und den lateiniſchen Text der Bibel bei ein-

---

*) Arnold verglich die drei Handſchriften, die ſich in der Frankfurter Stadtbibliothek befinden, und ſah fünf Handſchriften in dem Wormſer Archiv; von dieſen acht Handſchriften enthalten nur drei die Zuſätze Flereheims: eine derſelben ſah Arnold in Worms, und die anderen zwei in Frankfurt. Seitdem Arnold die gedachten acht Handſchriften prüfte, erwarb die Stadt Worms für das Wormſer Archiv eine neunte, im Jahre 1613 geſchriebene Handſchrift (vergl. oben S. 63.). Zorns Autographon trägt den Titel: „Chronologia der Alten und Erbarn freihen Reichsſtatt Wormbs, auch bewerten hiſtoriis, allen diplomatibus und wahrhafftigen Actis zuſammengetragen durch Fridericum Zornium Vangionem Anno 1570 den 12. auguſti." „Das Exemplar iſt ein dünner Foliobaud von 211 nicht 207, wie Arnold ſchreibt, gebrochenen Seiten, auf deren anderer Hälfte von derſelben Hand eine Menge Zuſätze nachgetragen ſind, die bei allen übrigen Exemplaren im Text ſtehen. Die Verträge der Stadt mit den Biſchöfen ſind am Ende nicht noch einmal zuſammengeſtellt, ſondern die Erzählung geht bis 1570 ununterbrochen fort, wird aber nach dem Jahr 1526 aphoriſtiſch und unbedeutend. Die Handſchrift iſt aller Wahrſcheinlichkeit nach das Autographon Zorns und wurde bald nach ihrer Vollendung der Stadt überreicht, während der Verfaſſer eine zweite für ſich behielt, die dann durch Abſchriften weiter verbreitet wurde." ꝛc. (Arnold in der Einleit. zur Chronik, S. 4, 5.)

gehenderem Unterricht in der Religion. Der oberste Haufen las Vergil, Ovid, Cicero, trieb Dialektik und Rhetorik und übte sich im Lateinsprechen. In der mittleren Klasse der dreiklassigen Lateinschule der kursächsischen Schulordnung vom J. 1580 sollen die Anfangsgründe der griechischen Grammatik gelernt, kurze griechische Fabeln des Aesop, kurze Sprüche und Episteln in griechischer Sprache behandelt werden; in der obersten Klasse der gedachten Schulordnung sollen Isokrates, Theognis, Plutarch, das erste Buch der Ilias gelesen werden. Die mittlere Klasse und die obere Klasse der dreiklassigen Lateinschule fertigten schriftliche lateinische Arbeiten an, Briefe, Gespräche, auch Verse. Es scheint nicht zweifelhaft, daß Rector Zorn, wie er in Heidelberg im Jahre 1560—61 in der oberen Klasse des dortigen zweiklassigen Pädagogiums griechischen Unterricht ertheilte, so auch in Worms Griechisch lehrte. - Für die drei Klassen waren nur drei Lehrer erforderlich; jeder Lehrer ertheilte der Regel nach den ganzen Unterricht seiner Klasse.

Der Rector, auch Schulmeister oder Oberschulmeister genannt, unterrichtete die oberste Klasse; der zweite Lehrer, welcher Conrector, Collaborator, Hypodibascalus oder Supremus betitelt war, lehrte in der zweiten oder mittleren Klasse, der dritte Lehrer unterwies die unterste Klasse in den Elementen und ertheilte in allen Klassen den Musik- und Gesangunterricht, weshalb er den Namen Cantor führte. Die Unterrichtszeit belief sich täglich auf etwa 4—6 Stunden, und zwar Vormittags etwa von 6 Uhr bis 9 Uhr und Nachmittags von 12—3 Uhr. Die Stunde von 12—1 Uhr war für den Gesang bestimmt. Im Gesangunterricht wurden alle singfähigen Schüler aller Klassen vereinigt. Auch wurde von dem Cantor ein aus bedürftigen Schülern bestehender Singchor ausgebildet, der in den Gottesdiensten lateinische und deutsche Lieder sang, bei öffentlichen Leichenbegängnissen Gesänge aufführte und für solche Leistungen regelmäßige Bezahlungen erhielt, dabei aber auch durch Singen auf den Straßen und vor den Häusern der Reichen, besonders in der Zeit von Weihnachten bis Neujahr, Mittel zum Lebensunterhalt verdiente. An der kirchlichen Katechismuslehre mußten die Lateinschüler Sonntags und an einem oder zwei Wochentagen Theil nehmen, und ihre Lehrer führten sie zur Kirche und beaufsichtigten sie dort. So war eine lateinische Stadtschule fast ein Anhang zur Kirche. Die Aufsicht über dieselbe wurde nach Luthers und Melanchthons Einrichtung durch ein städtisches Scholarchat geführt, wie ein solches in Worms noch im 18. Jahrhundert bestand und jedenfalls im Zeitalter der Reformation entstanden war. Das Scholarchat bestand aus einigen Rathsmitgliedern und einem als Visitator der lateinischen Schule bestellten Ortspfarrer, unter denen gewöhnlich ein regierender oder ein gewesener Städtmeister den Vorsitz führte. Dem Scholarchat gegenüber hatte der Rector meist einen geringen Einfluß auf die Wahl und Anstellung der übrigen Lehrer, und viele Mißstände reichsstädtischer Gelehrtenschulen erklären sich hieraus.

Im Jahre 1576 wurde an der Lateinschule zu Worms zu den seitherigen drei Klassen eine vierte Klasse gefügt. Das obige Verzeichniß der Zorn'schen Lehrer sagt darüber: „Dann ist wegen der Menge der Tertianer (denn der Zeit nit mehr denn drey classes gewesen) Johann Utrer von Zerbst 1576, 17. May adjungieret worden." In nicht unterbrochener Reihe folgen dann die Lehrer der vierten Klasse bis zum Jahre 1588. Nach vorstehender Angabe erfolgte die Gründung der vierten Klasse zum Zweck der Spaltung der dritten oder untersten Klasse in zwei Klassen. Es ist nicht unwahrscheinlich, daß diejenigen Schüler der früheren dritten Klasse, die vom sechsten Jahre an in der untersten Ordnung lesen lernten und in der nächsten Ordnung in dem Erlernen lateinischer Vocabeln und deren Flexion einen Anfang machten, die neue vierte Klasse bildeten, daß dagegen die Knaben, die sich diese elementaren Kenntnisse bereits angeeignet hatten und anfingen das Latein systematisch zu lernen, indem sie ihren Donat oder die erste Grammatik, und die Sentenzensammlung oder ihren Cato durcharbeiteten, die neue dritte Klasse bildeten. Diese beiden Unterklassen mögen für die meisten Schüler zusammen einen 4—5 jährigen Cursus gehabt haben. Der zweite Lehrer der neu errichteten vierten Klasse, Joh. Utters Nachfolger, Johann Lautenschleger aus Weinheim, ging im Jahre 1583 von der Anstalt ab, indem er an einer sog. deutschen Schule,*) wie es scheint, zu Worms, „deutscher Schulmeister" oder „deutscher Rechenmeister" wurde. Er scheint an der deutschen Schule jene ersten Elemente des Unterrichts gelehrt zu haben, die er in der vierten Klasse der Lateinschule unterrichtet hatte. — Nur für die Dauer von vier Jahren gelang es Zorn, seine Anstalt so zu organisiren, daß sie sogar fünf Klassen besaß. Im Jahre 1582 trat nämlich zu den seitherigen Lehrern, dem Rector Zorn, und den Lehrern M. Nicolaus Asfald, Johann Haas und Johann Lautenschleger in einer zwischen der seitherigen ersten und der zweiten Klasse eingeschobenen Klasse, einer Unterprima, M. Conrad Hildebrand als Lehrer ein. Dies ergibt sich aus folgender Angabe des Zorn'schen Lehrerverzeichnisses: „M. Conrad Hildebrand Lohrensis Mosellanus ist zu der neuen Class, quae media esset inter primam et secundam sui temporis, Anno 1582, 28 aug." Allein schon mit dem Weggang des Urban Packmann, der Hildebrands Nachfolger geworden, ging die neue Classe wieder ein. „Urban Packmann successit Hild. 1585, 23 maii, abiit 1586, 25 maii Heilbronnam u. ist mithin die claß wieder abgegangen." (Vgl. oben S. 79, Zorns Lehrerverzeichniß.) Aber da die Anstalt immer wieder darnach strebte, ein System von fünf Klassen zu erhalten, so finden sich zu verschiedenen Zeiten wieder fünf Klassen vor: im dreißigjährigen Kriege (1628, 1632) vor dem Stadtbrande (1682) auch im achtzehnten Jahrhundert, 1732—1735, 1750—1753. Als im Jahre 1586 die unter der Prima eingeschobene Klasse eingegangen war, mußten natürlich die beiden oberen Lehrcurse wieder combinirt werden; und in vier Klassen von zweijährigen oder dreijährigen Cursen, die in der 4. und 3. Klasse in verschiedene Abtheilungen zerfielen, vermochte man die Schüler von den ersten Elementen des Lesens bis zum Uebergang auf die Universität zu unterrichten, wenn in der vierten Klasse das Lesen und die Erlernung lateinischer Vocabeln und deren Biegung betrieben wurde, in der dritten Klasse die lateinische Grammatik systematisch erlernt, in der zweiten Klasse die Erlernung der griechischen Sprache begonnen wurde, in der ersten Klasse Rhetorik und Dialektik mit der entsprechenden Lectüre Ciceros ꝛc. die charakteristischen Gegenstände des Unterrichts bildeten.

Nun liegt es nahe, schon hier zu berücksichtigen, daß das reichsstädtische Gymnasium zu Worms im 18. Jahrhundert, als es 4, und vorübergehend 5 Klassen zählte, für die meisten Schüler einen zehnjährigen Kursus hatte, und dabei wird im 18. Jahrhundert wiederholt die Forderung ausgesprochen, daß die Schüler, die in die unterste Gymnasialklasse aufgenommen werden wollen, im Lesen und Schreiben geübt sein sollen. So oft nun aber in den im Wormser Archiv noch vorhandenen Scholarchatsacten diese Einrichtungen besprochen werden, erscheint die frühere Gestaltung des Gymnasiums, welche im 17. Jahrhundert und in der Zeit der größten Blüte der Stadt Worms vorhanden war, als ein wieder zu erreichendes Vorbild. Man wird nun nicht irren, wenn man annimmt, daß in der Zeit vom dreißigjährigen Krieg bis zur Zerstörung der Stadt das vier- bis fünfklassige Gymnasium, und schon die Zorn'sche Schule in 4—5 Klassen ungefähr einen zehnjährigen Lehrcursus gehabt habe. Dabei muß man sich auch daran erinnern, in welcher Weise in Zorns Zeitalter die einfachen Schuleinrichtungen Luthers und Melanchthons durch die weiter gehenden Organisationen des Straßburger Rectors Johannes Sturm, die fast allerwärts

---
* Vgl. oben S. 59 u. 81.

mehr oder weniger zum Vorbild dienten, ersetzt wurden. Sturm bereitete vom sechsten Jahre an in zehn Jahrescursen für die academischen Studien vor. Für Schulen an kleineren Orten entwarf aber derselbe bekanntlich ein System von **fünf** aus Jahresabtheilungen combinirten Klassen, und die Fünfzahl der Klassen tritt uns in der Geschichte der Lehranstalten an vielen Orten entgegen. Auch die vom Kurfürsten Friedrich III. von der Pfalz im J. 1565 erlassene Schulordnung des Heidelberger Pädagogiums weist zunächst **fünf** Klassen auf, dann kam noch eine sechste dazu, und es ist zu vermuthen, daß in der hochberühmten calvinistischen Fürstenschule, die der Kurfürst Friedrich III. von der Pfalz in dem nur eine Viertelstunde von Worms entfernt liegenden **Neuhausen**, in dem alten Cyriacusstifte, im Jahre 1565 anlegte, ähnliche Einrichtungen bestanden. Auch die im Jahre 1565 von Friedrich III. gegründete Schule zu Amberg wurde nach der Ordnung des Heidelberger Pädagogiums vom J. 1565 eingerichtet.*) Es kann nicht zweifelhaft sein, daß in jener Zeit das lutherische Gymnasium zu Worms sich bestreben mußte, hinter der calvinistischen Fürstenschule zu Neuhausen nicht zurückzustehen.

Rector Zorn, der schon im Pädagogium zu Heidelberg im Jahre 1560—61 Lehrbücher Sturms gebraucht hatte und demnach der Sturm'schen Gestaltung des Gymnasialwesens so wenig fern stand, wie irgend ein tüchtiger Pädagoge seiner Zeit, vermochte sowohl in den vier als auch in den fünf Klassen der Wormser Lateinschule einen Lehrplan durchzuführen, der dem Heidelberger Lehrplan vom J. 1565 verwandt war. Vor 1582 vermochte er in seiner 4. Klasse das Pensum der Heidelberger Quinta, in der 3. Klasse das der dortigen Quarta, in der 2. Klasse dasjenige der Tertia, in der 1. Klasse dasjenige der Heidelberger Secunda und Prima zu bearbeiten. Als Zorn im Jahre 1582 unter seiner ersten Klasse eine neue Klasse einschob, vermochte er wohl die für die Universität vorzubereitenden Schüler in ähnlicher Weise in zwei Oberklassen zu trennen, wie solche in der Secunda und Prima des Heidelberger Pädagogiums getrennt waren. Vom Jahre 1588 bis zum Jahre 1608 enthält das Zorn'sche Lehrerverzeichniß jeweilig nur **drei**

---

*. Die Constitution und Ordnung des Heidelberger Pädagogiums vom J. 1565 enthält folgenden Lehrplan, nach welchem die wesentlichsten Disciplinen des zehnjährigen Gymnasialcurses des Johannes Sturm in fünf, offenbar meistens zweijährigen Cursen zusammengedrängt sind. Quinta classis: Quintae praeceptor doceat legere ex inflexionibus nominum et verborum. Indem discant legere, cum inflexionibus verborum. Provectiores nomina et verba jenescedente die praescripta ausculiante Praeceptore instectant. Provectiores ex Grammatica Philippi Melanchthonis minori praeceptio a Praeceptore versus recitent. Exerceantur in Catechismo Germanico legendo et ducendo memoriter. (Die fünfte Klasse zerfällt also in eine untere und eine obere Ordnung. Die untere Ordnung beginnt im Alter von sechs Jahren mit Erlernen des Lesens.) — Quarta classis. Grammatica parva Philippi. Selectae epistolae Sturmii. Exerceantur in declinationibus et conjugationibus thematum difficillorum. Selecta praecepta syntaxeos. Selecta carmina Tibulli, Ovidii. Tertia classis. Grammatica parva Philippi, posterior pars. Selectae Ciceronis epistolae. Syntaxis latina Erasmi. Initia Graecae linguae: declinationes et conjugationes ex Clenardo. Libellus aliquis graecus, ut fabulae Aesopi, selectae a Sturmio. Eclogae Vergilii et prosodia. Secunda classis. Rhetorica et facilis quaedam oratio Ciceronis, ut pro Archia poeta. Epistolae familiares Ciceronis. Eclogae Vergilii. Grammatica Philippi. Novum Testamentum. Grammatica Clenardi. — Lectio communis cum prima classe. Prima classis. Dialectica. Libri philosophici Ciceronis, Officia, de Amicitia, de senectute etc. Semel in septimana Graece cortbani. Legatur aliquis facilis graecus auctor, ut orationes Isocratis. (Vgl. Vormbaum, evang. Schulordn., B. I. S. 179—184. — J. F. Hautz, Lycei Heidelb. orig. et progr. p. 108—115.) Es kann hier nicht die Aufgabe sein, nachzuweisen, inwiefern in vorstehendem Lehrplan besonders die beiden oberen Klassen hinter den vier einjährigen Oberklassen Sturms zurückstehen, besonders bezüglich der Behandlung des Plautus und Terenz, des Demosthenes, Thucydides und der griechischen Tragiker. Aber Sturms Lehrplan schimmert doch durch den Kurpfälzischen, bez. Heidelberg-Amberg'schen Lehrplan des Jahres 1565 durch.

Lehrer; und darnach müßte man wohl annehmen, daß die Wormser Lateinschule in diesen zwanzig Jahren nur noch **drei Klassen** gehabt habe. Wie war es aber damals möglich, in drei Klassen der Aufgabe des Gymnasiums zu entsprechen? Es ist nicht anzunehmen, daß man auf die Einrichtung der „drei Haufen" Melanchthons zurückging. Denn als Melanchthon die ersten Pläne für Stadtschulen entwarf, mußte in der untersten Klasse der dreiklassigen Lateinschule der erste Leseunterricht aufgenommen werden, wo Schulen für Elementarunterricht oder Volksunterricht noch nicht vorhanden waren. Allein in Worms war frühzeitig eine Elementar- oder deutsche Schule errichtet worden. Denn die Chronik der Wormser Gymn. Bibliothek (Fol. 241ᵃ) erzählt, daß nach der Annahme des Augsburger Interims am 28. Aug. 1548 der Rath zu den lateinischen und **deutschen** Schulmeistern geschickt und die deutschen Psalmen vor den Häusern zu singen untersagt habe.*) Und wenn nach der Aussage des Zorn'schen Lehrerverzeichnisses Johann Lautenschleger im Jahre 1583 deutscher Schulmeister oder deutscher Rechenmeister wurde und viele Jahre — bis 1602? — blieb, so hatte die Wormser Lateinschule, als sie im Jahre 1588 veranlaßt war, ihre Organisation auf **drei Klassen** zu beschränken, nicht nöthig, den elementaren Unterricht im Lesen ꝛc., in ihre dritte Klasse aufzunehmen, wie Melanchthon ursprünglich empfohlen, sondern es war möglich, bei der Aufnahme in die Lateinschule die Kenntniß des Lesens und vielleicht auch einer Summe von lateinischen Vocabeln und deren Biegung vorauszusetzen, so daß also die dreiklassige Lateinschule im Wesentlichen wohl den drei oberen Klassen der früheren vierklassigen Schule entsprach und im Allgemeinen einen 6—9 jährigen Cursus gehabt haben mochte. Solche dreiklassige Lateinschulen haben sich in deutschen Ländern, z. B. in Württemberg und Kurhessen, sogar bis ins 19. Jahrhundert erhalten. Selbst jenes Gymnasium zu Worms, das sich aus der französischen Secundärschule seit 1815 entwickelte, war bis zum Jahre 1820 im Wesentlichen eine dreiklassige Lateinschule, die in jeder Klasse zwei Abtheilungen hatte, wenig Griechisch, etwas mehr Realien lehrte. — Aber welche Veranlassungen mögen wohl dazu geführt haben, daß das reichsstädtische Gymnasium zu Worms, das in den Jahren 1582—1586 bereits die stattliche Einrichtung von fünf Klassen besaß, in raschem Verlauf auf drei Klassen zurückging? Weder in der Persönlichkeit Zorns, der 1588 erst 48 Jahre alt war, noch in den Verhältnissen der Stadt Worms, der damals kein größeres Ungemach zustieß, dürfte der Grund dieses Rückgangs zu suchen sein. Es drängt sich uns die Frage auf: Sollte die Wormser Anstalt vielleicht durch die glückliche Entwickelung der vom Kurfürsten Friedrich III. von der Pfalz im Jahre 1565 gegründeten und nach vorübergehender Auflösung im Jahre 1585 wieder hergestellten Fürstenschule zu Neuhausen bei Worms beeinträchtigt worden sein? Oder sollten etwa doch in dem Zorn'schen Lehrerverzeichniß für die letzten zwanzig Jahre hinter einander die Namen mehrerer Lehrer der vierten Klasse ausgefallen sein? Aber ein Versehen, das sich über zwanzig Jahre erstreckt, ist hier nicht leicht anzunehmen; und das Verzeichniß trägt in sich gar viele Anzeichen der Glaubwürdigkeit und Vollständigkeit. Wenn es nun auch nicht möglich ist, zur Zeit die Frage nach dem Aufschwung der Wormser Schule in den Jahren 1582—1586, und nach dem Rückgang derselben seit dem Jahre 1588 sicher zu beantworten; so ist es doch bemerkenswerth, daß die Wormser Schule fünf Klassen besaß, während das Neuhausener Gymnasium vorübergehend aufgelöst war, und daß die Wormser Anstalt schon drei Jahre nach der Wiedereröffnung der Fürstenschule zu Neuhausen auf drei Klassen zurückging. Auch abgesehen davon, daß jene berühmte calvinistische Fürstenschule, die sich in Neu-

---

*) Dieses Verbot berichtet auch die Chronik des Jahres 1613, S. 615, und die Handschrift F der Zorn'schen Chronik, Fol. 370.

hausen, fast vor den Thoren der Stadt Worms, befand, auch für die Wormser Schulgeschichte interessant ist, verlohnt es sich, hier einige Angaben über die Entstehung und das Geschick des kurpfälzischen Gymnasiums zu Neuhausen in Folgendem zusammenzustellen, wenn dadurch die Veranlassung der angedeuteten Wandelungen des lutherischen Gymnasiums zu Worms ein wenig aufgehellt werden sollte. Zorn war Rector zu Worms 1565—1610, das collegium illustre zu Neuhausen blühte mit Unterbrechung 1565—1615. Gerade die Nachrichten über die Förderung und Blüte der calvinistischen Fürstenschule zu Neuhausen lassen ahnen, welche Forderungen gleichzeitig in dem reichsstädtischen lutherischen Gymnasium zu Worms an Zorn gestellt wurden, und wie begründet auch in dieser Hinsicht die Andeutung Wills ist, daß Zorn in seinem Amte nicht auf Rosen gebettet war.

Zunächst folgen hier noch einige Nachrichten über Zorns Lebensende und über die Anerkennung, die er bei den Zeitgenossen gefunden. „Er hat seine Schularbeit geschenet", sagt Will am 9. Oct. 1610 in der Grabrede, „hat dieselbige noch in seiner größten Blödigkeit verrichtet und davon nit abgelassen, bis er endlich seines Gehörs, seiner Sprach, seines lahmen Arms und Schenkels halben nit mehr hat fort können kommen und an Kräften des Leibs gar erschöpft gewesen. Da ihn deswegen ein löblicher Magistrat und Ehrenvester Wohlweiser Rath rude donirt und der Schularbeit entlassen und ihm doch nichts desto weniger ad dies vitae als einem emerito seine Unterhaltung ohn allen Abbruch folgen zu lassen verheißen: hat er solches mit großem Dank angenommen und sich also zur Ruhe begeben. Welches denn an unsrer lieben Oberkeit höchlich zu loben ist, daß sie ihre alten Schul- und Kirchendiener also väterlich bedenkt und sie ihrer treuen Dienste in ihrem hohen Alter genießen läßt. Hat darneben nichts anders gewünscht, weil er ja, je länger je baufälliger ist worden, als daß Gott mit einem seligen Stündlein einmal woll kommen und ihn von dieser Welt hinweg nehmen. Dazu er sich denn geschickt hat, da er den 29. Augusti das heil. Nachtmahl mit großer Andacht empfangen, welches ihm auch am vergangenen Samstag zu abends um 3 Uhr auf sein Begehrn wiederum ist gereicht worden, da er sein Bekenntnis mit kurzen Worten gethan, seine Kinder zur Gottesfurcht, Beständigkeit in der Religion, zur Einigkeit ermahnt, auch seinen ältern Sohn*) erinnert, wo er ihm ein Epitaphium woll anrichten, so möge er's thun, wiewohl er nit viel darnach frage. Er hab schon sein Epitaphia im Himmel an seinen discipulis, die er mit allem Fleiß und Treu erzogen. Hat darneben allen denjenigen, die ihm und den Seinigen guts gethan, sonderlich einem Ehrenvesten Rath von Herzen gedankt und sich durchs Gebet Gott gänzlich befohlen, bis er endlich am Sonntag den 7. Oct. 1610 zu abends um 4 Uhr sanft und selig in dem Herrn ist entschlafen." Zorn hatte gewünscht, daß seiner Grabrede als Text zu Grunde gelegt werde: 2. Tim. 4. „Ich werde schon geopfert, und die Zeit meines Abscheidens ist vorhanden: ich habe einen guten Kampf gekämpft ꝛc." Ueber diesen Text hielt denn auch M. Andreas Will seinem Freunde und Gevattersmann die Grabrede.

„Dieweil wir jetzt", beginnt dieselbe nach Verlesung des Texts, „dem achtbaren und wohl

---

* „nemblich Herrn M. Philippum Christophorum Zornium, welcher hernach Stadtmeister und Scholarcha zu Wormbs worden, auch in anno 1635 seelig daselbsten eingeschlafen." — diese Worte fügte Sigismund Gerlach, Pfarrer und Gymnasialvisitator zu Worms seinem zum Theil aus Wills Predigt geschöpften Bericht über Zorns Ende, auf S. 373 des folgenden Buchs bei: „Suspiria Sancta Sanctorum: das ist Herzensseufzer der Heyligen: wie sie nach dem ewigen Leben gefeufftzet, manche schöne tröstliche herzbrechende Reden vor ihrem seligen Hintritt getrieben, daraus man denn die wahre εὐθανασίαν oder Sterbkunst zu lernen, und kan diese Seufzer ein jeder täglich nachthun, damit er auch mit diesen Heiligen seeliglich abscheide. Zusammengetragen von Sigismundo Gerlachio Spirensi, Pastore Wormat. & Gymnasii Visitatore. Gedruckt zu Franckfurth am Mayn, bei Hans Friederich Weiß Anno MDCXLVII."

gelehrten Herrn M. Friderico Zornlo, dem alten wolverdienten Rectori, welcher der gemeinen Stadtschul allhie zu Wormbs in die 45 Jahr fleißig und treulich fürgestanden, den letzten Dienst leisten und ihm zu seinem Ruhebettlein das Geleite geben, so hätte ich zwar Ursach und Gelegenheit gehabt, etwas von den Schulen zu reden. Nachdem ich aber vermerkt, daß der verstorbene Herr Rector eine sonderliche Lust zu dem verlesenen Text St. Pauli gehabt, und begehrt, denselben bei seiner Leiche und Begräbnis der christlichen Gemein fürzuhalten, so habe ich gemeldeten Text auf diesmal in Gottes Namen für mich genommen, denselben kürzlich und einfältig für Ewer Liebden zu erklären. Es handelt aber St. Paulus im verlesenen Text von diesen dreien Stücken: 1. weissagt er von seinem Tod und Sterbestündlein, 2. beschreibt er sein ganzes Leben, 3. tröstet er sich selbst mit Erinnerung dessen, was er nach diesem Leben zu erwarten habe". In den drei Theilen der Behandlung des paulinischen Textes beleuchtet Will die Denk und Lebensweise des heimgegangenen Freundes. 1. „Mit dem Wort: „die Zeit meines Abscheidens ist fürhanden", daß er seinen Tod nicht einen Tod, sondern einen Abschied nennet, zeigt er an, daß er sich vor dem Tod nicht fürchte, sondern daß er gern und willig sterbe; denn sein und aller gläubigen Christen Tod sei nit ein gänzlicher Untergang, sondern Leib und Seel scheiden sich auf eine Zeit lang von einander, und kommen wieder zusammen im ewigen Leben, daß also die, so in Christo sterben, ausgespannt werden und gleich Feierabend bekommen von ihrer Mühe und Arbeit." 2. „Ich habe einen guten Kampf gekämpft, ich habe den Lauf vollendet, ich habe Glauben gehalten." „Das soll uns dazu dienen, daß wir daraus lernen, wie eines wahren Christen Leben kein Müßiggang sei, da man auf eitel Rosen gehe und gute sanfte Tage haben könne, sondern es sei ein stetiger Kampf und Streit. Muß nit der Mensch immer im Streit sein auf Erden? Da haben wir zu streiten mit dem Teufel, der Welt und unserm eigen Fleisch und Blut. Ein mühseliger Lauf! Da müssen wir Glauben halten, beständig bleiben, nit zurückziehen und uns lassen aufhalten. Wer beharret bis an End, der wird seelig. Sei getreu bis an den Tod, so will ich Dir die Krone des Lebens geben!" — 3. „Hinfort ist mir beigelegt die Krone der Gerechtigkeit." Und im Hinblick auf die ernste, fleißige, muthige, fromme Lebensführung des Entschlafenen, der in den Worten des Apostels sein Bekenntnis und seine letzte Hoffnung ausgesprochen, schließt M. Andreas Will die Grabrede mit den Worten: „Weil er denn ein solcher treuer Kämpfer und beständiger Streiter gewesen, so ist kein Zweifel daran, daß ihm von dem Herrn, dem gerechten Richter, die Kron der Gerechtigkeit ist beigelegt, daß er nun forterhin im ewigen Leben als ein getreuer Lehrer, der viele aus der Jugend zur Gerechtigkeit gewiesen, leuchten wird wie des Himmels Glanz und wie die Stern immer und ewiglich."*)

Bemerkenswerth unter den lobenden Anerkennungen, die Friedrich Zorn von Seiten seiner Zeitgenossen erntete, ist das Urtheil des gelehrten kurpfälzischen Historikers Marquard Freher, das derselbe schon in der ersten Auflage seiner Origines Palatinae im Jahre 1598,

---

*) Vgl. Will's Grabrede, Fol. 688—690 der Handschrift F der Zorn'schen Chronik, im Worms. Archiv. Auf die Nachricht von Zorns Ende schreibt Zorns Freund, der pfälzische Ritter Julius Thomassinus von Luttigen an M. Andreas Will folgenden Brief: „Equidem magno dolore affectus fui ex obitu veteris mei amici Dn. Zornii. Licet eum ipso optime actum sit utpote longo tempore valetudinario, sicuti proxime cum ipsum inviserem, aliquoties variis gemitibus contestatus est, se nihil nunc a Deo optimo maximo petere quam ut illico hinc emigrare ad caelestem patriam liceret. Proinde utut sit, praemissus ipsum, non amissimus mox eum secuturi. Optarim in memoriam defuncti concionem tuam funebrem, seu eius copiam habere queam: rem maxime gratam mihi faceres. Vale. 10. Oct. Anno 1610.
Tui studiosissimus officio et amore
Julius Thomass. a Luttigen. (Vgl. Sigismund Gerlach, Suspiria Sancta etc., p. 374.)

also noch zu Zorns Lebzeiten, über deſſen Bearbeitung der Wormſer Geſchichte anſpricht, woraus hervorgeht, daß Zorn ſeinen hiſtoriſchen Stoff keineswegs in ſeiner am 12. Aug. 1570 vollendeten erſten Redaction der Chronik abgeſchloſſen, die ſich noch im Wormſer Archiv als Handſchrift A befindet, ſondern denſelben acht und zwanzig Jahre ſpäter immer noch unter den Händen hatte. Die nachfolgenden Worte Frehers beweiſen alſo, daß von der urſprünglichen Chronik Zorns die erweiterte Chronik desſelben unterſchieden werden muß, und es verdient gründlich ermittelt zu werden, in welchem Verhältniß die ſog. Flersheim'ſche Chronik zu dieſer erweiterten Chronik Zorns ſteht. (Vgl. oben S. 2 und 63, Anm.*). Ueber Zorns Geſchichtswerk ſchreibt Freher im Jahre 1598, und unverändert in der zweiten Auflage vom Jahre 1613: „Hodie id argumentum in manibus esse intelligo M. Friderico Zornio scholae Wormatiensis rectori viro eruditissimo cui faventem Persicam opto." (Origin. Palat. pars II. p. 71.)

Daß Zorn auch der Verfaſſer der in der Handſchrift F der Zorn'ſchen Chronik enthaltenen Religionsgeſchichte der Stadt Worms iſt, die der obigen Geſchichte der Wormſer Religionsneuerungen zu Grunde gelegt iſt, wurde bereits oben (S. 33 u. 61, Anm.) vermuthet. Damit ſtimmt auch überein, was der Wormſer Pfarrer und Gymnaſialviſitator Sigismund Gerlach in ſeinen „Suspiria sancta", S. 216 u. 217, ansſagt, indem er über den im Jahr 1556 nach Worms berufenen und 1576 da ſelbſt verſtorbenen Pfarrer M. Nicolaus Pultzins, der zuvor Pfarrer im Kloſter Reichenbach geweſen, folgendes ſchreibt: „Dieſer Herr Nicolaus Pultzins, Pfarrherr zu Worms hatt von Herrn Friderico Zornio Rectore in ſeiner Chronik diß Lob: De Pultzio certe hoc dicere possumus, fuisse eum virum divino ingenio, admirabili doctrina, singulari in concionando prudentia, eloquentia, prope talem ut homines eum Pericleo more perorantem vehementer mirarentur. (Philippus Melanchthon hatt ſein Braut allhier Anno 1557 zu Kirchen geführt: 13 Jahr hat man ihn müſſen auf die Cantzel tragen)." Sigismund Gerlach theilt in dem hier erwähnten Büchlein: „Suspiria Sancta Sanctorum", das von M. Andreas Will gedichtete Epitaphium Zorns, eine Beſchreibung ſeines Grabdenkmals und einige Verſe mit, durch welche die Bildhauerarbeit dieſes Monuments beſchrieben wird, und zwar, indem er ſeine Angaben mit dieſen Worten als glaubwürdig hinſtellt: „Dieſes alles hab ich aufgezeichnet auß der uberſchickten Leichpredig, Welche ich von den Herrn Zornen, ſo ſich noch zu Worms befinden, erbetten." Es folgt hier ein Abdruck der gedachten Mittheilungen Gerlachs über Zorns Epitaphium und Grabdenkmal.

I. Epitaphium.

„Hac jacet in tenui Fridericus Zornius urna
Doctrina claris notus ubique viris:
Praesertim ante alios Constanti pectore fidus
Magne Chytraee tuus semper amicus erat.
Cui titulos docti dedit Heydelberga magistri
Aonidum casto condecorata choro
Qui quadragenos quinosque fideliter annos
Vangionum Patria rexit in urbe scholam.
Erudiens blanda teneram gravitate juventam
In linguis, studiis moribus inque bonis,

Historicos sacros evolvens atque profanos
Perlegit vigili sedulitate libros.
Optato tandem decessit ille beatus
Commendans animam, CHRISTE benigne, tibi.
Cum vitae satur et mundi pertaesus iniqui
Annos vixisset septuaginta duos.
Hic male non moritur, Dominum quicunque timere
Et verbo didicit fidere, CHRISTE, tuo.
Aud. Wilkins.

II. „In monumento Zorniano in lapide rubeo quadrata eiusmodi pictura incisa conspicitur: Vir nudus pede dextro tumulo seu sepulcro adhuc inhaeret atque insistit, pede vero

sinistro extrorsum ex tumulo scandens brachium sinistrum atque manum tendit versus
Christum stantem juxta tumulum eum pallio triumphali a collo pendente ac circum-
fluitante vexillumque paschale seu resurrectionis trophaeum manibus tenentem, subtus quem
hi versus continentur", &c.

„"Cernis ut in tumulo fixus pes alter inhaeret,
 Alter at in caelum scandere tentat iter.
Christe, istam peccatori mihi porrige dextram,
 Inque tui patris me sacra templa trahas."" (Sigismund Gerlach, Suspiria sancta,
 p. 375—378.)

3. **Excurs über die kurpfälzische reformirte Fürstenschule, Collegium illustre zu Neuhausen bei Worms.**

Ueber die Gründung des reformirten Gymnasiums zu Neuhausen bei Worms durch den Kurfürsten Friedrich III. von der Pfalz schreibt Burkard Gotthelf Struve in der Pfälzischen Kirchenhistorie (Frankfurt, 1721) S. 162 u. 163: „Der Kurfürst legte zu Neuhausen bei Worms im Jahr 1565 ein Gymnasium illustre an. Es war daselbsten ohnedem von dem fränkischen König Dagobert ein Collegium Canonicorum, anfänglich dem S. Dionysio, und hernach dem S. Cyriaco zu Ehren, gestiftet worden, welches zwar in Pfälzischen Landen gelegen, aber in die Wormsische Diöces gehörig. Die Canonici führten ein sehr gottloses und ärgerliches Leben,*) welches der Kurfürst nicht länger zusehen konnte, und dannenhero auf Einrathen seiner Minister, zumalen des Kanzlers Christophorus Probus, solches Stift den 9. May 1565, ohne einzigen Widerspruch mit einiger Mannschaft besetzen ließ:**) und ob er gleich denen Canonicis Freiheit gestattete, darinnen zu bleiben, auch ihnen zu ihrem Unterhalt etwas gewisses ausgesetzt hatte, wollten sie doch nicht daselbst beharren, sondern verfügten sich theils nach Worms, theils nach Bleißenburg. Der Kurfürst hingegen ließ die Bilder aus der Kirchen herauswerfen, und solche auf dem Acker bei dem Kloster Liebenau verbrennen, von Heydelberg und andern Orten einige junge Leute dahin bringen, die Für st en s ch ule daselbit durch den Präsidenten des Kirchenraths Wenceslaus Zuleger im Monat Juli eröffnen, deren Direction dem Levinus Clava, sonst Codde genannt, der aus Flandern vertrieben war, anvertrauet, und ihm Johannes Eberhard, der von Mosbach bürtig, zum Collegen zugegeben wurde. Dieses Gymnasium nahm in kurzer Zeit dergestalt zu, daß zwölf Tische darinnen (in dem Alumnat) gespeiset wurden. Dieserthalben beschwerten sich sowohl der Bischof von Worms, als auch der von Speier auf dem Reichstag zu Augsburg im Jahr 1566 super turbata pace Religionis. Der Kurfürst aber schützte vor, wie es unwidersprechlich, daß das Stift zu Neuhausen der Kurpfalz nicht allein mit dem Erbschutz, Schirm und Kastenvogtei zugethan, sondern auch in derselben landesfürstlichen Obrigkeit und Territorio gelegen; und weil darinnen aller vielfältigen Befehle und

---

*) „Contra regulam Christi et Apostolorum Bacchanalia vixerunt," Dan. Pareus, Hist. Bav.-Pal., p. 262. Auch Häußer, Gesch. der Rhein. Pfalz, B. 2. S. 71 berichtet vom Curlatsstift zu Neuhausen, daß „dessen Chorherrn ihrer sittlichen und wissenschaftlichen Unlüchtigkeit wegen übel berüchtigt waren."

**) Jorn berichtet in der Originalhandschrift seiner Chronik (S. 209) über die Säcularisation des Neuhausener Stifts, die in dem Jahre erfolgte, in der er Rector zu Worms wurde, wie folgt: „Anno 1565 im Maio hat Pfalzgraf Friedrich, Kurfürst, Neuhausen eingenommen, alle Bilder der Kirchen zerschmissen, verbrennt, und Altar eingerissen, die Pfaffen nach seiner Kirchenordnung reformiren wollen, welches als sie nit annehmen wollen, sind sie davon gezogen und anderswo mit Beneficien sich versehen. Ist also das Stift schier umgekehrt, und ein Schul darin angericht worden."

Warnungen unerachtet, allerhand Abgötterei und ärgerliche verbotene Unzucht verübet worden, habe er sich schuldig erachtet, solchem Unwesen zu steuern. Der Kaiser ließ die Sache an die Reichsstände gelangen, verlangte deren Gutachten hierüber, welches dahin ging, der Kurfürst solle zuvörderst alles wieder in vorigen Stand setzen und sodann in petitorio ausgeführet werden, was einer gegen den andern hätte. Hierauf erfolgte ein Mandatum de restituendo vom Kaiser, woraus aber der Kurfürst seine Verantwortung that." *)

„Unter der Regierung des Kurfürsten Friedrich III. verwendete die Verwaltung der geistlichen Güter zu der Schule in Neuhausen von den dortigen Stiftsgefällen jährlich: a. für die Unterhaltung der Alumnen und der Celonomie: an Geld fl. 3340, Alb. 22, hlr. 1; an Wein: 20 Fuder, 3 Ohm; an Korn: 348 Mltr 1½ Fzl; an Waizen: ½ Mltr. — b. Zu Besoldungen für die Lehrer, den Celonomen und den Chirurgus: an Geld fl. 672; an Korn: 60 Mltr, an Wein: 6 Fuder." (Wundt und Rheinwald, Magazin für die Pfälz. Gesch. B. 1. S. 100.)

*) Hiermit zu vergl. Henrici Altingii Hist. Eccl. Palatinae (Francofurt. MDCCI) p. 194. 195: „Schola solemniter aperta et introducta est mense Julio, cuius moderatio iuxta Levino Clavae, vulgo Codde, Flandro exuli, viro eruditissimo commissa fuit. Collega et adjuncto Viro itidem erudito Johanne Eberhardo Mosbicense. Brevi autem ita crevit, ut confluentibus undique ad famam novae scholae adolescentium, quorum bona pars Principis alumni erant, mensae duodenim in eo alerentur." Vgl. Car. Lud. Tolnaei Hist. Palatina (Francofurt. MDCC) p. 79. — Danielis Parei Hist. Bavarico-Palatina (Francofurt. MDCCXVII) p. 262. — Unter den vorzüglichsten Lehrern der Fürstenschule zu Neuhausen werden auch der berühmte Friedrich Sylburg und Johann Philipp Pareus genannt. (Häusser, Gesch. der Rhein. Pfalz, B. 2. S. 72. 205. 206.) Johannes Henricus Andreä, Rector des reform. Gymnasiums zu Heidelberg berichtet im Jahre 1788 in einem Schulprogramm „de quibusdam celebrioribus quondam Electoralis Palatinatus scholis, nunc vero deperditis" auch über die Fürstenschule zu Neuhausen. Obwohl dessen Mittheilungen sehr dürftig sind, mögen sie wegen der von ihm citirten Schriften, welchen nachzugehen wäre, hier abgedruckt werden. Andreä schreibt pag. 4: „Electorum Friderico rum III. cognomento Pium adjectum varias in dinionibus suis scholas, Heidelbergensem nostram, transrhenanam Neobusianum prope Wormatiam, praeterea Selzanam in dioecesi Germershemensi, et Ambergensem in Palatinatu superiori feliciter fundasse et instituisse, alibi jam significavimus" (in Riesmanno redivivo p. 115. 116. VII. Tolmidas in historia palat. p. 114. et Quirinus Reuter in jubilaeo primo collegii Sapientiae Heidelberg., sub serenissimo Electore Palatino Friderico IV, celebrato et deinceps typis edito an. 1606, Fol. 17. 18. a. b.) Nachdem Andreä die Amberger Schule behandelt, die Schule zu Selz nur berührt, schreibt er S. 16—18 Folgendes über die Fürstenschule zu Neuhausen. „Superest illustre quondam paedagogium Neohusianum, quod propemodum ad Electoris Caroli Ludovici tempora in primaevo suo flore stetit." „In hoc quondam celebratissimo vicunia bonarumque artium phrontisterio viri quondam clarissimi et eruditissimi docuerunt. Primus autem in hocce collegio jussu Electoris Palat. Friderici III. regiminis clavum gubernavit Levinus Clava, qui alioquin dicitur Code sive Codde." (Conf. Pareus in orat. de Collegio Neohusiano, sive in carmine Heroico de Neohusalo Vangionum, et quidem illustri eiusdem Gymn. Musarum sede.) „De quo sequentia scribantur: „Primus erat Rector Codius, quem Julia tellus protulit, huic Phoebus ipsi committit habenas"" etc. (In Riesmanno rediv., pag. 115 et seq. not. n. & o.) „Ibidem eiusdem officii particeps fuit Joannes Eberhardus Mosbacensis primitus ex Collegio sapientiae, quod Heidelbergae florebat, ad Neohusani Gymnasii fundamina ponenda evocatus, eiusque deinde Rector, postea vero Gymnasii Heidelbergensis Moderator: in qua Sparta laudabiliter exornata diem obiit supremum." (Vid. Quir. Reuterus in cit. oratione et Andreae in spicil. I. de Gymnasio Heidelberg.) — „Hisce potissimum est adnumerandus Simon Steinius, qui temporis successu ad Academiam Heidelbergensem, et ibidem studia humaniora in pelagis professetur, invitatus." (Vid. Andreae, spicil. II. de Gymn. Heidelb. §. 12. p. 9, et spicil. III. de Gymn. Heidelb. p. 11, et praesertim in Riesmanno rediv. p. 129. 130. 160.) [Vgl. über Simon Stein Häusser, Gesch. der Rheinisch. Pfalz, B. 2. S. 205. 206.] „Ut ne de aliis jam mentionem injiciam, in eodem Gymnasio docuit Joannes Philippus Pareus, uti et natus." (Conf. Riem. rediv. p. 116. 140; veterum de eodem Pareo, filio Davidis et patre Danielis, ex professo egimus in Crucenaco Palat. p. 304 seqq. & 356.) — Soweit die Mittheilungen Andreä's über die Neuhauser Fürstenschule und deren Angaben über die dieselbe berührende Litteratur.

Aufhebung der Fürstenschule durch Ludwig VI. 1577, und Wiederherstellung derselben durch Joh. Kasimir 1583.

Als nach dem Tode des reformirten Kurfürsten Friedrich III. (1576) durch dessen lutherischen Nachfolger Ludwig VI. gegen die reformirte Confession der Pfalz mit großer Härte vorgegangen und die lutherische Lehre, sowie der lutherische Cultus in den Kirchen und Schulen der Pfalz wieder eingeführt ward, wurden auch in den von Friedrich III. gestifteten höheren Schulen calvinistischen Bekenntnisses die Lehrer gezwungen, den Calvinismus oder ihre Aemter aufzugeben. Anstalten, deren Lehrer das Bekenntniß nicht wechseln wollten, sollten aufgelöst werden. Das Pädagogium zu Heidelberg wurde zum Lutherthum gezwungen, im Collegium Sapientiae zu Heidelberg waren von siebzig Zöglingen nur wenige bereit, dem Calvinismus zu entsagen, die übrigen, wie deren Lehrer Ursinus und Jacob Kimedoncius, verloren lieber ihr Brot. Im Herbste 1577 wurde auch die Fürstenschule im Stift zu Neuhausen aufgehoben. Alting schreibt, nachdem er von den Schicksalen des Sapienzcollegs und des Pädagogiums zu Heidelberg erzählt: „Neuhusii vero Schola soluta ita diffluxit ut quoad viveret elector Ludovicus non restitueretur". (Hist. eccl. Pal. p. 231.)

Wundt berichtet im Magazin für die Kirchen- und Gelehrten Geschichte des Kurfürstenthums Pfalz (B. 2, S. 36 und 130) ausführlicher über das Vorgehen Ludwigs VI. gegen die calvinistischen Schulen. Er schreibt, den Originalbericht über die Aufhebung der Schule zu Neuhausen, welchen die Kommissarien an den Kurfürsten Ludwig VI. erstattet hätten, habe er nicht ausfindig machen können. Dagegen erzählt er nach gedruckten historischen Nachrichten über die Aufhebung des Neuhauseuer Gymnasiums. Das Stift zu Neuhausen schildert er als einen Ort in so reizend schöner Gegend gelegen, daß die Musen und Grazien sich keinen anmuthsvolleren Sitz hätten wählen können. Und wirklich ist das Bild, das sich dem Beschauer von der Anhöhe des Stiftes darbietet, der Blick auf die gesegnete Rheinebene, die sanften Anhöhen Rheinhessens, auf den Odenwald und die Hardt von großem Reize. „Elf Jahre vor seinem Tode hatte Kurfürst Friedrich III. diese Schule gestiftet und die weitläufigen Stiftsgebäude und alle Stiftseinkünfte dazu gewidmet", erzählt Wundt. „Schon war die Schule so bevölkert, daß an zwölf Tischen gespeist wurde. Im Monat October 1577 kamen die Kommissarien des Kurfürsten Ludwig VI. und machten dieser Herrlichkeit ein Ende. Sechs Lehrer und mehr als hundert Jünglinge, die hier Nahrung für ihren Geist und Körper fanden, verließen traurig ihren geliebten Aufenthalt, und die Schule blieb, so lange Kurfürst Ludwig lebte, verschlossen". Die Fürstenschule zu Neuhausen war besonders für die studierende Jugend bestimmt gewesen, die nicht von Adel war.

Als aber unter der vormundschaftlichen Regierung des Administrators Johann Kasimir (1583–1592) in der Pfalz wiederum der Calvinismus an die Stelle des Lutherthums trat, wurden die von Ludwig VI. unterdrückten calvinistischen Lehranstalten Friedrichs III. wieder in ihren früheren Stand gesetzt. Auch das Gymnasium zu Neuhausen wurde demgemäß am 6. Dec. 1585 wieder eröffnet. „In dem neuen Stiftungsbriefe des Administrators vom 6. Dec. 1585 wird die Zahl der Lehrer, deren vorher 6 waren, auf vier herabgesetzt und die Zahl der Alumnen auf dreißig bestimmt, zu welchen noch dreißig Kostgänger konnten genommen werden, die für ihren Unterhalt sammt Unterricht je dreißig Gulden jährlich zahlen mußten. Dadurch verminderten sich die Kosten um ein beträchtliches. Die Ersparniß scheint um so nöthiger gewesen zu sein, als die noch zu Neustadt bestehende Academie einen ansehnlichen Kostenaufwand erforderte, der aus den Gefällen der geistlichen Güter bestritten werden mußte". (Wundt und Rheinwald, Magazin für die Pfälz. Gesch., B. 1, S. 199). Aber Johann Kasimir sorgte mit gleicher Sorgfalt für das gesammte Schulwesen der Pfalz, für die Dorfschulen, wie für die Trivialschulen der Oberamtsstädte, die Vorbereitungsschulen für die Pädagogien waren. Aus dieser Förderung des niederen und des höheren Schulwesens der Pfalz dürfte es sich wohl erklären, daß das Gymnasium zu Worms, das von pfälzischen Landestheilen umgeben war, seit der segensreichen Regierung Johann Kasimirs weniger Zöglinge aus der Nachbarschaft erhielt und deshalb hinsichtlich der Zahl seiner Klassen abnahm. (Vgl. Häusser, Gesch. der Rhein.-Pfalz, B. 2, S. 164).

Noch glücklichere Jahre scheint die Neuhausener Fürstenschule während der Regierung des Kurfürsten Friedrichs IV. (1592.-1610) erlebt zu haben. Derselbe wirkte im Geiste seines Großvaters Friedrichs III., und es ist sehr bekannt, zu wie hoher Blüte er die Universität Heidelberg brachte. „Die kurfürstliche Bibliothek war Europas glänzendster Bücherschatz, den Gruters Freundlichkeit allen nützlich machte und der auf allgemeine Verbreitung wissenschaftlicher Thätigkeit unendlich vielen Einfluß geübt hat, während er jetzt zum Theil unverstanden und unbenützt in den staubigen Schränken des Vaticans begraben liegt. Damals zogen Hunderte nach Heidelberg, der herrlichen Bibliothek zu Liebe; der berühmte Salmasius stahl sich heimlich nach dem letzerischen Reste, wo die kostbaren Bücherschätze waren. Die Vorschulen der Universität, das Heidelberger Sapienzcolleg, das Heidelberger und das Neuhauser Gymnasium bestanden in Blüte; die tüchtigsten Lehrer der Universität haben sich zum Theil an diesen Anstalten zuerst eingeübt. In Allem war ein selbstständiger Trieb, eine innere Freude und Theilnahme zu bemerken, wie nur ächtes wissenschaftliches Leben sie hervorruft. Wer mochte ahnen, daß schon nach zwei Jahrzehnten alle diese stolzen Pflanzstätten deutscher Wissenschaft in Schutt und Trümmern liegen, die geistigen Hülfsmittel theils brutaler Zerstörung, theils plumpem Diebstahl als Opfer fallen würden." (Häusser, Gesch. der Rhein.-Pfalz, B. 2, S. 207, 208.) Auch Bartholomäus Coppen aus Medlenburg war einer von denjenigen Lehrern der Neuhauser Fürstenschule, die zu Lehrämtern an der Heidelberger Universität berufen wurden. Derselbe war als Knabe mit seinem Großvater auf einer Reise nach Heidelberg gekommen und blieb dort, durch freundliche Aufnahme gefesselt, als Zögling der Gelehrtenschule zurück. Die Freigebigkeit Johann Kasimirs ließ ihn große Reisen ins Ausland machen, wo er, namentlich zu Basel und Genf, den Calvinismus an der Quelle studirte. Zurückgekommen wirkte er abwechselnd an dem Sapienzcollegium zu Heidelberg, dem er selbst seine Erziehung verdankte, und an der Neuhauser Schule, bis er (1600) zum Professor der Theologie zu Heidelberg ernannt wurde". (Häusser, Gesch. der Rhein.-Pfalz, B. 2, S. 209). — Auf dem letzten Reichstag, der vor dem dreißigjährigen Kriege im Jahre 1613 zu Regensburg abgehalten wurde, ward unter den Vorwürfen, welche die protestantischen und die katholischen Stände gegen einander äußerten, auch von dem Bischof zu Worms gegen Kurpfalz wiederholt darüber Beschwerde geführt, daß letztere dem Bisthum das auf Pfälzischem Gebiete gelegene Neuhausener Stift weggenommen und trotz aller Einwendungen noch nicht herausgegeben habe. Union und Liga waren zum Kampfe gerüstet.

Im Jahre 1615 feierte das Gymnasium zu Neuhausen kurz vor seinem Untergang sein fünfzigjähriges Jubiläum. Wundt verzeichnet im Magazin für die Kirchen- und Gelehrten-Geschichte des Kurfürstenthums Pfalz (B. 1, S. 6) eine bei dieser Gelegenheit gehaltene, aber nicht gedruckte Rede des Rectors Schoppius und eine Abhandlung des Seb. Fabritius über die Geschichte des Stifts zu Neuhausen: „Conr. Scopii Gymnas. Neoh. quondam rectoris oratio in Jubilaeo primo eiusdem Scholae habita. A. D. 1615," & Seb. Fabritii Neohusium sive de ortu et variis mutationibus coenobii Neohusiani". Aber das Gymnasium zu Neuhausen erhielt sich nicht länger, als bis zu den böhmischen Unruhen (Wundt, a. a. O., S. 6). Im Jahre 1616 bemächtigte sich Bischof Georg Friedrich von Worms wieder des Cyriakusstifts zu Neuhausen: aber erst im Jahre 1708 kam ein Vertrag zu Stande, durch den der

Marsilii von der Pfalz Johann Wilhelm das Stift förmlich an das Bisthum Worms zurückgab.*) Im Jahre 1634 schreibt Conr. Schoppius an Dan. Tomanus: „Aedes vestras Neuhusii inspexi, horto satis bene est: sed domicilium ᾠχεται". (Henr. Alting. Hist. eccl. Pal., p. 351). Der Bezirk, in dem zu Neuhausen das alte Cyriakusstift und dann ein halbes Jahrhundert lang die Fürstenschule blühte, heißt im Munde des Volkes noch heute „das Stift". Daselbe liegt am nordöstlichen Ende des Dorfes, wird im Süden von dem die Mühlen treibenden Arme der Pfrimm, im Westen von der Straße, die von Worms nach Herrnsheim führt, begrenzt. Der innere Raum des „Stifts" bildet eine mäßige Erhöhung. Dieselbe war von einem ziemlich breiten, zum Theil noch jetzt erhaltenen Graben eingeschlossen, der nach innen und nach außen durch Mauern, die theilweise noch jetzt vorhanden sind, abgegrenzt und fast befestigt war. Ueber diesen Graben führte von Westen nach Osten der noch jetzt sichtbare, wohl erhaltene Brückenbogen von der Straße ins Stift. Verfolgt man diesen Weg, indem man zur Rechten gegen Süden die sehr alte Umfassungsmauer der Fürstenschule hat, so gelangt man bald an ein durch diese Mauer in den inneren Hof der alten Fürstenschule einführendes großes Thor, das durch einen halbkreisförmigen Rundbogen abgeschlossen wird; und neben diesem Thore befindet sich eine kleinere Thüre, deren steinerne Gewandung ebenfalls einen Rundbogen trägt. Die Schlußsteine sowohl des größeren als des kleineren Bogens, die aus gleichem Material und in demselben Stile gebildet sind, tragen die Jahreszahl 1596. Es ist nicht zu bezweifeln, daß die gedachten Zugänge Reste der alten Fürstenschule sind, sie bezeichnen die nördliche Grenze der eigentlichen Fürstenschule und der dazu gehörigen Gebäude der Lehrer und der Alumnen. Jetzt steht das hoch gelegene Schulhaus des Dorfes Neuhausen an der Stelle, wo einst die Gebäude der Fürstenschule lagen. An der nordwestlichen Grenze des Stifts ist jüngst auf den Fundamenten eines alten Gebäudes für die katholische Gemeinde zu Neuhausen ein Kirchlein erbaut worden.

4. Der Wiesengang,
ein Jugend- und Volksfest der Frei- und Reichsstadt Worms
aus der Zeit der Kirchenreformation.

In der Chronik der Wormser Gymnasialbibliothek (Fol. 414. 415.) findet sich die Beschreibung eines Festes, das der Rath zu Worms zu gewissen Zeiten den Schülern der lateinischen und der deutschen Schule gab. Die Nachricht über dieses eigenthümliche Schulfest darf hier nicht fehlen,**) besonders auch deshalb nicht, weil der „Wiesengang", wie später erzählt wird, ein Gegenstand des Streites zwischen dem Magistrat der Stadt Worms und dem 1613 daselbst definitiv gegründeten und fundirten Jesuitencolleg wurde, weil die Jesuiten den Anspruch erhoben, ebenfalls das Jugendfest des Wiesengangs mit ihren Zöglingen zu begehen, der Magistrat hingegen solches

---

*) „Der Bischof Franz Ludwig von Worms verwandelte Kirche und Stiftsgebäude 1730 in ein Waisenhaus, bis dahin später ein bischöflich Wormsisches Amt mit einem Amtskeller und einem Amtsschreiber gekommen ist. Im Jahr 1793 zündeten die Franzosen bei ihrem Rückzuge vor den Preußen ihre großen Magazine zu Neuhausen an, wodurch das Waisenhaus mit der Kirche und mehrere Gebäude zerstört wurden". (G. J. Wilhelm Wagner, die vorm. geistl. Stifte im Großherz. Hessen, B. 2, Rheinhessen, bearb. u. herausg. von Friedrich Schneider, S. 431.)

**) Director Dr. A. Wiegand hat als Leiter der Wormser Communal-Stadtschule in dem im Frühjahr 1852 erschienenen Jahresbericht der Stadtschule (S. 16—30) aus der oben bezeichneten Chronik die Darstellung des „Wiesengangs" abdrucken lassen. In jenem Abdruck ist aber die Quelle nicht angegeben, und die einleitenden Worte über den Zusammenhang des Wiesengangs mit der evangelischen Reformation sind weggelassen. Der obige Abdruck schließt sich an mehreren Stellen enger an die Handschrift an, als der Wiegand'sche Text.

Ursprung und Zweck des Wiesengangs.

nicht zulassen wollte. Es folgen nun die interessantesten Stellen der gedachten Beschreibung des Wiesengangs nach dem Wortlaut der Chronik. Wiewohl diese Beschreibung ein Bild des Wiesengangs gibt, wie derselbe im 18. Jahrhundert gefeiert wurde, so enthält sie doch gewiß auch Züge aus der Zeit der Entstehung des Festes.

„Von dem Wiesengang."

„Von dessen origin und Absicht."

„Gleich nach der Evangelischen Reformation in der Stadt Worms hat man den Bedacht genommen, dieselbe Lehre nicht allein auszubreiten, sondern auch vor künftige Zeiten zu unterhalten, wozu hauptsächlich gehörete, daß man die Mehrheit derer Stadtjugend zu haben sich Mühe gab: solches zu bewerkstelligen, wurde circa a⁰ 1540*) zum erstenmal ein **Wiesengang vor die Burgerschaft und ihre Kinder** gemacht, weil mann damals wahrgenommen, daß eine etliche Jahre vorhero gegebene **Mahlzeit auf der Wiese** von einem der Stadt-Herrn großen Eindruck und guten Erfolg machte bei denen Leuten. Solche gab das Amt, und war sie nicht kostbar, doch filen Geschenke vor die Kinder, welches der Stadt zusammen nicht über 25 fl. gekostet hat. Mann ahmte in diesem Fall der ersten Christenheit nach, wo auch viele durch Wohlthaten gelocket wurden, dabei aber behielte mann immer die Zahl der evangelischen Jugend, wie hoch sie ein Mal gegen das andre Mal sich verhielte, und ob sie nicht abgenommen. — Nachmals wie die Religion sicher stunde,**) hiergegen man die Stadt auf seiten derer Nachbarn in dem territorio zu kränken, auch eins nach dem andern ihr abzunehmen suchte, wurde solche Mahlzeit circa a⁰ 1600 in einen **Pörtel Schmauß** verwandelt, vermög dessen mann aus allen Schulen junge Leute zu dem **Gränßen Umgang** zog, damit sie in der Zukunft von der Stadt Gränßsteinen, Gerechtigkeiten auch Strittigkeiten Wissenschaft bekämen, so etliche Tage dauerte, worauf der ganßen Jugend vom Rath eine **Freude mit dem Wiesengang**, meistentheils auf der **Rheinwiese**, manchmal auch auf der **Bauwiese**, gemacht worden ist, dabei dann viele Leute sowohl zu Schiff den Wisen hinauf oder zu Fuß dahin kamen. Solches aber verfiele unter dem 30 jährigen Krieg so, daß zwar die Mahlzeiten blieben, aber oftmals nur die dem Umgang bei gewohnten Knaben, mit ihrem praeceptore vom Amt tractirt worden sind. Endlich kam circa a⁰ 1650, widerum der Wiesengang auf seinen vorigen und allgemeinen Gebrauch, nachdem der 30-jährige Krieg geendiget worden, und wurde er von da an, meistentheils alle 7 Jahre gehalten, aber desto ansehnlicher, und wurden alle Honoratiores dazu gezogen, welches dann bis auf den Brand gewähret hat, und nach Maßgab des vor Alters alle 5***) **jahr geschehenen Burgerfeldumgangs** gehalten worden ist. Nach dem Brand, circa a⁰ 1700, wurde dieses Divertissement widrum hervorgesucht, die Einwohner aufzumuntern, doch ging es, außer den kleinen Gaben vor die Kinder, mit der Mahlzeit dabei sparsamer zu; der zeitliche Burgermeister muste leßtere besorgen, welche aber nicht über 20 fl. kommen durfte. NB. Bei obigem Pörtel und Gränßen umgang ist zu merken, daß zwar jährlich dieselben begangen wurden, diseits aber alle 5 jahr nur ein Solenner, dabei vile Herrn, auch von denen Dörfern die Schultheißen zugegen waren, manchmal.

---

*) Die Jahreszahl ist in dem Manuscript, wie oben steht, corrigirt. Die erste Hand schrieb: 1550 Vgl. oben S. 58—61.

**) Hier ist von zweiter Hand beigefügt: „wurde die uralte Einrichtung der Gränßstein-Besichtigung auf dem Burgerfeld wieder hervorgebracht."

***) Die Zahl 5 von zweiter Hand als Correctur eingetragen: ursprünglich scheint dafür „7" geschrieben, zu sein.

"Beschreibung wie er begangen wird."

"Unter andern Ursachen wird gemeiniglich ein Wiesengang beschlossen, daß mann nach einem erhaltenen Frieden oder unter dem langen Genuß desselben der Burgerschaft eine allgemeine Ergötzlichkeit zu machen sucht, welche sich in dem innigen Vergnügen ihrer Kinder daran selbsten erfreuen, wobei diese besondere Absicht mit versirt, daß Ein Hhblr Magistrat gleichsam wie ein lustrum oder revue über die Jugend anstellt, deren Vermehrung oder Verringerung in der Anzahl übersiehet; auch bei der, ihnen diesen Tag, jedoch unter der Aufsicht ihrer Praeceptoren, gegönnten Freyheit ihre genien und Gemüths-Beschaffenheiten kennen lernet; Ob solcher ehedem schon *) jährlich im Gange war, so hat mann ihn nachderhand umbeswillen etwas seltner gehalten, weil einige, wiewohl nicht beträgtliche Ausgaben damit verknüpft sind; wiederum weil eine seltne Freude mehreren Eindruck macht, weshalben es geschehen, daß man in diesem Seculo**) solche um die Zeit gehalten, wann ein zeitlicher Senior, als der erste im Rath, zugleich regirender Städtmeister, und nach dieser Qualitaet solchen bei Rath in proposition zu bringen, im Stande gewesen. — Wann demnach ein Wiesengang proponirt und vom Magistrat decretirt worden, so bekommt sogleich der zeitliche Bauherr die Vollmacht zur Besorgung derer Nothwendigkeiten, nämlich zur Aufschlagung der Hütte und Besorgung der Mahlzeit; die Anhandschaffung aber der kleinen Gaben vor die Jugend, nemlich vor die Knaben sind Ballen und Glücker, vor die Mägdger sind Nadelbüchsiger, Fingerhüth und Glaßschnür (Potern) auch 2 Ringelchen, den einen von Mesing, so ein Angelring, den andern mit einem gläßernen Steinchen, werden von der Rechenstube besorgt; die dann zur Herbeischaffung dieser Sachen, gemeiniglich vor der frankfurter Meß, das ist circa zu Ende April, nachdem der regirende Städtmeister es bei Rath vorgetragen, besorgt ist. In diesen 2 oder 3 Herrn wird gemeiniglich noch ein Herr, welches der 2. oberste oder Subsenior ist, auf Deputationsweise ernennt, die dann zusammen den Platz auf der Wiese aussuchen und das Eßen verandordnen, auch noch eins und anders wegen denen Schülern reguliren. Nachdem solches geschehen, so wird es dem zeitlichen Herrn Pfarrer-Senior gesagt, in den Schulen melden muß, wobei ungefähr der Tag zu melden, an dem es, wofern keine widrige Witterung, gehalten werden soll. — Dieses breitet sich sofort in der Stadt aus, und der Buchdrucker druckt, seines Nutzens wegen, die so genannte Wiesen-Büchelcher, worin die Lieder stehen, die zu singen sind beim Aus- und Einzug, solches wird aber gemeiniglich denen Hrn. Geistlichen zur Correction übergeben. — Etliche Tage vor dem bestimmten Tag werden alsdann vom regirenden Hrn. Städtmeister die sämmtliche Herrn des XIIII Raths, die Herrn Consulenten und der regirende Hr. Bürgermeister, die 4 Hrn. Pfarrer, Stadt und Rathschreiber, die 2 Doctores, auch die 4 lateinische praeceptores (letztere unter Bestimmung der Stunde des Auszuges) zur Herrntafel in der Hütte invitirt, welches auch bei den 3 teutschen praeceptoren insofern geschicht, daß man sie nur bloß zu einer Mahlzeit invitirt, weil letztere nicht im Herrnzelt speisen; alsdann präparirt sich der Rector zu einer Oration, die der oberste in seiner (der ersten) classe hält, der Cantor hingegen zu einer cantate währender Tafel. Noch ist zu erinnern, wann die Kinder nun zum Auszug bei einander versammelt sind, muß sie der teutsche praeceptor zählen und deren Anzahl schriftlich beim Hinauskommen den Herrn zustellen, die sich nach der Anzahl der Kinder bei ihren Geschenken richten, welche sonst zu wenig seyn könnten. Der Zug selber geschieht alsdann an bestimmten Tag; die Lateiner gehen den ersten Tag um 10 Uhr, welches gemeiniglich der 6te Mai und Montage

*) Von zweiter Hand corrigirt: "5 jährlich."
**) Im 18. Jahrhundert.

ist. Die Lateiner singen beim Ausgang: 1. veni creator spiritus. 2. Geh aus mein Herz. 3. Wunderbarer König. 4. Alle Welt ꝛc.; beim Hereinzug: 1. Herr Gott du bist von Ewigkeit. 2. verra deus verbum. 3. Nun lob mein Seel den Herrn. Dabei ist zu merken, wann sie hinaus gekommen, schlüßen sie einen Kreiß vor der Hütte, und der älteste von secunda betet in der Mitte das Gebät: Gott Vater, Sohn u. heil. Geist ꝛc. Nachgehends geht einer um eins processionsweiß, das 4te Lied singend, durch die Hütte, wo sie die Gaben vom reg. Städtmeister und Senior, oder auch dem Bauherrn bekommen, und sofort wird ihnen von einem jeden ihrer Classe praeceptor unter sich eine Vermahnung ge geben, und sie bis auf den Abend dimittirt. Die praeceptores speisen inzwischen in der Hütte, doch ist hierbei nicht der gantze Magistrat, wie den 2ten Tag, invitirt, sondern es sind nur die oben gemelden Herrn Deputati, die jedoch die Macht haben, diesen oder jenen von den übrigen Herrn XIIIr vor sich beizuladen, da dann der reg. Hr. Städtmeister seinen Hrn. Burgermeister, Hrn. consulenten ꝛc. invitirt. Bei dem Nachtische wird dann die oration gehalten, wogegen sich der reg. Städtmeister nomine magistratus bedankt. Bei dem coffée wird die cantate vom Hrn. cantore aufgeführt (die gemeiniglich in 3 arien und 2 recitativen besteht), nach diesem vertheilen sich die Herrn auserhalb der Zelt mit promenaden und sehen ihre glückwünschende Burgerschaft. Wann der Tag kühle u. es Abend wird, so sammlet sich alles wieder: u. während dem daß die Herrn zu abendspeißen, gehen die Schüler, das 4te Lied, Herr Gott du bist ꝛc. singend, 3 mal um die Zelt u. zuletzt eintzeln durch, wo sie sich gleich auser der Zelte wieder rangiren u. also nach der Classe ziehen. Daselbst sammlen sie sich in einer derer Schulen, singen das Lied: Nun danket alle Gott ꝛc. und bäten das letzte Gebäth: Wir danken dir ꝛc., worauf der 1te Tag mit denen Lateiner beschlosen wird. — Es ist hiebei nicht zu vergesen, daß ein jeder Schüler beim Austritt aus der Zelt von dem Schützen eine May bekommt. — Der 2te Tag mit denen teutschen [Schülern] ist jederzeit wegen der Anzahl der Jugend u. ihrer dabei gegenwärtigen Eltern ungleich vollreicher u. angenehmer. Nachdem die selbe sich also um 8 Uhr, jedes in seiner Schule, versammlet, wo sie aufgeschrieben werden, so hält der praeceptor eine Vermahnung an sie; darauf geht um 9 Uhr morgens die teutsche Stadtschul aus, hinter welche sich die folgende teutsche Schulen anschlüßen, welches eine ungemein starke procession macht. — Die teutschen Schüler singen im Hinauszug: 1. Gott du Stifter ꝛc. 2. Ey so gebt Gott alle zeit ꝛc. 3. Nun preiset ꝛc. 4. Kommet laßt ꝛc. 5. Ihr geschmückte ꝛc.; im Hereinzug: 1. Alle Welt was laiet uns ꝛc. 2. Nun lobmein ꝛc. 3. Nun danket alle Gott ꝛc. 4. Nun danket all und bringt Ehr. Wann sie also hinaus auf die Wiese kommen, schlüßen sie gleichfalls vor der Herrn Hütte einen Kreiß, eine jede Schule besonders für sich, aber eine jede nahe an dem Herrn Zelt, das ringsum frey ist. Da wird von einem in der mitt stehenden Schüler obiges Gebäth (Gott Vater, Sohn u. heilger Geist) während dem sich die gantze kleine Gemeinde auf die Knie niederwürft, laut gebätet; darauf gehen die Mägdger und dann die Knaben eintzeln durch die Hütte, wo sie beim Ausgang von obig gemelten Herrn ihre Gaben empfangen. — Sofort wird ihnen von ihren praeceptoren eine kleine Vermahnung gegeben, und ein jedes begibt sich zu denen seinigen. Während dem nun alles auf der grünen Wiese von Menschen wallet, wo theils die selben mit Spatziergängen sich vergnügen, theils andre sich unter den schattigten Bäumen zur Mittags Mahlzeit lagern, wiedrum die Kinder sich hier und da unschädig lustig vergnügen, so speisen die Herrn in ihrer grünen anmuthigen Laube, wobei die Stadt musicanten ihre schuldige musique machen, die teutsche praeceptores aber schon gemeiniglich apparte, u. in dem Hauße beim Lager b a u ß über, wo mann vor sie ein Zimmer accordirt, u. sie daselbst, nebst ihren angehörigen und etwaigen Amtsgenossen tractirt: dieses Essen wird mit der Herren ihrem zusammen bedungen. Wann es nun gegen Abend geht und circa 8 Uhr geschlagen, so sammlen die praeceptores ihre Jugend wieder vor der Herrn Zelt. Da fangen sie an zu singen: Alle Welt was x. und gehen 3 mal um die Hütte, endlich einzeln durch die Zelt, wo sie am Ende derselben von 2 daselbst stehenden Schützen jeder einen Palmen oder Mayen in die Hände ausgetheilt bekommen. — Wann sie sodann in die Stadt zugend gekommen, so theilen sich an gehörigen Platz die Schulen, jede geht in ihr Schulhaus, oder vielmehr auf einen nicht weit davon entfernten freien Platz, wo sie unter freiem Himmel Gott vor dieses Vergnügen danken, das Lied: Nun danket x. singen und das letzte Gebät: Wir danken Dir x. bäten, welches letztere kniend geschicht. Darauf werden sie dimittirt, u. dieser Tag ruhig u. glücklich beschlossen."

5. Bedrängniß des lutherischen Gymnasiums zu Worms im dreißigjährigen Kriege.

Wie nach dem Augsburger Interim (s. oben S. 58—61) der Barfüßermönch Heinrich Stolleisen am 3. April 1549 (s. oben S. 69—70) das von der Stadt in richtiger Form erkaufte Barfüßerkloster oder Gymnasialgebäude herausforderte, aber nicht erhielt, so wurde zur Zeit des dreißigjährigen Krieges von katholischer Seite vergeblich versucht, dem lutherischen Gymnasium zu Worms die durch die Stadt dem Franziskanerorden abgekauften und ausgebauten Schulgebäude zu entziehen. Dies geschah in den Jahren 1627—1631. Schon nach der Besetzung der Pfalz durch den Spanier Spinola (1620) und durch Tilly, den Feldherrn der katholischen Liga, mußten die Protestanten empfinden, wie Kaiser Ferdinand II. beabsichtigte, die Schöpfungen der Reformation zu vernichten und nach den Plänen der Jesuiten die Einheit der Kirche wiederherzustellen. Als aber auch im Norden Deutschlands die Vorkämpfer des Protestantismus durch Tilly und Wallenstein überwunden waren, als Ernst von Mansfeld bei Dessau von Wallenstein geschlagen und Christian IV. von Dänemark von Tilly bei Lutter am Barenberg besiegt worden war (1626) und ganz Niederdeutschland, ebenso wie Böhmen, Schlesien und die Länder der protestantischen Union, von der Uebermacht des Kaisers und der katholischen Liga schwer getroffen war; erstrebten Maximilian von Baiern, die Liga und die Jesuiten die Restitution der seit der Einführung der Reformation sacularisirten katholischen Stifte und die Zurückforderung aller eingezogenen geistlichen Güter. Obwohl Wallenstein die Durchführung dieses Planes widerrieth, der geradezu auf die Vernichtung des deutschen Protestantismus abzielte, erließ Kaiser Ferdinand II. am 6. März 1629 das Restitutionsedict, neuer, furchtbarer Kämpfe verhängnißvolle Aussaat.

Schon vor dem Erlaß dieses Edicts mußte sich der Magistrat der Stadt Worms an Kaiser Ferdinand II. und an das Kammergericht wenden, um seinem Gymnasium das Schulgebäude zu erhalten, welches die beiden Zweige des Franziskaner-Ordens, sowohl die strengeren Obervanten, als auch die milderen Conventuales, in den Jahren 1627 und 1628 von der Stadt zurückverlangt hatten. Aber auch die Kapuziner und die Dominikaner begehrten von dem Rath die Restitution des Gymnasialgebäudes, wie schon früher die Jesuiten den sog. Barfüßerplatz bei dem Gymnasium sich aneignen wollten. (S. unten die Geschichte der Wormser Jesuiten.) Die damalige Action des Franziskanerordens, welche die Restitution des Gymnasialgebäudes an denselben anstrebte, ging von den Franziskanern der strengeren Ordensregel, den Obervanten, aus und wurde von den Ordensbrüdern Theodor Rheinfeld (Juni 1627) und dessen Nachfolger Alexius (April 1628) betrieben. Die Stadt weigerte sich natürlich, das Gebäude herauszugeben. Kaiser Ferdinand II. gebot am 3. August 1628 die Rückgabe desselben. Nun aber dachten die Franziskaner der milderen Regel, die „nit reformirten"

Barfüßer Fr. Rheinfeld verlangt das Gymnasialgebäude für den Ordenszweig der Observanten 1627.

Conventualen, da das Gymnasialgebäude einst ein Kloster ihres Ordenszweiges gewesen und von dem Provinzial der Conventualen Bartholomäus Hermann an die Stadt Worms abgetreten worden sei, so sei es natürlich, daß das Gymnasialgebäude ihnen und nicht den Observanten oder einem anderen Orden ausgeliefert werde. So erhoben im Namen ihres Ordenszweiges Bonaventura Marius, Commissarius des Ordens, am 25. Oct. 1628, und Johannes Ludovicus a Musis, ein oberdeutscher Provinzial der Conventualen, am 13. oder 19. Nov. 1628 Anspruch auf das alte Franziskanerkloster.

Der Magistrat der Stadt Worms trug nun einerseits dem Kaiser Ferdinand II. den Streitfall vor, indem er ihm insbesondere die Urkunden über den im Jahre 1530 in richtiger Form erfolgten Ankauf des fraglichen Franziskanerklosters, die 1541 ausgestellte Quittung des Provinzials der Conventualen Bartholomäus Hermann, sowie die Genehmigungen dieses Verkaufs durch Papst Paul III. und Kaiser Karl V. vorlegte. Gleichzeitig wandte sich der Magistrat an das Kammergericht mit einer Klage gegen den oben genannten Franziskaner der strengeren Regel Fr. Theodor Rheinfeld. Die Stadt gab das Gebäude niemals heraus. (G. J. Wagner (Geistl. Stifte im Großh. Hessen, B. 2, S. 213) schreibt in Uebereinstimmung mit Lehmann*), Kaiser und Papst hätten sich des angedeuteten Streites der Observanten und Conventualen nicht nur angenommen, sondern seien auch noch selbst mit einander in Streit gerathen; noch im Jahre 1632 sei unterhandelt worden, bis endlich die Erfolge der Schwedischen Waffen alle fernere Verhandlungen abgeschnitten hätten. Die Urkunden oder Berichte, aus denen Lehmann diese Mittheilung geschöpft, sind uns nicht zu Gesicht gekommen; aber nach der Stellung, die Papst Urban VIII. gegen Ferdinand II. einnahm, erscheint dieselbe sehr glaubhaft (L. von Ranke, die römischen Päpste, B. 2, S. 351—370).

Um die Urkunden über den gedachten Streit, die sich im Wormser Archiv in Copien befinden, zugänglich zu machen und für die Dauer zu erhalten, mag hier ein Auszug aus denselben eine Stelle finden. Interessant ist auch die verhältnißmäßig artige Form, in der die Barfüßermönche die Reichsstadt und das Gymnasium um ihr Eigenthum zu bringen suchten. **)

1. „Fratris Theodori Rheinfeldts Barfüßer Mönchs Schreiben an die Stadt Wormbs,

und seinem Orden das Kloster daselbst wieder einzuräumen sub dato d. 21. Juni 1627".

---

* Lehmann, Gesch. d. Klöst. in u. bei Worms, im Arch. f. hess. Gesch. ꝛc., B. II. Heft 17, S. 321, 322.

**) In den im Wormser Archiv befindlichen Excerten protocollaria antiqui bineri Hälfte, Fol. 235) sind die Protocolle und Tage der Verhandlungen des Magistrats über die von den Franziskanern, Kapucinern und Dominikanern begehrte Restitution des städtischen Gymnasialgebäudes verzeichnet. Die große Anzahl der Berathungen beweist, daß die Bestrebungen der gedachten Orden sehr ernst gemeint waren, so mögen hier die Zeitangaben der gedachten Protocolle eine Stelle finden. „Baarfüßer Closter modo Lateinische Schuel allhier: 1) Frater Theodorus Rheinfeld begehrt die Lateinische Schuel denen Catholischen einzuräumen, vid. Prot. S. C. 15. Jun. 1627". „Rheinfeldts Schreiben trägt das Datum 21. Juni 1627. — 2) Deren restitution wird urgirt, P. XIII. 26. Mart. 1628, vid 27. Mart. 1628 P. S. C. et 28. Mart. eod. ib." Des Alegius Schreiben bairirt vom 7. April 1628.) „3) vid. P. XIII. 9. Mall 1628, vid. 5. Dec. Anno 1628. P. XIII." „Kaiser Ferdinands II. Restitutionsbefehl geschrieben am 3. Aug. 1628.) — 4) ib. Prot S. C. 22. apr. eod. 6. Mall cod. Ibid." „5) vid. P. S. C. 11. Nov. 1628, 18. Nov. ib., 19. Nov. Anno eod.; Ibidem vid. 3. Dec. eod. et ibid. vid. 10. Dec. 12. Dec. 16. Dec. 23. Jan. 1629. P S." vid. 20. Febr. 1629. P. XIII." Vgl. die Schreiben des Bonaventura Marius vom 25. Oct. 1628 und des Ludovicus a Musis vom 19. Nov. 1628.) „6) Dessen restitutio wird gesucht per Capucinos, vid. 26. Mart. 1628, 9. Mall dicti anni, item 5. Dec. d. a." „7) Dessen restitutio wirt item a Dominicanis gesucht u. begehrt, vid. deliberationem hujus rei 15. Juni 1627. S. C. et 15. Mart. 1628 d. prot. S. C., it. 22. dito 26. Maii, it. 11. Nov., 9. dito, 12. dito, 26. dito: it. 16. — " „Bellagte restitutio urgirt 23. Jan. 1629. S. C. et XIII."

Der Stadt Worms Antwort auf Fr. Rheinfelds Ansinnen 1627.

„Edle, Ehrenveste vnd Hochgelehrte, auch Vorsichtige, Vorachtbare vnd Wohlweise Herren Burgermeister vnd Rath der Kays. freyen Reichs Stadt Worms mit Anverwandten sambt vnd sonders geehrte Herren".

„Deneuselben nächst anerbietung meines freundwillig gestissenen Dinsts vnd Grußes soll ich in aller Kürze, vnumbgänglicher Nothdurfft vnd mir vffgetragenen Ambts halben, dienstfreundlich ohnverhalten, was massen von dem Hochwürdigen, vnsers sämbtlichen Ordens St. Francisci patre Generali ernstlicher Befehl vnd Anmahnung mir zukommen, alle vnd jede, sowohl in dieser mir anbefohlenen, alß auch andrer provincien Stadt vnd Orthen, die biebevor possessionirten vnd angehörigen Gottesbäuser vnd Clöster, so theilß gewaltthätiger Weise, theilß auch anderer gestallt eine Zeit lang wieder Willen vnd Wohlgefallen vorenthalten worden, hinwiederum, so Gott alß menschlicher Verordnung, wie mit weniger so Geist- alß weltlichen Rechten gemäß, wiederum dem Gottesdienst, vraltem gewöhnlichem catholischem Gebrauch nach darinnen zu üben, einzufordern: vnd dann, so viel im Werck befunden, daß in Einer Ehrbarn wohlweisen vnd dem Heil. Röm. Reich anverwanten vnd zugethanen Reichsstadt auch dergleichen vnserm Orden St. Francisci an gehöriges Cloister vor dießem gewesen, auch noch zum Theil im Bau, wiewohl die Kirche ruiniret, dessen restitutio, wie anderwärts, billig erfolgen sollen, aber bißhero zu unßerem Schaden vnd der Fort pflanzung Christlicher Catholischer Religion Verhinderung verblieben. Alß ist vnd gelanget ahn E. E. vorachtbare, wohlweise, hohe vnd geehrte Herren meine dienstfreundliche fleißige Bitte, dieselben geruhen, vns das vorangeregte in deroselben freyen Reichs Stadt noch stehende Cloister vnd angehörige pertinentien zu restituiren vnd dessen würklicher tradition folge zu lassen ꝛc. Deroselben willfähriger Resolution mit nächstem in Schriften gewartig". dat. 21. Jan. $\frac{a}{0}$ 1627.

„E. E. Vorachtbahren Wohlweisen ꝛc.

Fr. Theod. Rheinfeldt".

(Vgl. Fol. 6, 7 der Urkundenabschriften.)

2. „Der Stadt Worms Antwort Schreiben".

„An den Ehrwürdigen Hochgel. Fr. Theodor Rheinfeldt Barfüßer Ordens wegen von Ihme geforderten Barfüßer Closters zu Worms sub dat. 12. Sept. 1627".

„Außeren freundlichen Gruß nächst Wünschung alles Guten bevor. Ehrwürdiger Hochgeehrter, ondere lieber Herr vnd Freund".

„Was aber Euch berielbige der Restitution des Barfüßer Closters allhier halben neulicher Zeiten in Schriften gelangen laßen vnd gesonnen, daßelbe ist vns der Gebühr vorgelesen, darauff, was vor vielen Jahren solches Closters halben vorgangen, nachgesucht, mit Fleiß erwogen vnd befunden worden, daß den 3. Febr. anni 1549 von Henrico Stolleyssen Barfüßer Ordens, in oberen teutsch landen provincialen, dergleichen postulatum auch beschehen, deme aber hingegen gleichfallß in Schriften, was es mit berubrtem Closter vor eine Bewantnuß, so viel zu erkennen gegeben, daß nehmlich daßelbe mit allen Zugehörden, Einkommen, Zinßen vnd Gülten, außer vnd innerhalb der Stadt Worms gelegen, im Jahr 1539 durch Bartholomæus Hermann, der heiligen Schrifft Doctor vnd damaliger Zeit des itzt reformirten Barfüßer Ordens provincialen auß hochbewegenden Ursachen, nicht allein mit sonderbahrer Bewilligung des Generals vnd ganzen Ordens, sondern auch auf erfolgten Päbstlichen vnd Kayserlichen consens Vnßerem Kleinen Spital, die Elende Herberg genannt, gegen Erlegung einer gewißen Summa geldes vnd hinaußgebung aller Clinodien, Kirchen Zierden vnd Hauß Rath ewiglich vnd vnwiederrufflich — jedoch dergestalt, daß denen allhier von solchem Orden durchreisenden Brüdern in gemelter elenden Herberg ein logiment zur Nachtherberg vorbehalten seye, selbige auch darinnen (mumaßen jederzeit bis auff den heutigen Tag beschehen) der

Gebühr nach tractiret vnd gespeißet werden sollen — vergeben vnd zugestellet worden, bei welchem Bericht denn obgemelter Stolleyssen allerdings acquiescirt vnd sich zur Ruhe begeben. Vnsere lieben Vorfordern auch jederzeit, außerhalb was anjetzo beschehen, vnangefochten, vnd also der Spital oder Elende Herberg nunmehro schier vff 100 Jahr lang in richtiger possession verblieben. Weilen wir aber nicht zweiffeln, es werden bey dem Erben solche acta vnd Handlungen gleichfallß in guter Verwahrung vnd auff fleißiges Nachsuchen zu befinden seyn, so wollen wir Vns beliebter Kürtze wegen darauff bezogen vnd, bei so gestalten Sachen, vnß hinfüro mit dergleichen Zumuthen zu verschonen freundlich gebeten haben, bleiben sowien offtrührtem Erben sowohl alß auch den Herren zu aller Freundschafft gantz willig zc.

Sign. Wormbs d. 12. Sept. 1627.   Städt. Burgermeister v. Rath".

(Vgl. Fol. 8. der Urkundenabschriften.)

3. Obwohl der Magistrat in vorstehendem Schreiben der Wahrheit gemäß alle Gründe angegeben, weshalb die Stadt in rechtmäßigem Besitz des Franziskanerklosters sich befand, so ignorirte Alexius, der Nachfolger Rheinfelds, diese Nachweisung vollständig und schrieb am 7. April 1628 aus dem Residenzhaus der Franziskaner zu Worms in einem leichtfertigen und lecken Brief an den Rath, derselbe werde sich ohne Zweifel erinnern, wie sein praedecessor das Barfüßerkloster wieder begehrt; aber bis dato sei nichts als diese Antwort erfolgt, daß die Stadt von der damaligen päpstlichen Heiligkeit genügende Sicherheit empfangen, als das Kloster per injuriam temporum taliter qualiter durch einen obnbemächtigten Bruder des Ordens und ein abgefallenes Glied, wie es damals die neuen Secten verursachten, verlaßt worden sei. Mit dieser Erklärung sei weder seinem Orden, noch ihm selbst gedient, wenn ihm nach der ihm gewordenen Commißion zur Zeit obliege, auf seinem Anspruch zu bestehen, solch billige praetension nicht allein zu prosequiren, sondern auch zu manuteniren. Darum fordert Alexius im Namen seines Ordens den Magistrat auf, er möge auf Mittel und Wege gedenken, wie das destruirte und abalienirte Barfüßerkloster und der dazu gehörige Platz dem Orden möchte restituirt werden. Dadurch werden der Magistrat der Herrn und seinem Diener, den heiligen Franziskus, ein wohlgefällig rechtmäßig Werk, dem Orden aber nichts als die Billigkeit praestiren. Indem Alexius dieses der göttlichen Providenz treulich befiehlt, unterzeichnet er sich als

„Dienstwilliger Fr. Alexius indignus Praeses".

(Vgl. Fol. 9 der Urkundenabschriften.)

4. "Copia Kayßerlichen Schreibens an die Stadt Wormbs die Restitution des Franziskaner-Closters betr."

"Ferdinandus zc. Ehrsame Liebe Getreue. Vnß hat der Ehrsame Vnser Lieber Andächtiger Fr. Theodorus Rheinfeld ordinis St. Francisci de observantia minister provincialis Cöllnischer Provintz gehorsambit zu vernehmen gegeben, welcher maßen seines ordens vnd provintz Bruder in Vnserer vnd des Heiligen Reichs Stadt Wormbs ein befreites Hauß in die 2 Jahr lang ohn einige contradiction bewohnet, vnd denen sowohl in- alß außerhalb der Stadt vff haltenden Catholischen Leuthen alles Fleißes ihrem Beruff nach gedienet, mit angehoffter gehorsamster Bitte, daß weilen noch eines seinem orden zugehöriges Closter oder aufs wenigste der Stock davon in selbiger Stadt übrig, Wir Euch die restitution gnädigst anbefehlen wolten. Demnach wir dann dieses des Provincialis gethanes Ansuchen der Billigkeit allerdings gemäß zu seyn befunden. Hierumb so befehlen wir Euch gnädigst vnd wollen, daß Ihr gedachtem Orden zu obermeltem Closter, damit in demselben der wahre Gottesdienst ohne Hinderung, der uralten fundation gemäß

verrichtet werden möge, innerhalb zweyen Monathen wiederum verhelffet, auch daß derentwegen weiter nit anlauffen oder bemühen wollet. Hieran vollbringt Ihr Eußern gnädigsten Willen vnd Meynung, vnd seyn Euch mit Kayserlicher Gnade gewogen. Geben in Vnßerer Stadt Wien, 3. aug. anno 1628. Vnßerer Reiche des Römischen im 9ten, des Hungarischen im 11ten vnd des Böheimischen im 12ten. Ferdinandus".
(Vgl. Fol. 9, 10 der Urkundenabschriften.)

Als die Obervanten oder Franziskaner der strengeren Regel die Restitution des Barfüßer klosters mit solchem Erfolge betrieben, daß Kaiser Ferdinand II. den vorstehenden Restitutionsbefehl erließ, traten auch die Franziskaner der milderen Regel, die Conventualen oder „nit reformirten" Barfüßer, deren Ordenszweig vor hundert Jahren Bartholomäus Hermann angehört hatte, an die Stadt heran, mit der Forderung, ihr altes Kloster ihrem Ordenszweig, aber nicht den Obervanten oder einem andren Orden auszuliefern. Es ergibt sich aus den im Worms. Archiv befindlichen Auszügen der Rathsprotocolle (Fol. 79 Nr. 3.; u. 235), daß die Conventualen bei der Erwähnung „eines anderen Ordens" nicht nur an die Kapuziner und Dominikaner, sondern auch an den in Worms ansässigen Jesuitenorden dachten, der zur Zeit des dreißigjährigen Kriegs im Bisthum Worms, in der Rheinpfalz und benachbarten Gebietstheilen sehr rasch um sich griff.*) Die Schreiben der beiden Conventualen, die der Stadt Worms die gedachte Forderung stellten, des Frater Ludovicus a Musis und des Fr. Bonaventura Marius, folgen hier.

5. „Copia Schreibens an die Stadt Worms von Frater Johann Ludovico a Musis Ministro provinciali."

„Edle Ehrenveste Hochgelahrte ꝛc. Denenselben seynd meine demüthige willige Dinst vnd freundlicher Gruß jedesmahls anvor. Großg. liebe Herrn vnd Freund. Es werden E. E. vnd G. G. wieder allen Zweiffel in guter Erständnuß haben, wasmaßen vnßer des heil. Seraphischen Francisci conventualium Orden neben vielen anderen mehrerer Orthen gelegenen Klöstern auch deren eins in derselben des heil. Reichß Freystadt Worms bey den 300 vnd mehr Jahren in ruhiger possession gehabt, welches nachmahls iniuria temporum ruiniret vnd 1539 durch vnßeres Ordens damahlens geweßenen provincialen Bartholomaeum Hermann der Stadt mit allem Zugehör übergeben vnd donirt worden, mit was Fug, will ich jetzo vnberührt laßen, wenn ich aber glaubwürdig vernim vnd berichtet werde, daß jetzt ernant Euers Ordens Gottes Hauß vnßere de observantia, damahls ad distinctionem nostras familias reformirt genante Barfüßer patres in ihre Hände zu bringen begehren; alß hab ich aus Schuldigkeit tragendes Ambts denenselben ohnangefügt nicht sollen laßen, daß mehr ermeltes franciscaner Closter nit ihren Patribus de observantia nuncupatis, sondern vnß Conventualibus zugehörig gewesen, inmaßen Bartholomaeus Hermann leider in serie Provincialium nostrorum gefunden wirdt, auch zu Hagenau in unßerem Chor begraben ist; zudem wurden ern. patres selbig mahl ad discrimen ordinis nostri reformirt, wir aber entgegen ratione quorundam privilegiorum a St. ecclesia bona mobilia et immobilia possidendi impetratorum nit reformirte Franziskaner, wiewohl sonsten gemeiniglich allezeit vnd jetzt franciscani conventuales genant; dann auch weil sie patres de observantia niemahlß einzige Güther vi regulae expressionis Erlaubniß [gehabt] zu besitzen, vnßer Kloster aber zu Worms, inmaßen der gantze Orden, concessione summorum pontificum et novissimi sancti conciliii Tridentini liegende Güther, renth vnd Zinß gehabt; gelangt demnach mein vnd des gantzen Ordens an E. E. vnd G. G. demüthiges Ansuchen, sie geruhen aus gebührender Gerechtigkeit, obaugeregt

*) Vgl. die Geschichte der Wormser Jesuiten im Abschn. IV. vorliegender Arbeit.

unßer in dero Reichs Stadt gehabtes Barfüßer Kloster oder deßen Platz weder obangeregten Patribus de observantia, noch einigen anderen, wer der auch seyn möglte, so dieser orthen nicht zu praetendiren oder zu suchen, auf allen Fall der restitution einzuräumen, sondern vielmehr gegen vnß, als denen es von Gottseeligen Stifftern anfangs der fundation gemein, worden, nach vnßerem Ansuchen geneigt vnd gewogen sich erzeigen, im übrigen aber würde sich vnßer Orden gebührender Orthen wißen vnd schuldig sein zu beklagen. Will mich aber bey dero E. E. vnd G. G. nach wenig Wochen (geliebts Gott) selbst persöhnlich praesentiren vnd vnßer causam der Gebühr nach neben völliger information bei denenselben prosequiren, alßdann von denselben gn. Audientz vnd günstige Antwort verhoffen, E. E. v. G. G. göttlicher getreu Obhalt, mich aber vnd den h. Orden in dero favour vnd Gunst demüthig wohl empfehlendt. Dat. Villingen ad S. crucem in conventu nostro d. 13ten Nov. anno 1628.*)

E. E. G. G. demüthiger Diener

gez.: Frat. Joannes Ludovicus a Musis S. Theol. D. ord. minorum Conveut. provinciae Argent. Superioris Aleman. minister provincialis.

(Vgl. Fol. 10. 11. der Urkundenabschriften.)

Das folgende Schreiben ist früheren Datums als das vorhergehende und dürfte von Bonaventura Marius an Ludovicus a Musis abgegeben und von diesem als Beilage zu dem vorstehenden Schreiben an den Magistrat der Stadt Worms geschickt worden sein.

6. „Copia Schreibens an die Stadt Worms von F. Bonaventura Mario Franciscano Commissario".

„Edle, Ehrenveste, Hochgelährte 2c. Nachdem meine vorgesetzte Obrigkeit glaublich in Erfahrung bracht, auch von den Patribus observanten 2c. selbsten vernommen, wie daß ermelte observanten allerhand Mittel und Weg suchen, das in Euer Stadt gelegene Barfüßer Kloster vnß unwißend unter sich zu bringen, doch aber benebent erinnert, daß solch Gottes Hauß der Barfüßer vnß (so nit reformirte Conventuales genennt werden) je vnd allzeit zugehörig gewesen vnd weiß nicht durch was vermeinten contract (den man diffeits auff seinem werth vnd Unwerth noch der Zeit beruhen läßt) von weiland vnßerem gewesenen P. Provinc. Bartholomaeo Hermann, der in Vnßerem Gottes Hauß vnd Kloster zu Hagenau begraben ligt, denen Herrn der Stadt vor diesem überlaßen worden seyn soll. Alß hat vnßerem Seraphischen Orden vielmehr obliegen vnd gebühren wollen, sich solches Vnßeres Gottes Hanßes vnd Barsüßer Closters zu Worms, so unß Conventualen erbaut worden, der Gebühr wieder anzunehmen; derowegen in virtute salutariae obedientiae per R. patrem vicarium dieser vnßer durch das oberteutsche Straßburgischen proviat, Fr. Joann. Angellum Kneiff**) S. Th. Doctorem, alß unser ordentliche Obrigkeit der Zeit, mir solches nacht zu nehmen ernstlich befohlen worden: alß hab ich schuldig gehoriam E. E. v. G. G. solches schrifftlich anzufügen nit unterlaßen sollen, mit dem dienstfreundlichen ersuchen, obgedacht vnßer Barfüßer Kloster vnd Gottes Hauß zu Worms weder den F. F. Observanten oder einigen anderen Orden, wer der auch sene (ohne vnßer Vorwißen vnd einwilligen nit) sondern vielmehr vnß, als den ersten

---

*) In obiger Copie steht in Folge eines Schreibfehlers statt 1628 unrichtig 1623. Nach der Angabe der Chronik unsrer Gymnasialbibliothek trägt obiges Schreiben das Datum des 19. Nov. 1628. (Vgl. oben S. 85.)

**) So ist deutlich in dem Manuscript des Wormser Archivs geschrieben. Dagegen schreibt Pfarrer Lehmann aus Herxenheim in seiner „Urkundlichen Geschichte der Klöster in u. bei Worms" (Archiv für heß. Geschichte u. Alterthumskunde, Bd. II., Heft XVII. (erschien 1840) S. 320: „Angelinus Kneiß". Aus dieser Differenz ist ersichtlich, daß Lehmann aus anderen Manuskripten geschöpft, als wir. Leider hat er nicht angegeben, wo sich dieselben befinden.

Einwohnern vnd possessoribus, welche beßer Recht vnd Fug darzu haben, auf allen Fall der restitution wieder einzuräumen. Gestalten wir denn ohne des verhoffens, es werden E. E. v. G. G. gegen vnß als alte vielmehr, dann andere, so deren Orthen nichts ohne vnßeren außdrucklichen consens zu fordern vnd zu praetendiren haben, geneigt vnd gewogen seyn, auff den widrigen vnd unverhofften Fall aber, sich vnßer Orden der Gebühr nach zu beklagen vnd sein jus vnd action prosequiren nicht unterlaßen können noch sollen, E. E. vnd G. G. göttlicher providentz, mich aber vnd den H. Orden zu beharrlichen Gunsten wohl beseelend, erwarte in Kurtzem eine willfährige Antwort. (Geschehen auß dem Closter Speyer ad S. Franciscum, der zu den Barfüßern genant, d. 25. Oct. 1628".

E. E. v. G. G.
getreuer
Fr. Bonaventura Marius
Francisc. auctoritate Commissarius
ad R^m vicarii Prov. etc.
(Vgl. Fol. 11. 12. der Urkundenabschriften.)

Der Magistrat trat der Anmaßung der Franziskaner in zwiefacher Weise entgegen. Obwohl Kaiser Ferdinand II. am 3. Aug. 1628 in dem Erlaß, durch den derselbe das Barfüßerkloster den Observanten zusprach, dem Magistrat eröffnet hatte, daß ihn die Stadt deswegen weiter nicht "anlaufen oder bemühen" solle: richtete der Magistrat dennoch unter Beifügung aller Urkunden über den rechtmäßigen Erwerb des Klosters zum Zweck der Vertheidigung seines guten Rechts am 22.12. Dec. 1628 eine Bittschrift an die Majestät; und außerdem klagte der Rath bei dem Kammergericht gegen die Observanten Fr. Theodor Rheinfeld und Fr. Alexius, indem er das Kammergericht ersuchte, daß dasselbe gegen die genannten Franziskaner eine Citation beschließe, ihnen dafür eine bestimmte Zeit ansetze und bestimme, daß dieselben ihre anmaßlichen Forderungen vorbrächten; im Falle der Unterlassung dieses Nachweises möge das Gericht den verklagten Observanten ein ewiges Stillschweigen auferlegen. (Worms. Arch., fasc. Barfüßer-Kloster, Fol. 1, 2, Copia Supplicationis pro citatione etc. In Sachen Herrn Städtmeister, Burgermeister und Raths des H. Reichs freyen Stadt Wormbs contra Fr. Theodorum Rheinfeld provincialem et Fr. Alexium praesidem etc.)

An den Kaiser Ferdinand II. richtete der Rath ein Schreiben, das in der Copie des Wormser Archivs drei und zwanzig Folioseiten einnimmt. Einige Stellen desselben mögen hier folgen.

7. "An die Röm. Kaiserl. Majestät Allerunterthänigstes Schreiben E. E. Raths der Stadt Worms mit überschickung der Exception contra Ordinem St. Francisci de observantia, die begehrte restitution ihres etwa daselbst gehabten Closters betreffend", Sub dato 22./12. Dec. 1628."

"Ist solchem nach an dem, alß mehr gedachtes Closter zum Barfüßer, nunmehr unßer lateinische Stadtschule, vor mehr alß 100 Jahren auß abiterben und ermangel mehrermelter Ordensbrüder sehr gestanden, vnbt in eine solche augenscheinliche ruination, Einfall vnd Vergehung an der Kirchen vnd andern Gebäuen erwachsen vndt kommen, daß Niemand mehr darinnen wohnen, noch solches des Ordens Armuth wieder restituiren vnd erbauen können, noch mögen, daß beßwegen der damalige durch Germanien provincial des nit reformirten Barfüßer Ordens, Herr Bartholomaeus Hermann, der heiligen Schrifft Doctor, anno 1539, also nun mehr schier vor 90 Jahren ganz wohlbedächtlich, auß sonderbahrer Zulaßung vnd Bewilligung des Ordens vndt Päbstlicher Heiligkeit verordneten Generalis vnd dann mit Hülff vnd Rath der würdigen Herrn Brüder Johannis Petri Quardians zu Speyer unbt Brud. Joan. Alspach des Closters zu St. Clarae zu Maynß confessoris, mehr ermelten Ordens arm verfallen Closter, mit allen seinen Zugehörden und kleinen geringen Einkommen, Zinßen und Gülten außer oder innerhalb der Stadt Wormbs, nichts außgenommen, ewiglich und unwiderruflich übergeben, donirt und alß eine Gottes Gab zugestellt habe, wie solches in allen Rechten, Geistlichen und Weltlichen, auch sonsten am aller kräfftigsten und beständigsten seyn soll, kan oder mag, frey und lauter, umb Gottes willen, der Stadt Wormbs angehörigem Spital, vor der Martins Pforten, in der Vorstadt gelegen, Hospitale peregrinantium oder die elende Herberg genant, also und dergestalt, daß hinfürter ermelten Spitals von Einem Ehrsamen Rath geordnete Pfleger solch arm verfallen undt zerbrochen Closter sambt denen geringen Gefällen zu handen nehmen, dieselbe nach ihres Hospitals Gelegenheit undt Nothdurfft nutzen und brauchen, verlauffen, abbrechen, und wiederumb aufferbauen und damit schalten und walten sollen undt mögen, wie mit andern ermelten Spitals eigenen Gütern, ohne Intrag undt Hinderung sein, seiner Nachkommen, ihres gantzen Ordens nubt männigl.: doch soll hergegen auch dem Orden umb Gottes willen zu gutem in ermeltem Spital auch ein sonderlich Gemach alß stuben und Cammer verordnet und zugericht werden, darinn ein jeder provincial in visitation Zeiten nubt andern zu nubt abreiten, auch andere offt ermelten Ordens Priester und Professen, so jederzeit ihren Durchzug mit urkundlichem Schein von ihrer Obrigkeit, durch Wormbs haben würden, ihre Wohnung über Nacht haben mögten, welchen auch also gebührlich essen und trinken zur Nothdurfft, ohne einige Bezahlung, also auch umb Gottes willen, gegeben und außgetheilt, auch die lieblich undt freundlich gehalten undt tractiret werden sollen; und soll auch über solches Er. provincial, seine Nachkommen undt der gantze Orden ahn offterm. Spital, deren (Herberg) Pfleger oder auch Einen Erbahren Rath der Stadt Wormbs, dieses Ordens arm verfallen Closters halben, kein weiter Ansuch haben oder suchen, und damit obangeregte donation und übergab, und solche handlung Krafft und bestand haben, den auch also, wie gesetzt, gelebt und nachkommen werde, so hat Er. Herr Bartholomaeus, provincial obgenant, vor sich und alle seine Nachkommen bemelts ordens, und denjelbigen seinen Orden bey seinen guten wahren treuen und würden, anstatt geschwornen Ende, mit guter Wißenheit gelobt und versprochen, solche donation und übergab wahr, stet, vest und unverbrüchlich zu halten, dar wieder nimmer zuthun, noch schaffen gethan zu werden, in keinen weg, wie das allermännigl. Sinn und Gemüther kömen oder mögten, mit rechtmäßiger Verzeihung aller und jeglicher privilegion (Gnaden und Freyheiten, die Er. provincialis oder sein Orden jetzund haben oder hernach überkommen mögten, darzu der restitution, absolution undt aller andern Gnaden, wie die seyn oder genant werden, also, daß Er. seine Nachkommen nubt gedachter Orden dieselbe nimmer mehr bitten, begehren oder anßbringen, auch ob die auß Verleihung hoher Obrigkeit gegeben würden, nicht behelffen noch brauchen sollen, noch wollen. Er Bartholomaeus Provincialis, obgemelt, hat auch dabeneben versprochen, zu erster Gelegenheit solcher Uebergab und donation eine genugsame ratification undt confirmation von Päbstlicher Heiligkeit oder dero ordentlichen vollkommenen legaten, damit es desto stattlicher gehandhabt werde, zu erlangen und anzubringen. Gefährde und Argelist hierinnen gäntzlich außgeschieden, und zu weiterer Urkund hat Er Bartholomaeus Doctor undt Provincial offt genannt, von sein, seiner Nachkommen nubt des gantzen Ordens wegen, sein provincial Ambt- Insiegel an diesen Brieff gehangen: dargeben nubt geschehen ist Dinstag nach Michaelis, den andern des Monaths October, 1530, alles buchstäblichen und mehreren Inhalts beygefügter vidimirter donation und übergab. Darauf hernacher von weyl. dem Hochwürdigsten Herrn Casparo Tituli S. Apollinaris S. R. E. Presbytero Cardinali Contareno apostolicae sedis

Bruchstück aus dem Schreiben der Stadt an Kaiser Ferdinand II., d. d. 22. Dez. 1628.

in partibus Germaniae de latere legato der Consens (weßwegen dann unßere damahlige liebe Vorfordern im regiment Ihme Herrn Provinciali Dom. Bartholomaeo Hermann pro donatione remuneratoria vel vicissitudinaria 700 fl. (solche in anderer Ordens Clöster Nutz nach seiner Gelegenheit außzutheilen und auffzuwenden) und dann 30 fl. an Kosten, zu Erlangung angeregter confirmation, eine obligation von sich gegeben, solches Geld auch nach der Hand würkl. geschoben) auch erfolgt, deßen allenthalben auf die hierbey befindliche vidimirte copias beliebter Kürtze willen hiermit gezogen. Dabey es nicht verblieben, sondern es ist auch nachfolgend solche donation und übergab von damahliger Kayserl. Röm. Majestät weyland Kayser Carolo dem Vten. Christmildesten Angedenckens allergnädigist und beständigster maßen confirmiret, corroboriret und beständiget worden, gestaltiam hierbey mit einkommende vidimirte Copey des ernstlichen Kayserl. Gebotts und respect. Verbotts mit mehrerem aufweißet. Und obwohlen in 10 Jahren nach beschehener donation und übergab, benantlich anno 1549, weyland Hr. Bruder Heinrich Stollenßen, Barfüßerordens im Obern Teutschland, damahliger provincial, vielgemelten D. Hermanns Successor seel., sich vielgemelten Closters, selbiger Zeit aber allbereit Unßerer latein. Stadtschuhlen, in etwas wiederum anzumaßen vermeintlich unterstanden: so Er doch auf erstgedachter Unßerer Vorfahren in Schrifften beschehenen gründlichen Bericht und erfolgte wieder Antwort, Innhallts der Beylage, dabey alsobalden acquiescirt und sich zur Ruhe begeben, inmaßen dann die gantze Zeit über, diese jetzige Neuerung außgeschieden, das geringste nicht wieder gesucht oder praetendiret worden." (cf. Fol. 17.) Hierauf wird in dem Schreiben an den Kaiser darauf hingewiesen, daß den die Restitution verlangenden Obierwanten die Berechtigung dazu von dem anderen Zweige des Franziskanerordens, den Conventualen Ludovicus a Musis und Bonaventura Marius, bestritten wird; und es folgt dann nach weiterer Ausführung des auf dem vorhergehenden beruhenden Rechtstitels Berufung auf den Passauer und Augsburger Religionsfrieden, welche schließt, wie folgt:

„Weilen nun unßer Hospital und consequenter gemeine Stadt Worms das offt ernante vor Jahren geweßene Barfüßer Closter, nunmehro aber Unßere lateinische Schul, mit eingezogen, sondern daßelbige, wie zum öftern Anregung geschehen, Anno Christi 1539, und alßo 13 Jahr vor dem Paßauischen Vertrag, 16 Jahr aber vor dem Religionsfrieden iusto titulo an gemelte Stadt Wormbß kommen, und nit ad profanos usus, sondern dem angezogenen Paß des Religionsfriedens in den Buchstaben gemäß, zur Schule, gleichfalls der Augsburgischen Confession gemäß, gewidmet und angewendet (wann auch von Menschen Gedencken) und alßo ultra tempus immemoriale in quieta possessione biß uff heutigen tag verbliben, So können wir nicht sehen oder bey unß befinden, quo iure et praetextu unß daßelbige an- oder abgesprochen werden könnte." (Vgl. Fol. 12—23 der Urkunden-Abschriften.)

Signatum Wormbß den 22.12. Dez. 1628.

Ew. Kayserl. Majestät
Allerunterthänigste getrew willigste vnd gehorsambste Stadt-Burgermeister
vnd Rath der Stadt Wormbß.

(Vgl. Fol. 24.)

Ueber die Verhandlungen, die in der folgenden Zeit hinsichtlich des Barfüßerklosters, zu letzt, wie Lehmann und Wagner erzählen, sogar zwischen Kaiser Ferdinand II. und Pabst Urban VIII. geführt wurden, ist es in Ermangelung der betreffenden Urkunden und beglaubigter Nachrichten nicht möglich, hier Urkundliches zu berichten. Jedenfalls erschien der Schwedenkönig

118 Streit des Kaisers Ferdinand II. und des Papstes Urban VIII. um das Gymnasialgebäude 1630—1632.

Gustav Adolph auch dem gefährdeten Gymnasium zu Worms als ein Helfer in der Noth und die Erfolge der schwedischen Waffen sicherten demselben sein wohl erworbenes Schulhaus.

Da aber die wenigen Angaben, die Lehmann in der oben erwähnten „Geschichte der Klöster in und bei Worms" über den Streit der Barfüßer um das Gebäude des lutherischen Gymnasiums macht, mit den von uns hier benutzten Urkunden ziemlich genau übereinstimmen, so dürfen wir annehmen, daß auch folgende Nachrichten Lehmanns über den Ausgang dieses Streits, den wir nicht durch Vorführung der Urkunden selbst darzustellen vermögen, wahrheitsgetreu aus den Quellen geschöpft sei.*) „Die Wormser erwiederten den Conventualen", wie Lehmann erzählt, „am 27. Februar 1629 — also acht Tage vor dem Erlaß des verhängnißvollen Restitutionsedicts Ferdinands II. vom 6. März 1629 — mit Festigkeit, sie seien nicht gesonnen, die Gebäude herauszugeben, weder ihnen, noch den Observanten. Während dem wurde zur Schlichtung dieser Angelegenheit eine besondere kaiserliche Commission niedergesetzt, an welche sich der Provinzial der Conventualen, am 29. Mai 1629, zugleich und dringend schriftlich wandte; aber auch diese Commission konnte das erwünschte Ziel nicht erlangen; daher der genannte Provinzial, am 22. December desselben Jahres, nochmals in einer Bittschrift den Kaiser um Hülfe ansprach. Endlich legte sich der Papst Urban VIII. ins Mittel und entschied, dem Kaiser entgegen, welcher sich unberufen in diesen Streit gemischt hatte, durch ein Breve vom 25. Februar 1630 zu Gunsten der Conventualen, welchen die Observanten auf eine nichtswürdige Weise das Kloster zu entreißen gesucht hätten. — Das sonderbare und lächerliche bei dieser ganzen Geschichte ist, daß noch keine der beiden uneinigen Partieen bisher im Besitz und Genuß des streitigen Gegenstands gewesen war. — Zugleich wurde der Bischof von Worms durch den Papst als Commissarius in dieser Angelegenheit aufgestellt und dies dem Provinzial der Conventualen am 14. Sept. 1630 durch den Dominikaner Guardian Marcus von Speier angekündigt. Der genannte Bischof forderte letzteren, welchem sein Provinzial die Verhandlungen dieses Geschäftes aufgetragen hatte, am 14. Dezember desselben Jahres auf, mit seinen Beweisschriften bei ihm zu erscheinen. Am 2. Jan. 1631 wandte sich der Guardian von Speier nebst seinem ganzen Convente mit einer Bittschrift an den Bischof in Worms und ersuchte denselben um seine Verwendung für seine Partie; ja noch im Jahre 1632 wurde in dieser Sache unterhandelt, und der Himmel weiß, bis wann diese ärgerliche und hartnäckige Geschichte zu Ende gekommen wäre, wenn nicht die siegreichen schwedischen Waffen alle ferneren Verhandlungen abgeschnitten hätten." (Lehmann. Gesch. der Klöster in und bei Worms, im Archiv für hess. Gesch. x., Band II, Heft XVII. S. 321. 322.) So retteten, als Kaiser Ferdinand II. und Papst Urban VIII. um das reichsstädtische Gymnasium zu Worms in Streit gerathen, die Schweden allein seine Gebäulichkeiten, nach denen Barfüßer, Jesuiten, Dominikaner, Kapuziner lüstern gewesen. Im Dezember 1631 rückten die Schweden in Worms ein.

6. Einige Notizen über das Lehrerpersonal und die Einrichtung des lutherischen Gymnasiums zu Worms in der Zeit von 1608—1689.

Für die Zeit von 1608—1689 beschränken sich nach dem Ergebniß unserer seitherigen Nachforschungen die Nachrichten über das reichsstädtische Gymnasium zu Worms auf nicht viel mehr,

---

*) Vielleicht ist ein Specialist, der in solchen Dingen zu Haus ist, leicht im Stande, die oben gedachten Quellen ausfindig zu machen.

als auf eine Anzahl von Namen der Visitatoren, Rectoren, Conrectoren und andrer Lehrer, die wir in den Protokollbüchern der lutherischen Kirchengemeinde zu Worms entdeckten. Da den Namen der gedachten Lehrer in den Kirchenprotocollen stets der jeweilige Titel nebst der Bezeichnung der Gymnasialklasse, deren Lehrer sie gerade waren, beigefügt ist, so läßt sich aus der Nebeneinanderstellung der gleichzeitig vorhandenen Lehrer wenigstens der Umfang der Organisation und des Klassensystems des Gymnasiums für gewisse Jahre ermitteln.

Da es nun möglich war, für die vorliegende Arbeit nicht wenige Nachrichten aufzufinden, die vorher unbekannt, ungeprüft oder unbearbeitet waren, so darf die Hoffnung nicht aufgegeben werden, daß vielleicht weiteres Material für die Wormser Schulgeschichte des 16. und 17. Jahrhunderts in den vielen Actenpäcken des Wormser Archivs gefunden wird, die zum Theil schon gegen das Ende des vorigen Jahrhunderts geordnet, nun fast ein Jahrhundert lang, ohne recht benutzt worden zu sein, im sicheren Gewölbe des reichsstädtischen Archivs unseres Bürgerhofs gestanden. Es ist zu vermuthen, daß unter Acten des vorigen Jahrhunderts noch manche für uns interessante Papiere des 16. u. 17. Jahrhunderts oder Copien derselben als Voracten aufgehoben oder verschoben sind. Allein es ist zu zeitraubend, für eine specielle Arbeit große Actenmassen zu durchsuchen. Eine planmäßige Durchforschung und Sichtung der Acten unsres Archivs würde für die Geschichte der Stadt Worms vom 16.—18. Jahrhundert gewiß interessantes Material an's Tageslicht bringen.

Auf die Kraft und Blüte, welche der Stadt Worms sogar während des dreißigjährigen Kriegs noch eigen war, kann man schließen, wenn man sich vergegenwärtigt, daß sie ein Gymnasium mit einem Umfang von fünf zweijährigen Klassen während dieses Krieges aufrecht erhalten konnte, in dem sie, von anderen Opfern und Verlusten verheerender Kriegszeiten abgesehen, nach den Berechnungen der Stadt, die von derselben dem Reichstag in Regensburg vorgelegt worden sein sollen, an Kriegskosten eine Summe von $2\frac{1}{4}$ Millionen Gulden gezahlt haben soll.

Nach den Taufprotokollen der lutherischen Kirchengemeinde zu Worms besaß die Anstalt bereits im Jahre 1628 wieder fünf Klassen; denn als Lehrer der fünften Klasse wird in zwei Protokollen vom 9. Nov. 1628 und 24. Dez. 1632 Bernhard Ludwig Hertrich genannt. Im Jahre 1682 ist Johann Balthasar Schüler Lehrer der fünften Klasse. Es scheint deshalb wahrscheinlich, daß der Magistrat in dem Jahrhundert, in welchem er dem Vorgehen der Jesuiten in Worms wirksam entgegen treten mußte, seinem Gymnasium, das damals mitunter auch den Namen Schola senatoria führte, die guten Einrichtungen wirklich gegeben habe, von denen die Rathsherrn, Scholarchen, Visitatoren, Rectoren und Präceptoren des 18. Jahrhunderts in den noch vorhandenen Scholarchatsacten öfters rühmend sprechen. Der Werth der damaligen Anstalt und selbst ihres Gebäudes dürfte aus dem Eifer zu erkennen sein, mit dem die Barfüßer und andere protestantenfeindliche Orden, wie oben (S. 109—118) erwiesen wurde, das Gymnasialgebäude sich anzueignen suchten.

Fragt man nach besonderen Gründen solcher Blüte des reichsstädtischen Gymnasiums während des 17. Jahrhunderts, so muß berücksichtigt werden, daß das kurpfälzische Gymnasium zu Neuhausen, welches das evangelische Gymnasium zu Worms in der zweiten Hälfte des 16. Jahrhunderts gewiß beeinträchtigte, bald nach dem von demselben im Jahr 1615 gefeierten fünfzigjährigen Jubiläum eingegangen war (s. oben S. 104.); und viele Reformirte werden im Zeitalter der Religionskriege weniger Bedenken getragen haben, die lutherische Schule zu Worms zu besuchen, da die Noth aller Evangelischen doch häufig den inneren confessionellen Hader der Protestanten zum Schweigen brachte. Wie später erzählt wird, hatte die lutherische Stadt Worms an dem reformirten Kurfürsten von der Pfalz Friedrich III. bereits im 16. Jahrhundert öfters ihren besten Beschützer.

Scholarchen und Visitatoren des lutherischen Gymnasiums zu Worms im 17. Jahrhundert.

Als Scholarchen fungirten jeweilig einige Mitglieder des Raths, denen in der Regel ein früherer Stadtmeister präsidirte, meist viele Jahre, da der Director des Scholarchats für sein Amt einer reichen Erfahrung bedurfte. Der erste, welcher uns als Scholarch genannt wird, ist der Sohn des Rectors Friedrich Zorn, M. Philipp Christoph Zorn, der im Jahre 1587 seinem Vater in der Prima als Gehülfe beigegeben worden (s. oben S. 80¹), im Jahre 1622 Mitglied des Dreizehnercollegiums und später auch Stadtmeister wurde. Vgl. hierüber die oben (S. 98, Anm.) mitgetheilte Notiz des Gymnasialvisitators Sigismund Gerlach.

Da die Visitatoren des reichsstädtischen Gymnasiums, sämmtlich lutherische Pfarrer zu Worms als Mitglieder des Scholarchats, die das Recht besaßen, zu jeder Zeit in die Angelegenheiten des Gymnasiums einzugreifen, stets einen großen Einfluß auf diese Schule ausübten, so mögen die überlieferten Nachrichten über das Leben und die Persönlichkeiten derselben, auch soweit dieselben sich nicht aus den Scholarchatsacten ergeben, an geeigneter Stelle mitgetheilt werden. Aus dem ersten Jahrhundert der Geschichte des Gymnasiums wird uns kein Name eines geistlichen Gymnasialvisitators genannt; und es ist sehr wahrscheinlich, daß dem Rector M. Friedrich Zorn kein Visitator zur Seite stand, daß vielmehr der bedeutende Mann, der selbst dem Magistrat zu Worms in vielen wichtigen Dingen ein vortrefflicher Berather war, unmittelbar mit dem Scholarchat und Rath die lateinische Schule verwaltete. Dieses Verhältniß war gewiß das gesundeste.

Als Visitatoren des Gymnasiums werden später aus der Zeit vor der Einäscherung der Stadt vier Geistliche bestimmt genannt, zwei andere können vielleicht als solche vermuthet werden. Sigismund Gerlach (Suspiria Sancta ec., S. 224) nennt als Gymnasialvisitator den Pfarrer M. Wenzel, von dem er schreibt: „Herr M. Michael Wencelius auf die 24 Jahr Pfarrherr und endlich visitator ac senior, Compater et collega fidissimus. Dieser ist geboren zu Hagenau im Jahr Christi 1588 den 25. Tag May zwischen 12 und 1 Uhr. Sein Vatter war weyland Michael Wencelius Stattkiefer zu Hagenau. Kombt nacher Worms anno 1618, als er durch drey Schreiben vociret worden; anno 1625 wird er deß Gymnasii visitator, welches officium er dann mit großem Lob versehen." Seine Probepredigt hatte er im Jahr 1616 in der St. Magnuskirche gehalten. — Er starb 1640.

Nach Wenzel scheint Sigismund Gerlach Gymnasialvisitator geworden zu sein: denn derselbe nennt sich auf dem Titelblatte seines im Jahr 1647 erschienenen Buchs: Suspiria Sancta etc. ausdrücklich Gymnasii visitator. Derselbe war aus Speier gebürtig und zu Bechtolsheim, eine Zeit lang Prediger gewesen; hat am 1. Mai 1635 in der Kirche zu St. Magnus seine Probepredigt mit Ruhm abgelegt und ist an die Stelle des zu Worms geborenen Johann Georg Hotzel lic. theol. getreten, der nach dreijähriger Wirksamkeit an der Pest gestorben war.

In Muhls Geschichte der Wormser Prediger (Chron. der Worms. Gymn.-Bibl., Fol. 420) wird erzählt, Gerlach sei 1662 gestorben. Nach Gerlach wurde Gymnasialvisitator M. Georg Schmidt, aus Augsburg gebürtig, und früher Pfarrer in dem Rheingräflichen Orte Grumbach. Er wirkte von August 1641 in Worms 25 Jahre mit großem Segen und erprobter Rechtschaffenheit als Geistlicher, ward Ministerii Senior und Gymnasialvisitator. Im Jahre 1666, als die Pest in Worms grassirte, wurde er nebst seiner Ehegattin, einem Sohn und einer Tochter am 18. September ein Opfer der wüthenden Seuche. Einer von seinen gelehrten Söhnen war Dr. Joh. Andreas Schmidt, ordentlicher Professor der Theologie und Kirchengeschichte zu Helmstädt und Abt zu Marienthal. Welche Geistlichen nach M. Schmidt Visitatoren des Gymnasiums waren, ist nicht überliefert. Man wird nicht irren, wenn man annimmt, daß der Mühe dieses Amts die folgenden Senioren des geistlichen Ministeriums sich unterzogen. Zunächst war wohl 1666—1669 M. Heinrich Schröder Visitator, der Rector in Lauterbach, dann 1650—1663 Rector des Pädagogiums in Darmstadt gewesen, als Ministerii Senior am 21. Oct. 1669, von der Bürgerschaft hochgeehrt, durch ein Fleckenfieber starb. Ihm folgte als Visitator Matthias Meigener 1669—1678. An dessen Stelle trat wieder ein Rector des Pädagogiums zu Darmstadt, M. Johann Georg Petri. Derselbe war vom 1. März 1670 bis 8. März 1680 Pfarrer zu Worms, 1678—1680 Ministerii Senior und wohl auch Visitator. Er wurde Pfarrer zu Heidelberg. Der letzte Visitator vor der Einäscherung der Stadt war 1680—1689 der Senior des geistlichen Ministeriums M. Johann Christoph Beyer aus Ulm. Nachdem derselbe acht Jahre Hochfürstlich Baden-Durlach'scher Hofprediger gewesen, wurde er 1671 auf Ansuchen des Reichsstadt Worms als vierter Prediger überlassen, stieg in seinem geistlichen Amte von einer Stufe zur andern bis zum Seniorat, erlebte aber nicht die Zerstörung der Stadt, sondern starb vier Wochen vor derselben am 3. Mai 1689, 54 Jahre alt. (Vgl. Muhl's Gesch. der Worms. Predig. im Worms. Gymnas.-Progr. von Ostern 1780, S. 10 u. 11; und die Predigergeschichte in der Chron. der Worms. Gymn.-Bibl. Fol. 421 a u. b.)

Rectoren und Lehrer des lutherischen Gymnasiums von 1608—1689.

Im Folgenden mögen die jedenfalls unvollständigen Namen der Rectoren und Lehrer zusammengestellt werden, die fast alle in den Kirchenbüchern der lutherischen Kirchengemeinde zu Worms verzeichnet sind.*) Die zu den Namen gesetzten Jahreszahlen geben nur an, in welchen Jahren die Protocolle die Namen erwähnen; die genannten Lehrer können also auch schon früher oder noch später als in den angegebenen Jahren eine Stelle am Gymnasium bekleidet haben.

Als Rectoren des 17. Jahrhunderts sind nach dem Tode des Rectors M. Friedrich Zorn verzeichnet: M. David Hasius (1611), der vorher, seit 1608, Conrector an dem Gymnasium gewesen war; M. Christian Martinus (1618, 1620, 1632†); M. Jacob Daniel Fabricius (1625); M. Caspar Ebeling (1628); M. Johannes Güthcräus (1630); M. Johannes Philipp Palthenius (1631); M. Johannes Georgius Swalbacius (1637);**) M. Henricus Leusler (c. 1676);***) M. Johann Hartmann Wisler (1670, 1681); M. Martin Michaelis (1684—1689.)

Das Rathsprotokoll vom 20. Jan. 1616 sagt aus, daß dem damaligen Rector als Gehalt 300 Gulden angeboten wurden. Nach dem Protokoll vom 26. März desselben Jahrs wurde decretirt, daß der Rector die Schule von Lichtmeß bis Michaeli täglich in vier, die übrige Zeit aber in drei Stunden laboriren lassen solle. Laut Protokoll vom 28. Jan. 1628 wurden dem Rector M. Christian Martini als Gehalt dreihundert Gulden, und zwar zweihundert Gulden

---

*) Die Collegen Dr. Horiz und Friedrich Beder unterzogen sich im Sommer 1879 der Mühe, einen Theil der nachfolgenden Namen der im 17. Jahrhundert an dem Gymnasium wirkenden Lehrer in den Tauf-, Copulations- und Sterbe-Protocollen der lutherischen Kirchengemeinde aufzusuchen.

**) In den hier gegebenen Verzeichnissen tritt für die vierziger bis sechziger Jahre des 17. Jahrhunderts eine Lücke ein, weil das Taufprotocollbuch der gedachten Jahrzehnte verloren gegangen ist.

***) Daß Leusler 1676 Rector gewesen, schließen wir aus dem in unserem Besitz befindlichen Buch des Wormser Pfarrers Sigismund Gerlach, welches betitelt ist: „Suspiria sancta" etc. und auf dessen Titelblatt Leusler folgende Worte eingeschrieben: Henricus Leusler Scholae Patriae Rector Anno 1676.

an Geld und für das dritte Hundert Früchte und Wein zu geben versprochen. Die Rectoren M. **Martini** und M. **Jabricius** wurden Pfarrer in Worms. Die in der Chronik der Wormser Gymn.-Bibliothek enthaltene, nach den Sammlungen des Wormser Pfarrers und Gymnasialvisitators M. Kuhl verfaßte Geschichte der lutherischen Pfarrer der Stadt Worms, die für die Zeit von 1556 bis 1636 auch durch die Angaben Sigismund Gerlachs in dem Buche Suspiria sancta 2c. bestätigt wird, erzählt über die beiden Folgendes. „M. **Christian Martini.** Dieser ebenso beredte Prediger, als geschickte Schulmann war in dem Voigtländischen Städtlein Oelsnitz geboren und wurde an des Stephan Grün Stelle Anno 1624 berufen, am 0. Juli legte er seine Probepredigt ab, am 19. desselben Monats ist er eingesegnet worden. Er hatte vor dem Predigtamt das Rectorat bei der lateinischen Schule verseben, stand aber in diesem Schulamt nur sieben, im Pfarramt nur acht Jahre, maßen er am 20. April 1632 gestorben." Nach dieser Auslage wurde M. Martini im Jahre 1617 Rector des lutherischen Gymnasiums. Da nun nach obigem Protocoll vom 20. Jan. 1616 einem Rector ein Gehalt angetragen wurde, so ist zu vermuthen, daß zwischen dem Rector M. **Pasius** und dem Rector M. **Martini** noch ein anderer Rector als Vorgänger Martini's fungirte. Ueber den Rector M. **Jacob Daniel Fabricius** schreibt die gedachte Predigerchronik: „War bürtig von Idstein (?) und Pfarrer in dem Dalbergischen Städtlein Herrnsheim, wurde hernach Rector bei der lateinischen Schule zu Worms und Pfarrer daselbst nach dem Abiterben des Joh. **Mollenfeld.** Denn als er am 8. April 1625 seine Probepredigt abgelegt hatte, wurde er am 22. Mai, nämlich auf den Sonntag vocem jucunditatis oder rogate genannt, der Gemeinde vorgestellt und eingesegnet. Er hat beide wichtige Aemter wohl verwaltet." Er starb am 9. April 1638.

Bei der Erwähnung des Rectors und Pfarrers M. **Jabricius** schreibt Sigismund **Gerlach** (S. 228): „Von andern Predigern zu Worms zu melden, als nemblich von Herrn M. Jacobo Daniele Fabricio, so anno 1638 seeligsten auch seeliglich entschlafen, sind mit die Personalia ex singulari invidia entzogen worden. Doch ist alles verziehen, todt und ab." Vor der Kanzel der St. **Magnuskirche** in Worms liegt der Grabstein des Rectors **Fabricius.** Derselbe ist geziert mit dem schön gearbeiteten Wappen desselben, das einen Amboß, ein Zahnrad und Aegte in sich trägt. Die Umschrift des Grabsteins gibt folgende Personalien: A. C. MDXC. XXXI. Aug. nasc. Ilgelsheimii in comit. Grumbach Rev. et Clar. dom. M. Jacobus Daniel Fabritius: denascitur Wormatiae per XIII ferme annos ecclesiae minister orthodoxus An. M D C X X X II X. IX. Aprilis aetatis XLVIII triste desiderium sui relinquens. — Der oben genannte Amtsgenosse des M. **Fabricius,** Gymnasialvisitator und Pfarrer M. **Michael Wenzel,** der im Jahre 1616 als Prediger nach Worms berufen und an die Stelle des verstorbenen M. **Andreas Will** getreten, setzte dem verstorbenen Fabricius folgende Inschrift auf den Grabstein:

Nil robusta valent contra vim corpora mortis.
  Nil honor officium, nil genus ars et opes.
Immites Parcae caeco velut impetu quosvis
  Cum senibus juvenes sub sua sceptra trahunt.
Fabricium tollunt nostrum velut absque pudore
  Abripiunt terris, abripiunt cathedrae.
Fidus erat servus Christi, virtutis imago

Vera, gregem constans pascere cura fuit,
  Duplicis id templi nobis subsellia monstrant,
Civica turba probat, gens peregrina probat.
Servire ulterius potuisset dogmate plebi,
  Sed Jesu Christo sic placuisse vides.
Spiritus in caelis exaltet ovansque triumphet
  Et socium expetet corpus subinde suum.

    M. **Johann Hartmann Mißler** wurde 1683 Rector in Stade (vgl. die nachfolgende Biographie des Conrectors **Schilb.**)

Es ist noch ein Zeugniß vorhanden, aus dem sich die Bestrebungen und Leistungen des Rectors M. Misler und seiner Schule erkennen lassen. Begabtere Primaner verfaßten damals nicht nur mit allem Fleiße lateinische Ausarbeitungen, sondern disputirten auch öffentlich auf Grund der von ihnen ausgearbeiteten und im Druck erschienenen Abhandlungen. Im Wormser Archiv befindet sich noch eine solche Schrift, die, wenn auch weder ihr Inhalt, noch ihre Latinität heutigen Anforderungen genügen, dennoch für die Geschichte der Anstalt von nicht geringem Interesse ist. Sie ist verfaßt von dem Schüler Ludovicus Johannes Savigny aus Kirchheim in der Grafschaft Leiningen und in der Officin von Christoph Abel zu Worms im Druck erschienen. Auf dem Titelblatte kündigte L. J. Savigny an, daß er über seine Ausarbeitung am 15. April 1670 in öffentlicher Prüfung Rede stehen werde. Das gedachte „Exercitium gymnasiasticum", das dem Grafen Ludwig Eberhard zu Leiningen gewidmet ist, vertheidigt auf 16 gedruckten Quartseiten ausführlich Thesen „über den Krieg."*)

Nachdem M. Misler Rector in Stade geworden, verwaltete Conrector M. Johann Philipp Schild kurze Zeit als bloßer Stellvertreter das Rectorat, bis M. Martin Michaelis im Jahre 1684 vom Rectorat des Gymnasiums zu Corbach als Rector an das Gymnasium zu Worms berufen wurde. Derselbe war Rector bis zum Stadtbrand. M. Michaelis „erhielt nach der Zerstörung der Stadt Worms 1689 das Rectorat des Gymnasiums zu Darmstadt, starb aber schon nach *4 Jahren 1690." (Uhrig, Gesch. des Darmst. Gymnas. S. 33.)

Die Taufprotocolle enthalten die Namen folgender Conrectoren, bez. eines Prorector: M. Philipp Christophorus Jorn (1607), jener Sohn des Rectors M. Friedrich Jorn, der dem Vater im J. 1597 in der ersten Klasse als Gehülfe beigegeben wurde, im Jahre 1622 Mitglied des Dreizehnerraths zu Worms, auch Scholarcha und einmal (1634) sogar Stadtmeister wurde; M. David Basius (Prorector 1608, Rector 1611, vgl. oben); Abraham Hera (1621, 1628.); M. Jeremias Klohius (1620) war zugleich Cantor; M. Johann Philipp Klohius (1636, 1638, 1639); M. Georg Bernhard Hünerer (1674, 1681); Johann Philipp Schild (1683–1685); Johann Thomas Haas (1687). Ueber Conrector M. Hünerer berichtet die Predigergeschichte der Chron. der Worms. Gymn. Bibl. übereinstimmend mit Wuhle Gesch. der evang. Stadtprediger: „Ein guter Schulmann, ist von Darmstadt gebürtig und 25 Jahr lang zu Worms an der damals sehr zahlreichen lateinischen Schul Conrector gewesen, maßen er dahin 1658 berufen war und endlich 1683, nachdem er am 30. Mart. eine Probepredigt gethan hatte, den 3. April in des Herrn Pfarrer

---

*) Der Titel dieser Schülerarbeit ist: Polemologia thetica, quam adjuvante pacis principe sub patrocinio viri praeclarissimi DN. JOH. HARTMANNI MISLERI, Ph. M. laudabilis Gymnasii Wormatiensis Rectoris longe meritissimi etc. exercitii gratia pro ingenii conscriptam viribus publico exposuit examini respensurus LUDOVICUS JOHANNES SAVIGNY Kirchheimio-Leiningensis d. XV. April. MDCLXX hor. l. pomer. (Wormatiae Typis Christophori Abelii) Die Widmung lautet: Illustrissimo Generalissimoque Comiti ac Domino DNO. LUDOVICO EBERHARDO, Comiti in Leiningen etc. Exercitium hoc Gymnasiasticum humillima mente manuque consecrat et offert subjectissimus Cliens et servus humillimus Ludovicus Johannes Savigny. Es folgen hier einige Stellen aus der Einleitung zu diesem Exercitium gymnasiasticum, woraus sich die Disposition und der Zweck einer solchen Disputirübung ersehen läßt. „Pacis dum affulget serenitas, deliberandum de bello est, ne irruentis turbo Martis imparatos prorsus dejiciat. Frequentissimum calamitatis initium securitas est, Quapropter nusquam Imperator bonus ita pacl credat, ut se non praeparet bello, quod etiamsi non gerltur, ut Seneca dixit, indictum est." „Non vero altiusrlus indagine nostra controversiis nos intricabimus, sed saltim post belli nomen ciusdem descrlbemus naturam, exhibeblmusque divisionem, necessarium subvertemus apparatum: opinionemque denique fanaticam gerendi licentiam belli Christianis denegantem Imperantibus refelire pro virili adnitemur. Omnia thetice et breviter, ut ad Scholasticum commilitones provocemus praelium.

Lautz Stelle eingesetzt worden." "Er diente nur zwei Jahre und fünf Monate der Kirche, denn er starb am 27. Aug. 1685 an einem hitzigen Fieber." Der als Vorgänger des M. Hünerer im Pfarramt genannte M. Johann Sebastian Lautz, ebenfalls ein geborner Darmstädter, geb. 1642, war zuvor praeceptor tertiae classis am Pädagogium zu Darmstadt, dann Pfarrer in Auerbach an der Bergstraße gewesen. Derselbe ist in der Gesch. des Darmst. Gymnasiums nachzutragen.

Die in Wuhl's Predigergeschichte (S. 13) und in größerer Ausführlichkeit in der Chronik der Worms. Gymn.-Bibl. (Fol. 422 b) enthaltene Biographie des Conrectors Schild hat nicht nur für unsere Schulgeschichte, sondern auch für die Geschichte der Stadt einiges Interesse.*) Ist au das Licht der Welt gekommen in der Reichsstadt Friedberg am 17. Mai 1654, hat die Gründe seiner Wissenschaften in seinem Geburtsort, wo sein Vater damals Rector an der lateinischen Stadtschul war, nicht gelegt, weil derselbe anno 1658 an das Frankfurtische Gymnasium berufen und in der dritten Klasse die Jugend unterwiesen, sondern in dieser wohlbestellten Schul die sieben Klassen fleißig und rühmlich durchgegangen, und ist 1672 erstlich nach Gießen, hernach nach Jena und letztens nach Straßburg gezogen, gelehrte Wahrheiten in allerhand Wissenschaften zu sammeln. Als er demnach einen guten Vorrath von solchen gesammlet hatte, ist er zu Worms nicht nur am 22. Maii in Gymnasio, und zwar 1683, Conrector worden, sondern hat auch, weil der Rector Johannes Hartmann Mieler (f. oben S. 122. 123.) in gedachtem Jahr nach Stade an das dortige Gymnasium als Rector berufen worden, die erste Klasse mitversehen und Sorge für das Chor der acht alumnorum tragen, d. i. die Stelle eines Rectors vertreten müssen bis ao. 1684, in welchem der Rector Martinus Michaelis von dem Waldeck Corbachischen Gymnasio ist angekommen und ihm die sehr schweren Lasten erleichtert hat. Als im folgenden Jahre (1685) die vierte Pfarrstelle auf Absterben Hünerers erlediget worden, ist er den 7. Oct. nach abgelegter Probepredigt zum Predigtamt tüchtig befunden und durch dreier Prediger aufgelegte Hände in der „Predigerkirche" eingesegnet worden. Solches Amt hat er bis den 29. Mai 1689 nach Vermögen verwaltet und sonderlich an dem Pfingstmontag 1689 die letzte Predigt, worinnen er ein Decret des bevorstehenden Brandes verlesen, in der Predigerkirche unter denen bittersten Thränen und Jammergeschrei der höchst bedrängten Gemeinde gehalten, worauf er nebst andern der zum Feuer höchst unschuldiger Weise verdammten Stadt den Rücken müssen lehren und mit Leib- und Lebensgefahr den 31. geb. Monats (Pfingstdienstag) sich über den Rheinstrom nach Lampertheim begeben, allwo er gegen Abend den entsetzlichen Mordbrand mit betrübten Augen und geängstigtem Herzen mußte ansehen und fühlen, anbei sich die Rechnung machen, daß er von seinen schönen Büchern, vielen geschriebenen Merkwürdigkeiten, herrlichen Weinen, bequemem Haus und Hausrath x. nichts mehr würde zu sehen bekommen. Am 27. Oct. 1689, als er zu Lampertheim eine gefährliche Krankheit überstanden, ist er mit dem Bürgermeister Gloxin in Holland verreiset, um etwas für die verunglückte Stadt zu sammeln. Von dannen kam er nebst Herrn Gloxin am 3. Mai 1690 zu Frankfurt wieder an und überbrachte der dahin geflüchteten Obrigkeit die gesammelten Gelder, 354 Gulden, mit deren Zufriedenheit. Darnach ging er wiederum zurück zu seinen geliebten Wormsern.

---

*. Dr. Georg Lange citirt in seiner Geschichte von Worms (S. 172) folgendes Schriftchen über Schild, das wir bis jetzt nicht auftreiben konnten: „Erneuertes Andenken des Herrn J. P. Schild, evang.-luth. Predigers in Worms zur Zeit des unglücklichen Brandes. Eine Einladung auf das Osterexamen 1779; von G. P. Herwig, Rector des Gymnasiums.

welche er nicht auf dem zerstörten Platz, sondern auf der Maulbeerauen, einer großen Rheininsul, gefunden, woselbst Herr Pfarrer Textor eine schwere Krankheit unterdessen ausgestanden, weil er unter den Eichbäumen und Weiden sich nebst etlichen Hundert Menschen aufgehalten, denselbigen da geprebigt, Betstunden, Kinderlehren, Leichenpredigten gehalten und andere heilige Dinge verrichtet. Als aber Pfarrer Schild daselbst nebst andern wegen Ueberschwemmung des Rheins wieder in eine Krankheit gefallen, hat er sich auf Verlangen nach Frankfurt fahren lassen. Wie er daselbst wieder genesen, und Pfarrer Textor († 1693) eine Zeit lang in der zerstörten Stadt den verunglückten Bürgern geprebigt hatte, ist er wieder nach Worms gereiset und hat in der St. Meinhardskirche den Gottesdienst gehalten, bis er am 17. October 1691 nach Köln am Rhein als Besatzungsprediger berufen wurde. Daselbst hat er sein Amt bis auf den 5. Juni 1694 wohl verwaltet. Denn den 15. besagten Monats wurde ihm zu Frankfurt und Sachsenhausen eine Predigerstelle anvertraut. Demnach hat er der Kölnischen Gemeinde damals gute Nacht gesagt, selbige Gott befohlen und sich nach Frankfurt begeben und hat daselbst sein Predigtamt und „seine Wallfahrt am 5. Dezember 1726, Abend vor 10 Uhr beschlossen." Schild erreichte das Alter von 72½ Jahren. (Chron. der Worms. Gymnas.-Bibl. Fol. 422 b, 423 a, Muhl, Gesch. der Worms. Pred., S. 13.)

Als Praeceptoren der dritten Klasse finden sich in den gedachten Protocollen: M. Johann Zorn (1605, 1606, 1607) nach dem Zorn'schen Lehrerverzeichniß (s. oben S. 80) seit 1602 Lehrer der dritten Klasse; M. Jeremias Klohius (1620) wurde später Conrector (vgl. oben); M. Johannes Ulricus Rügerus (1631); M. Justus Edardus (vor 1635); Balthasar Jacob (1637); Johann Sebastian Laub (1673); Georg Ludwig Pettenkover,*) medicinae licentiatus und praeceptor classicus (1676, 1682). Laurentius Zolleber (1684) ist vielleicht Lehrer der dritten Klasse gewesen.

Von den Lehrern der vierten und fünften Klasse werden in den Taufprotocollen nur wenige verzeichnet, da dieselben wohl zum großen Theile junge, unverheiratete Männer waren. An der vierten Stelle scheint als College neben Friedrich Zorns Sohn, dem M. Phil. Christ. Zorn, und neben M. Dav. Kasius und M. Joh. Zorn der in den Taufprotocollen im Jahre 1609 genannte M. Johann Ulricus Carpentarius gestanden zu haben. Als Lehrer der vierten Klasse werden ausdrücklich bezeichnet: M. Johann Ulricus Rügerus (1628) später Lehrer der dritten Klasse (vgl. oben); Bernhard Ludwig Hertrich (1630, 1634.; Johann Wagner (1674) zugleich Cantor; Johann Christoph Roderhall (1680) zugleich Cantor.

Als fünfte Lehrer (einer als Collaborator) werden in den mehrgedachten Protocollen verzeichnet: Bernhard Ludwig Hertrich (1628, 1632) später vierter Lehrer (vgl. oben); Johann Heinrich Cnopius (1635) war Collaborator; Johann Balthasar Schüler (1682).

In vorstehenden Verzeichnissen sind alle diejenigen Gymnasiallehrer nicht enthalten, welche nicht taufen ließen, und die ebensowenig wie ihre Frauen Pathenstellen vertraten. Sehr zu bedauern ist es, daß das Taufprotocollbuch aus der Zeit vom vierten bis sechsten Jahrzehnt des siebzehnten Jahrhunderts verloren gegangen ist. Die obigen Lehrerverzeichnisse haben in diesem Zeitraume beträchtliche Lücken, wenn auch in dieser Zeit sowohl einige der vor derselben erwähnten,

---

*) Auch des Rectors M. Friedrich Zorn College am Pädagogium in Heidelberg, M. Johannes Pohlius, war Mediciner (vgl. oben S. ** ff.) In der Stadtrechnung wird als einer der letzten Lehrer vor dem Brand als Praeceptor Classicus ein Pettighofer genannt, der mit obigem Pettenkover identisch sein dürfte.

als auch manche der nach derselben genannten Lehrer in dem Gymnasium mögen gewirkt haben.

Die letzten Lehrer des Gymnasiums, die vor der Zerstörung der Stadt in den Kirchenprotocollen und in der Stadtrechnung genannt werden, sind folgende vier: M. Martin Michaelis, Rector; M. Johann Thomas Haas, Conrector; Georg Ludwig Pettenkofer (vielleicht auch Pettighöfer genannt); Joh. Christ. Roberhalt, classis quartae praeceptor & cantor. Joh. Balthasar Schüler wird als class. quintae praeceptor 1682 genannt. Von diesen Lehrern wurden nach der Zerstörung der Stadt Rector M. Martin Michaelis, M. Johann Thomas Haas und Cantor Roberhalt an dem Pädagogium zu Darmstadt angestellt. M. Michaelis war 1689—1690 Rector zu Darmstadt, M. Haas 1696 bis 1708 Lehrer daselbst. Roberhalt wurde im Jahre 1692 Cantor am Darmstädter Pädagogium und wurde nach der Wiederherstellung der Stadt Worms und ihres Gymnasiums im Jahre 1700 von Darmstadt an das wiedererstandene Gymnasium zu Worms zurück berufen.

Alumnat des reichsstädtischen Gymnasiums.

Daß im 17. Jahrhundert mit dem reichsstädtischen Gymnasium auch ein Alumnat für fremde und bedürftige Schüler verbunden war, geht aus mehreren Nachrichten, z. B. aus obiger Biographie des Conrectors Schild, hervor. Schon im Jahre 1010 entwarf der Städtmeister Senior Joh. Friedrich Seidenbänder, der schon im Jahre 1078 Städtmeister gewesen und zur Zeit der Wiedereinrichtung der Stadt im Jahre 1098 das Amt des Schultheißen bekleidete, einen Plan für die Wiederherstellung der Stadtverwaltung; ein Auszug aus demselben mit dem Motto: „Herr Jesu, gib Du rath und thadt, daß diese Arbeit wohl gerath," hat sich erhalten.*) In diesem Plane schreibt Seidenbänder über das Alumnat, unverkennbar wie über eine ihm bekannte, früher vorhandene Körperschaft, Folgendes: „Alumnat. die Unterhaltung dieses corporis wäre sehr zu recommendiren, weil hieraus manche tüchtige Subjecta in allen drei Hauptständen können gezogen werden, wobey sie zur Ehre Gottes die drei Tagszeiten über ihre horas oder preces halten, der Schule nützlich seyn und in der Kirche sowohl die Instrumental- als Vocal-Musik mit treiben müssen. Dazu dürften aber keine andre als die besten Subjecta gezogen werden. Zur Bestreitung dieses Instituti wäre allen Notarien zu befehlen, auch öffentlich zu publiciren, daß kein Testament Kraft haben sollte, wo nicht dieses bedacht worden. Hierzu wäre zugleich ein rechtschaffener Collector zu wählen, und hätte der zeitliche rector die nebenaufsicht, aber der älteste Scholarch wäre director." (Chron. der Worms. Gymn. Bibl. Fol. XLIX.) Aus dieser Aeußerung ist auch zu entnehmen, daß, wie seit der Reformation schon im 16. Jahrhundert (s. oben S. 59) die geeigneten Lateinschüler zu Worms einen kirchlichen Singchor bildeten, diese alte Einrichtung auch im 17. Jahrhundert zu Worms zu finden war.

Als der Wormser Magistrat im Jahre 1698 dem Reichstag in Regensburg eine Berechnung des Schadens übergab, welcher der Stadt durch die Einäscherung des Jahres 1689 erwachsen war, war unter der Gesammtsumme von 3009020 Rthlr. der Werth des abgebrannten Gymnasiums mit 9000 Reichsthalern berechnet.**)

---

*) Dieser Extract eines Plans von Herrn Städim.-Senior Seidenbänder bei Wiedererbauung der Stadt Worms ist zu lesen in der Chron. der Worms. Gymn.-Bibl. Fol. XLV.—LII; der Plan handelt: 1. Vom Gottesdienst. 2. Vom Regiment. 3. Von der Oekonomie.

**) Vgl. „Acstimatio des von der Kron Frankreich in fürwährendem Kriege von Anno 1688 biß Annum 1696 in der des Heiligen Reichs freyen Stadt Worms wider die Capitulation bey Uebergabe der Stadt, wider

IV.

Bruchstücke der Wormser Geschichte aus der Zeit des dreißigjährigen Krieges und Nachrichten über das Jesuitencollegium zu Worms, insbesondere über dessen Verhalten gegen die Frei- und Reichsstadt Worms.

1. Die Jesuiten zu Worms bis zum Ausbruch des dreißigjährigen Kriegs.

a. Zur Geschichte der Einführung und Domicilirung der Jesuiten in Worms.

„Wormbs ist ein uralte Statt, ligt am Rhein an eim lustigen Ort, hat rund um sich ein gut und geschlacht Erdtrich, das vil guts Weins und Korns tregt. Es seind auch mehr dann zwey hundert Stett, Flecken und Dörfer darumb gelegen, die do täglich zum Marckt gehn, Wormbs mit eisender Speiß gond [=versehend], und den Abent wieder beim sommen mögen." Diese oft angeführten Worte bekunden die Zufriedenheit und Behaglichkeit des alten Reichsstädters. Sie sind auf der stattlichen Ansicht von Worms zu lesen, die Sebastian Munster seiner „Cosmographey" (1. Aufl. 1550) beigegeben als „wore Contrafactur der loblichen, alten und des Heyligen Reichs Freistatt Worms." „Ist nach ihrer Figur abgemalet und mir von einem Ehrsamen und Weysen Rath überschickt, sampt einer Beschreibung, die do anzeigt, in was großer Herrlichkeit und Achtung diese Statt vor Zeiten bey Königen und Kaisern gewesen." Die von Sebastian Munster diesem Bilde in der dritten Auflage der Kosmographie (Basel 1578) beigegebenen Nachrichten aus der Geschichte von Worms haben offenbar den Rector M. Friedrich Zorn zum Verfasser, da dieselben zum Theil wörtlich mit Stellen der acht Jahre vorher (1570) verfaßten Zorn'schen Chronik übereinstimmen. Wenn auch die gedachte Abbildung nicht regelrecht gezeichnet ist, so zeichnet sie sich doch in der Ausgabe vom J. 1578 vor allen Städtebildern aus und gibt uns einen anschau-

---

die zweymalige des Dauphins von Frankreich und wider die Parole der Marechaux de France, erstlich des Duc de Roußers, und hernach des Duc de Duras, durch Brand und Raub rc. zugefügten Schadens, wie solchen theils respective in gemeiner Stadt Nahmen, ratione publici, Ein löblicher Magistrat, belauffend auf 1161020 Rthl., theils vor die Particuliere von der Stadt dependirende Einwohner sich erstreckend auf 1848100 Rthl., Summatim 3009020 Rthl. an ermelte Kron zur billigen Satisfaction und Indemnisation zu erfordern hat". S. 3. — Auch in der handschriftlichen Chronik der Wormser Gymn.-Bibl. befindet sich in der Geschichte der Heimsuchung und Zerstörung der Stadt Worms durch die Franzosen in den Jahren 1688—1689 eine Berechnung des dadurch der Stadt erwachsenen Schadens. Director Dr. H. Wiegand veranstaltete als Beilage zum Programm des Wormser Gymnasiums im Herbste 1872 einen Abdruck dieser Geschichte der Zerstörung der Stadt aus der genannten Handschrift. — Vgl. Dr. Onden, Authentische Erzählung von der Zerstörung der Stadt Worms durch die Franzosen im Jahr 1689.

lichen Nachweis der damaligen Ausdehnung, Festigkeit und Schönheit der Stadt. Das Bild (64 cm l., 26 cm h.) verdient, mit Beseitigung der Fehler gegen die Regeln der Perspective erneut und verbreitet zu werden.

Diese blühende und angesehene Stadt wagte der Jesuitenorden erst zu betreten, nachdem er bereits rings um dieselbe seine Stationen errichtet hatte, und als schon die nahenden Stürme des dreißigjährigen Kriegs in deutlichen Vorzeichen sich ankündigten und das Gelingen des feindlichen Vorgehens gegen die protestantische Stadt in Aussicht stellten.

Die Jesuiten zogen im Jahre 1600 in Worms nicht mit der offenen Erklärung ein, daß sie zu dauerndem Aufenthalte in die Stadt gekommen seien, sondern vorsichtiger und schlauer drängten sie sich in die Frei- und Reichsstadt ein. Worms war damals bereits von den Jesuitenstationen in Mainz, Aschaffenburg und Speier umgeben.*) Von der Speierer Station aus wurde der Vorstoß des Ordens gegen Worms ausgeführt, von hier schob derselbe einen neuen Vorban seiner Angriffswerke gegen den Protestantismus und damit zugleich gegen die Freiheiten und Rechte der Stadt Worms vor. Als die Jesuiten aus Speier nach Worms kamen, konnte es vielleicht scheinen, als ob sie nur zu vorübergehendem Aufenthalte gekommen seien, um zu predigen, Beichte zu hören und die Jugend zu unterweisen. Allein bald war zu erkennen, daß ihre vorläufige Missionsthätigkeit auch in Worms nur den Boden für eine dauernde Niederlassung des Ordens bereitete.

Während viele Städte Deutschlands den Jesuitenorden aufnahmen, ohne die Gefahr zu erkennen oder zu berücksichtigen, welche in Folge ihres Bekehrungseifers der geistigen und der religiösen Entwickelung, dem kirchlichen und politischen Frieden und der nationalen Unabhängigkeit des deutschen Volks drohten, und dann zu spät wahrnahmen, wie der Jesuitismus für Jahrhunderte die natürliche Entwickelung des geistigen, sittlichen und bürgerlichen Lebens vieler Städte und ganzer Staaten untergraben oder vernichten sollte: erkannte dagegen der Magistrat der Stadt Worms in jenen Jahren, in welchen die erfolgreiche Thätigkeit des Jesuitismus den dreißigjährigen Krieg herbeiführte, von vorneherein klar und bestimmt, was die Niederlassung der Jesuiten in Worms zu bedeuten habe, und setzte derselben allen Widerstand entgegen, der ihm möglich war. Hatte sich doch damals in Deutschland der Gegensatz zwischen dem protestantischen Bewußtsein und den römischen und jesuitischen Restaurationsbestrebungen, die auf nichts geringeres, als auf die Vernichtung des ganzen Reformationswerks, hinausliefen, so sehr zugespitzt, daß schon vor dem Beginn

---

*) Damals war Deutschland bereits von einem Netze von Jesuitenstationen überzogen. Da die Jesuiten, wo immer sie sich einnisten konnten, die Gelegenheit nicht vorübergehen ließen, so ist der verhältnißmäßig späte Einzug der Jesuiten in Worms für die Stadt Worms ein ehrenvolles Zeugniß ihrer festeren Geistesrichtung und ihrer Wachsamkeit. Es ist deshalb von Interesse, einen Theil der Jesuitenstationen Deutschlands zu nennen, innerhalb deren und neben welchen die Stadt Worms bis 1600 von der Jesuitischen Propaganda frei blieb. Es werden hier Namen von Städten oder Landschaften verzeichnet, in denen sich der Jesuitenorden festsetzte, und daneben die Jahrzahlen der Gründung dieser Niederlassungen: Ingolstadt (1549), Wien (1551), München (1559), Tillingen (1563), Augsburg (Mission seit 1559, Gründung des Jesuiten-Gymnasiums 1582), Würzburg (1564), Hochstift Bamberg (zwischen 1561 und 1577), Regensburg (Gymnasium seit 1589), Landsberg (1578), Altötting (1592), Prag (1556), Olmütz (1566), Neuhaus, Glatz, Kruman (1588), Komotau (1592), Olmütz (1568), Brünn (1581), Glatz (1597), Posen (1573), Braunsberg (1568), Innsbruck (1562), Hall (1573), Gräß (1578), Luzern (1574—1577), Kremsul (1588), Ellwangen (1585), Köln (Mission seit 1542, Jesuiten-Gymnasium 1557), Neuß (1560), Bonn (1583), Emmerich (1592), Trier (1560), Coblenz (1560), St. Goar (?), Luxemburg (1593), Paderborn 1580), Münster (1588), Coesfeld (?), Meppen (?), Mainz (1561), Heiligenstadt (1575), Fulda 1573, Speier 1581), Hildesheim 1590). Die Straßen Deutschlands, auf denen die Jesuiten ungehindert ihren Einzug hielten, zeigen noch nach Jahrhunderten deren Spuren.

des 17. Jahrhunderts viele protestantische Stände Teutschlands die drohenden Kriegsgefahren ahnten. Schon im Febr. 1603 schlossen die evangelischen Fürsten Moriz von Hessen, der Kurfürst von der Pfalz, der Pfalzgraf von Zweibrücken, die Markgrafen von Baden und Brandenburg ein defensives Bündniß „nicht zu Widersetzlichkeit gegen das Oberhaupt des Reichs, sondern zur Vertheidigung gegen Gewalt, besonders von Seiten papistischer Stände." Dieses Bündniß ist der Vorläufer der im Jahre 1608 gestifteten Union protestantischer Fürsten, der auch etliche Reichsstädte, zunächst Straßburg, Ulm und Nürnberg, später auch Worms beitraten. In diesem Ernst der Lage suchte sich die Stadt Worms natürlich die Vorkämpfer der römischen Restauration, die Jesuiten, fern zu halten.

Ein Jesuitencollegium war zwar zunächst eine **Pflanzstätte für die Vergrößerung der Gesellschaft Jesu selbst** (Societatis nostrae velut Seminarium quoddam, sagt Papst Julius III. im Jahre 1550). Seine Schüler sollt so beschaffen sein, daß „man mit Recht hoffe, daß sie nach Absolvirung ihrer Studien geeignet seien zum Eintritt oder Anschluß an den Orden und zu den Verrichtungen der Gesellschaft." Andererseits sollten aber „**Jünglinge durch die Gelegenheit** angelockt, in der rechten Lebensweise geübt und durch den Schatz der Weisheit bereichert werden, zugleich in Wissenschaften und guter Zucht zunehmen", und es ist nicht in Abrede zu stellen, daß manches Jesuitencolleg gewisse Vorzüge vor der sich aneignete, die den seit der Wiedergeburt der antiken Wissenschaften und der kirchlichen Reformation in Teutschland gegründeten höheren Schulen eigen waren, so daß sogar Johannes Sturm erklärte, daß er in der Lehrweise der Jesuiten ihm eigene Grundsätze vorfinde. Allein eine Stadt, innerhalb deren Mauern ein Jesuiten-Collegium errichtet ward, durfte in demselben keine harmlose Lehrthätigkeit erwarten, sondern mußte fürchten, daß dasselbe im Beichtstuhl, auf der Kanzel, vom Katheder und in zahlreichen Congregationen unfreundliche und gefährliche Bewegungen gegen alle Andersgläubigen anstiften werde. Der Magistrat der Freistadt Worms hatte insbesondere in den Jahren der Vorbereitung des drohenden Religionskrieges von den Jesuiten zu fürchten, daß, wie die Reformation die Bürgerschaft im Kampfe gegen das Bisthum Worms besetigt hatte, so die Restaurationsversuche der Jesuiten die Einwohner der Stadt unter einander verfeinden, dadurch die Kraft der Bürgerschaft schwächen und dem Bischof zu Worms Beistand leisten würden, damit derselbe verlorene Machtvollkommenheiten zurückerobern und sogar durch Proselytenmacherei die verhaßte Ketzerei, wenn auch nicht zu beseitigen, doch jedenfalls zu bekämpfen und zu hemmen vermöge. Und von dieser Thätigkeit zeugt z. B. die Notiz eines alten Wormser Rathsprotocolls vom 17. Nov. 1673: „Ein Gymnasiasta — des städtischen lutherischen Gymnasiums — wird von den Jesuitern zur römischen Religion verleitet".*)

Die eigenthümlichen Absichten, die bei der Einführung der Jesuiten in die Stadt Worms obwalteten, erhellen schon aus der Stiftungsurkunde des Wormser Jesuitencollegs. Denn der Bischof zu Worms **Wilhelm von Effern** sichert in derselben der Gesellschaft Jesu und deren General **Claudius Aquaviva** von vornherein zu, daß er für den Fall, daß die Jesuiten **aus Worms vertrieben würden, mit allen Kräften deren Wiedereinsetzung betreiben und dieselben wieder in den Genuß der ihnen verliehenen Fundation setzen werde.****) Der Bischof war sich also mit den Jesuiten

---

*) Arch. Worm. extract. prot. ant. tom. I. p. 1462.

**) Vgl. unten S. 187: „ut, si societas JESu casu aliquo Wormatia pellatur, deinde vero in statum pristinum restituatur (quam restitutionem omnibus viribus et modis procurabimus) fundatio haec robur suum nihilo minus sit retentura."

vollkommen klar darüber, wie dieselben von der Bürgerschaft der Frei- und Reichsstadt Worms würden empfangen werden. Erwartete doch der Bischof nach der Stiftungsurkunde von den Jesuiten nicht nur die Ausbildung der katholischen Jugend zu Worms, sondern auch dies, daß die Bürgerschaft, durch Wort und Beispiel zu aller Ehrbarkeit und Tugend herangebildet, das Licht des wahren Glaubens und ewigen Glückes schaue.*) Allein Rath und Bürgerschaft zu Worms waren vor Gott und ihrem Gewissen berechtigt, den Orden zurückzuweisen, der zwar allezeit das ewige Glück der Menschen im Munde führte, aber empfindungslos die Völker Europas in die furchtbarsten Religionskriege hineintrieb, und, wenn er auch in manchem Collegium nicht ungeschickter, als die protestantischen Schulen, mancherlei Wissen der Jugend einprägte, dennoch die innersten Lebensquellen einer echten, tiefen, frommen, geistig freien menschlichen Persönlichkeit niemals erschloß, weil alle starren Regeln des Unterrichts und der Disciplin der Jesuitencollegien nur darauf abzielten, die Pfleglinge des Ordens zu gleichartig geschulten, gewandten, willenlosen Werkzeugen in der Hand seiner allmächtigen Oberen zu machen.

Die Jesuiten wollen ohne Zweifel nicht nur die durch die Reformation gefährdete Macht der päpstlichen Kirche durch die Zurichtung der Jugend für die Zwecke Roms und der Gesellschaft Jesu fördern, sondern die römische Kirche zur Alleinherrschaft und zum durchschlagenden Siege über jede Form des Protestantismus führen. Deshalb mußte von ihnen jeder tief wurzelnde Trieb der wahren Selbständigkeit der Persönlichkeit und freier Bewegung des geistigen Lebens in den einzelnen Personen, in der Kirche und im Leben der Völker unterdrückt oder den Zwecken der Gesellschaft Jesu dienstbar gemacht werden. Aber nicht nur gegen den Protestantismus und die frei forschende Wissenschaft ist der Jesuitismus gerichtet, sondern sogar gegen die berechtigte Selbständigkeit der katholischen Bischöfe und ihrer Kapitel, wie auch gegen die Bestrebungen katholischer Nationalkirchen. Mehr im Gehorsam gegen ihren Ordensgeneral, als gegen den römischen Pontifex, durchziehen sie die Länder der Erde, um die Menschheit ihrem System zu unterwerfen.

Zwar lauten viele Grundsätze der Jesuitischen Erziehung so vortrefflich, und manche Gewohnheiten derselben erscheinen so praktisch und wohlwollend, daß jedermann dieselben loben und annehmen könnte, wenn sie nicht die gewinnenden Mittel für die gefährlichen Zwecke des Ordens wären. Nach dem Wortlaut der Constitutionen des Ordens ist dessen Thun nur ein selbstloses Liebeswerk zum Segen der Menschenseelen und zur Pflege des äußeren Wohls der Menschheit: „ad profectum animarum in vita et doctrina Christiana intendit Societas" (Litt. Apost. Paul's III. vom 14. März 1543). „Ut Scholastici plurimum in his facultatibus proficiant, in primis animae puritatem custodire ac rectam studiorum intentionem habere conentur, nihil aliud in litteris quam divinam gloriam et animarum fructum quaerentes, et in suis orationibus gratiam, ut in doctrina proficiant ad hunc finem, crebro petant. Praeterea serio et constanter animum studiis applicare deliberent, sibique persuadeant, nihil gratius se Deo facturos in Collegiis, quam si cum ea intentione, de qua dictum est, studiis se diligenter impendant. Et licet nunquam ad exercenda ea, quae didicerunt, perveniant, illum tamen studendi laborem, ex obedientia et charitate (ut par est) susceptum, opus esse magni meriti in conspectu Divinae ac Summae Majestatis apud se statuant. (Const. para IV, c. 6. 1. 2.)

Die Geschichte des gesammten Jesuitenordens, der von demselben beherrschte Völker und Staatsmänner, ja sogar die Geschichte eines einzelnen Jesuiten-Collegs beweist nun freilich, wie

---

*) Vgl. unten S. 136: „ut juventus nostra bonis artibus exculta, civitas verbo et exemplo ad omnem honestatem informata verae fidei et aeternae felicitatis lucem aliquando aspiciat."

hinter den gleisnerischen, selbstlosen, liebevollen Worten und glatten, sich einschmeichelnden Formen des Ordens rücksichtslose, herrschsüchtige, weltliche Bestrebungen verhüllt sind. Auch die Geschichte des Wormser Jesuitencollegs liefert Belege für den Nachweis der weltlichen Bestrebungen des Ordens.

Die hauptsächlichsten handschriftlichen Quellen der nachfolgenden Erzählung über die Gründung des Wormser Jesuitencollegs und dessen Zwistigkeiten mit der Stadt Worms sind folgende: 1. die im Darmstädter Staatsarchiv befindlichen Protocollbücher des Wormser Domcapitels; 2. Auszüge aus den Protocollen des Raths der Stadt Worms, die sich im Wormser Archiv befinden; 3. mehrere Actenpäcke des Wormser Archivs, die Urkunden und Streitschriften aus den Kämpfen zwischen der Stadt und dem Jesuitencolleg, theils Originale, theils Concepte, theils Abschriften enthalten; 4. ein Actenbündel des Darmstädter Archivs, der die im Jahr 1773 erfolgte Aufhebung des Wormser Jesuitencollegs und die vermittelst seines Fonds bewerkstelligte Gründung eines katholischen Gymnasiums betrifft.

Während die im Jahre 1606 von Speier nach Worms berufenen Jesuiten*) bis in's Jahr 1609 hierselbst predigten, Beichte hörten, unterrichteten und dadurch den Boden für eine dauernde Niederlassung sich bereiteten, erwirkten sie sich zunächst vom Kaiser Rudolf II. ein Privilegium zur Niederlassung in Worms und eine vorläufige Dotation aus den Fonds des Wormser Domcapitels. Es folgen hier die wichtigsten Stellen des Privilegs vom 24. Jan. 1609, wodurch Rudolf II. den Jesuiten zu Worms seinen Schutz und sogar die Rechte des übrigen Wormser Clerus verleiht.

„Wir Rudolph der ander von Gottes Gnaden Erwählter Römischer Kayser ꝛc. bekennen öffentlich mit diesem Brieff und thun kund allermänniglich, daß wir die Ehrsamen Geistlichen Unsere liebe Andächtigen der Societät Jesu Patres in Unßrer und des Heyl. Reichs Stadt Wormß, so jetzo daselbst seyn und künftigerzeit dahin kommen mögten, sambt aller derselben zugehörigen Persohnen haab- und gütern, Ihrer der Societät freyheiten, Privilegien, Recht und Gerechtigkeiten, auch allem das, was Ihnen zu versprechen stehet, mit gutem wissen und eigener bewegniß aus fürnehmen und bewegenden ursachen in Unßer und des Reichs sonderbahren Verspruch, Schutz und Schirm genommen und empfangen — und meinen, setzen und wollen daß nun hinführo die gedachte Societät zu Wormbs, sambt aller derselben angehörigen Persohnen haab ꝛc. - in Unsern und des Heyl. Reichs besondern Verspruch, Schutz und Schirm seyn, demnach alle Ihre Standtmäßige Aembter und übungen zu Wormbs, Wormbßer Biotumbs und sonst, wo Wir zu gebiethen haben, ungeirrt und ganz unverhindert, üben und verrichten, sich aller und jeglichen Gnadt, freyheit, Recht und Gerechtigkeiten der Clerisey zu Wormbs ohne Disputation und Außnamb, an allen Enden und Orthen, Ihrer Notturfft und gelegenheit nach frewen, gebrauchen und genießen sollen und mögen ꝛc. Der geben ist in Unserem Königlichen Schloß zu Prag d. 24. Jan. 1609." **)

Rudolph.

*) In einer im October 1687 von dem Wormser Jesuiten-Colleg an Kaiser Leopold I. gerichteten Bittschrift wird gesagt, daß die Jesuiten im Jahre 1606 nach Worms berufen worden seien. Vgl. im Wormser Archiv im Aktenpad IV. IV. 34. 12. 185, Aktenstück 92: „Wahrhafte Facti species ꝛc., gedruckt zu Weylar 1715, S. 43.

**) Abschrift im Archiv zu Worms, Gestell IV, Rubrik IV, Gefach 34, Fach 12, Nummer 185, Act. 90, und öfter. Für dieses Privilegium bewilligt das Domcapitel am 31. Oct. 1609 die Zahlung einer Taxe von 40 fl. an die camera imperialis.

Am 23. Dezember 1609 bewilligt das Wormser Domcapitel den Patres der Societät Jesu für ihr **Predigtamt** ein jährliches Salarium von 56 Gulden, 44 Malter Weizen und außerdem die gewöhnliche Lieferung täglichen Brots und Weins.*) Die „Jesuiter rühmen sich nun ein Kloster zu Worms zu haben," und der Rath zu Worms zieht dies am 1. März 1610 in Erwägung.**) Da aber den Jesuiten vom Kaiser Rudolph II. die Erlaubniß zum Aufenthalt in Worms gegeben war, war es für die Stadt nicht leicht, dem Emporkommen derselben entgegen zuwirken. Der Rath versuchte es deshalb, den Jesuiten beim Einkauf ihrer Lebensbedürfnisse und beim Verkauf ihrer Früchte und Weine Schwierigkeiten zu bereiten, indem er erklärte, daß den Jesuiten in gedachter Beziehung nicht diejenigen Rechte zukämen, die dem Clerus der Stadt durch die in den Jahren 1509—1510 zwischen Clerus und Stadt geschlossenen Verträge (vgl. oben S. 20—31) zugestanden worden seien. Die Stadt erklärte zu allen Zeiten, die Jesuiten seien nicht rechtmäßig in der Einheit des Wormser Clerus enthalten, und versuchte dieselben zu verschiedenen Zeiten in allen Verkehrs-, Handels- und Zoll-Angelegenheiten wie Fremde zu behandeln, die die Stadt nichts angehen; allein der Rath besaß doch nur für vorübergehende Zeiten die Macht, dieser Auffassung Nachdruck zu verleihen. Meistens mußte er unter wirkungslosen Protesten den Jesuiten die Rechte des übrigen Clerus zugestehen. So hinderte er die Jesuiten schon 1611 auf der Pfingstmesse beim Einkauf unentbehrlichen Tuches; und das Domcapitel beschloß am 23. Juni 1611 durch Abgeordnete des Cleri mit dem Rath verhandeln zu lassen, um dessen Gründe zu erforschen und um so wirksamer zurückzuweisen.***)

Am 9. September 1611 verhandelte der gesammte Rath in einer langen Berathung der Jesuiten „Abschaffung oder Duldung",****) und vielleicht dürfte die Aufregung des Raths und der Bürgerschaft das Domcapitel veranlaßt haben, die ihm von Ihrer Fürstlichen Gnaden, dem Bischof

---

*) Vgl. im Darmst. Archiv das Protocollbuch des Wormser Domcapitels aus den Jahren 1609—1613, Fol. 48, Protocoll der Sitzung des Domcapitels vom 23. Dez. 1609: „Designatio annui salarii Reverendi rectoris cath. Ecclesiae Wormatiensis: 34 maltr. alligatis ex Granario Praecentoris. 10 maltr. siliginis ex Granario majori Dominorum. — In pecuniis: 40 fl. ex officio suspensionis. 10 fl. ex absent. officio. 6 fl. ab officiato praesentiae. — Insuper panis solitus quotidianus cum una mensura vini moro consueto. — Ist zu merken daß bezurte deservitus erwalt, patribus de societate JEsu in perpetuum assignatur worden." — In dem Register zu dem vorliegenden Protocollbuch ist die vorstehende Dotation ausdrücklich als Remuneration für die **Predigten** der Jesuiten bezeichnet, und zwar mit den Worten: „Societas Jesu, das wegen dem predigtambt ihnen ausgeworfene gehalt, Fol. 18." Die ganz außerordentlich fehlerhafte Sprache der hier mitzutheilenden Domcapitelprotocolle verdient beachtet zu werden. Wie gewandt schrieb dagegen schon im Jahre 1527 der evangelische Pfarrer Zipinger (s. oben S. 53.

**) Vgl. Extractus protocollaris, im Worms. Arch., unter der Ueberschrift „Jesuwiter", Fol. 80 a., Nr. 14.

***) Das Register der Protocolle des Domcapitels verzeichnet sub lit. S. „Verdrießlichkeiten mit der Stad"; und das Protocollbuch enthält Fol. 99 folgendes Protocoll der Sitzung vom 23. Juni 1611. Der Protocollführer schreibt: „Das sich der Rhatt zu Worms, mit anhaltung deren von den Patribus societatis in verschlossen Pfingstwoch zu Ihrer notturft einlauffen Duch angemast und zu Werd gerichtet, Ihr auch darauff zu notturftiger handthab Ihrer Fürstlichen Gnaden jurisdiction, des Cleri Freyheit, und andere schädlichen Consequentien zu verhüttenn, haben meine Herrn schriftlich Ihrer Fürstl. Gnaden zu erkennen geben. Solche verfahrung und eingriff etwo schwerlich fallen will; als willen meine Herrn auch besonderen Bedenken Ihrer Fürstl. Gnaden bey bemelten Rhatt durch abgeordnete venerabilis clori mündlich lassen furtragen, sich hierinhin dern und andern angezüttischen eintrag zu mußigernn. Wan dan vermerckt werde, was sie dagegen vor- und einwenden wollen, warauff forters Inen Ihre praetensiones und vermeinte behelff besto satter und beständiger abgelehnt mochten werden."

****) Extract. der Rathsprotocolle, im Worml. Arch., f. Jesuiter, Fol. 80 a. Nr. 15: „vid. ad longum deliberationem totius XIII Collegii 9. Sept. 1611."

Wilhelm von Effern, angesonnene **weiter gehende Dotirung** der Wormser Jesuiten am 20. Dezember 1611 zunächst abzulehnen. Das Protokoll des Domcapitels vom 20. Dez. 1611 (Prot.-Buch, im Darmst. Archiv, Fol. 121 b) sagt darüber Folgendes aus: „Abgeordnete haben Ihrer Fürstlichen Gnaden Gruß einem Dumbcapitel angemeldett, aus redlichen und trefflichen ursachen hette Ihre Fürstlichen Gnaden persönlich gern ein Dumbcapitel besucht, wan wichtige geschefften nit in weg gelegen; als haben Ihre Fürstlichen Gnaden, negotium Patrum zu angiren, zu funndiren, zu dotiren, zu bekrefftigen zum sonderlichsten, durch Ihre abgesandten lassen anmelten, als halten Ihre Fürstlichen Gnaden nit geringschetzig, sonder notturfftig geacht zur *fortsetzung gemeinen nutzen in concionando et informando Juventutem*, daß meine Hern oss mittell und weg wollen sich ercleren, wie bequemlicher weiß an die Patres mochte certa alimenta verordnet, und auf dißmal, promissive etwas anzufangen, mochte bestettiget werden, nit das meine Hern durch dises werck sich sollten lassen restringiren oder Ire Jurisdictio im geringsten mochte abbrüchlich sein." — Hierauf faßt das Domcapitel folgenden Beschluß: „Fürstlicher insinuation nach notturfft zu beantworten; **es kan uff dißmall nit wol geschehen**." Es ist bezeichnend, daß der Bischof von Effern in dem vorstehenden Antrage, den er seinem Domcapitel machte, demselben die beruhigende Versicherung glaubte auszusprechen zu müssen, daß durch die Dotirung der Jesuiten das Capitel in seinen Macht- und Rechtsbefugnissen nicht sollte eingeschränkt werden. Allein die späteren Verträge zwischen Bischof und Capitel einerseits und dem Jesuitengeneral und dem Wormser Jesuitencollegium andrerseits zeigen, daß das Jesuitencollegium zu Worms dem Wormser Bisthum gegenüber in kleinen Verhältnissen eine Selbständigkeit besaß, die nur der Ausfluß jener Machtbefugniß war, die der Jesuitengeneral dem Papste gegenüber behauptete. Zwei Tage später, am 22. Dez. 1611, zieht das Domcapitel abermals die geforderte Fundation der Jesuiten in Betracht: „Auf Ihrer Fürstlichen Gnaden genedigs gesinnen und begern, Patrum Societatis Jesu promotion fundation augmentation und dotution betreffen, unvergreifflich sich zu ercleren, wirdt dubitative erwiesen, und bewegen discursive allerlei Bedenken. Dieweil auff dißmal Ihrer Fürstlichen Gnaden intention zu geleben und gemeß zu halten, ohn Hern Dumb Probsten 2c. vnd den Hern von Richenbrauch mit bewilligung oder ansuchen nit sol oder mag beschehen, als sol berurtten Hern diß Wesen vollkommentlich angestelt werdenn, Ire meinung darüber zu vernemen" 2c.*) Aber einige Monate später bewilligte das Capitel die ihm angesonnene Dotation.

Das Protocoll der Sitzung des Domcapitels vom 31. März 1612 sagt darüber Folgendes: „Dieweil Ihre Fürstlichen Gnaden nachmals schrifftliche rinnerung wegen des hochantzlichen werds Patrum Societatis, ire promotion, dotation vnd fundation betreffen, außfurlich gethaen, auch Herrn Dumb- probsten resolution vnd mitconsens von Ihrer Fürstlichen Gnaden mitgetheilt, wie mitt mehren aus schrifftlichen Documentis durch ablesung genugsam vernommen; dem allem nach haben meine Hern mit gemeinem gutbedunden in bestendige gute sich verglichen vnd diß **Wesen ratificirt** als (Gott dem almechtigen zu lob, zur Förderung der Seelen Heil, zur erhaltung christlicher lieb vnd in sonderheitt zur wolfahrtt vielen Christen angenommen vnd accipirt, doch daß sich die Patres reversiren sollen."**) Schon im Jahre 1612 scheinen die Jesuiten in Worms für die Zwecke ihrer Niederlassung ein Gebäude hergestellt zu haben. „Ihr Bau wird im Auftrag des Raths besichtiget, darüber findet relation an den Rath am 27. Oct. 1612 statt."***)

*) Protocoll des Domcap. v. 22. Dez. 1611, im Darmst. Archiv, Fol. 122 a.
**) Domcapitel-Protocolle 2, J. 1612, im Darmst. Arch., Fol. 130 a.
***) Extract. der Rathsprot., im Worms. Arch., I. Januarier, Fol. 80 a, Nr. 18.

Es wurde dann vom Bischof und Domcapitel mit dem Jesuitengeneral ein Vertrag über die definitive Creirung des Wormser Jesuiten-Collegs abgeschlossen. Die vom Bischof und Domcapitel verfaßte Urkunde datirt vom 22. April 1613. Nach den Motiven derselben errichtete der Bischof zu Worms Wilhelm von Effern das Jesuitencollegium zu Worms nicht nur in der Absicht, daß die Jesuiten in den stillen Räumen der Kirche und Schule predigen und unterrichten sollten, sondern vor Allem im Hinblick auf die politischen und kirchlichen Zeitverhältnisse für die Zwecke der jesuitischen Propaganda, die zunächst gegen die Stadt Worms gerichtet ward. Bischof und Capitel erwogen — so ist in der Urkunde gesagt — die Verluste, die das Bisthum in der Vergangenheit erlitten, und die Gefahren, die in den schwierigen Zeiten drohten, in denen bereits die Gründung der protestantischen Union und die Errichtung der katholischen Liga die bevorstehenden Stürme des dreißigjährigen Krieges ahnen ließen. Bischof und Capitel sahen sich bei benachbarten Bischöfen und Fürsten nach Mitteln und Wegen um, wodurch sie, wenn auch nicht die empfangenen Wunden heilen, so doch vor den drohenden Gefahren auf ihrer Hut sein könnten. Denn wer Streit säet, weiß, daß er demselben begegnen muß. Und nun wurde gerade derjenige Orden, der keineswegs nur die Erhaltung des alten Glaubens, sondern die Wiederherstellung der Alleinherrschaft der römischen Kirche und die Vernichtung des Protestantismus zu seiner Aufgabe machte und hierdurch die Flamme des dreißigjährigen Krieges schürte, als Beistand des Bisthums für die Dauer in Worms angesiedelt. Die Stiftungsurkunde bezeugt, daß schon die im Jahre 1606 zur Veranstaltung einer Mission von Speier nach Worms berufenen Jesuiten die Aufgabe gehabt hätten, nicht nur die Erwachsenen in der Predigt und in der Beichte zu bearbeiten und die Knaben durch Unterricht in den Elementen der lateinischen Sprache und der christlichen Lehre zu bilden, sondern auch die Finsterniß der Unwissenheit zu vertreiben und die Kraft und das Vordringen der Ketzerei zu unterdrücken, welches die Quellen seien, aus denen alles Unheil in die Wormser Diöcese geströmt sei. Nachdem nun in den 6—7 Jahren, von 1606—1613, die Jesuitenpatres nach der Ansicht des Bischofs und Capitels in diesem Sinne in ausgezeichneter Weise gewirkt, sollte denselben eine dauernde Stätte zu Worms bereitet werden, damit die Wormser Bürgerschaft durch die Jesuiten zu aller Ehrbarkeit angeleitet werde und das Licht des wahren Glaubens und der ewigen Seligkeit schaue. Deshalb errichten Bischof und Capitel der Gesellschaft der Jesuiten und deren General Claudius Aquaviva ein Collegium, wie sie sagen: „in urbe nostra". Und wenn auch der Bischof zu dieser Bezeichnung, wogegen die Stadt stets heftig protestirte, kein Recht hatte, so sollte der Jesuitenorden dazu verhelfen, daß die Stadt, die doch des Kaisers und des Reichs Stadt war, endlich doch noch des Bischofs Stadt werde. Dafür gestanden Bischof und Capitel dem Orden die volle Freiheit zu, ganz und gar nach der Weise und der Einrichtung der Societät die Einrichtung und die Wirksamkeit des Collegiums in aller Selbständigkeit zu gestalten. Das Collegium wurde mit allen in Gegenwart oder Zukunft dazu gehörigen Personen von Bischof und Capitel ebenso wie alle andre Collegien und Orden zu Worms in deren beständigen Schutz und Schirm aufgenommen; aber indem dem Jesuitencolleg versprochen wurde, daß dasselbe in dasjenige Verhältniß der Treue und des Schutzes aufgenommen werde, in das andere deutsche Fürsten die Jesuitenpatres aufgenommen, wurde in deren jesuitischem Interesse die bedeutungsvolle Clausel hinzugefügt: „non tamen contra rationem Instituti sui".

Die Dotation der Jesuiten vom 23. April 1613 enthielt folgende Stiftungen: 1. zwei nebeneinander gelegene Wohnhäuser, deren Instandhaltung Bischof und Capitel zusagten und von denen das eine „zum rothen Kolben" genannt wurde, das andre vielleicht „zum Tressishorn" oder "zum Treffisforn" hieß; 2. ein jährliches Einkommen von 1500 fl., von den Kellermeistern und Bediensteten des Bischofs und Capitels abzuliefern, und zwar 1000 fl. in barem Gelde, die übrigen 500 fl. in Naturalien, in Getreide und Wein, zu erstatten, indem ein Plaustrum oder Fuder Wein mit 35 fl., ein modius oder Malter Getreide mit 1¼ fl. verrechnet werden sollte. Außerdem wurde den Jesuiten für die Heizung der zum Abhauen geeignete Theil der Weiden im "Rosengarten" bewilligt; 3. als Schullocal wurde denselben vorläufig die Domschule nebst einem kurz zuvor angebauten Gebäude angewiesen. Zur Ausübung ihres priesterlichen Amts wurde ihnen vorläufig im Dom die St. Nicolauskapelle eingeräumt, auch sollen sie mit allen Hülfsmitteln für den Cultus, vorbehaltlich der Eigenthumsrechte des Bischofs und des Capitels, ausgestattet werden; 4. Bischof und Capitel übernehmen es außerdem, aus ihrer eigenen Kasse einen Baccalaureus zu besolden, der die Elementarschüler in den Elementen des Lesens und Schreibens, der lateinischen Sprache und des Gesangs nach der Anweisung der Jesuitenväter unterrichten und diese Knaben an Sonn- und Festtagen zur Kirche, in den Chor führen sollte. Durch diese Anordnung sicherte sich das Capitel und die bischöfliche Geistlichkeit die Möglichkeit, selbst frei über diejenigen Kinder zu verfügen, die denselben für die Abhaltung des Gottesdienstes unentbehrlich waren.

Die Societät verpflichtete sich dagegen, zunächst **drei Klassen** oder Schulen für den Unterricht in der lateinischen Sprache einzurichten, in der Kathedrale zu predigen und im Christenthum zu unterrichten. Im Uebrigen hoffen Bischof und Capitel, daß die Societät ihren Wünschen billig entspreche und daß sie, wenn die Einkünfte des Collegiums durch anderweitige Stiftungen sich vermehrt hätten, ihre Lehranstalt erweitern würden, indem sie derselben die Classen hinzufügten, in denen die sog. humanitas, Rhetorik und die Casuistik der Jesuiten (casus conscientiae) würden gelehrt werden. — Die ganze Dotation stellen Bischof und Capitel dem Ordensgeneral Claudius Aquaviva ohne irgendwelchen Vorbehalt nicht nur für die Gegenwart, sondern für alle Zeiten zur unbedingten Verfügung. Und weil die Jesuiten bei ihrem feindlichen Vorgehen darauf gefaßt sein mußten, aus einer Stadt, als deren schlimmste Gegner sie erschienen, verjagt zu werden, mußten sich Bischof und Capitel sogar verpflichten, daß sie für den Fall, daß die **Jesuiten aus Worms vertrieben würden, mit allen Kräften deren Rückführung in ihren früheren Stand anstreben wollten und daß auch in diesem Falle die Fundation in Kraft bleibe.**

Es folgt nun der Wortlaut des besprochenen Vertrags, der zwischen dem Jesuitengeneral **Claudius Aquaviva** und dem Bischof **Wilhelm von Effern** nebst seinem Domcapitel am 22. April 1613 abgeschlossen wurde. Der nachfolgende Text stützt sich auf vier Manuscripte, von denen eines im Darmstädter Staatsarchiv (D), ein anderes*) im Wormser Gymnasialarchiv (G), das dritte (K) in einer von dem Dreizehner und Scholarchen J. D. Knobe zu Worms im Jahre 1789 veranstalteten Sammlung von Urkunden und Drucksachen sich befindet, die sich auf die

---

*) Die im Besitze des Wormser Gymnasialarchivs befindliche Handschrift, welche Abschriften der zwischen den Jesuiten und dem Bischof nebst seinem Domcapitel am 22. April und 6. Nov. 1613 abgeschlossenen Verträge und zugleich eine nach dem Jahre 1618 aufgestellte Abrechnung (Vgl. diese unten.) über die von Bischof und Capitel bezogene Sustentation des Jesuitencollegs enthält, wurde nach der Angabe des Gymnasialdirectors Dr. **Wiegand** (Herbstprogr. d. Worm. Gymn. vom J. 1899, S. 16) unserer Anstalt von dem katholischen Pfarrer **Müller** zu Lampertheim zum Geschenk gemacht. Derselbe war einer der letzten Lehrer des im J. 1773 vermittelst des Fonds des in diesem Jahre aufgelösten Jesuitencollegiums gegründeten fürstbischöflichen Gymnasiums, des sog. Seminariums, zu Worms.

Geschichte der Stadt Worms beziehen.*) Die vierte Handschrift (Chr.) befindet sich in der Chronik der Wormser Gymnasialbibliothek, Fol. 253 b. und 254 a. b.

In Nomine Sanctae et Individuae Trinitatis Amen.

Nos Wilhelmus Dei et Apostolicae sedis gratia Episcopus Wormatiensis &c. Nos item Wilhelm Theodoricus a Daun Decanus totumque Capitulum Cathedralis Ecclesiae Wormatiensis ad perpetuam rei memoriam &c.

Cum difficillimis hisce temporibus ad Ecclesiae Wormatiensis gubernacula singulari Dei providentia et voluntate nullo nostro merito vocati miserandam eius faciem dolentes auspiceremus, nec praeterita modo damna et fidei simul ac fortunarum discrimina et naufragia animo repeteremus, sed graviora etiam mala in dies timeremus: viam ac rationem indagare coepimus, qua si non accepta vulnera omnino curare, at imminentia certe pericula cavere possemus, cumque animo circumspiceremus vicinos Episcopos ac Principes, adde Reges et Imperatores, quodnam in iisdem quibus nos opprimimur, mails remedium quaesivissent, iuvenimus eos per Societatem JESu iam pridem a sede Apostolica approbatam et confirmatam non minus avitam fidem quam literarum splendorem conservasse. Quare tam illorum laudabili exemplo quam motu proprio et frequenti subditorum rogatu incitati ante annos circiter sex Patres aliquot de Societate JESu e collegio Spireusi ad missionem instituendam Wormatiam evocavimus, qui adultos concionibus et confessionibus erudiendo, pueros Latinae linguae et christianae doctrinae rudimentis imbuendo tum ignorantiae tenebras depellerent, tum haereseos vim atque impetum reprimerent, e quibus quasi fontibus duobus omnia fere mala in dioecesin nostram redundasse cognovimus. Quod quidem dicti Patres pro suo in Ecclesiam zelo non minus sincera doctrina quam vita integra adeo cumulate praestiterunt, ut nobis desiderium sui in dies augeret et de stabili ac perpetua sede illis Wormatiae condenda cogitationem injicerent ut scilicet juventus nostra bonis artibus exculta, civitas verbo et exemplo ad omnem honestatem informata verae fidei et aeternae felicitatis lucem aliquando aspiciat. In Nomine ergo Sanctae et Individuae Trinitatis Nos Wilhelmus Episcopus, Decanus et Capitulum Cathedralis Ecclesiae Wormatiensis Societati JESu atque ejusdem admodum Reverendo Patri in Christo Patri Claudio Aquaviva Praeposito Generali ex nunc in urbe nostra Wormatiensi Collegium unanimi ac deliberata voluntate fundamus, erigimus, stabilimus juxta ejusdem Societatis institutum ac rationem. Idemque Collegium cum personis ad id etiamnum deputatis vel posthac deputandis in stabilem et perpetuam unionem protectionis nostrae successorumque nostrorum recipimus**) non secus atque alia Ecclesiastica Collegia vel ordines in urbe nostra Wormatiensi recipimus, vel alii Germaniae principes in fidem ac protectionem suam eosdem Patres (non tamen contra rationem sui instituti) receperunt.

Etsi vero dicta societas sine ulla spe ac mentione mercedis totam se proximo gratis impendit, quia tamen labores, quos pro Ecclesia Catholica sustinet, sine censu aliquo et annuo reditu tolerare diu non posset, certis ac perpetuis hoc Nostrum Wormatiense Collegium reditibus augere volumus.***) Primum ergo irrevocabiliter donamus, applicamus et omni meliori modo, quo fieri posset aut deberet, unimus dicto Collegio domum, cui vulgo nomen est „zum rothen Kolben", quem hactenus Ecclesiastes Cathedralis habitavit, alteram vero domum proxime

---

*) Die werthvolle Sammlung, drei starke Foliobände, ist im Besitz des Herrn Stadtschreibers Byner. zu Worms. Das gedachte Manuscript obiger Urkunde f. unter Nr. 25 im 3. Bande dieser Sammlung.

**) mscr. D Chr K: recipimus; G: recepimus.

***) mscr. D. M. G: volumus; Chr. M. K: volumus.

Bestimmungen des Vertrages vom 22. April 1613.

adhaerentem, quam jam Treffisborn *¹) vocant, non modo utendam damus, sed et sartam tectam servabimus et canonem solvemus, donec aliam habitationem usibus et officiis Societatis aptiorem inveniamus, quam Nos Posterosque Nostros curare et cum effectu urgere volumus. Ad haec damus et assignamus in sumptum et sustentationem ejusdem collegii Wormatiensis mille quingentos florenos annuos a nostris cellariis et officiatis juxta confectam et datam desuper specialem assignationem ad hoc deputatis, quovis trimestri persolvendos hac lege et conditione, ut mille florenos in praesente pecunia numerent, reliquos quingentos in frumento et vino admetiantur, singula vini plaustra triginta quinque florenis aestimando, singulos tritici modios uno floreno et tribus quartalibus. *²) Pro lignis caeduam partem Salicum Roseti, ut vocant, pari voluntate et auctoritate attribuimus. Scholis summi templi cum domo recens adjuncta utentur patres donec commodiorem scholarum facultatem assequantur. *³) Porro ut ABCdarii prima elementa linguae latinae et musices doceantur curae Nobis erit Baccalaureum seu hypodidascalum nostro aere ac privata mercede conducere qui de consilio et auctoritate Patrum dicta elementa pueros docent et Dominicis festisque diebus in Chorum ducat. *⁴) Pro Sacris quoque et Sacrorum administratione concedimus eis usum Sacelli D. Nicolao sacri in summa aede, donec se commodior occasio offerat. *⁵) Nec minus quamdiu eo sacello utentur omnia rei divinae faciendae necessaria ex camera Cathedralis Ecclesiae Nostrae, prout *⁶) nobis visum fuerit, reservata nobis proprietate, subministrabimus. Erit autem Patrum societatis in tribus Grammaticae Scholis docere juxta instituti sui rationem, cui nihil derogamus aut derogari cupimus, neque quoad formam consueto Societatis more dotis seu fundationis acceptandae neque quoad modum juventutis instituendae. Porro de fideli eorundem Patrum opera in Cathedrali Ecclesia Nostra concionibus et catechesibus *⁷) impendenda confidimus, ut quos spontanea liberaque donatione cohonestare volumus, eos speremus ac praesumimus zelo et industria sua votis Nostris abunde satisfacturos esse. Ut autem cupimus nihil ultra assignatos mille quingentorum florenorum annuos reditus a Nobis vel successoribus Nostris jure exigi *⁸), ita gratiose et amanter petimus, si auctis per Nos vel alios Collegii redditibus Humanitatis, Rhetoricae et de casibus conscientiae scholam habere possint, ut hoc quoque ad consueta Societatis munia adjiciant, omnia et singula juxta proprium institutum suum intelligendo et exercendo. Atque hanc Collegii Wormatiensis erectionem, fundationem, dotationem modo dicto expressam, scientes atque volentes, gratiose, libere, simpliciter offerimus, donamus, applicamus *⁹) societati JESu atque ejus nomine admodum Reverendo Patri Claudio Aquaviva Praeposito Generali, non in praesens modo, sed

*¹) mscr. D: Treffiebern, G: Treffieborn.
*²) Die ganze Stelle: Primum ergo irrevocabiliter — uno floreno et tribus quartalibus ist in den Handschriften Chr. u. K. ausgelassen.
*³) mscr. D G: assequamur, Chr. K: assignamus.
*⁴) Die Stelle: Porro ut ABCdarii — in Chorum ducat fehlt in den Handschriften Chr. u. K.
*⁵) Statt des Nebensatzes: „donec se commodior occasio offerat", der in den Handschriften D, u. G, gelesen wird, haben die Handschriften Chr. u. K. folgenden Text: „una cum duobus altaribus adjacentibus iisdem beneficiis et privilegiis Clero nostro in Ecclesia Cathedrali competentibus".
*⁶) mscr. D Chr K: prout, G: prout et.
*⁷) mscr. D: catechesibus, G: cathechesibus.
*⁸) Die Stelle: „Porro de fideli — jure exigi" ist in den Handschriften Chr. u. K. weggelassen.
*⁹) Mit dem Worte: applicamus brechen die Handschriften Chr u. K ab. Der Schluß der Urkunde: „Societati Jesu — Wormatiensi collegio asservetur" ist in denselben weggelassen.

etiam perpetuis temporibus valituram, adeo ut, si Societas JESu casu aliquo Wormatia pellatur, deinde vero in statum pristinum restituatur (quam restitutionem omnibus viribus et modis procurabimus) fundatio haec robur suum nihilominus sit retentura. Petimus idcirco ab admodum Reverendo Patre Generali absente, ut hoc Wormatiense Collegium Nostrum commendatum sibi habeat ejusque erectionem ac fundationem juxta institutum ac privilegia Societatis admittat, roboret, approbet ac quantum ab ipso requiri potest ac debet perpetuo confirmet. Nos certe, ut omnia et singula praemissa firma et inconvulsa perpetuo habeantur et observentur, Nos ac successores Nostros ad praesentis fundationis Collegii Wormatiensis irrecusabilem observationem efficaciter obligamus, non obstantibus quoad dicta*) omnia legibus, constitutionibus, decretis, statutis, consuetudinibus et aliis quibuscunque in contrarium facientibus, quibus universis et singulis, In quantum nostrae huic institutioni et fundationi obstant, sen obstare possent, in faturum, per hasce praesentes derogamus et derogatum volumus. In quorum omnium fidem Nos Wilhelmus Episcopus Wormatiensis, Nos Decanus et Capitulum Cathedralis Ecclesiae Wormatiensis quinque ejusdem tenoris diplomata fieri et expediri, Nostrisque Sigillis muniri curavimus, quorum duo Nobis ac Successoribus Nostris servabimus, tria reliqua Societati JESu dedimus, ut unum ad Reverendum admodum Patrem Generalem, alterum ad Reverendum Patrem Provincialem in**) Archivium Provinciae transmittatur, tertium in Wormatiensi Collegio asservetur. Actum feliciter Wormatiae die vigesimo secundo Aprilis Anno Christi nati millesimo sexcentesimo decimo tertio.***)

L. S.
Wilhelmus Episcop.
Wormatiensis.

L. S.
Wilhelmus Theodoricus
a Dann Decanus.

Nachdem zwischen dem Jesuitengeneral Claudius Aquaviva und dem Bischof nebst Domcapitel zu Worms die Verhandlungen über die Fundation und Dotation des Wormser Jesuiten collegiums zum Abschluß gekommen waren, wurde vom Domcapitel in der Sitzung vom 24. April 1613 die Siegelung des zwischen Domcapitel und Jesuiten zu Stande gebrachten Vertrags beschlossen. Das Protocoll dieser Sitzung lautet: „Nachdem sich nuhmehr der Societet JESV Praepositus Generalis Pater Claudius Aquavira uff empfangenen Begrifft oder concept diplomatis Fundationis collegii in allen puncten und dero Substantialien mit Ihrer Fürstl. Gnaden vnd Dumbcapitell allerdings einig erclerten vnd begehren lassen, selbiges zu geburlicher expedition vnd dariu verleibter authentisation oder siglung zu richten: als haben Ihre Fürstliche Gnaden zu dieses Werck gentzlicher fortsetzung gerurt diploma für dißmal zue Laudenburg zwenfach ingrossiren†*) vnd mit Ihrer fürstlichen Gnaden secret Insigel verwahren lassen, auch mit Siglung

*) msc. G: praedicta, D: dicta.
**) G: ad Archivium, D: in Archivium.
***) Die Copie obiger Urkunde, die sich im Darmstädter Staatsarchio befindet, ist eine Abschrift von einer durch den Notar Johannes Valentin Pistor beglaubigten Copie der ursprünglichen Urkunde. Dies erhellt aus folgendem Zusatz des Darmstädter Exemplars: „Quod praesens copia cum originali suo integro membrana charactere et singulis concordet, attestor ego Joannes Valentinus Pistorius Notarius publ. super haec requisitus et rogatus propriis manu et signeto. Artam Wormatiae d. 11. Julii Anno 1626. Joannes Valentinus Pistorius Notarius publ."
L. S.

†*) D. i. die Urkunde ins Reine schreiben, ausfertigen, franz. grossoyer; im mittelalterlichen Latein: ingrossatores dici qui instrumenta formula et contractum in membranis majori charactere exarant ac redigunt: Grossoleurs; cf. Du Cange, gloss. med. et infim. latinitat, t. II. p. 68.

Eines Ehr. E. Domcapitells. Nleban bei Jhrer Fürstlichen Gnaden canhley ein egemplar [verhartlich?] enthalten, das andre aber ermeltem Patri Generali vberjenden, vnd bagegen seinen Acceptation Brieff, barin gerurt diploma seines wortlichen Jnhalts verleibt seie, erwartet; volgendts aber die vbrige drey exemplaria auch zum stand ausbereitett vnd an ihre ort ertheilt werden sollen." (a. a. C. Fol. 166 a. b.) Jn der Domcapitularsihung vom 9. Sept. 1613 wird constatirt, daß das Capitel die zuletzt erwähnten drei Exemplare der Fundationsurkunde, nachdem dieselben vom Bischof ausgefertigt und besiegelt worden, auch mit dem Capitular Jnsigel habe bekrässtigen lassen. (a. a. C. Fol. 176. b.)

Eine Abschrift von einer durch den Notar Johann Valentin Pistor im Jahr 1626 beglaubigten Copie der Urkunde, in der der Jesuitengeneral Claudius Aquaviva am 24. Mai 1613 die Fundation des Wormer Jesuitencollegs und dessen Einkünfte acceptirt, befindet sich in den oben bezeichneten Acten des Darmstädter Staatsarchivs. Das Document Aquavivas lautete folgendermaßen:

Claudius Aquaviva Societatis Jesu Praepositus Generalis.

Omnibus in quorum manus hae literae venerint, salutem in eo qui est vera salus. — Cum Illustrissimus et Reverendissimus Dominus Wilhelmus Episcopus Wormatiensis una cum Praenobili ac Venerabili Domino Decano et Capitulo ejusdem Ecclesiae Divini honoris promovendi studio ductus pro fundatione et dote Collegii Nostrae Societatis in Civitate Wormatiensi erigendi quasdam domos pro habitatione, et usum*) Sacelli S. Nicolai in summa aede, donec aliam habitationem et ecclesiam usibus et officiis dictae societatis aptiorem, prout in se recepit, providerit, et annuum reditum mille quingentorum florenorum in perpetuum assignaverit ac irrevocabiliter inter vivos donaverit, prout latius in literis patentibus fundationis die vigesimo secundo Aprilis Millesimo sexcentesimo decimo tertio datis continetur, Nos eodem studio ducti, quique Idoneam pro Collegialibus sedem in dicta civitate Wormatiensi futuram confidimus ac praedicti Illustrissimi et Reverendissimi Domini Episcopi ac Praenobilis Venerabilisque Domini Decani et Capituli propensae erga nos voluntati, quoad in nobis est, respondere ipsisque in Domino gratificari cupimus, praedictam fundationem et dotem tum Nostro tum Successorum Nomine ac alias omni alio meliori modo acceptantes unum Collegium Nostrae Societatis in dicta Civitate erigimus illique praedictum annuum reditum ab eodem Illustrissimo et Reverendissimo Domino Episcopo ac Domino Decano et Capitulo assignatum applicamus, concedimus, et appropriamus ipsosque**) fundatores dicti Collegii cum omnibus praerogativis et gratiis a Nostra Societate hujus modi fundatoribus dari solitis recipimus Deumque ipsum precamur, ut his coeptis feliciter aspiret et de inhausto dilecti filii sui meritorum thesauro nostram ipsae inopiam supplens ipsos Illustrissimum et Reverendissimum Dominum Episcopum ac Dominum Decanum et Capitulum aeternae gloriae corona remuneret. In quorum fidem has literas manu Nostra subscriptas et sigillo Societatis munitas dedimus. — Romae vigesimo quarto Maii Millesimo sexcentesimo decimo tertio. *)

Claudius Aquaviva. De Angelis Secretarius.

*) mser.: usu.
**) mser.: Ipsosque In fundatores.
***) Obigem Documente ist in dem Darmstädter Exemplar folgende notarielle Beglaubigung, ebenfalls abschriftlich, beigefügt: „Quod praesens copia cum originali suo integro membrana, charactere et sigillo concordet, attestor ego Joannes Valentinus Pistorius Notarius publs. super haec requisitus et rogatus propriis manu et signeto. Actum Wormatiae d. 11. Julii Anno 1626. — Joannes Valentinus Pistorius Notarius Publicus m. pr."
L. S.

Während in dieser Weise die Niederlassung der Jesuiten in Worms gesichert und seit gegründet wurde, blieb dem Rath nichts übrig, als auf Grund der Verfassung und der Rechte der Stadt gegen deren Anwesenheit zu protestiren. So beschließt der Rath am 28. April 1613: „Sollen von Wein und Bier Accis geben."*) Allein die Schwierigkeiten, die der Rath dem Jesuitencollegium machte, hatten nur die Folge, daß Kaiser Matthias am 5. Oct. 1613 den Jesuiten zu Worms das von Rudolf II. ertheilte Privilegium, wie folgt, erneuerte.

„Wir Matthias x. - bekennen öffentlich mit diesem Brieff und thun fund aller männiglich, daß Uns die Ehrsamen Geistlichen Unsere liebe Andächtige der Societaet Jesu Patres in Unser und des Heyligen Reichs Stadt Wormbs einen Schutz und schirm Brieff, so von Weyland dem durchleuchtigsten Fürsten und Herrn Rudolphen dem andern Römischen Kanßern, Unserm freundlichen geliebten Herrn und Brudern hochlöblichster gedächtnus Ihnen allergnädigst ertheilt, in glaubwürdigen schein haben fürbringen lassen, der von Wort zu Worten hernach geschrieben stehet und also lautet": - (folgt der Brief Rudolphs) „und Uns darauff demüthiglich angeruffen und gebetten, daß Wir Ihnen den berührten Brieff, sampt den darinn begriffenen Gnaden und freyheiten, als jetzt Regierender Römischer Kanßer, alles seines Innhalts und Begriffs, zu erneuern, zu confirmiren undt bestätten gnädiglich geruheten, das haben Wir angesehen und darumb mit wohlbedachtem muth, gutem Rath und rechtem wissen, bemelten Patribus der Societaet Jesu zu Wormbß angeregten Brieff in allen u. jeden, seinen Wortten, puncten, Clausuln, Articuln, Inhaltungen, Mainungen und Begreiffungen als Römischer Kanßer gnädiglich confirmirt und bestättet" x.

Datum in unßer u. des heil. Reichs Stadt Regenspurg den 5. Oct. 1613.**)

                                        Matthias.

Nachdem das Wormser Jesuitencollegium durch die angedeuteten Verhandlungen, Beschlüsse und Verträge des Bischofs und des Domcapitels definitiv errichtet und vom Kaiser Matthias bestätigt worden war, stellten Bischof Wilhelm von Effern und Wilhelm Theodorich von Tann, Decan des Domcapitels, dem Wormser Jesuitencolleg und dem Jesuitenprovinzial der Rheinischen Provinz am 6. Nov. 1613 eine zweite Urkunde aus, worin festgestellt wurde, in welcher Weise und von welchen Personen oder Aemtern dem gedachten Collegium die ihm bewilligten Einkünfte im Einzelnen erstattet werden sollten. Aus dieser zweiten Urkunde scheint hervorzugehen, daß im Anfang der Verhandlungen der Jahre 1612 und 1613 zunächst in Aussicht genommen war, daß das in der Urkunde vom 22. April 1613 dem Colleg versprochene Jahreseinkommen von 1500 fl. vollständig erst nach Verlauf von fünfzehn Jahren, wenn nämlich die Zahl der Patres, Lehrer, Klassen und Schüler sich würde vergrößert haben, erstattet werden solle. In der zweiten Urkunde vom 6. Nov. 1613 wird nun aber in Anerkennung der Erfolge des Collegiums der gedachte Termin von fünfzehn auf zehn Jahre herabgesetzt. Zugleich wird in dem gedachten Repartitionsbrief vom 6. Nov. 1613 im Einzeln angegeben, in welchen Quantitäten und nach welchen Taxen das Jesuitencolleg von den Bischof und dem Capitel aus den Kassen bares Geld, aus Kellern und Fruchtspeichern Wein und Getreide, und zwar zunächst im Gesammtwerthe von 892 fl., 6 alb., 6 Hlr. beziehen soll. In Betreff des hiernach zur Completirung der zunächst bewilligten 1000 fl. erforderlichen Betrages von c. 107 fl. und über die Lieferung der ferner in Aussicht stehenden

---

* Extr. prot. Worm., fol. 80 a., Nr. 17. Indirecte Steuern waren der Stadt Haupteinnahme.

** Abschrift im Worms. Arch., IV. IV. 34. 12. 185. Act. 90.

500 fl. sollte im Verlauf der vorgesehenen Zwischenzeit von zehn Jahren Bestimmung getroffen werden.*)

Im Nachfolgenden ist der besprochene Repartitionsbrief von 6. Nov. 1613 nach zwei Handschriften abgedruckt, von denen eine (D) unter den Jesuitenacten des Darmst. Staatsarchivs sich befindet und eine Abschrift einer vom Notar Johann Valentin Pistor beglaubigten Copie der wirtlichen Urkunde ist; die andre Haubschrift befindet sich im Wormser Gymnasialarchiv (O). Außer dem hat Schannat (hist. episc. Worm. tom. II. p. 434) einen Theil der nachfolgenden Urkunde nach einem im Bischöflichen Archiv befindlichen Original abgedruckt.

„In Nomine Sanctae et Individuae Trinitatis Amen."

„Nos Wilhelmus Dei et Apostolicae sedis gratia Episcopus Wormatiensis &c. Nos item Wilhelmus Theodoricus a Daun Decanus totumque Capitulum Cathedralis Ecclesiae Wormatiensis &c. recognoscimus**) et praesentis scripti***) serie omnibus et singulis illud inspecturis, lecturis sive legi audituris testatum et compertum esse volumus in Domino,†) quod (cum aliquamdiu antehac de fundando et dotando Patrum Societatis JESu in urbe Wormatiensi Collegio, spiritus sancti procul dubio afflati bonitate, cogitaverimus, ac tandem praehabita matura deliberatione, initisque invicem consiliis, nec non omnibus exacte pensatis in hoc negotio pensandis, ac quae caeterum necessario desuper requirebantur diligenter adhibitis)

*) In der Handschrift des Wormser Gymnasialarchivs, welche die Abschriften der hier besprochenen Urkunden vom 22. April 1613 und 6. Nov. 1613 enthält, ist denselben eine Abrechnung beigefügt, die das Jesuitencolleg für den Bischof und das Domcapitel aufgestellt hat. Darin wird constatirt, daß dem Collegium zwar eine jährliche Sustentation von 1500 fl. gereicht werden solle, daß aber zunächst nur 893 fl. gewährt seien, wozu dann seit den Jahren 1615 und 1618 noch Zinsenbezüge im Betrage von 270 + 125 + 125 fl. = 520 fl. gekommen seien, so daß das Collegium im Ganzen 1413 fl. beziehe und zur Completirung der bewilligten 1500 fl. noch 87 fl. fehlten. Diese Abrechnung, welche mit den Bestimmungen des Repartitionsbriefes vom 6. Nov. 1613 in allen Einzelheiten übereinstimmt, soll zur Erläuterung und Ergänzung dieses Briefs hier beigelegt werden. „Notanda. Nach welchen vorhergehenden zweyen abschriftlichen der Fundation-, Dotation- und Repartitions-Briefen (vom 22. April und 6. Nov. 1613, so von Wort zu Wort denen Originalibus gleichförmig, die Gottseelige Intention und Will der Fundatorum gnugsam erhellet, daß jährlich zu des Collegii sustentation an Gelt oder angelegten Geltswerth sollen gereichet werden 1500 fl. Und zwar, wie hernachfolgt, zu erheben: 1) a Reverendissimo ac Celsissimo Episcopo: Terminus festo circumcisionis — pane gelt fl. 20; 2 Fuber Wein ober fl. 70. — 2 a Reverendo Capitulo: ex officio suspensionis fl. 200; Item ex eodem fl. 40; ex officio absentiarii fl. 10; ex officio praesentiae fl. 6; 2 Fuber Wein ex torculari Dominorum oder fl. 70; 1½ Fuber Wein ex officio praesentiae oder fl. 52. — 3 An Korn oder ins Gemein an Getraid 140 malter à 1¾ fl.: fl. 245. (60 malter e granario communi praesentiae, 30 malter e granario majori, 35 malter e granario jejunantiae, 10 malter e granario capituli majori, 15 malter loco panis quotidiani.) — Summa: fl. 893. Nebenstehende oder im Repartitionsbrief angewiesene Summa ist fl. 893. — NB. ad hoc implendos, daß ist zu Complirung der 1500 fl. (wiewohlen es mit zulänglich, wie erwiesen werden wird) ist das Collegium angewiesen worden zu empfangen wie hernach folgt: 1) Reverendissimus et Celsissimus Princeps ac Episcopus Wilhelmus zahlte in anno 1615 nomine Collegii Wormatiensis der Churfürstl. Mainzische Cammer, in Abschlag des Kirchlichen Capitals, 5400 fl., pro cento anno fl. 270; — 2) Reverendissimum Capitulum hat in anno 1618 dem Collegium angewiesen: den Herrn Grafen von Cronberg, von 2500 fl. Capital die jährlichen Zinsen, als fl. 125; Item bei der gemeinen Statt Wormbs, von 2500 fl. Capital jährliche Zinsen in gleichen fl. 125. Summa Summarum aller Anweisung: fl. 1418. — Posito, daß obige anweisung alle gangbahr, welches aber vermög der hernachfolgenden austheilung sich nit befindet, so werte doch das Collegium liquide noch zu vergnügen; zu Complirung der 1500 fl. noch abgehen — Jährl. fl. 87. — Welches suo tempore et loco zu einer remonstration dienen solle."

**) Schannat und mscr. D: recognoscimus; O: acrognoscimus.

***) mscr. D: praesentis scripti; O: praesenti scripti.

† mscr. D: Domino Quod quam; O: quod cum.

fundationem et dotationem ejusmodi unanimi, et expresso omnium nostrorum [1] aliorumque quorum interest consensu pariter et assensu, in et ad effectum cooperante Dei Gratia perpetuo valiturum deduximus, [2] atque literas sive diplomata in forma meliori fieri et expediri nostrorumque secretorum sigillorum sub impressione [3] roborari et communiri fecimus, datas sive data Wormatiae vicesima secunda Aprilis Anno Christi nati Millesimo sexcentesimo decimo tertio. In quibus quidem literis quoniam inter reliqua earum contenta ratione assignationis sumptuum et sustentationis Collegii ejusmodi recens fundati per subsequentia formalia de certitudine assignandorum annuorum redituum et proventuum ac speciali conficienda designatione fit mentio, ad haec damus et assignamus in sumptum et sustentationem ejusdem Collegii Wormatiensis mille quingentos florenos annuos a Nostris cellariis et officiatis juxta confectam et datam desuper specialem assignationem ad hoc deputatis quovis trimestri persolvendos hac lege et conditione ut mille florenos in praesenti pecunia numerent, reliquos quingentos in frumento et vino admetiantur, singula vini plaustra triginta quinque florenis aestimando, singulos tritici modios uno floreno ac tribus quartalibus &c. Idcirco eosdem dictae sustentationis sumptus et proventus (prout illi a data praesentium annis decem proxime futuris singulariter singulis ad summam mille florenorum per deputatum aut deputandum deinceps ad id officiatum vel in vinis et frumentis vel juxta pretium et aestimationem praescriptam in pecuniis, quorum alterutrum [4] dicti Patres Societatis maluerint sibique melius et utilius recipere visum fuerit, certis anni temporibus, quolibet nimirum trimestri quantum competierit, realiter et cum effectu porrigi tradique debeant) in hunc qui sequitur modum specifice designari curabimus. Cum primis autem hoc praesciri et compertum esse volumus. Tametsi ab initio fundationis et dotationis ejusmodi integros mille quingentos in diplomate allegatos [5] **non nisi post quindecim annorum decursum, augescente nimirum interea Patrum et Praeceptorum Classiumque numero plenarie fore tradendos conventum fuerit**, nihilominus tamen studiorum aeque ac fidei sive religionis fructu et progressu per annos illos superiores paucos insigniter emicante et imposterum sine dubio amplius emicaturo: in et ad decem solummodo annos restrinximus, [6] a dato praesentium literarum die nimirum fundationis acceptatae, [7] qui mensis hujus Novembris sexto solemniter habitus fuit incipiendo. Post quorum decem annorum effluxum dictos mille quingentos florenos modo et ratione supra memoratis integre percepturos unanimiter statuimus et decrevimus decernimusque praesentium vigore. Nostro itaque Wilhelmi Episcopi Nomine tradentur in pecuniis; item ducenti floreni, a festo circumcisionis Domini ad idem anni subsequentis festum computando. In vino item duo plaustra aut pro quolibet triginta quinque floreni; constituunt septuaginta florenos. A Nobis vero Decano et Capitulo annue percipient in pecuniis ex officio suspensionis ducentos florenos, in vino ex torculari Dominorum in autumno duo plaustra aut si malint septuaginta florenos, in siligine e granario communis praesentiae item quinquaginta modios, item e granario nostro majori triginta modios vel pro

[1] mscr. D: nostrum; Schannal und O: nostrorum.
[2] Schannal und mscr. D: deduximus; O: duximus.
[3] mscr. O: impensione; D: impressione.
[4] mscr. D: alterum; O: alterutrum.
[5] mscr. D: alligatos; O: allegatos.
[6] mscr. O: restrinximus; D: realiximus.
[7] mscr. O: acceptae; D: acceptatae.

quolibet unum florenum et tres quartales. Item in pecuniis ex praelibato officio suspensionis quadraginta florenos, ex officio absentiarii decem florenos, ab officio praesentiae sex florenos, in siligine e granario praesentiae triginta quinque maltera,*¹⁾ item e granario Capituli majori decem maltera*¹⁾ sive praetractum pro quolibet pecuniae pretium. Item panis quotidiani, ut vocant vegantiarum*¹⁾, more caeterorum Ecclesiasticorum erunt quotidie participes in duplum, qui panis pro hoc tempore faceret singulis annis in frumento quindecim maltera.*¹⁾ Similiter vini personis Ecclesiae distribui soliti participes erunt in duplum, quod vinum singulis annis facit plaustrum unum cum dimidio*³⁾ aut in pecunia quinquaginta duos et dimidium florenos. Quae omnia ad rationem sive calculum pecuniae redacta summatim faciunt octingentos nonaginta duos florenos, sex albos et sex denarios, quibus adhuc addendi veniunt septem floreni novendecim albi et duo denarii. De hoc residuo per decem annos illos singulos quoque indubitanter et citra protelationis commissum persolvendo, quemadmodum etiam super quingentis illis florenis durante ejusmodi decennio*⁴⁾ vel in pecuniis vel aliis reditibus et proventibus providenter ordinandis et constituendis, certa et exacta apud et inter Nos Fundatores supra nominatos inibitur ratio et provisio. Caeterum Nos et Nostros Successores ad praedictorum in literis sive diplomate*⁵⁾ fundationis contentorum punctorum, in quantum nos et eos concernunt, observantiam et manutenentiam firmiter obligamus, confidentes in Domino Patres Societatis JESu eorumque superiores, quos praesens fundationis negotium in universum aut quemlibet speciatim unquam concernet aut concernere poterit, **suam ut hactenus operam in informanda juventute et fidei catholicae propagatione diligenter collaturos ac reipublicae catholicae nunquam defuturos, praecipue autem Nostri omnium Fundatorum et Dotatorum Successorumque nostrorum in precibus et Sanctis sacrificiis suis semper fore memores**. Quod ad Majorem Sui Nominis Gloriam et profectum animarum Nostrarum felicissime concedat Omnipotens et Misericors Deus Pater et Filius et Spiritus Sanctus Amen. In fidem et testimonium praemissorum hujusmodi designationis redituum quatuor Exemplaria in pergameno sive membrana confici et expediri, Nostrarumque Episcopi Decani et Capituli secretorum sive majorum sigillorum sub appensione communiri eorumque duo Nobis et Successoribus Nostris reservari, reliqua vero duo, alterum Reverendo dictae societatis JESu Patri Provinciali in Archivio Provinciae Rhenensis,*⁶⁾ alterum in Collegio Wormatiensi in rei memoriam asservanda tradi mandavimus. Actum feliciter Wormatiae die mensis Novembris sexta anno nati Salvatoris Christi Millesimo sexcentesimo decimo tertio.

Aber trotz aller Förderung, die dem Wormser Jesuitencolleg vom Kaiser, Jesuitengeneral, Bischof und Capitel zu Theil wurde, lassen sich die Reichsstädter nicht entmuthigen. Als die Jesuiten, nachdem sie Alles erreicht, was sie zunächst wünschen mochten, eine feierliche Procession durch Straßen, die dafür von dem Rathe nicht eingeräumt waren, veranstalten wollen, verbietet solches der Rath.

---

*¹⁾ mer. D: maldera; G: mahera.
*²⁾ mer. G: vagantiarum; D: vegantiarum. Die hier als tägliches Brot der Kirchendiener genannten vegantiae dürften wohl die sonst in Worms mit dem Worte „Begipen" bezeichneten Brote sein, die bei besonderen Gelegenheiten zur Austheilung kamen. Die Begipen waren von verschiedener Qualität, oft waren sie ein mürbes Backwerk. Es kamen halbpfündige, pfündige, mehrpfündige Begipen zur Vertheilung. Dies geschah z. B. bei Leichenbegängnissen. Sogar noch im Jahre 1770 werden gelegentlich der „Herrnwahl" 97 halbpfündige mürbe Begipen an alle Herrn der Stadtverwaltung geliefert. Vgl. Chron. der Worms. Gymn.-Bibl., Fol. XII b. XIII a.
*³⁾ G: omn. „et dimidium".
*⁴⁾ D: decennio.
*⁵⁾ Schannat: diplomate; D & G: diplomatis.
*⁶⁾ D: Rhenen.; G: Rhenensis.

Der Auszug des betreffenden Rathsprotokolls lautet: „Wollen eine Comödi halten und durch ohngewöhnliche straffen gehen und reiten. Inhibetur 27. Nov. 1613" (a. a. C. Fol. 80 a. b., Nr. 18.)

Aber der Rath zu Worms hatte sogar den Muth, den Schirmbriefen der Kaiser Rudolf II. und Matthias bis zu einem gewissen Grade Widerstand zu leisten. Die protestantische Union, an welche sich auch Worms anlehnte, hatte sich im Jahre 1612 mit England, im Jahre 1613 mit Holland verbündet; und man wird wohl nicht irren, wenn man das Verhalten des Raths gegen die Schirmer der Jesuiten daraus erklärt, daß er sich der Hoffnung hingab, er werde in der Anlehnung an die Union den Bestrebungen des Jesuitismus in Worms erfolgreich begegnen können. Im Frühjahr 1614 kündigte der Rath zu Worms dem Domcapitel durch einen seiner Schreiber an, daß die Patres der Societät Jesu nicht zu ertragen seien. Als die Sache in der Sitzung des Capitels vom 12. April 1614 zur Berathung kam, wurde beschlossen, daß der Syndicus des Capitels und Dr. Fleisbach dem Rath das kaiserliche Privilegium, durch das den Jesuiten zu Worms die Aufnahme in die Stadt und der kaiserliche Schutz verliehen worden war, insinuiren sollten, damit den Patres wegen ihres Predigt- und Schulamts der Schutz und Schirm zu Theil werde, in dem der Wormser Clerus überhaupt stehe.*)

Am 6. Mai 1614 zieht der Rath in Erwägung, ob die Jesuiten „sub unione cleri" enthalten seien.**) „Jesuiter werden vom Domstift Einem Ehrb. Rath als Clerici praesentirt mit Bitt solche in Schutz uf- und anzunehmen, cui contradicitur 6. Juli 1614."***) Der Rath gab sogar eine schriftliche Entscheidung, in der er sich weigerte, die Jesuiten als Clerici in die Gesammtheit des Wormser Clerus und in seinen Schutz aufzunehmen. Dieß bezeugt der Protocollist des Domcapitels in der Sitzung vom 2. September 1614: „Habe Ich die mir zugestellte schriftliche Resolution eines E. Rhats der Statt Worms, so mir bei beschehener Insinuation zweier kayserlichen Schirmbriefen, die patris Societatis JESV allhie belangend, ertheilt worden, capitulariter vorgebracht und verlesen. Solle Copia derselben Ihrer Fürstlichen Gnaden, sodann auch beyden Syndicis, so sich daruff mitteinander haben zu berhatschlagen, überschickt und communicirt werden." (a. a. C., Fol. 206. b.)

Die gedachten Verhandlungen werden von den Jesuiten bis zum Jahre 1616 weiter geführt. „Wie selbige in unionem Cleri und die Nachtung (vom J. 1500 u. 1519, vgl. oben S. 29—31) aufgenommen zu werden suchen", wurde berathen in den Sitzungen des Dreizehnercollegs vom 5., 7. und 17. Juni 1616. In der Rathssitzung vom 17. Juni wurde beschlossen, in der fraglichen Angelegenheit pro consultatione zwei Herrn zum Kurfürsten Friedrich V. von der Pfalz abzusenden. Dieselben brachten eine schriftliche Resolution von Kurpfalz zurück, und die Berichterstattung der Gesandten an den Rath erfolgte am 23. Juni 1616; allein die Auszüge der Rathsprotocolle theilen über das Gutachten der Pfalz nichts mit. Es ist zu vermuthen, daß dem Rath zu Worms von der Regierung des jugendlichen Kurfürsten Friedrich V. von der Pfalz geringe Aussicht auf wirksamen Beistand in seinen inneren Angelegenheiten eröffnet wurde, da für diesen unbesonnenen Fürsten im Jahre 1616 bereits die Leitung der protestantischen Union eine zu schwere Aufgabe war, so daß dieser Bund in diesem Jahre sogar dem jesuitischen Maximilian von Baiern das Führeramt auftrug. — So spielten sich denn weiter zwischen Stadt und Jesuiten die peinlichen

---

*) Der Wortlaut des Domcapitelprotocolls vom 12. April 1614 ist folgender: „Scriba civitatis Wormatiensis nomine senatus sui indicavit Reverendo Domino Decano, quod Patres Societatis JESu non ferendi sint. Praeterea syndico nostro et doctori Fleisbach injunctum est, ut privilegium Caesareae Majestatis de patribus recipiendis et tuendis senatui Wormatiensi insinuare velint, ut sic in tuitione Cleri Wormatiensis tam propter officium concionatorio tam propter scholas conservandas Patres praetacti omnino recipiendi sint." (a. a. C. Fol. 195 b.)

**) Extr. der Rathsprot., a. a. C., Fol. 80 b., Nr. 19.

*** Ebendaselbst, Fol. 81 a, Nr. 81.

Scenen im Streit um Ungeld, Pfortengeld u. dergl. ab. „Die Jesuviter erstatten keine Gebühr ihrer im Kaufhaus erkauften Sachen halber", berichtet das Dreizehner Protocoll v. 3. Nov. 1616. (vgl. a. a. O. Fol. 79 a., Nr. 2). In demselben Jahre gehen sie feindlich gegen das Gymnasium der Stadt vor; denn sie „suchen den Barfüßerplatz an sich zu bringen", laut Rathsprotocoll vom 11. Dez. 1616. Allein auf diesem Platz hatte die Stadt ihr Gymnasium erbaut.*)

Nach der zweiten Dotationsurkunde vom 6. Nov. 1613 hatten die Patres der Societät Jesu im Laufe der nächsten zehn Jahre von Bischof und Capitel die weitere Verabfolgung von ca. 607 fl. zu erwarten. Nach der obigen Berechnung der wirklichen Einnahmen (S. 141. Anm.) wendete der Bischof von diesem Betrage abschläglich im Jahre 1615 die jährlichen Zinsen eines Capitals von 5400 fl. im Betrag von 270 fl. dem Collegium zu. Der Wunsch des Collegiums, über dieses Legat eine rechtsgültige Urkunde zu empfangen, dürfte in folgendem Domcapitel Protocoll vom 17. Juni 1617 ausgesprochen sein. „Auß Fürstlicher Gnaden Schreiben mit mehrem vernommen, welcher gestallt Pater Pronuellia de Societate Jesu und Pater Metternich sich zu Laudenburg eingestellt und Ihrer Fürstlichen Gnaden in unterthenigkeit zu erkennen geben, daß die Societet Jesu wohl gern vernemmen, ob legatum Reverendissimi Wilhelm Ihne solle gloßirt (s. oben S. 138. Anm.) werden (ob sie) dessen (?) fructum mochten bekommen. — Meine Hern willen sich intentioni nostri Reverendissimi bequemen; und für gutt geachtet, daß in desulcatione Fundationis Patrum depositum mochte zugestellt werden." (Domcapitel Prot. v. 17. Juni 1617, a. a. O. Fol. 125 a.) So befestigt sich das Collegium auch in seinen Einkünften ersichtlich.

Dem Rath zu Worms bleibt nichts übrig, als hier und da den Patres ein Hinderniß in den Weg zu legen. Da zwar in einer bischöflichen Residenzstadt, aber nicht in einer Frei und Reichsstadt für kirchliche Processionen jeglicher Weg durch die Stadt offen stehen konnte, so vermochte der Rath nicht zuzugestehen, daß der Clerus bei seinen Processionen die Grenzen der ihm dafür zugestandenen Oertlichkeiten überschritt. Allein im September 1617 scheinen die Jesuiten die desfallsigen Anordnungen des Raths überschritten zu haben. Denn nach dem Rathsprotocoll vom 19. Sept. 1617 wird beschlossen: „Bei ihren Comödien soll ihnen bloß der gewöhnliche und kein andrer umbgang gestattet werden." (Extr. prot., a. a. O., Fol. 79. Nr. 4.) Zu derselben Zeit bringen die Jesuiten den Rath dadurch gegen sich auf, daß sie Andersgläubige zur römischen Religion verleiten. Denn das Rathsprotocoll vom 19. Sept. 1617 sagt über die Jesuiten aus: „Unterstehen sich, einige zu ihrer Religion zu verleiten." (a. a. O. Fol. 79. Nr. 6.)

Nach dem Rathsprotocoll vom 13. Febr. 1618 wird den Jesuwitern Haußgeld von festen Speisen abgefordert". (Ext. prot. a. a. O. Fol. 79 a. Nr. 5.) Daß sie diese indirecte Steuer entrichtet haben sollten, ist freilich nicht sicher anzunehmen. Allein der Rath wahrte auch durch wirkungslose Forderungen oder leere Rechtsverwahrungen seinen Rechtsstandpunkt, in der Hoffnung auf zukünftige günstigere Zeiten. So schreibt der Protocollauszug vom 27. Mai 1618: „Den Jesuitern werden einige beneficien Wein cum protestatione, non ut membris cleri, sondern als bischöflichen Kirchen und Schuldienern frey hinaus passirt; vide porro de hac materia 2. Junii 1618." (a. a. O. Fol. 79 a b. Nr. 7). Die Ohnmacht dieses Protestes ist daraus klar, daß die Jesuiten gewiß damit zufrieden gewesen wären, wenn sie als bischöfliche Kirchen und Schuldiener alle Freiheiten genossen hätten, ohne des Bischofs Diener zu sein. Sie stellen die Forderung, ihre gegen Früchte getauschten Weine frei passiren zu lassen; vgl. Rathsprotocoll vom 8. Juni 1618 (a. a. O. Fol. 79 b. Nr. 8.) Das Domcapitel Protocoll v. 16. Juni 1618 beweist, daß die Jesuiten im Jahre des Beginns des dreißigjährigen Kriegs auch in ihren An-

---

*) Vgl. oben S. 118.

forderungen an Bischof und Capitel nicht schüchtern waren: „Noster Reverendissimus scripsit, quod patres Societatis Jesu petunt sedes quas hactenus J. Wilhelmus Heusch inhabitavit. diversus discursus propositus. Habita deliberatione vult capitulum Reverendissimo melius informare." (a. a. O. p. 207.)

Nach der oben abgedruckten Berechnung der wirklichen Einnahmen des Collegiums (S. 141. Anm.) wurden demselben im Jahre 1618 bei dem Grafen von Cronberg und der Stadt Worms jährliche Zinsen im Betrag von 250 fl. angewiesen, so daß nun die gesammte Anweisung sich nahezu auf die versprochenen 1500 fl., nämlich auf 1413 fl. jährlich belief. Deshalb schreibt das Domcapitelprotocoll vom 5. Sept. 1618: „Es seindt x. Cratz senior vnd Herr Emerich von Dam verordnet, Patrum Societatis JESV Fundation zu perscrutiren, ob prompta in pecuniis vnd dann vinum, collationes singulae, wie solle mitgetheilt werden." (a. a. O. p. 222). Als der Rath offenbar dem Weinverkauf der Jesuiten Schwierigkeiten gemacht und sich darüber schriftlich vernehmen ließ, protocollirt das Domcapitel: „Auf Ihrer Fürstlichen Gnaden gnedige autheitung wirdt vor gutt geachtet, daß wegen E. Rhats screibens, den Weinschand betreffend, mochte eine widerantwordt schrifftlich mitgetheilt werden." Wenn auch der Inhalt der Antwort des Capitels nicht verbürgt ist, so ist wohl zu vermuthen, daß das Capitel erklärt habe, die Kaiser Rudolf und Matthias hätten den Jesuiten die Rechte des Wormser Clerus verliehen, weshalb der Widerspruch des Raths nicht berechtigt sei. Der Vollständigkeit wegen folge hier noch das Domcapitelprotocoll vom 6. Sept. 1618: „Patres Societatis JESV haben capitulariter lassen fürbringen, daß Ihnen mochte noch järlich 17 fl. vnd 11 alb. Irer Fundation gemeß gereichet werden. Meine Hern willen vff mittel bedacht sein." (a. a. O. p. 223). Man erkennt, wie bereitwillig das Wormser Domcapitel allen Wünschen der Herrn Patres nachkommt. Nachdem so das Jesuitencollegium vom Domcapitel erlangt, was es nach der Dotation des Jahres 1613 zu fordern berechtigt war, schweigen hinfort die Protocolle des Capitels über dessen Beziehungen zu den Patres der Societät fast bis zur Zeit der Wiederaufrichtung des Jesuitencollegs nach dem Stadtbrande.

Ist es nun zu verwundern, daß in dem Jahre des Ausbruchs des dreißigjährigen Kriegs die Jesuiten zu Worms dem Rath sehr fest und trotzig entgegentreten? Auf die Vorbehalte, Rechtsverwahrungen und sonstige Schwierigkeiten, mit denen der Rath den Jesuiten begegnete, stellten dieselben endlich an den Rath eine entschlossene Anfrage über die Haltung, die derselbe ihnen gegenüber einnehmen wolle. Der Auszug aus dem Rathsprotocoll vom 10. Juli 1618 gibt als Gegenstand der Berathung des Dreizehnercollegs an: „Jesuiter requisition, ob E. E. Rath Ihre insinuirte privilegia in Acht nehmen wollte". Der Protocollauszug fügt hinzu: „Wie man dieser materia halben durch Herrn D. Prem zu Strasburg Conferentz halten lassen" — vid. Prot. v. 31. Julii, 12. Aug. 14. Aug. 1618. — „und wie man auch deßwegen an Kurpfalz Abordnung zu thun decretirt habe: 20. Jan. 1619 relatio." „Nachdem die Jesuiten auff abermahl eingekommene Kayserliche Mandate categoricum responsum begehrt, ist ihnen entlich zur antwort worden, daß, wann Ihre Kayserliche Majestät schrifftlich vor sach E. E. Rath vorbringen lassen, wohl geb. Rath auch schrifftlich antworten wolle. vid. Prot. v. 3. Febr. 1619."

So trotzt der Rath den Patres und mittelbar dem Kaiser, doch mit der Vorbehalt, daß er demselben, wenn sein Befehl an den Rath selbst gelange, antworten wolle.

Fragt man nach Gründen für die sittliche Berechtigung solches Kampfs des Magistrats der Frei- und Reichsstadt Worms gegen den Jesuitismus; so wird gerade die Lobpreisung des Jesuitismus aus dem Munde der Jesuiten die Gefahren offenbaren, die derselbe der ächten Frömmigkeit, Sittlichkeit und Idealität der zu wahrer Selbständigkeit, Intelligenz und Freiheit berechtigten Persönlichkeit des einzelnen Menschen und der selbständigen guten Entwickelung jedes Volkes bereitet. Ein nicht unbedeutender Vertheidiger der Jesuiten, J. J. Buß schreibt: Der „Gehorsam ist die Seele der Satzungen der Gesellschaft Jesu, welcher im Widerstreit mit dem natürlichen, niederen Menschen durch seinen Segen in dem Orden das natürlichste Gemeinwesen christlicher Geister errichtet". Kein größeres Denkmal dieser Tugend besteht nach Buß, als das von ihm übersetzte Schreiben des Ignaz von Loyola an die Jesuiten in Portugal aus dem März 1553, worin es heißt: „Wer sich durchaus ganz Gott opfern will, der muß außer dem Willen auch die Einsicht darbringen, daß er nicht nur dasselbe wolle, sondern auch dasselbe denke, wie der Obere, und dessen Urtheil das seine unterwerfe, soweit der ergebene Wille die Intelligenz beugen kann." — „Ueber dieß schlage ich Euch dreierlei namentlich vor, was zur Erlangung des Gehorsams des Urtheils viel mithilft." „Das Erste ist, daß Ihr in der Person des Oberen keinen Menschen erblickt, welcher Irrthümern und Armseligkeiten unterworfen ist, sondern Christus selbst, welcher die höchste Weisheit, die unermeßliche Güte, die unendliche Liebe ist, welcher weder betrogen werden kann, noch selbst Euch betrügen will. Empfanget daher die Stimme und die Gebote der Oberen nicht anders, denn als die Stimme Christi." — „Eine andre Weise ist, daß, was der Obere gebietet oder meint, Ihr jederzeit vor Eueren Seelen zu vertheidigen Euch eifrig bemühet." „Die letzte Weise, das Urtheil zu unterwerfen, ist, daß Ihr bei Euch selbst annehmt, das, was immer der Obere gebietet, sei das Gebot und der Wille Gottes selbst, und daß Ihr, um das zu glauben, was der katholische Glaube vorstellt, aus Eurer ganzen Seele und Zustimmung sofort Euch bemüht. So sollt ihr, um das zu thun, was immer der Obere sagen wird, von einem gewissen blinden Drang des zum Gehorsam begierigen Willens durchaus ohne jede Untersuchung Euch bestimmen lassen." „Und das, was wir vom Gehorsam gesagt, haben gleicherweise die Privaten gegen die nächsten Oberen, und die Rectoren und örtlichen Vorstände gegen die Provincialen, die Provincialen gegen den General, endlich der General gegen Jenen, welchen Gott ihm vorgesetzt, nämlich seinen Statthalter auf Erden, zu beobachten."*) Im Gegensatz zu dieser Erniedrigung bewahrt der Mensch, der in der Stille seines eigenen Herzens Gott demüthig sucht und findet, dem alleinigen Gotte die nur ihm gebührende gänzliche und unbedingte Hingabe des ganzen Wesens, da Gott selbst sein Reich als alleiniger, wahrer Oberhirte in den Geistern zu erbauen und zu leiten vermag, und zum endlichen Sieg über alles Weltliche und Sündige, auch über jegliche Verweltlichung des Religiösen und Kirchlichen führen wird.

b. Vermuthungen über die inneren Einrichtungen des Jesuitencollegs zu Worms.

Der Unterricht und die Erziehung des Jesuitencollegs zu Worms ist uns zwar im Einzelnen nicht bekannt; weil aber für die Einrichtungen der Jesuitischen Lehranstalten geradezu fast stereotype Regeln bestanden, so ist es möglich, sogar nach den wenigen Notizen, die über die Einrichtung des Wormser Collegs überliefert sind, mit Sicherheit einige Schlüsse und Vermuthungen zu wagen.

Die Stiftungsurkunde des Wormser Jesuitencollegs vom 22. April 1613 (s. oben S. 137) enthält die folgenden organisatorischen Bestimmungen: „Erit Patrum societatis in tribus grammaticae scholis docere juxta Instituti sui rationem." „Gratiose et amanter petimus, si auctis per Nos vel alios collegii reditibus Humanitatis, Rhetoricae et de

---

*) J. J. Buß, die Gesellschaft Jesu rc., Mainz 1853, S. 357—369.

casibus conscientiae Scholam habere possint, ut hoc quoque ad consueta Societatis munia adjiciant, omnia et singula juxta proprium institutum suum intelligendo et exercendo." „Ut ABCdarii prima elementa linguae latinae et musices doceantur, curae Nobis erit baccalaureum seu hypodidascalum Nostro aere ac privata mercede conducere, qui de consilio et auctoritate Patrum dicta elementa pueros doceat et dominicis festisque diebus in Chorum ducat." Diese Bestimmungen sind nach der Unterrichtsordnung der Societät zu interpretiren, die in den Regeln der ratio atque institutio studiorum societatis Jesu enthalten sind.*) Der Unterricht und die Erziehung der Jesuiten verfolgte in Deutschland natürlich nicht den Zweck, eine wahrhaft allgemeine, tiefe und zur geistigen, sowie religiös sittlichen Freiheit der Persönlichkeit führende Bildung in breite Schichten des deutschen Volks überzuführen, sondern nüchtern, klug und geschickt wollten sie nur diejenigen für die Zwecke der römischen Kirche oder ihres Ordens schulen und heranziehen, von denen zu erwarten war, daß sie in der unter allen Völkern der Erde verbreiteten jesuitischen Propaganda die für sie geeigneten Stellungen einnehmen würden. Darum beschäftigten sie sich weniger mit dem niederen, als mit dem höheren Unterrichte, in Seminarien, Collegien und Universitäten. Es war nur zu natürlich, daß der Orden, der darauf ausging, zum Vortheil seiner internationalen Zwecke die Selbständigkeit und Originalität des Volksgeistes und der Jugend zu beschränken und fest zu regeln, nur geringes Interesse an einem Elementarunterrichte haben konnte, der sorgsame Pflege der Muttersprache und Volks sprache, nicht der lateinischen und der kirchlichen Sprache, und selbstlose Hingabe des Lehrers an das zarte und der jesuitischen Gängelung noch nicht zugängliche Kindesgemüth erforderte, dagegen die Fesselung des jugendlichen Denkens in den allgemeinen Schablonen des vom Orden gegebenen Studienplanes noch nicht vertrug. — Die Constitutionen des Ordens gedenken kaum des elementaren Unterrichts der Volksschule. In einer Declaration zu Const. pars IV., c. 12 wird freilich dafür folgender Grund ausgesprochen: „Im Lesen und Schreiben andere zu unterrichten, wäre auch ein Werk der Liebe, wenn der Gesellschaft diejenige Zahl von Personen zur Hand wäre, daß sie allen sich widmen könnte; wegen des Mangels an solchen pflegen wir indessen dieses gewöhnlich nicht zu lehren."**) Der Provinzial soll, nach einer andren Bestimmung, nicht ohne den General öffentliche Schulen errichten, zumal solche, in welchen die Knaben im L e s e n und S c h r e i b e n unterrichtet werden, was nicht einmal p r i v a t i m erlaubt sein soll. Aus der Richtung der Studien der Jesuitencollegien ergibt sich der tiefere Grund, aus dem die Jesuiten es unterließen, die Kinder im Verstehen, Lesen und Schreiben der Muttersprache zu üben. In der ratio studiorum ziehen die Vorschriften für den Provinzial dem Jesuitencolleg zu Worms diejenigen Grenzen, die auch in den oben erwähnten organisatorischen Bestimmungen gegeben sind. Die Jesuitencollegien waren theils solche, die in zwei Abtheilungen sowohl die studia inferiora in fünf Classen, die einem Gymnasium entsprachen, als auch, wie in einem philosophischen und theologischen Seminarium, die Studia superiora der Philosophie und Theologie betrieben; theils beschränkten sie sich auf den Unterricht der Studia inferiora eines Gymnasiums.

Das Collegium zu Worms war eine Anstalt der letzten Art. Sein Klassensystem ist in der

---

*) Vgl. Institutum Societatis JEsu, ex decreto congregationis generalis decimae quartae maioreis in ordinem digestum, auctum ac denuo recusum. Vol. I. II. Pragae, typis Universitatis Carolo-Ferdinandeae in Collegio Societatis JESU ad S. Clementem, Anno 1705, tom. II, p. 53—102.

**) Const. P. IV, c. 12, decl. C: In legendo ac scribendo alios instituere, opus etiam charitatis esset, si is personarum numerus Societati suppeteret, ut omnibus vacare posset; propter earum tamen penuriam hoc ordinarie docere non consuevimus.

21. Regel des Provinzials gegeben.*) Die studia inferiora erfordern nämlich hiernach 5 Klassen, ohne Berücksichtigung der Elementarschüler oder Abecedarii. Diese 5 Klassen heißen nach ihren wesentlichsten Unterrichtsfächern: 1. infima classis Grammaticae oder Rudiment; 2. media classis Grammaticae oder bloß Grammatik; 3. Suprema classis Grammaticae oder Syntax; 4. Humanitas; 5. Rhetorica. Der Cursus der ersten Classe der Studia inferiora eines Jesuitencollegs, d. i. der Rhetorik, war gewöhnlich zweijährig, derjenige der zweiten Classe oder der Humanitas einjährig, doch konnte in einzelnen Fällen die Frage aufgeworfen werden, ob nicht beide Classen in kürzerer Zeit, als in drei Jahren, absolvirt werden sollten**) Die drei Grammaticalclassen haben nach der achten Regel des Präfects der Studia inferiora je einjährige Curse, die in der Weise eingerichtet waren, daß in der mittelsten und obersten dieser Classen das Pensum zweimal im Jahre, also in jedem Semester einmal durchgearbeitet wurde. Für die Aufnahme in die unterste Grammaticalclasse erschien eine vorhergehende Vorbereitung im ersten halbjährlichen Pensum wünschenswerth. Nach der elften Regel des unteren Studienpräfecten sollten in die unterste Grammaticalclasse weder ältere Jünglinge noch allzuzarte Knaben aufgenommen werden. Obwohl in der Regel nur alle Jahr einmal versetzt wurde, sollte es doch erlaubt sein, in den drei Grammaticalclassen, in denen das Pensum im Jahr zweimal durchgearbeitet wurde, reifere Schüler schon nach halbjährigem Besuch der Classe, oder nach Ablegung eines Examens zu jeder Zeit des Jahres zu versetzen.***) Welche Einrichtungen, Veränderungen oder Erweiterungen traten nun wohl in der Lehranstalt des Wormser Jesuitencollegiums im Laufe der Zeit ein? Nach den oben angeführten Bestimmungen der Stiftungsurkunde vom 22. April 1613 waren für das Jesuitencollegium zu Worms von den 5 Classen der Studia inferiora zunächst nur die drei unteren, für das Studium der lateinischen Grammatik bestimmten Classen vorgesehen, die beiden oberen Classen für Humanitas und Rhetorica wurden für spätere und günstigere Zeit in Aussicht genommen. Die Ansätze zu diesen drei Unterclassen waren wohl schon vor dem Jahre 1613 vorhanden, da die Jesuiten schon seit dem Jahre 1606 predigten. Beichte hörten und viel leicht auch einzelne Schüler zu unterrichten anfingen. Den Unterricht der Elementarschüler oder Abecedarii, der nach den oben angeführten Stellen den Jesuiten weniger am Herzen lag, ließ der Bischof von Worms, Wilhelm von Effern, wie wohl auch seine Nachfolger, aus seinem besonderen Fonds und privaten Mitteln durch einen Unterlehrer oder Hypodidascalus ertheilen. Derselbe sollte, wohl neben einem Elementarunterricht im Lesen und Schreiben, die ersten Elemente der lateinischen Sprache und der Musik nach dem Plane und der maßgebenden Entscheidung der Patres

---

*) Rat. Stud. Reg. Prov. 21 §. 1. Scholae studiorum inferiorum (omissis propter rationes, quae afferuntur in parte quarta Constitutionum, Abecedariis) non plures quam quinque esse debent, una Rhetoricae, altera Humanitatis et tres Grammaticae. §. 2. Hi enim sunt quinque gradus ita apte inter se connexi, ut permisceri aut multiplicari nullo modo debeant: tum ne ordinarios etiam Magistros frustra multiplicare necesse sit; tum ne multitudo scholarum et ordinum longiore quam par sit tempore egeat, ad suam inferiora studia decurrenda. §. 3. Quodsi scholae pauciores sint quam quinque, ne tum quidem hi quinque gradus varientur, sed poterunt duo ordines in una classe ita constitui, ut uterque vel ex his quinque gradibus respondeat. §. 4. Illud porro curandum, ut quando Scholae pauciores sunt, altiores semper, quoad ejus fieri potest, retineantur sublatis infimis.

**) Rat. Stud. Regul. Provinc. 18: Licet cursus temporis ad Humanitatis et Rhetoricae studium definitus esse nequeat, et ad Superiorem pertinet expendere, quantum in his litteris quemque haerere oporteat: Nostros tamen non ante ad Philosophiam mittat, quam biennium in Rhetorica consumserint, nisi ratio aetatis aut aptitudinis aut aliquid aliud obstare in Domino judicetur. Quod si aliqui indole ingenii ad magnos progressus in his potissimum studiis faciendos praediti sint, ut solidius fundamentum jaciant, videndum erit, ea operae pretium sit triennium impendere.

***) Rat. Stud. Reg. Praef. Stud. Inf. 8—13.

150 Der mechanische Studienplan der Jesuiten, eine Fessel für die freie Entwickelung des Geistes.

Societatis lehren und die Elementarschüler an Sonn- und Festtagen zur Kirche führen. Bei der Fundirung des Collegs rechnete man nach dem Wortlaut der Urkunde vom 22. April 1613 offenbar sicher auf die spätere Einrichtung der beiden Oberklassen für Humanitas und Rhetorik. Vielleicht läßt sich auch vermuthen, wann diese Klassen wirklich schon vorhanden waren. In dem oben (S. 141—143) mitgetheilten Repartitionsbrief vom 6. Nov. 1613 wurde nämlich bestimmt, daß erst nach Verlauf einer Reihe von Jahren, wenn inzwischen die Zahl der Schüler, der Klassen und der Patres sich entsprechend würde vermehrt haben, die ganze dotationsmäßige Stiftung an das Colleg verabfolgt werden solle. Da nun aber nach dem oben angeführten Domcapitelprotocoll vom 6. Sept. 1618 (s. S. 146) zu entnehmen ist, daß damals das Colleg nahezu im vollen Genuß seiner ganzen Dotation stand, so ist zu vermuthen, daß diesem Resultat auch dessen statutarische Voraussetzung nicht fehlte, daß nämlich damals wirklich die von Anfang an in Aussicht genommenen fünf Klassen der Studia inferiora, also auch die Oberklassen der Humanitas und der Rhetorik wirklich vorhanden waren. Es ist auch klar, daß Schüler, die im Mai 1613 in die unterste Grammatikalklasse eingetreten waren, nach fünf Jahren, d. i. im Jahre 1618, im oberen Jahrescursus der zweijährigen obersten Klasse sich befinden konnten. Als nach der im Jahre 1689 erfolgten Zerstörung der Stadt Worms die Jesuiten im Jahre 1703 die Wiederaufrichtung ihres Collegs in Angriff nahmen, fingen sie wiederum mit wenigen Klassen an: im Jahre 1707 hatte das Colleg nur drei Klassen (vgl. unten das Schreiben des Bischofs von Breslau und Worms Franz Ludwig vom 20. Juni 1707). Von dem „Mechanismus" der Verwaltung dieser fünf Klassen, von dem inneren und äußeren Leben des ganzen Collegs vermag man sich nun ein deutliches Bild zu entwerfen, wenn man die Einzelheiten des Studienplans, der für alle Collegien bindend war, sich vergegenwärtigt. Diese Ratio atque Institutio studiorum Societatis Jesu nennt F. J. Buß, mit geschickter Umschreibung der Fesseln, die ein Jesuitencolleg und durch dasselbe seine Zöglinge und weitere Kreise einengten, „ein in metallische Fugen eingelassenes System", und „allerdings sei dabei manches Individuelle nicht zur Blüte gekommen, da das Maß der Disciplin jede überschüssige Selbstentwickelung niedergehalten habe." Nur die überschüssige? Nicht vielmehr alle Selbstentwickelung, die nicht im Plane der „jesuitischen Miliz" lag? — In den Collegien wechseln die Patres oft in rascher Aufeinanderfolge ihre Stellungen; aber ihr Thun ist so genau geregelt, so sehr von persönlichen Eigenthümlichkeiten unabhängig, daß nur nach den gegebenen Regeln die Aemter verwaltet werden, und daß es nahezu einerlei ist, wer dieselben verwaltet. Darum kann auch im Ganzen und Großen von einer eigentlichen, lebendigen Geschichte oder Entwickelung der Jesuitenschulen nicht die Rede sein. Die Societät hatte sich ihre Constitutionen und Regeln gegeben, jedes Jesuiten Leben bestand nun in der gehorsamen, selbstlosen Ausführung derselben. Darum darf und soll hier nur auf die für das Leben der Collegia inferiora und deren Studien und Uebungen maßgebenden Normen der Ordensconstitutionen (in der 2. Auflage der Prager Ausgabe, vom J. 1705, Bd. II, S. 53—102) verwiesen werden. Auch F. J. Buß gibt in seinem Buche über „die Gesellschaft Jesu", S. 421—520, eine Analyse der Studienordnung der Jesuiten, auf die hier verwiesen wird, und die zum Schluß (S. 520) das folgende lehrreiche und warnende Geständniß ablegt: „Dieser Studienplan ist aus dem tiefsten Wesen der Gesellschaft geschöpft: Disciplin ist sein Hebel und seine Kunst. Aber im Reiche des Geistes grenzt solche Disciplin nahe an den Uebergang in eine geistige Mechanik. Es liegt in der Natur der Sache: wohl den sogenannten exacten Wissenschaften, minder aber denen, welche eine freiere Entwickelung fordern, wie Philosophie, Geschichte, Philologie, sagt dieser Studienplan völlig zu. Daher finden wir, daß auf dem Gebiet der letzteren der Orden durchschnittlich minder groß gewirkt. Ebenso konnten diese strengen Satzungen für das ragende Genie einigermaßen zur Fessel werden. Aber der Erfolg richtet sich in der Welt nicht nach wenigen Wissenschaften und bevorrechteten Geistern, sondern nach der Masse der Wissenschaften und der Köpfe." So gesteht der Jesuit ohne Scham ein, daß er die idealsten Wissenschaften weniger pflegt, durch den Mechanismus seines Verfahrens geniale Naturen wohl fesselt; aber weil er pessimistisch und kurzsichtig glaubt, daß der Erfolg in der Welt von dem Ausschlag der Massen abhänge, pflegt er ein mehr den Massen zugängliches flacheres, klares, nüchternes Wissen, das er exact nennt, als ob die idealen, philosophischen, historischen Wissenschaften sicherer Exactheit entbehrten oder entbehren müßten. Die Weltgeschichte aber lehrt, daß dennoch im letzten Grunde nur wirklich tiefe Ideen für die großen Bewegungen der Menschheit die entscheidenden Motive und die Mittel für ihre besten Thaten sind.

2. Zur Geschichte der Stadt Worms von 1619—1628.

Nur kurze Zeit konnte der Rath der Freistadt Worms, deren reichsstädtische Rechte und Privilegien allein durch die Gnade und den Schutz des Kaisers gesichert wurden, sich der Hoffnung hingeben, er werde in der Anlehnung an die protestantische Union eine Stütze gegen das Bisthum Worms und die Jesuiten finden. Denn die Mißerfolge der Union im Kampfe gegen Spinola und den Kaiser ließen die Stadt gar bald erkennen, daß sie sich bemühen müsse, mit dem Kaiser möglichst gute Beziehungen zu unterhalten. Daraus erklärt es sich, daß der Rath später auch gegen die Schweden ziemlich spröde war. Bei dieser Politik des Raths der Stadt Worms bestand die Noth der Stadt während des dreißigjährigen Kriegs, abgesehen von den Störungen des Ackerbaues, des Handels und des gesammten Verkehrs, besonders in den Opfern für Einquartierungen, Kriegskosten und Brandschatzungen, die Freunde und Feinde der Stadt auferlegten. Man erkennt deutlich, daß jede Kriegsmacht, die vor den Mauern der Stadt erschien, dieselbe vor größter Kriegsgefahr oder Zerstörung gern sicherte, wenn dieselbe nur die geforderten Quartiere und Leistungen darbot. Wenn auch die zwischen der inneren und äußeren Mauer der Stadt gelegenen, dünn bevölkerten Vorstädte während des Kriegs zum größten Theil zu Grunde gingen, so blieb doch die innere Stadt, die den Haupttheil der Bewohner beherbergte, mit ihren Gebäuden und ihren öffentlichen Einrichtungen erhalten. Auch das lutherische Gymnasium erhielt sich nicht nur in Worms während des dreißigjährigen Krieges, sondern hatte sogar fünf Klassen, mit etwa zehn jährigem Lehrcursus. Ferdinand Dieffenbach irrt, wenn er in seinem Buche: „Das Großherzogthum Hessen in Vergangenheit und Gegenwart", S. 376, schreibt, Worms sei nach dem dreißigjährigen Kriege „eine Wüste, eine menschenleere, verödete Stadt" gewesen.

Der Rath zu Worms hatte sich noch im April 1617 an der Berathung über die Verlängerung der Union auf weitere zehn Jahre betheiligt und in der Anlehnung an die Union suchte er auch gegen die Jesuiten Sicherheitsmaßregeln zu ergreifen. Pfalzgraf Friedrich V. begab sich dann Ende October 1619 nach Böhmen zur Krönung. Für den im November 1619 nach Nürnberg ausgeschriebenen Unionstag (vgl. Häusser, Gesch. der rhein. Pfalz, B. 2. 315 x., M. J. Ph. Abelin, Theatr. eur. II. 256) berief der Rath zu Worms am 12. October 1619, was dabei zu beachten sei; am 15. October wird der „Zollschreiber zu Mannheim anhero zu Besichtigung hiesiger Bollwerks und Fortificirung beschrieben"; am 22. Oct. 1619 wird die „Instruction zu den Unionssachen" beschlossen: „Gehet fürnehmlich dahin, daß E. E. Rath 2000 fl. zahlen, das übrige aber, weilen man sich sonderlich der vermehrenden

Jesuiten halben zu besahren [= befürchten] hätte, zu Besoldung einer alhier haltenden garnison anwenden wolle." „Deliberation über vorhabenden Fortificationsbau" wird dann vom Rath am 8. Dez. 1619 gepflogen. „Der Clerus beschwert sich damals, daß ihm durch den Fortificationsbau die Güter eingezogen würden", 24. Dez. 1619.*) Schon vorher soll der Bischof beanstandet haben, daß ein Stück des israelitischen Friedhofs zu den Befestigungen verwendet würde. Allein wie auf dem Unionstag in Nürnberg der Gesandte des Kaisers durch freundliche Worte die Mitglieder der Union für den Kaiser Ferdinand II. zu gewinnen und von dem von den Böhmen gewählten Könige Friedrich abzuwenden versuchte (vgl. Häusser, a. a. O. S. 316), so berieth der Rath zu Worms mit ängstlicher Vorsicht am 24. Nov. und 15. Dez. 1619 „de continuatione unionis, amicabili cum imperatore instituenda compositione, praesidio huius loci militari, itidemque de nova contributione." In der Rathssitzung vom 20. Dez. 1619 wird im Protocoll niedergelegt: „Der Kurpfalz sey an Versicherung dieser statt viel gelegen."**) Allein wenn auch das feste und geräumige Worms von der rathlosen und unthätigen Union zu ihrem Stützpunkt und Bollwerk gegen die unter Spinola heranziehenden Spanier gemacht wurde, so zeigte doch die Stadt, welche die Gnade des Kaisers nicht verscherzen durfte, wenn sie nicht der Gewalt eines weltlichen oder geistlichen Fürsten preisgegeben werden wollte, gegen den Kaiser und seine Befehlshaber Nachgiebigkeit und Geduld in der Ertragung der Kriegsleiden. Es ist nicht ohne Interesse, die Lage der Stadt sich zu vergegenwärtigen, in der dieselbe die schwierige politische Aufgabe zu lösen suchte, sich von der kopflosen Politik und Kriegführung der Union zu lösen, mit dem Kaiser als dem Hort der reichsstädtischen Rechte in Frieden zu leben und dennoch der Jesuiten sich zu erwehren.

Schon in der ersten Hälfte des Jahres 1620 werden von Ferdinand II. durch geschickte Verhandlungen die Glieder der Union gelähmt und die Streitkräfte der Liga für den Kaiser gerüstet. Denn Union und Liga schließen zu Ulm am 3. Juli 1620 jenen Vertrag, in dem Herzog Maximilian als der Katholischen General und Markgraf Joachim Ernst zu Brandenburg als der evangelischen Union Generallieutenant im Namen der Liga und der Union das Versprechen abgeben, daß die Glieder beider Bündnisse Frieden mit einander halten; jedoch solle Böhmen von diesem Vertrage ausgeschlossen sein; auch gab die Union zu, daß die Liga ihre Truppen durch ihre Gebiete führe. So hatte die Union den Pfalzgrafen in Böhmen preisgegeben (Londorp, act. publ. II. 480). Nur die pfälzischen Länder sollten die Unirten vertheidigen dürfen. Kurz vorher hatte der Kaiser an alle Reichsstädte, also auch an den Rath zu Worms in Sachen der Unionsbestrebungen warnende Schreiben gerichtet, worüber die Rathsprotocolle vom 10., 13., 14., 17., 23. und 26. Mai berichten: „Der Statt Wormbs werden Mandata avocatoria von Kayserlicher Majestät insinuirt." Der Zusammensteller unsrer Rathsprotocollauszüge fügt hinzu: „Daraus zu sehen, daß Statt Wormbs des Römischen Wesens sich nicht annehmen wollen." Die öffentliche „Auschlagung der Mandate" bezeugen die Rathsprotocolle vom 26. Mai und 16. Juni 1620.***)

---

*) Extr. prot. im Wormi. Arch., Fol. 117b, Nr. 2—4. 8.

**) Ebendas. Fol. 117b, Nr. 5. 6.

***) Extr. prot. a. a. O., Fol. 118, Nr. 10. 11. Das oben gedachte kaiserliche Mandat an die Reichsstädte vom 30. April 1620 ist abgedruckt bei Londorp, acta publ., tom. II. S. 30, 81: „Ermahnen und befehlen unsere und des heiligen Reichs Städten, obbesagter Böhmischen Rebellen und deren Abhärenten und fürnehmlich obbenanntes Pfalzgrafen Kurfürsten, als welcher sich von unsern Rebellen zu ihrem Haupt aufwersen lassen, in dieser seiner Ungebühr, Ungehorsam und Widersetzlichkeit nicht annehmen, sondern gänzlich entschlagen und die gegen uns schuldige Pflicht in gebührende Obacht nehmen, auch unseren Unterthanen weiter zu keinem Ungehorsam Vorschub oder Anleitung geben, auch in Anschlag oder anderer Publicirung dieses unsers Kaiser-

So kündigte sich schon vor der Ankunft Spinolas die Auflösung der Union an, aus der die Stadt Worms, nachdem die Unirten den kriegerischen und diplomatischen Operationen Spinolas erlegen, im Frühjahr 1621 förmlich austrat.

Die Union hatte nicht verhindert, daß, während die Truppen der Liga den Pfalzgrafen in Böhmen bekriegten, der Kaiser vermittelst der ihm verbündeten spanischen Truppen von den Niederlanden aus die rheinische Pfalzgrafschaft mit Krieg überziehe. So jetzt denn Spinola mit spanischen Truppen im August 1620 eine Stunde unterhalb Coblenz, auf das rechte Rheinufer über und rückt den Rhein und Main entlang bis in die Nähe von Frankfurt vor: die Unirten stehen ihm dort gegenüber auf der linken Seite des Mains, geführt von dem General - Lieutenant Joachim Ernst von Brandenburg Anspach, den Herzogen Johann Friedrich und Julius von Würnemberg, den Markgrafen Georg Friedrich und Karl von Baden, den Grafen Friedrich und Philipp Reinhard von Solms und dem Grafen Johann von Nassau. Durch die Schiffbrücke, welche die Unirten bei Oppenheim aufgeschlagen, hatten sie sich den Uebergang auf das linke Rheinufer gesichert. Plötzlich wendet sich Spinola gegen Mainz, wo er seine Truppen übersetzt; die Stadt besetzt und verschanzt er, wendet sich nach Süden; die Unirten eilen ihm entgegen auf das linke Rheinufer, um ihre Brücke bei Oppenheim zu decken. Einige Tage hielten sich die beiden Lager ruhig, einander beobachtend. Spinola bricht auf, nimmt Kreuznach (31. Aug.) und Alzey ein. „Nach Eroberung dieses Orts wurde in der Unirten Lager berichtet, daß Spinola mit aller Macht gegen Worms zu marschiren und dieser Stadt sich zu bemächtigen vorhabe. Deswegen brach der Markgraf von Anspach mit 40 Compagnien Reitern und drei Geschützen aus dem Lager vor Oppenheim eilends auf und begab sich nach Worms."*) Die andren unirten Fürsten, Grafen und Herrn folgten alsbald dem Markgrafen von Anspach dorthin: sie brachen die Brücke bei Oppenheim ab, führten sie rheinaufwärts, zündeten ihr Lager an und ließen Oppenheim, das sie schwach besetzt, in großen Aengsten zurück. Während dieses Zugs der unirten Fürsten nach Worms wahrte nur der oft mit Ruhm genannte pfälzische Oberst v. Obentraut die militärische Ehre; eine Abtheilung spanischer Kürassiere unter dem Prinzen von Spinoi griff er mit Erfolg an und brachte den Prinzen als Gefangenen in das Lager der Unirten. Zwar waren durch diesen Zug der Unirten Worms, Frankenthal und Heidelberg gedeckt worden, aber Zimmern, Zolernheim, Oppenheim ließen die Unirten in die Hände der Spanier fallen. Zu großem Schaden der Stadt Worms fingen die Unirten an, Worms zu befestigen und einen Wall darum zu führen, womit sie aber nicht zu Ende kamen und andren Lust machten, sich da fest zu setzen. **)

In den des Pfalz befreundeten Ländern wuchs der Unwille über die Unthätigkeit der unirten Fürsten, die in ihrer Kurzsichtigkeit darüber betroffen waren, daß der Kaiser mit fremder Heeresmacht ihren Widerstand niederzuwerfen sich anschickte. „Wie Spinola sich der Pfalz so leicht bemächtigt und nicht allein die Unirten mit ihrer Armee, sondern auch alle andren benachbarten Fürsten und Stände ganz still sitzen und ziehen, verfaßte ein Pfälzer Patriot gegen die unirten Fürsten die scharfe Schrift „Spanischer Schlaftrunk den Teutschen bereitet": „Es wollen etliche meinen, der zu Ulm zwischen beiden Unionen aufgerichtete Stillstand und Accord sei nur ein Schläflichen rechtmäßigen, ernstlichen Gebots keinen Aufhalt und Verhinderung, sondern mehrers der Schuldigkeit nach Beförderung erweisen. Das wollen wir uns zu einer jeden unserer und des heiligen Reichs Stadt, dem Rechten und der Schuldigkeit gemäß, gänzlich und unzweifentlich versehen und verlassen."

*) Abelin, Theatr. europ. I, 382., Chron. der Worml. Gymn.-Bibl., Fol. 260.
** Chron. d. Worml. Gymn. Bibl., Fol. 260.

trunf, die evangelischen Unirten sicher und schlafen zu machen." "Diejenigen, so von dem Schlaftrunk nichts getrunken, werden unschwer abnehmen, daß Spanien anders nichts als ein absolutum dominium und regnum hereditarium aus Teutschland zu machen sich unterstehet." "Wer macht den Spinolam so frech und ungezähmt, daß er in einem so freien Reich sein Vorhaben, das den Reichsconstitutionen zuwiderläuft, zu effectuiren sich unterfängt?" "Lieber, wer hat ihm gesagt, daß die zu Oppenheim immer getrotzt und gern wiederum reichsstädtisch wären? Lieber, wer mag doch die Stadt Worms bei ihm verrathen haben, daß sie sehr groß und weit umfangen und doch an Bürgerschaft sehr gering und mit ihrer geringen Besatzung nicht zu defendiren sei? Lieber, woher mag er das haben, daß es mit der Reichsstadt Speier gleicher gestalt also beschaffen, und beide Städte ihre eigene Feinde, die große Pfaffheit, er aber viel Freunde darinnen habe? Lieber, wer ist daran schuldig, daß Spinola mit solcher Macht in Teutschland gerückt? O Ihr mit wachenden Augen schlafenden Hirten, wie blaset ihr so in ein Horn, dessen Tanz ihr gewiß selbsten nachspringen und ungewöhnliche Capriol schneiden müsset? Fürwahr des spanischen Wolfs Art wird an Euch nit verleugnet, sondern greulich erwiesen werden." *)

Als Spinola bei Oppenheim eine Brücke geschlagen, den Rhein überschritten, Bensheim besetzt und von hier bis an den Rhein Schanzen aufgeworfen, entstand zu Heidelberg solche Furcht, daß nicht nur die Kurfürstin Wittwe, sondern fast alle Räthe und viele vornehmen Einwohner flohen. Jedoch die Frauenthaler waren entschlossen, Gut und Blut einzusetzen und sich auf's äußerste zu vertheidigen. Dagegen hörten die unirten Fürsten in ihrer Muthlosigkeit nicht auf die Vorschläge des Prinzen Moritz von Oranien und des Landgrafen Moritz von Hessen-Kassel. Spinola besetzt, während die Unirten im Wormser Gau liegen, ungehindert viele Orte an der Mosel, der Nahe, am Rhein und in der Wetterau. Mit Recht zürnte Moritz von Hessen den Unirten: "Euch schmecken die Wormsgauer Trauben so wohl, daß Ihr der spanischen Pomeranzen vergesset." Was dann zwischen Worms und Alzey sich ereignete, war auch nicht geeignet, die Stadt Worms für die Sache der Union zu erwärmen. Spinola hielt sich nämlich mit dem größten Theil seines Kriegsvolks zu Oppenheim, Creuznach, Alzey und dort herum auf, wo er sich auf den Höhen, in den Weinbergen vergraben und verschanzt, so daß die unirten Fürsten, die an Fußvolk schwach waren, ihm nicht wohl beikommen und mit der Reiterei, an der sie ihm überlegen waren, nicht schaden konnten. Als Spinola neue Truppen, 2000 Mann Fußvolk und 1000 Reiter, erhalten, suchte er seine Stellungen zu verändern. Sobald er sich aufmachte und von einem Ort zum andern sich begeben wollte, zogen zwar die Fürsten in Feld, um ihm eine Schlacht zu liefern; allein Spinola wich geschickt jedesmal solchem Versuche aus, wurde aber wenigstens von einem Angriff auf Kaiserslautern abgehalten. **)

Damals war Prinz Heinrich Friedrich von Oranien, Moritzens von Oranien Bruder, aus den Niederlanden über Coblenz, wo er den Rhein überschritt, nach Frankfurt gezogen, hatte zwischen dieser Stadt und Hanau am 4. October den Main überschritten, alsbald das pfälzische Gebiet betreten und nach einigen Tagen seine 2000 Fußgänger und 30 "Compagnien" Reiter mit dem Heer der Unirten bei Worms vereinigt. "Als nun Prinz Heinrich Friedrich zu den unirten Fürsten gekommen, sind sie am 14. October zu Worms über die Brück gezogen, bei sich habend 5000 zu Pferd und 6000 zu Fuß, 20 Stück Geschütz und andere Bereitschaften. Damit sind sie auf Alzey zugezogen in der Absicht, diese Stadt mit allem Ernst anzugreifen oder mit Spinola ein Treffen

*) M. C. Londorp. acta publica, II. 210—212.
**) Theatr. europ. I. 361. 365.

Alzey, Oppenheim, Westhofen und Osthofen von den Spaniern heimgesucht 1620—1621. 155

zu wagen. In Alzey lagen von Spinolas Truppen 1000 zu Fuß und etliche Reiter. Spinola befand sich bei seinem Lager in der Nähe von Oppenheim. Die Unirten rücken gegen denselben, um ihm eine Schlacht anzubieten. Spinola kommt ihnen entgegen, in der Absicht Alzey zu entsetzen. Als er aber die Absicht der Unirten erkennt, zieht er wieder in der Richtung auf Oppenheim zurück und auf einem Berge, wo ein enger Paß war, stellte er auf beiden Seiten desselben auf dem mit vielen Weinstöcken bepflanzten Bergabhang 8 Geschütze und seine Musketierer auf, so daß die Unirten, die keine Schanzengräber bei sich hatten und keinen andren Weg sich bahnen konnten, die in augenscheinliche Furcht gerathenen Truppen Spinolas weder angreifen, noch von ihrem Lager bei Oppenheim abschneiden konnten. „Spinola sah wohl, daß ihm lang allda sich aufzuhalten, nicht nützlich wäre, weshalb er, sobald es finster geworden, sich stillschweigend ohne Trompetenschall und Trommelschlag aus dem Staub machte und nach seinem Lager retirirte. Darauf zogen des Morgens die Fürsten auch unverrichteter Sache nach Worms".*) Kurz darauf, schon am 6. Nov. 1620, wird im Rathe zu Worms von dem Senior Christoph Weber die Ansicht geltend gemacht, daß die Stadt von den Unionssachen ablassen und mit dem Kaiser sich vertragen müsse. Diese Ansicht wird durch die Niederlage Friedrichs V. von der Pfalz auf dem weißen Berge bei Prag (8. Nov.) nur bekräftigt; sogar Prinz Heinrich Friedrich von Oranien verläßt die Unirten, ihrer unentschlossenen Kriegführung grollend (Nov. 1620).

„Den 18. Febr. 1621 hat Marquis Spinola unterm Rittmeister Uffel 2000 Pferd neben 4000 zu Fuß mit 4 Stück Geschütz in das Wormser Gau geschickt und den Marktflecken Westhofen anfallen und stürmen lassen. Die darin liegenden 300 pfälzischen Reiter haben sich zwar neben den Inwohnern von Morgen an bis nach Mittag in 8 Stunden lang tapfer gewehrt und der Spanischen eine Anzahl erschossen und verwundet, aber nach Beschießung und Eroberung eines Thors durch das grobe Geschütz übermannt und wehrlos gemacht worden. Dieser reiche Flecken ist mit der Plünderung verschont, aber eine Ranzion von 10000 fl., wie auch dem nahe beigelegenen Marktflecken Osthofen 10000 fl., inner wenig Tagen zu erlegen bei Bedrohung des Brands auferlegt worden. Weil nun nachmals erschollen, als sollt Marquis Spinola Vorhabens sein, gedachte beide Marktflecken zu seinem Vortheil einzunehmen und daselbst sich gewaltig einzuschanzen, so sind von Worms den 2. Martii etliche Compagnien von dem Solmischen Regiment neben etlichen Cornet Reitern auf Osthofen geschickt worden. In dem Flecken hat das Volk in voller Battaglia halten müssen. Unterdessen haben die Beschlshaber den Einwohnern angesagt, daß sie eilends mit Weib und Kindern aus dem Ihrigen weichen sollten; theils haben parirt, theils haben bestürzt sich gesäumt; darauf den Soldaten nach Verfließung uit gar einer Stunde anbefohlen worden, ihr Gewehr niederzulegen und den Flecken an allen Orten anzuzünden, wie dann geschehen. Die Kirche, so außerhalb dem Flecken auf einem Berg wohl verschanzt stehet, ist in währendem Brand eröffnet und darinnen eine große Beut gefunden worden. — Als dieser Flecken nun in die Aschen gelegt, hat es dem anderen Flecken, Westhofen, gleichermaßen golten. Was für ein Jammern und Wehklagen bei der Orten gewesen, kann ein jeder erachten. Die Inwohner haben das wenigst davon bracht. Theils sind sie so bestürzt gewesen, daß sie nit gewußt, was sie in solcher Eil ergreifen und davon bringen mögen. — Hierauf sind um Worms noch mehr Bollwerke und Schanzen verfertiget und solche Reichsstadt wohl versehen worden."**)

*) Theatr. europ. I, 545.
**) J. Ph. Abelin, Theatrum europ., tom. I. 467.

Die übel berathene Union löste sich unter dem Spott ihrer Gegner auf: in zahlreichen Spottgedichten feierten die Kaiserlichen und die Papisten, insbesondere die Jesuiten, die Auflösung derselben. Damals erschien in Worms ein Spottgedicht in lateinischer und deutscher Sprache, in dem fingirt ist, drei Fürsten der Union hätten sich in ihrer Angst über Spinolas Siege im Rathhaus zu Worms berathen: der eine derselben habe beklagt, daß man den Kampf unternommen, in dem man nach Pfaffenröcken und Mönchslappen gejagt, aber nur dies erreicht habe, daß die Pfaffen ihrer Hülflosigkeit spotteten; der andre will sein kaiserliches Lehen nicht verlieren, deshalb vor dem Kaiser fußfällig um Gnade bitten und heim eilen zur weinenden jungen Gattin; der dritte dagegen räth, die Sache der Union scheinbar aufrecht zu halten und dadurch die reichen Mittel der unionistischen Städte und Landschaften, die nicht merkten, wie sie von den protestantischen Fürsten betrogen würden, in die Taschen dieser Fürsten zu bringen. Die handgreifliche Absicht dieses Spottgedichts ist, die unionistischen Fürsten bei den Städtern und Landbewohnern der Verachtung und dem Verdachte preiszugeben und dadurch die Städte in die Arme des siegreichen Kaisers zu führen. Von diesem Gedichte liegen uns zwei Redactionen vor: die eine derselben besteht aus einem lateinischen Texte mit daneben stehender Uebersetzung, die andre gibt nur eine veränderte deutsche Uebersetzung und nennt als Verfasser M. Jonas Warmund von Worms. Daß hinter diesem Pseudonym ein Feind der Union, ein Papist oder ein Jesuit, sich verbirgt, ergibt sich aus dem Inhalt des Pamphlets. Dasselbe dürfte sich auf die im Dezember 1620 zu Worms abgehaltene Versammlung unirter Fürsten beziehen, die damals noch des besiegten Friedrich V. von der Pfalz sich annahmen, den Krieg fortsetzen wollten und zu Gunsten des flüchtigen Fürsten mit fremden Mächten verhandelten.*)

Der klugen und zähen Diplomatie Spinolas und den Dienstleistungen seines Gehülfen, des Landgrafen Ludwig V. von Hessen-Darmstadt, den besonders Eifersucht gegen seinen hochbegabten unionistischen Vetter, den Landgrafen Moriz von Hessen-Cassel, bewegte, gelang es, die Union der Fürsten und Städte zu sprengen. Als Landgraf Ludwig den Markgrafen Joachim Ernst von Brandenburg-Ansbach und den Herzog Johann Friedrich von Würtemberg durch die in Heilbronn, Weinheim, Bensheim und Mainz (Jan.—April 1621) geführten Verhandlungen dahin brachte, daß sie bereit waren, den Pfalzgrafen Friedrich zum Verzicht auf die böhmische Krone zu bewegen, auf einen Waffenstillstand und auf die vorübergehende Sequestration der pfälzischen Lande durch zwei unparteiische Fürsten oder auch durch den dem Kaiser sehr ergebenen Kurfürsten von Sachsen einzugehen und in besonderen Verhandlungen ihre Angelegenheiten von denjenigen der Pfalz und der Union zu trennen; blieb den der Union angehörigen Städten nichts anderes übrig, als unter der Führung Straßburgs am 14./24. März 1621 ebenfalls die Sache der Union aufzugeben. Kurz darauf mußte sich auch Moriz von Hessen-Cassel unterwerfen. Mit der Führung der Verhandlungen, welche die Städte von der Union abziehen sollten, war vom Kaiser Ferdinand II. außer dem Landgrafen Ludwig V. von Hessen-Darmstadt der Kurfürst Johann Schweickhard von Mainz beauftragt;**) und eine Wormser Chronik berichtet: „Hat die Stadt Worms nach Abstand der Union, krait des Aichaffenburger Accords im April 1621 fünfzig einfache Römerzüge, laut Quittung vom Herrn Schweickharden Kurfürsten zu Mainz und Herrn Ludwig Landgrafen zu Hessen-Darmstadt sub dato 19. Juli, so mit denen Unkosten getragen, bezahlt 4388 fl. 15 kr."***)

---

*) Haufser, Gesch. der rhein. Pfalz, B. 2, 346.
**) Theatr. europ. tom. I, 489—492. Londorp, acta publica, tom. II, 380—386.
***) Chron. der Worm. Gymn.-Bibl. fol. 260.

Nach demselben Chronisten kostete die Theilnahme an der Union die Stadt Worms viel mehr: „Hat das Unionsvolk diese Stadt gekostet „vermög Rechnung" fl. 135846.")
Nachdem die Unirten ihre Verträge mit Spinola abgeschlossen, dankten dieselben ihr Kriegsvolk ab. Der englische General Horatius de Veer und der pfälzische Oberst v. Obentraut übernahmen nun das Commando in der Pfalz, die sie mit pfälzischen und englischen Truppen und mit Streitkräften der Generalstaaten zu vertheidigen suchten.**) Von der Stadt Worms „sind 1621 an den General Horatius de Veer ꝛc. 1174 Rthlr. gezahlt worden."***)
Auch der abenteuerliche Parteigänger Friedrichs V. von der Pfalz, Graf Ernst von Mansfeld, drückte die Stadt Worms mit Contributionen. Als derselbe nach der unglücklichen Schlacht am weißen Berge (8. Nov. 1620) auch Pilsen, das seine Soldaten an den Kaiser verkauften, verlassen, hierauf in der Oberpfalz besonders aus entlassenen Soldaten der Union ein Heer von 20000 Mann geworben, erschien er in der Unterpfalz, und vereinigte bei Mannheim sein Heer mit den Truppen des tapfern Engländers Horace de Veer und des Pfälzischen Obersten von Obentraut. Corduba, Spinolas Nachfolger, hob vor Mansfeld die Belagerung Frankenthals auf (13. Oct. 1621), das deshalb an Mansfeld als Lohn für den Entsatz 12000 fl. zahlte. Aber Mansfeld reinigte nicht die Pfalz von den spanischen Truppen, sondern zunächst trieb er von Freunden und Feinden, besonders in den reichen Bisthümern des Rheins, Contributionen und Brandschatzungen ein. Damals wohl (1621) „mußte die Stadt Worms dem Grafen v. Mansfeld 40000 fl. Kriegssteuern geben." †) Tilly zog von der Tauber an die Bergstraße und an den Neckar, allein Mannheim, Heidelberg, Frankenthal hatten vor ihm Stand. Cordova saugt die Gegend von Alzey, Kreuznach, Oppenheim aus. Auch Worms wird zu Lieferungen an die Spanier genöthigt. Mansfeld begibt sich ins Elsaß, um seine Truppen durch Plünderungen, Brandschatzungen und gute Quartiere zufrieden zu stellen, und ähnlich haust v. Obentraut im Breisgau. Als dann Mansfeld in die Unterpfalz zurückgekehrt war, kommt am 12. April 1622 Friedrich V. zur Freude der Pfälzer in Mansfelds Lager bei Germersheim. Das frühere Mitglied der Union Markgraf Georg Friedrich von Baden Durlach verbündet sich mit Mansfeld. Am 27. April kämpfen die beiden nicht ohne Vortheil bei Wiesloch und Mingolsheim gegen Tilly. Allein sie trennen sich, und Georg Friedrich wird nun (6. Mai) bei Wimpfen von Tilly, der sich mit Corduba vereinigt und dessen Truppen an sich gezogen, besiegt. Mansfeld zog unterdessen ins Elsaß, entsetzte um die Mitte des Monats Mai 1622 das von Erzherzog Leopold belagerte Hagenau, dringt weiter im Elsaß vor, indem er in seiner Weise Beute macht. Dann geht er rasch nach Mannheim zurück, und überfällt mit Friedrich V. Darmstadt (23. Mai), dessen Landgraf Ludwig V. bei Büttelborn von Badenern gefangen und dem Markgrafen Georg Friedrich bei Wolfskehlen übergeben wird. Der aus Westphalen heranziehende Herzog Christian von Braunschweig erleidet, ehe Mansfeld mit ihm sich vereinigt, durch Tilly den schweren Verlust bei Höchst a. M. (20. Juni 1622). Aber Mansfeld und Friedrich V. vereinigen sich mit Christian in der Bergstraße. Mansfeld überfällt im Juli zum drittenmale, diesmal mit Christian, das Elsaß, besonders die Gegend von Straßburg. Als nun Friedrichs V. Sache recht günstig steht

* Ebendas. Fol. 280.
**) Abelin, Theatr. europ. I. 492.
*** Chronik der Worml. Gymn.-Bibl. Fol. 260 b.
† Chronik des Worml. Gymn. Fol. 241.
†† Theatr. Europ. tom. I. 625.

und die Pfälzer unter der Führung Friedrichs, Georg Friedrichs, Christians und Mansfelds sich gegen Tilly und Corduba am Mittelrhein lange hätten halten können, gelingt es den listigen Verhandlungen des Wiener Hofs, den unerfahrenen Friedrich V., der sich nach Frieden sehnte, und dessen Schwiegervater Jacob I. von England dazu zu bewegen, die stattlichen Streitkräfte der Pfalz selbst aufzulösen. Friedrich V. befiehlt seinen Kriegsobersten Christian und Mansfeld die Belagerung von Zabern aufzugeben und entläßt sie am 13. Juli 1622 aus seinen Diensten. Der getäuschte Friedrich V. gelangt nun aber doch nicht zur Aussöhnung mit dem Kaiser.

Als nach der Abdankung und dem Abzug Christians und Mansfelds Erzherzog Leopold „wieder Luft bekommen", begab er sich aus dem oberen Elsaß rheinabwärts und nahm Hagenau, Speier und Germersheim ein. „Kurz hernach hat er auch die Stadt Worms, welche bisher den bayerischen und spanischen Truppen viel Proviant und andere Leistungen hatte erstatten müssen, eingenommen und ließ die Stadt ihre Soldaten abschaffen." (Theatr. Europ. I. 645.) Dann schließt sich ein Theil der Leopoldischen Truppen dem Heere Tillys bei der Belagerung Heidelbergs an; Corduba aber verließ den Rhein und setzte mit 12000 Mann dem Herzog von Braunschweig und Mansfeld durch Saarbrücken in die Niederlande nach. Die von Friedrich V. selbst wehrlos gemachte Pfalz, die tapfer vertheidigten Festungen Heidelberg und Mannheim werden von Tilly erobert. Heidelberg wird in den Tagen vom 16.—19. September, Mannheim am 4. November 1622 eingenommen. Aber Frankenthals heldenmüthige Besatzung und Bürgerschaft schlägt siegreich Tilly's Angriffe zurück und behauptet sich, bis am 23. März 1623 unter dem Einflusse des kurzsichtigen Jacobs I. von England ein Vertrag geschlossen wurde, der Frankenthal den Händen der Spanier überlieferte und seine tapfere Besatzung zwang, unbesiegt die Stadt zu verlassen. — Was erlebte Worms in diesen Jahren 1622—1623.

Während im Jahre 1622 die Pfalz durch Arglist überwunden und durch Tillys Scharen furchtbar verheert wurde, scheint die Stadt Worms ihre Sicherheit durch Zahlung von Kriegscontributionen und Proviantlieferungen an die Spanier, an Tilly und seine Bayern, sowie an Mansfeld und Erzherzog Leopold erkauft zu haben. Schon im Jahre 1621 hatte Worms an Mansfeld bereits 40000 fl. bezahlt; da nun aber erzählt wird, daß die Stadt Worms an Mansfeld in den Jahren 1621 und 1622 im Ganzen 54822 fl. gezahlt habe, so scheint die Stadt in dem Jahr 1622 noch 14822 fl. Kriegssteuer an Mansfeld entrichtet zu haben.*) Am 15. April 1622 soll dem spanischen Proviantmeister an Brot und Mehl 2234 fl.**) gegeben worden sein. Als Erzherzog Leopold mit seinem Kriegsvolk im Sommer 1622 in Worms eingezogen war, soll es die Stadt in drei Tagen 10000 fl. gekostet haben.***) „Den 4.— 7. Aug. mußte die Stadt dem spanischen Oberst von Schönberg, der das Gutleut=Haus in Worms abgebrannt, 900 fl. zahlen." †) Den 18. Aug. 1622 hat Kaiser Ferdinand II. durch seinen Bruder Erzherzog Leopold als Generalcommissarium der Stadt Worms und Speier eine Besatzung von

---

*) Vergl. in der Chron. der Worml. Gymn.-Bibl., Fol. 260 ff., eine Copie der auf einem Reichstag dem Kaiser vorgelegten Rechnung, in der der von der Stadt Worms während des dreißigjährigen Kriegs getragenen Lasten an Contributionen, Einquartierungskosten ꝛc. im Gesammtbetrage von 1,228,853 fl. 14 5/8 kr. zusammengestellt sind. Wir verzeichnen in vorliegender Arbeit die Angaben über die Zahlungen und sonstigen Lasten der Stadt nach dem gedachten Verzeichniß, dessen Glaubwürdigkeit wohl einmal durch Belege aus dem reichsstädtischen Archiv erhärtet werden dürfte.

**) Chron. der Worml. Gymn. Bibl. Fol. 260 b.

***) Ebendas. Fol. 262 a.

†) Ebendas. Fol. 260 b.

2000 Mann ohne den Obersten und die Officiere, auch ohne die Weiber, die Kinder und Gesind gerechnet, eingelegt, auch solche mit nicht geringem Schaden solcher Städte und Bürgerschaft bis zum 19. Mai 1623 darin verbleiben lassen, welche zehnmonatliche Unterhaltung die gemeine Stadt Worms allein über 200000 fl. gekostet hat." Dazu fügt der Chronist zur Charakterisirung der damaligen Lage der Stadt Folgendes hinzu: „Die Stadt Worms mußte auf Verlangen dieses Erzherzogs ihre eigenen Soldaten abschaffen;*) vor dem Einzug Leopolds hatte sie große Proviantlieferungen an die spanischen und bayerischen Armeen geleistet. Auch hat man bei der Belagerung Frankenthals die hiesigen evangelischen Bürger zur Schanzenarbeit gebraucht. Denselben wurden auch ihre Einkünfte aus der Pfalz entzogen, und als E. E. Rath sich deshalb beschwerte, wurde ihm bedeutet, man werde noch weiter gehen und wegen der Union eine peinliche Untersuchung anstellen." **) „Als am 19. Mai 1623 die Kaiserlichen abzogen, rückte dagegen Herzog Karl von Lothringen mit seinen Völkern ein, der die gequälte Stadt sehr belästigte." ***)

Nach der Eroberung der Pfalz und der Besetzung der Stadt Worms durch Erzherzog Leopold und Herzog Karl von Lothringen war die Stadt Worms gezwungen, ohne Aussicht auf eine Hülfe von außen mit dem bischöflichen Clerus sich zu vertragen. So scheint sich unter dem Druck des Kriegs zunächst zwischen der Stadt und der bischöflichen Geistlichkeit ein ziemlich friedliches Verhältniß hergestellt zu haben, in welchem die Geistlichkeit sich sogar nachgiebig gezeigt zu haben scheint. Es wird nämlich erzählt: „1623 hat die katholische Geistlichkeit sich mit E. E. Rath ziemlich friedlich betragen: in diesem Jahr am 26. Aug. hat auch E. E. Rath der katholischen Geistlichkeit verboten, ihre Früchte an Auswärtige zu verkaufen, wegen der starken Einquartirungen." „Im Jahre 1624 hat die Stadt Worms nicht mehr als 600 fl. Kriegsunkosten gemacht, folglich in diesem Jahr, gegen andre zu rechnen (nicht nur hierin, sondern auch in Religionssachen) den innern Frieden genossen, besser, als in folgenden unglücklichen Zeiten. Denn die Katholischen haben weder in Religions-, noch bürgerlichen Sachen einige Neuerung damals mit Gewalt vorgenommen, sondern sind bisweilen vom E. E. Rath eingekommen, wenn sich dergleichen etwas geäußert, so der Stadt Frieden hätte stören können."†) Die Schrecken des Kriegs hatten sich nach Norddeutschland gewendet, seitdem dort Christian IV. von Dänemark an die Spitze der Protestanten getreten. Aber als nun in Worms Friede war zwischen der Stadt und dem Bisthum und seinem Clerus, gehen die Wormser Jesuiten, wie später erzählt werden wird, gegen den Rath der Stadt bei dem Reichshofrath und dem Kaiser vor, mit dem der Rath in gute Beziehungen getreten war.

Die bis zum Jahre 1626 gezahlten Kriegsunkosten müssen übrigens doch die Kraft der Stadt Worms überstiegen haben. Denn der Chronist erzählt nach dem von ihm citirten Schuldbuch eines Wormser Bürgers und Wechslers: „A. 1626 den 18. Februar hat E. E. Rath sich gegen die Bürgerschaft vernehmen lassen, daß die Stadt auf 300000 fl. schuldig wäre und daß deswegen der Rath die Bedienten nicht mehr bezahlen könnte, noch viel weniger diese große

---

*) Chr. d. B. G.-Bibl. Fol. 260 a. „Hat die Stadt Worms Soldaten zu werben, so hernach unter das Schauenburgische Regiment gesteckt und nach Speier geführt wurden ao. 1621—1623 gekostet 44779 fl. 30 kr.

**) Ebendas. Fol. 262 a.

***) Ebendas. Fol. 263 a.

† Ebendas. Fol. 263 a. 264 b. 265 a. Vgl. auch a. a. O. das Verzeichniß der Kriegskosten: „A. 1624: an Martin Ud geben 3000 Pfd. Brod à 4 ₰, 3 Fuder à 50 fl., 150 Malter Haber und 223 fl.; A. 1625: 1000 Pfd. Fleisch à 6 kr.

Schuld abtragen, wenn nicht eine löbliche Burgerschaft würde wöchentlich einen erklecklichen Beitrag thun, nach seinem Vermögen ein jedes, und nach der gemachten Schatzung."*) Dem Rathe gelang es offenbar, in den nächsten Jahren sein Verhältniß zum Kaiser in erwünschter Weise zu gestalten, und er wurde wieder Herr im eigenen Gemeinwesen. „In den Jahren 1626—1628 hat die Stadt wieder ihre **eigenen Soldaten** besoldet."**) Auch erreichte es der Rath, daß in derselben Zeit, in der die Barfüßer mit Hülfe des Kaisers sich das Gymnasialgebäude der Stadt anzueignen versuchten (s. oben S. 109—118), Kaiser Ferdinand II. der Stadt wichtige Privilegien und Freiheiten früherer Zeit bestätigte. Die Originale der von Ferdinand II. am 17. und 28. Oct. 1628 gewährten Briefe über die Erneuerung früherer Privilegien der Stadt befinden sich, mit prächtigen Siegeln versehen, noch heute im Reichsstädtischen Archiv zu Worms (Urkunden Nr. 156 bis 159). Unter den Bestätigungen vom 17. Oct. 1628 befindet sich eine Confirmatio generalis früherer Privilegien (Nr. 156), eine Bestätigung einzelner Privilegien, z. B. daß kein Landvogt in die Gegend gesetzt werde, er schwöre denn, der gemeinen Stadt Worms Freiheit zu halten: daß kein Bürger an ausländische Gerichte gefordert werde; daß die Stadt Juden annehmen dürfe c. (Nr. 157). Am 17. Oct. 1628 wurde auch ein Decret Ferdinands I. vom 25. Juni 1559, betr. die Nachsteuer und die Erhebung des 10. Pfennigs von ausziehenden Bürgern c., bestätigt. Am 28. Oct. 1628 erneuerte Ferdinand II. das Privileg Maximilians I. vom 10. Juni 1514, wodurch bestimmt wurde, daß, wenn jemand gegen Burgermeister und Rath der Stadt Klage oder Forderung habe, diese Sachen in erster Instanz vor keinem anderen Gerichte, als vor des Burgermeisters und Raths Commissarien vorgebracht werden (Nr. 159).

3. Vorgehen der Jesuiten gegen die Stadt Worms bis zur Ankunft der Schweden, 1624—1631, und Nachrichten über die im 17. und 18. Jahrhundert von den Jesuiten erstrebte St. Magnuskirche zu Worms.

Die obige Darstellung erwies, daß die Jesuiten in Worms gegen den Willen des Rathes nur kraft kaiserlicher Privilegien Domicil erhielten, und daß der Rath seit dem Jahre 1611 den Jesuiten mit allen ihm möglichen Protestationen, Schwierigkeiten und Hindernissen begegnete. Es war sonach eine Unwahrheit, wenn während des dreißigjährigen Kriegs, nach dem Abschluß des westphälischen Friedens und im 18. Jahrhundert von den Jesuiten und nach der im Jahre 1773 erfolgten Aufhebung des Wormser Jesuitencollegs von den Vertretern des fürstbischöflichen Gymnasiums, das die Erbschaft des Jesuitencollegs antrat, behauptet wurde, die Jesuiten hätten, nachdem sie im Jahre 1613 in Worms studirt worden seien, daselbst sogleich ruhig und ohne Widerspruch des Magistrats gleich dem übrigen Clerus alle rechtungsmäßigen Freiheiten genossen. Dies wird auch in einer im Jahre 1713 zu Wetzlar gedruckten Proceßschrift der Wormer Jesuiten behauptet, die den Titel führt: „Wahrhafte Facti Species c. in Sachen der P. P. Societ. Jesu in Worms contra den Stadt Magistrat daselbst in Puncto der rechtungsmäßigen geistlichen Freiheit und Immunitäten"; und in engem Anschluß daran wird dasselbe in mehreren Actenstücken ausgesagt, die den nun folgenden Geschichte des Wormser Jesuitencollegs zu Grunde gelegt werden. Als nämlich der Rath zu Worms seit 1773 dem bischöflichen Gymnasium, dem sog. Seminarium, so wenig wie den vormaligen Jesuiten bezüglich der Besteuerung die Freiheiten und Rechte zu

---

*) Chron. der Worms. Gymn.-Bibl. Fol. 278 a.
**) Ebendas. Fol. 280 b.

Privilegium Ferdinands II. vom 17. Juni 1624.

gestehen wollte, deren sich nach den Nachtungen der Jahre 1509 und 1519 (s. oben S. 30, 31) die übrige Geistlichkeit zu Worms erfreute: erstattete der geistliche Rath Heimes am 28. März 1775 einen Bericht an den Kurfürsten zu Mainz, Friedrich Karl Joseph von Erthal, der zugleich Bischof von Worms war, und setzte demselben in dem Berichte in allgemeinen Umrissen die geschichtlichen Beziehungen zwischen dem Rath zu Worms und dem Jesuitencolleg auseinander. Als aber die Verhandlungen zwischen den genannten Kurfürsten und der Stadt zu keinem Ziele führten, richtete der Anwalt Fichtl im Juni 1777 eine Vorstellung an den Kaiser Joseph II., in der die geschichtlichen Ausführungen des Raths Heimes fast wörtlich, nur hier und da etwas eingehender erzählt, enthalten sind; der Vorstellung Fichtls sind zugleich Copieen von Urkunden des früheren Jesuitencollegs als Beilagen angeschlossen.*)

Schon 13 Jahre vor dem im westphälischen Frieden festgesetzten Normaljahr 1624 fing der Rath zu Worms an, die Jesuiten im Genusse der dem Wormser Clerus gewährten nachtungsmässigen Freiheiten unter dem Hinweis zu stören, dass sie in den Jahren 1509 und 1519, als die Stadt Worms mit dem Clerus die Nachtungen errichtete, noch kein Bestandtheil des Wormser Clerus gewesen, da ja „die Societät damals noch nicht einmal in rerum natura gewesen sey". Die Jesuiten erhoben nach Heimes im Jahre 1624, nach der Angabe der „Facti species" und Fichtls im Jahre 1627 beim kaiserlichen Reichshofrath gegen den Stadtmagistrat Klage (instituendo interdictam retinendae possessionis) und erhielten auch wirklich ein „Mandatum de non amplius turbando in possessione vel quasi der nachtungsmässigen Clerical Freiheit." (Vgl. oben S. 159, 160 die politische Lage der Stadt Worms.) Dies geschah in folgender Weise. Ehe der Process bei dem Reichshofrath begann, ertheilte Ferdinand II. den Jesuiten am 17. Juni 1624 ein Privileg, dessen wichtigste Stellen hier folgen.

„Wir Ferdinand der ander von Gottes Gnaden Erwählter Römischer Kaiser *c.*

Bekennen öffentlich mit diesem Brieff und thuen kund allermänniglichen, dass Wir die Erfahrnen Geistlichen Unsere liebe Andächtige der **Societaet Jesu Patres in Unser und des Heyligen Reichs Statt Worms**, so jetzo daselbst seyn und künftiger Zeit dahin kommen möchten, Obere oder Rectores, sampt allen derselbigen zugehörigen personen haab und gütern,

---

*) Das Actenstück des Raths Heimes befindet sich im Darmstädter Staatsarchiv Acten, betr. die Aufnahme, resp. Einziehung der Güter des Jesuitenordens zu Worms und das an dessen Stelle getretene bischöfliche Schulseminarium: Actenstück Nr. 321; die Eingabe Fichtls befindet sich im Wormser Archiv, in dem Actenpack IV, IV, 34, 12, 187, Actenstück 21. Die Copieen der Urkunden, welche Fichtls Vorstellung beigefügt sind, sind fast sämmtlich in mehreren Exemplaren vorhanden, weil sie copirt worden, so oft der Streit zwischen der Stadt und den Jesuiten oder deren Erben von neuem entbrannte. Die oben erwähnte „Facti species" *c.* aus dem Jahre 1715 befindet sich im Wormser Archiv in dem Actenpack IV, 34, 12, 185, und ist das Actenstück v2 bezeichnet. In dieser Streitschrift von 46 gedruckten Quartseiten gibt sogleich der Anfang Zeugniss von der unrichtigen Darstellung der Jesuiten, aus der dann der Rath zu Worms seine Berechtigung zum fortwährenden Widerspruch gegen alle im Interesse der Jesuiten erlassenen kaiserlichen Verfügungen herleitete. „Die P. P. Soc. Jesu", heisst es zu Anfang der gedachten (sog. „Facti species", „seynd circa initium des 1600ten (sic!) Saeculi" in die Stadt Wormbs von damahligem Herrn Bischoffen daselbst beruffen und von Ihme und seinem Tomb Capitul fundirt worden. Seither ihrer Annahm bis nach 1624 haben Sie Herren P. P. die Nachtungsmässige Freyheit und Geistliche Immunität gleich die andere in denen vorhin errichteten Nachtungen begriffene Catholische Weltliche ohne Contradiction und Turbation der Stadt Wormbs und seines Magistrats genossen. Einige Jahren post Annum 1624 hat es der Wormbsische Lutherische Statt-Magistrat angefangen, Sie P. P. de facto in ihrer hergebrachten Freyheit und Immunität unter dem Praetext zu beeinträchtigen, weilen Sie P. P. Societ. bey Zeit 1609 und 1619 (unrichtig statt: 1509 und 1519) zwischen Bischumb, Clerisey und der Stadt Wormbs errichteten Nachtungen noch keine Pars Cleri Wormatiensis, ja ihre Societät noch nicht in rerum natura gewesen." (p. 3. 4.)

Johannes Geleni, Rector des Jesuitencollegs, verklagt die Stadt Worms bei dem Kaiser 1627.

Ihrer der Societaet freyheiten, privilegien, vortheil, recht und gerechtigkeiten, auch allem das, was ihnen zu versprechen stehet, mit gutem wissen und eigner bewegnüssen, aus fürnehmen und bewegenden ursachen in Unser und des Reichs sonderbahren verspruch, Gebür und schirm genommen und empfangen, inmaßen dan jüngst hievor und unterm dato Regenspurg den 21. [?] Oct. sechszehen hundert dreyzehen weiland Unser geliebter Herr und vetter Kayser Matthias ꝛc. hochlöblichster gedächtnus, sie gleicher gestalt aufgenommen und empfangen hatte: nehmen und empfangen sie auch also in unsern und des reichs sondern verspruch und schirm, und meinen, setzen und wollen darmit hinfüro die gedachte Societaet zu Wormbs sampt allen derselben angehörigen personen haab und gütern ꝛc. — in unsern umb des reichs besondern verspruch, schutz und schirm seyn, demnach alle Ihre standmäßigen ämpter und übungen Wormb'ser Bistumbs und sonst, wo wir zu gebieten haben, ungehindert üben und verrichten, sich aller und jeglicher Gnad, freyheit zumahl der rechtung vortheil, recht und gerechtigkeiten der Clerisey zu Wormbs ohne disputation und ausnamb an allen enden und orten ihrer nothurft und gelegenheit nach, gleichwie andere Geistliche freuen, gebrauchen und genießen sollen, auch sonderlich wie andere so in unserm besondern verspruch seyn, haben und genießen von allermänniglich unverhindert und unbelästigt. · · Der geben ist in unserer statt Wien den siebenzehenden Tag des monaths Junii nach Christi unseres lieben Herrn und Seeligmachers geburth sechszehen hundert und im vier und zwanzigsten ꝛc.

Ferdinand.   von Stralendorff
(L. S.)   Johannes Baptista Bucher.

(Wormj. Arch. IV. IV. 34. 12. 183. Act. 6.)

Trotz dieses Kaiserlichen Rescripts fügt sich der Rath nicht. Im Jahre 1625 beanstandet er in seiner Sitzung vom 18. Mai, „daß die Jesuiter frey verlaufen wollen". (Extr. prot. a. a. C. Nr. 33.) „Den Jesuitern wird auch die Procession ihrer Scholaren die Kieselwies contra dicirt." (P. S. C. vom 12. Aug. 1625; a. a. C. S. 80, Nr. 10. und Nr. 34. Vgl. oben „Wiesengang", S. 105.) Ernstlich verfahren die Jesuiten im Jahre 1627 gegen die Stadt: sie erinnern den Rath der Dreizehner an ihre Privilegien: „producuntur eorum privilegia", sagt das Rathsprotokoll vom 23. Jan. 1627. (a. a. C. Nr. 31.) „Der damalige Rector des Wormser Jesuitencollegs", schreibt Fichtl, „sah sich im Jahr 1627 gezwungen, gegen die städtischen Beeinträchtigungen bei dem höchsten Reichsgerichte Klage zu erheben." Fichtl theilt auch eine Abschrift der von dem Rector des Jesuitencollegs Johannes Geleni (Galeni genannt in der „Factl species" S. 31) am 21. Juni 1627 an den Kaiser gerichteten Bittschrift mit, worin Geleni Klage darüber führt, daß der Rath zu Worms trotz der Privilegien der Kaiser Rudolf II., Matthias und Ferdinand II. den Jesuiten die rechtungsmäßigen Freiheiten vorenthalte, obwohl diese Privilegien dem Rath in Copieen von dem Collegium und dem Domcapitel zu Worms zugestellt worden seien und obwohl auch der Kurfürst zu Mainz Johann Schweidhard von Kronenberg (vgl. oben S. 156.) den Rath wohlwollend ermahnt habe, das Jesuitencolleg in Ruhe zu lassen. Auf die Insinuation des Jahres 1614, schreibt Geleni, habe der Rath zuerst ausweichend geantwortet; auf wiederholtes Drängen, sich zu erklären, ob er die kaiserlichen Schutz- und Freiheitsbriefe respectiren werde, habe der Rath die Sache mit Kurpfalz berathen und geantwortet, er wolle selbst auch an den Kaiser berichten. Inzwischen habe aber der Rath dem Jesuitencolleg nicht gestattet, Wein oder Früchte, gleich dem übrigen Clerus frei zu verkaufen. Durch solches Vorgehen habe der Rath den Orden

„per indirectum" aus der Stadt treiben wollen, und dabei habe sich der Rath auf die in dem Privileg des Kaisers Matthias enthaltene Clausel gestützt: „doch männiglichen an seinen Rechten und Gerechtigkeiten ohnvergreiflich und ohnschädlich." Geleni bat deshalb den Kaiser, diese Clausel so zu declariren, daß alle Schutz- und Freiheits- briefe, Confirmationes und Rescripta, die die Kaiser dem Jesuitencolleg zu Worms zugewendet, in Kraft blieben und dem Magistrat zu Worms ernstlich und durch Androhung von Strafen ein- geschärft würden. Rector Geleni brachte es wirklich dahin, daß Kaiser Ferdinand II. eine kaiser- liche Commission unter Leitung des Bischofs zu Worms und Kurfürsten zu Mainz Georg Friedrich von Greifenklau ernannte, die den gedachten Streit schlichten sollte. Der Kaiser richtete am 10. Oct. 1628 an den Kurfürsten folgendes Schreiben.

„Ferdinand der andere von Gottes Gnaden Erwählter Römischer Kayßer, zu allen Zeiten Mehrer des Reichs rc. Ehrwürdiger lieber Neven und Churfürst, aus dem beygeschlossenen Einschlusse haben Deine Liebden mit mehreren zu ersehen, wasmaßen bey uns unser lieber andäch tiger Johannes Gelenus, der Societät Jesu Rector in unserer und des heiligen Reichs Stadt Worms, in unterthänigkeit klagend vor- und einkommen, daß obwohl berührtes Collegium zu Worms von unseren hochgeehrten beiden Vorfahren am Reiche, Kaiser Rudolph und Matthias und uns selbsten in kayßerlichen Schutz, Schirm und Pro- tection genommen, denselben auch alle und jede Privilegia, Rechte und Gerechtigkeiten, so die Klerisei daselbst haben, gleichfalls zu genießen mit getheilet, selbige auch besagter Stadt Worms zu ihrer Wissenschaft und Nachrichtung von denen patribus zum öfteren insinuiret [worden seye], wie auch denselben nicht wenig alles Ernstes auferlegt und inhibiret worden seye, besagtes Collegium bei solchen ihren Rechten und Gerechtigkeiten ruhiglich bleiben zu lassen, deme allem zuwider hätten gedachte Burgermeister und Rath vorbenannten Patres, zu ihrer nothwendigen Unterhaltung Wein, Früchte und anderes, gleich anderen Geistlichen, zu kaufen und zu verkaufen, nicht gestatten noch zulassen wollen, sondern seyen gegen ihnen mit Sperrung solcher geistlichen Freyheiten und Abnehmung bürgerlichen Umgeldes de facto ungütlich verfahren, der ohngezweifelten Meinung, sie, die Patres, durch ihre turbationes und Sperrungen aus der Stadt zu treiben: mit unterthänigst gehorsamster Bitte, wir geruheten ihnen unsere ernste kayßerliche Hülfe zur Abstellung solcher beschwerlicher Proceduren, und daß sie ihrer Privilegien und Frey heiten gleich anderen Geistlichen ohngehindert genießen mögen, gegen besagte Stadt Worms gnädigst mitzutheilen, und dieselben dabey zu schützen und handzuhaben. Nun hat uns zu Beilegung dieser angebrachten Beschwerden kein bequemeres Mittel zu seyn erachtet, als hierinnen unsere Kayßerl. Commission anzuordnen und dieselbe Deiner Liebden, als welche dieser Sachen ohne Zweifel gute Wissenschaft hat und zum nächsten gelegen ist, gnädiglich an und aufzutragen rc. Geben in unserer Stadt Wien den 10. Octob. a. 1628." Ferdinand. „Dem Ehrwürdigen Georg Friedrichen, Erzbischofen zu Maynz, des heyl. Römischen Reichs durch Germanien Erzkanzlern, Bischofen zu Worms, unserem lieben Neven und Churfürsten."

Der Kurfürst soll selbst oder durch seine Subdelegirten die beiden Parteien, Bürgermeister und Rath, sowie den Rector des Collegiums der Societät Jesu, oder auch deren Bevollmächtigte vorfordern, zwischen denselben vermitteln und im Falle der Erfolglosigkeit der Verhandlungen an den Kaiser berichten.

Der Kurfürst säumte nicht, schon am 26. Januar 1629 die Subdelegation unverweilt zu bestellen, die durch „gütliche Unterhaltung" den Rath zu Worms zur Folgsamkeit bringen sollte. Dieselbe bestand aus den Kurfürstl. Mainzischen Räthen Johann Eustachius von und zu Frankenstein, Johann Ernst Neufesser und Joh. Jac. Laffer. Ursprünglich war in Aussicht genommen, daß dieselben etwa um die Mitte der Fasten 1629 im Bischofshof zu Worms mit der Stadt verhandeln sollten. Allein die Sache zog sich hinaus. Bevor es zu den Commissionsverhandlungen kam, berieth der Rath „der Jesuiter gesuchte Freiheit und die Commissionssache in den Sitzungen vom 9., 10. und 12. Juni 1629." (Extr. prot. a. a. C., Fol. 80, Nr. 11. u. Fol. 81. Nr. 35.) Fichtl berichtet, der Magistrat habe den Delegirten, um einen für ihn mißlich ausiehenden Proceß abzuwenden, die Erklärung abgegeben, daß er dem ihm insinuirten Privilegium des Kaisers Ferdinand II. vom 17. Juni 1624 gehorchen und die Jesuiten zu allen Zeiten der nachtungsmäßigen Freiheit genießen lassen wolle. Das Rathsprotokoll schreibt in Bezug auf diese Verhandlung: „Die subdelegirten Commissarii haben sich partheiisch erzeigt." (Extr. prot. a. a. C., Fol. 80, Nr. 11.) Fichtl theilt auch ein vollständiges Protocoll mit, das über die zwischen den delegirten kaiserl. Commissarien und den Vertretern der Stadt vom 18. — 20. Juni 1629 geführten Verhandlungen Zeugniß gibt.*) Nur einen Auszug aus diesen von Fichtl im J. 1777 copirten Protocollen enthält die mehr gedachte „Facti species", die im Jahre 1715 zu Wetzlar gedruckt wurde, woraus ersichtlich ist, daß Fichtl noch im Jahre 1777 über Quellen verfügte, die vollständiger waren, als die in der geb. Facti species edirten Urkunden. Es folgt hier nach Fichtl und der „Facti species" ein Auszug aus den Protocollen der vom 18. — 20. Juni 1629 geführten Verhandlungen.

„Montags den 18. Juni 1629 erschienen vor den Kayserlichen Commissarien in Ihrer Churfürstl. Gnaden Bischöflichen Hofe zu Worms Morgens nach der achten Stunde auf seiten der Herrn Patrum Societatis Jesu Collegii Wormatiensis Herr Pater Rector Johannes Gelenus und P. Ludovicus Frankenstein, sodann wegen eines ehrsamen Raths der Stadt Worms die Herren Philipp Christoph Zorn, regierender Schultheiß (f. oben S. 120 u. 123), Joh. Jul. Seidenbänder, alter Bürgermeister, und Dr. Friedrich Sauer, Syndicus, denen die Kaiserliche Commission durch den wohledlen gestrengen Herrn Johann Eustachium von und zu Frankenstein eröffnet worden. Dr. Friedrich Sauer führte im Namen der Stadt bei den nun folgenden Verhandlungen das Wort. Die Verhandlungen dauerten mehrere Tage. Die Vertreter der Stadt erklärten zunächst, sie hätten allein Befehl von dem Raths Rauten die kaiserliche Commission anzuhören und dann dem Rath zu referiren; dann erklären sie, die Angelegenheit müsse zuvörderst mit den siebzehn Zünften berathschlagt werden. Zur Sache behaupten sie, das Begehren der Patres sei der Nachtung zuwider, auf die der Rath geschworen und gegen die sie absque perjurio nicht verfahren könnten; die Jesuiten seien Ordenspersonen, die in der Nachtung und der darin speciell aufgeführten Geistlichkeit nicht enthalten sei; endlich sei es den Herrn Jesuiterpatres um den Handel mit Früchten und Wein zu thun, was ihrem Gelübde der Armuth zuwider sei. Die Commission

---

*) Die damalige Billigkeit des Raths würde sich aus einer ganz besonderen Nothlage erklären, wenn folgende Nachricht der Chron. der Worml. Gymn.-Bibl. auch noch durch andere Zeugnisse als wahr erwiesen würde. Es soll nämlich schon im Monat März 1629 ein kaiserlicher Commissarius die Stadt blotirt haben und die Blotirung der Stadt erst in Folge der Zahlung einer bedeutenden Summe aufgehoben haben. Vgl. Chron. der Worml. Gymn.-Bibl. Fol. 280 b: „1629 den 16. bis 19. März wurde mit den kaiserlichen subdelegirten Commissarius (J. E. Neulesser?) Die Chronik nennt den Commissarius: v. Nassau) wegen Aufhebung der Bloquirung tractirt und wurde bezahlt: fl. 5950!."

erklärte, sie hätte sich vom Rath einer besseren Resolution versehen; es sei schimpflich, daß der Rath die Privilegia mehrerer Kaiser jetzt erst den Zünften und der Bürgerschaft zur Genehmigung vorlegen wolle; und um den Handel der Herrn Patres habe ein Rath sich nicht zu bekümmern. Der Pater Rector Gelenus erklärte, der Rath habe ihm zwar manche Lebensmittel frei passiren lassen, aber cum annexa protestatione, womit er aber nicht zufrieden sein könne. Bei den Verhandlungen am 19. und 20. Juni weist es Dr. Sauer zurück, daß die Berufung an die Gemeinde ein Zeichen des Ungehorsams gegen den Kaiser oder geflissentlicher Umtriebe sei. Dr. Sauer erklärte nun zunächst, der Rath wolle die Herrn Jesuitenpatres in demjenigen, was zu ihrer Provision gehörig sei, gleich andren Geistlichen, frei passiren lassen, weil der Bischof als Ordinarius des Wormser Bisthums dieselben unter die Geistlichkeit begriffen haben wolle. Allein der Rector Gelenus begehrte, man solle den Rath auffordern, sich zu erklären, ob er meine, daß die Jesuiten alle Freiheiten ungehindert genießen sollten, die nach der Rednung im Allgemeinen und Einzelnen allen Geistlichen der Stadt gebührten. Als Dr. Sauer erwidert, daß die den Jesuiten zu bewilligende Freiheit nur auf die Renten und Gefälle sich beziehen solle, welche die Jesuiten von der Kanzel und Schule bezögen, befahl die Commission den Vertretern des Raths an, sie sollten sich „für alles dasjenige, was Kaiser Ferdinands II. Privileg enthalte, ohne ferneren Aufschub oder Umschweife am Nachmittag um 3 Uhr resolviren." „Nachmittags nach 3 Uhr erschienen abermals vorgenannte Herren Deputirte des Raths ꝛc. und zeigte Dr. Sauer an, sie hätten referirt, was heutiges Tags vorgebracht und begehrt worden, und vermeinet ein Ehrsamer Rath nochmals sich genug erklärt zu haben, daß man die Herrn Patres in dem, so viel zu ihrer Nothdurft gehörig, frei lassen wollte. Weil aber die Herrn Subdelegirten, wie die Patres, dabei nicht acquiesciren wollen, setze nunmehr die endliche Resolution dahin, „daß ein Ehrsamer Rath das Kais. Privilegium in schuldigsten Gehorsamb ziehen und dessen Inhalts die Patres allerdings, wie auch zumahl der Nachtung, gleich anderen Geistlichen mit künftiger Vermeidung bisherigen gescheheuer protestation genießen lassen wolle, insonderheit, weil man vernommen, daß der Herr Ordinarius Ihro Fürstl. Gnaden zu Worms und die ganze Geistlichkeit mit denen Herrn Patribus wohlzufrieden und diese unter denselben begriffen sein wollen, jedoch daß den Herrn darbey Commercia zu treiben nicht gestattet werde." Herr Pater Rector erklärte sich damit zufrieden, stellte aber in Abrede, daß das was die Commercia betreffend vorgebracht worden sei, auf Wahrheit beruhe." Die Commission constatirt hierauf, daß nunmehr für ewige Zeiten die Herrn Patres in der Nachtung begriffen sein und alle geistlichen Freiheiten unbeeinträchtigt genießen sollen.*)

Die Verhandlungen über die Privilegien der Jesuiten scheinen ihren Abschluß darin gefunden zu haben, daß ein kaiserlicher Freiheitsbrief dem vereinigten Rathe der Dreizehner und der gemeinen Bürgerschaft insinuirt wird; denn das Rathsprotocoll vom 25. Juni 1630 sagt aus: „Der von Kaiserlicher Majestät gegebene Freiheitsbrief wird eingehändigt, vid. 25. Juni 1630, XIII. et S. C." (Extr. prot. a. a. C., Fol. 81, Nr. 36.)**)

---

*) Vergl. die Protocolle der Verhandlungen vom 16.–18. Juni u. ff. 1629, die sich in mehreren Abschriften unter den Acten des Arch. z. Worms befinden, A. B. IV. IV. 34. 12. 187. Actenstück 24. Das Protocoll vom Nachmittag des 18. Juni 1629 (. in der „Facti species" ꝛc., Z. 21. 22.

**) Obwohl die Stadt unter Drohungen von Kurmainz dazu gebracht worden war, den ihr verhaßten Jesuiten, die sich in die Stadt eingedrängt hatten, die von denselben geforderten Privilegien zuzugestehen, protestirte dennoch der Rath in einzelnen Fällen gegen die Ein- und Ausfuhr der Früchte und Weine des Jesuitencollegs. Dies beweisen einige Rathsprotocolle und die späteren Beschwerden der Jesuiten: „Wie man ihnen connivendo die Faß Jacobi, jedoch praemissa contradictione sollte frey under den Thoren folgen lassen, Prot. Sen. comm. de Anno 1631, 29. Julii." (a. a. C. Nr. 12 und 37.)

106   Die St. Magnuskirche von den Jesuiten begehrt, 1620: Rückblick auf die Geschichte der Kirche seit 1521.

Die Jesuiten blieben hierauf, erzählen Heimes und Fichtl, im Genusse der Freiheiten, die sie unter dem Drucke der kurmainzischen Commission erlangt, einige Jahre ruhig, „bis die schwedische Macht in Deutschland Meister geworden und den Protestanten aller Orten Hülfe versprochen." „Da fing Magistratus wiederum an, die Jesuiten zu beeinträchtigen." Was die Wormser Jesuiten unter „ruhigem Genusse ihrer Freiheiten" verstanden, geht aus der Art hervor, wie die Väter mit kaiserlicher Hülfe in Worms immer weiter um sich zu greifen, ihren weltlichen Besitz trotz des Gelübdes der Armuth zu vermehren suchten. Im Umkreis der Magnuskirche suchten sie sich festzusetzen. Zunächst bemühten sie sich eifrig, die Magnuskirche selbst sich anzueignen; ferner erstrebten sie den Besitz des großen Otterberger Hofs, der nördlich von dieser Kirche fast an der Stelle der heutigen Dombechanei-Maierne lag; auch östlich von der Magnuskirche, auf dem sog. „Glaskopf", griffen sie in gleicher Weise um sich.

Schon im Jahre 1620 erbaten sie sich vom Kaiser Ferdinand II. die St. Magnuskirche zu Worms. Dieselbe Forderung wurde von den Jesuiten erhoben, als sie nach dem Stadtbrand des Jahres 1689 im Jahre 1703 nach Worms zurückgekehrt waren. An diesen beiden Zeitpunkten der Geschichte der Wormser Jesuiten mögen einige Nachrichten über die Magnuskirche eingeschoben werden. Die Erzählung des um die Magnuskirche geführten Streits erregt das geschichtliche Interesse weniger durch den nächsten Gegenstand dieses Kampfs, als durch die einzelnen Züge des Bildes der städtischen Geschichte, aus denen sich klar ergibt, mit welchem Muthe und welchem Geschick unsre Frei- und Reichsstadt mit einer nicht leicht zu überwindenden Zähigkeit, auch in schwieriger Lage, ihre Ziele verfolgte.*) Zunächst folgen einige Notizen, die zugleich zur Ergänzung der oben (S. 33—61) mitgetheilten Nachrichten über die Wormser Kircheneuerungen dienen. In einem Schreiben des Andreasstifts an den Bischof zu Worms Dieterich II. von Bettendorff vom 18. Aug. 1566 wird ausgesagt, gleich nach dem Reichstag, den Kaiser Karl V. 1521 in Worms gehalten, sei das Stift von dem Rath der Magnuskirche entsetzt worden, alles dazu Gehörige sei dem Stift entzogen und vorenthalten worden. (Auch hieraus erhellt, daß der Rath zu Worms im Jahre 1521 die Kirchenreformation Luthers angenommen.) Vom Jahre 1525 an, als der Bauern-Aufruhr gedämpft und die St. Magnuskirche den durch den Rath bestellten unberechtigten Inhabern derselben verschlossen worden, seien in dieser Pfarrkirche keine Prediger der lutherischen oder Augsburgischen Confession mehr vor- und eingestellt worden. Im Jahre 1526 wurden tirannius Ecclesiae parochialis Sancti Magni eingereicht.

Es ist oben (S. 60) in der Geschichte der Wormser Kirchenreformation erzählt, daß nach der Annahme des Augsburger Interims am 8. Oct. 1548 Gesandte des Wormser Raths an den Bischof Heinrich IV. mit der Bitte um geeignete Besetzung der Wormser Pfarreien abgeschickt wurden. Während damals in der gedrückten Lage der Stadt Worms der Franziskaner Heinrich Stolleisen das Gebäude des lutherischen Gymnasiums an seinen Orden restituirt haben wollte (vgl. oben S. 60), beanspruchte auch das Andreasstift die Restitution der Magnuskirche. Nach Aussage einiger im Jahre 1548 geschriebenen Schriftstücke, die zu den im Darmstädter Archiv befindlichen Acten des Processes gehören, den das Andreasstift gegen den Rath zu Worms im Jahre 1566

―――――――――
*) Die hier und weiter unten gegebenen Mittheilungen über die Magnuskirche sind, abgesehen von der hier folgenden Notiz der Wormser Archiv befindlichen Chronik aus dem Jahre 1613, dem im Darmstädter Staatsarchiv befindlichen Actenfascikel, betr.: die St. Magnuskirche zu Worms 1548—1755, entnommen. Dieser Faszikel enthält Actenstücke, die in Folge der Bemühungen der Wormser Jesuiten, die Magnuskirche sich anzueignen, zusammen kamen. Offenbar kann das Vorgehen der Jesuiten ohne Kenntniß der Voracten und der vorausgehenden Ereignisse nicht richtig beurtheilt werden.

Die Magnuskirche 1521-1527 zum evangelischen Gottesdienst benutzt, 1527-1566 geschlossen. 167

unhängig machte, verhandelten Dekan und Capitel des St. Andreasstifts im Jahre 1548 mit dem Rath zu Worms und mit dem Bischof Heinrich IV. darüber, ob sich nicht im Hinblick auf das Interim Formen und Bedingungen finden ließen, unter denen die vom Rath zu Worms seit langen Jahren in Besitz genommene St. Magnuskirche, die Eigenthum des Collegiatstifts zu St. Andreas gewesen, wieder an das Stift gelangen und von Geistlichen verwaltet werden könnte, die der evangelischen Gemeinde zu Worms genügen könnten. In einem nach der Annahme des Augsburger Interims verfaßten glaubwürdigen Concept eines Schreibens des Stifts an den Bischof, das jedoch von dem Stift an den Bischof nicht übergeben wurde, vielleicht weil nach der obigen Erzählung (S. 60) die Verhandlungen zwischen Bischof und Stadt sich zerschlugen -- wird Folgendes gesagt: „Gesandte eines ehrsamen Raths der Stadt Worms seien in den letzten Tagen bei dem Bischof gewesen und hätten um Versehung der in der Stadt gelegenen Pfarreien gebeten. Weil nun Dechant und Capitel die wahren Collatoren der Pfarrkirche zu St. Magnus seien, welche ihnen seit „der Bauerischen uffrur verschlossen und vorgehalten" sei, so daß sie deren entsetzt seien und trotz vielfältigen Ansuchens deren Besitz nicht hätten erlangen können: so hätten sie sich, damit der Gottesdienst durch sie selbst nicht gehindert, sondern gefördert werde, dem Rathe erboten und seien noch erbötig, nach Bedürfniß die gedachte Kirche zu versehen. Die dem Inhalt dieses Schreibens entsprechende, von dem Andreasstift „in profesto nativitatis Mariae ann. 1548" in versammeltem Capitel verfaßte und wirklich an den Rath abgegebene Bittschrift umfaßt in einer Beilage 8 Paragraphen eines zwischen der Stadt und dem Stift einzugehenden Vertrages, nach dem die Stadt augenscheinlich alle Competenzen bezüglich der Kirche, deren geistlichen Personals, des Vermögens, der Amtshandlungen an das Stift hätte überlassen müssen. „Nicht lange nachher, am 18. Jan. 1549, wurde wirklich auf Betreiben der Geistlichkeit die St. Magnus-Pfarrei dem Stift zu St. Andreas wieder geöffnet, und wurde befohlen, einen tüchtigen Pfarrer in dieselbe zu setzen. Aber dabei verblieb es."*) Denn das Interim war auch den Katholischen nicht erwünscht. Als von Seiten des Bisthums und des Clerus seinen religiösen Bedürfnissen nicht entsprochen wurde, betrat er seit dem Passauer Vertrage wieder den Weg der Reformation.

Allein am 17. Febr. 1550 erfolgte ein Mandat des Kaisers Ferdinand I. Darin wird dem Rath vorgehalten, er habe die gewaltsam eingenommene Kirche zwar während des letzten wormsischen Reichstags (1545) auf Kaiser Karls V. Befehl geöffnet, aber sofort nach Schluß des Reichstags wieder verschlossen; jetzt sei es gar im Werk, die neue Religion, während der Rath vorhin drei Klöster, nämlich Barfüßer-, Prediger- und Augustinerkloster, dafür gebraucht, auch in die Magnuskirche eindringen zu lassen, und zwar alles dem Katholischen, Alten, Christlichen, sowie Gottes Ehr und Diensten zur Verhinderung. Deshalb werde aber dem Rath hiermit geboten, den Bischof und das Andreasstift in Rechten und Privilegien, Herkommen und Verträgen nicht zu beeinträchtigen, in der St. Magnuskirche keine Neuerungen einzuführen, sondern dieselbe dem Andreasstift wieder einzuräumen und ungehindert den katholischen Gottesdienst zu überlassen.**)

Sechs Jahre später, als der Kurfürst Friedrich III. von der Pfalz in seinen Landestheilen zur Einziehung katholischer Stifte schritt und das Cyriakstift zu Neuhausen in eine Fürstenschule verwandelte (9. Mai 1565, vgl. oben S. 101) wagte in gleicher Weise der Rath zu Worms einen Angriff auf das Kloster zu Nonnenmünster in Worms und öffnete die Magnuskirche wieder dem

---

*) Handschrift F der Zornschen Chronik, fol. 378. b.
**) Copie im Darmst. Archiv.

Gottesdienste. Die im Wormser Archiv befindliche Chronik aus dem Jahre 1613 (Andreas Will, erzählt darüber Fol. 622 und 623 Folgendes: „Anno 1565, 15. Martii hat ein Rath neuerung in dem Closter zu Nonnenmünster anzurichten sich unterfangen. Denn Er den 16. Martii genandts Jahrs in einer Procession hinausgangen, den Conventualen neben ihrem Pater anzeigen lassen, daß sie sollten von Ihren papistischen Ceremonien abstehen und sich der Stadt Religion und Kirchenagend gemäß verhalten. Derohalben solt anordnung geschehen, daß alle Sonn-, Freyer- und Donnertag ein Predigt darin gehalten solt werden, der sollten sie fleißig beiwohnen, daß sie die wahre Religion verstehen lernten. Solches haben die Nonnen wol lassen geschehen, aber Ihr Reverendissimus hat sich der Sachen unternungen und dieselb am Kammergericht dahin gebracht, daß dem Rath de restitutione den 31. Juli anno 1566 mandata sind zugeschickt worden. Derowegen ein Rath wider mit seinem Fürnehmen müssen abziehen, wiewohl die Sach sehr hitzig, mit großem Ernst und gewaltiger Sollennitaet war angefangen worden." „Hierauf, als man Nonnenmünster hat müssen räumen, hat der Rath anno 1566, 10. augusti die Magnus-Pfarr, welche viel Jahr verschlossen gewesen, einnehmen und darinnen, wie zu Nonnenmünster, predigen lassen. Aber es haben sich die Pfaffen in continenti widersetzt und sind in der Sachen kayserliche Commissarii, Wolff Kemmerer von Worms genandt von Dalberg, der Elter" [war nach einem Actenstück des Darmst. Archivs Domprobst zu Speier] „und Friedrich von Flersheim anno 1567 geordnet worden. Als aber die Sach nit entschieden können werden, ist sie am Kammergericht rechthengig worden. Ubi adhuc (a. 1613) sub judice lis est."

Ueber diese Vorgänge melden nun die Schriftstücke des Darmstädter Archivs Genaueres. Acht Tage nachdem die Magnuskirche wieder dem protestantischen Gottesdienst geöffnet war, beklagen sich Dechant Stephanus Holzappel und Capitel des Andreasstifts, in dem oben erwähnten (S. 166.), am 18. August 1566 an Bischof Dieterich II. von Worms gerichteten Schreiben: „abgesehen davon daß der Rath außer der Predigerkirche vor drei Jahren, also 1563, auch die Augustiner-Kloisterkirche eingezogen habe, die allerdings für Predigten leer gestanden, nur Sonntags nachmittag zur Kinderlehre gebraucht worden sei, und zweimal weiter, größer und für die Abhaltung von Predigten und für den Gottesdienst der Stadt bequemer gewesen sei: sei nun der Rath auch auf die Magnuspfarrkirch zugefahren und habe Sonntag den 11. und Donnerstag hernach den 15., wie auch „heut den 18. Augusti" Ihrer Prädicanten Einen, den Israel Ratz von Neustadt auf die Kanzel gestellt, um nach eigener Gewalt „ihrem Brauch und Confession nach zu predigen." M. Israel Ratz aus Württemberg war Diaconus zu Pfeddersheim gewesen. Da er nach dem Tode des Kurfürsten Otto Heinrich von der Pfalz, nicht zum Calvinismus Friedrichs III. übergehen wollte, wurde er Pfarrer zu Worms 1562. „Wie unchristlich, schimpfierlich, auch schmelich, ja unfridelich und uffruhrisch in seinen Predigen solcher Prädicant, dem Evangelio, auch allem Frid und Kaiserlicher Majestät Religion entgegen, sich verhalten," dies suchte das Capitel dem Bischof durch Citate zu erweisen: alsdann bat dasselbe den Bischof, den Kaiser zu veranlassen, gegen den Rath einzuschreiten. Das hierauf am 2. Sept. 1566 erfolgte kaiserliche Mandat befindet sich nicht bei den hier benutzten Acten, wohl aber die auf dasselbe erfolgte Vertheidigungsschrift des Raths vom 2. Dezember 1566. Der Rath widerspricht darin dem kaiserlichen Befehl, indem er von der Predigerkirche gar nicht spricht und darauf hinweist, daß die Barfüßerkirche, deren Kloster und freien Platz er allerdings für die lateinische Schule känflich erworben und mit vielen Opfern aufgebaut habe, eingestürzt sei; die Augustinerkirche sei vor Monatsfrist in Folge der Nachlässigkeit des darin wohnenden Mönchs abgebrannt.*) Deshalb sei der Rath des Ersatzes solches Verlustes mehrerer Kirchen hinfort desto

---

*) Vgl. die Chron. der Worml. Gymn.-Bibl. Fol. 240ᵃ b: „Anno 1566, als den 31. Oct. das Augustinerkloster aus Fahrlässigkeit eines noch darin verbliebenen Mönchs Prior Wendelin) verbrannte, so ist darauf dem

mehr bedürftig, und habe er allen Grund, die Magnuskirche sich zu bewahren, **welche die Stadt allerdings nach dem Eingeständniß des Andreasstifts seit 1521, also bereits 45 Jahre, inne habe.** Der Rath bringt dabei in Erinnerung, daß er die Kirche zur Zeit des Passauer Vertrags und des Augsburger Religionsfriedens besessen, und es ergebe sich unwiderleglich, daß er wider diesen Frieden nicht gehandelt, sondern desselben gleich anderen reichsunmittelbaren Ständen milbiglich und wohl gebraucht hätte, insbesondere weil der Gegner, das Andreasstift, zur Zeit des Passauer Vertrags benannter Pfarrkirche Besitz nicht inne gehabt, sondern dieselbe bei des Raths mächtiger Verordnung und Verwaltung gestanden und noch sei. Bezüglich des Predigers Israel Kat stellt der Rath die demselben zur Last gelegten Ausschreitungen in Abrede und erklärt, daß er selbst seinen Predigern nicht verstatte, ihrer Predigten zu Jemands Schmach und Nachtheil, noch weniger zu Aufruhr und Verwickelung sich zu bedienen, wovor der gütige Gott hinfort allerseits gnädig bewahren wolle.*) Der Chronist M. Friedrich Zorn spricht seinem Zeitgenossen M. Israel Kat folgendes Lob aus: „M. Israel Kat ist am 11. Juli 1579 in blühendem Alter, 42 Jahr alt, verschieden. Er war ein anmuthiger Prediger für den gemeinen Mann, der sich der Historien im Predigen sehr befliffen und im Predigen mit großer Kunst angenommen, sondern familiariter und populariter, als wenn er privatim mit einem rede, seine Reden fürbrachte." (Handschrift F der Zornischen Chronik im Worms. Archiv, fol. 381.)

Die kaiserlichen Commissarien Wolfgang von Dalberg und Friedrich von Flersheim suchen zwischen der Stadt und dem Stift gegen Ende August 1567 zu vermitteln. Sie machen am 31. Aug. den Vorschlag, das Stift solle gegen Auslieferung der Kirche 600 fl. an die Stadt zahlen. Beide Parteien sind nicht damit zufrieden. Das Stift wollte nur 300 Gulden zahlen; und die Vertreter der Stadt erklären, daß sie die Kirche wenigstens so lange behalten müßten, bis sie sich eine andre Kirche erbaut oder die abgebrannte Augustinerklosterkirche wiederhergestellt hätten, und diese Restauration koste viel mehr als 600 Gulden und könne mit etlichen Tausend Gulden nicht bestritten werden. Kaiser Maximilian rescribirt am 24. Oct. 1567 im Sinne der Commissäre an den Bischof und das Capitel zu St. Andreas, sowie an den Magistrat zu Worms. Jene bedanken sich dafür beim Kaiser (1. Dez. 1567), der Rath bittet desselben, auf die Gegner nicht zu hören (25. Febr. 1568). Am 12. Juni desj. J. erfolgen ernste Schreiben an beide Parteien: dem Rath wird aufgegeben, seinen in der Magnuskirche bestellten Prediger abzuschaffen, in der Bestallung ihrer Altäre und der Räumung der Kirche keine Schwierigkeiten zu machen; dagegen werden auch Bischof und Capitel von dem milden Kaiser ermahnt, „mit Leistung dessen, das ihnen gebühre, gleichfalls keinen Mangel erscheinen zu lassen".**) Gesandte des Bischofs zu Worms bitten alsobald den Kaiser, mit

---

19. Nov. wegen dieses verbrannten Klosters ein Saufbrief zwischen denen Augustinern und der Stadt aufgerichtet worden, des Inhalts: wenn ein solcher Augustinermönch zu Worms ankommt und beweist, daß er aus der Proving der oberrheinischen Augustiner sei, so wird er zu Mittag in einem Wirthshaus anfangs in der elenden Herberg gastiret; sommt er Abends, so bekommt er seine Abendmahlzeit und Bett, des Morgens sein Frühstück ic." Der Vertrag wurde am 24. Juli 1567 förmlich abgeschlossen. Eine Abschrift dieses Vertrags befindet sich noch im Wormser Archiv bei den Barfüßerkloster-Acten. Hiernach cedirte Johannes Bartholomäus Ulrici, Augustiner-Provinzial am Rheinstrom und in Schwaben, das Augustinerkloster an die Stadt. (Das Augustinerkloster nebst Kirche stand an der äußersten Grenze und im schlechtesten Theile der Stadt, an der nördlichen Seite der Vorstraße zwischen dem Fischmarkt und der Gymnasiumsgasse. Einst führte zu diesem Kloster von der Ludwigstraße aus zwischen dem Fischmarkt und der Gymnasiumsgasse eine nicht mehr vorhandene Gasse. Dieser Ort war ungeeignet für eine Kirche.)

*) Abschrift im Darmst. Archiv.
**) Abschrift des Mandats im Darmst. Archiv.

weiterer kaiserlicher Entscheidung gegen die Stadt vorzugehen. Allein jetzt treten für die bedrohte Stadt bei dem Kaiser mehrere evangelische Fürsten mit Fürbitten ein, indem sie für die Bedürfnisse der Stadt, sowie deren berechtigten Wunsch eintreten, **von den vielen, unter Mitwirkung ihrer Vorfahren erbauten und zum Theil leer stehenden Kirchen wenigstens in einer das Recht der Mitbenutzung zu haben.**

Die Intercession des Herzogs Christoph zu Württemberg datirt vom 9. Dec., diejenige des Pfalzgrafen bei Rhein Wolfgang vom 11. Dec., die Bitte der Landgrafen Wilhelm und Ludwig zu Hessen-Cassel vom 31. Dec. 1568. Der Kurfürst von der Pfalz Friedrich III. intercedirt bei dem Kaiser zu Gunsten der Stadt in einem Schreiben vom 10. Jan. 1569. Am 12. Januar 1569 richtet auch der Rath noch ein Schreiben an den Kaiser, in dem er die wahren Gründe zur Beurtheilung der kaiserl. Verfügung vom 12. Juni 1568 beleuchtet und um gnädigen Schutz bittet. Unter dem 14. Febr. 1570 macht der Rath auch dem Bischof zu Worms nochmals Vorstellungen, daß es ihm nämlich schon in dem Jahre 1567 nicht zu Gemüth und Herz gelangt sei, auf das Ansinnen der kaiserlichen Commissarien sein „armes, kleinschätziges, dürftiges Kirchlein zu verkaufen," und da der vorliegende Streit eine auf den Passauer Vertrag sich stützende allgemeine, d. i. alle Reichsstände angehende und von deren Interesse nicht zu trennende und untheilbare Religionssache sei, so hätten sich mehrere höhere Reichsstände, Fürsten und Kurfürsten an den Kaiser mit Fürbitten gewendet. Der Rath hege auch zu dem Bischof und dem gemeinen Clerus zu Worms das christliche und nachbarliche Vertrauen, daß dieselben, weil sie „der Kirchen eine solche Menge und Ueberfluß hätten", daß sie deren etliche zu Grunde gehen ließen, nunmehr der Stadt Worms das Kirchlein zur Religionsübung zu überlassen, also „dem höchsten Ehrenkönig die Pfort zu öffnen und seines heilwerthigen Namens Ehr und Lobpreisung in der christlichen Gemeinde vielmehr zu fördern, als zu versperren gemeint sein würden."*) Allein nachdem der bischöfliche Gesandte am 5. Juli 1570 den Kaiser gebeten, daß er die Stadt unter Androhung einer Strafe zum Gehorsam gegen die kaiserlichen Verfügungen zwingen möge, verfügt Kaiser Maximilian II. am 31. Aug. 1570, daß die Stadt Worms Folge leisten solle. Kaiser Maximilian hält dem Rath vor, derselbe habe, obwohl ihm wiederholt eine Schadenersatzsumme von 500 fl. angeboten worden sei, dieselbe noch nicht angenommen; die Magnuskirche sei dem Andreasstift unmittelbar zugehörig, habe niemals in ruhigem Besitz der Stadt gestanden. Deshalb müsse es bei der von der Stadt vor den kaiserlichen Commissarien 1567 geschehenen Erklärung bleiben, und der Rath solle voriger Abrede gemäß innerhalb sechs Monate den bei der Magnuskirche von ihm bestellten Prediger abschaffen und die Kirche dem Stift zustellen, auch wenn die Erbauung der Augustinerkirche länger dauere als bis zum Ablauf dieser Frist. Auch empfiehlt der Kaiser bessere Nachbarschaft und gütliche Vergleichung in allen streitigen Sachen.

Allein wiederum treten für die Stadt protestantische Fürsten mit Vorstellungen bei dem Kaiser ein: am 11. Mai 1571 der Kurfürst von der Pfalz Friedrich III., unter dem 17. Mai desj. J. Karl Markgraf zu Baden, am 19. Mai Wilhelm und Ludwig zu Hessen-Kassel, am 20. Mai die Pfalzgrafen Philipp Ludwig und Johann, am 22. Mai 1571 Kurfürst August zu Sachsen, am 30. Mai Ludwig Herzog zu Württemberg, am 1. Juni Johann Wilhelm Herzog zu Sachsen-Weimar. Nachdem sich so ansehnliche Fürsprecher für die Stadt bei dem Kaiser ver-

---

*) Original im Darmst. Archiv, mit schönem Stadtsiegel: das städtische Wappen mit dem Schlüssel und dem fünfstrahligen Stern wird von einem Ungeheuer gehalten, das mit zwei hoch getragenen Flügeln, mit Brust, Hals und Kopf eines Vogels, einem vierfüßigen Leibe und einem langen, vielfach um das Wappen herum verschlungenen schlangenartigen Schweife versehen ist.

wandt hatten, richten Stadt-Bürgermeister und Rath an den Kaiser eine allerunterthänigste Vorstellung und Bitte um gnädigsten Schutz bei dem St. Magni-Kirchlein, mit eventueller Anerbietung zu Gehorsam auf Grund eines nach Untersuchung der Streitsache erfolgenden Ausspruchs des Kammergerichts.

Dagegen bitten am 26. Aug. und 18. Sept. 1575 bischöflich wormsische Gesandte unter Beibringung der für sie wichtigsten Schriftstücke aus den Verhandlungen von 1507–1570, daß nunmehr der Rath unter Androhung einer Strafe zum Gehorsam gegen die Kaiserlichen Mandate gebracht werde. Dieser Bitte entsprechend erfolgte wirklich am 21. Sept. 1575 ein Pönalmandat Maximilians II. „Dieweil sich bisher soviel befunden," heißt es darin, „daß St. Mangen Pfarrkirch ohne Mittel dem Stift zu St. Andressen zugehörig und Ihr deren weder zur Zeit des aufgerichten Passauischen Vertrags noch auch sonst jemalen in ruhiger Possession gewesen oder einige Gerechtigkeit daran gehabt, daher denn auch der Religionsfrieden dieses Orts nicht statt hat: so befehlen wir Euch abermalen von Römischer Kaiserlicher Macht, bei Vermeidung unsrer schweren Ungnad und Straf und dazu einer Pön, nemblich fünfzig Mark löthiges Goldes, daß Ihr unseren vorigen Befehlen innerhalb zweien Monaten, gehorsamlich und ohne alle fernere Ausred und Verzug nachsetzet und, als Gegenempfahung der mehr berührten fünfhundert Gülden, innerhalb derselben zweien Monaten (da gleich die Erbauung der Augustinerkirchen, als dazu Ihr bisher Zeit genug gehabt, sich länger verweilen möchte) Euren Prediger von St. Mangen Kirchen abschaffet, und dieselbe berührtem Stift zu St. Andres wiederumb einräumt ꝛc."*) (Geben zu Prag, 21. Sept. 1575.

Aber der Rath gehorcht nicht, sondern am 10. Febr. 1576 richtet er zunächst ein weitläufiges Schreiben an den Bischof Dietrich zu Worms, worin er die früher geltend gemachten Gesichtspunkte wiederholt und insbesondere hervorhebt, daß er, abgesehen von der Magnus kirche, in der jetzt ins neunte Jahr christlicher Gottesdienst gehalten werde, mit keiner Kirche versehen sei, obwohl doch alle Pfarrkirchen zu Worms einst unter der Mitwirkung der Vorfahren und der gemeinen Bürgerschaft erbaut und eingerichtet worden seien. Der Rath erinnert an den Schutz und Schirm, der seinen Gegnern von Seiten der Stadt nicht nur früher, sondern noch heutigen Tags zu Theil werde, wofür die Stadt billige Rücksichtnahme verlangen könne. Dem Andreasstift sei dagegen durch die Benutzung der Kirche bezüglich der mit derselben verbundenen Präbenden, Altarien und Gefällen nichts entzogen, viel weniger am Gottesdienst, den es neben dem lutherischen Culte ausüben könnte, ein Hinderniß bereitet worden, besonders auch, weil der Clerus in Worms mit Kirchen im Ueberfluß versehen sei, so daß deren etliche in Verfall gerathen, etliche als Scheuern oder Ställe profanirt seien.**) Nun wolle der Rath keine Bezahlung als Ersatz für die Kirche; denn er suche nicht Geld oder Gut, sondern bloß einen geeigneten und günstig gelegenen Platz für seinen Gottesdienst. Der Bischof möge doch auch der löblichen Fürsten und Kurfürsten beharrliche Freundschaft gegen die Stadt würdig beachten und beherzigen, daß seine Absicht nur auf Fortpflanzung des selig machenden evangelischen Gottesdienstes gerichtet sei. Deshalb möge der

---

*) Abschrift im Darmst. Archiv.

**) In Worms waren noch zur Zeit des dreißigjährigen Kriegs nach Peter Hamman's Bildern von Worms folgende katholische Kirchen: Dom, St. Johanniskirche, Stephanskirche, Andreaskirche, Michaelskirche, Mariamünster, Meinhardskirche, Valentinskirche, Killanskapelle, Paulskirche, Ruprechtskirche, Prediger- oder Dominikanerkirche, Amandskirche, Kapuzinerkirche, Liebfrauenkirche, Allerheiligenkapelle, Martinskirche, Lampertikirche, Karmeliterkirche ꝛc.

Bischof dem Rath und der Gemeinde das ihnen eigenthümliche Steinhäuslein nicht mißgönnen; er möge die Sache dem ordentlichen Richter untergeben oder zum wenigsten auf den nächsten Reichstag verschieben. Die Antwort auf diese Vorstellungen, die der Rath dem Bischof unter dem 10. Febr. 1576 machte, bestand darin, daß der Bischof dem Magistrat am 21. Febr. 1576 durch einen kaiserlichen Kammergerichtsboten das kaiserliche Pönal-Mandat insinuiren ließ. Allein am 1. April 1576 richteten dennoch Stadt-Burgermeister und Rath an den Kaiser eine Vorstellung in Betreff des gedachten Mandats vom 21. Sept. 1575, mit der Bitte, das Mandat zu kassiren und die Streitsache an die Kammer zurückzugeben, oder andre Commissarien zu ernennen, oder auch das Mandat bis zur Reichsversammlung einzustellen.

Kurfürst Friedrich III. von der Pfalz brachte der seinem Schutz befohlenen Stadt Hülfe. Er hatte zu Gunsten derselben schon am 9. März 1576 ein drohendes und wirksames Schreiben an den Bischof Dietrich II. von Worms gerichtet, worin er demselben erklärt, 'er habe von seinem Hofrichter Doctor Hartmann Hartmanni von Eppingen vernommen, wie der Bischof gegen seine Schutz- und Schirmverwandten, Stadt-Burgermeister und Rath zu Worms, vorgegangen sei. Er habe nicht anders sich versehen, als daß der Bischof mit der beabsichtigten Insinuation des kaiserlichen Pönal-Mandats einhalten und auf die angebotene gütliche Vermittelung eingehen werde. Nun aber werde dem Kurfürsten berichtet, daß der Bischof nicht nur dessen Schutz- und Schirmverwandten das berührte Mandat insinuirt, sondern auch das angebotene Vertragsgeld von 500 Gulden, wovon die Stadt nichts wissen wolle, angeboten habe, woran der Kurfürst erkenne, daß der Bischof oder das Stift zur gütlichen Beilegung der Sache wenig Lust habe. Der Kurfürst erinnert daran, daß die Magnuskirche einst unter der Mitwirkung der Bewohner der Stadt erbaut worden sei, daß der Rath die Kirche seit der Reformation und vor dem Passauer Vertrag besetzt habe, und daß die Kirche recht wohl gemeinsam von Katholischen und Evangelischen benutzt werden könne. Dann erinnert er daran, daß die Evangelischen in der Magnuskirche die Predigt im Winter des Morgens zwischen 6 und 7 Uhr, im Sommer um 6 Uhr halten ließen, während die sübliche Religionsübung des St. Andreasstifts in dieser Kirche erst nach 8 Uhr, also lange nach Abhaltung der evangelischen Predigt und nachdem die Kirche wieder abgeschlossen worden, abgehalten werden solle, weshalb beide Bekenntnisse die Kirche neben und nach einander benutzen könnten. Ueberdies veranstalte der Wormser Clerus nur einmal im Jahre, nämlich Ostermontag, Vormittags nach 8 Uhr, eine Procession zur Magnuskirche. Der Kurfürst erklärt, wenn man der Bürgerschaft das ihr zugestandene Kirchlein „ein so schlechtes Steinhäuslein", entziehen wolle, so sei es derselben nicht zu verdenken, daß sie sich der Sache heftig annehme, „da doch", wie der Kurfürst schreibt, „Euch oder Eurer Clerisei an den Altarien derselben und anderen Einkommen und Gefällen ganz und gar nichts abgeht. Ihr auch sonst andere größere Kirchen soviel in Worms habt, daß sie eins Theils gar zugehalten und nit gebraucht oder zu Scheuern, Ställen und anderen Dingen gebraucht werden." „Dieweil dann dem also ist, und dies Kirchlein umb der Gelegenheit willen dem daselbst herumb und in den Vorstetten gesessenen Alten und Jungen Volck viel bequemer ist, als die Augustiner Kirch, zudem beide Religionsübungen, wie gemeldet, zu unterschiedlichen Stunden beschehen, und also Ungebühr wohl vermieden bleiben kann; so ersuchen wir Euch freundlich, Ihr wöllet nachmalen solches alles erwegen, ofbemelte von Worms bei ihrem eigenen Pfarrkirchlein ruhig bleiben, berührtes Mandat gänzlich einstellen, solches auch bei St. Andreasstift verschaffen und also zu besorgender Weiterung, Unrath und Unnachbarschaft nicht Ursach geben lassen. Denn Ihr uns sonsten nit zu verdenken habt, daß wir uns Ihrer, der von Worms, Schutz und Schirms halten, gebührlich annehmen, wie wir auch kraft desselben erbötig sind, beiden Theilen zum besten, sie gegen einander ferner zu hören, weiteren Bericht einzunehmen und zu versuchen, ob sie, soviel möglich, in der Güte vereinigt und vertragen werden mögen ic."*) Am 24. April 1576 intercedirt Kurfürst Friedrich III. von der Pfalz zu Gunsten der Stadt auch bei dem Kaiser, und kurfürstlich pfälzische Räthe suppliciren bei dem damals versammelten Reichstag für Kassirung und Suspendirung des gedachten Pönal-Mandats. Am 17. Mai 1576 erstattet Bischof Dietrich zu Worms unterthänigste Anzeige, daß der Rath zu Worms dem Mandat vom 21. Sept. v. J. immer noch nicht Gehorsam geleistet habe, und bittet, den Rath zu Worms „mit Ernst zum Gehorsamb anzuhalten". Am 26. Mai erfolgte ein kaiserliches Schreiben an Kurpfalz, das eine neue Commission zur Erledigung der Mißhelligkeiten zwischen Bischof und Rath zu Worms vorgeschlagen. Am 19. Sept. 1576 wird auf dem Reichstag zu Regensburg von den fürstbischöfl. wormsischen Abgeordneten mit Unterstützung durch die katholischen Kurfürsten und Fürsten neben den allgemeinen Beschwerden der katholischen Stände auch eine im Darmstädter Archiv befindliche Beschwerde- und Bittschrift in Betreff der Restitution der Magnuskirche den Räthen des kranken Kaisers übergeben. Der Bischof zu Worms bittet am 2. Jan. 1577, ihn mit der von seinem Gegner gesuchten Commission zu verschonen und ein strafferes Mandat allergnädigst zu erkennen. Da nun aber am 21. Dez. 1615 der Bischof zu Worms, Wilhelm von Effern, immer noch klagt und darum bittet, die anhängigen Processe zu entscheiden und die Stadt in ihre Strafe zu verurtheilen, so wird dadurch gewiß bezeugt, daß die Stadt die Kirche behalten. (Vergl. oben S. 60, 61, Anm.)

Die Stadt Worms hatte an der Kurpfalz, der das Schirmrecht über die Stadt zustand, bis zum dreißigjährigen Kriege einen festen Halt. So wenig die Kaiser die Sequestrationen der Kurfürsten von der Pfalz zu hindern vermochten, so wenig vermochte daran gedacht zu werden, dem gegen die Stadt Worms von Kaiser Maximilian II. am 21. Sept. 1575 erlassenen Pönalmandate Folge zu geben. Die Stadt blieb im Besitz der Kirche, und der Chronist schreibt im Jahre 1613: adhuc sub judice lis est.

Am 27. Sept. 1613 ließ der Bischof zu Worms, Wilhelm von Effern, in Regensburg an des Reiches Vicekanzler eine Bittschrift übergeben, in der darum nachgesucht wird, daß der Kaiser gegen den Rath zu Worms ein arctius mandatum poenale sine clausula ergehen lasse zum Zweck sofortiger Uebergabe der Kirche an das Andreasstift. Das Domcapitel will nach dem Raths protocoll vom 27. Jan. 1614 des Raths Fensterbau in der Magnuskirche hindern und protestirt am 13. Mai. Wiederum werden kaiserliche Commissäre bestellt, die im Jahre 1614 Verhandlungen eröffnen und Erklärungen beider Parteien entgegennehmen. Das Stift trägt nicht nur seine früheren Rechtsansprüche den Commissarien vor, sondern übergibt denselben auch ein „Offenes notarielles Instrumentum factae protestationis, die Reparation und respective demolition St. Magni Kirchen betr., de Anno 1614 20/30 Aprilis." Das Instrument erklärte nämlich, es seien etliche ungewöhnliche Wappen und Insignien in der Kirche angemalt worden; weitläufig sei in der Kirche angeschrieben, als „ob sollte jetziger Zeit selbiger Pfarrkirche ordentlicher Pfarrherr sein ein ungeweiheter lutherischer Prädicant, Andreas Wildius genannt". Dabei sei es aber nicht verblieben, sondern es sei, wohl nicht ohne Vorwissen des Raths, ein großes Crucifix, ein gemauerter Relief oder Stein zum Weihewasser demolirt und ausgebrochen, die von uralters angemalten Bilder seien durchstrichen und an deren Stelle seien allerhand mit Fleiß zusammengesuchte Sprüche und

---

* Original des Briefs mit eigenhändiger Unterschrift des Kurfürsten Friedrich und mit dessen Siegel geschlossen im Darmst. Archiv.

Carmina angebracht worden. Endlich habe man eine erneuerte Ober- oder Vorkirche aufrichten und zum Fuß der gezimmerten Stiege einen consecrirten Altar violiren und herunterreißen lassen. Aus allen angedeuteten Gründen bringt das Stift auf sofortige Erstattung der vor nahezu fünfzig Jahren erkannten Strafe von 50 Mark Golds, sowie auf Restitution und Reparation der Magnuskirche.

Dieser Anspruch wurde 1614, ein Jahr nach der definitiven Aufnahme der Jesuiten in Worms, erhoben. Allein erst nach der Niederwerfung der Pfalz durch Spinola und Tilly setzte ohne Zweifel der letztere auch in Worms die Geistlichkeit für einige Zeit in alle Stellungen ein, die derselben von der lutherisch gewordenen Stadt streitig gemacht worden waren; und nichts scheint wahrscheinlicher, als die von dem Andreasstiftsdechanten im Jahre 1710 dem Hofrath Tresler zugefertigte Aussage, daß im Jahre 1624 Marquardus Kölblin, Scholasticus des Andreasstifts, als possessor beneficii Beatae Virginis Mariae ad Sanctum Magnum pro onere etc. allda seine Messe gelesen, ebenso nach dessen Tod 1626 der Vicarius des Stifts Johann Balthasar Ammon.

Im Jahre 1629 baten sich endlich, wie oben gesagt ist, die Patres Soc. Jesu bei Kaiser Ferdinand II. die Magnuskirche aus. Diesem Vorhaben widersetzte sich damals sogar das Andreasstift auf jede Weise und trat deshalb sogar mit seinem langjährigen Gegner, mit dem Stadtrath, selbst in gütliche Unterredung, um einen Ausweg ausfindig zu machen, wie die Sache zwischen ihnen beiden zu ihrem Ende geführt werden möchte.*) Unter diesen Umständen, und weil vor 1631 bis 1635 die Schweden die Stadt occupiren, bleibt der Rath zunächst bis 1636 in ungehindertem Besitz der Kirche.**) Ja sogar bis zum französischen Stadtbrand blieb die Stadt im Besitz, so daß eine Processschrift des Bisthums Worms gegen die Stadt im Jahre 1712 schreibt: „der Effectus rerum judicatarum Caesarearum ist bis anhero, bevorab wegen der seithero continuo in hiesigen Landen diesseits Rheins angehaltenen Kriegen, bevorab wegen des 1689 erfolgten französischen Brands in suspenso geblieben." Nur schwache Versuche machte das Stift, thatsächlich seine Rechtsansprüche zu wahren. Nach den Processacten läßt am 8. Aug. 1618 der Dechant zu St. Andreas einen eigenen Schlüssel zum Magnuskirchhof machen.***) Daß der Rath im Besitz der Kirche blieb, ist aus einer im Jahre 1680 von dem Stift an Notar Pfaff gerichteten Zuschrift zu ersehen, worin das Stift erklärt, daß der Rath „bisher, gegen alle Rechte und erlassene Kaiserliche Mandate und Urtheile die Kirche in seinem Besitze behalten habe" und daß das Stift nun dagegen protestire, daß der Rath jüngst über einem neuen Fenster der Kirche das Stadtwappen, nämlich den Schlüssel, im

---

*) Damit stimmt folgender Rathsprotocoll-Auszug überein: „Die Jesuiter haben sich unterstanden, selbige St. Magni-Pfarrkirch bei Kaiserlicher Majestät auszubetteln, wogegen sich das Stift St. Andreas verwehrt; ein Ehrsamer Rath aber sich mit demselben zu vergleichen deliberirt hat. vid. Prot. 21. Apr. 1629." (Extr. prot. ant. im Wormser Archiv. Fol. 82.)

**) Folgende Rathsprotokolle beweisen, daß das Andreasstift im Jahre 1636, als die Kaiserlichen die Stadt besetzt hatten, wieder Anspruch auf die Kirche erhoben: Prot. v. 26. April 1636: „Ein Pfaff zu St. Andreas will ein Altar in dieser Kirch bedienen, ist aber damit, daß in Anno 1624 niemand dazu berechtigt gewesen, abgewiesen worden." Prot. v. 26. u. 27. April 1636: „Ein Altar darin wird von S. Andreasstift begehrt; denegatur." Prot. v. 23. Dez. 1636: „Pfaff Nagel Dechand nimbt possession derselben ein per notarium et tester; thut E. E. Rath contra."

***) Die Zuverlässigkeit der alten Rathsprotocollauszüge erhellt deutlich, wenn man mit Obigem vergleicht: Prot. v. 8. Aug. 1618: „Lässet einen Schlüssel zu dem Kirchhof machen; wird nicht gestattet. Protestiret darwider seyn. 9. dito." (a. a. O. Fol. 82 b.)

Ferdinand II. beauftragt den rhein. Executionscommissär, die Jesuiten in fremd. Eigenthum einzusetzen. 175

Mauerwerk habe anbauen lassen. Wie im Jahre 1566 der Stadt bezeugt wurde, daß sie die Kirche seit 1521 inne gehabt, so wird im Jahre 1680 bezeugt, daß sie dieselbe trotz der seit 1568 erfolgten kaiserlichen Mandate, also 159 Jahre thatsächlich besessen.

Im Jahre 1688, kurz vor dem französischen Brand, ließ Bischof Johann Carl von Frankenstein auf Ersuchen des Stifts das Stadtwappen, das der Rath auf der Magnuskirche hatte einhauen lassen, unter feierlichem Proteste wieder abschlagen.

Nicht nur die Magnuskirche suchten sich die Jesuiten anzueignen, sondern auch mehrere Gebäude, die an dieselbe angrenzten: den Otterberger Hof*) und ein Haus „am Glaskopf". Der Otterberger Hof lag nördlich von der Magnuskirche, ungefähr da, wo jetzt die sog. Domdechaneikaserne steht, das Haus am Glaskopf war östlich von der Kirche gelegen. Den Otterberger Hof ließen sich die Wormser Jesuiten vom Papst Urban VIII. schon im Jahre 1628 mit allen damit verbundenen Rechten durch eine Bulle zusprechen. Ferdinand II. verschaffte dieser Verleihung Nachdruck.

Im Darmstädter Staatsarchiv befindet sich die folgende Copie eines Briefes Ferdinands II. den derselbe kurz nach der Zerstörung von Magdeburg an seine Commissäre im rheinischen Kreis mit dem Auftrage richtet, daß sie den Jesuitenorden in Besitz gewisser Kirchen- oder Klostergüter, namentlich aber in den Besitz des Otterberger Hofes zu Worms setzen sollten. Die gedachte Copie der Urkunde lautet folgendermaßen.

„Copia liter. Ferdinandi II. ad Rhenani circuli Commissarios, ut Societatem in bona quaedam ecclesiastica seu monasteria immittant, nominatim autem in domum Otterbergicam."

„Ferdinand" ꝛc.

„Ehrwürdiger, Lieber, Treuer und Churfürst ꝛc. Wir mögen D. L. A. und Dir in gnaden nicht bergen, demnach wir durch den Erlauten Unsern Rath und Lieben Andächtigen Wilhelm Ferdinandt von Essern, als Unsern hierzu absonderlich ernannten Commissarium, Burggrafen zu Alzen, einen Hoff, der Otterberger Hoff genandt (so hiebevor zu dem gewesten, aber nunmehr gantz verwüsten Closter Otterberg Cisterzer Ordens gehörig, und in Unserer und des heyligen Reichs Statt Wormbs gelegen, so die vorgewese Pfaltzgraffen ad prophanos usus applicirt und durch einen Schaffner von langen Jahren hero bewohnen lassen), apprehendirt und eingezogen, daß wir hierüber noch vor diesem von Unsers freundlichen geliebten Bruders Erzherzog Leopold zu Oesterreich Liebden, de dato Innsbruck den 20. Decembris Anno 1623, wie nicht weniger von weilandt Georg Friedrichen Churfürsten zu Maintz und Bischoffen zu Wormbs, als unserm datis den 19. Novembris Anno 1624, und 21. Martis des 1625. jahrs, gehorsamit und unausfetzlich angesucht und gebetten worden, daß wir solchen Hoff denen P. P. socie-

*) Der in der Stadt Worms gelegene Otterberger Hof gehörte früher zu der reichen Cistercienserabtei Otterberg bei Kaiserslautern. „Es hatte dort anfänglich an der vorbeifließenden Otter eine Burg gestanden. Der schwäbische Graf Sintred von Kesselburg übergab diese Burg dem Abt des Cisterzerklosters Eberbach im Rheingau, um daselbst ein Kloster seines Ordens anzulegen. Abt Ruthard baute darauf unten am Berge, worauf die Burg gestanden, ein Kloster und ließ es zur Ehre U. L. F. im Jahre 1145 einweihen." Das Kloster wurde sehr reich, hatte verschiedene Besitzungen im Worms- und Speiergaue, die in Hölen, Gütern, Zehnten, Zinsen und Pfarrsätzen bestanden, zu deren Verwaltung die Stabheien in Wormbs, Mönchsschwein, Selbesheim und Weisenburg errichtet gewesen. In solchem blühenden Zustande erhielt sich das Kloster über 400 Jahre lang (1160—1561), bis Abt Wendel Merbol das Kloster dem Kurfürsten von der Pfalz Friedrich III. im J. 1561 übergab. Johann Casimir, Administrator der Pfalz, siedelte in den verlassenen Klostergebäuden niederländische und französische Colonisten an. Im Jahre 1634 stellten die Spanier dem Orden das Kloster Otterberg wieder zu, das durch den westphälischen Frieden wieder an die Pfalz zurückfiel." Vgl. Joh. Godwin Bidder, Geogr.-Hist. Beschreibung der Kurfürstl. Pfalz, Th. 4, S. 210—221.

tatis Jesu zu einer Wohnung in Unserer und des heyligen Reichs Statt Wormbs einzugeben und einzuraumen befehlen wolten. Wie wir nun auch Unsers Theils, über so verschiedene für ernennte P. P. bey uns eingewendte ahnsetliche Intercessionen, kein Bedenken getragen, sondern gnädigst gern bewilliget, daß gedachter Otterberger Hoff zu Wormbs Ihnen, als welche soufen Sich in einer gar schlechten habitation alba betragen und behelffen, auch dadurch desto mehreren nutzen zu beförderung unsers wahren Catholischen glaubens der Orten schaffen können, würtlich eingeräumbt werde, in erwegung, daß auch jetzige Bapstliche Heyligkeit, Bapst Urbanus der Achte, vilgemelten Patres zu Wormbs diesen Hoff, noch vor drey jahren, mit allem darzu gehörigen Recht und Gerechtigkeiten zu einem domicilio assignirt und darüber Bäpstliche Bullam ertheilt und ausfertigen lassen.

Alß haben wir D. L. A. und Dir als Unserm in dem Reinischen Craiß verorneten executions Commissarien solches hiermit anfügen wöllen, mit dem freundl. gnädiglichen gesinnen und Begehren, Sie wöllen bei fortsetzung ihrer obhanden habenden executions Commission die Sachen dahin richten und befürdern helffen, damit bichermelten Patres dieser Otter. berger Hoff mit allen dazu gehörigen rechten und gerechtigkeiten eigenthümblich hinüber gelassen und eingeraumbt werde. Wie dan solches D. L. A. und Du in acht zu nemmen werdet wissen 2c. Geben in Wien den 29. Junii, Anno 1631."

Ob den Jesuiten zu Worms gelang, sich im Jahre 1631 wirklich in den Besitz des Otterberger Hofs zu setzen, ist nicht bekannt. Nach dem Protocoll des Wormser Domcapitels vom 4. Mai 1702 (im Darmst. Archiv) hoffte in diesem Jahre das Wormser Colleg darauf, daß es in den Besitz der Magnuskirche und des daran angrenzenden Otterberger Hofs gelangen würde. Wenn die Besitznahme des Otterberger Hofs durch die Jesuiten im Jahre 1631 wirklich erfolgte, so kam dieselbe damals kaum in Betracht im Vergleich zu den Opfern, die der Stadt Worms im Sommer und Herbst 1631 von Herzog Karl von Lothringen auferlegt wurden, der die Stadt im Frühjahr mit seinen Truppen besetzte, endlich entwaffnete und brandschatzte, als er vor dem Schwedenkönig, der am 6. und 7. Dez. bei Erfelden den Uebergang auf das linke Rheinufer bewerkstelligt hatte, aus der Stadt entweichen mußte.*)

Wenn nun aber Heimes und Fichtl schreiben, der Rath zu Worms habe die Jesuiten

---

*) Chronik der Worms. Gymn.-Bibliothek, Fol. 263, 278 b: „Anno 1631 haben die lothringischen Völker, die in Worms gelegen, vor ihrem Abzug sehr gehaust. Denn als die Schweden den Rhein herauf zogen, haben sich die Lothringer bemüht, alles rein zu machen, damit die ankommenden Schweden nichts mehr möchten. Deßhalb plünderten sie die Bürgerschaft und nahmen derselben, was sie konnten mit fortbringen. Am 23. November mußte die Bürgerschaft alle ihre Gewehre dem Commandanten überliefern, am 4. December nahmen sie aus dem Zeughaus 1200 Musketen, viele Lunten und Kugeln; und von dem Pulver, das sie nicht nach Frankenthal abführten, warfen sie vor ihrem Abzug 50 bis 60 Tonnen in den Brunnen beim Andreasstift und ließen dasselbe anzünden, so daß die Stadt in großen Schrecken gerieth, viele Häuser und die Stiftskirche Schaden nahmen." „Die Stadt hat zuletzt geben müssen; 200 Tulaten, auch 3000 Rthlr. in einem End. überdieß noch einen Centner Silbergeschirr nebst 10000 Rthlr. nachschicken müssen." „Weil die Abzugsgelder nicht gleich aufzubringen waren, haben die Lothringer den Stadtmeister Tanner und Hartmann Seibenbenner (14. Dez.) zur Bürgschaft mitgenommen, welche mit etlichen 1000 fl. und einem Centner Silbergeschirr wieder sind frei gemacht worden." Hiermit stimmt der Rathsprotocollauszug vom 9. Nov. 1631 überein: „Capitain Marxenau drohet, die statt an 4 orth in Brand zu stecken: ist ein Ehrlicher Lottringer gewesen." a. a. C. fol. 24ª a, Nr. 5.) Nach dem Verzeichniß der Wormer Kriegskosten kostete es die Stadt im Jahre 1630: „33571 Gulden, im Jahre 1631: fl. 23419." (Chron. d. Worms. Gymn.-Bibl. Fol. 260 a.)

beeinträchtigt, nachdem die Schwedische Macht aller Orten den Protestanten Hülfe versprochen, so kennzeichnen sie nicht genau das Verhältniß, in dem der Rath zu Worms einerseits zu den Katholiken in Worms, andrerseits zu Kaiser und Reich und zu den Schweden stand. Der Rath zu Worms verlangte damals für sich die Anerkennung, daß der evangelische Glaube so gut wie der katholische zu Gott und zum Heil der Seelen führen könne. Den Katholiken, die ihm dies zugestanden, bewies er Freundschaft, den Jesuiten, die dies niemals zugeben, zeigte er sein Entgegenkommen. Wenn nun auch damals der Rath dem Umsichgreifen der Jesuiten entgegentrat, die damals im Osten der von ihnen erstrebten Magnuskirche und des dabei gelegenen Otterberger Hofes, nach dessen Besitz sie lüstern gewesen, „auf dem Glaskopf" das Tidemann'sche Haus an sich ziehen wollen und ein Schloß an dasselbe hängen (Protocollauszug vom 30. Juli, 4. und 5. August 1633, a. a. O. Fol. 80 b, Nr. 20): so wäre es doch sehr irrig, wenn man annehmen wollte, daß der Rath der Hülfe der Schweden sich bedient habe, um in Worms aller seiner kirchlichen oder politischen Gegner sich zu entledigen. Sogar nachdem in Worms im Jahre 1635 die Kaiserlichen an die Stelle der Schweden getreten, rühmt nach dem Protocoll des Raths vom 8. Sept. 1636 der Pater Rector des Jesuitencollegs „die von E. E. Rath empfangene Courtoisie gar stattlich und offerirt hinwieder sich zu allen Bezeigungen" (a. a. O., Fol. 80 b, Nr. 21).

Es ist auch im Hinblick auf dieses Zeugniß nicht uninteressant, nach den im Wormser Archiv befindlichen Auszügen aus den Rathsprotocollen jener Zeit zu beobachten, wie besonnen und maßvoll der Rath zu Worms die Hülfe der Schweden benutzte. Dieses Verhalten der Stadt verdient namentlich deshalb beachtet zu werden, weil sofort nach der Beendigung des dreißigjährigen Kriegs die Jesuiten gegen die Stadt ganz anders verfuhren, indem sie abermals Reichscommissarien gegen die Stadt in Bewegung setzten und dieselbe mit Reichsexecutionen bedrohten.

4. **Besetzung der Stadt Worms durch Schweden, Kaiserliche und Franzosen, 1631—1650.**

Um zuverlässige Nachrichten über einige wichtige Erlebnisse der Stadt Worms zu geben, lassen wir hier zunächst den Inhalt und weitens auch den Wortlaut der kurzen Rathsprotocollauszüge folgen, die in dem oft angeführten Bande, Fol. 254 b bis Fol. 260 a, enthalten sind und unter den Titeln „Kriegssachen", „Devotion gegen den Kaiser", „Statt Worms mitt Schweden" über Erlebnisse der Stadt während des dreißigjährigen Kriegs kurz berichten.

Durch Herzog Bernhard von Weimar wird die erste schwedische Gesandtschaft an die Stadt geschickt: ein Rittmeister Molz und Oberstl. Hornod.

Der Schweden erste Proposition wird vom Magistrat berathen am 11., 12. und 13. Dezember 1631. Aber Bürgermeister und Rath „wollen vom Kaiser nicht abstehen"; dahin führen die Berathungen vom 12., 13., 21. und 27. Dezember. Die Rathsherrn verbieten am 13. Dezember, einem Päpstler Leid zuzufügen oder deren Häuser an die Schweden zu verrathen, nehmen sich an demselben Tage des Nonnenmünsters und des Dominikanerklosters getreulich an. Am 13. Dezember war Gustav Adolf in Mainz eingezogen, am 18. Dezember stellte derselbe an die Stadt Worms die Forderung, seine Oberhoheit anzuerkennen. „Der König begehrt nicht, daß die Stadt ein ander Jurament, als dem Kaiser bereits geleistet worden, leisten solle". Aber „der König in Schweden will den Namen Kaiserliche Majestät nicht leiden." Während sich Stadt-Bürgermeister und Rath den Schweden gegenüber anfangs zurückhaltend gezeigt, „haben sie sich hernach anders resolviren müssen". 19. Dez. 1631.*) Am 19. Dezember kamen 500 Schweden in Worms an, welche sich nach und nach

---

*) Rthsprot. Fol. 254 b Nr. 3; Fol. 258 a Nr. 1; F. 257. Nr. 2 6; Fol. 257. Nr. 1, auf dem Rande.

178   Gustav Adolf, Oxenstierna, Bernhard von Weimar bezeigen der Stadt Wohlwollen 1632.

vermehrten".*) Bischof von Rodenstein und die Geistlichkeit waren geflohen. Aber der Rath übte der „Stadt Protection über die Pabstischen" aus und vertrat das Interesse des bischöflichen Clerus: „wie E. E. Rath der Clerisen und deren angehöriger Sachen administration sich angenommen, auch dero Sachen inventirt", war beschrieben in den Rathsprotocollen vom 22. und 24. Juni 1632. „Im Jahr 1632 hat sich E. E. Rath der Geistlichen güter und gefäll allhier angenommen". Prot. vom 24. Dez. 1632. König Gustav Adolf machte für einige Jahre die Rechte unwirksam, die der Bischof zu Worms der Stadt gegenüber besaß; und bereits am 6. und 7. Januar 1632 spricht das Rathsprotocoll „von der Rathswahl, so der König in Schweden durch die Bischöflichen zu thun verboten." Die Schweden geben E. E. Rath an Hand, sich seiner Privilegia bestens angelegen sein zu lassen" (Prot. vom 7. Jan. 1632), und sofort erfolgt eine „consultation, wie der Stadt wiederum in den Stand vor der Nachtung zu verhelfen sei." **) Der König Gustav Adolf wollte also, daß der Rath zu Worms, wie vor der Nachtung des Jahres 1233 (siehe oben S. 7) seine Aemter selbst besetze. „Kanzler Ogenstierna ist der Stadt sonderlich gewogen gewesen": „hat sich jederzeit wohl gegen E. E. Rath und gemeine Stadt Worms gehalten", „gibt d. 12. April 1632 vor, die Stadt sei ihm gar eifrig anbefohlen". ***) „Bis in das Jahr 1634 hat E. E. Rath 4 Dreizehner allein erwählt, mit Genehmhaltung der Schweden". †) Herzog Bernhard von Weimar erschien zu Worms. Das Rathsprotocoll vom 13. Jan. 1632 schreibt, „wie er mit thränen schwellenden Augen der Papisten Vorhaben abgemalet", und das Protocoll vom 15. Jan. verzeichnet, „was der Herzog von Weimar seiner Einquartierung halben tractirt". ††)

„Anno 1632 den 23. April zog das Schwedische Hauboldische Regiment hier zu den übrigen ein, und wurde also die Stadt mit 24 Fahnen zu Fuß und 2 Compagnien zu Pferd sehr beschweret. Weil der Commandant sah, daß er die weitläufige Stadt und die Vorstädte nicht konnte behaupten, so hat er die Stadt zwar ziemlich befestiget, die Vorstädte aber abgebrochen und nur die äußere Mauer und Thürme samt den Thoren und Brücken lassen stehen." (Chron. der Worms. Gymn.-Bibl. F. 279 a.)

„Anno 1632 den 29. April haben die Lutheraner ihren Gottesdienst im Dom zu Worms gehabt". Die Schweden ließen nämlich im Dome predigen. Es war aber „der Prediger des schwedischen Hauboldschen Regiments aus Gießen, mit Namen Johann Adolph Rübel, welcher den 29. April, am Sonntag Cantate, über das Evangelium zuerst gepredigt." †††)

Verhielt sich die Stadt Worms gegen die Schweden schon in der Zeit, in der sie als Vertheidiger des Protestantismus am Rhein erschienen, spröde und zurückhaltend, so gestaltete sich

---

* Chron. der Worms. Gymn.-Bibl., Fol. 278 b.

** Extr. prot., Fol. 257 a, Nr. 7; Fol. 257 b, Nr. 8; Fol. 259 b, Nr. 16.

*** Fol. 259 b, Nr. 17; Prot. v. 23. Juni 1632, F. 259, Nr. 15; Fol. 258, Nr. 6.

† Chron. der Worms. Gymn. Bibl., Fol. 279.

†† Extr. Prot. F. 258, Nr. 5.

††† Chron. des Worms. Gymn. Fol. 279 a., wo zur Bestätigung obiger Nachricht folgende Aufzeichnung mitgetheilt wird, welche der oben genannte Prediger Rübel in die Bibel seines Quartiergebers Hans Weber schrieb, die sich später im Besitz des Consulenten Aremer befand: „Ich endes unterschriebener bekenne und berichte, daß von mir auf Sonntag Cantate, den 29. April dieses 1632. Jahrs über das Evangelium zuerst aus Befehl des wohledlen Christoph von Haubald, dero Königlicher Majestät zu Schweden bestellter Oberster zu Rok und Fuß und Commandant dieser Stadt Worms rc., in dem Dom eine Predigt gehalten, und „Erhalt uns, Herr, bei deinem Wort" rc. gesungen worden; so ich zu immerwährendem Gedächtniß dem Ehrw. H. Hans Webern, Rathsverwandten, und zu dieser Zeit meinem Wirth, in diese Bibel schreiben wollen. Gott der Allmächtige erhalte uns bei seinem Wort und steur des Pabsts und Türken Mord" rc. gez. J. Adolph Rübel von Gießen aus Hessen, Hauboldischer Regiments-Prediger.

dieses Verhältniß nicht besser, als die Stadt durch schwedische Einquartierungen schwer belastet und von schwedischen Befehlshabern gekränkt oder sonst geplagt wurde. Die Rathsprotocolle erzählen von dem rücksichtslosen Auftreten der Schweden, z. B. „wie ein Capitän, genannt Wachenheim, einen E. E. Rath häßlich gescholten" (Prot. v. 15. Apr. 1632). „Die Schweden lassen in den Vorstädten Häuser und Kirchen zum Fortificationsbau umreißen. Jammer und Weinen dieses Abbrechens halben." (Prot. v. 26., 27. und 29. April, 1. und 11. Mai 1632). Durch das Schwedische Regiment Hubald wurde [1632] das Spital zum heil. Geist vor dem Speierer Thore ruinirt."*) „Schwedenofficiere lassen im Dom predigen. E. E. Rath läßt den Rathspersonen verbieten, dahin zu gehen", Prot. v. 4. Mai 1632." „Christlieutnant Cnand, ein grober Gesell, schmähet E. E. Rath atrocissime", Prot. v. 3. u. 29. Mai 1632". „Schweden haben die Liebfrauenkirch geplündert, 7. Mai, und die Glocken von der Carmeliterkirch nehmen wollen, 8. Mai." „Die Stadt hat auf einmal ohne Reiterei und den Troß 3000 zu Fuß in Quartier gehabt, 11. Mai". „Greuliche Bosgrobheit und tyrannisches Wüthen des Hubald (Prot. v. 12. und 13. Mai, so doch alles e mira patientia mit Geduld ertragen worden". „Obrist Hubald und Christlieutnant Cnand haben anno 1632 sich übel genug hier gehalten, März und Mai; circa idem tempus ist Herzog Bernhard, Pfalzgraf Christian von Birkenfeld, Kanzler Oxenstierna und ein Rheingraf allhier gelegen. Die ersten [Hubald und Cnand] sind rechte Vögel und grausame Triller der Bürger und des Raths gewesen, wie durch und durch Anno 1632 in Rathsprotocollen zu sehen." „Dieses Obersten [Hubald] Regiment ist ca. 15. Sept. 1632 wieder aufgebrochen".**) Pfalzgraf Christians Regiment trägt am 13. Juni 1632 das Lob davon, „daß sich sein Volk bis dato schlimmer gehalten." (a. a. O. Fol. 259. Nr. 14.) „Graf von Solms wird von den Schweden zum Gouverneur hieher gethan", Prot. v. 26. Juli 1632. „Stadt Worms resolvirt sich, vor sich selbsten 400 Mann zu werben, 9. Aug. 1632." „Stadt Worms befindet sich gar übel bei ihrem in Königl. schwedischen Pflichten angenommenen Commandanten, dessen untergebene Compagnieen von einem E. Rath geworben worden." (Prot. v. 20. u. 24. Nov. 1632.)

Gustav Adolf fiel am 16. November 1632. Aber bis zum Jahre 1635 hielt sich in Worms die schwedische Besatzung. Im Jahre 1634 wurde von den Evangelischen ein Tag zu Worms abgehalten, daß man zur Verstärkung der von Schweden geführten Bundesarmee eiligst beitreten solle. Anfangs schien es, er würde sich völlig zerschlagen, doch erfolgte in einer Nacht ein einstimmiger Schluß. Hierauf rücken die Franzosen als Schwedische Hülfsvölker, 12000 Mann stark, immer näher. Es lag damals Herzog Bernhard von Weimar zu Worms mit seinem Volk nebst dem schwedischen Kanzler Oxenstierna, die das Conventualgeschäft betrieben. Die in Worms anwesenden evangelischen Stände eilten gar sehr, weil sie sich hier nicht sicher genug hielten. Die Stadt verstärkte sich zwar darauf mit 300 Mann, doch hielt man diese noch nicht für hinlänglich, sondern legte noch 6 französische Compagnieen hinein. Auch mußten 2200 Bauern nebst der Wormsischen jungen Mannschaft mit auf die Wache ziehen."***) „Der Rath will am 1. Oct. 1634 zwei schwedische Regimenter auf einmal nicht einquartiren." „Am Ende des Jahres 1634 ist de la Grange's Regiment allhier nebst Herrn Grafen Ochsenstern Schwedischem Reichskanzlern ankommen." Oxenstierna scheint im Bischofshof zu Worms residirt zu haben. Das Protocoll vom 24. März 1635 berichtet, wie derselbe noch vor seinem

---

*) Chron. der Worms. Gymn.-Bibl. Fol. 278 a.
**) Extr. prot. Fol. 254 b., Nr. 5; 255 a. Nr. 6. — Oberst Hubald wird sonst Haubold und Huball genannt.
***) Chron. der Worms. Gymn.-Bibl. Fol. 279ᵇ b.

Vertrag zwischen Bernhard von Weimar und dem Rath zu Worms vom 31. Mai 1635.

Abschied von Worms die Stadt wegen des Bischofshofs und dessen Beziehung durch den Rath bedroht. Einige Wochen später, am 31. Mai 1635, schließt Herzog Bernhard von Weimar mit der Stadt einen Vertrag ab. Die Abschrift einer Copie desselben befindet sich im Wormser Archiv.

In diesem Vertrage ist gesagt, „um der vor Augen schwebenden Feindesgefahr willen sei es unumgänglich befunden worden, zu besserer Sicherung der Stadt Worms einiges Kriegsvolk in dieselbe einzulegen. Darum habe ein Ehrsamer Rath für die Zeit der Gefahr die Aufnahme von elf Compagnieen bewilligt, welche ohne den Regimentsstab und die Officiere 729 Mann stark seien. Das Regiment und seine Officiere sollten, ehe sie in die Stadt eingelassen würden, schwören, daß sie über ihre zuvor gegen den evangelischen Bund übernommene Verpflichtung hinaus auch die hiesige conföderirte Reichsstadt, ihren Rath und ihre Bürgerschaft nebst allen ihren Schutzverwandten, so lange sie in Garnison lägen, mit aller Treue vertheidigen und beschützen und alles dasjenige thun und leisten wollten, was redlichen Officieren und Soldaten wohl anstehe. Des Herrn Generalissimus Commando solle diese Capitulation „mit sich bringen." Die schwedische Besatzung solle dem Bundesreceß gemäß nach des Magistrats Gutbefinden einquartiert werden, und dieselbe solle hierin von den Officieren und Soldaten unter keinerlei Prätext gehindert werden. Die Quartiere sollten von den schwedischen Soldaten ohne des Raths Vorwissen nicht geändert werden, und Erpressungen dürften von denselben nicht vorgenommen werden. Bezüglich der Rechtspflege und Gerichtsbarkeit wurde bestimmt, daß Händel zwischen Officieren oder Soldaten des Regiments von dem Obersten nach dem Kriegsgebrauch und den Kriegsartikeln entschieden und bestraft werden sollten. Was sich in bürgerlichen Angelegenheiten zwischen den Bürgern und Einwohnern begibt, soll in herkömmlicher Weise nach Gebühr geschlichtet werden. Wenn aber Bürger und Schutzverwandte der Stadt mit den Soldaten zu thun haben, soll von beider Parteien Vorgesetzten und Obrigkeiten das verhörende Gericht bestellt und die Entscheidung getroffen werden; die Bestrafung soll von dem Theil, welchem der Schuldige angehört, vorgenommen werden. Dem regierenden Stadtmeister soll jedesmal das Wort oder die Parole von den Schweden gegeben werden. Die Löhnungen sollen den Soldaten von den noch restirenden 3000 fl., die der Rath von den am 14. Mai bewilligten 5000 fl. noch abzustatten hat, genommen werden; nach Verbrauch dieser Summe hat man sich bei der Generalität mit dem Ersuchen um weitere Assignation einer Geldsumme zur Zahlung des Soldo anzumelden. Der Proviant soll der Besatzung aus dem Bundesmagazin gereicht werden. Die Services aber, Quartiere, Holz, Licht und Salz soll den Soldaten von den Hausbesitzern gegeben werden. Weil die Stadt Worms selbst etwas geworbenes Kriegsvolk besäß, so sollte dasselbe zugleich mit den Schweden die Wachen fleißig und sorgfältig versehen und die Posten und Pforten besetzen. Damit die Bürgerschaft sich über die Concurrenz, welche die Marketender ihrem Weinschank :c. hätten machen können, nicht zu beschweren habe, sollte die Marketenderei zunächst eingestellt und dahin getrachtet werden, daß die Soldaten ihre Einkäufe um billigen Preis in der Stadt besorgen könnten; dagegen sollten die bestellten Regimentsmarketender nur abgeschafft werden, weil man derselben inskünftig wiederum sehr wohl zu gebrauchen haben würde. Sobald sich die Gefahr verringert und die französische Armee oder der Bundesarmee, der Stadt zur Hülfe, wieder an den Rhein gekommen sein würden, sollte die schwedische Besatzung wieder aus Worms abgeführt werden; bis dahin aber sollte gute Disciplin und Ordnung zur Fernhaltung aller Insolenz und Ungebür gehalten und das Absehen auf der Stadt und des allgemeinen Wesens Conservation und Defension gerichtet werden. Der im Vorstehenden analysirte Vertrag wurde am 31. Mai 1635 von dem Herzog Bernhard von Weimar und dem Rath zu Worms unterzeichnet.

Worms nimmt b. Prager Separatfrieden an: Abzug der Schweden, Einzug der Kaiserlichen, Juni 1635.

Graf Oxenstierna hatte zwar nach dem Rathsprotocoll vom 22. Febr. 1635 bekannt, daß die Stadt hinsichtlich der Kriegsleistungen mehr als Kurfürsten und Fürsten gethan, und er könne ihr deswegen auch nichts mehr zumuthen; allein nach dem vorstehenden Vertrag vom 31. Mai 1635 zahlte die Stadt doch schon vom 14.–31. Mai wiederum 2000 fl. und verpflichtete sich demnächst die noch fehlenden 3000 fl. zu erlegen. Nach dem Verzeichniß der von der Stadt Worms im dreißigjährigen Kriege getragenen Kosten zahlte die Stadt im Jahre 1632: 63871 fl.; im J. 1633: 32092 fl.; im J. 1634: 31364 fl. (a. a. O. Fol. 260 u.) Aber während Oxenstierna und Bernhard von Weimar der schwer belasteten Stadt ihre Lage erträglicher zu machen suchten, als sie im Jahre 1632 gewesen, verfahren alsbald die heranrückenden Kaiserlichen härter gegen die Stadt. Als nämlich sechs Monate nach der für Bernhard von Weimar und Horn sehr unglücklichen Schlacht bei Nördlingen (6. Sept. 1634) der Kurfürst Johann Georg von Sachsen am 30. Mai 1635 mit dem Kaiser den Prager Separatfrieden abgeschlossen, der allen Theilnehmern die Zurücknahme des Restitutionsedicts zusicherte, nahm auch Worms diesen Frieden an. Die Schweden mußten nun Worms verlassen. Wie ungern der von Bernhard von Weimar im Mai 1635 mit den elf Compagnieen seines Regiments einquartierte schwedische Oberst die Stadt verlassen, als die Kaiserlichen sich derselben bemächtigen wollten, und „wie er doch endlich von dannen scheiden mußte", erwähnt das Rathsprotocoll vom 25. Juni 1635.

„Am 25. Juni 1635 kamen nämlich die Kaiserlichen unter Gallas, der mit des Kaisers Sohn Ferdinand in Oberdeutschland commandirte, vor Worms an, worin die Schwedischen nebst den städtischen Soldaten lagen. Als sie Anstalten zur Belagerung machten, schickte die Stadt einige Abgeordnete zum General Gallas und schloß mit demselben einen Accord, vermög dessen die Schweden mit Sack und Pack ausziehen konnten. Vierhundert Mann Kaiserliche zogen darauf ein."*) „Von des Raths Absendung einer Gesandtschaft an den jungen Ferdinand, König in Ungarn und Böhmen", meldet das Rathsprotocoll vom 24. Juli 1635, „von Gallas" schreibt das Protocoll vom 26. Juli. (Fol. 257 b. Nr. 9, 10.) Der Kaiserliche Oberst Stragolda lag im Monat August 1635 in der Stadt. „Der Kaiserlichen Majestät Obrist Lambon und Obrist Neuhausen sind im September 1635 hier gelegen." „Dieser Lambon hat E. E. Rath meineidig und Schweden anhängige Leut gescholten." (Prot. v. 12. Oct. 1635.) „Von Ossa treibt Proviant ein „mit nachdenklichen Reden", Prot. v. 15. Nov. „Marquis de Grana kommt mit Hatzfeld hierher d. 26. Nov. 1635." „Herzog von Florenz kommt den 2. Dez. anhero, den 9. Dez. hat er erst recht sein Quartier hier genommen."**) In den Monaten October bis Dezember 1635 „wird der Rath jährlich beschuldigt, als halte er es mehr mit den Schweden, als mit dem Kaiser," und der Rath verhandelte darüber in den Sitzungen vom 12. Oct., 27. Nov., 8. und 24. Dezember 1635. Christoph Metzler erstattete hierüber eine eingehende Relation (Extr. prot. Fol. 260, Nr. 23). „Die Gallas'ichen und Ossa'ichen Völker kosteten die Stadt im Jahre 1635 den Sommer durch bis in den Dezember 38327 Gulden." (a. a. O. Fol. 260 b.)

„Im Jahre 1635 war auch eine große Hungersnoth in Worms und eine erschreckliche Pest begleitete dieselbe. Ein reformirter Geistlicher, welcher damals in Worms war und Gottfried Andreä hieß, beschreibt diese in seinem Lebenslauf folgendermaßen. In Worms starben theils an der Pest, theils aus Hungersnoth sehr viele Menschen, wie denn zu der Zeit die Hungersnoth so groß gewesen, daß sich die Leute an den Bäckershäusern einander todt gedrückt; ja der Hunger

---

* Chron. der Worms. Gymn.-Bibl. Fol. 240 a.
** Extr. prot. F. 255 b, Nr. 11–15.

182 Hungersnoth und Pest 1635. Der Rath von den Geld erpressenden kaiserl. Soldaten gefangen gehalten 1636.

war so groß, daß auch die Todten in den Gräbern nicht mehr sicher waren und der Rath den Kirchhof mit einer Wache mußte versehen. Zu derselben Zeit habe ich gesehen, daß ein todtes Pferd vor dem Rheinthor mitten auf dem Weg gelegen, dabei sich eine Weibsperson befunden, welche Fleisch davon abgeschnitten und in ihr Schürztuch gethan, auch zugleich davon gegessen. In der Mitte des todten Pferdes suchten etliche Hunde ihre Nahrung und auf dem Kopf unterschiedliche Raben ꝛc." *)

„Im Jahr 1636 sowie bis ins Jahr 1638 zogen viele Bürger aus den meist zerstörten Vorstädten und ließen sich in der Stadt nieder, wegen der vielen Durchzüge und Nachtlager der Soldaten. Ihre Häuser ließen sie leer und abgebrochen stehen. Wie nun das Jahr 1635 wegen Krieg, Hunger und Pestilenz gar jämmerlich gewesen, so war auch das Jahr 1636 nebst dem folgenden sehr kläglich. In Worms lagen damals zwei Regimenter, nämlich das Florentinische und das Webel'sche, das erste von November 1635 bis Mai 1636, das andre auch vom 25. November 1635 bis 18. Juni 1636, welche von der Stadt verpflegt werden mußten und wenigstens auf 775601 fl. Unkosten machten. Zu diesem bekam noch der Oberst Webel an Fourage, Brot, Wein und Geld über 30000 fl. Diesem ohngeachtet waren die Soldaten so grausam, daß sie bei dieser Hungers- und Sterbensnoth den armen Leuten ihr armselig Weniges noch aus den Händen rissen, wobei der Kriegscommissär Wallmerode gegen die nothklagende Stadt sich geäußert, es wäre besser, daß alle Bürger verhungerten, als daß des Kaisers Dienste Noth litten. Um diese Zeit wurde auch von diesen Bestien der Rath in ein Gemach eingeschlossen, darin weder Bank noch Better waren, bis er ihnen die verlangten 20000 fl. ausbezahlte. Man erbot sich zwar anfangs gegen sie, sie sollten das Vieh und alles übrige nehmen, sie sagten aber, solches wäre ohnehin ihnen." **) Vorstehende Nachrichten werden durch folgende Rathsprotocolle bestätigt. „Wie der Oberst Webel gleich bei seiner ersten Ankunft anhero einen ehrbaren Rath atrocissime injuriirt", überlieferte das Rathsprotocoll vom 1. Jan. 1636. „Herr Hageureyer kömmt den 17 Zünften thut ein Zufall vor dem Florentinischen Gemach wegen der trunksalen, 11. Jan. 1636. „Die Soldaten von dem Tauxischen Regiment umbliegen den Burger-Hoff und wollen geld haben, 13. Jan. 1636. „Eine Schiltwacht vom florentinischen Regiment hält einen Ehrbaren Rath in der Rathstuben geschlossen, 13. Jan., und wie tröstlich der Obrist Lieutenant v. Tauxi sie daselbst gehalten, ist fast mit Befremdden zu lesen." „Wie es mit Gelderpressungen, verübt von den Florentinischen und Tauxischen, hergangen," wurde protocollirt in den Rathssitzungen v. 15. und 19. Jan., 24. und 29. März 1636. In dem Protocoll vom 29. März wird gerabeyt von „Eines Ehrbaren Raths Bloquirung" gesprochen, mit dem Zusatz: „werden den 4. April wieder heimgelassen." (Extr. prot. Fol. 256 u., Nr. 19 u. 20.) Das hier öfters erwähnte Kriegskostenverzeichniß berichtet dazu noch Folgendes: „1636 sind der Stadt zwei Regimenter von 2300 Mann ins Winterquartier gelegt worden: das Florentinische hat gekostet 543838 fl. 41½ kr., das Weblische hat gekostet laut Rechnung 354503 fl. 23¾ kr.; der Commissarius Brand besonders 3658 fl. 30 kr., zus. 902000 fl. 35 kr. Sodann wurde extraordinär geliefert an die Kaiserliche Armee an Frucht und Wein 22405 fl. 58 kr. Das Sommerquartier (1636) der Florentinischen

---

*) Chron. der Worms. Gymn.-Bibl. Fol. 280 a.

**) Chron. der Worms. Gymn.-Bibl. Fol. 281 a. Obwohl die Schweden in Worms viele Häuser der Vorstädte zerstört und zu Festungsbauten verwendet hatten, scheinen sich doch besonders in der Zeit, in welcher Oxenstierna und Bernhard von Weimar gegen die Stadt freundlich waren, viele Bewohner in den theilweise zerstörten Vorstädten wieder angesiedelt zu haben. Dies änderte sich, als die Kaiserlichen erschienen waren.

Garnison kostete 6568 fl. 15 kr. Das Winterquartier (1636/37) kostete für das Florentinische Regiment wieder 18288 fl. 33 kr." (Chron. der Worms. Gymn.-Bibl. Fol. 261 a.)

„Wie der gottlose Vogel Christ-Lieut. Tanst den Städtmeister und einen ganzen Ehrbaren Rath gescholten und geschmähet", erzählt das Protokoll vom 20. Jan. 1637 unter dem Anfügen: „und das waren seine erste Compliment, als er sich das zweitemal hier einlogirt gehabt." „Chavagnac, Kaiserlicher Oberst, bedankt sich für erzeigte Höflichkeit am 26. Januar 1637". (Extr. prot. F. 250 b. Nr. 22, 23.) Im Sommer 1637 kostete die Einquartierung von vier kaiserlichen Regimentern (Wallenstein, Bamberg und zwei andre) 15960 fl. 37 kr. Dabei betrugen weitere „extraordinäre Kriegsspesen" 2758 fl. 11 kr. (a. a. O. F. 261 a.) „Oberst Chavagnac wurde vom Rath am 22. Dezember 1637 mit 500 Rthlr. beschenkt". (Extr. prot. F. 250 b. Nr. 23.) Im Winter 1637/38 kostete das Wallenstein'sche Regiment 58702 fl. 43¼ kr., der Commissarius 936 fl. 50¼ kr. Die Kosten für die Einquartierung des Wallensteinischen Regiments beliefen sich ferner im Sommer 1638 auf 24092 fl. 9 kr.; im Winter 1638/39 auf 48563 fl. 8 kr.; für den Commissar 270 fl. 30 kr. Im Sommer 1639 kosteten das Wallenstein'sche Regiment und das bayerische Kriegsvolk 97073 fl. 25¼ kr. (a. a. O. F. 261 a.)

„Im Jahr 1639 nahm Bernhard von Weimar, der 1638 bei Rheinfelden gesiegt, Breisach erobert hatte, die Stadt wieder ein und besetzte sie mit vielem Volk". Schweden und Franzosen lagern in der Stadt. Aber schon am 18. Juli 1639 starb Bernhard plötzlich, als er sich mit dem Gedanken trug, im Elsaß und angrenzenden Gebieten ein deutsches Fürstenthum zu gründen. Die von ihm besetzten Gebiete und sein Heer fielen in die Hände der Franzosen. So kostete im Winter 1639/40 ein zu diesem Heere gehöriges Regiment die Stadt Worms 41503 fl. 55¼ kr., im Sommer 1640 zahlte die Stadt für dasselbe Regiment und ein Burgundisches Regiment 8430 fl. 8¼ kr.*)

Aber schon im Jahre 1641 werden die Kaiserlichen und die Bayern Herrn des Oberrheins, und im Winter 1640/41 kostet das Quartier des Gonzagischen Regiments die Stadt Worms 55268 fl. 32 kr.; „dabei sind nicht die sechs Schimmel gerechnet, die die Stadt einem Christ-Lieutenant verehrte." Im Sommer 1641 kostete das Quartier des genannten und des Bambergischen Regiments 5177 fl. 20 kr. (a. a. O. F. 261 a.) „Im Jahre 1643 besetzten die Lothringer die gequälte Stadt, welche eine kurze Zeit ohne fremde Völker gewesen." Das öfter erwähnte Kriegskostenverzeichniß stellt folgende Summen zusammen, welche die Stadt für die Lothringischen Kriegsvölker ausgeben mußte: 27590 fl. 57 kr., 27,063 fl. 20 kr., 32645 fl. (a. a. O. F. 286 a., 261 a.)

„Im August 1644 kamen die Franzosen, während Philippsburg belagert wurde, unter der Anführung des Generallieutenants Herzog von Enghien vor die Stadt und machten die lothringische Besatzung zu Kriegsgefangenen, welche sie zum Theil unter ihre Regimenter steckten, theils nach Homburg abführten. Sie besetzten darauf die Stadt, welche sie 1647 wider die Spanier vertheidigten; aber im Juli 1650 zogen sie in Folge des Münster'schen Friedensschlusses wieder ab. In diesen sechs Jahren haben die Franzosen, während sie hier lagen, die übrig gebliebenen schönen Häuser in den Vorstädten völlig zu Grunde gerichtet. In der Speierer Vorstadt blieb stehen das Marien-Münster, die St. Meinhard- und St. Michels-Kirche nebst fünf Häusern, drei Mühlen und zwei Scheuern. Vor dem Andreas-Thor und auf dem Berg ließen sie vier Häuser. Vor der Kenpforte (zwischen Obermarkt und Tanzhaus) ist alles abgebrochen worden.

---

* Chronik der Worm. Gymn.-Bibl. Fol. 183, 261 a.

Vor der Martinspforte (Mainzerthor) ist die ganze Fischergaß, die Mainzerstraße abgebrochen worden und nichts stehen geblieben, als die Liebfrau-Kirch, St. Amandi Kirch, die Kirchhofskirch, das Kapuzinerkloster, die elende Herberg nebst etlichen geistlichen, zwei adlichen und zwei gemeinen Häusern. Das Gehölz der Häuser ist entweder zu Palissaden gemacht oder in den Wachten verbrannt worden."*) Die Franzosen sollen der Stadt in den Jahren 1644—1650 folgende Kriegskosten auferlegt haben: „A. 1644 d. 3. Sept., da die französischen Völker die Stadt occupirt, bis 14. Dez. 1645 kosteten diese Franzosen der Stadt Worms 84020 fl. Vom 20. Oct. bis 9. Dez. 1645 hat ferner ein Regiment zu Pferd gekostet 13764 fl. Vom 15. Dez. 1645 bis 31. Mai 1646 hat das Passau'sche und Türenne'sche Regiment gekostet 49730 fl. Vom 1. Juni 1646 bis 20. Mai 1648 hat die ordinäre Garnison gekostet 47215 fl.: ferner den 20. Juli 1647 wurde ein neues Regiment zu Pferd von acht Compagnien eingelegt und kostete in neun Tagen Verpflegung 5191 fl. Im Jahr 1648 wurde der französischen Armee, als sie bei der Stadt vorüber marschirte, an vivres gegeben 1059 fl. Den 23. April 1648 wurde eine Dragoner-Compagnie in die Vorstädte gelegt und kostete 281 fl. Vom 31. Mai 1648 bis anno 1649 ultimo December kostete die ordinäre Garnison 37184 fl. 20½ kr. Vom 1. Jan. 1650 bis 30. Juni 1650, da sie auszog, kostete die französische Garnison 12762 fl. 52 kr."**)

„Am 18. September 1647 griff der spanische General Bornigshausen die Stadt an, beschoß dieselbe mit 130 Städtkugeln, 25 großen Granaten und Feuerkugeln und beschädigte sie hin und wieder. Er mußte aber am 2. October wegen guter Vertheidigung die Belagerung wieder aufheben und sich nach vielem Verlust wieder nach Frankenthal zurückziehen."***)

„Am 1. März 1649 rückte eine Schwedische Dragoner Compagnie in die Stadt ein, welche nebst den Franzosen bis zum 31. Juli 1650 in der Stadt verblieb." Diese Compagnie kostete die Stadt 13460 fl. Beim Abzug der französischen Truppen soll endlich das Frankenthaler Paßgeld die Stadt 22822 fl. gekostet haben.†) Aber mit allen diesen Opfern war der Friede noch nicht erkauft. Zu der nach den Bestimmungen des Westphälischen Friedens an die Krone Schweden zu zahlenden Kriegskostenentschädigung mußte die Stadt Worms einen Betrag von 30846 Gulden zahlen.

5. Die Jesuiten zu Worms von 1648—1689.

Für die Beurtheilung des Streits zwischen Rath und Jesuiten ist es nicht ohne Interesse, zu beobachten, in welcher Weise die Kapuziner in Worms eingeführt wurden. Daß der Rath zu Worms bei der Aufnahme eines Ordens in die Stadt deshalb zu befragen war, daß es erforderlich war, für einen Orden, der in der Stadt sich niederlassen wollte, den Rath als die ordentliche Obrigkeit um Schutz und Schirm und um den Genuß mancher Vortheile bezüglich des Zolls, Ungelds rc. zu ersuchen, und daß es demnach in dem Ermessen des Rathes lag, solches zu gewähren oder zu versagen, gab thatsächlich sogar Kaiser Ferdinand II. während des dreißigjährigen Kriegs in derselben Zeit zu, in welcher der Streit wegen der Jesuiten entbrannt war. Denn am 27. Juli 1624 ersuchte der Kaiser in einem Schreiben den Rath, den Kapuzinern die Niederlassung

---

*) Chronik der Worms. Gymn.-Bibl. Fol. 287 a. Dort ist erzählt, im Jahre 1644 sei bei der Einnahme der Stadt, die sich nach einer halben Stunde ergeben, Marschall Turenne zugegen gewesen, welcher des Stadt zugelassen, daß sie nur 75 Mann aufnehmen sollte, „welches aber doch schlecht gehalten worden."
**) Chron. d. Worms. Gymn.-Bibl. Fol. 261, a. b.
***) Chron. der Worms. Gymn.-Bibl. Fol. 290 a.
†) Chron. der Worms. Gymn.-Bibl. Fol. 292 a., 261 b.

Bischof Georg Anton zu Worms u. Kurfürst Johann Philipp v. Mainz schützen die Jesuiten u. Kapuziner 1650. 185

in Worms zu gestatten. Aber die Stadt verhielt sich ablehnend und antwortete dem Kaiser nicht. Dennoch vermaß sich Bischof Georg Anton, als ob Worms seine eigene Stadt sei, ohne des Raths Zustimmung im Jahre 1620 die Kapuziner nach Worms zu berufen. Der Kaiser richtete wiederholt im J. 1630 sein Ersuchen an die Stadt und empfahl gleichzeitig dem Bischof, die Kapuziner zu unterstützen und den Rath zu Worms zu veranlassen, daß er denselben gestatte, in der Stadt zu betteln. Allein der Rath gab seine Einwilligung nicht. Schon waren die Schweden im Anzug, als Bischof Georg Anton unter Bezugnahme auf das Schreiben des Kaisers die Ansiedelung der Kapuziner zu Worms genehmigte und ihnen auftrug, der sich verbreitenden Ketzerei zu begegnen, zu predigen und in ihrer Weise zu wirken. Zwar protestirte nach dem westphälischen Frieden der Stadtmagistrat dagegen, daß die Kapuziner, die während der schwedischen Occupation mit Ausnahme von zweien, die den Gottesdienst im Dom versahen, geflohen, aber später mit Hülfe der kaiserlichen Officiere wieder in die Stadt eingedrungen waren, unter dem Beistand eines toskanischen Regiments die Amandikirche sich angeeignet und seit dem Jahre 1642 ein Kloster bei der Liebfrauenkirche ohne Genehmigung der Stadt gegründet hätten; und die Stadt bezog sich dabei darauf, daß es nach dem Westphälischen Frieden in Religionssachen so gehalten werden solle, wie es am 1. Jan. 1624 gewesen, zu welcher Zeit die Kapuziner in Worms noch nicht anerkannt gewesen seien. Allein im Jahre 1650 wußten Bischof Georg Anton und Kurfürst Johann Philipp von Mainz den Rath zu bewegen, daß er von der Bestimmung des Westphälischen Friedens absah, die Kapuziner unter bestimmten Bedingungen unter den Wormser Clerus aufnahm und denselben die üblichen Freiheiten bezüglich des Zolls und Ungelds zugestand.

Bischof Georg Anton und Kurfürst Johann Philipp schritten im Jahre 1650 auch zu Gunsten der Wormser Jesuiten gegen die Stadt Worms ein. Als nämlich die Franzosen und die Schweden zur Zeit des zu Ende gehenden dreißigjährigen Kriegs Worms besetzt hielten und aus dem Religionskrieg ein politischer Kampf der um das europäische Gleichgewicht ringenden Nationen geworden war, scheint der Rath zu Worms dem Kampf gegen die Jesuiten wieder aufgenommen zu haben. Er ließ wahrscheinlich die Jesuiten, denen er das Domicil nicht bestritt, öfters für Früchte und Weine, die dieselben in die Stadt oder zum Verkauf aus der Stadt gehen ließen, Abgaben zahlen; und man wird nicht irren, wenn man annimmt, daß der Rath den Jesuiten auch andere Hindernisse, wo er konnte, in den Weg gelegt habe.*) „Die Jesuiten nahmen daher," erzählt Heimes und Fichtl,**) „nachdem im Jahre 1648 errichteten Westphälischen Friedens ichlusse zur Kaiserlichen Majestät abermals ihre Zuflucht." Der Bischof zu Worms Georg Anton von Rodenstein unterstützte sie. Kaiser Ferdinand III. ernannte nun zu Commissarien den Kurfürsten zu Mainz Johann Philipp von Schönborn, den Pfalzgrafen Ludwig Philipp, Herzog zu Pfalz-Simmern. Die Subdelegirten dieser Fürsten untersuchten die mündlich geführten Beschwerden gründlich, hörten beide Theile genugsam an und verkündeten endlich zu Mainz den 4. Aug. 1650***) das Urtheil, daß die Jesuiten in dem Besitz aller jener Freiheiten, die sie am

---

*) Vgl. Rats. prot. a. a. C., Fol. 80 b. Nr. 22, 24: „Sollen vom verkauften Wein das Ungeld entrichten", Rathsbericht. v. 7. April 1646. „Sollen in Einkauf des Herdschweins an thoren als andre fremdde gehalten werden", Rathsbschl. v. 12. Oct. 1649. Uebrigens wurde im Jahre 1649 die Zahl der Jesuiten beschränkt, nach folgendem Rathsprotokoll v. 31. Juli 1649: „Terer numerus wird restringirt, wie er anno 1624." a. a. C. Fol. 80 b. Nr. 23.)

**) Die beiden Berichterstatter stimmen, wie gewöhnlich, so auch hierin mit den Angaben der oben erwähnten „Facti species" x., einer Vertheidigungsschrift der Jesuiten aus dem J. 1715, überein.

***) Die in Folge der Klage der Jesuiten eingesetzte Kaiserliche Commission wird erwähnt in dem Rathsprotocoll vom 29. Juli 1650 a. a. C. Fol. 80 b, Nr. 25).

1. Januar 1624 genoſſen, geſchützt werden ſollten. Der Magiſtrat nahm dieſe Entſcheidung für ſich an, ſtellte aber in Abrede, daß die Jeſuiten am 1. Jan. 1624 im Beſitze der rechtungsmäßigen Freiheiten geweſen ſeien. Die beiden Commiſſäre erläuterten aber noch in demſelben Jahr, auf Anſtehen der Jeſuiten und nach vorher erſtattetem Bericht an den Kaiſer, durch ein Reſcript d. d. Mainz den 16. Oct. 1650, die ergangene Sentenz dahin, daß die Jeſuiten fernerhin die rechtungsmäßige Freiheit genießen ſollten, weil ſie aus beigebrachten Documenten hinlänglich erwieſen, und auch bekannt ſei, daß ſie vor, in und nach dem Entſcheidjahre 1624 jene Freiheiten gehabt und genoſſen hätten. Dieſe ſog. „Leuteratio Sententiae" wurde dem damals regierenden Stadtmeiſter Hartmann Seidenbänder durch den Notar Glaſer inſinuirt.

Zur Vervollſtändigung vorſtehender Angaben werden folgende Stellen der Sentenz vom 4. Aug. 1650 und der Erläuterung vom 16. Oct. 1650 hinzugefügt. In der „Sententia" der kaiſerlichen Commiſſion vom 4. Auguſt 1650 heißt es: „In Kayſerlicher Commiſſion Sachen Herrn Georg Antoni Biſchoffen zu Worms Fürſtlichen Gnaden Impetranten an einem Theile entgegen Herrn Städt · Burgermeiſter und Rath der Stadt Worms Impetraten andern Theils wegen deren Herrn Patrum societatis Jesu daſelbſten angemaßten Collegio, Domb · Stiffts Praedicatur, Schulhalten, Freiheiten der Rachtung, und Anderes, wird die Sach von Amtswegen hiermit für beſchloſſen auf- und angenommen: und nach Anleitung im Römiſchen Reiche publicirten allgemeinen Instrumenti pacis und darauf erfolgten Recessen von Rechtswegen dahin geſchloſſen, daß ermeldte Patres in ihrem Collegio, Prädicatur, Schulhaltung und anderen functionibus, deren Inſtituto gemäß, gleichwie ſie ſich primo Januarii Anno 1624 daſelbſten befunden und respective exercirt, in ihrer possession vel quasi und würklichen Genuß billich zu laſſen; die angemaßte und von beiden Theilen angezogene Rachtung aber und deren possession vel quasi belangend, ſollen dieſelbe beyderſeits ebenmäßig ex interdicto uti possidetis, ſofern hierinn ruhig verbleiben, bis beide Partheyen ihre praetensiones Rechtlicher Ordnung nach und gehöriger Orten ausführen werden ꝛc. Alles von Rechtswegen."

In der Erläuterung des Erzbiſchofs Johann Philipp von Mainz und des Pfalzgrafen Ludwig Philipp vom 16. October 1650 wird Folgendes ausgeführt: „Es haben vorangeregte Herren Patres ſich bei uns ſchriftlich beſchwert, daß ihr dem durch unſere Subdelegirte abgefaßten und ertheilten Spruch und Entſcheid, gleichſamb ſie dardurch der Rachtung und der vermög derſelben dem Clero zu Worms gebührenden Privilegien, Freyheiten und Rechten entſetzet ſeyen, auszudeuten und ſolchem nach ihnen Freizeichen aufzulegen zu laſſen verweigern thätet." „Wann dann unſere ſothane Sententia anderſt nicht ergangen noch von uns gemeint iſt, als daß ein jegliches Theil in der possession vel quasi und Stand ſeyn und verbleiben ſollte, darin er ſich Anno 1624 befunden: Und aber aus den an Seiten der Patrum societatis beygebrachten documentis genugſam erwieſen, und ſonſt notorie, daß ſie vor und in gedachtem Jahr, auch nachgehends der geiſtlichen Rachtungsfreiheit und Immunitäten (ohnangeſehen eures Theils bisweilen dagegen geredet worden) dennoch würklich genoſſen haben, daß ſolchem nach auch diejenigen hinfürter ſolcher Freiheiten und Privilegien genießen und ſich zu erfreuen haben, Euch aber an Euren habenden Rechten nichts benommen, folglich jeglicher in ſeiner Anno 1624 gehabter possession vel quasi verbleiben und gelaſſen werden ſolle: Verſehen Uns ſolchem nach zu Euch gnädigſt, wollen auch im Namen Kaiſ. Majeſtät Euch dahin erinnert haben, daß Ihr Euch dieſem Unſerem in dem FriedensInſtrumento fundirten und von Euch ſelbſt angenommenen Entſcheid in allem gemäß verhalten und zu ferneren Klagen kein Anlaß geben wollet, und verbleiben Euch dabey mit wohlgewogenen Gnaden wohl beigethan." *)

Daß sich aber der Rath trotzdem nicht bis zur Gefügigkeit einschüchtern ließ, beweisen folgende Rathsbeschlüsse in Betreff der Jesuiten. „Führen Proceßion über den Markt auf die Wiese, contradicitur 8. Mai 1653." „Unterschreiben sich Patres Collegii Jesuitici, contradicitur 23. Juni 1654." „Proceßion oder Wiesengang wirt certo modo den Jesuitern widersprochen 1. Mai 1655; Decretum hiervon vide 30. April 1656, it. 1. Mai." „Wollen fremdde Wein zapfen, negatur 9. Juli 1656." (a. a. O. Fol. 80 b., 81 a., Nr. 27—30.) In Folge der von dem Rath den Jesuiten in den Weg gelegten Hindernisse erließ der Kurfürst Johann Philipp von Mainz am 24. September 1658 an den Rath ein warnendes Schreiben: ꝛc. „Also versehen wir uns zu Euch hiermit nochmahlen gnädiglich, daß ihr auch die Patres Societatis hinfürter solcher Freyheiten und Privilegien genießen laßen und folglich denkselben wider angeregten ertheilten in dem Instrumento pacis fundirten und von Euch selbsten angenommenen Bescheid ferner nicht beschwehren, sondern also erweisen werdet, damit sowohl Wir als kaiserlicher Commißarius, als auch Ihr selbsten diesfalls fernerer Behelligung und verdrießlichen Weitläuftigkeit entübriget bleiben mögen." (Vgl. Wahrh. Facti species, p. 27.)

Nach weiteren Verhandlungen wird von dem Rath am 17. Nov. 1662 an den Kurfürsten von Mainz ein Schreiben gerichtet, in dem er seine ursprüngliche Rechtsauffassung nicht verläugnet, wonach der Rath zu Worms den Jesuiten am 1. Jan. 1624 die Rechte des Wormser Clerus nicht anerkannt und geradezu bestritten habe, aus welchem Grunde — trotz aller Gewalt, die der Stadt Worms zu Gunsten der Jesuiten angethan worden — dieselben nicht zu ihren Ansprüchen berechtigt seien. Allein in diesem Schreiben erklärt der Rath in ähnlicher Weise, wie er sich vor 33 Jahren in der Delegirtensitzung vom 20. Juli 1629 (s. ob. S. 165) geäußert, er wolle sich zu Ehren des Kurfürsten in Betreff einiger Accis-Befreiungen, soweit die Herrn Patres dessen in ihrer häuslichen Provision von Jahr zu Jahr an Frucht und Wein benöthigt seien, mit ihnen in gütliche Specialtractate einlaßen, im Falle die Jesuiten sich bei dem Rathe als der Stadt Obrigkeit jedesmal gebührend supplicando anmelden und um Befreiung vom Ungeld wie auch um Schutz anhalten würden. Bei der deshalb vorgenommenen mündlichen Conferenz zwischen den Jesuiten und des Raths Bevollmächtigten wollten sich die Jesuiten zu vergleichen Tractaten nur unter der Bedingung verstehen, daß die zwei obersten Jesuiten gleichwie der Clerus und die fünf Stifte zu Worms alle aus den Nachtungen bestehenden geistlichen Freyheiten genießen sollten. **) Es ist begreiflich, daß der Rath nicht darauf eingehen wollte, ohne Zwang oder Noth und aus freien Stücken einen Orden anzuerkennen, der bereit war, Alles zu thun, um die staatlichen Rechte der Stadt zu beeinträchtigen und ihrer Religion entgegen zu treten. So wurde also in der alten Weise weiter gehadert. Der Wiesengang der Jesuiten wurde auch im Jahre 1668 beanstandet, laut Rathsprotocoll vom 26. und 30. April und 4. Mai 1668. (a. a. O. Nr. 38, 39.) Eine Beschwerde erfolgt von Seiten der Jesuiten bezüglich der Erhebung des Pfortengeldes in Folge der Rathsdecrete vom 7. Sept. und 22. Oct. 1668. (a. a. O. Nr. 40.) Seit dem Jahre 1670 fängt der Rath von neuem an zu prüfen, ob die von den Jesuiten genossenen Freiheiten aus den Nachtungen vom Jahr 1509 und 1519 zu folgern sind. Das Raths-

---

* Abschrift im Archiv zu Worms, IV. IV. 34. 12. 187. Act. 24.; außerdem abgedruckt in der „Wahrhaften Facti species ꝛc. in Sachen der P. P. Soc. Jesu in Worms contra Stadt-Magistrat daselbst, 1715", f. daselbst die Beilagen: S. 22—26. Lit. A b (Sententia), Lit. B Erläuterung v. 16. Oct. 1650.)

** Wahrhafte Facti species ꝛc., Weplar 1715, S. 34. 35.

Protocoll vom 9. März 1670 erwähnt eine Berathung über der Jesuiten „Freiheit, und ob sie rachtungsmäßig." „Sollen vom Pfortengeld befreiet sein, 13. Dez. 1670." (Nr. 41.)

Es dürfte also glaublich sein, daß, wie Heimes, Fichtl und die geb. Facti species anoisgen, die Jesuiten nach dem Jahre 1658 Ruhe bis zum Jahre 1670 gehabt haben, in welchem Jahre, wie sich auch aus den zuletzt erwähnten Rathsprotocollen ergibt, neue Störungen ausbrachen. Kurfürst Johann Philipp zu Mainz ließ deshalb auf Ansuchen der Jesuiten an den Stadtmagistrat ein abermaliges Abmahnungsschreiben ergehen, worauf von Seiten des Raths d. d. Worms 30. Dec. stil. vet. Ann. 1670 eine Antwort erfolgt. In dieser Antwort gedenkt zwar der Magistrat der Sentenz vom 4. Aug. 1650, aber die darauf erfolgte sog. „Leuteratio Sententiae" wird von ihm unbeachtet gelassen. Weil nämlich der Grundgedanke der Sentenz vom 4. Aug. 1650 dieser gewesen, daß die Patres in ihren Collegio, Prädicatur, Schulhaltung und anderen Functionen deren Instituto gemäß, gleich wie sie sich am 1. Jan. 1624 daselbst befunden, zu lassen seien", und weil es ohne Zweifel sicher stand, daß die Wormser Jesuiten am 1. Jan. 1624 die rachtungsmäßigen Freiheiten des Wormser Clerus nicht besaßen, da Kaiser Ferdinand II. sich veranlaßt sah, diese erst am 17. Juni 1624 nicht nach einer billigen Vereinbarung mit der Stadt, sondern durch einen Akt absoluter Willkür zu verleihen (s. ob. S. 161.): so unterscheidet der Rath zu Worms am 30. Dez. stil. vet. 1670 in seinem Schreiben an den Kurfürsten zu Mainz also: „Was den ersten Punkten Sententiae anlangt, nämlich ihr angemaßtes Collegio, Prädicatur und Schulhaltung und andere deren Instituto gemäße Functiones, so haben Wir denenselben von zeit ausgesprochener Urthel (4. Aug. 1650) Unseres Wissens keinen Eintrag gethan, sondern haben sie in dem Stand, wie sie primo Januarii Anno 1624 gewesen sein, verbleiben lassen, wie sie dann auch darüber nicht geklagt." „Was aber den zweiten Punkten berühren Bescheides betrifft, so lauten die Verba Formalia latae Sententiae also: Die angemaßte und von beiden Theilen angezogene Nachtung aber und deren Possession vel quasi belangend, soll ex interdicto uti possidetis ein jeder in seinem Rechten und manuteneutz seiner Possession vel quasi, wie solche primo Januarii Anno 1624 verübt und exercirt worden, ruhiglich zu verbleiben angewiesen seyn, bis einer gegen den anderen seine Praetension Rechtlicher Ordnung nach und gehöriger Orten ausführen würde." Der Rath erklärt nun auch in dem Schreiben vom 30. Dez. 1670: wenn auch für die Jesuiten Kaiserliche Privilegia concessae Immunitatis vorgeschützt würden, so dürften doch solche Privilegien die offenbaren Rechte des dritten Betheiligten, nämlich der Stadt Worms, nicht verletzen."[)] Weil also der Wortlaut der Sentenz vom 4. Aug. 1650 ohne die sog. Leuteratio vom 16. Oct. 1650 die soeben ausgeführte Interpretation möglich machte, so gelangte der Magistrat durch seine Interpretation zu dem Schlusse, daß er zwar kraft der Sentenz vom 4. Aug. 1650 nicht gehalten sei, den Jesuiten die allezeit verlangten Freiheiten zu gestatten, jedoch wolle er sich mit ihnen, wie er früher schon angeboten, in Specialtractate soweit einlassen, daß denjenigen zu ihrer häuslichen Nothdurft die Frucht und Weine in die Stadt eingelassen werden sollten, sofern sie den Rath jedesmal gebürend darum ersuchen würden. Bei dieser Erklärung des Raths scheint es bis zum Jahre 1687 geblieben zu sein, und siebzehn Jahr lang (1670—1687) müssen sich die Wormser Jesuiten dem Rathe zu Worms fügen. Heimes, Fichtl und die Facti species geben dafür folgenden sonderbaren Grund an: „Die Jesuiten mußten damals wegen langwieriger Kriege ihr Archiv anderswohin flüchten: sie konnten daher bis zum Jahre 1687 keine weiteren Schritte thun. In diesem Jahre wandten sich die Jesuiten an den damaligen Fürstbischof zu Worms Johann

* Vgl. Wahrh. Facti spec., S. 30—32.

Karl von Frankenstein. Derselbe legte Fürsprache für sie bei dem Kaiser Leopold ein; allein 1689 ward Worms zerstört." Es ist nun aber nicht zu verkennen, daß nicht die etwaige Flüchtung des Archivs die Wormser Jesuiten lähmte, sondern daß die allgemeine politische Lage (1670 Revolution in Ungarn), wie sie den Rath zu Worms zu seinem Vorgehen gegen die Jesuiten ermuthigte, dem von Franzosen und Türken bedrängten Kaiser Leopold I. weder Zeit noch Neigung mag gelassen haben, zu Gunsten der Wormser Jesuiten eine seiner getreuen Reichsstädte gerade damals zu verfolgen, als Ludwig XIV. in wiederholten Kriegen Deutschlands Grenzen beraubte, so daß mit Hintansetzung confessioneller Rücksichten und Zwistigkeiten Kaiser Leopold I. und das deutsche Reich, insbesondere der große Kurfürst Friedrich Wilhelm, im Bunde mit dem katholischen Spanien und dem eifrig protestantischen Wilhelm III. von Oranien im holländischen Kriege an dem Kampfe gegen Ludwig XIV. sich betheiligten.*)

Daran reiht sich folgende Nachricht an, die Lehmann (Gesch. der Klöster in und bei Worms, S. 475) aus handschriftlicher Quelle geschöpft, ohne zu sagen, wo die von ihm benutzten Handschriften sich befinden. „Im Jahr 1675 legten die Jesuiten in dem Collegium eine eigene Hauskapelle an; der Domdechant und bischöfliche Vicar Philipp Breden von Ameden legte in Gegenwart vieler Prälaten im genannten Jahre auf Josephstag (19. März) den Grundstein zu derselben, welche den heiligen Joseph zum Patron erhielt. Im folgenden Jahre war diese Kapelle schon vollendet und wurde auf Befehl des Wormser Bischofs Damian Hartard (von der Leyen) am Tage des h. Wolfgang (31. Oct.) durch den Mainzer Weihbischof Adolf Gottfried Volusius feierlichst eingeweiht."**) Die Protocolle des Wormser Domcapitels vom 21. und 26. Febr. 1676 verzeichnen, daß Jesuitenpatres darum anhalten, ihnen „ein Hausplätzlein neben der Schulen, der Jugend zum Besten und sonst zu ihrer Nothdurft proprietarie ex gratia zu überlassen." Das Capitel genehmigt die Bitte „dergestalt, daß sie einen Saal neben der Schule anfertigen lassen sollen", und das Plätzlein erhalten sie, soweit sie dessen bedürftig zu ihrer Intention, „die zur Einfahrt".***)

Es war natürlich, daß Kaiser Leopold zu Gunsten der Jesuiten nicht gegen den Rath zu Worms in einer Zeit einschritt, als Ludwig XIV. am Rhein seine gewaltsamen Reunionen vornahm (1680) und die freie Stadt Straßburg dem deutschen Reiche raubte (1681), und als der Aufstand der Ungarn unter Emmerich Tökoli die Türken unter die Mauern Wiens führte. Als aber die Türken Ofen verloren und das Blutgericht zu Eperies Ungarn dem Kaiser zu Füßen gelegt (1687), glaubte auch schon der Wormser Bischof Johann Karl von Frankenstein, der geeignete Zeitpunkt sei jetzt gekommen, um gegen den Magistrat mit Erfolg bei dem Kaiser zu Gunsten der Wormser Jesuiten Fürsprache einzulegen. In der Klageschrift, die im J. 1687 das Wormser Jesuitencolleg an den Bischof Johann Karl von Frankenstein richtete, wird gesagt, der Magistrat wolle zwar die freie Aus- und Einfuhr salvo suo jure gestatten, allein so ständen sie „nimmer in Sicherung ihrer Freiheit, sondern seien eines jeden Städtemeisters oder des gesammten Rathes Angriffen ausgesetzt, je nachdem diese gegen sie gesinnt seien." Deshalb bitten die Jesuiten, der Bischof möge bei dem Kaiser beantragen, daß derselbe wiederum kaiserliche Commissäre, nämlich den

---

* Als 1674 das deutsche Reich diesem Kampfe beigetreten war, wurde 1674–1679 bis zum Nimweger Frieden „auch die Stadt Worms mit vielen Einquartierungen und Geldausgaben sehr mitgenommen; sie hat aber an Häusern oder in sonstiger Hinsicht keinen Schaden erlitten, weßhalb sie sich auch gar bald wieder erholt und ziemlich genähret". (Chron. der Worms. Gymn.-Bibl. Fol. 324 a.)

** G. J. Wilhelm Wagner, Geistl. Stifte im Großh. Hessen, II, 492, hat Lehmann's Nachricht abgedruckt.

*** Domcapitel-Protocolle im Darmst. Archiv vom 21. u. 26. Febr. 1676.

Mainzer Kurfürsten Anselm Franz von Ingelheim und den Pfalzgrafen Philipp Wilhelm — die Nachfolger der Commissäre vom Jahre 1650 gegen die Stadt Worms aufbiete, um diese zur Willfährigkeit gegen das Colleg zu zwingen.*) Dieser Bitte entsprach unter dem 11. October 1687 Bischof Johann Karl in einem Schreiben an den Kaiser Leopold I., in dem er am Schlusse versichert, daß er und die Patres die höchste kaiserliche Gnade „zu langwührigster Gesundheit und fernerer Siegreichsten Regierung in ihrem Gebät abzuverdienen sich äußerst befleißen werden".**) Gleichzeitig richten Rector und Collegium Soc. Jesu mit Beziehung auf des Bischofs Fürbitte ein klägliches Schreiben für „allhiesiges armes Collegium" an Se. Majestät.***) Es erfolgte hierauf eine Verfügung vom 6. Nov. 1687, wodurch dem Rath aufgegeben wurde, sich demnächst zu verantworten, inmittelst aber nicht die Bittsteller im Widerspruch zu den kaiserlichen Privilegien zu belästigen. †)

Aber der Rath zu Worms folgte nicht, so lange nicht eine Kaiserliche Commission und die Androhung einer Execution zu fürchten waren. Ehe das Verhältniß zwischen dem Rath und dem Jesuiten-Collegium zu Gunsten desselben sich verbesserte, ward Worms am 31. Mai 1689 eingeäschert; und als Worms wieder aus der Asche erstand, entbrannte auch der Streit zwischen der Stadt und den Jesuiten von neuem, und er ruhte nicht bis zu der im Jahre 1773 erfolgten Auflösung des Jesuitenordens und des Wormser Jesuitencollegs.

Resultat.

Die Jesuiten schlichen sich im Jahre 1601 gegen den Willen des Raths in die Frei- und Reichsstadt Worms ein. Deshalb bestritt der Rath denselben die Freiheiten des Wormser Clerus sofort und allezeit. Dagegen wurden denselben in den schrecklichen Jahren des dreißigjährigen Krieges, in denen der Jesuitismus triumphirte (1624—1629, 1635—1639) thatsächliche Zugeständnisse gemacht oder Connivenz geübt. In den Jahren, während die Schweden (1631—1635) oder die Franzosen und die Schweden die Stadt behaupteten (1644—1650) trat der Rath wieder fester gegen die Jesuiten auf. Von 1650—1670 gewannen die Jesuiten wieder mehr Boden. Von 1670—1689 mußten sie sich dem Willen des Raths fügen. Von 1689—1703 waren keine Jesuiten in Worms.

6. Die Wormser Jesuiten von 1703—1773.

Bei der Einäscherung der Stadt Worms durch die Franzosen war auch das Jesuitencollegium am 31. Mai 1689 bis auf die Mauern ausgebrannt. „Die Väter kamen dadurch in nicht geringe Verlegenheit. Sie blieben nämlich einige Jahre lang ohne festen Wohnsitz, bis sie sich endlich im Jahre 1693 nach dem nahen Dirmstein begaben, wo sie zehn Jahre lang in dem dasigen bischöflichen Schlosse blieben, worauf sie im Jahre 1703 nach Worms zurückkehrten, ihr zerstörtes Collegium wieder aufbauten, auch die lateinische Schule wieder anfingen."††) Die im Darmstädter Archiv befindlichen Protocolle des Wormser Domcapitels aus den Jahren 1700—1703 berichten von verschiedenen Plänen, welche die Jesuiten bezüglich der

---

*) Wahrh. Facit species ʁc., Beylag 1715, S. 37—39.
** Ebendas. S. 40—42.
*** Ebendas. S. 43—46.
† Worms. Archiv, IV. IV. 34. 12. 187, Act. 24, Beilage Lit. H.
††) Lehmann, Geschichte der Klöster in und bei Worms, Archiv für hess. Geschichte, Band II., Heft 3, Nr. XXIII. S. 475. G. J. Bilh. Wagner, gefürst. Stifte im Großh. Hessen, II. 406.

Wiederaufbau des abgebrannten Jesuitencollegs 1703—1704.

Wahl des Bauplatzes für ihr neues Collegium legten. Ihr erstes Bauproject, das sie später auch wirklich ausführten, war ein Plan der Wiederherstellung und der Erweiterung des abgebrannten Collegiums auf dessen früherem Boden.*) Im April 1704 theilen die Jesuiten dem Stadtrath mit, daß sie unlängst ihr ruinirtes Collegium wieder zu erbauen angefangen und mit dem Bau soweit gekommen seien, daß sie auch auf die Reparatur des ihnen gehörenden Gebäudes bedacht seien, welches, dem Collegium gegenüber, an die zwischen dem Andreasthor und dem Luginslandthurm gelegene Stadtmauer angelehnt gewesen war. Zugleich baten sie um die Erlaubniß, diesen Bau mit dem Collegium durch einen Ueberbau über die Luginslandgasse verbinden zu dürfen. Der Rath schlug dies ab. (Worms. Archiv. IV. IV. 34, 12, 189, Act. 8.) Im Jahr 1707 vermaßen sich dann die Jesuiten, ohne Genehmigung und unter dem Proteste des Raths, ihrem wieder aufgebauten Collegium gegenüber, auf die Stadtmauer zwischen dem Andreasthor und dem zerstörten Luginslandthurm, den projectirten Schulbau aufzurichten, indem sie demselben eine andre Gestalt gaben, als dem früheren Bau, und die Balken auf die Stadtmauer legten, ohne dazu ein Recht zu

* Es dürfen hier einige aus den Acten und den Plänen der Stadt entnommenen Notizen über die Lage des im Jahre 1689 verbrannten und über den Ort des seit 1703 wiederaufgebauten Collegiums nicht fehlen, weil von diesen Gebäuden gegenwärtig jede Spur verschwunden ist. Es ist gewiß, daß das seit 1703 in der nordöstlichen Ecke zwischen der Seminariumsgasse und der Luginslandgasse erbaute Jesuitencollegium, in dem 1773 das noch im Jahre 1803 vorhandene fürstbischöfliche Schulseminarium angelegt wurde, auf demselben Boden erbaut wurde, wo vor dem Brande das seit 1613 in seinen ersten Anfängen entstandene und später durch Anbauten erweiterte alte Jesuitencollegium gestanden hatte. Vermittelst des Grundrisses des Seminariums, der in einem zur Zeit der Französenherrschaft aufgenommenen Plane der Stadt Worms sich befindet, und mit Hülfe der von Peter Hamman im Jahre 1690 mit großer Genauigkeit gezeichneten Pläne und Bilder sowohl der zerstörten, als der früheren Stadt, ist es nun möglich, Oertlichkeit und Grundrisse des abgebrannten und des wiederaufgebauten Jesuitencollegiums ziemlich genau zu bestimmen und damit die Angaben der Acten in Zusammenhang zu bringen. — Zunächst muß beachtet werden, daß im 17. und 18. Jahrhundert jene Straße, die in der Gegend der heutigen Seminariumsgasse den Fruchtmarkt mit der Luginslandgasse verband, nicht, wie heute, ziemlich gerade war, sondern ungefähr in der Mitte ihrer Länge zuerst gegen Süden in der Breite eines Hauses ein Knie bildete und dann in der ursprünglichen Richtung in die Luginslandgasse einmündete, so daß auf demjenigen Theile der heutigen Seminariumsgasse, der in die Luginslandgasse einmündet, und auf der Grundfläche des Hauses, das heute in der südöstlichen Ecke zwischen der Luginslandgasse und der Seminariumsgasse steht, sowohl das abgebrannte, als das seit 1703 aufgebaute Collegium standen. Aber die beiden Collegia hatten doch verschiedene Grundrisse. Der Grundriß des Jahres 1703 hatte eine hafenförmige Gestalt, wurde nach Süden von der Seminariumsgasse, nach Westen von der Luginslandgasse begrenzt; auf demselben standen also zwei rechtwinkelig aneinanderstoßende Flügel. Der südliche Flügel, der in der Richtung von Westen nach Osten hatte, stand, entsprechend der oben angedeuteten älteren Anlage der Seminariumsgasse, südlich von der heutigen Einmündung der Seminariumsgasse in die Luginslandgasse, wo heute das südöstliche Eckhaus nebst Hof sich befindet, in derselben Flucht mit dem Nordwestflügel der heutigen höheren Mädchenschule. Der nördliche Flügel lief von der damaligen Ecke zwischen Seminariums- und Luginslandgasse, parallel der zuletztgenannten, in der Richtung gegen das Andreasthor. Hinter den gedachten beiden Flügeln lag der Hof und Garten, die sich in nordöstlicher Richtung von dem Collegium gegen die Dominikanergasse ausdehnten. — In den Zeichnungen, die Peter Hamman 1690 von der Stadt Worms entwarf, begegnet man an der Stelle des besprochenen zweiflügeligen Baus einem auf hufeisenförmigem Grundriß stehenden Complex von drei Häusern. Die zwei Häuser, die die Enden des Hufeisens bilden, sehen auf die Luginslandgasse, sind hier durch eine Mauer nach der Straße zu verbunden, durch die Mauer führte die Eingangsthüre. Dieser Mauer gegenüber verbindet auf der Ostseite ein Bau die beiden Flügel des Hufeisens. Die drei Gebäude und die gegen die Luginslandgasse hin aufgeführte Mauer schließen einen kleinen viereckigen Hof ein. Es ist nicht unmöglich, daß die beiden auf den Enden des hufeisenförmigen Grundrisses stehenden Häuser die in der Donation vom 22. April 1613 geschenkten Häuser sind und daß der Mittelbau im Jahre 1612 (s. oben S. 137, erbaut wurde.

haben.*) Ein anderer Bauplan der Jesuiten, der in dem Domcapitelprotocoll vom 4. Mai 1702 behandelt wird, verdient Erwähnung, weil er zeigt, welche weitgehenden Pläne dieselben nach ihrer Rückkehr nach Worms verfolgten. Sie schlugen nämlich dem Domcapitel vor, sie wollten demselben die Ruinen und den Platz ihres abgebrannten Collegiums abtreten und dagegen von dem Domcapitel fünf ebenfalls eingeäscherte Vicarienhäuser eintauschen, die in der Nähe der Johanniskirche, wie es scheint, ungefähr zwischen dieser Kirche und der Magnuskirche lagen. Das Domcapitel verfügte hierauf, wenn die Herren Patres die nächstanliegende Magnuskirche (vgl. oben S. 174.) und den ebenfalls daran liegenden Otterberger Hof (vgl. oben S. 175.) wirklich in Besitz haben würden, so solle der beantragte Tausch genehmigt werden, jedoch unter der Bedingung, daß die Patres den Grundzins zahlten, den die Präsenz für die fünf Hausplätze zu beziehen habe, und daß die Jesuiten in jedem Falle auf eigne Kosten ihre Schule erbauen würden, wie überhaupt das Capitel den Jesuiten die gesammten Kosten des Baues zuschiebe. Da nun aber die Hoffnung auf die Occupation der Magnuskirche und des Otterberger Hofs nach früheren Erfahrungen sich nicht bald oder vielleicht nie zu verwirklichen schien, so konnten die Patres die Erbauung ihres Collegs nicht bis zum Austrag des um die Magnuskirche geführten Processes verschieben; sie gaben deshalb die Erwerbung der fünf Vicarienhäuser bei der Johanniskirche auf und beschlossen, ihr neues Collegium an der Stelle, wo das frühere gestanden, zu erbauen.

Als das Domcapitel vernimmt, daß die Patres das Collegium um ein Stockwerk höher, als das frühere, erbauen wollten, so daß dadurch die benachbarte Domcapitularbehausung beeinträchtigt zu werden schien, beauftragt das Capitel seinen Secretär am 11. Aug. 1703, den Herrn Jesuiten zu bedeuten, daß sie, wie sie ihr Gebäude erhöhten, zugleich die Fenster des mittleren und des obersten Stockwerks so hoch setzen müßten, daß die Herrn Patres keine Aussicht in den benachbarten Garten der Domcapitularbehausung haben könnten. (Vergl. Domcap.-Prot. v. 11. Aug. 1703, im Darmst. Archiv.)

Nachdem die Jesuiten in Worms im Jahre 1703 ihr Werk wieder aufgenommen, bewarben sie sich auch wieder bei dem Domcapitel um den Bezug der dem Wormser Collegium im Jahre 1619 gewährten Dotation. Nach dem Inhalt des Domcapitelprotocolls vom 8. Mai 1703 bieten sie dem Capitel ihre früheren Functionen an und bitten darum, daß ihnen kraft der Fundation wieder prästirt werde, was sie früher genossen. Das Domcapitel beschließt zunächst sofort, daß ihnen bezüglich des geistlichen Dienstes in der Nicolauscapelle so viel von dem Speichermeister geliefert werde, daß 100 Malter nebst früher decretirten 100 fl. vollständig gereicht werden.

---

*) In den von dem Hochstift Worms 1720 zum Druck gegebenen und zu Regensburg vertheilten Gravaminibus religionis der Wormser Diöcese wurde Beschwerde darüber geführt, daß der Rath zu Worms den Jesuiten nicht mehr zulasse, das für die katholische Schule aus Almosen gebaute Häuslein nach der einen Seite hin auf die Stadtmauer zu setzen, obwohl es doch vor Alters, wie Rudera zeigten, daran gestanden und dergleichen noch täglich den Bürgern und Juden gestattet werde. Darauf antwortete der Rath in einer ebenfalls publicirten Druckschrift: „Mit den Jesuiten gehet man nur zu gelind an, dessen sie selbst überführt sind; doch ihr Häuslein oder die Schul auf die Stadt-Mauer gesetzet, ist eben bleßseitiges gravamen und ist anno 1624 daselbe Haus so hoch nicht und ebenso wenig auf die Stadtmauer und ebenso wenig mit einem Glockenhäuschen auf dem Dach gebaut gewesen." (Acta derer P.P. Jesuitarum Schulbau, Worms. Archiv IV. IV. 34. 12, 169 u. Act. 8.)

Im Jahre 1721 gab der Rath nach und war nur noch darauf bedacht, daß von den Jesuiten die Stadtmauer, besonders der äußere Mantel derselben, nicht zu sehr belastet werde. Am 17. September erlaubte der Rath drei Pfeiler auf die Mauer unter das Dach der Schule zu setzen. Die Jesuiten nisteten sich immer weiter an der Stadtmauer, ihrem Collegium gegenüber, ein. Im März 1753 hatten sie bereits sieben Bogen der Stadtmauer verbaut: vor zwei Bogen stand ein mehrstöckiges Haus mit den Localen ihrer lateinischen Schule, in zwei andern hatten sie einen Pferdestall, in zweien Schweineställe; der übrige Raum war zu anderen Zwecken verwendet.

Nachdem die Patres ein Jahr lang geprebigt und unterrichtet, legen sie dem Domcapitel ein specificirtes Verzeichniß der Bestandtheile ihrer Dotation aus den Jahren 1613—1618 vor und bitten, ihnen „ein und anderes der Fundation gemäß zu ihrer Subsistenz reichen zu lassen." In der Sitzung vom 5. Mai 1704 beschließt das Capitel, zunächst die ihm aus der Dotation sich ergebenden Verpflichtungen ermitteln zu wollen. Bezüglich des Anspruchs der Väter auf Frucht und Wein habe es damit laut der Fundation seine Richtigkeit, hinsichtlich des Geldes aber sollten nach dem Hebregister des Collegs Ermittelungen angestellt werden. Zunächst wurden statt der Zinsen im Betrag von 250 fl., die von dem für das Colleg von dem Capitel gestifteten Capital von 5000 fl. zu zahlen waren (vergl. oben S. 141, Anm.), nur 100 fl., wie im vorhergehenden Jahre, gegeben. Wiederum nach Beendigung eines Jahrescurses überreichen die Patres dem Capitel am 4. und 5. Mai 1705 ein Memoriale, in dem sie noch 700 fl. für jedes Jahr beanspruchen, um in den völligen Genuß der früheren Dotation zu kommen. Allein das Capitel weigerte sich mit Recht, die gesammte frühere Dotation zu bewilligen, weil in derselben Lieferungen und Zahlungen enthalten gewesen seien, die nicht von dem Capitel, sondern von dem Bischof bewilligt und verabfolgt worden seien. Das Capitel wollte nun aus der früheren Dotation nur diejenigen Stiftungen verabfolgen, für die seine Vorgänger einst sich verpflichtet hätten. Es ist anzunehmen, daß die Jesuiten wiederum in den Genuß dieser früheren Stiftungen des Domcapitels kamen.

Als die Jesuiten im August 1704 ihr neues Schulhaus vollendet hatten, suchen sie die Kosten des Neubaues dem Domcapitel zuzuschieben und laden deshalb das Domcapitel ein, das Haus einzuweihen, da es ja die Pflicht habe, das Schulhaus in Dach und Fach zu erhalten. Allein das Domcapitel beschließt am 25. Aug. 1704, weil es selbst nichts als Dach und Fach an der Schule zu erhalten habe, dagegen dem Ordinarius **Franz Ludwig**, Bischof zu Breslau und Worms, die Last der Auferbauung des Collegiums zufallen dürfte, so hätten sich die Herrn Patres in dieser Angelegenheit auch bei dem Herrn Ordinarius anzumelden, zumal da den Jesuiten die Plätze für den Bau von dem Domcapitel bei guter Zeit verehrt worden seien.

Nach den vorstehenden Angaben hofften Domcapitel und Jesuitenväter, Bischof **Franz Ludwig** werde sowohl die Kosten für den Neubau des Jesuitencollegs, als auch seinen dotationsmäßigen Beitrag zu den jährlichen Einkünften des Collegiums zahlen. Der nachfolgende Erlaß des Bischofs an seine Regierung zu Worms war die Antwort auf diese Hoffnungen des Domcapitels und der Jesuitenpatres.

„Von Gottes Gnaden **Franz Ludwig** ꝛc. Unseren gnädigsten Gruß und Gnad zuvor. Uns hat Euer unterthänigster Bericht und dessen Beylage vom 20. letzt verwichenen Monats May zu vernehmen gegeben, **in waß für einem schlechten Zustandt dasige drey Studenten Schulen [Klassen] dermahlen bestehen, andt waß Uns Ihr wegen derer nöthiger Wiederauffbawung** (nachdem dasiges Unser Thumb Capitel auff Ever gesinnen hierzu sich keines Weegs verstehen, sondern Unß als dem Zeitlichen Bischoffe solches aufburden will) für Vorschläg thun wollen. Ob nun wohl die Vernachlässigung der Catholischen Jugend billig zu bedawern ist, Wir auch zu deren beßeren Aufnehmen Unseres Orts nichts ermangeln laßen wollen, **So sehen Wir dannoch eines Theils nit, warumb Uns dieser Last allein, bevorab bey jetzigen schlechten Zeiten, woll zuege muthet werden könne**, nicht anderen Theils ist der vonseithen der P. P. S. J. gethane Vorschlag nit so bewandt, daß wir denselben anzunehmen bewogen werden könten, und hätten Uns daher gnädigst versehen, Ihr würdet Euch von Unserem Thumb Capitulo nit so schlechter Ding haben bescheiden lassen, sondern die Anteacta vorhero fleißig durchgegangen haben, undt unß sodann mit besserem Bestand undt Fundament ahn Hand zu gehen. Weme dan aigentlich das onus restaurandi diese Schulen obliege, undt ob solches Unserer Cammer allein oder mit Beytrettung geb. Capituli, denen P. P. Soc. JESu. oder auch etwa dasiger Catholischer Gemeinden conjunctim vel divisim incumbiren thue. Wir seyn dahero eines mehr gründlicheren Berichts sowoll als derjenigen Information gewärtig, welche Ihr über dasiger Statt üble Haußhaltung zu erstatten undt wördlich in Handen zu haben, die unterthänigste Ahnregung thuet. Und Wir verbleiben Euch zue Gnaden geneigt. Geben Breßlaw den 20. Juni 1707.

Franz Ludwig.

Die Quälereien zwischen der Stadt und dem Jesuitencolleg beginnen schon im Jahre 1704. Als das Colleg im Juni 1704 Wein zum Export aus der Stadt verkauft, wird dieser Wein auf dem Markt arrestirt, bis die Käufer durch Zahlung von drei Thalern, die sie den Jesuiten am Kaufpreis abziehen, die Erlaubniß zur Ausfuhr erworben. Solche Fälle häufen sich, die Jesuiten klagen bei dem Rath über Verletzung der von ihnen am 17. Juni 1624 erworbenen geistlichen Freiheit; aber der Rath decretirt, besagte Gelder zu behalten, die beanspruchte geistliche Freiheit inzwischen zu prüfen und auch das Pfortengeld von den Jesuiten zu verlangen. Dagegen protestiren mit Drohungen die Superioren des Collegs Joachim Hand (1706) und Friedrich Weiger (1707 u. 1708).

Auf die Vorstellungen der Jesuiten bestätigt Kaiser Joseph I. in einer Urkunde vom 25. Oct. 1708 „Ihrer der Societet freyheiten, privilegien, vortheil, recht und gerechtigkeiten." „In maßen anno 1624 weyland Unser geliebter Herr und Urahnherr Kayser Ferdinandus der andere sie gleicher gestalt aufgenohmen und empfangen hatt, nehmen und empfangen wir sie auch also in Unsern und des Reichs sondern Verspruch, Schutz und Schirm." Dann wird hervorgehoben, daß sie „zumahl der rachtnung vortheil, recht und gerechtigkeiten der Kleresy zu Worms ohne disputation und aufnahm an allen enden und orthen Ihrer notthurfft und gelegenheit nach, gleichwie andere geistliche, freuen, gebrauchen und genießen sollen ꝛc." Dieses Privilegium insinuirte am 16. April 1709 im Beisein von zwei glaubwürdigen Zeugen der Fürstl. Worms. Notar Bingh einem Ehrsamen Rath.*)

Allein die Stadt läßt sich auch durch diesen kaiserlichen Brief keineswegs beunruhigen: ihr Rechtsconsulent Kremer in Worms und ihr Reichsagent v. Praun in Wien machen durch formelle Schwierigkeiten, die sie erheben, den kaiserlichen Freiheitsbrief wirkungslos. Praun schreibt am 10. Nov. 1708, die Herrn Jesuiten wollten zwar immer etwas besonderes haben, allein es sei ihnen hier doch nicht geglückt. Ein Rescript, wie sie es gegen die Stadt verlangt, werde nur ertheilt, wenn actenmäßig die Verleihung der Privilegien erwiesen sei, und bis die betreffenden Acten beigebracht seien, könnten Gegenmaßregeln ergriffen werden. In Uebereinstimmung hiermit schreiben Heimes und Fichtl: „Magistratus wußte gar wohl, daß die neuen Patres der Societät Jesu nicht alle ihre Briefschaften und Documente, die zur Zeit des Brandes der Stadt Worms hinweggeflüchtet worden, wiederum zurückerhalten, mithin in Folge des Mangels an Urkunden jetzt gegen ihn nicht aufkommen würden. Der Magistrat unterfing sich deßhalb aufs neue, die Jesuiten im Genuß der rachtungsmäßigen Freiheit zu beklemmen. In der That war dem also, daß die Jesuiten ihre sachdienlichen Documente verloren. Es stand auch bis zum Jahre

---

* Die notariell beglaubigte Copie und Binghs Insinuation im Worms. Arch. IV. IV. 34. 12. 183. Fcl. 16.

1712 an, bis sich die nöthigsten Acten, nämlich das von der kaiserlichen Commission am 4. Aug. 1650 gefällte Urtheil, und die demnächst (16. Oct. 1650) ergangene „Leuteratio Sententiae", im mainzischen Jesuiter-Archiv vorgefunden hatten". Darauf wurde von den Jesuiten auf endliche Ausführung des in ihrer Angelegenheit früher gegebenen Bescheids gedrungen und Kaiser Karl VI. erließ folgendes Mandat an die Stadt Worms.

Karl der Sechste x. Ehrsambe liebe getreue. Auß dem beyverwahrten abschrifftlichen einschluß habt ihr mit mehreren zu ersehen: wasmaßen bey Unß die P. P. Societatis Jesu in Unßerer und des Heyl. Reichs Statt Worms sich beschwäret, wie daß Sie von Euch (dem publicirten und in rem judicatam erwachsenen Conmissions-Urtheil und darauff erfolgten paritorien und executorialien vom Sechszehenbten Octobris Sechszehenhundert fünffzig und vier und zwanzigsten Septembris Sechszehenhundert acht und fünffzig zuwider) unter die rachtungsmäßige geistlichkeit nicht gehörig geachtet, und dahero ihnen kein freyzeichen gratis zu einführung ihrer Wein und früchten ertheilen wollet x. Wann wir nun bey so gestalten Dingen nicht sehen können, wie die supplicirende Patres dergestalt beschwärt werdten mögen, so haben Wir Euch solch derselben demüthiges anbringen mit dem gnädigsten Befelch trafft dieses einschließen laßen wollen, daß **ihr bey denen darin angebrachten umbständen denenselben in mit genießung der Rachtung keinen eintrag thuet x**. Geben in Unser Statt Wien d. 9. Nov. 1712.*)

Carl.

Auch diesem kaiserlichen Willen wußte der Magistrat mit seinem Reichsagenten von Praun zu Wien zu begegnen. Dieselben erklärten nämlich, dem Magistrat sei von der Entscheidung, welche die Commissäre im Jahre 1650 sollten getroffen haben, nichts bekannt. „Sollte aber etwa von den hohen Herren Commissären oder deren Subdelegirten hierin etwas verfüget worden sein, so sei dieses geschehen, ohne daß die Parteien zuvor Acta und Beweise gepflogen, und es sei ja bekanntlich Rechtens, daß eine solche Sentenz von keiner Wirkung seyn könnte." „Die Jesuiten", fügt Helmes hinzu, „waren auf diesen Einwurf in einer übeln Lage." Diese Erzählung wird durch ein im Wormser Archiv befindliches Aktenstück bestätigt, in dem die Advocatenkünste des Reichs- agenten v. Praun zu lesen sind (IV. IV. 34, 12, 185. Act. 55.) „Endlich wurden die Jesuiten gewahr", erzählen Heimes, Fichtl und die Facti species. „daß das oben angeführte, im Jahre 1670 d. d. 30. Dez. an den Kurfürsten von Mainz erlassene städtische Antwortschreiben (vgl. oben S. 188) im kurmainzischen Hofarchiv aufbehalten sey. Die Jesuiten baten darum an der gehörigen Stelle und empfingen es. In diesem Schreiben erkennt der Magistrat die Sentenz der Kaiserlichen Commission an und verspricht auch einen Theil davon genauest zu befolgen. Die Jesuiten machen gleich von diesem Schreiben bei dem kaiserl. Reichshofrath den nöthigen Gebrauch. Dasselbe wird dem Magistrat mitgetheilt. Dieser erkennt nun das Schreiben seiner Vorfahren an und sagt in einer Gegenschrift sub praeeuntalo den 10. Febr. 1715, er habe es seinen Gegnern, den Jesuiten zu danken, daß sie ihm seiner Vorfahren Schreiben ans Tageslicht gebracht hätten." Damals ließen die Jesuiten, noch im Jahre 1715, die hier vielfach benutzte sog. „Wahrhafte Facti species x. in Sachen der P. P. Soc. Jesu in Wormbs contra den Stadt-Magistrat daselbst" drucken, und suchten nun bei kaiserl. Reichshofrath um nichts anders als um Ausführung des längst ergangenen Urtheils nach. Heimes und Fichtl sagen, es sei nahe daran gewesen, daß die Executions Commission ernannt werden sollte; darauf habe der Magistrat angefangen, den Jesuiten ihre Früchte und

---

*) Original mit Siegel im Arch. zu Worms IV. IV. 34, 12, 185. Act. 37.

Die Jesuiten lassen sich die Magnuskirche vom Andreasstift u. vom Bischof Franz Ludwig cediren 1717.

Weine frei aus- und einzulassen. Allein wie dies geschehen, ergibt sich daraus, daß der Rath gegen die soeben erwähnte Jesuitische Processschrift zunächst eine „Rechtsbegründete Widerlegung Facti cujusdam Speciei etc. in Sachen der P. P. Soc. Jesu in Wormbs contra den Magistrat des heil. Reichs freyen Stadt Wormbs in puncto einer nichtig praetendirten Nachtungsmäßigen Geistlichen Freiheit und Immunitaet" erscheinen ließ, die am 27. Juni 1718 an den Reichsagenten von Praun nach Wien geschickt wurde.*)

Auch in den Streit um die St. Magnuskirche griffen die Jesuiten im 18. Jahrhundert wiederum ein.

Nachdem dieselben sofort nach ihrer Rückkehr nach Worms mit dem Wormser Domcapitel und der fürstbischöflichen Regierung zu Worms über die Cession der Magnuskirche an das Jesuitencolleg verhandelt hatten (vgl. oben S. 192), informirte Dechant Schmidt im Jahre 1710 den Hofrath Dresler über die Frage der Restitution der Magnuskirche, und äußerte dabei den Gedanken, weil ein Geistlicher des Andreasstifts, Marquard Kölblin, im Jahre 1624 in der Magnuskirche die Messe gelesen, die er als Inhaber einer Pfründe der Magnuskirche zu lesen schuldig war, und weil damals Spanier und Ligisten in der Pfalz die „Herren gespielt", so müsse mit Rücksicht auf diesen Besitzstand (?) des Normaljahrs 1624 die Kirche restituirt werden. Der bischöfliche Hofrath Dresler gibt sein Votum dahin ab, daß das Stift nochmals protestiren solle. Als dann der Rath 1712 die durch die Franzosen 1689 in Asche gelegte Kirche wieder aufbauen lassen wollte, ließen Dechant und Capitel des Stifts und die fürstbischöflichen Räthe nicht nur durch einen Notar und Zeugen dagegen protestiren, sondern auch vermittelst bedeutsamer Ceremonien, „durch Abstoßen einiger Steine und Mitnehmen einigen Maurergeschirrs, feierlich ankündigen", daß man von neuem den alten Protest und Proceß aufnehme. Der Magistrat beauftragt hierauf am 23. Sept. 1712 seinen Notarius, daß er unter Hinweis darauf, daß die Stadt die Kirche nach einer Stelle der Nachtung vom J. 1526 (vgl. oben S. 48) schon in diesem Jahre (also fast zweihundert Jahre) factisch besessen, die rechtlich nothwendigen Gegenmaßregeln gegen das Vorgehen der Bischöflichen Regierung ergreife. Wiederum wurden lange Erklärungen und Gegenerklärungen geschrieben.

Erst vom Jahre 1717 an, als nämlich die Stadt Worms die abgebrannte Magnuskirche wieder aufgebaut und ausgestattet hatte, treten nach den Acten des Darmstädter Archivs die Wormser Jesuiten offen mit dem Anspruch auf die St. Magnuskirche hervor. Am 26. April 1717 cediren Dechant D. H. von Bielstein und Capitel des Andreasstifts die Kirche einstimmig „zu Beförderung der Ehr Gottes und mehrerer Aufnahme der lutherischen Religion" an das Collegium Soc. Jesu zu Worms. Diese Cession wird hierauf dem Kurfürsten und Erzbischof Franz Ludwig zu Trier, der auch Bischof von Breslau und Worms war, zur Genehmigung vorgelegt. Nachdem derselbe von seiner fürstbischöflichen Regierung zu Worms darüber Bericht gefordert und erhalten, bestätigt er von Breslau aus die gedachte Cession am 11. April 1718. Der Rath zu Worms dachte, Stift und Bischof möchten immerhin auf dem Papier cediren, was sie nicht besäßen, wenn sie nur nicht die Macht hätten, solcher Cession Folge zu geben; und die Zeiten der Macht des Jesuitismus gingen in dem aufgeklärten Jahrhundert rasch ihrem Ende entgegen.

Als 1735 auf dem Reichstag zu Regensburg sogar das Corpus Evangelicum die Ansprüche der Stadt auf die Magnuskirche vertrat, wird von der Fürstlich Wormsischen Regierung am 19. Jan. 1736 beschlossen, den Herrn P. P. Jesuitis an die Hand zu geben, den zur Zeit des polnischen Erbfolgekriegs in Worms befindlichen französischen Gouverneur General Comte de

* Mehrere Exemplare dieser Widerlegung befinden sich im Wormser Archiv, Fasc. IV, IV, 34, 12, 185, 83.

La Valle de Montmorency in der Sache anzugehen und ihn zu sondiren, „wie er solches werde ansehen und was er darin allenfalls zu thun räthlich halte." Man hoffte offenbar, der Franzose werde den Jesuiten die Dienste leisten, die einst Tilly in Worms denselben gewährt hatte. Den damaligen Verhandlungen, die sich in der alten Weise bis ins Jahr 1737 hinauszogen, verdankt die Geschichte der Magnuskirche ein Verzeichniß und die Beibringung wichtiger, hier benutzter Actenstücke aus der Reichs-Hofraths-Canzlei in Wien, und zwar durch Vermittelung des Kurtrierischen Geheimeraths von Heunisch zu Wien, der damals die Schriftstücke dem Reichsagenten der Stadt Worms von Fabrice zu Wien vorweggenommen zu haben scheint.

Im Jahre 1755 entbrannte der alte Streit um die Magnuskirche zum letztenmale. Der Rath ließ nämlich dieselbe damals restauriren und bediente sich derselben wie früher zum öffentlichen Gottesdienste. Das bischöfliche Vicariat und das Andreasstift beriethen darüber im November und Dezember 1755 und ließen durch einen Notar gegen das Vorgehen des Raths in ähnlicher Weise, wie im J. 1712, protestiren. Allein die fürstbischöfliche Regierung befand sich in schlimmer Lage. Zur Wiederaufnahme eines Processes bedurfte man wirklicher Urkunden, durch die hätte erwiesen werden müssen, in wessen Besitz die Magnuskirche im Jahre 1624, dem Normaljahr für die Regelung des kirchlichen Besitzstandes in und nach dem dreißigjährigen Kriege, stand. Auf die in Wetzlar und Wien geschehenen Anfragen erfuhr nun aber die fürstbischöfliche Regierung zu Worms, daß bei dem Reichskammergericht in Wetzlar jede Spur der Acten des um die Magnuskirche seit 1566 s. oben S. 168) geführten Processes verschwunden sei, daß dagegen in der Reichshofrathskanzlei zu Wien zwar Acten vorhanden seien, aber nur bis zum Jahre 1616 reichten, d. h. bis zu dem Jahre, bis zu welchem einst der Rath, nachdem die kaiserlichen Commissarien schon 1566 gegen ihn erkannt hatten, in äußerst zäher Weise genau fünfzig Jahre die Vollziehung der gefällten Urtheile zu verschleppen gewußt hatte. Wie dem Rathe nach dem Jahre 1616 das Zeitalter der großen Kriege günstig war, in dem für die Erledigung der kleinen Zwistigkeiten zwischen einem Stadtrathe und einem Stifte theils Zeit und Gelegenheit fehlten mochten, theils die Gegner selbst — wie bei den Absichten der Jesuiten auf die Magnuskirche — sich näherten oder verständigten; so waren wohl der Ausbruch und der ereignißvolle Verlauf des siebenjährigen Kriegs und die größere Toleranz des nachfolgenden Zeitalters Anlässe dafür, daß der Rath zu Worms im Besitz der von ihm seit 1712 restaurirten Kirche blieb.

Auch in dem alten Streite des Raths und der Jesuiten zu Worms bezüglich der von diesen erstrebten rechtungsmäßigen Freiheiten das Wormser Clerus hat der Rath nur vorübergehend und gezwungen nachgegeben; er stellte sich offenbar immer wieder auf seinen ersten Standpunkt. Darum gebietet Kaiser Joseph II. in einem Erlaß vom 19. Febr. 1767 dem Magistrat zu Worms: „daß sie die eingeklagte Turbationen gegen klagendes Collegium gänzlich ab- und einstellen, sofort besagtes Collegium in seiner wohlhergebrachten Possession vel quasi des freien Wehverzapfs, das ganze Jahr hindurch, ohne Unterschied derer Zeithen, keineswegs mehr turbiren oder beeinträchtigen sollen."*) Der Gang der Weltgeschichte entschied gegen die Jesuiten. Der Rath und die Bürgerschaft zu Worms brauchten nur noch wenige Jahre in ihrer Gegnerschaft auszuharren, um der Genugthuung sich zu erfreuen, daß der Jesuitenorden, dem bis 102 Jahre lang gezeigt hatten, wie gemeingefährlich er ihnen erschienen und wie verhaßt er ihnen war, auf Betreiben gut katholischer Regierungen durch den Papst Clemens XIV. aufgelöst wurde, weil nach der Ansicht und den Worten dieses Papstes der w a h r h a f t e und d a u e r h a f t e F r i e d e d e r K i r c h e n i c h t w i e d e r h e r g e s t e l l t w e r d e n k ö n n e, so lange diese G e s e l l s c h a f t b e s t e h e.

* Abschrift im Worml. Arch. IV. IV. 34. 12. 165. Act. 117.

V.

Die Auflösung des Wormser Jesuitencollegs und die Stiftung des fürstbischöflichen Gymnasiums zu Worms durch den Kurfürsten zu Mainz und Bischof zu Worms Emmerich Joseph von Breidbach.

Nachdem die Verderblichkeit und Entartung des Jesuitenordens besonders in den katholischen Ländern Europas schwer empfunden und deshalb durch die bourbonischen Regierungen an den Papst die Aufforderung gerichtet worden war, daß derselbe, nachdem bereits die weltliche Macht die Jesuiten aus Frankreich, Portugal, Spanien, Neapel vertrieben, die Gesellschaft Jesu kraft seiner päpstlichen Gewalt aufhebe, da sie Völkern und Fürsten feindlich sei und die Wirksamkeit der Kirche schädige, weil sie allezeit streitsüchtig sei und den Geist der Menschen für den entehrenden Aberglauben mechanisch zurichte: unterzeichnete Papst Clemens XIV. am 21. Juli 1773 das Breve, welches den Jesuitenorden aufhob. Erst einige Wochen später wurde dasselbe von dem Papste, der im Bewußtsein voller Selbstständigkeit und aus innerster Ueberzeugung handelte, den katholischen Mächten bekannt gemacht. Nachdem in den vorliegenden Blättern der hundertundsechzig jährige Kampf, der zwischen dem Rath zu Worms und den Wormser Jesuiten geführt wurde, nach den bis jetzt bekannt gewordenen Nachrichten angedeutet worden, sollen zur Rechtfertigung der tieferen Beweggründe des Wormser Magistrats hier einige Stellen des Aufhebungsdecrets des Papstes Clemens XIV., der selbst den Jesuiten ihr Urtheil spricht, angeführt werden.

„Man ersieht aus dem Inhalt und den Ausdrücken der apostolischen Verfügungen", sagt Papst Clemens XIV., „daß in dieser Gesellschaft gleich bei ihrem Entstehen mannigfaltiger Samen der Zwietracht und Eifersucht, nicht allein in ihrem Innern, sondern auch gegen andre Regularorden, gegen die Weltpriesterschaft, gegen Akademien, Universitäten, öffentliche Schulen, ja sogar selbst gegen Fürsten angekeimt ist, in deren Staaten sie aufgenommen worden". „Es fehlte nie an den wichtigsten Beschuldigungen, die man den Mitgliedern dieser Gesellschaft machte, und welche den Frieden und die Ruhe in der Christenheit nicht wenig störten. — Wir haben zu unserem tiefsten Herzeleid bemerkt, daß viele angewandte Mittel fast gänzlich kraftlos und ohne Wirkung waren, um so viele wichtige Unruhen, Beschuldigungen und Anklagen gegen oft genannte Gesellschaft zu zerstreuen oder zu vertilgen, und daß sich deshalb unsere Vorgänger, die Päpste Urban VIII., Clemens IX., X., XI., XII., Alexander VII., VIII., Innocenz X., XI., XII., XIII. und Benedict XIV. vergebliche Mühe gaben, die erwünschte Ruhe in der Kirche herzustellen. Sie gaben zu diesem Zwecke sehr viele heilsame Verordnungen: sie betrafen den Gebrauch und die Erklärung solcher Lehrsätze, welche der apostolische Stuhl als ärgerlich und gegen Zucht und Sitten offenbar verstoßend mit Recht verdammt hat, sie betrafen endlich höchst wichtige Dinge, welche zur Erhaltung der Reinheit des christlichen Dogmas unumgänglich nöthig waren, und solche, aus welchen nicht weniger in Unseren, wie schon in vorigen Zeiten Schaden und Unheil erwachsen ist: nämlich Zerrüttungen und Empörungen in einigen katholischen Staaten und Verfolgungen in der Kirche in verschiedenen Reichen Europas und Asiens. Unsere Vorgänger haben darüber vielen Kummer erfahren müssen, ja Papst Innocenz XI. ging, aus Noth gedrungen, so weit, daß er der Gesellschaft verbot, Novizen anzunehmen und einzukleiden: Innocenz XIII. sah sich genöthigt, ihr mit gleicher Strafe zu drohen, und Benedict XIV. beschloß die Visitation der Häuser und Collegien in den Reichen Unseres geliebtesten Sohnes in Christo, des allergetreuesten Königs von Portugal und Algarvien. „Es ist endlich soweit gebracht, daß selbst diejenigen, deren von ihren Voreltern angeerbte Frömmigkeit und Großmuth gegen die Gesellschaft allgemein gerühmt wurden, nämlich Unsere in Christo geliebtesten Söhne, die Könige von Frankreich, Spanien und Portugal und von beiden Sicilien sich genöthigt sahen, die Ordensglieder aus ihren Staaten zu verbannen und auszustoßen, weil sie dies für das einzige und nothwendige Mittel ansahen, um zu verhindern, daß nicht Christen im Schoße der heil. Mutterkirche einander selbst reizten, angriffen und zerrissen. In der Betrachtung, daß erwähnte Gesellschaft die reichen Früchte nicht mehr bringen und den Nutzen nicht mehr schaffen könne, wozu sie gestiftet, — ja daß es kaum oder gar nicht möglich sei, daß, so lange sie bestehe, der wahre und dauerhafte Friede der Kirche wiederhergestellt werden könne: aus diesen wichtigen Beweggründen heben wir mit reifer Ueberlegung, aus gewisser Kenntniß und aus der Fülle der apostolischen Macht die erwähnte Gesellschaft auf, unterdrücken sie, löschen sie aus, schaffen sie ab und heben auf alle und jede ihrer Aemter, Bedienungen und Verwaltungen, ihre Häuser, Schulen, Collegien, Hospizien und alle ihre Versammlungsorte, sie mögen sein, in welchem Reiche, in welcher Provinz und unter welcher Botmäßigkeit sie wollen, und die ihnen auf irgend eine Weise angehören, ihre Statuten, Gebräuche, Gewohnheiten, Decrete, Constitutionen, wenn sie gleich durch Eidschwur oder durch eine apostolische Bestätigung oder auf eine andere Weise bestätigt sind x.

Als Papst Clemens XIV. sein Breve erließ, war der Erzbischof und Kurfürst zu Mainz, Emmerich Joseph von Breidbach, Bischof zu Worms. Derselbe ist als tüchtiger, milder und aufgeklärter Fürst zu bekannt, als daß es nothwendig wäre, ihn hier zu charakterisiren. Die Jesuitenanstalten löste er in den Diöcesen Mainz *) und Worms alsbald auf; allein er that dies nicht

---

*) In dem Kurfürstenthum Mainz waren damals 143 Jesuiten, und zwar: 61 Priester, 16 Magister und Candidati Theologiae, 30 Novizen und 36 Brüder. (Vgl. Punktation, betr. die Besitzconfiscirung der Jesuitenbesitzung zu Mainz, im Darmst. Staatsarchiv, Worml. Jesuiten-Fascikel, Nr. 22.) Emmerich Joseph löste auch am 15. und 16. Nov. 1773 kraft seines geistlichen Amts als Bischof zu Worms in der Kurpfalz unter Mitwirkung der von dem Kurfürsten Karl Theodor von der Pfalz bestellten Commissäre die Jesuitencollegien zu Mannheim und Heidelberg auf. Im Refectorium des Jesuitencollegs zu Mannheim wurden am 15. Nov. die Mannheimer und Eggersheimer Jesuiten versammelt. Der Kurpfälzische Rath v. Gunzmann eröffnet die Handlung, indem er ausspricht, das päpstliche Breve über die Aufhebung des Jesuitenordens sei dem Kurfürsten von der Pfalz durch den päpstlichen Nuntius in Köln mitgetheilt worden, und dasselbe solle in der Kurpfalz, soweit es den Regalien nicht schädlich sei, in Erfüllung gebracht werden. Der geistliche Rath Helmes aus Mainz erklärt im Namen seines Herrn, derselbe wolle, daß das Breve den in der Diöcese Worms

ausschließlich im Gehorsam gegen den Papst, sondern aus selbständiger, fürstlicher Entschließung. Es folgen hier Mittheilungen aus den im Darmstädter Staatsarchiv befindlichen, seither noch nicht veröffentlichten Urkunden und Acten über die Auflösung der Jesuitencollegien und die Einziehung ihrer Güter in den Diöcesen Mainz und Worms.

Am 2. Sept. 1773 ernannte Kurfürst Emmerich Joseph als Bischof zu Worms „aus eigener, höchster geistlichen und weltlichen Gewalt", zum Zweck der Aufhebung der Jesuitenniederlassung in der Diöcese Worms, eine Commission, die aus dem Weihbischof von Scheben, dem Official Schald, dem geistlichen Rath Heimes und dem Landschreiber Reißenbach bestand und die Vollmacht erhielt, alles zu vollziehen, was die Natur des Geschäftes und die ihnen gewordenen Instructionen erforderten. Der Kurfürst empfahl in dem schriftlich ausgefertigten Commissorium vom 2. September sämmtlichen im Wormser Hochstift sich aufhaltenden Jesuiten, der verordneten Commission und ihren Verfügungen umsomehr schleunig Folge zu leisten, je geeigneter dies sei, die Lage der Jesuiten auf eine der Milde des Kurfürsten entsprechende Weise zu mildern. Gleichzeitig mit diesem Commissorium stellt der Kurfürst den genannten Commissären zunächst folgende Instruction zu. Sie sollten in der Frühe des 3. Sept. den Jesuiten zu Worms in der Behausung des Collegiums das kurfürstliche Commissorium mittheilen, im Namen des Bischofs als des höchsten Ordinarius Besitz von allen Gütern des Jesuitencollegs ergreifen, den Mitgliedern desselben aber bekannt machen, daß unter ihnen hinfort keine vita communis stattfinden könne: alle müßten ihren Ordenshabit ablegen und bereit sein, sich demnächst an den ihnen zu bestimmenden Ort ihres Aufenthaltes zu begeben. Die Commissäre sollten auch unverweilt Anstalten machen, daß von den außerhalb des Bisthums Worms gelegenen Jesuitengütern nicht zu gleicher Zeit von den betreffenden Landes- oder Ortsherrn Besitz ergriffen werde. Die Commissäre sollten den im Wormser Collegium sich aufhaltenden Jesuiten erklären, daß der Kurfürst dieselben nicht einem ungewissen Schicksal oder dem Mangel an Lebensmitteln überlassen, sondern ihr Loos erleichtern, insbesondere die Jesuiten der höheren Grade, die in dem Collegium angestellt seien, nach dem seitherigen Maßstabe unterhalten werde, jedoch mit dem Vorbehalte, jeden einzelnen nach dem Maße seiner Eigenschaften und Kräfte zum allgemeinen Besten zu gebrauchen. Wer zu seinen Verwandten oder anderswohin reisen wollte, solle dies den Commissären mittheilen, die denjenigen, welche nicht wiederkommen wollten, die Aussicht auf Verpflegung abschneiden müßten. Solchen, die zum Lehramt geeignet seien, sollte der Abzug erschwert werden. Im Uebrigen sollten die Wormser Jesuiten nach Rücksprache mit den Vorstehern der Wormser Klöster bis auf Weiteres, gegen Zahlung eines noch festzustellenden Kostgelds, in die in der Stadt befindlichen Manns- und Frauenklöster, nämlich der

wellenden Jesuiten mitgetheilt werde. Darauf wird das Breve von Heimes verlesen, wonach alle Aemter und Constitutionen der Jesuiten gänzlich aufgehoben seien. Die Exjesuiten seien ihrer Gelübde entledigt und dem übrigen Clerus einverleibt, müßten auch, wie dieser, dem Erzbischof als höchstem Ordinarius vollkommen gehorsam und unterwürfig sein. Sie müßten die Kleidung der Jesuiten ablegen. Weil aber in Mannheim viele Katholiken seien, sollten einige Exjesuiten sogleich die Erlaubniß erhalten, geistliche Handlungen als gewöhnliche Cleriker zu vollziehen; aber auch diese müßten vor der Vollziehung dieser Handlungen dem Jesuitenornat abgelegt haben, und alle Exjesuiten, die in der Folge als Geistliche würden verwendet werden, müßten sich demnächst bei dem Ordinariat zu Worms vorstellen. Darauf sagte der kurpfälzische Rath mit erheiternder Liebenswürdigkeit: „Sie sind nun keine Jesuiten mehr, sondern Cleriker", und schlug dem Rath Heimes als vorläufigen Vorsteher derselben den Hofcaplan Höslein vor, den Heimes sofort mit allen geistlichen Vollmachten ausstattete. Mit denselben Formalitäten wurde am 18. Nov. 1773 in dem Collegium zu Heidelberg in Gegenwart des Kurpfälzischen Commissärs v. Aiß das päpstliche Breve verkündet. Daß Karl Theodor seinen Exjesuiten nach wie vor große Freiheiten gewährte, erzählt die Geschichte der Pfalz vgl. Häußer, Gesch. d. Rhein. Pfalz, II, 835—937).

Dominikaner, der Carmeliter, Mariä Münster und S. Richardi so vertheilt werden, daß in keinem mehr, als höchstens vier Personen gesetzt würden.

Die sog. Scholastici des Wormser Collegiums (d. h. diejenigen Angehörigen, die der Societät ihr Leben erst widmen wollten, auch schon Ordensgelübde abgelegt hatten, um dann später zu irgend einer Ordensthätigkeit, als Professen, Coadjutoren oder zur Fortsetzung der Studien in den Studia superiora, überzugehen), sollten nach des Bischofs Anweisung in weltlicher Kleidung einfach entlassen werden, jedoch sollte denselben, sofern sie etwa mit vorzüglichen Talenten begabt seien, freigestellt werden, ob sie in geistlichem oder weltlichem Stande das Lehramt zu Worms fortsetzen wollten. Sollte dies nicht der Fall sein, so bleibe ihnen anheimgegeben, sich, so gut sie könnten, ihren zukünftigen Unterhalt zu erwerben. Ebenso sollte auch mit den Laienbrüdern des Wormser Collegs verfahren werden: mit einem Zehrpfennig sollten sie zu ihren Handwerken entlassen werden; wenn jedoch alte und unkräftige Leute darunter seien, so solle es mit denselben ebenso wie mit den gebrechlichen Priestern gehalten werden. „Das bisherige Collegium soll in Zukunft jenes Haus verbleiben, worin die neu anzustellenden Lehrer gemeinsam wohnen und sich zu dem neuen Lehramt vorbereiten werden." Die von dem Kurfürsten eingesetzte Commission sollte demselben alsbald berichten, wie das neue Lehrerpersonal zu gewinnen sei, unter welchen Bedingungen demselben die Verpflegung im Hause und die Gehalte zu bewilligen seien, auch wie die Oeconomie in dem neuen Hause am geeignetsten geordnet werden könne. Ueberhaupt sollte die Commission alles sogleich anordnen, was zur bevorstehenden neuen Einrichtung des fürstbischöflichen Gymnasiums nothwendig sei.

Am 3. September 1773, Morgens 7 Uhr, rückte die ernannte Commission in das Collegium ein, eröffnete den dreizehn Bewohnern desselben, den acht Patres, einem Magister und vier Brüdern, die erfolgte Auflösung des Ordens und ihres gemeinsamen Lebens und ergriff im Namen des Kurfürsten und Bischofs von den Collegialgebäuden, dem Kirchlein und allen Geräthschaften Besitz, nachdem sie den Pater Rector und Pater Procurator bezüglich der von ihnen zu fordernden Angaben verpflichtet hatte. Die Commissäre nehmen die Siegel des Collegiums, Stiftungsurkunde, Capitalienbriefe, Documente, Rechnungen, Baarschaft und andere Vorräthe[*], sowie die Schlüssel zur Hauscapelle, zur Schule und dem gesammten Collegium in Empfang und verrichten die symbolischen Handlungen der Besitzergreifung: sie zünden ein Feuer auf dem Herde an und schneiden im Namen des Kurfürsten und Bischofs einige Splitter von der Thürschwelle ab. Am 3. Sept. ergreifen die Commissäre auch in Heuchelheim und Gerolsheim Besitz von den dortigen Jesuitengütern, von denen jedes etwa aus vierzig Morgen bestand; am 4. Sept. nahmen sie in Dirmstein von

---

[*] Bei der Aufnahme des ersten Inventars fanden die Commissäre in dem Collegium vor: an baarem Gelde 500 fl.; nach den Obligationen an ausstehenden Capitalien 8955 fl.; Baarschaft der Bibliothek 65 fl. 16 kr.; Capitalien, die für die armen Studenten ausstanden, 2325 fl.; Baarschaft der Marianischen Sodalität 14 fl. 36 kr.; Eigenthum der sog. Tod-Angst-Bruderschaft: vier silberne Leuchter, ein silbernes Rauchfaß ꝛc. An Wein war vorräthig: 57 Fuder 3 Ohm, und zwar 45 Fuder von den Jahren 1771 und 1772, die übrigen Fuder von besseren Jahren. An Frucht und Mehl: 10 Malter. Die vorstehenden Angaben geben keine genaue Vorstellung von dem Besitzstande des aufgehobenen Jesuitencollegs zu Worms. Notizen über ausgeliehene Capitalien des Collegs finden sich in einem Repertorium generale, das im Wormser Archiv bei den Jesuitenacten, resp. Seminariumacten, sich befindet. Wenn man sich erinnert, daß die ursprüngliche Dotation des Collegs vom 22. April und 6. Nov. 1613 nur an jährlichen Zuschüssen an Naturalien, Geld aus Zollen und Zinsen im Betrage von 1500 fl. bestand, aber keine liegenden Güter in sich schloß; so beweist der schließliche Besitzstand der Jesuiten zu Worms, wie sie es verstanden, trotz des Gelübdes der Armuth Besitzer von großen Gütern, Häusern und Capitalien zu werden.

einem noch größeren Gute, den dortigen Häusern nebst Kapelle und Inventar Besitz. Dasselbe geschieht am 6. Sept. in Horchheim, später in Bürstadt und Herrnsheim.

Als das Wormser Jesuitencollegium aufgelöst wurde, gehörten demselben dreizehn Personen an, die in drei bei den Jesuitenacten des Darmstädter Archivs befindlichen Uebersichten (Nr. 3. Lit. 2. Nr. 4 u. 5) kurz charakterisirt werden. Von diesen Verzeichnissen ist am wichtigsten ein durch den damaligen Rector des Collegs P. Balthasar Heider in lateinischer Sprache aufgestellte Tabelle über die dienstlichen und persönlichen Eigenschaften der damaligen Angehörigen des Jesuitencollegs: „Catalogus primus Collegii Societatis Jesu Wormatiensis anno 1773." Darin sind Vor- und Zunamen, Heimat und Lebensalter, Gesundheit, Zeit des Eintritts in die Societät, Studien und Fähigkeiten, Dienstleistungen in der Societät, die in den Wissenschaften und in der Societät erreichten Grade der acht Priester und des einen Scholasticus, sowie die Personalien der vier niederen Laienbrüder (coadjutores temporales) übersichtlich verzeichnet. Wie wurde wohl damals in dem Collegium der Unterricht der fünf normalen Klassen der Studia inferiora besorgt: Cl. V. Grammatica infima, Cl. IV. Grammatica media, Cl. III. Grammatica suprema oder Syntaxis, Cl. II. Humanitas, Cl. I. Rhetorica? (Vgl. oben S. 149.) Nach den Angaben des erwähnten Cataloges unterrichtete einer von den acht Priestern des Collegs die beiden Klassen, die nach der Studienordnung die unterste und die mittlere Grammaticalklasse hießen, ein zweiter Priester unterrichtete die drittunterste Klasse, die Syntaxis genannt wurde. Der neunte Jesuit höherer Bildung war ein sog. Scholasticus und lehrte Poetik und Rhetorik in der obersten Klasse.*) Aus diesen Angaben ergibt sich unter Berücksichtigung der Regeln der Studienordnung der Jesuiten, daß die Wormser Jesuitenschule im Jahre 1773 wie im Jahre 1707 (s. oben S. 103.) nur drei Klassen besaß. Und weil in dem seit 1707 zwischen Stadtmauer und Luginslandgasse aufgeführten, nur 33 Fuß langen Schulhaus, das dreistöckig gewesen zu sein scheint, nur Raum für drei Klassen gewesen zu sein scheint, dieses Haus aber im J. 1753 immer noch das Schulhaus war, so scheint die Jesuitenschule im 18. Jahrhundert nur drei Klassen gehabt zu haben. Im Jahre 1773 wurde die unterste (V.) und zweitunterste (IV.) Grammaticalklasse von einem Priester unterrichtet, offenbar in einer Unterklasse, die aus mehreren, wohl in verschiedenen Stunden theils combinirten, theils getrennten Abtheilungen bestand. Ueber dieser Klasse stand eine Mittelklasse, die der regulären Kl. III. der sog. Syntaxis, entsprach, und über dieser Mittelklasse stand nur eine Oberklasse, welche die normalen Klassen I und II, die Humanitas und Rhetorica hießen, umfassen sollte und in der deshalb Poetik und Rhetorik gelehrt wurden.

Die drei Lehrer**) dieser drei Klassen waren nach dem gedachten Katalog P. Antonius

---

* „Collegium numerat personas tredecim, Sacerdotes octo, quorum unus docet secundam et infimam grammaticas classem, alter Syntaxin, Scholasticum unum, qui docet Poëticam et Rhetoricam. Coadjutores temporales quatuor." cf. Catalog. prim. im Darmst. Archiv Nr. 3. E.

** Es folgen hier die Personalien dieser drei Lehrer nach dem oben gedachten Catalogus primus: „P. Antonius Hoepfner, natione Franco, patria Morgenthemensis, natus 1738, 29. Sept., habet vires bonas, Societatem ingressus est Moguntiae 1759, 14. Sept., audivit philosophiam extra Societatem duobus annis, novit linguam germ. et latinam. Docuit inferiora annis 5, Rhetoricam annis 2. Magister in philosophia, vota emisit 1760, 15. Sept. — P. Antonius Martin, natione Franco, patria Morgenthemensis, natus 1745, 17. Nov., habet vires mediocres, Societatem ingressus Moguntiae 1763, 14. Sept., audivit philosophiam biennio extra Societatem, novit linguam germanam et latinam. Docuit inferiora annis tribus. Magister in philosophia, vota emisit 1765, 14. Sept. — M. Petrus Specht, natus 1742, 19. Sept., habet bonas vires, Societatem ingressus Moguntiae 1765, 14. Sept., audivit philosophiam biennio extra Societatem, novit linguam germanam et latinam. Docuit inferiora annis quinque, Magister in philosophia, vota emisit 1767, 14. Sept."

Höpiner, P. Antonius Martin, Mag. Petrus Specht. Unter diesen war Mag. Specht jener Scholasticus, der im Jahre 1773 Poesie und Rhetorik lehrte, also die Oberklasse unterrichtete. Demnach lehrten P. Höpiner und P. Martin in der Mittelklasse und in der Unterklasse. Da nach den Angaben des Verzeichnisses keiner von diesen Lehrern die griechische Sprache verstand, so ist es gewiß, daß in der Wormser Jesuitenschule zur Zeit ihrer Auflösung kein Unterricht in der griechischen Sprache ertheilt wurde. Sogar unter dem gesammten Personal des Collegs befand sich nur einer, von dem gesagt ist, daß er Griechisch verstand, Pater Joseph Jacob, geb. zu Seehof in Oberfranken am 22. Nov. 1734, der zwei Jahre Infertora und drei Jahre Rhetorik gelehrt, dann vier Jahre gepredigt hatte.

Die kurfürstlichen Commissäre sprechen sich in einem für den Bischof Emmerich Joseph bestimmten Promemoria über Höpiner, Martin und Specht anerkennend aus: „P. Höpiner ist jener Mann, der sein Glück zu Baden als Professor Matheseos suchen will. Eminentissimus wollen nicht entgegen sein, sofern dieser Pater glaubwürdig darthut, daß er wirklich eine dauerhafte und schickliche Station erhalten habe. P. Martin und Mag. Specht sind zwei Leute, die zur vorhabenden Absicht (der Errichtung des fürstbischöflichen Gymnasiums) vollkommen angelegt sind. Keiner von denselben hat sich annoch entschlossen, ob er sich zu dem Lehramt allhier bequemen wolle. Den Pater Martin kann man wohl nöthigen, hier zu verbleiben. Man darf ihm nur die jährliche Pension und auch allenfalls die bei dem Abtritt nöthigen Dimissorialen versagen. Dem Magister Specht muß die freie Wahl belassen werden, weil er per ordines majores an seine Kirche annoch gebunden ist."*)

Abend war es, als die kurfürstlichen Commissäre abermals im vormaligen Jesuitencollegium erschienen und jedem der Exjesuiten eröffneten, wohin er sich bis auf weitere Verfügung zu begeben habe. Die Patres und die Laienbrüder nahmen diese Eröffnung vernünftig und bescheiden entgegen. Nur der Laienbruder Uhl war muthlos, weil er allein unter die Kapuziner verbracht werden sollte, deshalb erlaubten ihm die Commissäre mit P. Jacob und P. Martin in das Dominikanerkloster zu wandern. Noch am Abend gingen die Exjesuiten auseinander in die ihnen zugewiesenen Quartiere, und das Collegium war vollständig geräumt. P. Höpiner entschloß sich auf eine Anstellung an der projectirten neuen Anstalt zu verzichten und nach Baden zu gehen. Dagegen waren P. Martin

---

*) Die kurfürstlichen Commissäre charakterisiren auch die fünf älteren Patres des Collegs. Nach ihrem Urtheil sind P. Joseph Jacob (geb. 22. Nov. 1734 zu Seehof), P. Johannes Engelhard (geb. 7. März 1733), P. Jacob Petrello (geb. 14. Sept. 1736), sämmtlich Professen der vier Jesuitengelübde, zur neuen Lehrart kaum fähig. „Alle drei haben Fremde an der Seelsorge; dies möchte zu seiner Zeit Veranlassung sein, von der Last der jährlichen Pension frei zu werden." Pater Engelhard hatte bis dahin die Domkanzel versehen. Die Commissarien urtheilten, wenn er bis dahin dem Domcapitel genügt habe, so könnte er das Amt eines Dompredigers beibehalten, zumal wenn die drei Stiftspfarreien umgeformt würden. Ueber die drei ältesten Mitglieder des Jesuitencollegs P. Balthasar Heider (geb. 11. Aug. 1734 zu Bamberg), P. Adam Krug geb. 11. Nov. 1705 zu Kissingen, P. Jobens Einer geb. 27. Sept. 1699), die auch Professen der vier Gelübde waren, schreiben des Kurfürsten Commissarien, dieselben seien alte, abgenutzte Männer. „P. Heider ist annoch der muntereste und kann als Nonnen-Pater sein Brot zum Theil verdienen." Mit dem genannten neun Personen lebten in dem Collegium vier dienende Laienbrüder als Coadjutoren zusammen; F. Bartholomäus Pauli, er war Bäcker und Koch, seine Kräfte waren gebrochen; F. Ludwig Uhl, er war Schuster und Pförtner, ebenfalls sehr gebrechlich; F. Conrad Rudolff, ein geschickter Küfer, der im Branntweinbrennen vorzügliches Geschick besaß; F. Ignaz Nep. war Bäcker und Koch. Von diesen Laienbrüdern fielen nur Pauli und Uhl der kurfürstlichen Fundation zur Last; Rudolff und Nep vermochten sich zu ernähren.

204 Verwickelungen mit fremden Territorialherrn bei der Beschlagnahme des Vermögens der Wormser Jesuiten.

und Mag. Specht, die „offene Köpfe hatten, zu den neuen Lehrplänen brauchbar waren, und ihre Talente dazu anwenden wollten", geneigt in fürstbischöfliche Dienste zu treten.*)

Nicht so leicht, wie die Aufhebung des Wormser Jesuitencollegs, wurde dem Kurfürsten und Bischof Emmerich Joseph die Errichtung des an dessen Stelle tretenden fürstbischöflichen Gymnasiums zu Worms. Mannigfache Schwierigkeiten, die entgegentraten, waren zunächst noch zu überwinden. Zunächst war das Domcapitel zu Worms mit der Einziehung des gesammten Vermögens des Jesuitencollegs durch den Bischof nicht einverstanden und erinnerte die bischöfliche Commission in der Sitzung des Capitels vom 9. Sept. 1773 daran, daß die alten Capitularprotocolle und die Fundationsurkunde des Jesuitencollegs bezeugten, daß des Jesuitencollegiums „Platz von den Angehörungen der Domkirche genommen und den Patribus nur zu ihrem Gebrauch bis zur anderweiten Ausfindigmachung einer bequemeren Wohnung angewiesen und eingeräumt worden sei."

Andere Schwierigkeiten ergaben sich dadurch, daß auswärtige Territorial- und Ortsherrn Güter, Capitalien, Pachtgelder und Zinsen des Wormser Jesuitencollegs mit Beschlag belegten. So ging dem Pächter des dem früheren Jesuiten-Collegiums gehörigen freiadelichen Guts zu Heuchelheim von dem Herrn von Wrede als lehensherrlichem Ortsherrn der Befehl zu, bei zehn Reichsthaler Strafe seinen Pacht an den Bischof zu Worms zu zahlen, da Herr von Wrede zunächst von Sr. Herzogl. Durchlaucht zu Zweibrücken Verhaltungsmaßregeln einholen wollte. Um nun Repressalien gegen auswärtige Territorialherrn ergreifen zu können, die sich Güter oder Capitalien des Wormser Jesuitencollegs aneigneten, beantragt der Confiscationscommission bei dem Bischof, genaue Erkundigungen darüber einzuziehen, welche Capitalien, Renten, Zinsen, Zehnten etwa ein anderes fremdes Collegium des unterdrückten Jesuitenordens im fürstl. Hochstift Worms besessen habe; und jene Gefälle, welche die v. Wrede'schen Erben in dem fürstl. Hochstift besäßen, so lange in Beschlag zu nehmen, bis das dem erloschenen Collegium zu Worms zuständige Gut zu Heuchelheim herausgegeben werde.

Die im Darmstädter Archiv befindlichen Urkunden über die Auflösung der Jesuitencollegien zu Worms, Mannheim und Heidelberg enthalten einige sehr interessante Actenstücke, welche die Stellung charakterisiren, die der Gönner der Jesuiten Kurfürst Karl Theodor von der Pfalz zu der vom Papste Clemens XIV. verordneten Auflösung des Jesuitenordens und deshalb zu den Bischöfen zu Worms, Speier und Augsburg einnahm, die in den Ländern des Kurfürsten Karl Theodor kraft ihrer geistlichen Autorität die vorhandenen Jesuitenanstalten aufzuheben hatten. Für das in Worms vermittelst des Fonds des ehemaligen Jesuitencollegs zu gründende fürstbischöfliche katholische Gymnasium war das Verfahren des Kurfürsten Karl Theodor sehr nachtheilig. Denn wie derselbe die Exjesuiten in seinen von Unterthanen sehr verschiedenartiger Religionsbekenntnisse bewohnten Landen im Interesse seiner Regierung noch länger zu benutzen wünschte, so fürchtete er von einer allzurasschen Auflösung der Jesuitenanstalten den Verlust vieler Besitzungen derselben und die Nothwendigkeit, nach der Beseitigung der Jesuiten aus den Einkünften seines Staats, der seither schon sehr kostspielig gewesen, für kirchliche und Unterrichtszwecke bedeutendere Ausgaben machen zu müssen. Er zog deshalb die Auflösung der in seinen Landen gelegenen Jesuitenanstalten, indem er zunächst vorschützte, daß ihm weder der Papst noch

---

*) P. Heiber sollte Confessionarius in S. Richardi-Convent zu Worms werden. Da für Engelhard, Jacob und Petresso die Verwendung in der Seelsorge sicher zu erwarten war, so fielen nur die Patres Eimer und Krug dem Pensionsfonds des Fürstbischofs zu Worms zur Last. Dem P. Engelhard wurde vom Freiherr v. Dalberg „die frühe Meß" zu Abenheim verliehen. Die Commissarien ließen allen Exjesuiten neue schwarze Kleider anfertigen, nach deren Empfang sie ihre früheren Kleidungsstücke abliefern mußten.

dessen Nuntius das Auflösungsbreve zugestellt hätten, so lange hinaus, bis sein Plan vollständig gereift und gesichert war, wonach er die Jesuiten nach Ablegung des Jesuitenhabits in den früheren Stellungen der Kirche und Schule beizubehalten vermochte und sich überdies die in seinen Ländern befindlichen Jesuitenbesitzungen, sowohl das Vermögen der in seinen Ländern gelegenen Jesuitenanstalten, als auch Vermögenstheile solcher Jesuitenanstalten sich aneignete, die in fremden Territorien gelegen waren und ihre Capitalien x. in seinem Lande ausgeliehen hatten. So legte er denn auch auf alle Capitalien Beschlag, die das ehemalige Wormser Jesuitencolleg in der Rheinpfalz ausgeliehen hatte.

Schon am 11. Sept. 1773 schreibt Karl Theodor an den Bischof von Speier, der das in seiner Diöcese gelegene Jesuitencollegium zu Neustadt a. d. Hardt aufzulösen gedachte, seine Verehrung für den Apostolischen Stuhl sei zwar sehr groß, allein er sei, ohne seine Befugnisse als Landesfürst empfindlich zu verletzen, so lange außer Stand in der Angelegenheit endgültig sich zu entscheiden, bis es seiner Päpstlichen Heiligkeit gefällig sei, selbst oder durch ihren Nuntius das die Auflösung des Jesuitenordens verordnende Breve ihm förmlich bekannt zu machen. Sodann müsse er dem Bischof zu Speier seine Wünsche eröffnen, und er wünsche auch die Meinungen der hohen Ordinariate zu vernehmen. In seinen von so vielen Unterthanen verschiedener Glaubensbekenntnisse bewohnten Landen sei kein Ueberfluß an Weltpriestern, die nicht schon mit beschwerlichen Aemtern versehen seien; wenn nun die Jesuitenanstalten aufgelöst würden, so müsse zugleich ein Ersatz für dieselben geschaffen werden, damit die von der Auflösung betroffenen kirchlichen Verrichtungen und die Lehrthätigkeit der Jesuiten anderweitig ersetzt würden. Deshalb müßten Vorkehrungen getroffen werden für die heilsame Verwendung der zur Erledigung kommenden Güter und Gefälle der Jesuiten. Karl Theodor schließt: „wenn er sich hierüber mit dem Bischof zu Speier verständigt habe, so solle es ihm ganz und gar nicht entgegen sein, wenn der Bischof zu Speier zum Zweck der Auflösung des Jesuitencollegiums zu Neustadt a. d. H. den kurpfälzischen Commissarien den einen oder den anderen seiner geistlichen Räthe beiordnen wolle, welcher dem bisherigen Collegium zu Neustadt in Gegenwart der kurpfälzischen Commissarien das erwähnte Breve vorlesen und, soweit es nicht in die Temporalien einschlage, nach dem getroffenen Einvernehmen in Vollzug setze, in alles Uebrige aber sich um so weniger einmische, als der Kurfürst beabsichtige, unmittelbar mit dem Papste die Angelegenheit so zu regeln, wie es das Beste der Kirche und des Staats verlange. Auf diese Weise bediente sich Karl Theodor des Bischofs zu Speier nur zur Ausübung seiner rein geistlichen Autorität und vindicirte sich als dem Landesherrn das Recht, Bestimmungen zu treffen über das in der Pfalz befindliche herrenlose Vermögen der aufgelösten Jesuitenanstalten.

Nach den Actenstücken des Darmstädter Archivs behandelte Karl Theodor in derselben Weise den Kurfürsten Clemens Wenceslaus zu Trier, als derselbe als Verwalter des Bisthums Augsburg das Jesuitencollegium zu Neuburg an der Donau auflösen wollte. „Wir finden uns außer Stand", schreibt Karl Theodor am 5. Oct. „Ew. Liebden unsre Bereitwilligkeit zur Zeit bethätigen zu können, erbieten uns jedoch, nach gehobenen Bedenklichkeiten und ergriffener ausreichender Maßnahme Hochdenselben die ohnumschränkte Eröffnung zugehen zu lassen." Kurfürst Clemens Wenceslaus correspondirte deshalb vom 13. October bis 28. Dez. 1773 mit dem Kurfürsten Emmerich Joseph zu Mainz, um zu erfahren, wie denn derselbe als Bischof in Worms in der Pfalz mit dem Kurfürsten Karl Theodor die Execution gegen die Jesuiten ausgeführt habe. Aus den Mittheilungen, die am 28. Dez. 1773 Kurmainz an Kurtrier über die durch die kurpfälzischen und bischöfl. Wormsischen Commissarien in den ehemaligen Jesuitenhäusern zu Mannheim und

Emmerich Joseph gesteht in der Kurpfalz dem Landesherrn die Einziehung der Jesuitengüter zu.

Heidelberg vorgenommene Verkündigung des päpstlichen Aufhebungsbreve's gelangen läßt, ergibt sich, daß die einzige Funktion, die Kurfürst Emmerich Joseph von Mainz in seiner Eigenschaft als Bischof zu Worms in den in pfälzischen Landen gelegenen Jesuitencollegien der Diöcese Worms vollzog, darin bestand, daß er mittels seiner geistlichen Autorität das gemeinsame Leben der Jesuiten in den Ordenshäusern aufhob, dagegen das zur Erledigung kommende Vermögen derselben, dem Geiste der ursprünglichen Stiftungen gemäß, an den Orten der Stiftungen dem Landesherrn zur Verfügung überließ. Als nämlich Emmerich Joseph durch den Weihbischof von Scheben zu Worms mit der kurpfälzischen Regierung über die Aufhebung der Jesuitenniederlassungen zu Mannheim, Eggersheim und Heidelberg verhandeln ließ, wurde dem Weihbischof im Namen des Kurfürsten von der Pfalz am 13. Sept. 1773 zunächst eine ausweichende Antwort von ähnlichem Inhalte, wie die am 11. Sept. an den Bischof zu Speier, am 5. Oct. an den Kurfürsten von Trier gerichteten Schreiben. Allein Kurfürst Emmerich Joseph gestand aus freiem Entschlusse dem Kurfürsten von der Pfalz gern die Rechte zu, die er selbst in seinem Kurfürstenthum und Erzbisthum Mainz und in dem Bisthum Worms als Territorialherr beanspruchte. Am 10. Oct. 1773 schreibt Kurmainz von Aschaffenburg aus an Kurpfalz: „Da die Bestimmung des Vermögens der in Ew. Liebden Kurlanden gelegenen Jesuitencollegien und dessen Wiederverwendung zu einem anderweitigen frommen Zweck nicht nur die Vollführung der gottseligen Absichten ihrer erhabenen Stifter, sondern auch die Wohlfahrt dero Staaten und Unterthanen bezielet, und da wir in der Ueberzeugung stehen, mit welcher preiswürdigsten Sorgfalt hochdieselben die Werke der Gottseligkeit mit dero Regentenamt zu verbinden gewohnt sind, so ertheilen wir Ew. Liebden im Voraus die ungebundene Versicherung, daß wir in der Erfüllung unsres Bischöflichen Amts, wiefern solches bei der anderweitigen Verwendung frommer Stiftungen einzutreten habe, uns auf dasjenige lediglich zu beschränken gedenken, was Ew. Liebden desfalls am ersprießlichsten scheinen wird." Und in der Instruction, die Emmerich Joseph den bischöflichen Commissarien ertheilte, die am 15. und 16. Nov. 1773 mit den kurpfälzischen Commissarien die Jesuitencollegien zu Mannheim und Heidelberg auflösten, gab Emmerich Joseph den Commissarien ausdrücklich auf, den landesherrlichen Commissarien zu erkennen zu geben, bezüglich der erledigten Ordensgüter trete eine dreifache Verbindlichkeit ein: 1. den Exjesuiten bis zu ihrer standesmäßigen Versorgung aus dem hinterlassenen Vermögen den priesterlichen Unterhalt zu reichen, 2. seien die gottseligen Absichten der Stifter und Wohlthäter des Jesuitenordens zwar dieser ehemaligen Societät insbesondere zu Statten gekommen, im allgemeinen aber, sowie alle fromme Stiftungen, ad usus pios gewidmet gewesen: dieser letztere Zweck sei keineswegs zernichtet, sondern er bestehe noch jetzt in voller Verbindlichkeit, 3. sei es keinem Zweifel unterworfen, daß bei Errichtung der Jesuitencollegien die landesväterliche Absicht der zu befördernden zeitlichen Wohlfahrt des Staates und der Unterthanen mit dem Zweck der Gottseligkeit genau verbunden gewesen sei. „Die Gedenkungsart Sr. Kurfürstlichen Gnaden zu Mainz sei allzu erlaucht und billig, als daß höchstdieselbe die Erkenntniß über diesen letzteren Gegenstand und die davon herzuleitende weitere Bestimmung des Jesuiten-Vermögens nicht Sr. Kurfürstlichen Durchlaucht zu Pfalz als höchstem Landesregent lediglich zu überlassen gemeint wäre." Nachdem Emmerich Joseph mit edler Zuvorkommenheit dem Kurfürsten Karl Theodor die Berechtigung zugestanden, das Vermögen aller in seinen Landen gelegenen Jesuitencollegien als höchster Landesherr einzuziehen und zum Besten seines Staates, der Kirche und der Schule im Geiste der ursprünglichen Stiftungen und zu Gunsten derjenigen Lebenskreise, für die dieselben bestimmt waren, zum Zweck neuer Einrichtungen der Kirche und der Schule zu verwenden: wäre es billig gewesen, wenn Karl Theodor auch dem Fürstbischof zu

Worms es zugestanden hätte, daß diesem für sein Territorium die zuständigen Mittel des Wormser Jesuitencollegs zur Creirung eines fürstbischöflichen Gymnasiums überlassen werden müßten.

Auf ein Schreiben Emmerich Josephs vom 6. März 1774, worin sich derselbe auf eine kaiserliche Entscheidung beruft und besonders das Gut in Gerolsheim und die in der Pfalz ausgeliehenen Capitalien beansprucht, erwiedert Karl Theodor am 11. März 1774, dem Ansinnen wegen Ueberlassung der in seinen Kurlanden befindlichen, dem ehemaligen Jesuitencollegium zu Worms zuständig gewesenen Güter, Capitalien und Renten, würde er ohne alle Einrede zu genügen keinen Anstand nehmen, wenn von allen Landesherrschaften, mit denen er in derartiger Beziehung stehe, die unbeschränkte Gegenseitigkeit bündigst zugesichert und gewahrt würde. Da er aber bis jetzt von verschiedenen Stellen her unleugbare Proben anderer Gesinnung wahrgenommen, und der von Kaiserl. Majestät bei einzelnen Vorkommnissen gefaßte Beschluß dem ganzen Römischen Reiche noch keinen unveränderlichen Maßstab auferlege, so sehe er sich genöthigt, in hergebrachter Freundschaft seine frühere Erklärungen zu wiederholen, damit er nicht durch willjährige Verabfolgung auf der einen Seite und erschwerte Einnahme von der anderen Seite außer Stand gesetzt werde, die eigenen höchstnöthigen Einrichtungen in den Kurlanden unverkürzt zu erhalten. – Nochmals richtete Emmerich Joseph an den Kurfürsten von der Pfalz am 14. April 1774 ein Schreiben, in dem er ausführlich seinen Anspruch auf alle in anderen Territorien gelegenen Zubehörungen zu dem im Wormser Hochstift gelegenen Haupttheil der geistlichen Stiftung des ehemaligen Jesuitencollegs unter Bezugnahme auf den Geist und den höheren Zweck der alten Stiftung und auf die gedachte oberrichterliche Entscheidung des Kaisers begründete.

In welcher Weise die Verhandlungen mit Kurpfalz im Ganzen oder in einzelnen Fällen zu Ende geführt wurden, ergibt sich nicht aus den Urkunden des Darmstädter Archivs, unter welchen das Schreiben vom 14. April 1774 das letzte der von Emmerich Joseph an Kurpfalz gerichteten Mittheilungen ist. Man kann dessen sicher sein, daß Karl Theodor nicht leicht heraus gab, was er einmal confiscirt oder vielleicht schon verwendet hatte.

Eben wurde erwähnt, daß schon am 9. Sept. 1773 das Domcapitel zu Worms Bedenken dagegen aussprach, daß Emmerich Joseph den ganzen Besitz des ehemaligen Jesuitencollegs für die zu errichtende neue Schule in Anspruch nahm, obwohl darunter eine alte Stiftung des Domcapitels aus dem Jahre 1619 gewesen sei. Am 17. November 1773 eröffnet der Kurfürst dem Domcapitel seine endgültige Absicht, die Fonds des Jesuitencollegs zur Gründung und Unterhaltung einer höheren Schule zu verwenden, die den Anforderungen der Gegenwart entspreche. Da dieses Schreiben der Gründungsbrief des neuen fürstbischöflichen Gymnasiums ist, so folgt hier dessen wesentlicher Inhalt.

„Die von Sr. Päbstl. Heiligkeit verhängte Aufhebung des Jesuiten-Ordens hat auch Uns veranlaßt, das gemeinsame Leben der in dem Collegio zu Worms versammelt gewesenen Mitglieder dieser Gesellschaft zu trennen und solche dem weltlichen Priesterstand einzuverleiben. Euch ist zur Genüge bekannt, wasmaßen die Stiftung des ehemaligen Jesuiten-Collegii zu Worms dem Wohl thaten unsrer Vorfahren am Hochstift und jenen Unsres würdigen Domcapitels zu verdanken sei. Da der Zweck dieser Stiftung in dem öffentlichen Unterricht der Jugend bestehet, und da dieser Zweck einer der unentbehrlichsten in der Kirche und dem Staate ist, so sehen wir es für einen sehr wesentlichen Gegenstand unserer bischöflichen und landesherrlichen Vorsorge an, daß der ganze Fond des bisherigen Collegii nicht nur unverrückt und unzertrennt beisammen erhalten, sondern auch der Bedacht dahin genommen werde, wie oben gedachter Zweck noch ferner in seinem vollen Umfang erzielet und erfüllet werden möge. Wir haben in solcher Absicht eine eigene Commission

Gründungsdecret des fürstbischöflichen „Schulseminariums" zu Worms vom 17. Nov. 1773.

zur Verwaltung des ehemaligen Jesuiter-Hauses und des davon abhängenden Vermögens niedergesetzt. Wir haben für den Unterhalt der Exjesuiten nach dem Maß unsrer Milde gesorgt, wir haben in Ansehen der einzelnen Personen solche Wege eingeschlagen, wodurch dieselben ohne allzu merkliche Beschwerung des Hausfonds wirklich untergebracht sind. Endlich aber haben wir uns den in der Anlage enthaltenen Plan*) unterthänigst vorlegen lassen, nach welchem der Zweck des öffentlichen Unterrichts und der jugendlichen Erziehung durch anderweit anzustellende Lehrer nicht nur ebenso gut als bishero, sondern auch auf eine den Bedürfnissen unseres aufgeklärten Zeitalters mehr angemessene Art erreicht werden soll. Dieser Plan, dessen Muster wir in unsren Kurstaaten bereits mit dem besten Erfolg eingeführt haben, ist der Absicht, welche wir hegen, wahrhaft fromme, zugleich aber brauchbare Christen und Bürger zu ziehen, so gemäß, daß wir dessen Ausführung nicht nur vollermaßen genehmigt, sondern (da uns die Unzulänglichkeit des durch den besorglichen gänzlichen Verlust verschiedener Zubehörungen merklich geschmälerten Unterhaltungsfonds vorgestellet worden) gedachten Fond noch mit einem Geschenke von 5000 fl. aus den Mitteln unseres aerarii vermehrt haben. Wir wünschen und versehen uns gänzlich, daß diese unsere Vorkehrungen Euren Beifall finden und Euch ebenfalls zu einer verhältnißmäßigen milden Beisteuer zu dem in Ansehung der erweiterten Einrichtung noch immer eines erklecklichen Zuwachses bedürftigen Fond veranlassen werde :c. Wir verbleiben Euch :c. Aschaffenburg, b. 17. des Wintermonats 1773."

Das Domcapitel zu Worms scheint kein großes Vertrauen auf langen Bestand des fürstbischöflichen Gymnasiums zu Worms gehabt zu haben und zog den Fall in Erwägung, was aus den vom Fürstbischof kraft seiner Hoheitsrechte eingezogenen Jesuitenbesitzungen werden solle, wenn auch bezüglich des neuen Schulseminariums eine „abermalige Veränderung" eintreten sollte. Deshalb beansprucht das Domcapitel zunächst für den Augenblick und weiterhin für alle Folgezeit das Recht der Verfügung über die dem Jesuitencolleg im Jahre 1613 gewährte Dotation: und als Bischof Emmerich Joseph, weil einst die Abhaltung der Predigten im Dom vertragsmäßig von den Jesuiten übernommen worden war, zwei Prediger, die er in das neue Schulseminarium aufgenommen, zu diesem Amte bestellt hatte, stellte das Domcapitel denselben besondere Annahmedecrete zu, worin jedem derselben ein Gehalt von 200 fl. bewilligt wurde; und das Domcapitel erklärte seinen Entschluß, erst nach Abzug dieser 400 Gulden den Restbetrag seiner jährlichen Lieferungen an Geld, Wein, Frucht an das Schulseminarium verabfolgen zu wollen, und zwar in der bestimmten Absicht, auch diesen Restbetrag zurückziehen zu dürfen, wenn bezüglich des neuen Schulseminariums wiederum Veränderungen bevorständen. Nachdem Emmerich Joseph, von den Jesuiten schwer gehaßt, schon am 11. Juni 1774 plötzlich und unter höchst bedenklichen Erscheinungen gestorben, nahm Friedrich Karl Joseph von Erthal, der am 18. Juli 1774 zu dessen Nachfolger erwählt und am 20. Juli als Fürstbischof zu Worms postulirt worden, die angedeuteten Verhandlungen mit dem Domcapitel zu Worms wieder auf, indem er in einem Schreiben vom 27. Nov. 1774 den Fürstbischof für den Conservator aller milden Stiftungen des Hochstifts erklärt und seinem bischöflichen Amte das Recht vindicirt, die Werkzeuge zu bestimmen, die den Stiftungszweck erfüllen sollten, und in die Stelle der ehemaligen Gesellschaft nunmehr andere Lehrer und Prediger zu setzen. Bischof von Erthal spricht deshalb die Erwartung aus, daß das Domcapitel

---

*) Entwurf, nach welchem die bisher sogenannten lateinischen Schulen in den kurmainzischen Landen und besonders in der kurfürstlichen Residenzstadt Mainz werden eingerichtet werden. Mainz 1773. Verl. der kurf. privileg. Buchdruckerei des Hospitals zum heil. Rochus, durch J. N. Sichler.

derjenige, was es vermöge der Fundation an das in die Stelle des ehemaligen Jesuiten Collegiums getretene Seminarium zu entrichten habe, auch ferner unzertrennt und ohne allen Abzug dahin abliefere. In einem Schreiben vom 3. Dez. 1774 versucht das Capitel unter Bezugnahme auf die Stiftungsurkunde vom Jahre 1619 nochmals nachzuweisen, daß jene Stiftung ganz persönlich für die Jesuiten bestimmt gewesen sei, und daß deshalb das Capitel berechtigt sei, von neuem die Mittel zu bestimmen, die es wirklich bewillige. Da aber der Fürstbischof dem Domdechanten durch einen Geheimrath erklären ließ, er erwarte von dem Domcapitel eine mit der von ihm eröffneten Willensmeinung übereinstimmende Erklärung, so beschloß das Capitel am 9. Dez. 1774 „seinen jährlichen Beitrag ohne den mindesten Abzug an das Seminarium entrichten zu lassen und alles übrige Sr. Kurfürstl. Gnaden zur höchstgefälligen Verfügung unterthänigst anheim zu stellen."

Ueber den Lehrplan des fürstbischöflichen Gymnasiums zu Worms.

Bischof Emmerich Joseph theilte dem Domcapitel zu Worms in seinem Schreiben vom 17. Nov. 1773 (s. oben S. 207.) mit, er wolle die neue Wormser Schule nach dem in seinen Kurlanden für die neuen lateinischen oder Mittelschulen eingeführten Lehrplan einrichten. Es ist deshalb erforderlich, die Grundzüge desselben hier vorzuführen.

Der Lehrplan, den Bischof Emmerich Joseph den lateinischen Schulen oder Mittelschulen gab, war für die Zeit vom 12. bis 16. Lebensjahr bestimmt, und es wurden für diese vier Jahre acht halbjährige Lehrcurse eingeführt. Als Unterbau zu einer solchen Lateinschule wurden die ebenfalls von Emmerich Joseph reorganisirten niederen Schulen, insbesondere die sog. Trivial und Realschulen der Pfarreien der kurfürstlichen Residenzstadt eingerichtet. Weil dem Kurfürsten nicht verborgen war, daß die Ursache des mangelhaften Unterrichts der Jugend vorzüglich aus dem Mangel geschickter Lehrer sich ergebe, deren Heranbildung bis dahin mancherlei Hindernisse im Wege standen, so ließ er, ehe er im Jahre 1773 an die Reorganisation der höheren Schulen schritt, schon länger als zwei Jahre vorher, in Mainz eine kurfürstliche Schullehrer Academie errichten, um für die elementaren Stadt- und Landschulen tüchtige Werkzeuge für den Grund legenden Unterricht heranzubilden. Tüchtige Lehrer sollten in den Volksschulen der Stadt und des Landes angestellt werden. Die Pfarreischulen der Stadt Mainz sollten zu sog. Trivial und Realschulen umgebildet werden. In diesen Schulen sollte ein gründliches, inniges und vernünftiges Christenthum die Schüler in dem zärtesten Alter zu rechtschaffenen Christen und Bürgern erziehen. Die Art, wie sie in Lesen und Schreiben unterrichtet werden sollten, sollte vom 5. Jahre an ihren Verstand öffnen und demselben Ordnung und Deutlichkeit geben. Uebungen in der deutschen Sprache sollten ihnen nicht nur die Fähigkeit geben, sich in der Muttersprache schriftlich gut auszudrücken, sondern auch den so lange erwünschten Grund legen, eine jede fremde Sprache mit ungemein leichterer Mühe zu erlernen. Außerdem sollte die Trivialschule im Rechnen nebst dem Wesentlichsten aus der Meßkunst, Mechanik, Baukunst unterweisen, und das Brauchbarste aus der Naturlehre und Kunstgeschichte geben. Praktische Begriffe vom bürgerlichen Gewerbe sollten den Unterricht mit angenehmer Abwechslung beleben und dem Schüler fürs ganze Leben nützliche Begriffe geben. „Endlich verschafft eine, obschon nur allgemeine Kenntnis der Geschichte dem jugendlichen Geist den Vortheil, den Weltlauf voriger Zeiten zu übersehen, und feuert eben dadurch dessen fernere Wißbegier an."[*) Ein Schüler, der später in die lateinische Schule eintreten

---

[*)] Vgl. Entwurf, nach welchem die Trivial- und Realschulen in den Pfarreien der kurfürstlichen Residenzstadt Mainz werden eingerichtet werden. Außerdem vgl.: Entwurf, nach welchem die sog. Lateinischen Schulen in den kurmainzischen Landen rc. werden eingerichtet werden, Mainz 1773, S. 4 u.

wollte, bereitete sich in der Trivialschule ungefähr bis zum 12. Lebensjahre vor, hatte also nicht nöthig, dieselbe ganz zu durchlaufen.

Nach den Anordnungen Emmerich Josephs sind Mittelschulen oder lateinische Schulen die öffentlichen Anstalten, in welchen die für die Wissenschaften bestimmten Knaben unterrichtet werden und die das Mittelglied zwischen den Real- und den hohen Schulen oder Universitäten sind. Wenn auch der von Emmerich Joseph eingeführte amtliche Lehrplan in der Behandlung der Sprachen zu viel der naturalistischen Routine Vorschub leistet, den griechischen Unterricht so sehr beschränkt, daß er am besten ganz aus dem Plane beseitigt wäre, und auch auf einigen anderen Punkten theils an Unvollständigkeit oder an Mangel an richtiger Technik, theils an Ueberschwänglichkeit leidet, so enthält er doch gar viele Gedanken, Grundsätze und Anweisungen, die ihm in der Geschichte der höheren Lehranstalten unvergeßliches Lob sichern. Es folgen hier einige Stellen dieses Lehrplans.

„Religion und Sittenlehre sind die ersten und Hauptgegenstände des Unterrichtes, sowie sie die Hauptsäulen aller Verfassung und der Grund des zeitlichen und ewigen Heils sind. Ununterbrochen muß also die Bemühung und wohl gewählet muß die Lehrweise sein, die Schüler der Mittelschulen in dieser Wissenschaft ihres Heiles zu unterrichten. Gründlich und aufklärend sollen aber die Belehrungen sein, und nicht bloß ein Werk des Gedächtnisses. Es ist eine ganz unnütze, verlorene Arbeit, wenn man die Jugend martert, die Glaubenslehren, wie sie in einem Buche stehen, von Wort zu Wort, zumal noch gar in einer fremden Sprache herzujagen. Das Herz bleibt hierbei leer und der Wille ohne verbesserte Neigung." „Mit der Glaubenslehre müssen die Ausübungen des katholischen Glaubens selbst nothwendig vereiniget werden, tägliche Anhörung der heil. Messe, die Andacht der gewöhnlichen Litanie und der Vesper, katechetische Uebungen, Beichte und heil. Communion, die gewöhnlichen Sodalitäten, Gebete vor und nach jeder Schulzeit." (S. 12-14.) „Nichts hat mit einer Sittenlehre eine nähere Verbindung, als das Studium der Geschichte überhaupt dieses Spiegels der Sitten. Ohne sie würde jeder Unterricht todt, und auch die lebhafteste Bemühung unfruchtbar sein." (S. 16.) „Der Lehrer wird bei dem Unterricht in der Geschichte genauer Bedacht nehmen, daß von ihm nicht sowohl das Künstliche dieser Wissenschaft als das Praktische gelehrt werde. Es kommt gar nicht darauf an, die Namen aller Regenten nebst der Chronologie, wie viele Jahre und Tage jeder regiert habe, herzusagen, oder alle Feldzüge und Schlachten auf den Fingern herzuzählen. Dieses heißt nicht die Geschichte mit Nutzen studiren, sondern sich mit der Schale beschäftigen und den Kern verlieren." „Man läßt die Schüler Schlüsse aus den vorgetragenen Handlungen ziehen, ihre Meinungen sagen. Hierdurch wird (welches unstreitig in jeder Lehrart eine Hauptsache ist, und etwas mehr, als gelehrt sein heißt, weil es den klugen Mann ausmachet) das Vermögen ihrer Beurtheilung außerordentlich geschärft und ihre Begierde zu wissen und zu erfahren, besonders wenn sie zuweilen das Wahre der Geschichte in etwas errathen, immer mehr und mehr angefeuert." (S. 19-21.) Für die Religionsgeschichte „von der Geburt des Erlösers bis auf unsere Zeiten fehlt es noch an einem guten Lehrbuche, welches die Geschichte der christlichen Kirche, die Beschäftigungen der Concilien, die Anlässe der Glaubensspaltungen und andere Merkwürdigkeiten in gründlicher, von Furcht, Eigennutz oder andern Leidenschaften entfernter Verfassung enthielte." (S. 23.) „Bei der Behandlung der Geschichte ist die Kenntniß der Alterthümer ja nicht außer Augen zu setzen." (S. 20.) Naturgeschichte und Naturlehre führen den Menschen auf den unendlichen Schöpfer zurück und füllen die Seele mit Lebhaftigkeit der Anbetung und des tiefsten Dankes. Sie beleuchten die Fortwanderung auf dem Pfade der nöthigsten Künste und Wissenschaften." „Die Mathematik — eine Wissenschaft, welche mit Philosophie verbunden, ein unerschöpfliches Licht auf alle Theile der menschlichen Erkenntniß ausbreitet. Nicht nur der große Einfluß, welchen sie auf die täglichen Vorfälle des Lebens hat, sondern auch die Richtigkeit im Denken, welche ihr Werk ist, erfordern, daß sie mit Schülern, die sich den Studien widmen, ausführlich und systematisch abgehandelt und gleich bei deren Eintritt in die Mittelschulen angefangen werde." (S. 29.) „Die Mittelschulen sind der Ort, an dem die Sprachen mit großem Fleiße und durch Hülfe einer ächten Methode erlernt werden müssen. Was in diesem Stücke hier nicht geschieht, das geschieht gemeiniglich niemals. Der Geist des Jünglings ist in dem Alter, in welchem er diese Schulen besucht, bei den Kräften eines freien Gedächtnisses, zur Sprachenkunde am besten aufgelegt. Alles kommt nur allein darauf an, daß die Sache auf eine vernünftige Art unternommen und zu einem gemeinnützigen Endzwecke geleitet werde. Von einem, der sich dem gelehrten Stande widmet, wird gefordert, daß er die deutsche Muttersprache regelmäßig spreche und schreibe, daß er in der lateinischen Sprache Geist und Worte der besten Schriftsteller verstehe, eigene lateinische Aufsätze ohne Einfluß deutscher Sprachwendungen verfassen und sich auch mündlich gut ausdrücken könne, und daß er endlich die französische Sprache rein, fließend und nach dem ihr eigenen Accente sowohl spreche als nach den Mustern der besten französischen Schriftsteller schreibe Nützlich ist ferner einem jeden, ja auch verschiedenen nöthig, das Griechische lesen zu können und mit Hülfe eines Wörterbuchs zu verstehen. Das Versschreiben wird von niemand, und das sog. Chrieen und Orationenmachen von 15- oder 16-jährigen Jünglingen nicht gefordert, weil die Vernunft überzeugt, daß Poet und Redner zu sein einen reiferen Verstand, eine geübte philosophische Beurtheilung und einen großen wissenschaftlichen Vorrath zur Grundlage voraussetze." (S. 39—41.) „Jeder, der sich der Irrwege, die er selbst gewandert ist, erinnert, wird dem Beifall dem unumstößlichen Grundsatze nicht versagen, daß alle Grammatiken von dem ersten Unterrichte in einer Sprache gänzlich zu entfernen und erst dann vorzulegen seien, wenn der Schüler in der neuen Sprache schon mit einiger Fertigkeit bewandert und eine beträchtliche Zeit hindurch darin geübt ist."

Für die Muttersprache sind in den vier untersten Klassen, also für die Zeit von zwei Jahren, wöchentlich sechs Stunden vorgesehen. Das Lateinische wird in der untersten oder ersten halbjährigen Klassen begonnen; wöchentlich werden zwölf Stunden darauf verwendet. „Von der Lehrart der lateinischen Sprache: Es werden zwölfjährigen Schülern gleich anfänglich a. die kürzesten und leichtesten Stellen aus klassischen Schriftstellern mündlich verdeutlicht, b. dieselben angewiesen, die in dem Text vorkommenden Wörter und kleineren Redensarten nach und nach ihrem Gedächtniß einzuprägen, c. bei dieser Verdolmetschung wird man denselben die grammatischen Regeln, so wie sie zufälliger Weise vorkommen, bemerken, d. eine Tabelle über die Abänderung der Hauptwörter und Zeitwörter vor die Augen heften, e. hierbei immer die Präcision oder das Eigene der Ausdrücke und die Gewißheit, daß es in keiner Sprache wahre Synonyma gebe, wohl bezeichnen, f. die Schüler, sobald es thunlich ist, zum Lateinreden anführen. Für die Lesung der Schriftsteller wird eine geistvolle Methode empfohlen, die „bewirkt, daß der Schüler den in Wahrheit unschätzbaren Schriftsteller nicht mehr, wie vorhin, mit einem verachtenden Auge zur Seite dahin sieht." Indem das Lesen, Uebersetzen, Sprechen und Memoriren die Grundlage des lateinischen Unterrichts bildet, schließt sich daran die Theorie der Syntaxis und die Zurückübersetzung aus der deutschen Uebersetzung ins Lateinische. Erst nach anderthalbjährigem Schulbesuch, d. h. in der vierten halbjährigen Klasse, beginnt der Unterricht in der Theorie der lateinischen Syntax. Der Unterricht im Französischen beginnt nach zweijährigem Schulbesuche in der fünften halbjährigen Classe. Für das Französische wird eine Lehrart empfohlen, die der Behandlung des Lateinischen verwandt ist. „Die Grammaire bleibt das erste Jahr hindurch bei Seite gelegt und wird an ihrer Statt nur allein die Routine zur Richtschnur gewählt. Die fünfte und sechste Klasse

212   Die schönen Wissenschaften oder die Philosophie des Geschmacks als Endzweck der Schule.

wird täglich in dem Französischen unterrichtet, hat also in der Woche sechs Stunden französischen Unterricht; und dann wird in der siebenten und achten Klasse auch der theoretische Theil der Sprache dem praktischen beigefügt." (S. 52—53.) Die griechische Sprache schließt die Reihe. „Man wird sich damit begnügen, der achten und letzten Klasse durch 3 Stunden in jeder Woche soviele Begriffe von dieser Sprache beizubringen, als die Schüler nöthig haben, um griechisch zu lesen und mit Hilfe eines Wörterbuchs das Gelesene zu verstehen (!?) und also in den Stand zu kommen, sich darin künftig, wenn es ihr Beruf erfordert, durch eigenen Fleiß zu vervollkommnen" (?!). (S. 54.) Der Lehrplan empfiehlt den Mittelschulen, ihren gereiften Schülern Sinn und Verständniß für die schönen Künste und Wissenschaften bei der Behandlung der zu lesenden Schriftsteller zu eröffnen und bei der Lectüre eine geist- und geschmackvolle Erklärung, welche die Regeln des Schönen nachweist, walten zu lassen. „Diejenigen Wissenschaften, welche den allgemeinen Begriff des Schönen, Angenehmen und Rührenden untersuchen und bestimmen, welche die Regeln der schönen Künste daraus ableiten und nach deren Maßgebung die Schönheit der Kunstwerke prüfen lehren, sind die schönen Wissenschaften oder die Philosophie des Geschmacks. Die Sitten, der Verstand, die Beurtheilungskraft, das Gedächtniß und das Herz werden durch sie vorzüglich beleuchtet und in jeder feinen Empfindsamkeit geübt, welche eigentlich die Grundlage eines schätzbaren Charakters ausmacht. Der Endzweck ihrer Lehre ist die Bildung eines reinen und richtigen Geschmackes und die Erregung der Empfindsamkeit für das wahre Schöne." Dieser Aufgabe unterziehen sich Stilistif, Poetik, Rhetorik und die Kunstgeschichte überhaupt. Bei der Lectüre der deutschen, lateinischen und französischen Schriftsteller soll der Kunstsinn gebildet werden und über das Schöne praktisch philosophirt werden, so daß dem Schulstudium mit den schönen Wissenschaften gleichsam die Krone aufgesetzt werde. Der Lehrplan regt deshalb an, in Erwägung zu ziehen, worauf in ästhetischer Hinsicht bei der Lectüre der Geschichtschreiber, Redner, Dichter und Philosophen zu sehen sei. „Die Zeichnung der Charaktere bei Lesung der Geschichtschreiber nebst den dabei vorkommenden Maximen und Erwägungen, die nach den Grundtrieben der menschlichen Natur erklärt und bis auf ihre eigentliche Entstehung zergliedert werden müssen, dient Jünglingen zu einer praktischen Logik, deren Theorie ohnehin nicht die Lehre ist, Vernunft zu erwerben, sondern nur zu wissen, wie die Vernunft, welche man schon besitzet, in ihren Schlüssen zu Werke geht. Bei Lesung der Redner kann die Aufmerksamkeit auf die Ueberführungsmittel zu der für das allgemeine Beste oft so nothwendigen Ueberzeugung des menschlichen Verstandes, Lenkung des Willens und Gewinnung des Herzens; und bei der Lesung der Dichter kann die Betrachtung des Kunstwerks der Rührung von nicht geringer Wirksamkeit sein. In Betracht der Lesung der Weltweisen versteht sich die Sache von selbst. Es scheint überflüssig, umständlicher zu beweisen, wie viel Stoff und Gelegenheit sich hier einem Lehrer, der philosophisch denkt und empfindet, darleget, seinen Schülern, noch ehe sie die Theorie kennen, eine praktische Weltweisheit einzuflößen." (S. 54—65.) Statt der fünf Klassen der Studia inferiora der Jesuiten richtete Emmerich Joseph acht halbjährige Curse ein, damit nicht der fleißige Schüler mit den unsteißigen, der lebhafte Geist mit dem langsamen ein ganzes Jahr hindurch gefesselt bleiben müsse. Alle Halbjahre wird versetzt, damit der talentvolle Schüler vorwärts eilt, der nachlässige den Cursus wiederholt. Jede Klasse hat täglich fünf Unterrichtsstunden. Es werden öfters abendliche Privatlehrstunden, Prüfungen und Wiederholungen angestellt. In einer Klasse und in einer Lehrstube werden nie mehr als 25 oder 30 Schüler versammelt. Das Fachsystem wird in der Weise durchgeführt, daß für jede Gattung des Unterrichts ein besonderer Professor angestellt wird. Diese Lehrer werden auf Grund des Fachsystems nur in ihrem Fache, nicht bald in diesem, bald in jenem

Fache verwendet. Dennoch lernen die Schüler einer Klasse zu gleicher Zeit bald bei diesem, bald bei jenem Lehrer. Für das Lateinische sind wöchentlich 12 Stunden für jede Klasse vorgesehen. Der Anfang der halbjährigen Schulzeit wird gewöhnlicher Weise am 1. Nov. und 1. Mai gemacht.

Leider fehlt uns bis jetzt das ausreichende Material, um die Geschichte der Eröffnung, der allmäligen Entwickelung, der Blüte und des Rückganges des fürstbischöflichen Gymnasiums zu Worms für die Zeit von 1773—1803 zu bearbeiten. Es mangelte uns bis jetzt an Programmen der Anstalt und Acten über das Personal derselben. Vielleicht findet sich unter den Ueberresten des kurfürstlichen Archivs zu Mainz und in den Bibliotheken verwandter Anstalten, was zum Abschluß vorliegender Arbeit noch erforderlich ist. Die unteren Abtheilungen des fürstbischöflichen Gymnasiums zu Worms wurden jedenfalls schon im Spätherbste 1773 eröffnet. Zwei Lehrer des früheren Jesuitencollegs hatten ihre Bereitwilligkeit erklärt, Lehrer an der neuen Anstalt zu werden, und sie hätten die wenigen katholischen Kinder aus Worms, die zunächst die neue Anstalt besuchten, im Winter 1773/74 allein unterrichten können; allein die neue Schule huldigte nach dem kurmainzischen Lehrplane dem Fachsystem und mußte wohl sofort mit einer größeren Zahl von Lehrern beginnen. Das uns vorliegende Schriftchen, mit dem am 16. April 1774 zu der „zwoten öffentlichen Prüfung der fürstbischöflichen Mittelschule zu Worms auf den 19. und einige der folgenden Tage des Aprils 1774" eingeladen wird, ist unterzeichnet: „Präses und Professoren des fürstbischöflichen Gymnasiums zu Worms." Es ist also kein Zweifel, daß schon im Winter 1773/74 ein ausreichendes Lehrercollegium vorhanden war. Daß die junge Anstalt schon im Herbste 1773 eröffnet wurde, geht auch daraus hervor, daß dieselbe zehn Wochen vor dem 19. April, also gegen den 7. Januar 1774, schon die erste Prüfung abhielt. Daß die junge Anstalt damals nur eine Unterklasse, vielleicht mit Abtheilungen, besaß, ergibt sich daraus, daß in der gedachten Einladung gesagt wird, die bevorstehende Prüfung werde zugleich die Entscheidung geben, „welche von den Schülern in die zwote Klasse zu steigen fähig seien." Diese in die „zwote" Klasse aufsteigenden Schüler, die nach dem neuen kurmainzischen Lehrplan mindestens zwölf Jahr alt waren, sollten u. A. über folgende Gegenstände Auskunft geben. Religion: Opfer der heil. Messe, Sacrament der Buße und Beichte, vom würdigen Genusse des heil. Abendmahles, von den Ablässen. — Biblische Geschichte: Von Moses bis David. — Deutsch: Orthographie, Formenlehre, Fremdwörter, Synonyma, Wortfügung, Sentenzen, Prosaisches, Metrisches, Reime, Dichterstellen. Latein: Formenlehre, Kenntniß der Vocabeln zur Bezeichnung der Gegenstände des orbis pictus des Amos Comenius, Cornelius Nepos und Sprüche des Publilius Syrus. Französisch: Declination und Conjugation, Lecture der Moeurs des Israelites von Fleury. — Rechnen: Vier Species, die verschiedenen Gattungen der goldenen Regel, Lösung leichterer Aufgaben durch diese Regeln.

Das gedachte Programm kündigte (S. 13) für den Beginn des Mai 1774 die Eröffnung der „zwoten Klasse" an und verzeichnete folgende Lehrgegenstände dieser Klasse. Christkatholische Glaubenslehre und bibl. Geschichte: instenweise Weiterführung. — Deutsch: Regeln und Beispiele deutscher Aufsätze, Briefe, Quittungen, Berichreibungen, Verträge, Bittschriften, Fabeln, Erzählungen, kleine rednerische Vorübungen. — Latein: Lateinreden, Wortforschung, Zierlichkeiten, Kernausdrücke und Gleichnißreden, tägliche Uebersetzungen aus dem Lateinischen ins Deutsche und umgekehrt. Französisch: wie im Lateinischen. — Geographie: Unterricht in dem Ring und Erdkugeln, Erklärung der Landkarten aller Welttheile. Naturlehre: dieses „neue Fach" wird mit folgender ruhmrednerischen Empfehlung angepriesen: „in der zwoten Klasse wird der Naturlehrer auftreten und mit der so angenehmen, als nützlichen Naturgeschichte den Anfang machen. Der Vortheil, so aus der Naturwissenschaft auf alle Stände

214   Der Rath zu Worms bestreitet dem Schulseminarium die rechnungsmäßige Consumtionsfreiheit des Clerus.

der Menschen fleußt, soll die Zuhörer häufig beiziehen und aufmerksam machen. Es ist allen erlaubt, wie in anderen, so in diesen Lehrstunden zu erscheinen und sich selbst zu überzeugen, was es für ein Nutzen für die aufkeimende Jugend sei, sie bei Zeiten und praktisch mit den Dingen bekannt zu machen, die in das tägliche Gewerbe einschlagen. Denn sie werden mit dem Lehrer die Reiche der Natur durchgehen, und zwar Mineralreich, Pflanzenreich, Thierreich. Man wird durch diese natürlichen Kenntnisse nicht sowohl die Wißbegierde der Zuhörer zu unterhalten suchen, als Alles hauptsächlich in dem Betracht, wie es zum menschlichen Leben und Gewerbe dienlich sein kann, nützlich und, so viel möglich, mit Vorzeigung der Naturalien selbst erklären und abhandeln."
„Man hofft hierdurch den Beifall und die Gunst des geehrten Publikums zu verdienen. Worms, 16. April 1774." Hoffentlich findet sich noch einmal das Material, womit die weitere Entwicklung der strebsamen Anstalt dargestellt werden kann, die allgemeine Anerkennung fand und durch ihren freieren, dem alten Aberglauben und Pedantismus nicht mehr huldigenden Geist auch protestantische Eltern und Schüler anlockte.

Es scheint nicht schwer zu sein, nach den Grundzügen des oben angedeuteten Lehrplans des Bischofs Emmerich Joseph und nach den Programmen anderer Latein- oder Mittelschulen des Kurfürstenthums Mainz die muthmaßlichen Formen des fürstbischöflichen Gymnasiums zu Worms zu vermuthen. Allein zunächst wird hiermit die Bitte ausgesprochen, daß andere Lehranstalten, Bibliotheken und Archive des ehemaligen Kurfürstenthums Mainz uns das zur Darstellung der Geschichte unsrer Anstalt dienliche Material gütigst zustellen möchten, das sich bei ihnen gewiß noch vorfindet.

Als endlich dieses neue katholische Schulseminarium, unter Ueberwindung mancher Schwierigkeiten, die sich aus der Verminderung der Fonds des vormaligen Jesuitencollegs ergaben, nach dem gedachten Lehrplan in seinen Grundformen errichtet war, wurden der jungen Anstalt auch von der Stadt Worms Verlegenheiten bereitet, die um so mehr zu beklagen sind, als sie einer vortrefflichen Lehranstalt das Emporkommen erschweren sollten. Als nämlich der Jesuitenorden aufgelöst, das Wormser Jesuitencolleg aufgehoben und mit gewissen in Sicherheit gebrachten Fonds desselben das fürstbischöfliche Gymnasium errichtet worden war, versagte der Magistrat zu Worms demselben die beanspruchte Consumtionsfreiheit geradeso wie den Jesuiten. Die bischöfliche Schulcommission machte dagegen in mehreren Zuschriften Vorstellungen, die wenig ausrichteten. Am 28. März 1775 erstattete der geistliche Rath Heimes über die Lage des Seminariums Bericht*) an den Erzbischof von Mainz und Bischof von Worms, der daraus verfügte, daß ein Abmahnungsschreiben an den Rath erfolgen solle. Allein auch auf die Vermahnungen der Kurfürsten hörte der Rath nicht, so daß Fichtl, der Anwalt des Seminars, im Sommer 1777 an Kaiser Joseph II. eine Beschwerdeschrift richtete, betr. „die widerrechtliche Beeinträchtigung in dem Genuß der den vormaligen Jesuiten zuständig gewesenen Freiheiten." Dieselbe wurde als Duplicat dem Rath am 16. Juni 1777 insinuirt.**) Abermals wurden zwischen Bisthum und Seminarium einerseits und der Stadt andererseits bis ins Jahr 1793 Streitschriften gewechselt, die nunmehr im reichsstädtischen Archiv einen ansehnlichen Pack bilden (IV. IV. 34. 12. 187 und 188.) und an dieser Stelle nicht behandelt werden können. Kaiser Joseph II. erläßt am 29. Sept. 1777 ein im städtischen Archiv

---

*) Das Schreiben des Raths Heimes, das in dieser Arbeit öfters erwähnt wurde, befindet sich im Darmstädter Archiv, Jesuitenacten, Nr. 34. Vgl. oben S. 161.
** Das Duplicat der Fichtl'schen Beschwerdeschrift, welches als Beilagen die Abschriften von Urkunden enthält, die von uns in der Geschichte des Jesuitencollegs benutzt sind, befindet sich im Worms. Archiv, Pack IV. IV. 34. 12. 147, Nr. 24. Vgl. oben S. 161, Anm.

befindliches, von ihm selbst und dem Fürsten Colloredo unterzeichnetes scharfes Rescript an die Stadt, worin er dem Seminarium die gewünschten Freiheiten zusichert und dem Magistrat unter Androhnng einer Strafe von fünf Mark löthigen Goldes aufgibt, das Seminarium nicht mehr zu stören, demselben alle abgeforderten Abgaben zurückzuerstatten, eine ansehnliche Caution zu stellen und innerhalb zweier Monate persönlich oder durch einen bevollmächtigten Anwalt am kaiserlichen Hof den Nachweis zu führen, daß dem Kaiserlichen Gebote Folge geleistet sei. Allein am 10. Febr. 1778 gibt der Magistrat eine sehr ausführliche Schrift an den Kaiser zur Post, in der ausgeführt wird, daß, weil die Jesuiten niemals mit Recht die Consumtionsfreiheit genossen hätten, auch nicht die Rede davon sein könne, daß das Schulseminarium diese Freiheiten von denselben könnte ererbt haben. Der Rath der Reichsstadt Augsburg erbat sich damals in ähnlichen Angelegenheiten die Rathschläge des Magistrats zu Worms. Am Wiener Hof ließ die Stadt Worms ihre Sache durch den Reichsagenten Fischer Edlen von Ehrenbach vertreten.

Am 25. Jan. 1780 wird dem Magistrat ein Rescript des Fürsten Colloredo vom 6. Dez. 1779 insinuirt, in welchem der Rath unter Drohungen ermahnt wird, dem Kaiserlichen Mandat vom 20. Sept. 1777 sich endlich zu fügen; allein der Rath verfügte, um den Weinhandel des Seminariums zu hindern, an demselben Tage, das Weinungeldamt solle genau vigiliren, wie von dem Seminarium der Weinzapf in dem Collegium und über die Straße betrieben werde, und alle die jenigen Bewohner der Stadt, welche in Geschäften mit dem Seminarium gegen die oft erlassene Polizeiordnung handelten, Bürger, Beisassen und besonders Bedienstete der Stadt, sollten dann aufs strengste mit Geld oder Gefängniß bestraft werden. Am 22. Nov. 1784 verfügt Fürst Colloredo, unter Androhung einer weiteren Strafe von zwei Mark löthigen Goldes für den Fall des Ungehorsams, die Stadt solle an das Seminarium als Schadenersatz die Summe von 208 Gulden 24 Kreuzern innerhalb zweier Monate zahlen. Daß die Stadt diese Summe wirklich gezahlt, ist nicht berichtet, wohl aber, daß sie dem Seminarium nach wie vor die rechtungsmäßige Consumtionsfreiheit bestritt.

Nachdem der Streit zwischen der Stadt und dem Seminarium Jahre lang an den höchsten Reichsgerichten geführt worden war, kam endlich am 16. Aug. 1793 zwischen den Streitenden ein Vergleich zu Stande, in Folge dessen die Processe von den höchsten Gerichten abgerufen wurden. Das Original der Urkunde dieses Vergleichs befindet sich im Worms. Archiv, unterzeichnet und gesiegelt von Valentin Heimes, Weihbischof zu Mainz und Präses des bischöflichen Schulseminariums in Worms und von Philipp Platz, des bischöfl. Schulseminariums Director. Bestimmungen dieses Vertrags waren: Verzichtleistung des Seminariums auf den Weinzapf im Kleinen, im Hause oder über die Straße; Bewilligung des Weinverkaufs im Großen nach den für die Wormser Stifts geistlichkeit maßgebenden Bestimmungen und rechtungsmäßigen Freiheiten unter der Bedingung der Erstattung der für die Geistlichkeit festgesetzten Abgaben an das Pfortenungeldamt. Da aber der Director und der älteste Professor des Seminariums als immerwährende Domvicare angestellt und von dem Domcapitel mit Wein besoldet werden, so soll diesen beiden erlaubt sein, den von ihrer Consumtion übrig bleibenden Besoldungswein in den rechtungsmäßigen Zeiten, nach geschehener Anzeige an die ordentliche städtische Behörde, jedoch nicht im Hause des Seminariums selbst, auch im Kleinen zu verzapfen. Der Rath gab aus freiem Willen den von ihm im vorhergehenden Jahre dem Seminarium in Folge seines angemaßten fortwährenden Weinzapfs confiscirten Wein wieder an das Seminar zurück und verzichtete auf alle Vergütungen des aus dem Weinzapf ihm erwachsenen Schadens.

VI.

Das lutherische Gymnasium der Frei= und Reichsstadt Worms im 18. Jahrhundert.

1. Die Wiederaufrichtung der Reichsstadt Worms und ihres Gymnasiums bis zur Organisation vom 16. September 1729.

Nach der Zerstörung der Stadt hielten sich die Mitglieder des Raths der Dreizehner bis zum Abschluß des Ryswicker Friedens (1697) im Exil, besonders zu Frankfurt auf. Mehrere starben daselbst in dieser Zeit: Joh. Georg Knode und Peter Moritz starben 1689, Otto Wilhelm Wandesleben 1692, Philipp Ludwig Schütz 1693, Joh. Andreas Pau und Johann Schippel 1694. Deshalb wurden im Jahre 1694 zu Frankfurt in der Wohnung des Wormser Stadtsyndicus Lic. Plappert ohne Zuthun des Bischofs zu Worms für die verstorbenen Dreizehner Ersatzmänner gewählt. Im Jahre 1695 starben noch die Dreizehner J. Georg Rücher zu Frankfurt, Joh. Michael Melchior zu Darmstadt. Aus dem Exil wahrte der Rath, soweit er es vermochte, die Interessen der Stadt. Im Jahre 1696 übergab er vor dem Ryswicker Friedensschlusse in Regensburg die oben (S. 126, Anm.) erwähnte Berechnung des durch die Zerstörung der Stadt erwachsenen Schadens. Mittlerweile hatten sich zunächst die Besitzer des Wormser Ackerlands und manche Handwerker schon seit 1689, zuerst auf der Maulbeerau und in den benachbarten Dörfern, dann inmitten der Ruinen der Stadt wieder aufs Nothdürftigste eingerichtet. Die Preise des Ackerlands waren so heruntergegangen, daß z. B. im Jahre 1694 im Liebenauerfeld 1¼ Morgen Ackerland für 21 fl. 20 kr. verkauft wurden. Bis zum Frühjahr 1693 hatten die evangelischen Ansiedler in den Ruinen der Stadt, die früher vier evangelische Geistliche hatte, nach dem Abgang des Pfarrers Schild (s. oben S. 125.), noch einen Pfarrer, Conrad Textor. Es war derselbe, der am 31. Mai 1689, als die Flammen aus der Stadt zum Himmel stiegen, den Bewohnern von Worms, die in dem Walde auf der Insel Maulbeerau die nächste Zuflucht gesucht, den 124. Psalm zu ihrer Tröstung und Aufrichtung vor die Seele führte: „Wo der Herr nicht bei uns wäre, wenn die Menschen sich wider uns setzen, so verschlängen sie uns lebendig, wenn ihr Zorn über uns ergrimmte; so er= säufte uns Wasser, Ströme gingen über unsere Seele. Gelobet sei der Herr, daß er uns nicht gibt zum Raub in ihre Zähne. Unsere Seele ist entronnen, wie ein Vogel dem Strick des Vog= lers. Der Strick ist zerrissen, und wir sind los. Unsere Hülfe steht im Namen des Herrn, der Himmel und Erde gemacht hat." Der Gottesdienst, der mit Gottes Hülfe wieder erstehenden Stadt wurde zunächst in der hinter Mariamünster gelegenen Meinhartskirche gehalten, die vom Brande verschont worden war. Pfarrer Textor starb im Frühjahr 1693. Sein Nachfolger wurde Johann Nikolaus Syed. Nachdem am 30. October 1697 der Ryswicker Frieden geschlossen worden, kamen allmählich immer mehr zerstreute Bürger nach Worms zurück und be=

Wiederaufrichtung der Stadt Worms nach dem Brande und nach dem Ryswicker Frieden.

gannen ihre zerstörten Häuser wieder aufzubauen. Auch der Rath kehrte in die Stadt zurück. Schon vorher hatte er die Bewohner der Stadt auffordern lassen, ihre alten Einrichtungen, auch die Zünfte wieder herzustellen. Am ersten Advent 1697 wurde zu nothdürftigem Behelf das noch in den Mauern stehende Tanzhaus auf dem Obermarkte für den Gottesdienst eingeweiht und eingerichtet, weil das Kirchlein zu St. Meinhart in Folge zahlreicheren Zuzugs heimkehrender und neuer Bürger anfing zu eng zu werden. Am 19. Dezember unternahmen die Katholiken zur Feier des Friedens eine Procession vom Dom durch die Speiergasse nach Mariämünster; aber der Rath zu Worms protestirte dagegen, weil diese Procession gegen die alten Verordnungen des Raths verstoße und eine Verletzung der Stadtfreiheit in sich schließe.*) Wie der Rath, um das baldige Emporblühen der Stadt zu fördern, neue Bürger aufnahm, so schloß er am 13. Juni 1699 ein bemerkenswerthes Concordat mit der reformirten Kirchengemeinde zu Worms ab, wodurch „die Reformirten zu Bürgern und Beisassen in und zu ewigen Zeiten aufgenommen sein und werden sollen." Der erste von den 14 Artikeln dieses Concordats war für das lutherische Gymnasium zu Worms von Wichtigkeit. Derselbe lautete: „Gibt ein hochedler und hochweiser Rath dieser Stadt denen reformirten Bürgern und Einwohnern hieselbst itzt und zu ewigen Tagen das öffentliche Exercitium ihrer Religion, mit Predigen, Taufen, heil. Abendmahl halten, copuliren und andern zu solchem Gottesdienst gehörigen Uebungen, und zwar in einer Kirch und teutschen Schul, auch privatim einen Sprachmeister in Niederländischer, Französischer oder Wallonischer Sprache zu halten. — Die Latinität bleibt in hiesiges evangelisches Gymnasium beständig verwiesen." Mit der Wiederherstellung des aufgelösten Gymnasiums der Stadt Worms wurde Mitte Mai 1698 nach dem Dienstantritt des neuen Prorectors Johann Karl Strohm begonnen. In dem oben (S. 126.) erwähnten Entwurf der Grundsätze, nach denen Stadtmeister Sen. Joh. Friedr. Seidenbänder die Stadt wieder herzustellen räth, spricht sich derselbe in dem Abschnitte „Schulen" auch über die Wiederherstellung des reichsstädtischen Gymnasiums aus. Nicht nur wegen der hervorragenden Stellung, welche in Worms die Familie der Seidenbänder von der Mitte des 16. bis zur Mitte des 18. Jahrhunderts und der genannte J. F. Seidenbänder als Dreizehner, Stadtmeister und Schultheiß vor und nach dem großen Stadtbrand einnahm, ist es von Interesse, dessen Ansicht über die Wiederherstellung des Schulwesens zu vernehmen, sondern auch, weil aus seinen Worten die traurige Lage und die dürftigen Verhältnisse der wieder erstehenden Stadt sich klar ergeben. „Wie wir vorhero ein vortreffliches Gymnasium gehabt haben", schreibt J. F. Seidenbänder, „also wäre solches nebst der teutschen Schreib- und Rechenschul baldmöglichst wiederum anzurichten. Dann man sieht an artiger und unartiger Jugend, ja selbst an erwachsenen Leuten, wie nöthig die Kinderzucht sei. Inzwischen gibt dieses Bürger, welche

---

*) Schon im Jahre 1694 entbrannte wieder der alte Streit zwischen dem Bisthum Worms und der Stadt Worms, als das Bisthum die Schrift erscheinen ließ: Potestas ac Jurisdictio Episcopi Principis Wormatiensis in civitatem Wormatiensem." Dieser Schrift war eine „historische Relation von der absoluten Gewalt und Herrschaft der vorigen Bischoffen zu Worms über diese Stadt" beigefügt. Diese bischöfliche Schrift veranlaßte, daß der Rath zu Worms im J. 1695 die Gegenschrift erscheinen ließ: „Apologia der Stadt Worms contra Bistum Worms. Im Jahr 1734 gab Johannes Friedrich Schannat im Interesse und auf Bestellung des Bisthums seine Historia Episcopatus Wormatiensis heraus, dessen „Irrthümern und Jnbringlichkeiten" Johann Friedrich Moriz im Jahre 1756 seine Historisch-diplomatische Abhandlung vom Ursprung deter Reichsstätte, insonderheit von der allezeit unmittelbaren und weder unter Herzoglich- und Gräflich-, noch unter Bischöflich-Gelblicher Jurisdiction jemals gestandenen Freyen Reichs-Statt Worms" entgegenstellt. Im 18. Jahrhundert gaben Stadt und Bisthum eine Reihe von Streitschriften gegen einander heraus.

dem gemeinen Wesen nützlich sein können oder ein Abschaum desselben werden. Es wäre also vornehmlich darauf zu sehen: 1. daß man ohne partialité geschickte Leute durch eine freie Berufung vocire, denen aber nicht zu genau das salarium zugeschnitten sei, damit sie mit Freudigkeit arbeiten können. 2. daß die stipendia derer alumnorum nicht nach recommendation, sondern nach dem guten Genio ausgetheilt werden, welche künftighin ihrem Vaterland große und treue Dienste thun können. 3. auf eine gelassene und unverdrossene Unterweisung ist zu sehn, sonderlich in der theologie. Welcher praeceptor diese Gabe nicht hat, der ist kein Schulmann und wäre besser absentirt. 4. hingegen wären eines recht qualifizirten Schulmanns Verdienste hoch zu schätzen; welchen man auch nicht in behöriger Bestrafung ihrer Jugend reprochiren soll. 5. ein guter praeceptor und wahrer philosoph muß fromm sein, dieses macht ihm den göttlichen Segen. Denen Schülern hingegen ist beizubringen ihr dreifacher Endzweck, warum sie lernen: 1. daß sie durch Jugend und Gottesfurcht rechtschaffene Christen werden, 2. daß sie sich prüfen, was sie nach ihrer Fähigkeit vor eine profession ergreifen sollen, es sei jura, theologie, medicin, oder ein schwaches ingenium ein Handwerk. 3. daß die studirende Jugend den Stoff ihrer sonst künftigen Verwüstung ihres Glücks und ihrer Ehre, nemlich die Leidenschaften, zu unterdrücken suchen sollen, als: ihre eigene Einbildung, die Begierden, und das Tadelhafte in ihrem Wandel, dagegen die Tugenden Bescheidenheit, Menschenliebe, Gerechtigkeit, Klugheit und Geduld erlernen. Zu einer guten Schul wird ferner erfordert die Anschaffung einer publiquen Bibliotheque, welche aber die commoditaet des Bibliothecarii nicht verschließen darf, sondern welche vor Regiments-, geistliche, Schul und gelehrte, auch sonst ansehnliche Personen offen stehen muß. Hiezu wird erfordert: 1. die Wahl auserlesener Bücher durch alle facultaeten, 2. dieses anzuschaffen, wäre bei besseren Umständen eine pension dazu auszuwerfen. Wäre aber dieses nicht, so könnte man folgende Mittel ergreifen: 1. daß man trachte, wohl gewogne Gelehrte an der Hand zu halten, die ihre Bibliotheken hinein vermachen, 2. daß man denen competenten sämmtlicher Raths bedienung eine Verehrung dahin zumuthe, 3. daß denen Fremden, welche die Bibliothek sehen, auf gute Art beigebracht werde, die Bibliothek mit ihrem Andenken zu beehren. Wäre auch zu sorgen, daß die Bibliothek an einem feuchten Ort nicht Noth leide." *)

Die nachstehende Erzählung verfolgt einen fast annalistischen Gang, damit die Mittheilungen über die Entwickelung der Organisation, die Personalien und die äußeren Verhältnisse der Schule nicht auseinander gerissen werden, sondern in ihren natürlichen Beziehungen sich unter einander ergänzen. Aber wo eine Persönlichkeit zum erstenmal erwähnt wird, werden auch Angaben über dieselbe aus späterer Zeit sogleich beigefügt. Am 17. Mai 1698 war für die Beaufsichtigung des soeben wieder eröffneten Gymnasiums noch nicht gesorgt, denn der Magistrat schreibt an diesem Tage an Dr. Spener nach Berlin, er sei in der Bestellung des geistlichen Ministeriums begriffen, und der Rector des Pädagogiums zu Darmstadt, Georg Matthias Weiler, komme dabei in Vorschlag; da aber dessen Orthodoxie und Erfahrung in Zweifel gezogen würden, so wünsche der Rath Sr. Hochehrwürden als eines rechtschaffenen Gottesgelehrten Urtheil über Rector Weiler zu hören. Der Rath bat um Speners gewissenhaften Rath, da in dem damaligen zerrütteten Zustand der Kirchen eine herzliche Belehrung zu Gott höchst-nöthig sei. Der Rath bittet Dr. Spener, ihm einen rechtschaffenen Theologen zur ersten Pfarrstelle vorzuschlagen. — Schon im folgenden Monate bietet der Rath dem Pfarrer zu Lauban M. Mehl das Amt des ersten Predigers, des Seniors des geistlichen Ministeriums und des Gymnasialvisitators an. M. Johann Heinrich Mehl soll ein unterrichteter Mann gewesen sein.

* Chron. der Worml. Gymn.-Bibl. Fol. XLVI b.

Gymnasialvisitator M. Wehl. Rector Strohm eröffnet die einklassige Schule im Mai 1698.

„Er wurde zu Straßburg den 8/18. Aug. 1657 geboren, wurde im Alter von siebzehn Jahren 1674 philosophiae Magister, scheint mehrere Jahre in der untersten Classe einer lateinischen Schule, wohl zu Straßburg, unterrichtet zu haben und nahm gleichzeitig an der Universität zu Straßburg öfters an gelehrten Disputationen Theil. Von December 1679 bis Dezember 1680 besuchte er noch die sächsischen Universitäten Leipzig und Wittenberg. Weil damals die Pest in Sachsen wüthete, kehrte er nach Straßburg zurück. Am 27. April 1681 wurde er Prediger zu Quatzenheim im Elsaß und 1682 auf Misericordia domini Pfarrer in Bärstadt. Kaum war er daselbst ins Amt getreten, so wurde er am 28. Dezember 1683 für die Stelle eines Vorpredigers und Seniors der evangelischen Kirche in Landau in Aussicht genommen. Nachdem er daselbst am 19. Jan. 1684 der Gemeinde vorgestellt und auf sein Bekenntniß geprüft worden, trat er am 20. Jan. 1684 den neuen Dienst an. Als die Wormser Gemeinde den hochgeschätzten Mann am 15. Juni 1698 bitten ließ, in Worms die Stelle eines Seniors des geistl. Ministeriums und Gymnasialvisitators anzunehmen, wollten ihn die Landauer nicht abziehen lassen, so daß die Sache erst durch einen Ausspruch Straßburgischer und Frankfurter Geistlichen erledigt wurde. Nachdem er am 5. Sonntag nach Trinitatis 1689 von dem Stadtpfarrer Sped, der bereits im Predigtamt stand, der Gemeinde vorgestellt worden und am Montag darauf, am Tage Jacobi apostoli seine Antrittspredigt gehalten, ging er noch für mehrere Wochen nach Landau zurück, bis dort sein Nachfolger in den Dienst eingewiesen worden." Die Worms. Predigergeschichte erzählt, obwohl Wehl gelehrt, in seinem Amte fleißig und redlich, in seinem Leben und Christenthum untadelich gewesen, so habe er doch viele und große Widerwärtigkeiten bis an sein Ende ausstehen müssen. Er starb, 63 Jahre alt, am 8. Sept. oder 8. Oct. 1720. „Seine Gemahlin Margaretha Faustin, eine Tochter des Straßburgischen Theologiae doctoris und professoris metaphysices Johannis Faustii hat ihm im 38 jährigen Ehestand geboren dreizehn Kinder, nämlich 10 Söhne und 3 Töchter". (Chron. der Worms. Gymn. Bibl. Fol. 423 b., Wahl, Gesch. der evang. Stadtpred., S. 13 und 14.)

Der Schultheiß des Jahres 1698 Johann Friedrich Seidenbänder, dessen Ansichten oben vorgeführt wurden, hatte die Verhandlungen zur Gewinnung des Leiters des wiedererrichenden Gymnasiums geführt. Am 16. Februar 1698 schreibt Johann Karl Strohm, der als Prorector und mit der Aussicht auf das Rectorat berufen worden, von Abstein aus an den Magistrat, daß er die ihm angetragene Prorectorstelle des aus dem exsilio wieder hervorblickenden Gymnasii anzunehmen beschlossen habe, nachdem er aus der Herrn Schreiben ersehen, welche Vorsorge dieselben bei Wiederaufrichtung ihres ruinirten Stadtwesens, insonderheit für Kirchen und Schulen höchst löblich trügen. „Der Herr Himmels und der Erden beförd're das wohl angefangene heilsame Werk meiner hochgebietenden Herrn. Er baue Ihnen Häuser und lasse Sie in Kurzem wiederumb wie vorhin zu einer vollreichen Statt werden, deren Schutz und feste Mauer wider alle feindliche Tyranney und Zerstörung Er der starke Gott selbst seyn wolle. Mich aber rüste dieser große Gott auch mit allerley Gaben heilsamer Lehre." In dem Hauptbuch der Wormser Rechenstube aus dem Jahre 1698 ist eingetragen, daß Strohm in diesem Jahre aus einem jährlichen Gehalte von 200 fl. den Gehalt für 2½ Quartale, also von Mitte Mai 1698 an bezog. Nach den Rechenstuben Hauptbüchern für 1698, 1699, 1700 empfing in den Jahren 1698 und 1699 nur Strohm einen Gehalt, im Jahre 1700 tritt noch Cantor Roberhalt hinzu, und zwar im 3. und 4. Quartal. Im Jahre 1700 wird der Conrector Nikolaus Koch im Hauptbuch zwar vorgesehen, aber noch nichts an denselben ausgezahlt, dagegen bezieht derselbe im Jahre 1701 Gehalt für 3½ Quartale, trat also c. 15. Februar 1701 in den Dienst. Strohm ward Rector und versah sein Amt bis 1725. Der Stadt Worms scheint es nach der Wiederherstellung ihres

220   J. Chr. Roberbalt wird Cantor im Juli 1700, M. Koch Conrector seit Febr. 1701.

Gemeinwesens bis zum Jahre 1730 oft an Mitteln zur Erfüllung ihrer Zahlungspflichten gefehlt zu haben. Denn die im städtischen Archiv befindlichen Hauptbücher der städtischen Rechenstube erweisen, daß die an die Gymnasiallehrer zu zahlenden Gehalte oft unregelmäßig und oft nach jahrelanger Verspätung bezahlt wurden. So erklärt sich auch folgender Beschluß vom 4. April 1699: „Auf des Städtmeisters und der Scholarchen Bericht über Rector Strohms guten Fleiß und die ihm noch rückständigen Besoldungen ist resolviret worden, daß demselben sein Rückstand sowohl an Geld, alß Wein und Früchten von Zeit seiner Dienstantretung annoch solle nachgetragen und richtig gemacht werden." Schon im Jahre 1698 soll sich, wie Conrector Prof. G. L. Böhmer in einer am 3. Juni 1789 zur Erinnerung an die Zerstörung der Stadt Worms gehaltenen Rede (S. 28) sagt und die Geschichtschreiber der Stadt Pauli und Lange demselben nachgeschrieben haben, die Zahl auswärtiger Zöglinge des Gymnasiums auf zwei und fünfzig belaufen haben, welche Zahl sich vier Jahre nachher um die Hälfte vermehrt habe. Allein diese Angabe ist weder quellenmäßig als richtig erwiesen, noch glaubwürdig. Denn erst am 12. Juni 1699 beruft der Magistrat neben den seitherigen einzigen Lehrer, den Rector, einen zweiten Lehrer, den Cantor am Pädagogium zu Darmstadt Johann Christian Roberbalt, der bereits vor der Zerstörung der Stadt Worms Lehrer des Wormser Gymnasiums gewesen war (s. oben S. 128). Der Rath spricht in seinem Berufungsschreiben dem befreundeten Cantor aus, wie die gute Stadt durch den grausamen Krieg gänzlich zerstöret und ihre Einwohner in das bittere Exilium getrieben worden, so habe dasselbe auch ihren Freund und seine lieben Angehörigen mit betroffen; jedoch habe er bisher in Ihrer hochfürstlichen Durchlaucht Ernst Ludwig zu Hessen-Darmstadt Pflichten seine Subsistenz finden können. Sie ließen es nun ihre größte Sorge sein, wie nach ihrer Rückkehr nach Worms das verfallene Schulwesen, Gott zu Lob und der Stadt zu Nutzen, wieder aufgerichtet werden möge, und da sie in seine von langer Zeit her ihnen bekannte gute conduite, Fleiß und Treu in Information der Jugend ein besonder gut Vertrauen gesetzet und deswegen denselben wieder gern in ihrer Stadt in Diensten sehen möchten, so vocirten sie ihn im Namen Gottes zu der zuvor gehabten Stelle eines Cantors." Er empfing einen Gehalt von 200 fl., dazu seit 1701 als Hauszins 37 fl. 30 kr. Roberbalt diente bis 1707. Zum Conrectorat wurde zwar M. Scholl berufen, wie aus einem Schreiben hervorgeht, in dem derselbe die gedachte Stelle annahm und auf dessen Rande von einer Kanzleihand die Worte beigefügt: „Conrector Scholl acceptirt diese stell." Da aber nach dem Rechenstuben Hauptbuch für M. Scholl niemals ein Gehalt vorgesehen oder ausgezahlt wurde und schon im Jahre 1700 als Conrector Nikolaus Koch verzeichnet ist, der freilich erst 1701 eintrat: so ist sicher zu vermuthen, daß sich die Vocation M. Scholls aus irgend einem Anlaß zerschlagen. Da nach den Hauptbüchern der Rechenstube an den Conrector Nikolaus Koch, für den im Jahr 1700 ein Gehalt von 150 fl. vorgesehen, aber nicht ausgezahlt wurde, erst im Jahre 1701 für 3½ Quartale Gehalt ausgezahlt wurde, so ist anzunehmen, daß derselbe c. 15. Febr. 1701 in seinen Dienst eintrat. Koch war Conrector bis zum Jahre 1729. Von 1707--1729 bezog er außer dem Jahresgehalt von 150 fl. eine jährliche Hauszinsvergütung von 37 fl. 30 kr. Auch sein Gehalt wird sehr unregelmäßig ausgezahlt, z. B. in den Jahren 1720 und 1722 wird nur der Betrag von je 93 fl. 45 kr. gezahlt, im Jahre 1723 werden dann 328 fl. 7 kr. verabfolgt. Bei den Scholarchatsacten des Wormser Archivs hat sich bis jetzt keine Nachricht über den Conrector Koch vorgefunden.

Weil es nun fest steht, daß Rector Strohm 1698, Cantor Roberbalt 1700, Conrector Koch 1701 in ihre Stellen eintraten, so ist nach dem damals in Worms herrschenden Gebrauch, wonach jeder Lehrer nur in einer Klasse alle Lehrgegenstände unterrichtete und die Zahl der Klassen der Anzahl der Lehrer entsprach, mit ziemlicher Sicherheit zu vermuthen, daß das wieder erstehende Gymnasium von 1698-1700 zunächst eine Klasse mit Abtheilungen, dann zwei Klassen besaß, und erst nachdem 1701 der Conrector Koch in sein Amt getreten war, wiederum **drei Klassen** einzurichten vermochte. Erst im Jahre 1715 wurde die Anstalt wieder **vierklassig**. Das Wormser Jesuitencolleg hatte im Jahre 1707 und später nur drei Klassen (vgl. oben S. 103 u. 202). Als das Gymnasium noch dreiklassig war, verließ dasselbe im Jahre 1707 der Cantor Roberthal. Rector Strohm und Conrector Koch erhielten nun im Jahre 1708 (nach dem ausgezahlten Gehalte zu schließen, um die Mitte des Jahres) den Cantor **Krewebünter** und als dessen Nachfolger seit Anfang des Jahres 1711 den Cantor **Johann Marcus Fliedner** aus Wertheim, wo er Cantor gewesen, zu Amtsgenossen. Fliedner blieb Cantor und Lehrer der untersten Klasse bis in das Jahr 1748. Krewebünter und Fliedner bezogen geringeren Jahresgehalt als deren Vorgänger Roberthal, nämlich nur 150 fl. und keine Wirthenschädigung, und zwar unverändert in den vierzig Jahren von 1708-1748. In welcher Weise mag nun wohl das **dreiklassige Gymnasium in den Jahren 1701-1715** seinen Unterricht in den einzelnen Klassen gestaltet haben? Nachdem die alte Schulordnung des 17. Jahrhunderts gelegentlich der Zerstörung der Stadt verloren gegangen, führte der Rath eine von dem Scholarchat entworfene Unterrichtsverfassung durch Decret vom 11. April 1705 ein. Bestimmungen derselben waren folgende: Eidliche Verpflichtung aller Lehrer auf das lutherische Bekenntniß, wie es im Concordienbuch ausgesprochen ist. Prüfung anzustellender Lehrer durch Visitator, Scholarchen und Prediger hinsichtlich ihres Glaubens; Theilnahme der Lehrer an Predigten, Betstunden, heil. Abendmahl mit ihren Schülern, besonders wenn der Gesang von dem Singchor der lateinischen Schule aufgeführt wird; Geleitung der Schüler zur Kinderlehre durch die Lehrer; Prüfung der Schüler durch die Lehrer über den Inhalt der jeweilig gehörten Predigt; tägliche Lesung der heil. Schrift in der Schule; Morgen- und Abendandacht der Zöglinge des Alumnats; Gesang, Gebet, Leitung der Schrift. Lehrbücher für Religion: Dicta classica scripturae sacrae, Luthers Katechismus, Dieterici catechismus Latinus. Zeit der Unterrichtsstunden der **drei Klassen des Jahres 1705**: für die oberen Klassen im Sommer von 7-10 und 12-3 Uhr, im Winter von 8-10 und 12-3 Uhr, am Mittwoch und Samstag waren die Nachmittage frei. Die Singstunden werden von 12-1 Uhr Montags, Dienstags, Donnerstags und Freitags abgehalten; und zwar Montags und Dienstags Choralgesang, Donnerstags und Freitags Figuralgesang. Es folgen hier die durch Decret vom 11. April 1705 für die **drei Klassen** vorgeschriebenen Unterrichtspensa. **Klasse III**: Lesen, Schreiben, Rudimenta der lateinischen Sprache; Einübung der Declinationen und Conjugationen. Anfang in der Behandlung des Orbis pictus. — **Klasse II**: Latein: Fortsetzung der lateinischen Grammatik und des Orbis pictus, Cornelius Nepos; wöchentliches Exercitium dom., zuweilen ein extemporaneum stili. Die schriftlichen Arbeiten aller Klassen sollen von dem Lehrer zu Hause corrigirt werden, und hierauf soll den Schülern von dem Präceptor für jedes Exercitium eine verbesserte Composition dictirt werden. — Prosodie und Metrik: wöchentlich einmal Uebung in der „Wiedereinrichtung zertreunter Verse." — **Griechisch**: Formenlehre; Anfang in der Lectüre der griechischen neuen Testamentes. Den fortgeschrittenen Schülern werden wöchentlich einmal griechische Sentenzen dictirt. — **Klasse I**: Latein: Repetition der lat. Formenlehre und Syntax der lateinischen Sprache. Vocabularium. Lectüre: Muret, Ciceronis epistolae & orationes, de officiis. Curtius. Wöchentliches Exercitium dom., zuweilen ein extemporaneum stili, jedesmal Dictat der verbesserten Composition. Metrische Uebungen. **Griechisch**: Fortsetzung in der Grammatik und in der Lectüre des griech. neuen Testaments. Exercitien aus dem Lateini-

Das Gymnasium wird vierklassig im Herbst 1715: M. Wild Prorector in der neuen Klasse.

ichen in das Griechische oder umgekehrt: Correctur derselben durch den Lehrer zu Hause vorzunehmen; dann dictirt der Lehrer seine eigene Composition, die, wie alle von dem Lehrer dictirten Compositionen, in ein Buch eingetragen und bei der öffentlichen Prüfung vorgelegt werden. — Hebräisch: Erlernung der meisten Wurzeln und Stämme, vieler Vocabeln, der Conjugationen; Uebung in der Analyse hebräischer Texte nach den Regeln Schidard's und „mit Beifügung des auscitabull M. Michaelis Beckii." Logik: Theorie der Logik nach Weiße, praktische Uebungen, u. A. in der Composition und Analyse der Syllogismen. Rhetorik: Regeln der Rhetorik nach der Rhetorica contracta Vossii oder den institutionibus orat. Weinsii. Praktische Uebungen, besonders nach Reyheri Thesaurus epistolicus. Moral: nach der eingeführten Philosophia practica Buddei. Historica, Chronologie und Geographie sollen Mittwochs und Samstags am Nachmittag gelehrt werden. Die Anzeige zu den Semesterprüfungen soll im Namen der Scholarchen von dem Visitator drei Wochen vor der Prüfung erfolgen, die Einladung zu der Prüfung ergeht von dem Rector an die Scholarchen, an die Prediger durch die Primaner. Die öffentlichen Actusreden der Schüler sollen nicht von den Lehrern angefertigt und von den Schülern gelernt werden, sondern sollen von diesen proprio Marte nach den Anleitungen der Lehrer angefertigt werden, damit man daran die logische, stilistische und wissenschaftliche Bildung der Schüler erkenne. Die Versetzungen der Schüler werden nach dem Examen auf Gutbefinden der Scholarchen eingerichtet und in deren Namen von dem Visitator vollzogen. Die Ferien dauern im Herbst 14 Tage, zu Ostern 3 Wochen. Die Lehrer müssen in ehrbarer, ihrem Stand und Amt wohl anstehender schwarzer Kleidung mit ihren Mänteln in der Schule erscheinen. Die Schüler müssen die ganze Schulzeit in ihren Mänteln sitzen und auf den Straßen darin gehen; sollen ihren Lehrern Achtung und Gehorsam erweisen, in der Schule wie an einem Gott geheiligten Ort in ihren Mänteln stille und eingezogen sich verhalten. Außerhalb der Schule sollen sie alle Bosheit, Muthwillen und andre gottseligen christlichen Schülern übel anständige Stücke und Tücken vermeiden, des Spielens, sonderlich auf dem Bischofshofplay, des Tabakschmauchens, Kartenspielens, Weintrinkens und Zechens in den Wirthshäusern und Pfaffenkellern, auch des kalten Bads sich gänzlich enthalten. Und weil durch Indulgenz dem Schießen, Jagen, Fischen und Vogelstellen nachzuhängen, viele sonst capable ingenia verdorben worden, soll solches gänzlich verboten sein. Der Visitator soll sich durch häufiges Visitiren übergeugen, ob diesen Schulgesetzen nachgelebt wird. Städt. Bürgermeister und Rath schärfen endlich insbesondere dem Rector, Conrector und übrigen Praeceptores ein, daß sie dem Visitator bei Verrichtung seines Amts sich nicht widersetzen, falls sie aber von ihm gravirt zu sein vermeinten, solches dem Scholarchen vorbringen. So geschehen den 11. April 1705.*) Im Herbste 1715 wurde die Anstalt von dem Rector Strohm erweitert: zwischen der untersten Klasse des Cantors Fliedner und der zweiten Klasse des Conrectors Moch wurde eine neue Klasse eingeschoben, deren Lehrer M. Johann Michael Wild mit dem Titel eines Prorectors wurde. Nach den Angaben der städtischen Rechenstube bekleidete derselbe die neue Stelle, mit der ein Gehalt von 150 fl. und einer Wohnungsentschädigung von 37 fl. 30 kr. verbunden war, vom Herbst 1715 bis gegen Ende April 1720. Wild verließ die Anstalt, nachdem er eine Berufung nach Heilbronn angenommen. Die Anstalt behielt nun die vier Klassen bis in die Zeit der Franzosenherrschaft. In den Jahren 1732 1735 und 1750—1753 wurde sogar eine fünfte Klasse eingerichtet. Nachdem die Anstalt 1715 vierklassig geworden, behielt sie wohl zunächst doch noch den Lehrplan des Jahres

---

*) Eine schlechte Copie obiger Schulordnung befindet sich im Worms. Archiv bei den Scholarchatsacten.

Eine scharfe Zurechtweisung. 1. Dez. 1717. J. W. Jung Nachfolger des M. Wild.

1705, wie aus dem nachfolgenden Decret vom 1. Dezember 1717 erhellt. Nur für das Untergymnasium trat seit 1715 eine Umbildung ein, indem die Anfänger der früheren dritten Klasse eine besondere, vierte Klasse bildeten, von der die Oberabtheilung der früheren dritten Klasse als dritte Klasse sich abschied. In der zweiten und ersten Klasse scheint das Scholarchat im Ganzen den alten Lehrplan beibehalten zu haben. Dagegen wichen öfters die Lehrer davon ab, die schon in jener Zeit der geistlichen Oberaufsicht und Visitation Schwierigkeiten bereiteten. Diesen Gegensatz zwischen dem Visitator Pfarrer M. Wehl und dem Rector Strohm zeigt folgendes Rathsdecret. Am 1. Dezember 1717 erläßt der Rath eine scharfe Mahnung an den Rector und die übrigen Präceptores. Das Gymnasium sei durch Stadt und Land in üblem Ruf gesetzt. Gottes Ehre solle in dem Gymnasium befördert werden, deshalb solle, wie vor dem Brand, alle Morgen mit Gesang und Gebet der Anfang gemacht werden. Der Katechismus soll nach der Anweisung des Visitators Pfarrer M. Wehl gelernt, in der Bibel aus dem neuen Testament gelesen, die Jugend zur Kirche geführt, zur Kinderlehre angehalten werden. In der Kirche sollen Rector und Präceptores durch wahre Andacht ein gutes Exempel geben und des profanen Geschwätzes sich enthalten. Dieselben sollen keine andre Meinung, als die mit der Schrift übereinstimmen, der Jugend beibringen. Weshalb der Rector die von dem Rath vorgeschriebenen Leges nicht annehmen könne, dessen Ursache soll er schriftlich anzeigen. Den Herrn Visitator soll der Rector als seinen Vorgesetzten ansehen und respectiren und soll sich allen schnöden traitements sowohl gegenwärtig als heimlich und öffentlich, in Worten und Schriften enthalten. Die Lehrer sollen die Jugend nicht verwildern lassen, die Schulzeit fleißig innehalten, die Latinität nach guter Methode beibringen, Exercitia dictiren, die Jugend in der deutschen Orthographie üben, die Exercitia der Knaben corrigiren, die Logica in der Ordnung tractiren, und nicht bald hinten, bald vornen etwas heraussuchen, graeca Exercitia sollen gegeben werden, es soll nicht aus einem Autor Cicerone oder Curtia etwas weniges explicirt und, damit die Zeit nur vergehe, unnöthig wiederholt werden. Dazu sollen Rector und Präceptoren von dem Visitator Pfarrer M. Wehl angehalten werden. Decret. in Sen. XIII. d. 1. Dec. 1717. An die Stelle des Prorectors M. Wild trat im Jahre 1720 der Rector des Gymnasiums zu Trarbach Johann Wendelin Jung. Am 25. Mai 1720 schreibt der Magistrat der Stadt Worms demselben, der seitherige Prorector M. Wild sei in den Dienst der Stadt Heilbronn getreten. Städt Burgermeister und Rath berufen demnach im Namen der hochheiligen Dreifaltigkeit den Rector Jung zu einem Pro Rectore und in Abgang des jetzigen zu einem Rectore ihres Gymnasii. Gleichzeitig spricht der Magistrat dem Landesherren des Rectors Jung, dem Pfalzgrafen Christian III. von Pfalz Birkenfeld, am 25. Mai 1720 die Ueberzeugung aus, Rector Jung, welcher der Stadt Worms als früherer Alumnus ihres Gymnasiums zu Dank verpflichtet sei, werde fähig sein, seinem in viele Unordnung gerathenen, vormalen so berühmt gewesenen Gymnasio aufzuhelfen. Darauf verfügte der Pfalzgraf äußerst rasch und ohne zu versuchen, den Rector Jung sich zu erhalten, schon am 28. Mai 1720, wie folgt: „Dieweil wir diesem Mann seine Beförderung wohl gönnen, Er auch ohnedem alß ein gewesener alumnus einigermaßen Ihrer Statt zu Diensten verbunden, von Uns dahingegen seinen freyen Willen sich vorbehalten, nachdem Wir zu der löbl. Statt Worms ihrer Aufnahm und Wachsthumb, auch zu Kirchen und Schulen Erhaltung alles mögliche gerne beytragen wollen: Alß consentiren wir in sothane vocation ganz gern und Wünschen beyderseits Glück, Segen und himmlisches Gedeihen. Wir verbleiben denenselben und dero reichsfreyen Statt mit günstigen und geneigten Willen wohl beygethan: Bischweiler d. 28. März 1720. Derselben wohl affectionirter Freund." gez. Christian, Pfg. - Jung versah das Prorectorat von 1720 bis 1726. Im Jahre 1726 wurde er, seiner Vocation

224 Jung wird Rector 1726, M. Frank an Jungs Stelle. Visitator M. J. M. Lauß.

gemäß, Rector als Nachfolger Strohms. Noch blieb Conrector, Fliedner Cantor. Das Prorectorat erhielt damals Jungs Nachfolger M. Frank. Jung blieb Rector bis 1732, in welchem Jahre derselbe in Folge schrecklicher Conflicte, die zwischen ihm und seinen Collegen ausgebrochen, emeritirt wurde und zum Nachfolger den Rector M. Müller aus dem Württembergischen erhielt. Er bezog einen Gnadengehalt von c. 100 fl. bis zum Jahre 1744. Daß Rector Jung auch mit antiquarischen Forschungen sich beschäftigte, erwähnt nicht nur die Chronik der Wormer Gymnasialbibliothek, sondern auch J. F. Moritz in der „historisch-diplomatischen Abhandlung" (S. 71 73). Kurz vor dem Tode des Gymnasialvisitators und Seniors M. Mehl, der im September oder October 1720 starb, scheint das Gymnasium der kirchlichen Aufsicht nicht vollständig Genüge geleistet zu haben. Denn im August 1720 erläßt der Rath Bestimmungen bezüglich des Kirchenbesuchs. In seinem Rescript äußert der Rath, „dem Herrn Rectori und sämmtlichen Praeceptoribus des Gymnasii sei vorhin bekannt, was bei der Jugend an Gottesfurcht, des Glaubens Lehr in Zeiten guter Zucht und Ordnung gelegen." „Es habe demnach E. E. Rath vor eine Nothdurft zu sein ermessen, seinen Beschluß dahin zu erneuern, daß Sonntags die Jugend sämmtlich durch alle Herrn Praeceptores aus dem Gymnasio in die Kirch, Vor- und Nachmittags, still und züchtig und in guter Ordnung mittelst Vorgehung zweyer der jüngsten in dem Alumnat geführet, also auch Vormittags aus der Kirch in das Gymnasium geleitet und allda aus der Predigt examinirt, Nachmittags aber die in den zwei untersten Klassen in die Kinderlehre, welche aber in den zwei obristen Classibus sich befinden, in das Gymnasium und in ihre Klassen geführet werden sollen, um aus der Sonntags-Epistel und der darüber angehörten Predigt examinirt und in denen Glaubens-Articulen weiter fundiret, doch auch zugleich einen Sonntag um den andern ebenfalls zur Kinderlehre geführet werden, dabei die Alumni des Abendgebetes keineswegs, noch des Beistands Gottes zu des Gymnasii Wohlfahrt vergessen sollen." Nach dem Tode des M. Mehl wurde am 11. October 1720 M. Johann Michael Lauß zum Gymnasialvisitator ernannt. Derselbe war zu Auerbach an der Bergstraße am 7./17. Nov. oder Dez. 1674 geboren. Er war der Sohn des dortigen Pfarrers, der vorher Lehrer am Pädagogium zu Darmstadt gewesen war und am 10. August 1679 Pfarrer zu Worms wurde. Johann Michael Lauß wurde 1679 1689 in Worms erzogen und besuchte nach der Zerstörung der Stadt Worms das Pädagogium zu Darmstadt. Daselbst wurde er in der zu Ostern 1691 abgehaltenen Prüfung für tüchtig befunden, die Universität zu beziehen. Er studirte von Ostern 1691 bis 1693 in Jena, dann in Königsberg, wo er magister philosophiae wurde. Im Jahre 1697 begab er sich nach Jena, „in der guten Hoffnung, sein Glück daselbst zu machen." „Als er daselbst seinen Zweck nicht erreichen konnte, verfügte er sich anno 1698 wiederum nach seinem geliebten, aber noch sehr betrübten Worms." Daselbst wurde er zum Amte des dritten Predigers neben M. Mehl und Pfarrer Speck berufen und trat am 4. Sept. oder 4. Oct. 1698 in den Dienst. Wie er nach dem Tode des Seniors Mehl Visitator des Gymnasiums und der deutschen Stadtschulen wurde, so ward er nach des Seniors Speck Tode im Sommer 1724 Senior Ministerii. Seine Aemter verwaltete er „nicht ohne große Widerwärtigkeit". Im Alter von 64 Jahren starb er den 20. Oct. 1738, nachdem er vierzig Jahre Prediger, achtzehn Jahre Visitator gewesen. (Chron. der Worms. Gymn.-Bibl. Fol. 424 a. Muhl, Gesch. der evang. Stadtprediger, S. 14.)

Schon im Jahre 1723 geraten Rector Strohm, Proctor Jung und Cantor Fliedner mit dem Visitator des Gymnasiums M. Lauß in Conflict. Der Proctor will nicht von dem Visitator dependiren, der Visitator erklärt diese Widerspenstigkeit für ein recht grob Flegelstück. In einer Scholarchatssitzung, zu der die Lehrer eingeladen sind, springt der Rector vom Stuhl auf und sagt, auf den Visitator deutend: „Der Mann will der geistliche Scholarch sein. Ja, der Premier-Minister will er sein." Der Cantor lacht beim Weggang aus dem Scholarchat über den Herrn Visitator, und der Städtmeister Senior ruft ihm zu: „Der Herr lache nicht." Am 3. Juli 1723 bittet der Visitator den Rath, diese drei bösen Männer zur Raison zu bringen, damit er künftighin sein Amt ohne Anstoß verwalten könne. Fünf Jahre lang dauert der Streit über die Verfassung des Gymnasiums. Die Lehrer desselben können es mit Recht nicht ertragen, daß der Visitator den Lehrplan entwerfen, die Aufnahmen und Versetzungen der Schüler vornehmen will. Es mögen schlimme Auftritte erfolgt sein, bis endlich am 19. März 1728, als Jung seit zwei Jahren des Rectors Strohm Nachfolger war, der Rath der Dreizehner folgendes Decret erläßt: „Vom Herrn Rectore Jung ist ein typus lectionum zu formiren, und wird derselbe lediglich an Löbliches Scholarchat verwiesen, wie ihm dann puncto receptionis & promotionis discipulorum von Raths wegen das Examen in praesentia Dominorum Scholarcharum committirt wird." x. Nachdem dieses Decret dem Visitator durch einen Heimburger insinuirt worden, richtet derselbe an einen Hochedlen Magistrat eine „abgedrungene Beschwerung gegen das vorwichenen Rathstag des Gymnasii wegen gemachte decretum" und bittet um dessen Aufhebung. Aber am 2. April 1728 interpretirt und motivirt der Rath in einem neuen Decret nebst Motiven seinen früheren Erlaß mit Worten, die ein helles Licht auf die Mängel der Beaufsichtigung, der Verwaltung, der inneren Verfassung und der ganzen äußeren Lage eines reichsstädtischen Gymnasiums werfen. Das Decret vom 2. April 1728 lautet: x. „Das den 19. des hingelegten Monats abgefaßte decretum ist dahin zu verstehen, daß der Herr Visitator in seiner Autoritaet und Visitatur nicht gekränket sein solle. Zu dem Ende hat der Herr Rector den typum lectionum dem Herrn Visitatori zu communiciren, und wird die Sache zum löbl. Scholarchat verwiesen, und ist von denen Deliberationibus, dem Examine und promotione Discipulorum der Herr Visitator nach der bisherigen Observanz nicht auszuschließen". Dieses Decret sollte auch den Herrn Scholarchen mitgetheilt werden, ob dieselben dawider nichts einzuwenden hätten. Dem Decrete sind in dem Rathsprotocoll die folgenden recht vernünftigen Erwägungen des vortragenden Städtmeisters beigefügt: „Der Herr Visitator kann Visitator, wie auch die Herrn Scholarchen Scholarchae bleiben, wann sie es schon dem Rectori, welcher das Schulwesen besser verstehet, einmal überlassen. Denn daß es schlecht mit der Schul oder der Jugend bestellet, zeiget sich in der That, und ist dessen keine andere Ursache, als der Zank und Streit, so nun fast bei 30 Jahren zwischen Visitatoren und denen Praeceptoribus fortgewuchert und in diesen hauptsächlich bestanden, daß man denen Praeceptoribus lectiones vorschreiben wollen, sowie diese alle zeit gesagt, daß diese Visitatores nichts verstanden noch verstehen; und dieser Meynung bin ich auch. Man lasse einmal die Probe machen und gebe die Verantwortung denen Praeceptoribus allein anheimb, so wird man sehen, was die Jugend dabei profitiren wird; und will man es denen Praeceptoribus nicht anvertrauen, so werden wieder neue Veränderungen hervorkommen, und was der Herr Visitator nicht verstehet, aus denen lectionibus gelassen werden: und damit bleibt es eine auf ewig verdorbene Jugend, und werden es diejenigen, die dazu contribuiren und lieber eines Mannes Hochmuth nicht tränken, als die ganze Jugend verderben lassen, es dermaleins vor Gott zu verantworten haben. Wer das Schulwesen nicht verstehet, enthalte sich lieber des Votirens; so gibt es keine Verantwortung. Kurz, meine Meynung ist: man lasse es bei dem von denen Herrn Scholarchen approbirten typo des Herrn Rectoris, welchen die übrigen Praeceptores auch mit Freuden angenommen." x. Auch folgendes Decret des Magistrats vom 10. Mai 1730, welches erlassen wurde, nachdem wie im Nachfolgenden erzählt wird — Professor Johann Heinrich May aus Gießen eine neue

Unterrichtsordnung im Jahre 1729 im Auftrag des Raths für die Schule entworfen, scheint seine Spitze gegen den Visitator M. Lauch zu richten: ꝛc. „Denen Herrn Praeceptoribus hiesigen Gymnasii wird von Raths wegen anbefohlen, dem Ihnen von den Herrn Scholarchis letzthin vorgeschriebenen typo Lectionum stricte nachzuleben und sich von Niemanden darinnen irre machen zu lassen, in specie wird auch dem Herrn Cantori Fliedner bei Verlust eines Quartals intimiret, denen Schul-legibus conform sich zu bezeigen, und die Kinderlehr mit zu frequentiren." Ehe der von Prof. May entworfene neue Lehrplan eingeführt wurde, trat eine Veränderung in dem Lehrercollegium ein. Die Stelle des Conrectors Koch wurde im Sommer 1729 erledigt, wie es scheint, durch dessen Tod. An dessen Stelle trat für kurze Zeit der seitherige dritte Lehrer, M. Frant. Um aber die erledigte Stelle gut zu besetzen, berief der Magistrat unter dem 12. Aug. 1729 den Mag. phil. Johann Ludwig Alefeld aus Grünstadt. Derselbe führte damals in Gießen die Aufsicht über die daselbst studirenden Stipendiaten. Demselben war von der Regierung des Landgrafen Ernst Ludwig zu Hessen Darmstadt die Versicherung gegeben worden, daß er bei vorkommender Gelegenheit an der Universität zu Gießen gewiß befördert werden sollte. Um nicht in der Erwartung des ungewissen Falls einer zu hoffenden Vacanz länger zu warten, nahm Alefeld den Ruf nach Worms am 28. Aug. 1729 an, unter dem Vorbehalt seiner Entlassung aus dem hessischen Dienste. Auf mehrere Monitorien des Wormser Magistrats, sich endlich bestimmt über den Dienstantritt zu erklären, schreibt Alefeld am 21. Oct. 1729 von Darmstadt aus, er habe, um Gewißheit zu erlangen, sich nach Darmstadt begeben und hier völlige Gewißheit erhalten, daß sein gnädigster Fürst und Herr ihm die gesuchte Dimission nicht ertheilet, sondern ihn mit Uebertragung hinlänglicher Besoldung zum Professor bei der Universität zu Gießen ernannt habe.

Da die Einführung eines verbesserten Lehrplans unaufschiebbar war und in Worms zwischen dem Lehrercollegium und seinem Visitator die Feststellung eines neuen Lehrplans auf die größten Schwierigkeiten stieß, so bediente sich der Rath für diesen Zweck answärtiger Hülfe. Am 22. Aug. 1729 richtet der Magistrat an Professor Johann Heinrich May zu Gießen, dessen Erudition und Klugheit in Dirigirung des hessischen Schulwesens ihm gerühmt worden sei, das Ersuchen, auf des Raths Kosten sich nach Worms zu verfügen, um das in Unordnung gerathene Gymnasium zu Worms näher einzusehen und Vorschläge zu dessen Verbesserung zu machen. May war damals, wie er seinen Namen unterzeichnet, an „der hochfürstl. Universität zu Gießen professor ordinarius Antiquitatum, litterarum Graecae, linguarum orientalium, wie auch Paedagogiarchus daselbst und der sämmtlichen lateinischen Schulen des Oberfürstenthumbs Hessen Visitator Generalis." Derselbe visitirte das Gymnasium zu Worms am 6., 7. und 8. September 1729 und reichte dem Rath unter dem 14. September einen Bericht und Verbesserungsvorschläge ein. Er schreibt, die Pflicht gegen den allmächtigen Gott erfordere es, daß vor dem Anfang der Vor- und Nachmittagsstunden ein Lied gesungen, andächtig gebetet und ein Capitel aus der heiligen Schrift Neuen Testaments gelesen und erklärt werde. Der Katechismus solle in allen Klasen besser, fleißiger und also vorgetragen werden, daß durch Frage und Antwort der Verstand der Worte Luthers auf leichte und begreifliche Art beigebracht und durch die dem Katechismus bei gedruckten Schriftstellen bewiesen werde. May rügt es, daß die Psalmen meistentheils obenhin und ohne rechten Verstand behandelt würden. Die verschiedenen Ordnungen der vier Hauptklassen, die May bei der Revision vorfand, sind nach dessen Urtheil für die Lernenden ein Aufenthalt und Hinderniß, von den Lehrenden zu ihrer Bequemlichkeit eingeführt, und sind gänzlich aufzuheben, so daß in jeder Klasse der unterste Schüler ebensoviel erlerne wie der oberste. „So wären auch die Pensa aller lectionum etwas stärker aufzulegen: dann da der Jugend ihre force in der memorie bestehet, so kann sie auch leichtlich Vieles auf einmal erlernen, welches aber nachgehends bei Gelegenheit immer wiederholt werden muß." „Eine durchgehends gleiche orthographia Latina ist einzuführen, und zwar nach der neuern manier des Christoph. Cellarii." Außer diesen Winken, die sich auf alle Klassen bezogen, gab May in dem oben gedachten Berichte Rathschläge für die Gestaltung der einzelnen Klassen. Schon am 16. Sept. 1729 nahm der Magistrat die Vorschläge an, die May vorgetragen, und veröffentlichte unter demselben Tage die nachfolgenden, von May selbst aufgesetzten Leges Gymnasii Wormatiensis, in denen die Bestimmungen, die May in seinem Berichte empfohlen, meist wörtlich abgedruckt sind, insbesondere Nr. 5, 8, 9, 11—42.

Leges*)
Gymnasii Wormatiensis.
(Wormatiae, Typis Ascanii Christophori Georgii Cardell.)

WJr Stättmeister, Burgermeister und Rath dieser des Heil. Reichs Freyen Stadt Wormbs thun hiermit kund und zu wissen: Gleichwie GOttes heiliger Wille ist, daß in seiner Kirche alles ehrlich und ordentlich zugehen solle, Christliche Schulen aber auch mit zu der Kirchen gehören, und in seiner Maaß als Kirchen Versammlungen anzusehen sind: Also lieget Christlichen Regenten, als Pflegern der Kirchen und Schulen, und absonderlich denenjenigen unter ihnen, welchen sothane Auffsicht sonderbahr anvertrauet worden ist, ob, sorgfältig zu wachen, daß das Schul Wesen in guter Ordnung gestellet, also fortgeführet, und getrieben, und darinnen sowohl Lehrenden, als Lernenden, ihre Pflicht und Schuldigkeit fürgestellet und gewisse Schranken, innerhalb welcher sie sich allerseits halten sollen, gesetzet werden.

Des Endes haben Wir durch Unsere Scholarchen gegenwärtige Schul Gesetze, weilen die Alte durch die klägliche Zerstöhr und Einäscherung dieser Stadt mit verlohren gegangen, und, ohngeachtet alles beschehenen fleißigen Nachforschens, nicht wieder zuhanden gebracht werden können, nicht allein ehedem Anno 1705, den 11. April, sondern auch jetzo bey geschehener general-Visitation Unseres Gymnasii, verfassen, zusammen tragen, und verbessern lassen, damit allem etwa einreissen wollenden Unwesen kräfftiglich gesteuret werden möge.

1. Demnach setzen und wollen wir, daß nun und in das künfftige keine andere, als Unserer rein Evangelischen oder sogenannten Lutherischen Religion mit Hertz und Mund zugethane Schul-Lehrer in Unserem Gymnasio sollen angenommen oder gebultet werden, und, damit man dessen bey Ihnen desto versicherter seyn möge, alle dieselbe sowohl Rectores als Pro- und Conrectores auch übrige Praeceptores, ehe und bevor sie angenommen werden, von Unseren verordneten Scholarchen, mit Zuziehung des Visitatoris und übriger Evangelischer Prediger Unserer Kirchen, gleichwie ihrer Erudition, also auch ihrer Glaubens und Religion halber examiniret werden, und anbey gehalten seyn sollen, sich, gleichwie an anderen Evangelischen Orten gebräuchlich, auf Unser

---

*) Das von May's Hand geschriebene Original und mehrere Exemplare obiger, nach Mays Manuscript im September 1729 gedruckten Leges befinden sich im Wormser Archiv bei den Scholarchats-Acten, vol. A', fasc. XVII. „Schulordnung für Lehrer und Schüler." Auf Befehl des Magistrats wurden am 24. Oct. 1729 in Gegenwart des Scholarchats „die neue verfaßte und in truck gebrachte Schul-Leges denen drei anwesenden Gymnasii Praeceptoribus, namentlich Herrn Rectori Jung, Herrn Mag. Frand und Herrn Cantori Hübner ordentlich publicirt und anbey diesen ernstlich bedeutet, solchen alles Fleißes nachzukommen, welches zu thun dann dieselben dem Herrn Seniori Knod, stipulata manu angelobet haben." Da hier der Name des Conrectors Koch, der im Jahre 1729 den letzten Gehalt bezogen, nicht genannt ist, so ergibt sich auch hieraus, daß derselbe beim Beginn des Winterhalbjahrs 1729—1730 nicht mehr im Amte war. Vgl. oben die Nachricht über die fehlgeschlagene Berufung Alefelds zum Prorectorat.

symbolischer Concordien-Buch eydlich zu verpflichten; sodann einen schrifftlichen Religions-Revers auszustellen, welcher in dem Archiv beyzulegen und zu verwahren ist.

2. Dieser ihrer rein-Evangelischen Glaubens-Bekantnuß zu Folge, sollen sie die Predigten und Bett-Stunden fleißig besuchen, zu gewöhnlicher Zeit mit ihren Schülern bei dem Heil. Abend mahl erscheinen, und nicht allein sich selbst vor ihre Persohn zu solchem hochheiligen Mahl an dächtig und bußfertig bereiten, sondern auch ihre anvertraute Schul-Jugend zu gleichwürdiger Zubereitung und darauff folgenden ohngeheuchelten Lebens-Besserung hertzlich und ernstlich durch eine absonderliche vor der Beicht an sie zu haltende Rede, gleichwie in andern Christlichen Schulen geschiehet, anmahnen, auch in dem übrigen mit gottseeligem Leben und Wandel ihnen in allen Stücken vorleuchten. Sonderlich sollen Sonn- und Freytags und in der Wochen zu denen Kirch Zeiten, Predigten und Betstunden, da der Gesang von denen Lateinischen Schülern geführet wird, alter löblicher Observanz gemäß, sich alle insgesamt, keinen ausgenommen, mit ihren Schülern zur Kirchen verfügen, und sonderlich derjenige, welchen jedesmal die Ordnung der Deduction trifft, sorgfältige Obsorg tragen, daß von denenselben sowohl unterwegs, als auch in der Kirchen und unter dem Gottesdienst, mit Schwätzen, Umherlauffen, oder anderem Unwesen, keine Excessus und Unordnungen verübet werden, und wann man in die Kirche zu gehen hat, so soll, wann die Glock ausgeschlagen, von einem der Alumnorum abwechsels weiß, der Catalogus discipulorum von der ersten biß zu der letzten Claß abgelesen, die Anwesende mit dem Wort *adsum* sich darstellen, und in guter Ordnung so gleich fortgehen, die absentes aber so fort angezeiget, und, befindenden Dingen nach, corrigiret werden.

3. Es sollen auch Rector und andere Praeceptores ihre anvertraute Jugend zu Besuchung der Kinder Lehr mit rechtem Ernst anhalten, und zwar solchergestalt, daß Mittwochs von 12. bis 1. Uhr das Exercitium extemporaneum geschrieben, und darauff, wann es Zeit ist, das gantze Gymnasium von dem Praeceptore, an welchem eben die Ordnung der Deduction ist, in die alte Kirche zur Kinder-Lehre geführet, und darbey die ausbleibende oder sich zur Ungebühr auffführende observiret und folgenden Tages gebührend gestraffet werden.

4. Wie die Predigten des Göttlichen Wortes durch Unterlassung alles unheiligen ärgerlichen Geschwätzes mit Fleiß und Andacht von allen anzuhören, also sollen die Schüler Sonn- und Freytags eine gute halbe Stunde vorhero im Gymnasio erscheinen, ein andächtig Morgen-Gebet gesprochen, ein Lied gesungen, und sie darauf zur Kirche geführet werden: Nach geendigter Haupt Predigt mögen sie zwar in der Stille nach Hauß gehen, um 1. Uhr aber sollen sie sich wieder im Gymnasio einfinden, und von dem Praeceptore, der die Deduction hat, nach einem andächtigen Gesang, aus der vormittagegehörten Predigt genau und erbaulich examiniret, in solchem Examine auch alle gleich gehalten, und keiner unter denselbigen verschonet: den Freytag aber soll gleich nach der Kirch die Predigt im Gymnasio examiniret werden.

5. Bey allen Schul-Versammlungen soll zu Anfang derer Vor- und Nachmittags-Stunden ein Lied gesungen, ein Capitul aus der Heil. Schrifft Neuen Testaments durch einen Discipulum abgelesen, und sodann von dem Praeceptore die Haupt-Sache daraus kürtzlich, jedoch mit allem Eyfer und application, erbaulich und dergestalt erkläret werden, daß man vornemlich den Catechismum in denjenigen Stücken wiederhohle, welche in dem abgelesenen Capite biblico befindlich sind.

6. Zu denen Sacris sollen wöchentlich zwey Stunden in jeder Classe angewendet, und in denenselben der Catechismus fleißig und also vorgetragen werden, daß denen discipulis durch Frag und Antwort der Verstand derer Worte des seel. Lutheri auf eine leichte und begreifliche Art bey-

gebracht, auch mit gehörigen Schrifft-Stellen bewiesen werde, welche dicta sacrae scripturae nicht der Ordnung nach aus einem besonderen Sprüch-Buch erlernet, sondern zugleich mit dem Catechismo connectiret werden sollen, zu welchem Ende eine hierzu dienliche Catechismus-Erklärung, bei welcher allezeit die dicta probantia angemercket stehen, entweder von neuem auffzusetzen oder anderswoher einzuführen, dabei die Jugend mit auswendig Lernung derer Psalmen, ausgenommen die Buß-Psalmen, nicht aufzuhalten und zu beschweren ist. Zum Grund der Catechetischen Information soll in denen beyden unteren Classen eine gute einzuführende Teutsche Erklährung des Catechismi Lutheri: In Secunda des Dieterici Compendium Catecheticum: In Prima aber eben dieses Dieterici Institutiones maiores geleget werden.

7. Die Zeit der täglichen Zusammenkunfft der Schüler sowohl als Praeceptorum im Gymnasio muß den Winter und Sommer also determiniret werden, daß Mittwochs und Sonnabends Drey, die übrigen Tage aber täglich Fünff Stunden frequentiret wird: Worbey fürnehmlich darauf gesehen werden soll, daß zur Erfüllung dessen, was Num. 5. geordnet worden, jedesmal Vor- und Nachmittag eine viertel Stunde vor bestimmter Zeit der Anfang mit denen precibus gemacht werde. In denen Sing Stunden soll wochentlich viermal, nemlich Montags und Dienstags die Choral, Donnerstags und Freytags aber die Figural gehalten, und nicht über 1. Uhr protrahiret werden, auch alles Gespräch und unnützes Reden vor denen Schul-Thüren hiermit gäntzlich verbothen seyn.

8. Die verschiedene ordines singularum Classium, welche denen Lernenden nur Auffenthalt und Hinderung verursachen, werden hiermit gäntzlich auffgehoben, und bloß auf einen ordinem reduciret, also daß der Unterste einer jeden Class eben dasjenige und eben so viel erlernen soll, als der Oberste.

9. Ingleichen sollen grössere Pensa aller Lectionum denen discipulis sonderlich derer oberen Classen auffgeleget werden: Dann da der Jugend ihre force ohne das in der memorie bestehet, so kan sie auch leicht vieles auf einmal erlernen, welches aber nachgehends bei Gelegenheit immer wiederholet werden muß.

10. Die Exercitia sollen also eingetheilet seyn, daß in Quarta Classe wochentlich nach denen kleinern Epistolis Ciceronis auch ein kleines, und die Praxin derer gemeinesten regularum syntacticarum enthaltendes exercitium latinum angegeben, und fleißig nicht nur mit der Feder zu Hauß von dem Praeceptore corrigiret, sondern auch mündlich angezeiget werde, warum diese Correction geschehe, und wider welche regulam Grammatices peceiret sey. Deßgleichen soll in Tertia ad imitationem Cornelii Nepotis alle Woche ein Exercitium Domesticum, wie auch ein extemporaneum; In Secunda Classe ebenfals ein extemporaneum ad imitationem Iulii Caesaris vel Ciceronis, wie nicht weniger ein Exercitium domesticum eine Woche ad imitationem der vorigen auctorum, die andere Woche ad imitationem Ouidii, sodann in graecis auch ein kleines und leichtes Exercitium angegeben werden, und solches alles in prima Classe, mutatis mutandis continuiret, die Exercitia extemporanea aber in denen drey obern Classibus, wo möglich, sogleich corrigiret werden.

11. Ehe man aber zum lateinisch-Lesen und Schreiben gehet, soll vorhero eine durchgehends gleiche Orthographia latina, und zwar nach der neuesten manier des Christoph. Cellarii eingeführet werden, als welche von denen meisten Gelehrten heutiger Zeit beobachtet wird, und an sich selbst die beste ist, auch der alten Römischen Schreib-Art am nähesten kommt. Ingleichem soll die bey allen Gelehrten übliche und auf allen hohen Schulen gebräuchliche Prosodia beybehalten, und hiermit alle eigene, unnützliche und ungegründete, auch zum Theil lächerliche speculationes und

prouuntiationes, zum Exempel: Metonymia, Philosphia &c. krafft dieses völlig auffgehoben seyn.

12. Was insonderheit anlanget die Lectiones

QUARTÆ CLASSIS,

so sollen nebst dem Catechismo B. D. Lutheri, welcher auff jetztgedachte Weise zu tractiren ist, aus Cellarii libro memoriali Latinitatis alle vorkommende Vocabula erlernet, und die dabey gebruchte Grammatica latina auff solche Art getrieben werden, daß sie durch vielfältige exempla, insonderheit quoad declinationes & conjugationes, mit allem Fleiß denen Schülern wohl bekannt und verständig beygebracht werde.

13. An statt des libri Sententiarum, so aus alten, mittlern, und neueren, mithin nicht viel geltenden Scriptoribus zusammen getragen ist, sollen die epistolae Ciceronis minimae introduciret, und mit gutem Fleiß singula vocabula sowohl als constructio ipsa erkläret werden, damit nachgehends die grössere und weitläufftigere Epistolae ejusdem Ciceronis mit desto mehrerem Vortheil durchgebracht werden können.

14. Mit dem griechisch Lesen, und so viel sich thun läst, decliniren, muß in dieser Classe ein Anfang gemacht werden.

15. Endlich, dieweil nebst denen kleinern epistolis Ciceronis noch etwas mehreres in latinis vorgenommen werden kan, als sollen zu diesem Endzweck die in gutem ciceronianischen Latein verfaßte Colloquia Sebastiani Castellionis eorundemque liber primus tractiret werden.

16. Die Arithmetica soll in denen zwey untersten, und die Musique in allen vier Classibus fleißig fortgesetzet werden.

IN TERTIA CLASSE.

17. Sollen entweder erstgemeldte Colloquia Castellionis quoad librum secundum &c. fortgesetzet, oder, welches noch besser ist, Erasmi Roterodami vel Helvici colloquia eingeführet werden.

18. Eine griechische Grammatica, und zwar die in teutscher Sprach geschriebene und viel mahl gedruckte des D. Io. Henrich Schulzen soll eingeführet, conjugationes & declinationes fleißig getrieben, singula vocabula examiniret und memoriret werden; das paradigma aber conjugationis regularis soll, weilen dieses nur zum Zeitverderb dienet, weder teutsch noch lateinisch vertiret und mit dem griechischen hergesaget werden, hingegen sollen die paradigmata verborum im Anfang nach der Ordnung, die in der Grammatica stehet, erlernet, hierauf aber gleichstimmige tempora, als perfecta, aoristi, futura &c. durch alle modos flectiret werden.

19. In poeticis soll wenigstens eine Elegia Ouidiana teutsch erkläret und recitiret, oder, welches noch nützlicher, die aenigmata Symposii, so gantz kürtzlich, nebst excerptis aus verschiedenen anderen lateinischen alten Poeten, zu Giessen gedruckt sind, mit denen Schülern zu ihrem merklichen Auffnehmen tractiret werden.

20. Cornelius Nepos soll nicht also, wie die Worte auffeinander folgen, als welches unteutsch lautet, und die idiomata linguae nicht ausdruckt, sondern der construction und dem Verstand gemäß mit gebräuchlichen teutschen Redens-Arten erkläret werden.

IN SECUNDA CLASSE.

21. Soll Cellarii vocabularium nicht mehr als einmahl die Woche tractiret, hingegen der usus durch die apud Iulium Caesarem & Ciceronem &c. vorkommende Wörter beständig wiederhohlet werden.

22. Aus dem Ouidio sollen die phrases poeticae wohl observiret und tractiret werden; wie dann auch ein exercitium carminicum, & quidem ad Ouidii imitationem, alle Woche dictiret und wohl corrigiret werden soll.

23. Ingleichem soll in graecis ein exercitium wochentlich angegeben werden; das Griechische in dem Neuen Testament soll, wie oben ad tertiam classem erinnert, nicht teutsch, sondern lateinisch vertiret werden, als wodurch sich die discentes im lateinisch-reden zugleich üben: ingleichem sollen die in textu graeco jedesmahl vorkommende nomina & verba grammatice resolviret, und deßwegen in ein besonderes Buch auffgeschrieben werden, und zwar letzteres nach Anweisung des Pasoris, welcher nicht von Anfang biß zu Ende abzuschreiben, sondern selbst von allen angeschaffet und nachgeschlagen werden muß.

24. Mit dem Hebräischen soll der Anfang gemacht werden, ob man gleich anfänglich es nicht weiter bringen könte, als nur auff accurat lesen.

25. Die phrases ex Cicerone, Caesare, Ouidio, & reliquis scriptoribus, sollen von denen discipulis sowohl dieser als aller anderen Classium nach der interpretation nicht aus denen Büchern hergelesen, sondern bey jeder lection ex memoria recitiret, und fleißig variiret werden.

26. Bey dem lesen derer auctorum classicorum sollen die figurae rhetoricae nicht vergessen, sondern beständig angezeiget und examiniret, auch damit in prima Classe fortgefahren werden.*)

IN PRIMA CLASSE.

28. Des seel. D. Dieterici Institutiones catecheticae maiores sollen auf eine leichte, bequeme und der Jugend nützliche Art tractiret werden: wie dann aus diesem grössern Catechismo diejenige Fragen und Antworten, welche die definitiones in sich halten, memoriter zu erlernen sind, und deren sowohl als derer anderen Fragen Inhalt nachgehends auf teutsch zu sagen, gründlich zu erklären, und behörig zu beweisen ist. Die variationes grammaticae aber derer Worten Lutheri und lateinischen definitionum, so per casus & modos bißhero angestellet worden sind, sollen hiermit gantz und gar, als eine ungereimte Sache, abgestellet seyn, indeme die pura latinitas aus gantz anderen Büchern, als einem lateinischen catechismo, muß erlernet werden.

29. In graecis soll alle halbe Jahr wenigstens ein Evangelist gantz, oder etliche Epistolae Paullinae &c. durchgebracht, auch die grammatica denen discentibus durch fleißigere Ubung besser bekandt gemacht werden: Jngleichem soll der praeceptor graecus dahin alles Fleißes bedacht seyn, daß er in studio graeco, wo nicht mit allen discipulis, doch im Anfang mit etlichen subiectis selectis, entweder etwas aus dem Isocrate, oder die sehr nützliche, in ihrer Sprache gar schöne, und gantz auf den Zustand der lernenden Jugend gerichtete Oration des S. Basilii Magni ad Inuenes de vtiliter legendis gentilium libris tractire, und diese allen Gelehrten so nothwendige Sprache nach seinem besten Vermögen aus probatis auctoribus denen Lernenden nach und nach beybringe.

30. Weder das Griechische noch das Hebräische soll bey dem recitiren auf teutsch vertiret werden, sondern auf lateinisch, und sollen ex Genesi Ebraica alle halbjahr 8 bis 10 ja auch mehrere capita durchgangen, anbey die hebräische Grammatica besser beygebracht, und loco Schickhardi die zwar kleine, aber zum Gebrauch der Jugend eingerichtete Grammatica Ebraica des Hermanni von der Hart eingeführet werden.

31. Epistolas latinas, Chrias und kleine Orationes zuverfertigen, soll ja nicht vergessen, vielmehr über das noch eine Oratio solennis monathlich von denen, so in primo scamno sitzen, per vices & memoriter gehalten werden.

*) In Mays handschriftlichem Original obiger Leges befindet sich hier die ausgelassene Bestimmung Nr. 27: Eine Logica, von welcher unten ein mehreres, könte schon in hac secunda classe docirct und wenigstens denen discipulis die conceptus generales, zu besserem Fortkommen in der oberen Klaße beigebracht werden.

32. Gleichwie die Geographia vniuersalis, vna cum vsu globi, schon in secunda dociret werden soll, also muß nachgehends in prima hierinnen continuiret werden.

33. An statt der Geographiae antiquae, welche vor dergleichen discentes allzuschwer, auch nicht vor jedermann nützlich ist, soll die neuere Geographia, welche niemand entbehren kan, vorgenommen werden.

34. Nebst denen epistolis Ciceronis maioribus sollen nicht allein wochentlich einmal die Officia eiusdem, sondern auch zweymahl desselben Orationes selectae mit allem Ernst getrieben, und die phrases & figurae rhetoricae beständig angezeiget, examiniret, und, gleichwie bey andern lateinischen scriptoribus jederzeit geschehen muß, also auch in diesem auctore variiret werden.

35. In dem Quinto Curtio soll nicht nur halbjährig ein gantzes Buch durchgangen, und dessen schöne Redens Arten ohnermildet angemerket, sondern auch nach Anleitung dieses auctoris wochentlich ein exercitium siue domesticum siue priuatum angegeben werden.

36. Bey dem Virgilio soll insonderheit Achtung gegeben werden auf die gar schöne phrases poeticas, und derenselben vielerley variationes & expressiones, wie sie bey diesem grossen Poeten selbst anzutreffen sind; nach dessen Anweisung auch ein exercitium carminicum jede Woche, obgedachter maßen, dictiret werden soll.

37. Die praecepta oratoria sollen aus Gerhardi Ioann. Vossii Rhetorica contracta sine partitionibus oratoriis hergenommen, und fleißig erkläret werden.

38. In logicis soll in prima sowohl als in secunda eines Anonymi Ars cogitandi erotematica, so zu Basel Anno 1715 gedruckt worden, oder des Ephraimi Gerhardi Delineatio philosophiae rationalis, als welche beyde heutiges Tages vor andern guten Nutzen haben, dociret werden.

39. Die philosophia moralis Buddei mag so lange ausgesetzet bleiben, bis in dem Gymnasio die capacität und der numerus discipulorum wächset, daß man eine Classem selectam formiren, und die nöthige philosophische disciplinen in selbiger durchgehen kan.

40. Die general-historie soll nach Anleitung des Ioann. Sleidani cum continuatione Conradi Samuelis Schurzfleischii, oder nach Dieterici breuiario historico cum continuatione Immanuelis Weberi, oder auch nach denen nützlichen Fragen aus der historia universali des Christoph. Cellarii tractiret werden. Und damit die erlernete historie nicht ohne Nutzen seyn, sondern solche auf unsere Zeiten appliciret, und zugleich die Krieges und andere termini, so in denen Zeitungen vorkommen, auf bewährt Latein gegeben werden können; so soll erstgedachten Schurzfleischii Index strategicus, welcher hierzu gar dienlich, und vor einigen Jahren zum erstenmahl in Giessen gedruckt ist, in tertia, secunda & prima bey Erlernung des Cornelii, Caesaris, Ciceronis, Curtii &c. und bey angegebenen exercitiis ad horum imitationem angeschaffet und gebrauchet werden.

41. Eine special-historie aber von Bischöffen, Aebten x. derer mittleren oder gantz neueren Zeiten soll noch zur Zeit nicht vorgenommen, sondern vielmehr die historia generalis desto fleißiger getrieben werden.

42. Wann bey denen auctoribus antiquis latinis Sachen vorkommen, so vel ad historiam, vel ad geographiam antiquam, vel ad mythologiam, vel denique ad antiquitates gehören, soll man bey diesen sich nicht zu lang auffhalten, sondern die nöthigste und kürtzeste Erklärung der Jugend mit wenig Worten beybringen, auf das Haupt Wesen aber selbst, nemlich die puram latinitatem, mehreren Fleiß anwenden.

43. Vor denen jedesmaligen examinibus sollen exercitia pro loco in prosa, carminice & graece exhibiret, und in dem examine ohne correctur auf den Tisch geleget werden.

44. In denen examinibus selbst aber soll die Jugend nicht in der Ordnung examiniret,

sondern nach denen verzeichneten lectionibus ausser der Ordnung hin und wieder gefraget, auch einem jeglichen derer examinanten solches zu thun frey gelassen werden.

45. Die Anzeige zu denen examinibus soll, nomine derer Scholarchen, von dem Visitatore 3 Wochen vorhero, die Einladung aber zu dem examine soll bei denen Scholarchis von dem Rectore selbsten, bey denen übrigen Praebigern aber durch den untersten praeceptorem geschehen.

46. So sollen auch die orationes und oblectiones in denen actibus oratoriis & exercitiis disputatoriis (welche letztere nur monatlich einmal anzustellen sind, biß lex 39. impliret ist) nicht von denen praeceptoribus verfertiget, von denen discipulis aber bloßhin auswendig gelernet, sondern von diesen proprio marte, nach der von denen praeceptoribus gegebenen Anleitung, gemacht und verfertiget werden, damit man daraus erkennen möge, nicht nur, wie glücklich sie im memoriren seyen, sondern auch wie sie sowohl in stilo, als auch denen logicalischen und anderen Wissenschafften proficiret und zugenommen haben.

47. Die promotion soll, nach gehaltenem examine, auff gutbefinden Unserer Scholarchen, eingerichtet, und von dem Visitatore, in deren Nahmen, vollzogen werden.

48. Die Ferien belangend, so wird hiermit die Zeit derer Herbst-Feriarum auf 14 Tage, derer Oster-Ferien aber auff 3 Wochen gesetzet, und allen Schülern in allen Classibus alles Ernstes anbefohlen, daß sie vor Endigung derselben sich wieder allhier einfinden, und die lectiones also alle zugleich miteinander anfangen, oder wiebrigenfals ernster Straf gewärtiget seyn sollen.

49. Die halbjährige collocation derer discipulorum soll von dem Rectore nicht willkührig, allein und eigenmächtig, sondern vielmehr zugleich von dem zeitigen Visitatore vorgenommen werden.

50. So wohl in- als ausser denen Ferien soll keiner von sämtlichen Praeceptoribus, ohne vorher solches dem Visitatori anzuzeigen, von hier verreisen.

51. Uebrigens werden Rector und Praeceptores erinnert, daß sie, um destomehr respect bey der Jugend zu erhalten, in erbarer ihrem Stand und Amt anständiger schwarzer Kleidung mit ihren Mänteln in der Schule und auf der Strassen erscheinen; die Knaben aber die gantze Schul-Zeit in ihren Mänteln sitzen, und auf der Strassen darinnen gehen sollen. Darben denen Schülern alles Ernstes anbefohlen wird, daß sie ihren Praeceptoren, massen Wir sie durchgehends in Ehren zuhalten verlangen, allen respect und Gehorsam beweisen, in der Schule, als an einem Gott-geheiligten Ort, in ihren Mänteln, wie gedacht, sich stille und eingezogen verhalten, auch sonsten ausserhalb derselben alle Boßheit, Muthwillen und andere gottselige und christlichen Schülern übel anständige Stücke und Tücke vermeiden, des Spielens, sonderlich auf dem Bischoffs-Hof-Platz, des Tobak-schmauchens, Carten Spiels, Wein-trinckens und Zechens in denen Wirths-Häusern und Pfaffen-Kellern, auch des kalten Baads, sich gäntzlich enthalten. Unseren Scholarchen, denen Magistratis- und anderen erbahren Personen gebührende Ehre erweisen, ihre lectiones fleißig lernen, andächtig bethen, und in allem Thun GOtt vor Augen haben, und Ihme mit rechtem Ernst dienen, damit sie hinwieder von demselben auch den benöthigten Seegen zu ihrem studiren erlangen mögen.

52. Und weilen durch die Indulgentz dem Schiessen, Jagen, Fischen und Vogelstellen nachzuhangen, viele sonst capable ingenia verdorben werden, als soll solches hiermit gäntzlich verbothen seyn.

53. Letztens wollen Wir, daß Unser Visitator sich diese Unsere Schul-Gesetze ernstlich anbefohlen seyn lasse, und durch fleißiges visitiren und besuchen des Gymnasii in Obacht nehme, ob diesen Unseren Gesetzen von Lehrenden und Lernenden nachgelebet werde, auch wo er einige Fehler findet, solches gebührend erinnere, oder, falls es nöthig, Unseren Scholarchis zu gehöriger Abthuung hinterbringe.

54. Gleichwie Sie nun Ihme in solchem Fall hülfliche Hand zu biethen, und ob diesen Gesetzen ernstlich zu halten nicht ermanglen werden: also befehlen Wir Stätt-Burgermeister und Rath hierdurch nochmahls dem Rectori, Pro- & Conrectori, und übrigen Praeceptoribus alles Ernstes, daß Sie sich Unserem Visitatori bey Verrichtung seines Amts nicht widersetzen, oder sonsten Ihme zur Ungebühr widersprechen, sondern vielmehr alle Wege gebührende Ehre erweisen; fals Sie aber ja von Ihme graviret zu seyn vermeinen, ein solches bey Unseren Scholarchis gehörig anbringen sollen.

55. Ferner wird allen Praeceptoribus hiermit ernstlich anbefohlen, daß Sie mit aller Treue ihre untergebene discipulos zu einer auffrichtigen Gottes-Furcht und denen vorgeschriebenen studiis, ohne alle passion und Neben-Absicht, anführen sollen: davor Sie von dem barmherzigen GOTT eine gnädige Vergeltung ihrer ohnedem beschwerlichen Schul-Arbeit, im Versäumnuß-Fall aber nichts als Unsegen und Fluch zugewarten haben.

56. Und damit endlich die lernende Jugend in gebührendem Gehorsam gehalten werden könne, so sollen, nebst denen sonst gewöhnlichen coercitionibus und Schul-Bestraffungen, nach Erforderung derer Umstände, Carcer und Relegations-Straffe, und zwar letztere an einem in prima Classe auffzurichtenden schwarzen Brett, eingeführet, die Relegation selbst aber im Nahmen Unserer Scholarchen öffentlich angeschlagen werden.

57. Was übrigens num. 2. 3. 4. von der Ordnung der Doduction gemeldet, ist nicht also zu verstehen, als ob nicht jedesmahl alle Praeceptores mit denen Schülern aus dem Gymnasio in die Kirche gehen solten: dann dieses jetzo wie vor dem Brand allerdings sonderlich auf alle Sonn und Feyer auch monathliche Beth-Tage geschehen soll: sondern die Meynung ist, daß Umwechslungsweise jedesmahl einer die num. 4. gemeldete halbe Stunde vor dem Gottesdienst im Gymnasio seyn, dem bethen und singen beywohnen, auch nachgehends die repetition derer Predigten verrichten, die Haupt-Auffsicht übernehmen, und die etwa begangene Excessus bestraffen, die übrigen Praeceptores aber binnen solcher halben Stunde sich im Gymnasio auch versammlen, und mit denen discipulis zur Kirche gehen sollen.

Zu mehrerer Festhaltung alles dieses haben Wir Unser Secret-Stadt Insiegel hieran setzen lassen. So geschehen den 16. Septembr. 1729.

L. S.   Stätt Burgermeister und Rath.

In dem Schreiben vom 14. Sept. 1729, dem Prof. May als Beilage die vorstehenden Leges anschloß, schreibt derselbe an den Rath: „Was die Schul-leges anlanget, so habe ich die alten in Anno 1705 d. 11. April auffgesetzten leges zum fundament geleget, dasjenige, was beibehalten werden kann, stehen lassen, das andere aus denen vorstehenden adnotatis verändert und suppliret." „Dieweilen die besten leges, lectiones und vorgeschriebene methode zu informiren den gewünschten Endzwed nicht erreichen können, wann nicht geschidte Persohnen vorhanden sind, welche das Schulwesen verstehen, zum docieren willig sind und in allen Stücken die erforderliche qualitaeten eines rechten Schulmannes besitzen, vornehmlich aber das gantze Hauswesen auf einen guten Directorem ankommet, welcher sich hinlängliche Wissenschaft in denen studiis und Erfahrung erworben, auch alle diejenigen, so unter ihm stehen, gründlich anzuführen vermag, dergleichen er fahrenes Subjectum bei dem gegenwärtigen sehr schlechten Zustande des sonsten so berühmt gewesenen Gymnasii allhier unumbgänglich nöthig ist: als werde ich ein dergleichen Subjectum mündlich vorschlagen."

Im September 1729 entwarf Prof. May, gleichzeitig mit den vorstehenden Leges, für die Klassen des Gymnasiums und die einzelnen Wochentage den folgenden Stundenplan.

TYPUS LECTIONUM.
(Sept. 1729.)

PRIMÆ CLASSIS.

Die Lunæ.	Die Martis.	Die Mercurii.	Die Iovis.	Die Veneris.	Die Sabbati.
ante Meridiem.	*ante Meridiem.*	*ante Meridiem.*	*ante Meridiem.*	*ante Meridiem.* Frequentatur Templum.	*ante Meridiem.*
1. Dietericus maior.	1. Logica.	1. Chria, vel brevis 1. Dietericus maior.		1. Ebraica.
2. Orationes Ciceronis.	2. Orationes Ciceronis.	oratiuncula, ad 2. Exercitium Græcum. Vocall præcepta,		*post Meridiem.*	2. Virgilius.
		2. Epist. Cic. maior.		1. Musica.	
post Meridiem.	*post Meridiem.*	*post Meridiem.*	*post Meridiem.*	2. Exercitium domesticum, utque alternatum L. in prosa vel sermone ligato.	*post Meridiem.*
1. Musica.	1. Musica.	1. Musica.			1. Historia & Geographia.
2. Virgilius.	2. Officia Ciceronis.	1. Exercitium extemporaneum.	2. Ebraica.		
3. Curtius.	3. Curtius.		3. Græca.	3. Græca.	

SECUNDÆ CLASSIS.

Die Lunæ.	Die Martis.	Die Mercurii.	Die Iovis.	Die Veneris.	Die Sabbati.
ante Meridiem.	*ante Meridiem.*	*ante Meridiem.*	*ante Meridiem.*	*ante Meridiem.* Frequentatur Templum.	*ante Meridiem.*
1. Iulius Cæsar.	1. Novum Testam. Græcum.	1. Syntaxis latina.	1. Dietericus minor.		1. Exercitium Græc.
2. Dietericus minor.	2. Ebraica.	2. Exercitium domesticum ut in prima.	2. Epistolæ Ciceronis.		2. Etymologia Latina.
post Meridiem.	*post Meridiem.*	*post Meridiem.*	*post Meridiem.*	*post Meridiem.*	*post Meridiem.*
1. Musica.	1. Musica.		1. Musica.	1. Musica.	1. Historia & Geographia.
2. Ovidius.	2. Logica.	1. Exercitium extemporaneum.	2. Nov. Test. Græc.	2. Poetica.	
3. Grammat. Græca.	3. Epistolæ Cicer.		3. Iulius Cæsar.	3. Rhetorica.	

TERTIÆ CLASSIS.

Die Lunæ.	Die Martis.	Die Mercurii.	Die Iovis.	Die Veneris.	Die Sabbati.
ante Meridiem.	*ante Meridiem.*	*ante Meridiem.*	*ante Meridiem.*	*ante Meridiem.* Frequentatur Templum.	*ante Meridiem.*
1. Cornelius Nepos.	1. Luth. Catechism.	1. Grammat. Græca.	1. Catechism. Luth.		1. Cornelius Nepos.
2. Grammat. Græca.	2. Præcepta poetica.	2. Symposius poeta	2. Exercitium domesticum.		2. Etymologia.
post Meridiem.	*post Meridiem.*	*post Meridiem.*	*post Meridiem.*	*post Meridiem.*	*post Meridiem.*
1. Musica.	1. Musica.	1. Exercitium extemporaneum.	1. Musica.	1. Musica.	1. Etymologia.
2. Nov. Test. Græc.	2. Colloquia Erasmi.		2. Syntaxis latina.	2. Præcepta poetica.	
3. Syntaxis latina.	3. Arithmetica.		3. Cellarii liber memorialis.	3. Cellarii liber memorialis.	

QUARTÆ CLASSIS.

Die Lunæ.	Die Martis.	Die Mercurii.	Die Iovis.	Die Veneris.	Die Sabbati.
ante Meridiem.	*ante Meridiem.*	*ante Meridiem.*	*ante Meridiem.*	*ante Meridiem.* Frequentatur Templum.	*ante Meridiem.*
1. Psalmi pœnitent.	1. Græca.	1. Catechism. Luth.	1. Colloquia Castell.		1. Catechismus B. Lutheri.
2. Cellarii liber memorialis.	2. Castellionis colloquia.	2. Cellarii liber memorialis.	2. Cellarii liber memorialis.		2. Syntaxis latina.
post Meridiem.	*post Meridiem.*	*post Meridiem.*	*post Meridiem.*	*post Meridiem.* 1. Musica.	*post Meridiem.*
1. Musica.	1. Musica.	1. Arithmetica.		2. Etymologia latin.	1. Psalmi pœnitentialles.
2. Catechism. Luth.	2. Etymologia latin.		2. Epist. Ciceronis.	3. Catechismus.	
3. Epist. Ciceronis.	3. Exercitium.		3. Syntaxis latina.		

NOTA. Wie in diesem Typo designirte lectiones müssen in so vielen Stunden, als in diesem Schemate darzu angesetzet sind, wochentlich ohne Ausnahm tractiret werden: obgleich denen Praeceptoribus, jedoch mit Vorwissen und Begrüßung des Visitatoris, frey bleibet, eine lection aus dieser in eine andere und bequemere Stunde also zuverlegen, wie es die neue einzuführende Abwechslung derer docentium in denen Classibus erfordern will.

Sollten Wir auch nöthig und gut finden, jetzo oder in Zukunfft ohne den Cantorem, auch den quartum Praeceptorem zu bestellen, so darff als dann kein neuer typus lectionum entworffen werden, sondern es soll dem neuen Praeceptori alsdann von denen allhier vorgeschriebenen lectionibus in jeder Classe das ihm gebührende, als zum Exempel in prima & secunda die Historie und Geographie, die epistolæ Ciceronis in secunda zweymal, wie auch in eadem secunda Classe die etymologia & syntaxis latina, sodann in tertia ebenmäßig etymologia & syntaxis und dergleichen *r.* angewiesen, auch nebst diesem allen, was nach num. 32. ad Classem selectam formandam nöthig ist, mit nöthiger Sorgfalt, veranstaltet werden.

2. Visitatoren, Rectoren, Lehrer und Einrichtungen des lutherischen Gymnasiums während der fünfzigjährigen Geltung der May'schen Schulordnung.

Ein neues Leben schien für die Anstalt anzubrechen. Der neue Lehrplan vom 16. September 1720 berechtigte die Anstalt, höhere Ziele zu verfolgen, und wie das innere Leben der Schule sich erneuern und befestigen sollte, so wurde dieselbe damals in ein neues geräumiges Schulhaus versetzt. Aber auch in das neue Haus zog der alte Unfriede ein. Rector M. Müller, der im Jahre 1732 nach Worms berufen wurde, schrieb im Schulprogramm des Jahres 1736: „a longo usque tempore vesana docentes vexavit discordia." Weil nämlich die ganze Verwaltung des reichsstädtischen Gymnasiums sein Lehrercollegium auseinander riß und eine innere Einheit desselben nicht zu Stande kommen ließ, indem die einzelnen Collegen nicht unter sich und in sich den Mittelpunkt ihres amtlichen Wirkens fanden, sondern an draußen stehende Personen des Raths, des Scholarchats und des geistlichen Ministeriums sich anlehnten, die oft selbst in Ansichten und Bestrebungen auseinandergingen: so floh der Geist des Friedens und der Freudigkeit die meisten Rectoren und Lehrer, die an dem Gymnasium wirkten. Da Umtriebe in der Reichsstadt einen tüchtigen Lehrer, der sein Amt ohne Ansehen der Person treu und gerecht verwaltete, schwer schädigen konnten, wenn er das Unglück hatte, den mangelhaften Sohn eines Dreizehners, eines Scholarchen oder Rathsverwandten unter seine Schüler zu zählen: so waren im 18. Jahrhundert gerade die ernstesten und tüchtigsten Lehrer und Rectoren allezeit besonders zu beklagen. Glücklicher waren nur diejenigen, die auf Grund auswärtiger Beziehungen im Herzen die stille Hoffnung hegen durften, sicher einmal den dornenvollen Pfad des Lehrerberufs in der Reichsstadt wieder verlassen zu können. Diese Andeutungen werden wohl schon durch nachfolgende Mittheilungen illustrirt. Aber die Feder sträubt sich dagegen, in vorliegender Arbeit nach den Scholarchatsacten die Scenen der Leidenschaften und unsäglichen Jammers zu zeichnen, denen wir in dem Wormser Schulleben des vorigen Jahrhunderts begegnen.

Das neue Gymnasialgebäude wurde im December 1720 vollendet. Als die Stadt im Jahre 1689 ein Raub der Flammen wurde, verbrannte auch das damalige Gymnasialgebäude. Im Wormser Archiv befindet sich unter Peter Hammans Bildern der zerstörten Stadt auch die Abbildung der Ruine des abgebrannten Gymnasialgebäudes und seiner Umgebung, und zwar auf dem Blatte, das überschrieben ist: „Eygentliche abbildung und genauer Entwurff (inwendig und sonderlichen auf dem Markt) der Müntz und andtern burgerlichen Häussern ꝛc.: die Müntz A, Bürgerhof B, lateinische Schul C" ꝛc. Nach diesem Bilde stand das abgebrannte Gymnasialgebäude auf dem freien Platze zwischen der Petersgasse und der heutigen Dreifaltigkeitskirche, an deren Stelle vor 1689 die Münze stand. Dieser Platz, der heutige „Schulhof", hieß einst der Barfüßerplatz. Das von Hamman gezeichnete Gymnasialgebäude stand vor 1689 dicht an der südlichen Grenze dieses Platzes, grenzte also ganz nahe an die östliche Hälfte der früheren Münze und der späteren Dreifaltigkeitskirche, und zwar hatten die Längenseiten der Münze und des Gymnasiums die Richtung von Westen nach Osten, geradeso wie die heutige Dreifaltigkeitskirche. Das abgebrannte Haus war zweistöckig, hochgiebelig, und hatte drei Fenster in die Breite, 8—10 Fenster in die Länge. Dieses Haus war an der südlichen Grenze des im Jahre 1527 von dem Magistrat in Besitz genommenen Barfüßerklosters von der Stadt Worms aufgebaut worden. Als nach dem großen Brande die Stadt wieder aufgebaut wurde, wurde das abgebrannte Gymnasium in den stehen gebliebenen Umfassungsmauern wieder aufgebaut. Allein in dieser Weise entstand doch nur ein nothdürftig und schlecht gebautes Haus. Dasselbe wurde bereits im Jahre 1698 benutzt. So hatte also das reichsstädtische Gymnasium von 1527—1698 den Platz nicht gewechselt, aber auf demselben Platze benutzte es nach einander **drei Schulhäuser**: 1. das zerfallene Barfüsserkloster. 2. das an dessen Stelle aufgebaute, im Jahre 1689 abgebrannte Gymnasialgebäude, dessen Werth im Jahre 1696 auf 9000 Rthlr. geschätzt wurde (vgl. S. 126). 3. das nach dem Brand wieder hergestellte Gebäude. Die Schlüsse aus Hammans Zeichnungen werden durch Correspondenzen bestätigt, die der Magistrat zu Worms im Jahre 1727 mit den Städten Hamburg, Lübeck und Nürnberg führte.

Die Stadt Worms hatte nämlich in den Jahren 1709—1725 am Marktplatze, ungefähr an der Stelle, wo früher die Münze gestanden, die Dreifaltigkeitskirche erbaut und dachte nun daran, auch ein würdiges Gymnasialgebäude aufzuführen. Am 2. Aug. 1726 decretirte der Rath, dass am folgenden Mittwoch der Grundstein zu diesem Gebäude feierlich gelegt und bei dieser festlichen Gelegenheit ein Gottesdienst abgehalten werde. An dem vorhergehenden Sonntag wurde das Fest der Grundsteinlegung von dem Rathe der Bürgerschaft angekündigt. Der regierende Stättmeister, Rathsenior und Scholarch Johann Franz Knode legte den Grundstein zum neuen Gebäude. Im März 1727 waren bereits die Mauern des Erdgeschosses des neuen Hauses aufgeführt, auch die Balken für den Fussboden des oberen Stockwerks waren darübergelegt. Allein nun fehlte es an Mitteln zur Vollendung des Baues, und die Stadt sah sich genöthigt, bei befreundeten Reichsständen, Fürsten und Städten, für ihren Gymnasialbau Collecten zu erheben. In mehreren Briefen schreibt nun der Rath über die bereits erfolgte Vollendung der Dreifaltigkeitskirche und über die theilweise hierdurch bedingte Nothwendigkeit der Erbauung eines neuen Gymnasiums. Am 3. März 1727 schreiben Stätt-Burgermeister und Rath an die Städte Hamburg, Lübeck und Goslar, wie die neue Hauptkirche zu Worms bereits gar schön zustande gekommen sei, und wie nun „das nach der Zerstörung auf die alten Ruinen etwas schlecht gebaute Gymnasium der neuen Hauptkirche allzu nahe gestanden, so dass man dasselbe bereits theilweise habe abbrechen lassen müssen. Der Rest dieses Schulgebäudes habe nicht genug Raum, um die Schuljugend auf zunehmen und stehe gleichfalls der Kirche so nahe, dass man wegen dieser Nähe für die Kirche Feuersgefahr befürchten müsse. Deshalb sei man genöthigt worden, für das Gymnasium einen ganz anderen Bau aufzuführen". In einem noch vorhandenen Schreiben des Raths zu Nürnberg an die Stadt Worms vom 26. April 1727 werden dieselben Umstände des Gymnasialneubaues recapitulirt. Nach diesen Angaben sollte nach der Erbauung der Dreifaltigkeitskirche das dicht neben derselben an der Südseite des Schulhofs stehende alte Gymnasialgebäude aufgegeben und völlig abgebrochen werden, so dass die Kirche nach dem Schulhof und dem Petersgasse zu frei stand und gesehen werden konnte. Deshalb legte man im Jahre 1726 das neue Gymnasialgebäude auf der Ostseite des Schulhofs an: so entstand dort das heute noch am Schulhofe gelegene Gymnasialgebäude, das jetzt die Stadtschule einnimmt. Dieses Haus ist also das **vierte** Gymnasialgebäude der Stadt Worms. Das Gymnasium befand sich darin von 1729—1824. Dann wurde die Volksschule hinein verlegt. Vom 2. Nov. 1876 bis Juli 1879 war in seinem oberen Stocke unsre Vorschule untergebracht. Zum Bau dieses Hauses theilten der Stadt u. A. folgende Geber Geldbeiträge mit: Hamburg 10 Ducaten, Nürnberg 25 fl., Herzog zu Sachsen Weimar 20 fl., Lübeck 30 fl., Ernst August Herzog zu Braunschweig und Lüneburg etc. 50 Rthlr., Evangelische Kirchengemeinde zu Osnabrück an Collecte 66 Rthlr. 24 gr., Leipzig 50 Rthlr. Nachdem im März 1728 das neue Gymnasialgebäude unter Dach gebracht, aber zu dessen „vollkommeneren Ausbau dennoch sehr viele und grosse Kosten erforderlich waren", erlässt der Rath am 19. März

1728 ein Manifest an die Bürgerschaft, in der er sie auffordert, in Anziehung des großen und ersprießlichen Nutzens, so aus diesem Seminario aller christlichen Tugenden und freien Künste der Jugend zuwachse, am bevorstehenden ersten Literfeiertag bei Aufstellung der Collecten-Schüsseln vor den Kirchenthüren, vor und nachmittags, zu endlicher Vollendung des Gebäudes sich so gut und mildthätig zu bezeigen, wie die Nothdurft und Erheblichkeit eines so gottwohlgefälligen Werks es erfordern. Am 12. Dezember 1729 wurde die Einweihung des neuen Schulhauses durch einen öffentlichen Morgengottesdienst in der Dreifaltigkeitskirche und einen am Nachmittag abgehaltenen Redeact des Gymnasiums festlich begangen. Des Rectors Jung Einladung zu diesen Feierlichkeiten ist noch vorhanden.

Conrector Nikolaus Koch trat nicht mehr als Lehrer in das neue Schulhaus und in die Durchführung des neuen Lehrplans ein, sondern M. Phil. Val. Frank wurde im Herbste 1729 an dessen Stelle Lehrer der zweiten Klasse. Nachdem sich die Vocation des M. Alefeld aus Gießen im Oct. 1729 zerschlagen, wurde noch im Winterhalbjahr 1729/30 Johann Heinrich Friederich Franks Nachfolger in der dritten Klasse, und als Mag. Frank im Jahre 1730 Pfarrer zu Heuchelheim bei Worms geworden, wurde Friederich als dessen Nachfolger Lehrer der zweiten Klasse mit dem Titel des Conrectors. Von Herbst 1730 wird Johann Philipp Leonhardi von Mengeringhausen, der dem Rath von den Professoren May und Schupart zu Gießen und einem hohen Beamten in Darmstadt ausgezeichnet empfohlen war, an Friederichs Stelle zum Lehrer der dritten Klasse ernannt, so daß im Herbst 1730 als Amtsgenossen Rector Jung, Conrector Friederich, Magister Leonhardi und Cantor Fliedner in den vier Klassen fungiren. Unter diesen Männern entbrannte bald ein entsetzlich erbitterter Kampf.

Zunächst scheint sich Rector Jung dem May'schen Lehrplan und den neuen Gesetzen des Raths nicht gefügt zu haben. Denn schon am 12. Sept. 1730 decretirte der Rath: „Löblichem Scholarchat wird recommendirt, dem Rectori seinen Unfug mit Ernst zu verweisen und ihm an zubefehlen, dem Schul Legibus, worüber er handtreulich angelobet, sich conform zu bezeigen, oder widrigenfalls die Dimission zu gewärtigen." Im Jahre 1728 lagen dagegen die Verhältnisse noch so, daß der Magistrat den Zerfall der Ordnung des Gymnasiums aus dem dreißigjährigen Zwiste zwischen den Lehrern und Visitatoren erklärt, und zwei Decrete vom 19. März und 2. April 1728, die den Visitator Lautz in Schranken weisen, sind noch Beweise des Vertrauens für den Rector Jung und seine Collegen. Allein 1729 bis 1730 traten Johann Heinrich Friederich und Johann Philipp Leonhardi als Lehrer in das Gymnasium ein. Der mehr als sechzigjährige Rector Jung verhielt sich pedantisch, eigensinnig oder furchtsam gegen die guten Vorschläge der eingetretenen jüngeren Collegen. Diese werden dadurch in die Arme des Visitators Lautz getrieben, und schon ein Jahr nach dem Eintritt der jungen Lehrer beschäftigen sich Visitator, Scholarchat und Magistrat mit den gegenseitigen Klageschriften der Collegen, bis es zu unerhörten Handlungen kommt. Ein Jahr nach ihrem Dienstantritt berichten Friederich und Leonhardi, indem sie sich auf das Urtheil des Visitators Lautz berufen, an die Scholarchen, daß es dem Gymnasium an fernerem Zuwachs und Gedeihen nicht fehlen werde, wenn nur der Rector dahin zu bringen wäre, daß er eine bessere Methode gebrauchte, gute Disciplin hielte und dabei mit ihnen in Friede lebte. Der Methode des Rectors wird vorgeworfen, daß er die Kinder entweder bloß auswendig lernen lasse, wie in der Hauptlection der Theologie von ihm geschehe, oder daß er Kleinigkeiten betreibe; er rede von den Fehlern der Grammatiker, über die zweifelhafte lateinische Orthographie, ob man Wormatia oder Vormatia x. schreiben solle, behalte auch wider die Gewohnheit der gelehrten Welt die in den Legibus verworfene Pronunciation bei (vgl. oben S. 230), wodurch die

minder in den Realitäten oder der Aneignung eines reichlichen Wissensstoffes verabsäumt würden. „Dennoch unterfange sich dieser Mann über sie beide ein völliges imperium anzumaßen, obwohl sie doch niemals an ihn anders als ihren Collegen gewiesen worden: weil sie in seiner verderblichen Methode nicht mit leiern wollten, so schädige er ihr Ansehen."

Am 31. August 1731 erreichte der Conflict zwischen den jungen Lehrern und dem Rector Jung den höchsten Grad, als jene mit einem Stock bewaffnet vor der Thüre der Prima warten, um einen Schüler des Rectors wegen Widersetzlichkeit kurzer Hand selbst abzustrafen. Am 12. Sept. referirte Stadtmeister Senior Weise in dem Scholarchat über die Bemühungen, den Conflict beizulegen, und über den Beschluß des Raths, Rector Jung in Ruhestand zu versetzen. Man hätte erfahren müssen, daß Rector Jung sich keineswegs zu einer Versöhnung verstehen wolle. Der Magistrat habe sich zwar darüber einigermaßen alterirt, aber doch der Sache ihren ordentlichen Lauf lassen wollen, um seiner Parteilichkeit beschuldigt zu werden. Weil es aber dem Magistrat sehr bedenklich sei, um der wenigen Schüler der ersten Klasse willen, deren 4 oder 5 sein sollten, künftighin (zur Emeritirung Jungs und zur Anstellung eines neuen Rectors) so große Kosten, die sich auf mehrere Hundert Gulden beliefen, anzuwenden und dem ohnehin höchst dürftigen Aerarium zu entziehen, so habe derselbe für nöthig erachtet, das Rectorat ad interim zu suspendiren, welches man dann auch hiermit und in Kraft dieser Proposition dem zugegenstehenden Herrn Rector Jung bedeuten wolle. Die Stelle des Rectors war wirklich im Winter 1731/1732 nicht verwaltet. Die im Herbst 1731 vorhandenen 4/5 Schüler waren also im Winter entweder mit der zweiten Classe combinirt oder von der Anstalt abgegangen. Denn in der Sitzung des Scholarchats vom 21. Febr. 1732 erklärt der Vorsitzende, Stadtmeister Sen. Weise, weil demnächst Schüler aus der 2. Classe versetzt werden sollten, müsse das Rectorat wieder besetzt, d. h. die erste Classe wieder eingerichtet werden.

Im Sommer 1731 hatte der Rath eine bemerkenswerthe Veranstaltung zum Zweck der Förderung der Kenntniß der französischen Sprache getroffen. Er bestimmte nämlich, daß in den Stunden nach dem gewöhnlichen Unterricht des Gymnasiums in demselben ein öffentlicher Unterricht in der französischen Sprache unentgeltlich an die Lateinschüler, die dazu Lust trügen, ertheilt werde. Nach einem Scholarchatsprotokoll vom 18. Juni 1731 wurde nämlich dem französischen Sprachmeister Jean Christoph Honblon von dem Stadtmeister Senior angezeigt, der Magistrat habe beschlossen, ihm gegen öffentliche Tractirung der französischen Sprache in der lateinischen Schule, Morgens von 10-11 und Nachmittags von 3-4 Uhr, 50 fl. aus aerario jährlich reichen zu lassen. Honblon nahm dieses Anerbieten an, gelobte dem Stadtmeister Senior handtreulich, „daß er sich in Docirung der französischen Sprach treu und fleißig erweisen und sich sonst auch wohl aufführen wolle." Der Schultheiß Bamberg und der Visitator Lauz stellen denselben Lehrern und Schülern des Gymnasiums vor und verpflichten letztere, dem französischen Sprachmeister gleich den anderen Präceptoren zu folgen. Wie lange dieser französische Unterricht gegeben wurde, ist nicht bekannt.

In der Sitzung des Scholarchats vom 21. Febr. 1732, in der, weil Rector Jung pensionirt worden war, in Erledigung des Rectorats die drei Präceptoren Leonhardi, Friederich und Fliebner anwesend sind, wird von diesen und dem Visitator Lauz daran erinnert, daß die Bestellung der 5. Classe unentbehrlich sei. Allein erst in der Sitzung des Scholarchats vom 8. Sept. 1732 beschäftigt man sich mit der wirklichen Errichtung und dem Lehrplan der fünften Klasse.

Im Frühjahr 1732 trat ein junger Lehrer, M. Brenner, gegen Bezug eines Jahrgehalts von Hundert Gulden in die Anstalt ein. Es ist nicht unwahrscheinlich, daß derselbe nach Ostern 1732, während der noch einige Monate fortdauernden Erledigung der Stelle des Rectors zu

Vicariaten für diejenigen Lehrer benutzt wurde, die bei den zur ersten Klasse versetzten Schülern die Stunden des Rectors versahen. Es ist aber auch möglich, daß die drei älteren Lehrer bis zur Ankunft des neuen Rectors die von ihnen im vorhergehenden Schuljahr geführten Klassen weiter führten und daß M. Brenner die zu Ostern 1732 neu aufgenommenen Schüler der untersten Klasse übernahm. Als aber, wie sogleich berichtet wird, schon um die Mitte des Jahres 1732 M. Christian Karl Müller von Eßlingen das Rectorat der Anstalt übernahm und neben ihm die Lehrer Leonhardi, Friederich, Fliedner und Brenner fungirten, haben diese fünf Lehrer ohne Zweifel so lange, als sie neben einander wirkten, d. h. bis zu dem am 9. März 1735 erfolgten Tode des Conrectors Leonhardi in fünf Klassen in der Weise unterrichtet, daß die frühere vierte Klasse, die nach der Organisation vom Jahre 1729 einen mehrjährigen Cursus hatte, in zwei Klassen getrennt war. M. Joh. Valentin Brenner war ein Hessen-Darmstädter. Nach Leonhardis Tod erhielt er dessen Stelle in der dritten Klasse und auf Vorschlag des Scholarchats wurde er am 15. Sept. 1747 von der britten Stelle zur zweiten oder zum Conrectorat befördert. Diese Stelle nahm er bis zu seinem im Herbste 1757 erfolgten Tode ein. Er war 25 Jahre Lehrer der Anstalt.

Nachdem die Berufung des Lehrers am Pädagogium zu Gießen M. Brenner zum Wormser Rectorat keinen Erfolg gehabt, wurde auf Veranstalten des Scholarchats, wie es scheint, durch Vermittelung Friederichs, im Frühjahr 1732 M. Christian Karl Müller, seither Vorsteher des ritterschaftlichen Gymnasiums und adelichen Contubernium zu Eßlingen, zum Rectorat des Wormser Gymnasiums berufen. Vor der förmlichen Berufung erscheint Herr M. Müller am 24. März 1732 in der Sitzung des lutherischen Consistoriums zu Worms in Gegenwart von acht hochwürdigen Herren und wird allda ersucht, mit vier Schülern des Gymnasiums ein tentamen studiorum vorzunehmen, dessen Inhalt noch in dem Protocoll vorliegt, das schließlich folgendes Urtheil enthält: „Ein löbliches Consistorium hält den Herrn Directorem Müller vor einen sehr tüchtigen Mann, welcher sattsame erudition und alle gute qualitäten besitzet, dem hiesigen Gymnasio wohl vorzustehen, und solches mit Klugheit zu dirigiren: daher denn auch Ein Hochedler Magistrat zu erbitten wäre, in dem Namen Gottes diese Person zu dem erledigten Rectorat zu vociren".*)

Rector Müller sah sich schon bald nach seinem Dienstantritt veranlaßt, um eine seinem Amte und seiner Verantwortlichkeit entsprechende Instruction bei dem Rathe nachzusuchen.

---

*) Schon am 25. März erfolgt Müllers ordentliche Berufung zur Rectoratsstelle „mit anliebender ordentlicher Besoldung an Geld, nemlich 200 fl., auch üblicher Hausbestallung und accidentalien, namentlich 1 Fuder Weins, 20 Mltr. Korn, gewöhnliches Bellenholz und freier Hauswohnung". Dabei versichert der Magistrat, daß Rector Müller bei eintretendem Alter sich die zuverläßige Hoffnung machen könne, bei sich ergebender Vacanz in das Evangelische Ministerium, d. h. in den Wormser evangelischen Pfarrdienst, befördert zu werden. Die Städtische Rechenstube zahlte an denselben das definitive Regulirung seines Gehalts von 1734–1746 an Geld den jährlichen Betrag von 240 fl., im Jahre 1747 etwas mehr an. Auf die von Müller und dem Wormser Magistrat dem Herzog zu Württemberg geäußerte Bitte, daß derselbe sich die vocation eines von Dero gewesenen Stipendiaten, auch Landeskindes, nicht mißfallen lasse, wird dem Petenten am 7. April 1732 die erbetene Entlassung salvo regressu in patriam gewährt. Mit einem Geleitsbrief der freien Stadt Worms versehen, bewerkstelligt Müller seinen Uebergang aus Eßlingen nach Worms: „Werden alle sowohl hohe als niedere Obrigkeiten, auch Beamte, und sonsten Jedermänniglich, unterthänig, dienst- und freundlichst ersucht und gebetten, denselben nebst seiner Familie und Angehörigen, auch bei sich habenden meubles und anderen effecten aller Orten frey, sicher und ohngehindert passiren zu lassen. Solches ist man Jedermann, Standes Gebühr nach, zu erwiedern erbötig. Signat. Wormbs Jun. 1732."

Derselbe beauftragt den Rathssenior Weise, zu „Beibehaltung guter Ordnung und nöthiger Harmonie in dem durch Gottes Gnade wieder anwachsenden Gymnasium" eine „Verfassung und Instruction" zu entwerfen; und dieser legt am 19. August 1732 dem Dreizehnercolleg Instructionen für den Rector und den Visitator vor, woraus ersichtlich ist, daß das Grundübel der Wormser Gymnasialverfassung darin bestand, daß Scholarchat und Visitator stets in die unmittelbare Verwaltung der Anstalt eingriffen, dem Rector kein wirkliches Amt zugestanden und in die Beziehungen, die zwischen den Collegen obwalteten, allezeit sich einmischten. Weise sucht dem Rector wenigstens einige Vollmachten in der Stellung neben dem Visitator zu erwirken. Nach seiner Instruction soll der Visitator monatlich einmal oder öfters die Schule visitiren und nachsehen, ob in Unterricht und Disciplin die Raths- und Scholarchats-Verordnungen beobachtet werden, über Defecte mit sämmtlichen Collegen des Gymnasiums verhandeln, im Falle der Meinungsverschiedenheit die Sachen an das Scholarchat bringen, inzwischen den Docenten keine Lectionen vorschreiben. „Noch viel weniger schreibt er denen Docentibus metam, wie weit sie kommen sollen und Methodum vor, sondern dieses wird umb vieler wichtiger Ursachen willen derer Gewissen, der Treue und Geschicklichkeit eines jeden überlassen." Dem Rector soll, wie solches vor und nach dem Brand üblich war, auch bei allen wohlgeordneten Gymnasiis Herkommen ist, Inscription, Examen und Collocation der eintretenden Schüler verbleiben, er soll die zum Gymnasium gehörigen Documente, Acten, Briefschaften, Inscriptionsbuch verwahren; ohne Zuthun des Visitators soll er mit dem Cantor die Chorgelder und andere Collecten, z. B. die Neujahrsgelder an die Choristen vertheilen. Der Rector soll mit dem Visitator auf gute Ordnung und, weil er in der Schule [im oberen Stock des Schulhauses am Schulhof] — wohnt, auf richtigen Beginn und Schluß der Schulstunden sehen. Ohne Vorwissen und Genehmhaltung des Rectors sollen keine besonderen Ferien gegeben werden. Der Rector soll wöchentlich zweimal mit seinen Collegen über die Verbesserung der Schule verhandeln. Der Rector nimmt keine Klagen gegen die Collegen an, sondern verweist solche an das Scholarchat. Die Präceptoren sollen den Rector als ihren Vorgesetzten respectiren, dagegen soll er ihnen als seinen Collegen mit aller Liebe und Freundlichkeit begegnen; und des „Gymnasii Flor und Aufnahme" sollen sämmtliche vor Augen haben. „Wie der Rector von den discipulis aller Klassen gleichen Respect hat, also sorget auch er, daß die Primaner die gebührende reverenz gegen die übrigen Praeceptores nicht vergessen. Um solches zu erreichen, überläßt der Rector dem Prorector und Conrector wöchentlich je eine Stunde in der Prima und lehrt dafür zwei Stunden in der Secunda und der Prorector eine in der Tertia." Für Mißhelligkeiten zwischen den Lehrern, diesen und den Schülern oder deren Eltern bleibt dem Rector die erste, dem Scholarchat die zweite Instanz. Wenn ein Präceptor verreist, so soll er solches dem Scholarchat, dem Visitator und dem Rector gehörig anzeigen. Letzterer sorgt für die Vertretung des Lehrers und den Unterricht der Classe des Beurlaubten. Der Rector soll Sorge tragen, daß der entworfene Typus lectionum, wenn er von E. E. Rath confirmirt worden, und alle Verordnungen beobachtet werden. Alle Monate soll das Scholarchat mit Zuziehung sämmtlicher Lehrer eine General-Conferenz in der Schule halten, und soll dann über Zustand und Verbesserung der Schulen confirmirt werden.

Schon im Jahre 1732 beginnt der Gymnasialvisitator Lauz dem Rector Müller gegenüber ähnlich zu verfahren, wie er gegen den Rector Jung gehandelt: der Rector wird von ihm auf die Seite geschoben, wann und wo er nur irgendwie entbehrlich ist; und so ist es natürlich, daß der Rector dem Scholarchat und dem Visitator gegenüber nicht sehr bereitwillig ist. Dies zeigt sich schon bald nach Müllers Dienstantritt. Für diese Zustände der Verwaltung ist Folgendes bezeichnend. Am 11. Sept. 1732 wird Rector Müller im Scholarchat zu einer Berathung mit Stadtmeister Sen. Kleiß und Visitator Lautz zugezogen. Dabei stellt sich heraus, daß der Rector den M. Brenner in der fünften Klasse unterrichten ließ, aber einen ihm abverlangten Lehrplan dieser Klasse den Scholarchen noch nicht vorgelegt hatte, weshalb der Rector wiederholt beauftragt wird, solches zu thun und eine Zusammenstellung der absolvirten Pensa des M. Brenner dem Visitator zuzustellen. In der erwähnten Sitzung des Scholarchats wird auch beschlossen, daß der Unterricht im Sommer Vormittags von 7—10 Uhr, Nachmittags von 1—3 Uhr gehalten werden soll, doch solle am Mittwoch und Samstag Nachmittags geschlossen sein. Im Winter solle Morgens von 8—10, Nachmittags von ½1—3 Uhr unterrichtet werden. Allein die Herrn Präceptores halten solche Anordnung nicht für geeignet und machen Gegenvorstellungen, so daß dann löbliches Scholarchat am 10. November 1732 neue Bestimmungen gibt, nachdem solche den Herrn Präceptores vorgetragen und von diesen „ohne einige Contradiction angenommen worden". Hiernach soll im Sommer und Winter „umb halb 8 Uhr praecise ohne Annehmung einiger Entschuldigung die gewöhnliche publique Schularbeit angefangen und bis 10 Uhr continuirt werden, so daß ihnen die nachfolgenden Stunden zur Privatarbeit frei bleiben". Nachmittags wird von 1—3 Uhr unterrichtet. Der Cantor soll Montags von 12—1 Uhr die drei unteren Klassen im Gesang unterrichten, an den übrigen Tagen soll er diese Stunde zur Ausbildung des Singchors benutzen. Während nach der neuen Verfassung des Professors May vom Jahre 1720 die Präceptoren Mittwochs und Samstags Mittags eine Stunde hatten lehren sollen, wird nun bestimmt, daß am Mittwoch und Samstag die Nachmittage frei sein sollten. Am 8. Dezember 1732 befiehlt das Scholarchat dem Rector und den übrigen Präceptoren, daß innerhalb dreier Tage ein jeder besonders seinen Typus lectionum dem Scholarchat in duplo einschicke und dann das Weitere erwarte.

Am 22. Jan. 1733 wird im Scholarchat der Lehrplan der beiden unteren (4. u. 5.) Klassen nebst den Gedanken des Visitators verlesen und genehmigt. Darauf werden die Lehrer dieser Klassen Cantor Fliedner und M. Brenner vorgefordert: es werden denselben Verhaltungsmaßregeln gegeben, wonach die Beiden sich in allem richten wollen. Solche Verpflichtung findet ohne Mitwirkung des Rectors statt. Für die drei oberen Klassen dürfte im Wesentlichen der Lehrplan der drei oberen Klassen des May'schen Lehrplans beibehalten worden sein.

Müller fühlt sich schon sehr bald im Dienste der Stadt nicht recht wohl; weder seine dienstliche Stellung noch seine persönlichen Angelegenheiten werden nach den ihm gewordenen Versprechungen und nach seinen berechtigten Erwartungen geregelt. Schon im Juni 1733 muß er mit Hinweis auf die ihm feierlichst gegebenen Zusicherungen seine Wünsche dem Magistrat vortragen, nachdem er in Eßlingen sein „gutes établissement, Freundschafft, Vatterland, Vermögen, Hauß und Hoff mit unglaublich großem Verlust und so zu reden recht als ein Salzburgischer Exulant mit dem Rücken angesehen habe." Müller fragt bei dem Rathe an: „ob man sich, wie man fast vermuthet, seiner förmlichen und hinlänglichen Instruction oder mehrerer Activitaet in der Lectione Gymnasii, wider aller Welt Gebrauch auch ehemalige hiesige Gewohnheit und der Sache selbst erforderndermaßen Nothwendigkeit, mittelst Obrigkeitlicher Verfügung zu getrösten habe, als ohne welche ich dem in mich gesetzten Vertrauen ein Genüge zu leisten, noch sonsten das Gymnasium in Flor und Aufnahm zu bringen oder zu erhalten mir nimmermehr getrauen kann, und mich nur bey mißlichem Erfolg hiemit auf das feyerlichste verwahret, das mehrere aber bey anderer Gelegenheit hievon zu melden gehorsamst vorbehalten will." *) Da im Jahre 1735 die im Jahre

---

* Ferner fragt Müller an, ob er sich darauf verlassen könne, daß die in dem Gymnasium ihm angewiesene unausgebaute Wohnung ohne lange Verzögerung zum unentbehrlichen ökonomischen Gebrauch werde

1732 errichtete fünfte Klasse wieder einging, mußten auch die unteren Klassen wieder eine andere Organisation erhalten. So einfach diese Angelegenheiten auch waren, so gaben sie doch unter der Leitung des Visitators Lauz, der den Rector hintansetzte und demselben seine Collegen abspenstig machte, Anlaß zu Spannungen und Conflicten. Dennoch kam am 24. Febr. 1736 eine der Schulordnung vom J. 1729 verwandte Schul- und Unterrichtsordnung zu Stande. Diese Schulordnung, die sich noch bei den Scholarchatsacten als Manuscript befindet, umfaßt in ihrem ersten Theile zuvörderst Instructionen für den Visitator und für die Präceptoren im Allgemeinen, sodann Specialinstructionen für den Rector und für die Lehrer, endlich die Gesetze für die Schüler. Der zweite Theil dieser Schulordnung handelt zunächst im Allgemeinen von der Einrichtung der Lectionen und gibt eine allgemeine Uebersicht über die Lehrgegenstände der vier Klassen. Hierauf folgen sehr eingehende Anweisungen für den Unterricht aller Lehrfächer der einzelnen Klassen, indem von der untersten Klasse zur obersten aufgestiegen wird; jedesmal, wenn die methodischen Anweisungen für eine Klasse gegeben sind, folgt der wöchentliche Stundenplan derselben. Im November 1736 gab Rector M. Müller sein erstes Programm heraus: Typus Gymnasii Wormatiensis &c. (Wormatiae, typis Joannis Ludovici Spelteri). In dieser Schulschrift ehrt er die Verdienste, die sich Prof. Dr. Joh. Heinr. May und die Scholarchen Elias Christoph Weise, Johann Bamberg und Friedrich Erasmus Gabler bei der Organisation der Anstalt und der Feststellung der Unterrichtsordnung erworben. Müller erwähnt, daß nach mehrfachen Aenderungen jüngst eine Schulordnung festgestellt worden sei, und stellte dann die Pensa der vier Klassen und die für die Schüler festgestellten Gesetze zusammen. Sowohl diese Klassenpensa, als diese Schulgesetze stimmen mit dem bei den Scholarchatsacten befindlichen Manuscript der Schulordnung vom 24. Febr. 1736 überein; und es ergibt sich hieraus, daß Rector Müller bei dieser Schulordnung mitgewirkt hatte.

Der Beschluß des Raths der Dreizehner vom 24. Febr. 1736 über die gedachte Schulordnung lautet in dem im städtischen Archiv befindlichen Protocollbuche folgendermaßen: „Löbl. Scholarchat übergibt seinen Entschluß puncto Verbesserung der verfallenen lateinischen Schuhlen mit denen Instructionen des Herrn Pfarrers Sen. Lautzen als Visitatoren, des Herrn Rectoris und übriger Herrn Praeceptorum cum discipulorum legibus et Typis lectionum &c. wird alles von Raths wegen approbiret". *)

---

angerichtet werden, da er sich bereits ein Jahr lang zu großem Nachtheil der Oeconomie elendiglich genug beholfen habe, in Keller, Küche, Boden, Waschstatt, Stallung zu s. v. Schwein und Geflügeln, oder ob er sich nach seiner Nothdurft anders Fürsorge treffen solle, da das Haus zur Oeconomie noch nicht brauchbar sei. Müller muß auch betonen, daß ihm die versprochene Belohnung noch nicht beziehe und daß er zur Zeit „bei abgehendem Schulgeld, Garten und dergleichen Utilitäten" nicht einmal dem ehemaligen Rectoren gleich gesetzt sei. Weil Müller in dieser Weise in seinen Erwartungen sich getäuscht sieht, sieht er wohl im Uebergang auf eine Pfarrstelle schon frühzeitig das Mittel, seine Lage zu verbessern; und um nicht auch des Vortheils der ausgesprochenen Verleihung einer Verwendung in dem lutherischen Ministerium zu Worms verlustig zu gehen, fragt er den Magistrat, ob der ihm zugesicherte Accessus ad Ministerium verwirklicht werde und ob in Worms Aussicht auf Verwendung im Predigtamt habe. Schließlich bittet er um die ihm zugesicherte Verleihung einer Bestallung, von Raths wegen, und zwar ad dies vitae, um eine monatliche Frühpredigt in der alten oder Mittagspredigt in der neuen Kirche nach der Ordnung mit den andern Herrn Geistlichen; er wünschte im Falle des Bedürfnisses zur administration der actuum ministerialium zugezogen zu werden; und für den Fall, daß er über kurz oder lang in das Predigtamt gezogen werde, wünscht er, daß ihm die Anciennetät mit dem zur Zeit zu erwählenden vierten Geistlichen vorbehalten werden möchte.

*) Daß die gedachte Schulordnung Gültigkeit und für die Lehrer bindende Kraft hatte, beweist auch folgendes amtliche Inscript auf dem bei den Scholarchatsacten befindlichen Original der Schulordnung: „Der

Die Schulordnung vom 24. Februar 1736 regelte zwar die Competenz des Rectors, allein die Befugnisse des Visitators blieben so ausgedehnt, daß, wenn derselbe gegen den Rector dessen Collegen benutzte, jenem das Leben verbittert werden mußte. Nachdem dem Rector Müller von den Scholarchen und anderen Mitgliedern des Magistrats zwar öfters die mündliche Versicherung gegeben worden, daß der Magistrat dessen Stellung zu verbessern ernstlich gewillt sei, aber doch keine Abhülfe gewährt worden war, sah sich Rector Müller am 29. Juni 1736 veranlaßt, seine früheren Forderungen „mit Vorbehaltung schuldigsten Respects" dem Magistrat schriftlich vor zutragen. „Es ist die vornehmste und Hauptfrage", sagt Müller, „worauf die ganze Sache beruhet, diese: ob ein Hochedler Magistrat ernstlich gemeynet seye, eine andere Verfaßung in der Schule in der That zu bewürken, dessen hohe Autoritaet und Obrigkeitliche Verordnungen mit Nachdruck zu mainteniren, folglich auch vermög derselben mich in meinem Amt und deßen Activitaet als Rectorem des Gymnasii mit promter Assistenz zu schützen und zu unterstützen. Dafern nun ein Hochedler Magistrat dessen fest und ernstlich entschloßen seyn sollte, so käme es darauff an, als worum gehorsamst gebetten haben will, 1. daß ein Hochedler Magistrat mich solcher seiner Erklärung zu meiner zuverläßigen Sicherheit nochmahlen schriftlich versichern möchte, um feste darauf mich berufen, fußen und bauen zu können; 2. daß Herrn Pfarrer Visitatori einmahl vor allemahl die Incumbenz gemachet würde, auch seines Orts solchen Obrigkeitlichen Verordnungen gemäß zu leben, insonderheit aber mich als Rectorem in der Activitaet meines Amts zu erkennen, zu traetiren und handzuhaben, nicht aber die Obrigkeitliche Verfaßung dahingestellt seyn zu laßen; weniger mich von aller Einsicht in Schul-Sachen gänzlich auszuschließen, noch auch die Herren Collegen in der nöthigen Subordination von mir ab- und an sich zu ziehen; oder aber, wann Herr Visitator sich dessen nicht unterziehen wollte, auch mir erlaubet seye, die Ihme als Visitatori gebührende Consideration auch beyseit zu setzen und in suspenso zu laßen, als deren er sich selbst verlustiget machte; 3. wäre Herrn Cantori mit Ernst und Nachdruck zu injungiren, daß Er von der bisherigen Mißhandlung und Widerspenstigkeit gegen mich ablaße, mich als Rectorem gebührend tractiren solle. — Dafern aber von einem Hochedlen Magistrat dergleichen Verfügung nicht genehmet werden könnte oder wollte: so wird derselbe nicht in Ungunsten ansehen, wann ich mich dahin erklären muß, daß ich mich nimmermehr in dem Stand befinde, in den allhiesigen Umständen länger auszuhalten". Der Magistrat erläßt nun am 3. Juli 1736 ein von dem Scholarchat sämmtlichen an der Schule angestellten Personen mitzutheilendes Decret, wodurch dieselben zu genauer Beobachtung ihrer Pflicht und ihrer Instruction alles Ernstes angewiesen werden. Rector Müller ermangelt nun nicht, zur Versöhnung des Gemüthes den Herrn Visitator Lanz in aller Aufrichtigkeit zu erklären, daß er denselben mit aller nur ersinnlichen Liebe, Ehre und Respect anzunehmen und sich gegen ihn bezeigen wolle, wie es ihm von Amts wegen zukomme, jedoch mit der Bedingung, daß auch der Herr Visitator ihn eines gleichen versichere und ihn als Rector in der Activität seines Amts behandle. Allein die darauf erfolgende Erklärung des Visitators ist sehr „kaltsinnig", er will sich nicht dazu verstehen, bei Visitationen des Gymnasiums den Rector zuzu

---

lesen in Sen. XIII. den 24. Februar 1736. Beri. in Scholarch. d. 8. Martii 1736; publ. den Praeceptoribus in Scholarchatu d. 12. Mart. 1736; copia communicata Praeceptoribus et stipulata manu loco juramenti promiserunt observationem." Obwohl der Unterrichtsplan dieser Schulordnung nicht ohne Interesse ist und die dazu gehörigen Gesetze für die Schüler die Sitten der Jugend jener Zeit läuftriren und beweisen, wie schwer oft die Ausschreitungen der Jugend in der log. „guten alten Zeit" mögen gewesen sein: so fehlt doch hier der Raum für den Abdruck der gedachten Schulordnung, die einmal bei andrer Gelegenheit zugleich mit Müllers Typus und den Reorganisationsentwürfen der Jahre 1777-1782 bearbeitet und abgedruckt werden soll.

lassen oder mitzunehmen; er beabsichtigte also, auch ferner den Rector in der Verwaltung der Schule von wichtigster Einsicht und Verhandlung auszuschließen, in Schulsachen mit Beiseitsetzung des Rectors mit den übrigen Lehrern eigenmächtig zu verfahren und alle Selbständigkeit seines Amts zu vernichten. Dennoch erweist Rector M. Müller in dem oben gedachten Programm vom Nov. 1736 dem Visitator Lautz alle ihm gebührende Ehre, indem er gleichzeitig seine Rechte wahrt. Er schreibt: „Primo loco nuncupandus est Sacerdotii nostratis Senior Minister summe venerandus M. Jo. Mich. Lautz, vir muneris dignitate, consiliorum prudentia omnibus nobis maxime suspiciendus, cuius scholasticae rei studium tantum est, ut sit quam maximum. Hic Scholae, ut aiunt, Visitatoris munere fungens, uti curam scholasticam cum Scholarchis gravissimis agit communem, ita auctoritate atque consiliis suis Rectoris iuvat in Schola regenda operam; peculiarem autem muneris sui Ephoriam in eo exercet, ut rem scholasticam observet, bis per annum, solenniori ex ritu, et data conjunctaque cum Scholarchis opera in docentium labores ac discentium profectus atque mores publice inquirat. — Ipsa autem Scholae moderandae cura Rectori, quod ego munus ex Divino Nutu sustineo, iam nunc demandata incumbit, apud quem etiam nomina profiteantur examenque subeant Discipuli, quibus Scholae nostrae frequentandae animus est. Huius est, ut singulari atque continua opera rebus scholasticis prospiciat." Prorector Friederich war nach den Notizen der Rechenstube im Februar 1735 abgegangen, und M. Brenner war an seine Stelle getreten. Conrector Leonhardi war am 8. März 1735 gestorben, seine Stelle blieb 1½ Jahr unbesetzt. Wahrscheinlich nach vielen vergeblichen Schritten zur Wiederbesetzung der erledigten Stelle richtet der Magistrat nach einem vorausgegangenen Schreiben des Rectors Müller am 17. Aug. 1736 an seinen vielgeehrten Herrn und Freund Mag. Johann Leonhard Röder, Vicarius der ersten Classe an der Schule zu S. Sebald in Nürnberg, eine Berufung zur Uebernahme der erledigten Conrectorats-Stelle, unter Zusicherung einer jährlichen Besoldung von 200 fl. an Geld, 3 Ohm Wein, 4 Malter Gerste, 6 Malter Korn und 500 Wellen Holz nebst den gewöhnlichen Hauszins.*)

Dem Rector Müller boten sich mehrere Gelegenheiten, seine Wormser Stelle mit anderen zu vertauschen: er sollte nach Darmstadt und Hanau befördert werden. Bei solchen Veranlassungen wurden ihm vom Magistrat Beweise des Vertrauens gegeben. Der Rath suchte seinen Rector durch Decret vom 21. Mai 1737 sogar auf Lebenszeit an Worms zu binden. In diesem Decret wird gesagt, daß „dem Rector Müller aus besonderem Regard zu der ordentlichen Rectorsbesoldung eine Zulage an Geld von 40 fl. seit einigen Jahren bewilligt sei, und dieselbe werde demselben aus bewegenden Ursachen auch hinführo bergestalten bestätiget, daß solcher zwar zu keiner Consequenz für einen zukünftigen Rector werde, dem Rectori Müller aber diese Zulage nebst den übrigen Besoldungstheilen, also Hausbestallung, accidentalien und an Geldbesoldung 240 fl. beständig gereicht werden solle, und zwar also, daß er von aller obligation gegen Ein Ehrwürdiges

---

* Später wird demselben bemerkt, durch einen error scribendi sei außer der Geldbesoldung die Zahlung einer besonderen Wohnungsvergütung versprochen worden, während man gemeint, die Wohnungsvergütung sei in den 200 fl. eingeschlossen; allein Röder beanspruchte als praeceptor Secundus an dem Gymnasio, auf sein Recht sich stützend, die nach dem ausdrücklichen und klaren Buchstaben der in seiner Vocation stehenden Worte ihm zugesicherte Besoldung, da er, wie er des Tages Last und Hitze eines früheren Prorectoris tragen müsse, auch dessen Besoldung verdiene, zumal ihm Rector Müller in dem ersten an ihn im Namen des Magistrats ergangenen Schreiben mit Einschluß der Naturalien ein Einkommen von 400 fl. in Aussicht gestellt habe. Darauf decretirt der Magistrat: die dem Herrn Conrectori Roeder in seinem Vocations-Schreiben zugedachte Besoldung wird approbirt und confirmirt. Decr. in Sen. 15. Mart. 1737. Nach Ausweis der Rechenbuben-Hauptbücher bezog nun Röder außer den gedachten Naturalien an baarem Geld jährlich 250 Gulden.

Der Rath sucht Rector M. Müller auf Lebenszeit an die Stadt zu binden 1737. Visitator Beer 1738.

Pfarr Ministerium in Predigten, administrirung des heil. Abendmahls oder anderen Ministerialfunctionen gänzlich frei gelassen werden solle. Dem Rector M. Müller solle auch auf den in Gottes Händen stehenden Fall, daß er Alters-, Krankheit oder sonstiger Schwachheit halben zur Versehung seines Rector-Amts zum Theil oder gänzlich untüchtig werden sollte, seine ganze Lebenszeit durch pro alimentis berührte ganze Besoldung und Bestallung — Hausbestallung, Accidentalien und jährliche 240 fl. unverkürzt verbleiben und zu jeden Zeiten richtig gereicht werden. Wie ingleichen auch auf dessen in Gottes Hand stehenden Todesfall dessen hinterlassener Wittib gleichermaßen pro alimentis, solange sie in Wittibstand und hier wohnend verbleiben würde, ihre ganze Lebenszeit durch jährliche 100 fl. an Geld und an Naturalien 6 Malter Korn, 4 Malter Gersten und 2 Ohm Wein verbleiben. Dahingegen Herr Rector M. Müller zugleich sich engagirt und Einem löblichen Magistrat verbündlichst versichert, daß er nimmermehr von hier weggehen, noch irgend eine Vocation von hier anderswohin annehmen, sondern beständig allhier in hiesigen Diensten verbleiben, und wie ohnehin Eines löblichen Magistrats Vertrauen zu ihm stehet, in seinem Amte fernerhin und beständig, so lange Gott Ihm Kräfte dazu schenkt, treu, fleißig und eifrig fortfahren und beharren wolle."

Als der Gymnasialvisitator M. Lautz am 20. October 1738 gestorben war, trat an dessen Stelle der Pfarrer Gustav Friedrich Beer ein. Derselbe war, nach der Predigergeschichte der Chronik der Wormser Gymnasialbibliothek, eines Nassau Saarbrück'schen Inspectors Sohn, geboren zu Saarbrück am 13. April 1698. Er legte den Grund zu seiner wissenschaftlichen Ausbildung in dem Gymnasium seiner Vaterstadt, studirte zunächst in Straßburg, verbrachte dann längere Zeit in Saarbrück bei seinem Vater, dessen Unterweisung in theologischen und philosophischen Wissenschaften er genossen haben soll. Dann studirte er zwei Jahre in Jena, begab sich auch noch zum Abschluß seiner Studien nach Halle, Leipzig und Wittenberg. Nach Saarbrück zurückgekehrt, versah er in dem dortigen Gymnasium acht Monate die Conrectorstelle und wurde Feldprediger in dem französischen Cavallerie Regiment Royal Allemand. Nachdem er diese Stellung ungefähr vier Jahre eingenommen, wurde er nach Worms berufen, wo er am 23. Oct. 1725 seine Probepredigt hielt, am 24. Oct. sein Anstellungsdecret empfing. Dann reist er nach Saarbrück zu den Seinigen und nimmt in der Champagne von seinem französischen Regiment Abschied. Am 25. Nov. 1725 hielt er in der neu erbauten Dreifaltigkeitskirche seine Antrittspredigt. Im Jahre 1738 wurde er, wie oben gesagt ist, Visitator des Gymnasiums. „Lehre und Leben stimmten überein, Ernst und Liebe waren in diesem Mann so anmuthig mit einander verbunden, daß er von Jedermann hochgeschätzt wurde; er starb am 19. Februar 1765 im 67. Jahr seines Alters, im 40. Jahr seines hiesigen Predigtamts." (Mühl, Gesch. der ev. Stadtprediger, S. 15. 16., Chron. der Wormj. Gymn.-Bibl., Fol. 425 b.)

Im Jahre 1740 wurde der Singchor des Gymnasiums durch folgendes Rathsdecret reorganisirt.

Leges für den Unterricht in Musik und Gesang, insbesondere für den Singchor, d. d. 4. Nov. 1740.

„Nachdem ein E. E. Rath höchst mißfällig verspüren müssen, daß, statt daß das hier errichtete Chor ein Seminarium morum ac Litterarum bonarum seyn und zu Beförderung derer Studien dienen sollte, das Gegentheil sich geäußert und die Chorschüler zu allerhand ohnerlaubten Ausschweifungen und Nachlässigkeiten in ihrem Studiren Gelegenheit gewonnen haben: so hat E. E. Rath nachfolgende Leges abgefaßt: 1. Solle bei Annehmung derer Chor-Schüler Rector und Cantor fleißig mit einander communiciren, auf Dürftigkeit, Tüchtigkeit und gute Aufführung derer

Gesetze für den Singchor vom 4. Nov. 1740.   247

recipiendorum sehen. 2. Das erwählte Subjectum solle, ehe es wirklich recipirt werde, dem Director des Scholarchats vom Rector schriftlich angemeldet werden, und dieser dessen Verordnung gewärtigen. — 3. Das Subjectum vom Rectore in Gegenwart des Cantoris dem Chor ordentlich vorgestellt und nebst Verlesung dieser Legum seiner Pflichten erinnert werden solle. 4. Solle Rector und Cantor sich die Chorschüler zur Aufsicht lassen empfohlen sein, jener, damit sie zu christlich tugendhaften Sitten angeführet, auch in guten Studien zunehmen möchten, dieser aber, daß sie in der Music wohl instruiret, dazu auf alle Art brauchbar gemacht und sich in ihren Chor verrichtungen fleißig und ordentlich bezeigen. 5. Solle das Chor ordentlicher Weise nur aus acht Subjectis, so Theil an diesem Beneficio haben, bestehen, jedoch damit das Chor, bei Abgang andrer, nicht zerfallen möge, einige Supernumerarii oder Expectanten nicht ausgeschlossen, so aber nicht in die division der Chorgelder mit den Uebrigen gehen sollen. 6. Solle der Cantor nach dem alten Herkommen die gewöhnliche Singstunde von 12—1 Uhr sowohl den ordentlichen Choristen als den Supernumerariis halten und keineswegs didactrum davor fordern. 7. Sollen die Chor-Schüler in der Kirchen nicht auf der Orgel stehen bleiben, sondern, wann Gesang und Music vollendet ist, bei denen übrigen Schülern ihre Stelle nehmen und gleich andern zur Stille und Aufmerksamkeit angehalten werden. 8. Damit sie in ihren Studien nicht gehindert werden, soll hiermit die Verrichtung des gewöhnlichen Chorgesangs vor denen Häusern Mittwoch und Samstag Nachmittags ausgesetzt seyn. 9. Der Leichengesang vor denen Trauerhäusern soll nicht eher als und 11 Uhr geschehen, zu denen Leichen aber die Schüler nicht eher als um 3 Uhr nach geendigter Schule gelassen werden. 10. Das Weihnachts Gesäng soll zu Verhütung aller Unordnung nicht mehr des Nachts, sondern bei Tag von 3 bis gegen 5 Uhr, Mittwochs und Samstags aber von 12 bis gegen 5 Uhr gehalten und, soviel möglich, zur Andacht und Auferbauung eingerichtet werden. 11. Das gesammelte Chorgeld, in der vom Cantor in Verwahr habenden Chorbüchse befindlich, soll monatlich vom Rectore und Cantore unter die acht Chorschüler solchergestalt getheilt werden, daß 12. zuvorderst, wegen der den Supernumerariis zu ihrer praeparation zum Chor nebst der ordentlich von 12—1 Uhr zu haltenden information, auch zu leistenden privatinformation der Cantor von jedem Choristen monatlich ein Kopfstück vorauszuziehen, sodann 13. in Bezug auf das übrige nach unterschiedenen Classen die portiones unter die ordentlichen Choristen gemacht, der Praefect aber wegen der ihm obliegenden Obsicht über die anderen ein besonderes praemium haben solle. — 14. Und weil das Chor zur Beförderung der Studien seinen Endzweck hat, so soll in Zukunft das Chorgeld weder den Chorschülern zu ihrer Disposition gelassen, noch denen Eltern zugestellt werden, sondern es soll 15. von einem zeitigen Rectore einem jeden, was er monatlich erhalten, in ein besonderes Büchlein annotiret und bis zu seiner dimission aus der Schul vorenthalten und zusammen gesparet werden. Was aber der Chorschüler zu seiner eigenen Nothdurft brauchen sollte, soll ihm vom Rectore gereichet und von diesem über alles ordentliche Einnahme und Ausgabe geführt werden. 16. Soll, wofern ein Chorschüler das Chor zu quittiren Sinnes sein sollte, derselbe solches dem zeitigen Rectori mit Anführung der Ursachen anzeigen und um die dimission anhalten." :c. Decretum in Senatu communi Wormbs 4. Nov. 1740.

Obwohl sich Rector Müller im Jahre 1737 verpflichtet hatte, nimmermehr von Worms wegzugehen oder irgend eine Berufung anzunehmen, sah er sich doch nach zehn Jahren veranlaßt, den Rath um seine Entlassung zu bitten. Nachdem ihm sein Landesherr, der Herzog zu Württemberg, die erledigte Stadtpfarrei oder das Metropolitanat in der Württembergischen Amtsstadt Besigheim zugedacht, wurde derselbe unter dem 8. Aug. 1747 vom Württembergischen Consistorium nach Stuttgart zum Abschluß der neuen Anstellung beschieden. Müller berichtet nun dem Magistrat zu Worms, „es sei zwar nach dessen dringendem Verlangen seine Absicht gewesen, den hiesigen Diensten an Kirch und Schule sich zu widmen und aufzuopfern, wie er denn auch verschiedene favorable Gelegenheiten zu anderweitigen Bedienstungen, besonders zu Hanau und Darmstadt, auf Anlaß des Magistrats abgewendet habe. Aber bei den allhier vorwaltenden mancherlei mißlichen Umständen, die einem Hochedlen Magistrat wohl bekannt seien, wolle es ihm je länger je mehr bedenklich und schwer fallen, allhier nach dem Exempel seiner beiden Amtsvorfahren ein alter Schuldiener zu werden, und er habe sich einige Zeit her veranlaßt gesehen, wenn es dem lieben Gott gefallen wollte, sich wieder nach seinem Vaterland zurück zu sehnen. Besonders habe ihm im vorigen Jahre die lange und harte Krankheit, die ihm zugestoßen, in Sorge versetzt, es möchten seine geschwächten Kräfte in die Länge nicht mehr vermögend sein, die an sich selbst höchst beschwerliche und verdrüßliche Schularbeiten mit der nöthigen Munterkeit zu präsiren, zumalen bei den allhier sich besonders äußernden vielen Verdrüßlichkeiten, da man sich bei treuer, pflichtmäßiger, gewissenhafter Verwaltung seines Amtes mancherlei Haß und Mißhandlung, Vorurtheil und Lästerung passionirter und der Sache nicht verständiger Leute beständig ausgesetzt sehen müsse." Die Wahrheit dieser Aussage ergibt sich aus den Scholarchatsacten. Als Müller gegen „delicta carnalia" mehrerer Schüler gebürend einschritt, wurde er von Angehörigen derselben auf offener Straße insultirt und mißhandelt. Müller bittet, als er die Berufung erhalten, den Magistrat, es nicht mit Ungunsten anzusehen, wenn er dem Rufe des Vaterlands und Landesfürsten, denen er als ehemaliger Stipendiarius Dank schulde, folgen wolle. Er bittet um Entlassung aus seinem Dienste und um vierzehn Tage Urlaub, damit er sich zum Abschluß der Verhandlungen in Stuttgart einfinden könne. Da Rector Müller auf Martini 1747 seinen Dienst in Besigheim antreten sollte, so sendet er unter dem 4. Oct. dem Magistrat sein Abschiedsschreiben, das köstliche Stellen enthält, liebenswürdige Züge des scheidenden Mannes zeigt. Er gibt dem Magistrat das Amt zurück, das er nach Gottes Willen fünfzehn Jahr nach aller möglichen Treu und Kräften unter der Gnade Gottes getragen und verwaltet habe. Er bezeugt dem Magistrat seine Dankbarkeit und Ergebenheit dafür, daß derselbe nicht nur Vertrauen in ihn gesetzt und bis daher Brot und Sold an ihn gereichet, sondern ihm auch mancherlei Christliche Großgunst, Huld und Gewogenheit bei den mancherlei harten Mißhandlungen und Verfolgungen, die er von widrig gesinnten Gemüthern auszustehen gehabt, ihm und seiner Ehegenossin, da sie als Fremdlinge allhier gelebet, habe zufließen lassen, so daß alles, was manchmal von Manchen ihm zum Bösen zugedacht gewesen, doch wider Vermuthen ihm zum Besten gediehen. „Ich flehe auch die Barmherzigkeit Gottes demüthigst an, daß dieselbe aus ihrer Segensquelle eine reichliche Wiedervergeltung fließen lasse und nicht nur das gemeine Wesen allhier und die ganze liebe Statt Wormß, in der ich von Gott so manches Gutes an Seel und Leib genossen habe, besonders aber das liebwertheste Gymnasium, das mir nach der gnädigen Führung und Fügung Gottes zu einer an meiner Seelen höchst gesegneten Kreuz-, Prob- und Erfahrungsschule geworden ist, und dessen ich nicht ohne innigste Bewegung meines Herzens hier gedenke, mit allem ersprießlichen Gedeihen und Flor belege". Unter dem 24. Oct. bewilligt und beurkundet der Magistrat in einem offenen Briefe, in den ehrenvollsten Formen, die erbetene Entlassung.

Als Rector Müller aus seinem Amte schied, fungirten noch an der Anstalt Conrector Röder, Magister Brenner und Cantor Fliedner. Nach Müllers Abgang erhielt Röder das Rectorat. Brenner ward Conrector, Fliedner blieb Cantor und Lehrer der vierten Klasse, in die dritte Klasse wurde M. Macrander berufen. Schon in der Sitzung des Scholarchats vom 7. Sept. 1747 war beschlossen worden, dem Magistrat in Vorschlag zu bringen.

die erledigte Rectoratstelle dem Conrector Röder, und die Conrectorstelle dem praeceptori tertiae classis Mag. Brenner zu übertragen. Für die dritte Lehrerstelle kommen in Vorschlag Conrector M. Macrander von Grünstadt und einige jüngere Lehrer, von denen einer ein Wormser war. Im Einklang mit dem Gymnasialvisitator Sen. Beer erklären sich der Vorsitzende des Scholarchats, der Städtmeister Senior, und der dritte Scholarch für den „in officio bereits bewährten" Macrander. Außerdem beantragte das Scholarchat bei dem Rathe, als Cantor möge man ein Subjectum gewinnen, das nicht nur die Lectiones in der Schule, Latein, Catechismus und Sprüche in der 4. Klasse tractiren, sondern auch, wofern eine gänzliche Aenderung erfolge, die Cantorei versehen könne. Allein weil es schwer sei, einen guten Cantorem und Schulmann in einer Person zu finden, will man lieber dem gegenwärtigen Cantor Fliedner einen Collaborator beigeben, der die Latinitaet in der Schule tractire; dagegen sollte der Cantor, neben der Cantorei, in der Schule doch noch den Catechismus und die Sprüche lehren, damit er nicht beiorge, er solle aus der Schule entfernt und der ihm in Aussicht gestellten Besoldung verlustig werden. Der Magistrat beschließt darauf am 8. Sept., Röder zum Rector, Brenner zum Conrector zu ernennen, Macrander als Magister an das Gymnasium zu berufen. Hierauf wurden durch Decrete des Magistrats vom 15. Sept. 1747 Conrector Röder zum Rector, Brenner zum Conrector ernannt, und zwar in der zuversichtlichen Hoffnung, es würden dieselben fernerhin mit sorgfältiger Unterweisung der ihnen untergebenen studirenden Jugend fortfahren und allen möglichsten Fleiß anwenden, daß selbige in Gottesfurcht, guten Wissenschaften und Sitten auferzogen und hiesiges Gymnasium, je länger je mehr, in Aufnahme gebracht werden möge. Röder und Brenner erhalten die Besoldungen ihrer Vorgänger. Macrander wird ebenfalls am 15. Sept. 1747 zum dritten Lehrer mit dem Charakter eines Magister ernannt. Er erhält „die ordentliche Besoldung, das gewöhnliche Schulgeld und alles Uebriges". Er tritt im Herbst 1747 in den Dienst und bleibt Magister bis 1770. Röder stirbt, wie es scheint, im Herbst 1753; am 15. Oct. dieses Jahres sagt nämlich Städtmeister Gabler im Scholarchat, es sei bekannt, daß Röder aus der hiesigen Zeitlichkeit abgefordert sei, und der Gehalt Röders wurde nur für die drei ersten Quartale 1753 ausgezahlt.

Im Herbste 1747 trat gleichzeitig mit Röders und Brenners Beförderung und Macranders Berufung an die Stelle des Cantors Fliedner Albrecht Ludwig Abele. Derselbe wurde Lehrer der vierten Classe und bekleidete das Cantorat bis 1752. — Am 12. Mai 1752 bittet Cantor Abele den Magistrat um baldige Entlassung aus der 4½ Jahr von ihm bekleideten Stelle, nachdem ihn Se. Durchlaucht der Landgraf zu Hessen-Darmstadt Ludwig VIII. zum Amt des Cantors am Pädagogium zu Darmstadt berufen. Abele verspricht sich von der Versetzung nach Darmstadt, daß er viele Gelegenheit zur Cultivirung der Jugend und Excolirung der geistlichen Musique erhalten werde. Obwohl Abele vertragsmäßig verpflichtet war, ein Vierteljahr vor seinem Abgang den Dienst zu kündigen, und ein Nachfolger für ihn nicht sofort gefunden war, so verschob sich seine Entlassung doch nur bis zum 23. Juni 1752, nachdem der Fürstl. Hess. Consistorialdirector in einem besonderen Schreiben an den Magistrat Abeles Entlassung erbeten, dabei erinnernd, daß man aus hessischen Landen dem Wormser Magistrat mit verschiedenen Subjectis gleiche Willfährigkeit erwiesen, und daß, wenn dem Magistrat dereinstens gefällig sein sollte, jemanden von hessischen Landeskindern zu seinen Diensten zu employiren, man fürs künftige eine gleichmäßig willfährige reciprocation erweisen und sich ohnehin ein Vergnügen machen werde, denen Herren bei jeder Gelegenheit zu zeigen, wie man zur Erweisung angenehmer Dienstgefälligkeiten stets willig und bereit sei. Abele war dann 1752—1761 Lehrer am Pädagogium zu Darmstadt.

Im Juli 1752 wurde als Nachfolger Abeles Johann Wildrich Braun mit dem

Amte des Cantors und Lehrers der 4. Classe bekleidet. Derselbe war bis dahin Präceptor an der Trivialschule zu Grünstadt gewesen. Braun war ein sog. Wormser „Stadt-Kind." Außer demselben kam bei der Wiederbesetzung der Cantorstelle dessen älterer Bruder, der Cantor zu Speyer war, in Betracht. Zu Gunsten des jüngeren Bruders entschied im Scholarchat das günstige Zeugniß des zur Berathung zugezogenen Rectors Röder, dessen Schüler Braun gewesen, und der Umstand, daß Braun fleißig dem theologischen Studium oblag und man hoffen konnte, derselbe werde die Geistlichkeit, das ehrwürdige Ministerium, in laboribus sacris zu subleviren im Stande sein. Bei der Beschlußfassung wird an gewisse Mißstände erinnert, die daraus entsprangen, daß der Cantor eine Zwitterstellung zwischen Kirche und Schule einnahm und demnach in loserem Verhältniß zu seinen Collegen stand. In diesem Sinne wird gesagt, bei der Besetzung der vacanten Stelle müsse das Augenmerk mehr auf den Nutzen und die profectus der studirenden Jugend, als auf die „Kirchen Musie" obschon strittig genommen werden; und dann wäre darauf zu reflectiren, daß eine Collegialische Freundschaft unter den Herrn Collaboratoribus Gymnasii beibehalten und überhaupt alle zu besorgende inconvenienz vermieden werde. Am 2. Juli 1752 nimmt Braun die Cantorstelle an und hofft demnächst vom Grafen Karl von Leiningen Hartenburg seine Entlassung zu erhalten. Zu Anfang April 1763 kündigt Braun dem Magistrat seine Stelle, nachdem er von dem Grafen zu Leiningen-Hartenburg zum Conrector an das Gymnasium zu Dürckheim ernannt worden; er unterrichtet noch sieben Wochen. Auf die Fürbitte des erkrankten und nach Wiesbaden ins Bad reisenden Hofpredigers zu Dürckheim wird er vom Magistrat am 7. Juni 1763 seines Dienstes entlassen.

Es ist hier noch zu erwähnen, daß nach den Notizen der Hauptbücher der Rechenstube im Jahre 1750, als die vier Collegen Röder, Brenner, Wacrander, Abele an der Schule wirkten, eine fünfte Lehrkraft in der Person des Candidaten Leopold, wie es scheint, gegen Ostern mit einem Jahresgehalt von 100 fl. in die Anstalt eintrat. Derselbe blieb auch in der ersten Hälfte des Jahres 1751 in seiner Stellung. Von Mitte 1751 bis Mitte 1752 folgte demselben der Candidat Böttger, dessen Stellung hierauf bis Frühjahr 1753 Vicar Cppel einnahm. Die Anstalt besaß hiernach vom Frühjahr 1750 bis Frühjahr 1753 wieder fünf Klassen, wie in den Jahren 1732 bis 1735 (vgl. oben S. 239). Dies wird auch durch ein noch vorhandenes Scholarchatsprotokoll vom 19. Oct. 1750 bewiesen, nach dem Stadtmeister Gabler referirt, sämmtliche Lehrer des Gymnasiums hätten angezeigt, es sei ein Mißstand, daß keine Vorbereitungsclasse vorhanden sei; nach der Schulordnung, der Instruction des Rectors und nach dem wirklichen Bedürfniß des Unterrichts dürften mit Recht in die unterste (4.) Gymnasialklasse eigentlich nur solche Schüler aufgenommen werden, die bereits vorbereitet seien und das Lateinische lesen könnten. Allein häufig erfolgten kaum zurückzuweisende Anmeldungen von Schülern, die diese Vorbereitung nicht besäßen, und wenn solche Schüler in die vierte Gymnasialklasse aufgenommen würden, so würden die üblen Folgen lange verspürt. Deshalb wolle zunächst der Cantor die Vorbereitung solcher Schüler Montags, Dienstags, Donnerstags und Freitags von 3–4 Uhr gegen Bezug eines Schulgelds von 30 Kreuzern für ein Quartal übernehmen. Die Angelegenheit wurde am 20. Oct. 1750 im Dreizehnerrath verlesen, der dann 1750–1753, wie oben angegeben wurde, die genannten drei Candidaten Leopold, Böttger und Cppel für die fünfte oder Vorbereitungs-Classe bestellte.

Nach Röders Tode sucht das Scholarchat von Herbst 1753 bis Sommer 1754 zum Zweck der Besetzung des Rectorats Subjecta ausfindig zu machen, die zugleich zum Predigtamt qualificirt seien. Pfarrer und Conrector Bezer zu Saarbrücken und Pfarrer und Rector Kramer zu Weilburg lehnen die angetragene Berufung zum Wormser Rectorat ab. Auch mit M. Joh. Christian

Stodhausen, Lehrer am Lyceum zu Lüneburg, wird verhandelt. Als er im Begriff war, sich zu entschließen, wurden ihm in Lüneburg Gehaltsausbesserungen zu Theil, die ihn zu dem Versprechen nöthigten, dort zu bleiben. Stodhausen wurde Rector zu Lüneburg und im Jahre 1766 Rector des Gymnasiums zu Darmstadt. (Uhrig, Gesch. des Gymnasiums zu Darmstadt, S. 43.) Der Stadt Worms wünschte er, als er die angetragene Berufung ablehnte, einen, wie er meinte, ausgezeichneten Rector zuzuwenden; es war kein geringerer, als der damals ein und zwanzig jährige Dichter **Christoph Martin Wieland**. Stodhausen schreibt am 3. April 1754: „Dürfte ich wohl aus besonderem Vertrauen in Ew. Hochedelgeboren Wohlgewogenheit, dieselben ersuchen, an meiner Stelle für einen guten Freund ebenso geneigt zu denken, von dem ich gewiß weiß, daß er nicht nur derselben Empfehlung Ehre machen, sondern auch **ohne allen Zweifel kommen würde**? Es ist dieser Herr Wieland, der Verfasser des schönen Lehrgedichts von der Natur der Dinge und der moralischen Briefe ec.; er hält sich gegenwärtig in Zürich bei dem Herrn Prof. Bodmer auf, und hat Lust wieder nach Deutschland zu kommen. Er ist noch ein junger Mann, aber ein Greis an Wissenschaften und gutem Geschmack. Es würde freilich die Stelle dadurch um ein paar Monate offen stehen; doch was thut das dazu, wenn nur die Stadt einen recht geschickten Mann bekömmt? und den würden Sie ohnfehlbar an ihm haben. Ein Brief von Worms nach Zürich thut nicht einmal eine so lange Reise, als nach Lüneburg; und es würde mir eine rechte Freude seyn, wenn sich die ganze Sache so gut endigte." Es ist begreiflich, daß das lutherische Consistorium und Scholarchat zu Worms, deren Orthodoxie im ganzen 18. Jahrhundert den Geist der aufblühenden deutschen Literatur von den Lehrstühlen des Gymnasiums fern hielt, auf Wielands Berufung nicht einging. Nachdem Erkundigungen über andre Schulmänner eingezogen worden, wurde von dem Magistrate dem Rector am Gymnasium zu Laubach und dortigem Bibliothekar (**Georg Michael Hoffmann**) der Unterrichtsplan der 1. Klasse des Gymnasiums zu Worms mit der Versicherung zugeschickt, daß, wenn er sich gefallen lassen wolle, nach dieser Vorschrift die Jugend in gedachter Klasse zu unterrichten, der Rath ihm als Rector diese Unterweisung anvertrauen wolle. Hoffmann erklärte zwar, er habe seither nach dem Lehrplan des Gymnasiums zu Gotha unterrichtet; aber er war bereit, ein Rectorat anzutreten, das ihm nur die Pflicht des Unterrichts in seiner Klasse, die Fessel einer ihm fremdartigen Lehrweise und von einem Rectorat nichts als den Namen zuwies. Darauf wurde er durch Decret vom 2. Juli 1754 zum Rector ernannt. Hoffmann starb im Herbst 1759.

Als im Spätherbst 1757 Conrector **Brenner** (s. oben S. 240) gestorben, boten sich für dessen Stelle drei Candidaten aus Darmstadt dar, **Haberkorn, Muhl** und **Heinrich Vulpius**. Für die Verleihung des Conrectorats an letzteren sprachen glänzende Zeugnisse, insbesondere eine Empfehlung des Rectors am Gymnasium zu Darmstadt M. **Johann Martin Wend**. In einem Briefe bedauert Wend den Riß, der in dem Wormser Schulcolleg durch Brenners Tod geschehen; man habe in demselben einen wohlmeinenden und friedlichen Gehülfen verloren. Derselbe sei ein Darmstädtischer Landsmann gewesen, und jetzt wolle man Worms wieder mit einem hessischen Patrioten versehen. Wend versichert, daß man an Vulpius einen geschickten und wohlgesinnten Mitarbeiter finden werde. Derselbe habe besondere Liebe zu den Schulwissenschaften und zu der Kenntniß der Alterthümer, habe sich auch durch Unterweisung andrer in gute Uebung gesetzt. „Ueberhaupt dient zu seiner Empfehlung", sagt Wend, „was mein hochgeschätzter Amtsvorfahr - Rector Midelinus - als er um die Geschicklichkeit dieses Vulpius in meinem Beyseyn von einem vornehmen Gönner befragt wurde, von demselben und seinen Brüdern nach der Wahrheit aussagte: Die Vulpii, sagt er, sind allesammt in ihren Studien wohlgegründet und von einem gesetzten und unsträflichen Betragen ꝛc." Wenck schließt: „Je nun! der Reichsstädtische Staat von Worms stehet immer mit dem Hessischen in gutem nachbarlichen Vernehmen; warum sollten nicht auch die Eingebornen derselben einander gefällige Dienste leisten. Enfin! Gott zeige Ihnen, welchen Er erwählet habe!" Nachdem Vulpius seine Probelection zur Befriedigung der Scholarchen gehalten, wurde er durch Decret vom 9. Dez. 1757 als Conrector angestellt. Sein Gehalt: 200 fl. an Geld, 3 Ohm Wein, 6 Malter Korn, 4 Malter Gerste, 500 Wellen, Hauszins im Betrag von 30 fl. und dazu das gewöhnliche Schulgeld. Da nach den Aufzeichnungen der Rechenstube der erste Gehalt an Vulpius im ersten Quartale 1758 gezahlt wurde, so scheint derselbe auf Neujahr 1758 nach Worms übergesiedelt zu sein.

Im Herbst 1759 starb Rector Hoffmann. Scholarchat und Magistrat wünschen das Rectorat dem hochgeschätzten Conrector Vulpius zu übertragen. Aber als Visitator Beer demselben von dem Rathsbeschluß, daß er Rector werden solle, Mittheilung macht, weigert sich dieser, die dornenvolle Stellung eines Rectors zu Worms ohne Weiteres anzunehmen und übergibt dem Magistrat durch den Visitator eine gehorsamste Declaration, die auf die äußere Stellung der damaligen Rectoren ein helles Licht wirft. Vulpius sagt, „er habe es als eine sonderbare göttliche Fügung anzusehen, daß er zu einem Amte solle gezogen werden, an das er nie gedacht. Er habe gefunden, daß er als Conrector beinahe eben so gut stehe, wie als Rector. Denn obgleich dieser mehr ständige Besoldung genieße, so habe er auch mehr Arbeit, mehr Ausgaben und weniger Schüler, wogegen er selbst es mit dem Schulgeld, durch Privatverdienst und andere gewöhnliche Accidentien bei weit geringerer Arbeit und weniger Ausgaben fast eben so weit bringen könne, zumal wenn er nur dieses einzige erwähne, daß die allzugroßen Zimmer in der Dienstwohnung des Rectors außer den Bestallungswellen noch eine beträchtliche Holzconsumtion erforderten und mithin bei der bekannten Holz-Theuerung große Unkosten verursachten. Vulpius beanstandet auch den Lectionskatalog und erklärt, wenn der Magistrat in den angeführten Stücken mit der Zeit Veränderungen vornehmen und die Rectoratsbesoldung aufbessern werde, so daß der Rector etwa mit den Herrn Stadtpredigern gleichgestellt würde, so sei er unter dieser Bedingung bereit, sich dem Dienste des Gymnasii völlig aufzuopfern. Im andern Falle werde er es mit der größten Freudigkeit ansehen, wenn das offenstehende Amt einem andern tüchtigen Manne zum Besten des Gymnasii ertheilt werde, wobei er in seinen Verrichtungen mit Gottes Hülfe nach Vermögen treulichst fortzufahren gedenke" (17. Oct. 1759). Der Visitator Beer erschrickt bei dieser Erklärung. Der Rath hält eine außerordentliche Session ab. Aus zwölf Gründen, die das Protocoll wiedergibt, kommt man zu dem Urtheil, daß Vulpius Recht habe, daß die labores eines Rectors gewiß so bedeutend seien, daß er verdiene, einem Stadtprediger im Gehalte gleichgestellt zu werden. Weil ein Stadtschultheiß gestorben und das heurige Jahr an Wein und andern Crescentien dem Aerario vorzüglichen Segen gebracht, so erwachse aus der Gehaltsaufbesserung des Rectors im Betrage von 60 fl. nicht der Ruin der Stadt, und der Rath werde im Stande sein, „alle Gegner dieser Aufbesserung zurückzuweisen"; wenn man rechtschaffene Leute bei dem Gymnasio haben und behalten wolle, so müsse man solche auch dermaßen besolden, daß sie subsistiren und über Mangel zu klagen nicht Ursach haben. Aus diesen Gründen wird dem Conrector Vulpius von dem Rath bei Uebernahme des Rectorats die Vermehrung des damit verbundenen Salarii gleich dem der Herrn Pfarrer auf 300 fl. verwilligt.

Am 3. März 1760 wurde Vulpius als Rector und an dessen Stelle der Erbacher Conrector Wiener als Conrector installirt, indem in Gegenwart der beiden übrigen Lehrer, des Magisters Macrander und des Cantors Braun, die Instructionen des Rectors und des

Conrectors vorgelesen und von diesen handtreulich gelobt wurde, daß sie dem Inhalt derselben nachkommen wollten.

Die Anstellung des soeben genannten Conrectors Wiener wurde gleichzeitig mit des Conrectors Vulpius Beförderung zum Rectorat betrieben. Zu Anfang Octobers 1759, als Vulpius das Rectorat noch zurückwies, kam man zunächst auf den Gedanken, einen früheren Schulmann Heusinger, der bereits ins Pfarramt eingetreten, nach Erhöhung der Rectoratsbesoldung als Rector zu berufen, allein Senior Gabler widersetzte sich am 9. Oct. 1759 diesem Vorhaben, weil der Stadt Vermögen dies nicht erlaube und weil Heusinger „Pfarrer geworden und den Schulstaub nicht mehr einnehmen wolle." Dagegen beantragt er die Berufung des Conrectors an der lateinischen Schule zu Erbach im Odenwald Georg Nicolaus Wiener zum Rectorat des Gymnasiums. Die Verhandlungen mit demselben werden begonnen, allein die Berufung wird hinausgezogen, da der Graf von Erbach Wieners Entlassung verzögert. Mittlerweile wird Vulpins für das Rectorat gewonnen und Wiener tritt an dessen Stelle als Conrector ein. Am 17. October 1759 unterzieht sich Wiener nach geschehener Aufforderung und Verständigung im Scholarchat zu Worms einem tentamen, indem er in lateinischer Sprache eine Abhandlung anfertigt, in der nachgewiesen werden soll, daß die Wissenschaften, die auf ein festgegründetes Heil des Menschengeschlechts abzielen, ein Zeichen der göttlichen Gnade und Offenbarung seien. Die noch vorhandene Abhandlung, 14 Quartseiten, steht natürlich vollständig auf dem Boden der kirchlichen Orthodoxie, und ein derartiges Tentamen hatte vor Allem den Zweck, die Gesinnung des zu berufenden Lehrers zu erforschen. Wiener nimmt nun förmlich die Conrectorstelle an, geht nach Erbach zurück und sucht am 22. Oct. bei der gräflichen Herrschaft um Dienstentlassung nach. Allein der Graf möchte Wiener seiner Lateinschule erhalten, zieht ihn hin, macht ihm Vorstellungen und Hoffnung auf Besoldungszulagen u. s. w. Wieners Entlassung wird verzögert, weil dessen Nachfolger noch nicht eintreten könne, und die jungen Grafen nicht ohne Hofmeister sein könnten, u. s. w. Endlich meldet Wiener am 20. Jan. 1760, daß es Ernst mit seinem Auszug sei, und er bittet den Magistrat um einen Freipaß für seine Fuhren, damit er nicht wegen Zolls oder anderer Ansprache auf dem Wege durch das Mainzische und Pfälzische Aufenthalt habe. Von Einem Hochedlen Magistrat wird am 1. Februar 1760 der Freipaß ausgestellt, in dem „alle und jede zu derer hohen Reichsstände Zollstätten verordnete Herrn Beamten geziemend ersucht und gebeten werden, Herrn Conrectoris Wiener anhero transportirete werdende Bücher und sonstigen Hausrath bei Vorzeigung dieses frey und ungehindert anhero passiren zu lassen." Am 3. März 1760 fand, wie oben bemerkt, zugleich mit der Einführung des Rectors Vulpius die Verpflichtung Wieners für das Conrectorat statt.

Am 16. April 1761 berief Landgraf Ludwig VIII. von Hessen Darmstadt den Rector Vulpius zum Diaconus an der Hofkirche zu Darmstadt, nachdem, wie das Decret sagt, „Se. Durchlaucht auf Vulpius, in Ansehung seiner angerühmten guten Eigenschaften ein vorzüglich gnädiges Augenmerk genommen, nicht zweifelnd, daß er, zumal als ein Landeskind, der Vocation zu folgen um so williger sein werde, als dieselbe nicht allein vor ordentlich anzusehen sei, sondern man sich auch von ihm bei der Hofkirche unter dem Segen des Allerhöchsten viel Gutes verspreche". Vulpius schreibt dem Magistrat unter dem 20. April, die Berufung habe ihn überrascht, er habe, wie in Darmstadt bekannt genug sei, den Ruf abzuwenden gesucht. Auf der einen Seite habe er Verbindlichkeiten gegen den Rath, auf der anderen Seite sehe er keinen Ausweg, den Befehlen eines Landesherrn entgegenzuhandeln, dessen Ungnade ihn und seine Angehörigen über kurz oder lang auf empfindliche Weise treffen könne. Deshalb sei er entschlossen, von dem Rathe die Entscheidung seines Schicksals und die Bestimmung, wie lange er noch an dem Gymnasium arbeiten müsse, folgsamst zu erwarten, und den Ausspruch des Raths zu seiner Legitimation schriftlich auszubitten. — Die erbetene Entlassung wurde ihm von dem Magistrat mit Rücksicht auf den benachbarten Landgrafen alsbald gewährt.

Gleichzeitig ernannte der Magistrat auf Antrag des Scholarchats den seitherigen Conrector **Wiener** zum Rector durch folgendes Decret vom 24. April 1761: ꝛc. „Wird das erledigte Rectorat dem Herrn Conrector **Wiener** mit der nemlichen Besoldung und Emolumenten, welche Herrn Rectori Vulpio zugestanden worden, unter der Bedingung conferirt, daß einestheils ersagte Besoldung erst nach würklichem Abzug des Herrn Rectoris Vulpius angehet, anderntheils Magistratus sich versichert, es werde Herr Conrector Wiener zu Vermeidung des dem Gymnasio und aerario sonsten zugehenden Nachtheils dem Rectorat wenigstens fünf Jahre vorstehen, ohne binnen dieser Zeit einem etwaigen auswärtigen Beruf zu folgen."

Am 16. Juli 1761 wird **Wiener** im Scholarchat in Gegenwart des dritten Lehrers **Wacrander** und des Cantors **Braun** als Rector in den Dienst eingewiesen. Gleichzeitig wird cand. theol. **Georg Peter Herwig** in Wieners seitherige Stelle als Conrector installirt. Dem Rector und dem Conrector wird die General- und Special-Instruction vorgelesen, beide werden auf dieselbe verpflichtet.

In der Gymnasialbibliothek zu Darmstadt befanden sich noch vor vierzig Jahren, in einem Band zusammengebunden, die vom Rector Wiener in den Jahren 1762—1772 herausgegebenen Schulprogramme nebst einer Gelegenheitspredigt desselben. Trotz fleißigem Suchens konnte dieser Band jüngst nicht mehr aufgefunden werden. Von den gedachten Programmen besitzt die Hofbibliothek zu Darmstadt die in den Jahren 1762 und 1763 erschienenen: es sind wunderliche Producte orthodoxer Bibelerklärung*) Bezüglich der übrigen Programme Wieners sind wir auf die wenigen Angaben beschränkt, die Director Dr. W. Wiegand im Wormser Gymnasialprogramm vom Herbste 1880 aus jenem Band der Darmstädter Gymnasialbibliothek abdrucken ließ. Diese Notizen folgen hier.

„Meine Laufbahn", sagt Wiener im Programm des Jahres 1769, „ist nach meinem eigenen Bewußtsein und zu meiner vollkommenen Befriedigung auf einen kleinen Zirkel eingeschränkt. Und

---

*) Das Programm des Jahres 1762 ist betitelt: De origine scholarum publicarum antiquissima et iam a temporibus Enoschi repetenda, ad Genes. c. IV. v. 26 paene disserit etc. Georg. Nicol. Wiener, Gymn. Rector à non. tent. Jenens. membrum. Höchst naive Vermuthungen werden von Wiener auf der Grundlage einiger Stellen der Genesis aufgebaut: „Dubium nemini esse potest, quin iam inter aboriginas generis humani scientiae artesque bonae cultae fuerint." „Homines primigevi, praesertim tam longaevi non potuerunt non otii partem tractando litteras insumere." „Accedit quod Adamus humani generis conditor, licet eam imaginis divinae sapientiae magnam partem amiserit, huius tamen velut rudera atque reliquias retinuerit satis notabiles." „Ex sic partes doctantium et discentium paris vetustatis esse cum genere humano est evidens, ut ab Adamo eas repeti posse nulli dubitemus. Verumtamen quamlibet tali modo Adamus primam scholam posteris suis aperuisse putandus sit, atque, ut unusquisque paterfamilias domesticorum suorum doctor esset aeque ac sacerdos et imperans, primis temporibus moresq fuisse constat: de ortu publicarum scholarum nobis controversia moveri poterit, utrum tunc eum ex domo patria Adami discesserunt filii sibique proprias sedes elegerunt, plures familias ludum fecerint communem, in quo a constituto Magistro erudirentur iuvenes, an privatim in quavis familia peculiaris steterit schola et servi tandem artes publice docendi induxerit consuetudinem." „Nobile verba Genes. IV. 26. fidem faciunt, a temporibus Enoschi, ut cultus publici, ita et scholarum publicarum nata esse principia" etc. Sowohl der Inhalt als die sprachliche Form der hier citirten Stellen sind characteristisch für den Unterricht der höheren Klassen des lutherisch orthodoxen Gymnasiums zu Worms. — Wiener setzte seine bibelgläubigen Erörterungen über den Ursprung der ältesten öffentlichen Schulen in demselben Geiste in dem Programm des Jahres 1763 fort, das den Titel führte: „De habitu litterarum in corrupto illo ante diluvium saeculo salvoque ab antiquioribus nonnullis anctoribus ex Genes. VI. 1. 2 deducta eruditione angelica verba facit etc. Georg. Nicol. Wiener (Wormatiae. Typis Ottonis Wilhelmi Krantzbühleri.)

selbst auch in diesem will ich nicht glänzen, sondern nur die Genugthuung haben, meine Stelle in meinem Zusammenhang anständig zu erfüllen. Wäre dieses nicht meine vornehmste Absicht und hielte ich mich nicht verpflichtet, alle meine Zeit und Kräfte auf mein eigentliches Geschäft zu verwenden: so hätte ich vielleicht auch Materie und Gelegenheit gefunden, mich zu einem Autor zu legitimiren. Aber jener Ruhm ist mir lieber, als dieser." Die Programme Wieners vom Jahre 1784 und 1787 enthielten: „Einige besondere Briefe über den Werth der Wissenschaften und der Gelehrsamkeit." Wiegand druckte daraus folgende Stelle ab, worin Wiener sein Urtheil über Basedow's Pädagogik und über gewisse Bemängelungen und Forderungen ausspricht, die dem Wormser Gymnasium entgegengetreten zu sein scheinen. „Basedow führet in seinem Schreiben, welches von dem Nutzen der Schulen und besonders der öffentlichen handelt, eine ganz gemeine Sprache. Denn in unseren Zeiten ist nichts gewöhnlicher, als daß man denselben allerlei Mängel vorwirft, und bald an den Lehrern, bald an den Lectionen, bald an der Lehrart und bald an der Zucht unzählig viel auszusetzen findet, das Abänderung, Verwechselung und Verbesserung verdiente. Aller Orten will man die Schulen reformiren. Sowie diese Absicht nach Befindung der Umstände billig, gut und löblich sein kann: so ist nur dieses zu bedauern, daß die wenigsten, ich will nicht sagen keine, von diesen anmaßlichen Reformatoren das Schulwesen verstehen. Daher kommt es, daß man von wahrhaftig guten Vorschlägen, die auch in der That ausgeführt werden könnten, oder von wirklichen Verbesserungen noch so wenig Beweise sieht. Wir Lehrer an unserer Schule preisen uns glücklich, daß wir bei unserer wohl festgesetzten Einrichtung gelassen werden, da es gewiß ist, daß kluge und redliche Schullehrer nach einem jeden vernünftig vorgeschriebenen Grundriß nützlich und dem Zweck gemäß arbeiten können. Demnach würde ich unrecht handeln, sowohl wann ich durch immer neue Projecte zur vorgeblichen Verbesserung unsrer Schule die Ehre unsrer Vorfahren, von denen wir unsre Einrichtungen bekommen haben, schmälern, als auch wenn ich den Hochpreislichen Vorstehern und Aufsehern unsers Gymnasii bei dieser Gelegenheit, auch öffentlich, Dank abzustatten mich entziehen wollte, davor daß Sie mit unserer Amtsführung eine uns höchst schätzbare Zufriedenheit bezeugen und in allen Fällen Huld und Herablassung beweisen. Dieses ist gewiß der stärkste Antrieb, unsere Treue, Fleiß und Eifer nach allen Kräften unsern Pflichten gemäß zu verwenden. Mängel haben wir sowohl, als wir auch unsre Schule nicht davon freisprechen wollen. Allein gegen das Erste sind wir Menschen, die immer mit Unvollkommenheiten umgeben sind. Jedoch hoffen wir nicht nur wegen der eigenen Erkenntniß unsrer Schwachheit, sondern auch wegen unsrer Bereitwilligkeit und Bestreben, uns mit der Hülfe Gottes immer tüchtiger zu unsrem Amte zu bilden, und gute wohlgemeinte Weisungen und Vorstellungen sorgsamlich anzunehmen, Gefälligkeit und Nachsicht zu verhindern. In Ansehung des Andern sind wir der unveränderten Geneigtheit und Rücksicht unserer hochzuverehrenden Obern und Vorgesetzten so viel mehr versichert, als Sie Selbsten Erleuchtet ermessen, daß es in gemeinen oder öffentlichen Anstalten allemal leichter sei, Unvollkommenheiten zu bemerken, als wegzuräumen. Dennoch werden die aus unserem Unterricht entlassenen jungen Leute vor uns der beste Beweis sein, daß wir nicht ohne Frucht an ihnen gearbeitet haben, und unsrer Obliegenheit nach Vermögen genugzuthun trachten." Von folgenden Programmen Wieners gibt Wiegand nur die Titel: 1. Analecta historico-critica de Sodalitate litteraria Rhenana circa finem sec. XV. et aliquanto post celeberrima eiusque Conditore Conr. Celte Protrecio et praeside J. Camer. de Dalburg Episc. Vormat.; Progr. vom Jahre 1766. 2. „Von der in den Jahren 1527 und 1528 zu Worms bei dem Buchdrucker Peter Schöffer zuerst herausgekommenen deutschen Uebersetzung der Propheten von Ludwig Hätzer; Progr. v. J. 1770. (Vgl. oben über den Wiedertäufer L. Hetzer S. 41—46.

und Lange. (Gesch. der Stadt Worms, S. 171.) – 3. „Brevis Explicatio doctrinae Anaxagorae Clazomenii: De Rerum omnium Primordiis" etc., Progr. v. J. 1771. — 4. „De Syncretismo a philosophis eclecticis Alexandrinis maxime sec. III. p. Chr. n. duce Ammonio Sacca in philosophiam et Religionem invecta", Progr. v. J. 1772.

Ueber die Berufung des soeben genannten G. P. Herwig geben die Scholarchatsacten des Wormser Archivs folgende Notizen. Nachdem Conrector Wiener für die Rectorstelle in Aussicht genommen war, empfahlen M. Rambach und Pfarrer Dietz zu Gießen dem Pfarrer Rebel zu Worms mit sehr anerkennenden und warmen Worten den cand. theol. Georg Peter Herwig für die erledigte Conrectorstelle. Der Magistrat ersuchte darauf Pfarrer Rebel, den Candidaten Herwig aufzufordern, falls er gewillet wäre, das hiesige Conrectorat anzunehmen, sich auf Kosten der Stadt ohngesäumt zu einem Tentamen nach Worms zu verfügen. Herwig unterzieht sich demselben am 13. Juni 1761, indem er als Specimen sermonis latini eine noch vorhandene Arbeit verfaßt, in der er in Briefform die Erziehung der Jugend einem Freunde empfiehlt. Am 16. Juli 1761 wird Herwig als Conrector in sein Amt eingesetzt. Derselbe war der jüngste Sohn eines kinderreichen Pfarrers im Amtsflecken Seulberg in Hessen-Homburg. Obwohl die Pfarrei in Seulberg nur gering dotirt war, hatte Herwigs Vater sieben Kinder versorgt und fünf Söhne Theologie studiren lassen. Einer der älteren, Ludwig Johann Wilhelm Herwig, war Rector und des geistl. Ministerii Adjunctus zu Homburg v. d. H. und war im J. 1758 unter denjenigen, die nach Rector Röders Tod bei der Wiederbesetzung des Wormser Rectorats in Betracht kamen.

Cantor Braun trat im Herbste 1763 aus dem Dienst des Gymnasiums. Schon am 2. Sept. 1763 wurde an dessen Stelle Johann Michael Hertel in Gegenwart des Rectors Wiener, des Conrectors Herwig und des Magisters Macrander im Scholarchat verpflichtet und im Gymnasium installirt. Vorher war Hertel über vierzehn Jahre Lehrer und Cantor an der lateinischen Schule zu Langenburg an der Jaxt, im fürstl. Hohenlohe'schen Gebiete, gewesen. Hofprediger M. Johann Christian Bibel zu Langenburg erklärt, Hertel habe sich während seiner Inspection als einen capablen und fleißigen Schulmann erwiesen, in Musleis eine vorzügliche Geschicklichkeit sehen lassen, mit den Seinigen exemplarischen Wandel geführt, weshalb er selbst und das gräfl. Hohenlohe-Langenburgische Haus denselben ungern verlieren würde. „Die Methode, die unser Herr Hertel in der Latinität bei der Jugend gebrauchet", schreibt Bibel, „hat mir jederzeit besonders wohl gefallen" ꝛc. Der Magistrat berief am 14. Juni 1763 Herrn Hertel als vierten Präceptor und Cantor und bewilligte demselben für dessen Reisekosten eine Entschädigung im Betrage von 30 fl. Für die anläßlich der Beendigung des siebenjährigen Krieges am 13. Mai 1765 veranstaltete Feier des Wiesengangs verfaßte und componirte Cantor Hertel eine Festcantate; dieselbe besteht aus drei Arien. Auf die erste Arie folgt ein Recitativ, hierauf zwei Intermezzo; hieran schließt sich die zweite Arie, woran sich wiederum ein Recitativ und zwei Intermezzo reihen. Endlich schließt die dritte Arie die Cantate ab. (S. Chron. der Worms. Gymn.-Bibl. Fol. 415 a.) Hertel starb im Frühjahr 1785.

Im Jahre 1765 wurde M. Heinrich Christoph Rebel Gymnasialvisitator. Wuhl nennt ihn in der Geschichte der Wormser Stadtprediger einen Mann von wahren Verdiensten. Ist geboren am 19. März 1715 zu Wallernhausen im Hessen Darmstädtischen, studirte anfänglich zu Gießen, ging darauf nach Jena und wurde 1739 ordentlicher Lehrer an dem Pädagog zu Gießen". „Am 22. Dez. 1739 erwarb er sich die Magisterwürde. Die von seinen Berufsgeschäften übrige Zeit verwendete er zu academischen Vorlesungen über Logik, Metaphysik, Naturrecht, zu Privatdisputirübungen und zur Unterweisung im Lateinischen und Griechischen". Am 10. Mai 1745 wurde derselbe ordentlicher Professor der Beredtsamkeit an der Universität Giessen und im Jahre 1752 als vierter lutherischer Stadtpfarrer nach Worms berufen, am zweiten Weihnachtsfeiertag ordinirt und der Gemeinde vorgestellt. Er wurde 1759 dritter, 1762 zweiter Prediger und endlich 1765 des geistl. Ministeriums Senior und des Gymnasiums Visitator". Er starb am 6. Mai 1780. (Vgl. Wuhl's Predigergeschichte, S. 17 und 18, und Strieder's Gesch. der hessischen Gelehrten 2c., Band 10, S. 10 -20, wo Nebels literarische Arbeiten verzeichnet sind.)

Magister Macrander (s. oben S. 249) starb am 5. Februar 1770.*) Ihm folgte Georg Dadermann. Derselbe war ein Wormser, besuchte das Gymnasium der Vaterstadt und bekleidete als erste Stelle die Pfarrei zu Münster am Stein bei Kreuznach. Nach Magister Macranders Tod wurde im Febr. 1770 von Scholarchat und Rath beschlossen, die dritte Classe des Gymnasiums nicht eingehen zu lassen, sondern die Lehrerstelle dieser Classe wieder zu besetzen, dabei aber, wo möglich, vorzüglich auf ein „Stadt-Kind" und ein der französischen Sprache kundiges Subjectum Bedacht zu nehmen. Da also ein der Stadt Worms entstammter Theologe anzustellen war, so ging diese Anstellungssache auch an das lutherische Consistorium. Dasselbe empfiehlt zwei Candidaten, Pfarrer Dadermann zu Münster und Cand. theol. Schneider. Der Rath der Dreizehner decretirt hierauf, daß die Sache lediglich dem gutachtlichen revoluto des Consistoriums überlassen bleibe und durch Decret vom 20. April 1770 überträgt der Magistrat dem Pfarrer Dadermann die Stelle der dritten Classe oder sog. Magisterstelle mit einer Besoldung von 200 fl. an Geld „nebst dem gewöhnlichen Schulgeld und sonst etwa fallenden Accidentien". Später erhielt dieser Magister höhere Beträge an barem Gehalt, meist jährliche Summen von 240 fl., in den Jahren 1779 und 1780 300 fl. In väterlicher Fürsorge für die „Stadtkinder" empfiehlt der Rath in der Bestallungsurkunde dem Mag. Dadermann, zum Uebergug von Münster am Stein nach Worms sich der Wormser Fuhrleute zu bedienen, aber wegen des Fuhrlohns auf das genaueste zu accordiren. Am 26. März 1770 wird Dadermann in seinen Dienst eingeführt.**)

Nachdem Se. Durchlaucht Ludwig IX., Landgraf zu Hessen Darmstadt durch Geheimerathsdecret vom 26. Sept. 1774 dem Rector Wiener das Metropolitanat oder die Pfarrstelle zu Groß-Gerau angetragen, bittet derselbe, nachdem er 15 Jahre an dem Gymnasium treu gewirkt, unter dem 10. Oct. 1774 den Magistrat um Entlassung aus seinem Amte. Am Schluß des Schreibens spricht Wiener die Hoffnung aus, der hochgeneigteste Magistrat werde ihm wohl bei seinem Abzuge von Worms von seinem „geringen" Weinvorrath von 8—9 Fuder das gewöhnliche Ungeld hochgeneigtest erlassen.

Conrector Georg Peter Herwig wurde Wieners Nachfolger im Rectorat. Nachdem nämlich Herwig unter dem 4. Nov. 1774 dem Magistrat ein Schreiben mitgetheilt, durch das ihm wieder-

---

*) Als Nekrolog ließen die Collegen folgendes Schriftchen erscheinen: Memoriam viri praeclarissimi et doctissimi Joannis Jacobi Macrandri etc. amici gratique animi monimento condecorare voluit Gymnasium Vormatiense (Wormatiae, stanno typogr. Ort. Wilh. Kranzbuhleri). Dieser Nekrolog erzählt, daß Macrander am 2. Sept. 1703 zu Frankfurt a. M. als Sohn des Bürgers Joh. Friedr. Macrander und der Pfarrerstochter Anna Veronica Moos aus Mülheim geboren wurde. Er absolvirte das Frankfurter Gymnasium 1724, studirte fünf Jahre zu Gießen, wurde 1731 Conrector am Gymnasium zu Grünstadt, heirathete 1738 eine Tochter des Dreizehners Joh. Heinr. Heimzenberg zu Worms, wurde 1747 nach Worms berufen. Die Collegen schildern ihn als einen ernsten, religiös-sittlichen Mann von alter deutscher Treue und Lauterkeit, der als ein Feind alles mißgünstigen Wesens eingezogen lebte, aber mild und freundlich, jedoch schweigsam gewesen. Durch Mäßigkeit erhielt er seine Gesundheit; seine freien Stunden verwendete er zur Lectüre und Bebauung des Gartens.

**) Seit Pfingsten 1793 versah Dadermann, auf Nachsuchen der fürstl. Leiningen-Hartenburgischen Regierung zu Dürkheim an der Hardt, neben seinem Schulamt die Pfarrei Bechtheim mit öffentlichem Gottesdienst. Dies geschah noch am 9. Nov. 1793.

holt das Rectorat des Gymnasiums zu Speyer angeboten wurde, ernannte der Rath denselben am 11. Nov. 1774 zum Rector des Gymnasiums.

An Herwigs Stelle wird nun M. Johann Gottfried Röchling zum Conrector oder Lehrer der zweiten Klasse ernannt. Im November 1774 bewirbt sich zwar der Magister der dritten Klasse Georg Dadermann um die Conrectorstelle, allein dieselbe wird aus guten Gründen einem vortrefflichen Schulmanne, dem am 13. Sept. 1748 zu Saarbrück geborenen M. Johann Gottfried Röchling, der damals Lehrer am Pädagogium zu Gießen war, übertragen. Der Visitator des Gymnasiums M. Rebel verhandelte im Auftrag des Scholarchats mit Röchling. Derselbe beanspruchte eine Besoldung im Betrage von 400 fl. bei billiger Veranschlagung der Naturalien, damit seine Umstände sich nicht verschlimmern möchten, zumal wenn er sich verheirathen wolle, wozu er Neigung habe. Röchlings College M. Rambach zu Gießen schreibt im Jan. 1775, daß er aus der diesem angebotenen Besoldungsnote nicht mehr als 300 fl. herausrechnen könne. Rambach, der eine Berufung an das Frankfurter Gymnasium erhalten, erklärt dem Wormser Scholarchat, dieser Gehalt sei für Röchling zu gering. Denn wenn er selbst auf seine neue Stelle am Gymnasium zu Frankfurt a. M. übergegangen sei, und wenn wie beabsichtigt sei — die 5. Stelle am Pädagogium zu Gießen eingezogen sei, werde Röchling am Pädagogium zu Gießen einen Gehalt von etwa 400 fl. erhalten. Am 29. Jan. 1775 schickte Röchling überdies dem Visitator Rebel die Abschrift einer ihm gewordenen Berufung in sein Vaterland, nämlich als Diakonus und Rector zu Otweiler bei Saarbrück, mit einem Gehalte von 500 fl.; und Röchling verlangte nun für den Fall, daß er die Wormser Conrectorstelle annehmen solle, eine solche Regelung des Gehaltes, daß er sich nicht zu scheuen brauche, die ihm zu Theil werdende Vocation seinem Hofe pflichtmäßig einzuschicken. Unter dem 7. Februar 1775 überträgt nun der Rath dem M. J. G. Röchling die Conrectorstelle mit einem Gehalte von 300 fl. an Geld, 8 Malter Korn, 4 Malter Gerste, 4 Ohm Wein, 500 Wellen Holz; dazu das gewöhnliche Schulgeld. Nach dieser Besoldung hatte er also eine Zulage von 70 fl. zur alten Conrectorbesoldung erhalten. — Am 24. April 1775 werden der neu ernannte Rector Herwig und Conrector Röchling im Scholarchat in Gegenwart der zwei übrigen Lehrer, des Magisters Dadermann und des Cantors Hertel in den Dienst eingewiesen. Röchling war ein reich begabter, geschickter und bis zu seinem, am 2. October 1787 erfolgten Tod allezeit ein pflichtgetreuer, bewährter Lehrer, dem aber herbe Erfahrungen in der Reichsstadt nicht ausblieben. Gelegentlich der Reform des Gymnasiums im J. 1782 wird er empfohlen für den Unterricht im Lateinischen, Griechischen, Französischen, Geschichte, Geographie, Mathematik, Physik. Seine zahlreichen Schulbücher sind verzeichnet in Strieder's Gesch. der hess. Gelehrten, Band 12, S. 50—52.

3. Versuche der Reorganisation des lutherischen Gymnasiums zu Worms und Zerrüttung desselben durch Conflicte in der Schule, Kirche und Bürgerschaft.

Schon sehr bald nach der Gründung des fürstbischöflichen Schulseminariums zu Worms (Nov. 1773), dessen Lehrplan (vgl. S. 211—213) auf die geistigen und praktischen Bedürfnisse des Zeitalters bereitwillig einging, trat auch an das lutherische Gymnasium zu Worms von verschiedenen Seiten die Forderung heran, dessen Lehrplan den Anforderungen der Zeit etwas mehr anzupassen. Allein zum Unglück der Anstalt war damals Georg Peter Herwig, ein in pietistischen Sonderbarkeiten verirrter Mann, Rector der Anstalt, der jedem wahren, tiefen, freien und schönen Geistesleben unüberwindbare Hindernisse in den Weg legte und dabei des Wohlgefallens des lutherischen Ministeriums zu Worms sich erfreute.

Unter diesen Umständen ist in den Jahren 1776 und 1777 ein Zwist zwischen den Gymnasien zu Worms und Grünstadt an der Hardt nicht ohne Interesse. Während die Wormser Schule durch zopfige Gesetzlichkeit, unter den Fesseln der lutherischen Orthodoxie des Geistlichen Ministeriums der Reichsstadt und gehemmt durch die Schulordnung des Jahres 1720 zum Stillstand verurtheilt war, nahm die Grünstädter Anstalt unter der Protection des Gräflichen Hauses von Leiningen-Westerburg und der freisinnigeren Leitung der Rectoren Knipser und D. C. Seybold eine Richtung, die mehr im Einklang stand mit dem Geiste des 18. Jahrhunderts. Im Grünstädter Gymnasium wurde z. B. im Sommer 1777 in der Klasse der Exemten (Selecta) und in der Prima die folgenden Lehrgegenstände behandelt: Theologie: nach Baumgarten; Hebräisch: Iesaias vom 50. Cap. bis zu Ende, Psalmen bis zum 50.; Griechisch: nach Gesners Chrestomathie Thucydides und Xenophons Cyropädie; außerdem Lucian und Evangelium Johannis; Latein: Ciceros 3. und 4. Rede gegen Catilina und dessen Rede für Milo, Briefe des Plinius, Vergils Bücher vom Landbau; Uebungen im Stil; Deutsch: Uebungen in Aufsätzen, Erzählungen, Briefen &c., Redekunst, praktisch durch Erklärung der deutschen Chrestomathie von Seybold; Französisch: Telemaque, Uebungen im Stil; Geschichte: nach Schröckhs Lehrbuch; Geographie: Einleitung in die Politik und Statistik, Deutschland, Frankreich; Mathematik: Arithmetik und Geometrie; Naturlehre nach Schmaling; endlich Antiquitäten; Philosophie: Ontologie, Psychologie, Kosmologie, nach Auszügen aus Feders Handbuch. Um einen derartigen Lehrplan mit Erfolg durchzuführen, glaubte Rector Seybold von Grünstadt gegen den herkömmlichen Gebrauch, nur Theologen an einem Gymnasium anzustellen, sich erklären zu müssen und behandelte in einem Programme seiner Anstalt die Frage: „In wieweit ist's gut oder nicht gut, daß man die Lehrstellen größtentheils mit Theologen besetzt." Weil nun gar Rector Seybold am Leiningen-Westerburgischen Hofe bei der Aufführung eines Lustspieles von Molière mitwirkte und dabei einen Ball besuchte, schrieb der Wormser Rector Georg Peter Herwig im Osterprogramm des Jahres 1777: „Sehr zweideutig ist die Frage: ob die Lehrstellen mit Theologen größtentheils besetzt werden sollen? Es scie dann, daß es für rathsam gehalten wird, die Theologen mit den alten Compendien unter dem Arm aus den Schulen zu verweisen, und an ihre Stellen Comödianten und Tanzmeister einzuführen." Seybold erwiedert im Herbstprogramm 1777: „Ich las, sah wohl, daß dieser Anfall mir gelten sollte — und lächelte. Der Mann muß gehört haben, daß ich in dem vorigen Jahre die Ehre hatte, bei einem Lustspiele des Molière, das meine Gnädigsten Herrschaften aufführten, eine Rolle zu spielen und dem darauf folgenden Balle beizuwohnen. Der gute Herr Rector, der so gar keine Lebensart hat und nichts zu kennen scheint, als „arme Schüler!" *) Hat er denn sowenig Weltkenntniß, daß er nichts von Fürsten, Grafen und Baronen weiß, die zuweilen Theaterstücke zu ihrem Vergnügen aufführen? Hat er so wenig Logik, daß er Diejenigen, die mitspielen und bei einem Balle sind, gleich zu Komödianten und Tanzmeistern macht?" u. s. w. Seybold geht auf die Streitfrage nochmals ein und führt aus, daß zwar jeder Schulmann, so wie jeder andere Christ, seine Religion studirt haben müsse, aber daß nicht Profession der wissenschaftlichen Theologie, sondern Wissenschaft der Sprachen des Alterthums und auch einiger neueren, Kenntniß der Weltweisheit, der Geschichte, der Pädagogik, der Naturkunde, der Geographie und noch verschiedener andern, diejenigen Wissenschaften sind, die einem Jugendlehrer unentbehrlich sind. „Wir sollen unseren Jüngling in die Welt einführen, sollen

---

*) Herwig hatte einige pietistische Programme geschrieben unter dem sonderbaren Titel: „Die göttliche Verherrlichung durch arme studierende Jugend."

ihm rathen, wozu sein Genie am besten sich schickt und ihn ermuntern, die Laufbahn zu betreten, in welche sein Talent ihn ruft. Wenn nun seine Lehrer lauter Theologen sind, können sie ihm die Wege vorzeichnen, die ihn zur gründlichen Kenntniß seiner Facultätewissenschaft führen?" In der That — schreibt Seybold gegen den Rector Herwig — jeder meiner Leser, dem kein Schritt zur verbesserten Erziehung gleichgültig ist, wird sich mit mir freuen, daß es Staaten gibt, worin man den Schullehrer nicht mehr nach dem schwarzen Kleide beurtheilt, und wird das Hochgräfliche Leiningen-Westerburgische Haus und auch den Magistrat der reichsfreien Stadt Speier preisen, daß sie von dem alten Vorurtheile, „ein Schulmann müsse ein Theolog sein", sich so rühmlichst entfernen. Denn da ich zu stolz bin, mich solcher Kenntnisse zu rühmen, die ich nicht besitze, so sagte ich's denen, die mich zum Rectorate hier und in Speier beriefen, ganz aufrichtig: ich seie kein Theolog von Profession, könne also den Habit des Geistlichen Standes nicht tragen und bedung mir's aus, das bleiben zu dürfen, was ich war, ein Lehrer der Sprachen, Kritik und schönen Wissenschaften, oder mit einem Worte   weil man doch alles nach Facultäten rechnet ein Mann, der sich zur philosophischen Facultät halte, und auf die Ehre, sich zu einer anderen rechnen zu dürfen, nicht den mindesten Anspruch mache. - Dies geht in Grünstadt um so eher an, da die Lehrer nicht für eine Klasse allein bestimmt sind, sondern jeder, durch die oberen Klassen wenigstens, diejenigen Wissenschaften lehrt, in denen er am stärksten ist. Ein Vortheil, den wir vor vielen anderen haben! Daher lehre ich nicht Theologie, sondern überlasse sie denjenigen Herren, die sie nach Herrn Herwigs Verlangen systematisch studirt haben. Da ich ein theologischer Rector weder bin, noch sein kann, schände ich unsern Stand, mein schwarzer Herr Rector Herwig, wenn ich eine ehrbare Kleidung des sogenannten politischen Standes trage und mithin aller der erlaubten Freiheiten genieße, die diesem Stande zukommen?" *) Nachdem Seybold in der an gedeuteten Weise die Frage behandelt, ob es gut sei, daß auf einer Schule nur Theologen lehren, bespricht er den Character, die wissenschaftliche Bildung und die unklare, geschmacklose Schreibweise des Rectors Herwig und beweist darin die Ueberlegenheit eines Mannes von Urtheil, Geschmack und Weltkenntniß.

Als von dem Grünstädter Gymnasium im Jahre 1777 und, wie es scheint, auch von anderer Seite wirkliche Gebrechen der Wormser Anstalt bloßgelegt worden waren, erschien zwar in Worms die Reorganisation dieser Anstalt dringend nothwendig, allein noch vier Jahre lang blieb in derselben Alles beim Alten. Am 19. September 1777 decretirte der Magistrat, Scholarchat und Visitator sollten das gesammte Schulwesen der Reichsstadt prüfen, und sowohl der Visitator und die drei übrigen Pfarrer, als auch der Lehrer der lateinischen und deutschen Schulen sollten Vorschläge zur Verbesserung des gesammten Schulwesens nach den bevorstehenden Herbstferien einreichen. Die zum Theil recht ausführlichen Verbesserungsvorschläge der genannten Personen, die eine eingehende und im Wesentlichen übereinstimmende Beurtheilung des Wormser Schulwesens enthalten, befinden sich noch bei den Scholarchatsacten des Wormser Archivs.

Rector Herwig beantragt nun schon 1777 unentgeltlichen Unterricht im Französischen, Anstellung eines Schreib- und Rechenmeisters, damit die Schüler, die sich einem praktischen Berufe widmen wollen, im Schön-, Recht- und Briefschreiben und Handlungsstil unterwiesen werden. Insbesondere soll nach Herwig der Lehrtypus der unteren Klassen mit mehr Lehrgegenständen nach dem Bedürfniß der Gegenwart ausgestattet werden. „Unser Typus ist von Professor

---

*) Vgl. Programm des Grünstädter Gymnasiums v. Herbst 1777, S. 6, 7, 9, 10; im Worml. Archiv unter den Scholarch.-Act., Böhmers Apologie, Nr. 47a, Beil. 10.

Mau errichtet worden, sagt Herwig, lebte er jetzt noch, er würde sich in seiner Einrichtung in unsere Zeit schicken, allein Behutsamkeit empfehlen, daß die Studirenden nicht verkürzt werden."

Visitator Rebel warnt im J. 1777 vor Neuerungen im Lehrplan: „Man soll nicht mehr ändern, als die äußerste Noth und ein gewiß zu hoffender Vortheil erfordert. Ich ertheile das zuverläßige Zeugniß, daß unsere Schulen viel Gutes haben, doch auch einige Verbesserung und Hilfe erfordern. Das Gute hat sich dadurch offenbart, daß gelehrte, rechtschaffene Männer darin sind gebildet worden, so lange der vom sel. Professor May entworfene vortreffliche Typus sein treulich ist bearbeitet worden. Die Abweichung von denselben hat Fehler geboren, mehr oder weniger, je nachdem man sich mehr oder weniger commod davon entfernt hat." Als besonderen Mißstand rügt Rebel, daß in Worms die Eltern gründliche Wissenschaft, gute Zucht und Religion nichts achten und daher ihre Kinder nicht einmal in die deutschen, geschweige denn in die lateinischen Schulen schicken mögen, ja wohl in Gegenwart ihrer Kinder höchst ärgerlich von den Präceptoren reden. „Wie oft ist schon darüber geklagt, berathschlagt, decretirt, von den Kanzeln verlesen worden! Aber wer kann da helfen?" „Ein Zusatz neuer Lectionen oder anderer Uebungen erfordert mehrere Lehrer." Bei den Verhandlungen des Jahres 1782 schreibt Visitator Rebel in sein Protocoll: „In allen Fällen nicht zu starke pensa. Non multa, sed multum: außer in lectionibus cursoriis."

Am 3. Nov. 1777 stellt Pfarrer Johann David Baur bei den theuersten Vätern der Stadt den Antrag, daß kein Knabe vor dem achten Jahr und ohne daß er gut deutlich lesen und schreiben kann, in das Gymnasium aufgenommen, noch viel weniger nach bestimmten Jahren, oder nach Gunst und Ansehen der Person, sondern nach seinem Genie und unparteiisch geprüften Fleiß aus einer Klasse in die andere promovirt werde.

Auch der Stadtschulmeister Johann Heinrich Schröder schreibt im J. 1777: „Es ist offenbar ein Verderben für die Jugend, daß Kinder, die weder [genügend?] lesen noch] schreiben können, zur lateinischen Schule beredet und gebracht werden, da doch vor Zeiten kein Schüler ins Gymnasium aufgenommen wurde, er müsse dann wenigstens im Lesen und Schreiben wohl erfahren sein. Die Folgen hiervon liegen am Tage, und ist nicht nöthig, von dergleichen stadtkundigen Sachen etwas zu berühren."

Unter den Reformvorschlägen ist auch ein Gutachten des Pfarrers G. Ph. Benj. Weißenbruch lesenswerth. Die zur Vergrößerung der Schülerzahl in Vorschlag gebrachte Abschaffung des Schulgeldes erscheint ihm nach der Lage der Stadtkasse als frommer Wunsch; die Reform nach dem Muster der Gymnasien zu Grünstadt, Darmstadt, Karlsruhe, Weilburg erklärt er für dringend nothwendig. Er bekämpft den geistlosen, auf das Memoriren von Wörtern ohne Zusammenhang mit der Lectüre gegründeten Unterricht der einzelnen Klassen. Bezüglich der lateinischen Schreibübungen der oberen Klassen schreibt derselbe: „Was die Lehrart betrifft, so kann man nicht wohl sicherer gehen, als den Fußstapfen des Abts Resewitz nachzugehen. Dieser gründliche Mann ist mit Recht der Meinung, daß man vor der obersten Klasse fordern könne, über aufgegebene Stoffe lateinische Ausarbeitungen zu machen. Es müssen aber keine weitläufigen Reden oder Chrieen sein, und an Stoff und Gedanken darf man es nicht fehlen lassen. Wozu dient es, wenn ein Mensch Redensarten und Stellen aus elenden Hülfsbüchern zusammenflickt und ein Ganzes daraus bildet, dessen Theile sich wundern, wie sie zusammen kommen?" Weißenbruch findet es daher am zweckmäßigsten, statt elender Chrieen ein poetisches Stück in Prosa zu übertragen, die umständliche Erzählung eines Schriftstellers ins Kurze zu fassen, oder in den Stil eines Florus oder Tacitus einzuleiden, auch aus größeren Abhandlungen den Kern und Zusammenhang der Gedanken bestimmt herauszuziehen.

Unter dem 26. Dez. 1781 reichte auch Conrector J. G. Röchling, ebenso wie die übrigen Lehrer des Gymnasiums und die Geistlichen der Stadt, ein Gutachten über die seitherigen Mängel der Schulordnung, insbesondere der Lehrweise des Gymnasiums, und Vorschläge zu deren Verbesserung ein. Die wissenschaftliche Bildung, die Gewissenhaftigkeit und das Lehrgeschick Röchlings, welcher ohne Zweifel der tüchtigste unter den damaligen Gymnasiallehrern war, stehen so sehr außer allem Zweifel, daß dessen Kritik des reichsstädtischen Gymnasialwesens für durchaus zuverlässig zu halten ist. Röchling sagt, wenn man fast an allen Orten mit unermüdetem Fleiße die Verbesserung der Schulen betreibe, so dürfe das Gymnasium zu Worms durch Unthätigkeit keine allzu ungünstigen Urtheile erwecken; habe man von verschiedenen Orten her die Schule herabzusetzen gesucht, so müsse man durch weise Einrichtung derselben die boshaften Verleumdungen zu Schanden machen; auch sei nicht zu leugnen, daß die Wormser Schulen, lateinische und deutsche, wahre Gebrechen haben. Röchling fordert, daß nach der Religion nicht nur seine Wissenschaft vernachlässigt werden dürfe, wodurch die Jugend für höhere Studien vorbereitet werde, sondern daß auch die Bildung und der Unterricht, wie er für alle Stände des Lebens erforderlich sei, nicht zurückgesetzt werden dürfe; ja für diejenigen, die sich nicht dem Studiren widmeten, müsse hauptsächlich in einer Schule gesorgt werden, wo solche den größten Theil ausmachten, weil jede Schulanstalt, wosern sie das Gepräge einer weisen Einrichtung an sich tragen solle, nach der Lage und dem Bedürfniß des Staates bestimmt werden müsse. Der Unterricht müsse nach dem Wachsthum der Wissenschaften und der Erweiterung der menschlichen Kenntnisse mehr ausgedehnt werden. „Eine Schule", schreibt Röchling, „die vor fünfzig Jahren (1720) eine wohl eingerichtete hieß, in der aber seitdem keine Aenderung getroffen, wird jetzt kaum den Namen einer mittelmäßig eingerichteten verdienen. Und was für eine Rolle würde ein junger Mensch in der heutigen Welt spielen, der seine ganze Vorbereitungszeit zu höheren Wissenschaften bloß der lateinischen Sprache gewidmet hätte? Vernünftige Kenner des Erziehungswesens geben hierin dem Genio unseres Jahrhunderts nach, wenn nur der wahre Gesichtspunkt der Schulen nicht verrückt wird. Mit der Erweiterung der menschlichen Erkenntnisse sind nicht nur bessere und schicklichere Lehrbücher verfaßt, sondern auch vernünftigere und den Kräften der Seele der Jugend angemessenere Methoden hervorgebracht worden. Auch diese lassen kluge Vorsteher der Schulen nicht unbenutzt, sondern ermuntern die ihnen untergebenen Lehrer, bei der ihnen anvertrauten Jugend den bestmöglichsten Gebrauch davon zu machen. Kein Schulgesetz, besonders in Ansehung der Lehrart, kann so genau bestimmt werden, daß den Lehrern nichts übrig bleibe, nach eignem Gutbefinden zu bestimmen. Man nehme es daher Lehrern, die über die Methode selbst nachzudenken pflegen, nicht übel, oder sehe es gar wohl als eine Art der Heterodoxie an, wenn sie neue und wohl überlegte Versuche wagen. Denn je mehr ein Lehrer, dem es an nöthiger Geschicklichkeit und Treue nicht fehlet, die Freiheit hat, in Ansehung der Methode nach eigner Wahl zu verfahren, desto glücklicher ist er in Erreichung seiner Absichten und mit desto größerem Muthe wird er die mit seinem Amte verbundenen Beschwerlichkeiten ertragen. Wehe aber der Schule, wo solche billige Freiheit gänzlich eingeschränkt ist!" „Gibt man nun diese Grundsätze zu (und welcher gesunde Menschenverstand wird dieselben im Geringsten bezweifeln), so wird jeder, der unsere Verfassung kennt, folgende reiflich überlegten, freimüthigen Vorschläge für höchst nöthig halten." Röchling wagt es, auch dem reichsstädtischen Scholarchat zu sagen, wie es wohl beschaffen sein sollte. „Man nehme jederzeit zu einem hochlöblichen Scholarchat nur solche Männer, die von Schulwissenschaften ein gründliches und vollständiges Wissen haben und warmen Eifer für das Wohl, die Verbesserung und Aufrechthaltung der Schulen bezeigen, damit die Lehrer mit ihren vernünftigen Vorstellungen nicht allein Gehör finden, sondern auch in zweifelhaften und schweren Fällen zu ihnen ihre Zuflucht nehmen können. Es wäre höchst nöthig, daß alle Mitglieder des Scholarchats die Schulen von Zeit zu Zeit, und nicht bloß an festgesetzten Zeiten fleißig besuchten, um jedes Lehrers Methode genau zu prüfen und ihm wegen nöthiger Verbesserungen freundschaftliche Erinnerungen zu ertheilen. Der Besuch der öffentlichen Examina kann den Herren Scholarchen wenig oder gar keine Einsicht in das Schulwesen verschaffen, und sie sollen doch diejenigen Männer sein, die über **Pädagogik** urtheilen sollen. Diese aber ist eine Wissenschaft, die nicht wie die Erbsünde jedem Menschen angeboren wird, sondern muß hauptsächlich in **Schulen und durch die Uebung erlernet** werden. Besonders sehe man dahin, daß der zeitige Herr Visitator, wie der selige Mann mit gutem Grund erinnert, wenigstens einige Jahre an öffentlichen Schulen gestanden und eine vorzügliche Kenntniß in Schulwissenschaften besitzt, unterstütze ihn aber auch alsdann aufs Kräftigste in seinem Amte."

Röchling verlangt Verbesserung und kräftige Handhabung der Schulgesetze. Bei der Disciplin sei höherer Beistand nöthig, wenn nicht alles übrige Gute über den Haufen fallen solle. „Lehrer allein sind hier, besonders in **Reichsstädten**, zu schwach. Man schütze Lehrer gegen unverdiente Mißhandlungen, die öfters nur daher rühren, weil sie ihren Pflichten gemäß ohne Unterschied der Personen verfahren. Dies muß nothwendig ihren Muth völlig niederschlagen." — „Man suche die Lehrer dadurch aufzumuntern, daß man, wenn sie redlich gedient, ihrer bei Beförderungen gedenke und sie nicht übergehe; daß man ihnen in Aussicht stelle, nach ihrem Tode nach dem Beispiele fast aller Städte für ihre hinterlassene Ehegattin und Kinder zu sorgen, sie nicht zu lange in ihrem beschwerlichen Amte zu lassen, bis sie sich ganz steif gearbeitet und zuletzt gar ein Spiel der Kinder werden." „Das Sprichwort bleibt wahr: virtus amat praemia. Man predige den guten Schullehrern noch so tröstlich von der Belohnungen in der Ewigkeit vor: so ist es doch dem Menschen unmöglich, seine Sinnlichkeit gar abzulegen." Röchling fordert eine gut ausgestattete Schulbibliothek für Lehrer und Schüler, wie man solche in allen gut eingerichteten Gymnasien finde.

Um eine größere Anzahl einheimischer und fremder Schüler dem Gymnasium zuzuführen, beantragt Röchling, daß, wie an den meisten Orten, kein Schulgeld mehr erhoben werde, zum Besten der Armen eine kleine Schulbibliothek errichtet werde, und daß für die Schüler, die sich nicht dem Studium widmeten und doch den größten Theil der Schule ausmachten, ein besonderer Rechen- und Schreibmeister unentgeltlich angestellt, auch das Französische, wie auf allen Schulen, gleichfalls frei gelehrt werde. Dies seien die Ursachen, warum ehemals unter dem vortrefflichen Rector Knipser das Grünstädter Gymnasium so zahlreich an solchen war, die der Handlung und den Professionen sich widmeten. Röchling schlägt auch vor, den Lehrplan der unteren Klassen nach dem Bedürfniß derjenigen, die nicht studierten, angemessen zu ändern, und den fremden Schülern durch Einräumung der oberen, im Dachraum gelegenen Zimmer des Gymnasialgebäudes die Kosten zu erleichtern.

„Die jungen Leute", erklärt Röchling, „eilen zu frühe auf die Academieen, indem sie zuweilen die oberste Klasse nur ein oder höchstens zwei Jahre besuchen, obwohl sie doch in den letzten Jahren des regelrechten Schulbesuchs den Grund zu ihrem Glücke legen könnten und als unzeitige Studenten auf Academieen der von ihnen besuchten Schule keine Ehre machen."

Röchling beurtheilt auch den **Unterricht** aller Klassen. Er rügt die mangelhafte Methode des Religionsunterrichts der 4. und 3. Klasse, indem er ein besseres Lehrbuch fordert, in dem die Hauptwahrheiten des Christenthums nicht blos theoretisch, sondern praktisch abgehandelt würden. An solchen Büchern sei gegenwärtig kein Mangel: die Bücher von Seiler, Miller, Jacobi und Nölting seien besonders zu empfehlen. Als einen Fehler des Unterrichts der beiden unteren Klassen bezeichnet Röchling das allzu starke Memoriren, das für Kinder von guten Verstandeskräften eine sehr unangenehme, geisttödtende, abschreckende Beschäftigung sei; andrerseits verabsäumten Kinder, die nur das Gedächtniß geübt hätten, bei zunehmenden Jahren alles das, was eigene Ueberlegung und Anstrengung des Verstandes erfordere. „Ja viele, die die gütige Natur mit einer guten Gedächtnißkraft versehen, verlassen sich darauf, wie ein Bock auf seine Hörner." Mit Recht tadelt es Röchling, daß die Kinder ohne Beziehung zu einer Lectüre die Regeln der Grammatik mit allen Ausnahmen, die ihnen nie beim Lesen begegnen, und die Wörter des Vocabularums von Cellarius immer und immer wieder durchlernen. „Wie weit würde man in der französischen oder italienischen Sprache kommen, wenn man zuvor einen französischen oder italienischen Cellarius 12-, 18-mal nebst den Grammatiken dieser Sprachen Kinder auswendig lernen ließe? Wie lange wird man in unseren erleuchteten Zeiten eine so nöthige Abänderung nur schüchtern hoffen dürfen? Man lese nur zur Bestätigung Scheller, Resewitz und besonders Ehler vom Vocabellernen. Die Uebung des Gedächtnisses halte ich aus guten Gründen für eine der nöthigsten Uebungen der Jugend, nur muß sie auf andere Art, in gehörigem Maße und an den rechten Gegenständen angestellt werden. Man gebe den Kindern nichts auswendig zu lernen, was ihnen nicht vorher aufs deutlichste ist erklärt worden, damit sie nicht Worte, sondern Gedanken erfassen, und man übe das Gedächtniß an den nöthigsten und für Kinder unterhaltenden Sachen, und nicht beständig an trockenen Wörtern und unverstandenen Regeln." „Lang's Colloquia dürfen nicht fünf Jahre lang die Vorbereitung zur Lectüre des Cornel bilden." „Der dritte Hauptfehler der unteren Klassen ist der Mangel der Kenntniß unserer Muttersprache. Ohne mich in die Nothwendigkeit derselben für das bürgerliche Leben einzulassen, ist es höchst ungereimt und widersinnig, Kinder die Kunstwörter und das Allgemeine aller Sprachen zuerst an einer todten und an sich schweren Sprache zu zeigen. Wie viel vernünftiger wäre es, sie erst die Grundsätze ihrer Muttersprache zu lehren, sodann die lateinische Sprache mit ihr zu vergleichen und die Abweichungen zu bemerken. Hierzu wäre es nöthig, daß ein verbesserter Auszug aus Gottsched's „Kern der deutschen Sprachkunst" gemacht und solcher in den unteren Klassen eingeführt würde. Wie lange wollen wir uns auch in diesem Stücke von anderen vernünftig eingerichteten Schulen, die die Muttersprache mit ganz anderem Eifer betreiben, beschämen lassen?" Röchling tadelt den Unterrichtsplan auch deshalb, weil in den Unterklassen Naturgeschichte, Historie und Geographie theils gar nicht, theils, nämlich die Geographie, in Tertia alle 3—4 Wochen eine Viertelstunde tractirt werde. Die Schüler lernten in 3—5 Jahren meistens nichts als ein wenig elendes Latein; allein die mit so vielem Schweiß erworbenen Kenntnisse im Latein würden dann rasch vergessen, und die nach dem Besuch der unteren Klassen abgehenden Schüler blieben in dem Rechnen und im Schreiben von Briefen und Aufsätzen, in Naturgeschichte, Geschichte und Geographie zugleich unwissend. „Werden denn dadurch nützliche Bürger für den Staat gebildet? Wie lange wollen wir uns auch hierin von den meisten Schulen unsrer Nachbarschaft beschämen lassen?" Ebert's Unterweisung in den nöthigsten Wissenschaften empfiehlt Röchling als Handbuch für den realistischen Unterricht der unteren Klassen.

Röchling warnt vor allzufrüher Aufnahme in die unterste Klasse. In den ersten zwei Jahren will er keine lateinische Exercitien schreiben lassen; für die obersten Schüler der Quarta verlangt er ein Exercitienbuch, das brauchbarer sei, als der alte Speccius. Dabei empfiehlt er für Quarta und Tertia fleißiges Zurückübersetzen aus dem Deutschen ins Lateinische. Röchling empfiehlt, alle Tage statt eines Capitels aus der h. Schrift eine Erzählung aus Hübner's biblischer Geschichte zu lesen, und zwar in Quarta in deutscher, in Tertia in lateinischer Sprache, und kurz und erbaulich zu erklären. Dadurch würden die Kinder für die Lesung der h. Schrift besser vorbereitet. „In der Tertia lasse man das Griechische nicht ins Lateinische, sondern ins Deutsche übersetzen."

Bei der Besprechung des Unterrichtsplans der Secunda verwirft Röchling das eingeführte Lehrbuch der Religionslehre, Freylinghausens Grundlegung. Im Lateinischen verlangt er als Lectüre statt der Elegien des Ovid, worin fast immer derselbe Gegenstand behandelt sei, Heinze's poetische Chrestomathie, einen zusammenhängenden Auszug aus den besten Dichtern, außerdem Cicero's Briefe und Gesner's Chrestomathie aus Cicero. Ferner fordert er mehr Zeit zur Mathesis, Geographie und Philosophie. Für das Studium der Alterthümer empfiehlt er, statt des Lehrbuchs von Schatz ein Buch von Moldenhauer zu gebrauchen, um auch die jüdischen und christlichen Alterthümer zu lehren. Für den Unterricht im Griechischen wünschte Röchling in seiner Secunda neben dem neuen Testament Stroth's griechische Chrestomathie zu gebrauchen, die auch in der Prima mit mehr Nutzen als Plutarchs Schrift de educatione würde gelesen werden. Für die Prima schlägt Röchling Folgendes vor: „In Ansehung der Religion wäre besonders in unseren Zeiten sehr nöthig, eine Stunde wöchentlich der Wahrheit der christlichen Religion und der Vertheidigung derselben gegen die Einwürfe der Religionsspötter zu widmen. Das tägliche Bibellesen würde mit großem Vortheil in den Grundsprachen angestellt werden." Hinsichtlich des Griechischen fordert Röchling, der Lectüre Stroth's Chrestomathie zu Grunde zu legen und mehr Stunden für diese Sprache anzusetzen. Im lateinischen Unterricht sollen nicht alle Halbjahre 5—6, sondern nur 2, höchstens 3 Autoren gelesen werden. Bezüglich des deutschen Unterrichts urtheilt Röchling, es sei vortheilhaft, anstatt der Chrieen die Anfertigung deutscher Uebersetzungen der alten Autoren zu fordern, oder auch über diese oder jene wissenschaftliche Materie, die im Unterricht behandelt worden sei, die gewonnenen Gedanken niederschreiben zu lassen. „Der Mathesi, Geographie und Philosophie muß mehr Zeit gewidmet werden, auch die Physik darf nicht ganz vernachlässigt werden". Röchling verlangt, daß in der Mathesis, Theologie, Historie, Geographie, sowie im hebräischen Unterrichte Primaner und Secundaner den Unterricht je eines und desselben Lehrers genießen; alsdann würden sie in fünf Jahren weit mehr erreichen, als jetzt möglich sei.

Röchling schließt seine Erörterungen mit der folgenden resignirten Anrede an die Herren Scholarchen: „Dies sind meine freimüthigen Gedanken über die Hauptmängel unsrer Schulen. Nun kommt es auf Sie an, ob Sie durch eine weisere Einrichtung sich bei der Nachwelt verewigen und unseren Muth aufrichten wollen. Betrachte ich auf der einen Seite das Verhältniß, worin Sie Gott gesetzt, so lebt meine Hoffnung auf; doch sinkt sie wieder, wenn ich bedenke, daß seit vier Jahren, da dieser selige Entschluß von der Verbesserung der Schulen erwachte, es auch dabei geblieben ist. Daß ich ein Freund vom Lehren bin und auch seine Mühe scheue, hoffe ich in den beinahe 7 Jahren, daß ich hier stehe, gezeigt zu haben; aber wo kann Muth und Eifer bleiben, wenn man so ganz zweckwidrig arbeitet und alle besseren Einsichten verleugnen muß. Sollten daher auch alle Vorschläge vergeblich sein, so bleibt mir kein anderer Trost als Dixi et s. s. Worms, 20. Dec. 1781."

Am 5. November 1782 kam eine Schulordnung zu Stande, welche die von den Pfarrern und Lehrern erstatteten Gutachten zwar etwas berücksichtigte; allein seine durchschlagende Reform herbeiführte und einen Mann von der Bedeutung Röchlings nicht befriedigte. So bot sie denn später dem Conrector G. H. Böhmer, einem oberflächlichen, eitlen und lecken Freigeist, vielfache Veranlassungen, die veralteten Schuleinrichtungen anzugreifen und dadurch die Schule, ihr Lehrer-collegium und die Bürgerschaft in die heftigsten Zwistigkeiten hineinzureißen. Die ausführlichen Lehr- und Stundenpläne der Verordnung vom 5. Nov. 1782 befinden sich zwar noch bei den Scholarchatsacten; allein für ihre Mittheilung fehlt hier der Raum.

Gegen die Mitte des Jahres 1785 trat eine Personalveränderung in dem Lehrercollegium ein; Cantor Hertel starb, und seine Stelle blieb im dritten Quartal 1785 erledigt. Ein Sohn des verstorbenen Cantors, Pfarrer J. F. Hertel zu Göttlin (Regbz. Magdeburg), empfiehlt als des Vaters Nachfolger einen Freund, den Candidaten der Theologie Christian Friedrich Linse, aus Halle gebürtig, 34 Jahre alt, seit sechs Jahren Hofmeister bei einem Edelmann.[*]

Nachdem der Gymnasialvisitator M. Heinrich Christoph Nebel am 6. Mai 1786 gestorben, trat in dessen Stelle M. Georg Wilhelm Muhl. Derselbe war zu Darmstadt am 9. Sept. 1729 geboren, studirte zu Gießen und begab sich mit zwei Baronen, die er vorher für die Universität vorbereitet hatte, 1753 nach Tübingen, wurde am 13. März 1754 von dem regierenden Landgrafen Ludwig VIII. zu Hessen-Darmstadt zum Lehrer der fürstlichen Pagen an den Hof zu Darmstadt berufen und außerdem 1755 von Sr. Durchlaucht dem Prinzen und Landgrafen Georg Wilhelm zu Hessen-Darmstadt, dem jüngeren Sohne des regierenden Landgrafen Ludwig VIII., zum Lehrer seiner Kinder bestellt. Am 2. Sonntag nach Trinitatis 1758 wurde er als Freiprediger an der Fürstl. Hoflirche zu Darmstadt mit einer Besoldungszulage und Beibehaltung seiner übrigen Aemter ordinirt und hielt am 4. Sonntag nach Trinitatis in der Schloßkirche seine Antrittspredigt. Am 1. Juni 1759 wurde er als vierter Stadtprediger nach Worms berufen und am 7. Sonntag nach Trinitatis der Gemeinde vorgestellt. Im Jahre 1762 wurde er dritter, 1765 zweiter Prediger". Dies schreibt Muhl von sich selbst in seiner Geschichte der Wormser Stadtprediger (S. 18). Nach dem Tode des Seniors Nebel resolvirt der Dreizehner Rath am 23. Mai 1786, wie folgt: "c. Wird dem Herrn Magister und Pfarrer Muhl die bei löbl. Ministerium erledigte Seniorats-stelle übertragen, desgleichen wird derselbe bei löbl. Consistorium zum Consistorialrath, auch bei löbl. Scholarchat als Visitator in Betracht seiner zu diesen Stellen erforderlichen Eigenschaften hiermit ernannt." Am 30. Mai stellte der Dreizehner und Scholarch Knobe den Visitator Muhl in dem Gymnasium Lehrern und Schülern in feierlicher Handlung vor, die mit den Worten schloss: "Liebe Schüler, ich empfehle Euch ernstlich, daß Ihr Eurem neuen Herrn Visitatori allen möglichen Respect und Gehorsam leistet und in seinen wohlmeinenden Lehren und Mahnungen jederzeit bedenket: „Er ist für unser Wohl angestellet!"

Am 2. October 1787 starb der hochverdiente Conrector Röchling. Seine Wittwe schreibt

---

[*] Demselben wird nach seiner Ankunft in Worms die Vocation ausgefertigt. Sein Gehalt: „An barem Geld von der Stadt Rechenstube 175 fl.; und zwar befanden sich darunter: aus der Magnus-Pfarr-Kirche-Collectur 36 fl., aus der Elenden-Herberg-Collectur 14 fl. Nebst diesem erhielt er an Naturalien 3 Mlr. Korn, 1 Ohm ordinären Wein und 800 Wellen, nebst dem Schulgeld zu 1 fl. 9 kr. von jedem Schüler; dazu die gewöhnliche Gebühr von wirklichem Leichensingen und nicht gemacht werdenden Trauer-Musiquen." Der Rath beschließt am 18. Oct. 1785 insbesondere, „daß der neu angestellte Cantor die Wegizen (vgl. oben S. 143, Anm. 2 nicht mehr zu genießen und von keinen andern Leichen, als wobei er musiciret oder den Gesang besorgt, einige Gebühren zu beziehen hat." Am 3. Nov. 1785 wird Linse mit Rector Herwig, Conrector Röchling, Mag. Tackermann auf dem Bürgerhof vorbescheiden; alsda wird Linse von dem Städtmeister senior und Proto-Scholarcha auf Grund der Instructionen und des typus lectionum der 4. Classe des Gymnasiums verpflichtet und hierauf im Gymnasium allen Schülern vorgestellt.

Conrector Dr. G. W. Böhmer berufen im Frühjahr 1788.

am 14. Dez. 1787 an den Magistrat, ihr verstorbener Mann habe unter den elendsten und beschwerlichsten Krankheitsumständen seines Körpers bis vierzehn Tage vor seinem Absterben sein Amt versehen, nur einige Monate ausgenommen, wozu sich seine Collegen aus Freundschaft freiwillig angeboten hätten. Der Magistrat bewilligt der Wittwe die Besoldung, die Besoldungswellen und Früchte für das ganze laufende Jahr.

Nach des Conrectors Röchling Tode bitten die Herrn des Raths J. M. Ammon und F. W. Kunze den Magistrat, dem Wormser „Stadt-Kind", ihrem „Vetter und Mündel" Joh. Mart. Jinkel, der in Tübingen Theologie und Philosophie studirte, und gute Zeugnisse seiner Professoren vorlegte, die Conrectorstelle zu übertragen. Auch Rector Herwig ertheilt demselben ein günstiges Zeugniß, richtet aber zugleich die Aufmerksamkeit auf den eigenen Sohn Friedrich August, der ebenfalls damals in Tübingen studirte. Allein am 4. Jan. 1788 machte der Scholarcha und Dreizehner Knobe bei der Berathung des Scholarchats die Anzeige, wie er die äußerliche Zusicherung habe, daß Herr Dr. philosophiae und Professor extraordinarius Georg Wilhelm Böhmer in Göttingen die erledigte Conrectorstelle des Gymnasiums zu Worms anzunehmen nicht abgeneigt sei, wenn der Magistrat ihm den bisher geführten Professortitel, wie solchen die Herrn Präceptoren an den Gymnasien zu Grünstadt, Tübingen, Darmstadt und anderen Orten ohnehin schon führten, bei dieser Stelle beilegen würde. Das Scholarchat beschließt einstimmig, den Dr. phil. Böhmer dem Magistrat für die Conrectorstelle vorzuschlagen und das Ersuchen beizufügen, demselben den Professortitel beizulegen. Schon am 4. Jan. decretirt der Magistrat den Anträgen des Scholarchats gemäß. Böhmer erhält Röchlings Besoldung. Am 31. März 1788 wird derselbe in außerordentlich feierlicher Form in sein Amt eingeführt. In Gegenwart der Lehrer und Schüler wird das Rathsdecret der Anstellung, die General- und Special-Instruction für den Conrector, sowie der typus lectionum verlesen; Stadtmeister Senior Hofmann spricht eine Vermahnung aus und nimmt als Director des Scholarchats die von Conrector Böhmer sofort geleistete Handtreue entgegen; Scholarch und Dreizehner Knobe stellt mit einer Rede den Conrector im Namen des Raths den Schülern vor; der Pfarrer Senior und Visitator des Gymnasiums M. Muhl empfiehlt den Schülern Gehorsam und Liebe zu dem neuen Lehrer; alle Secundaner versprechen dies dem Conrector durch Handschlag; und Böhmer hält sofort eine Rede über den Schulunterricht.

Als der Rath der Stadt Worms sich anmaßte, am 4. Jan. 1788 dem Conrector Böhmer den Professortitel beizulegen, mußte er natürlich auch dem damaligen Rector und ersten Lehrer G. P. Herwig den Titel eines Professors verleihen. Am 8. Jan. 1788 dankte Rector Herwig dem Magistrat für diese Verleihung und trägt dabei, als ob er geahnt hätte, wie unheilvoll der Eintritt des Conrectors Böhmer für die Anstalt und für des Rectors Gemüthsruhe und Gesundheitszustand sein werde, zugleich eine gehorsamste Bitte um mildes Andenken an die Seinen nach seinem Ableben vor, da eine Unterstützung derselben im Falle seines Todes ihm noch nicht in Aussicht gestellt sei.

Böhmer bewog, als im Jahre 1792 seine Stellung in Worms unhaltbar geworden, den General Custine dazu, von Speier aus Worms und dann Mainz zu besetzen, wurde Secretär des Generals, den er längere Zeit beherrschte und einer der bedeutendsten Clubisten zu Mainz. Deshalb ist seine Vorgeschichte, die er in Göttingen und Worms durchlebte, auch für die rheinische Geschichte von einigem Interesse. Es ist auch lehrreich zu sehen, wie aus einem seichten Freigeist ein Revolutionär und Verräther und hieraus ein Tyrann wurde. (G. W. Böhmer, ein Sohn des Professors der Jurisprudenz und Seniors der Universität Göttingen, des Justizraths Böhmer, war vor seiner Anstellung außerordentlicher Professor an der Universität Göttingen. Ueber seine Studien waren ihm anerkennende Zeugnisse geworden. Einige Zeit vor seiner Uebersiedelung nach Worms hatte er einen Grundriß des Protestantischen Kirchenrechts zum Gebrauch academischer Vorlesungen erscheinen lassen. Am 17. Sept. 1787 erwarb er sich post exploratam examine eruditionem in Göttingen die Würde eines Doctors der Philosophie und brachte es im folgenden Wintersemester zu Göttingen, wie es scheint als Privatdocent an der Universität, durch maßlose Freigeisterei dahin, daß seine Stellung daselbst unmöglich wurde und daß in gelehrten Zeitschriften und öffentlichen Blättern schwere Vorwürfe gegen ihn erhoben wurden. Der Markgräfl. Badische Geheimsecretär und Conrector Dr. Posselt zu Karlsruhe schrieb im Jahre 1790, als Böhmer in Worms fortgesetzt, was ihm in Göttingen mißrathen, in Nr. 80 der Karlsruher Zeitung gegen Böhmer: „Es scheint dem Hrn. Conrector Böhmer in Worms noch nicht hinlänglich gewesen zu seyn, daß er durch ein eigens auf ihn geschriebenes Göttingisches Universitäts-Programm (Morbus ingenii humani alios ad consensum in opiniones suas pertrahendi, signis suis, causis, effectisque notabilis — Auct. Heyne, Goettingae d. 2. Jan. 1788) sowie auch in andren Schriften (Allgemeine Litteraturzeitung und Portefeuille zur Kenntniß der gegenwärtigen und vergangenen Zeit, 2. Stück 1788) ausdrücklich einer unbegreiflichen Dummdreistigkeit öffentlich bezichtigt worden ist; im Gegentheil scheint er sich's zur Angelegenheit gemacht zu haben, das Andenken an diese für ihn so demüthigenden Auftritte durch öffentliche Zeitungen von Zeit zu Zeit aufzufrischen". Posselt hatte Böhmers Zorn dadurch herausgefordert, daß er für die Wormser Bürgerschaft eine an Kaiser Joseph II. gerichtete und auch durch den Druck veröffentlichte Schrift unter dem Titel: „Die Bürger und die dreizehn Männer zu Worms" verfaßte und den Inhalt derselben, der auch das Gebahren Böhmers in Worms berührte, in öffentlichen Blättern, namentlich in der Allgemeinen Litteraturzeitung vom 9. April 1790 behandelte und verbreitete. Böhmer erklärt led, daß er es nach reiflicher Ueberlegung nicht für nöthig erachte, auf das ihn berührende Göttinger Universitätsprogramm zu antworten, und bezüglich der Angriffe im oben erwähnten Hist. „Portefeuille" habe ihm einer der ersten Männer deutscher Nation, D. Joh. Sal. Semler in der Schrift: „Auch etwas über den vorgeblichen Calvinismus in Göttingen. Sr. Mön. Hoheit dem Kronprinzen von Preußen zugeeignet, Halle 1788", glänzender als glänzend vertheidigt. In seinem Größenwahn glaubt Dr. Böhmer den Dr. Posselt als einen bloßen Injurianten an den Pranger stellen zu können, indem er in seiner Streitschrift „Dr. Ernst Ludwig Posselt, zur lehrreichen Warnung für alle Injurianten, Frankfurt und Leipzig 1791" am 14. Juli 1790 die Vorwürfe wiederholt, die jener gegen ihn nicht nur in der von den Wormser Bürgern dem Reichshofrath zu Wien eingerichten, sondern auch in der unter dem Titel: „Die Bürger zu Worms und die dreizehn Männer in Worms" veröffentlichten Schrift ausgesprochen. Böhmer schreibt: „Herr Posselt sagt in der soeben genannten Schrift S. 6, 7, 8, 14, 22: 1) Ich habe giftige Grundsätze, 2) Durch Aeußerung dieser giftigen Grundsätze habe ich mich gerade um die Zeit meiner Berufung nach Worms, buchstäblich gesagt: toll betragen, 3) Ich hätte mich damals, wie in allen öffentlichen Blättern angezeigt worden sei, als einen von freigeistischen Gesinnungen, anverwanten Aufklärungsgrillen, Frechheit im Räsouniren, Socimanismus und höhnischer Verwerfung (Gott! ich erschrede!) alles Glaubens strotzenden jungen Menschen vor ganz Deutschland auf eine brandmarkende Weise ausgezeichnet, 4) Die Universität Göttingen habe ganz Deutschland vor mir gewarnt, 5) Damals als ich den Ruf nach Worms erhalten, habe man mich allenthalben verabscheut, 6) Ich habe von der aufgeklärten Universität Göttingen das Exilium bekommen; das ganze Ansehen meines Vaters sei nicht mehr vermögend gewesen, mich dort zu halten, 7) Ich sei mit Beiseitsetzung aller Ordnung

Rector Herwig schreitet im Herbst 1788 gegen Böhmers Rationalismus ein.

und alles gesetzmäßigen Verfahrens an das hiesige Gymnasium berufen worden, "Was nur immer Bahrdt gesagt und gelehrt habe, das alles habe auch ich gesagt und gelehrt." Alle diese Behauptungen Possels werden durch die vorhandenen Acten als richtig erwiesen. Böhmer erklärt dagegen Possel für einen Ehrenschänder, indem er dem Andenken an B a h r d t warme Worte leiht: „Einstweilen erkläre ich, daß ich auf der einen Seite stolz darauf sein würde, in meinem dreißigsten Jahre so viel Wahres und Gutes gesagt und gelehrt zu haben, als Bahrdt in seinem fünfzigjährigen Leben gesagt und gelehrt hat, auf der anderen Seite aber auch wahrlich nicht alles gesagt und gelehrt haben möchte, was dieser verdienstvolle Unglückliche gesagt und gelehrt hat, weil ich bei weitem nicht in allem, was Bahrdt nur immer gesagt und gelehrt hat, mit ihm einerlei Meinung und zugleich überzeugt bin, daß 1) Bahrdt selbst vieles von dem, was er nur immer gesagt und gelehrt hat, zuverlässig nicht zum zweitenmale sagen und lehren würde, vieles mit bitterer, herzlicher, nicht selten zu später Reue zurückgewünscht hat."

Böhmer begann seine eigenmächtigen Eingriffe in den Lehrgang und in das Bekenntniß der Anstalt, indem er schon im Frühjahr 1788 das vom Rathe approbirte Schulgebet der Secunda nach seinen freigeistigen Ansichten änderte. Dieses Gebet enthielt u. A. folgende Stelle: „Wir bitten Dich demüthig und in dem Namen Jesu Christi, gib uns Deine göttliche Gnade und Segen, damit unser Unterricht und unsre Erziehung wohl von statten gehe. Sende zuvörderst Deinen heiligen Geist in unsre Herzen, der uns in Deine Wahrheit leite. Laß in uns aufgehen die Erkenntniß Jesu Christi, darin das ewige Leben bestehet. Gib uns die wahre Weisheit, so da ist die Furcht des Herrn." In der von Böhmer verfaßten Betrachtung, die ein Gebet nicht genannt werden konnte, kam dagegen folgende Stelle vor: „Unser wichtigstes Geschäft hienieden müsse darin bestehen, daß wir Dich Vater, der Du allein wahrer Gott bist, und Deinen göttlichen Gesandten Jesum Christum erkennen, daß wir den heiligen Gesetzen dieses liebenswürdigen Freundes und Erlösers gemäß l e b e n, und durch den Beistand Deines Geistes g l a u b e n und ein gutes Gewissen bis an unser Ende bewahren mögen." Da der Scholarch J. T. Knobe und der Visitator Muhl schon seit einigen Jahren mit Rector Herwig in Unfrieden lebten, und auf Knobes Betreiben Böhmer nach Worms berufen worden war und von diesem geschützt wurde, so erstattet Herwig am 27. Mai seine Anzeige über das Verhalten Böhmers nicht an das Scholarchat, sondern unmittelbar an den Rath. In dem Vorgehen Böhmers erblickt Herwig eine Mißachtung der symbolischen Bücher, auf die derselbe Handtreue an Eides Statt geleistet, ein willkürliches Reformationsbestreben, das die Gewissen der Gemeinde, der Lehrer und Schüler beunruhige, das Ansehen der lutherischen Obrigkeit beleidige, ein Aergerniß für die unschuldige Jugend sei und ein Anlaß zu unnützen Unruhen und Verdrießlichkeiten werde, die der Schule in der Stadt und nach außen hin schädlich seien. Als Böhmer im Herbst 1788 gelegentlich der öffentlichen Prüfung die biblische Lehre von den Engeln behandelt und die Behauptung aufstellt, in der Bibel sei über Erschaffung, Aufenthalt und Geschäfte der Engel nichts Deutliches ausgesagt, vermuthlich weil dieser Artikel zu unsrer Seligkeit nichts beitrage; unterbricht Herwig den Conrector Böhmer vor dem gesammten Publikum in seinem Examen und Vortrag und erklärt seine Ansicht für Irrlehre, die er in dem Gymnasium nicht dulde. Böhmer behauptet, er müsse seine Schüler mit den verschiedenen Meinungen vom Geisterreich bekannt, und dürfe seine Schüler nicht zu blinden Nachbetern machen. Herwig wird heftig und der anwesende Dreizehner Scholarch J. T. Knobe gebietet demselben Stillschweigen und Bericht an die gehörige Stelle. Als Knobe dem Rector nach der Prüfung diese Auffassung wiederholt, erklärte Herwig: „Der Magistrat könne in der Sache nicht entscheiden; es beträfe die Symbolica, und darüber müsse der Kaiser und der Reichstag entscheiden!" So geschah es, daß Knobe als

Scholarch, Consistorialrath und Dreizehner den letzerischen Conrector schützte und stützte, Herwig dagegen unter Benutzung einer Mißstimmung der Bürgerschaft gegen das Dreizehnercolleg. die Streitsache an den Kaiser brachte. Visitator-Sen. Muhl, der auch die guten Gaben Böhmers kannte und mit dessen Vater correspondirte, hatte gehofft, durch freundlichen Zuspruch den Freigeist in den Schranken der Besonnenheit zu halten. Allein er erntete dafür keinen Dank. Zunächst griffen ihn in theologen Blättern orthodoxe Theologen an, weil er aus Menschenfurcht Gottes Ehre außer Acht lasse. Schon im Februar 1789 sah er sich genöthigt, dem Magistrat und dem Consistorium ein Promemoria zu übereichen, in dem er die Gefahren darstellte, welche die theologische Polemik in der Schule für die Jugend und in der Stadt für die Religiosität, Sittlichkeit, Beständigkeit, Verfassungstreue und Gesetzlichkeit der Bürger der Reichsstadt mit sich führen würde. Muhl sprach damals folgende Forderungen aus. So lange sich die Reichsstadt Worms zu Regensburg noch nicht von den evangelischen Ständen getrennt habe, müßten die symbolischen Bücher, die von allen evangelischen Reichsständen anerkannt seien, auch in Worms gelten, und alle öffentlichen Lehrer seien verbunden, bei Verlust ihres Amts sich darnach zu richten. Deshalb müßten die vier Pfarrer und die vier Gymnasiallehrer einen feierlichen Eid leisten, daß sie sich mit Herz und Mund zur unveränderten Augsburgischen Confession und den übrigen symbolischen Büchern der evangelischen Kirche bekennen wollten. Dieser Eid solle von jedem Pfarrer und jedem Gymnasiallehrer vor dem Consistorium eigenhändig unterschrieben werden, mit dem Aufügen, daß wenn einer derselben auch nur ein einzigesmal vor der Gemeinde oder in dem Gymnasium gegen die lutherischen Bekenntnißschriften verstoße, derselbe sich für meineidig wie auch seines Amts verlustig erkläre. Der Conflict zwischen Aberglaube und Unglaube hatte schon im April 1789 die Gemüther so sehr erregt, daß Muhl sich weigerte, noch einer Sitzung des Scholarchats oder des Consistoriums anzuwohnen. „Denn bei allen diesen Sitzungen entsteht ein so fürchterliches und tumultuarisches Geschrei, gleich einem polnischen Reichstage, worüber alle Einheimische und Fremde spotten müssen. Rector Herwig hat seine Stützen, Gönner und Freunde, Conrector Böhmer hat auch die seinigen. Wenn nun ein unparteiischer Mann zwischen beide streitende Theile tritt und Friede stiften will, so wird er zur Belohnung seiner Sanftmuth und Milde auf's Grausamste geklemmt." Aber der Dreizehner J. D. Knode erklärt noch am 3. Juli 1789: „Mich blenden keine Vorurtheile, noch weniger heuchlerische Mienen, und werde daher das Schatten und Blendwerk aller Welt entdecken."

Als Wormser Eltern über Böhmers freie Lehre Klage führen, muß sich derselbe am 21. April 1789 zum erstenmal vor dem lutherischen Consistorium vertheidigen; und er gesteht zu, gelehrt zu haben: „Gott habe die Verfasser der biblischen Schriften nur während des Schreibens gestärkt und befestigt und vor Irrthümern bewahrt; nicht alle Christen könnten sich von dem höheren Ursprung der Wunder Mosis überzeugen; die Lehre von der Dreieinigkeit, die zwar auf die Bibel gegründet sei, enthalte manche von Menschen erfundene Zusätze, die diese Lehre unbegreiflicher machten und nur insofern für untrüglich angesehen werden dürften, als sie mit der höchsten Richtschnur des göttlichen Wortes übereinstimmen; der Spruch 1. Joh. 5. 7 sei unächt; das „Vater Unser" solle man nicht gedankenlos und allzu oft hersagen, sondern die Gedanken desselben zur Grundlage der Gebete machen; wie Christus sich einen Weinstod, seinen himmlischen Vater einen Weingärtner nenne, so habe er sich auch in den Einsetzungsworten des Abendmahls einer bildlichen Ausdrucksweise bedient und die Erklärung der Reformirten verdiene den Vorzug, wie man auf die Wandkarte deute und sage: „das ist Amerika", statt zu sagen: „das bedeutet Amerika oder das ist das Bild, Zeichen von Amerika." Am 24. Dezember 1789 überreicht Böhmer dem Consistorium seine Replik gegen Herwigs Anschuldigungen, der ihm eine durchaus unberechtigte Irrlehre zum Vorwurf gemacht hatte. Auch in dieser Schrift legte Böhmer seine rationalistische Richtung, keineswegs religionslos, dar, aber in der Ueberzeugung, daß die Religion und Gottes Dasein und Wirken nicht im Widerspruche zur exacten Erfahrung und zu der von der Religion erleuchteten Vernunft stehen könne oder dürfe. „Der Glaube ist elend, dessen Prüfung nicht vorhergegangen ist." Man fühlt es aus dem Proceß und Ketzeracten heraus, daß Rath und Consistorium den Gedanken Böhmers eine gewisse Berücksichtigung nicht versagten. Allein das wild sich auflehnende Vorgehen desselben, die rücksichtslose Verfolgung und Anfeindung jeder anderen Auffassung machten Böhmers Denk- und Handlungsweise auch für innerlich demselben verwandte Naturen unerträglich. Von der oberflächlichen Aufklärung und der herausfordernden Lehrweise Böhmers gilt des Dichters Wort: „Sie kann nur zünden und äschert Stadt und Länder ein." Denn nachdem Böhmer in Worms die Gemüther der Reichsstädter in zwei feindliche Lager gespalten, ruft er den französischen Revolutionsgeneral nach Worms und zieht mit ihm in Mainz ein, um im Jacobinerclub seine Revolutionsgedanken auszubrüten zu lassen und bei der Erniedrigung und Verheerung des Rheinlandes hülfreiche Hand zu leisten.

Auch am 27. Sept. 1790 prüft Conrector Prof. Böhmer, wie zwei Jahre vorher, bei dem öffentlichen Examen seine Schüler über die Lehre von den guten und bösen Engeln. Es sei schwer, führt er aus, mit den Begriffen von der durch Jesum so herrlich geoffenbarten Vaterliebe Gottes zusammenzureimen, daß dieser Gott Menschen lieben und zugleich die Zahl der Versuchungen, mit welchen sie in Folge der Mängel ihrer Natur zu kämpfen haben, noch durch die Versuchungen höllischer Geister vermehren sollte. Die Bibel sage, Jac. 1. 14: Ein jeglicher wird versucht, wenn er von seiner eigenen Lust gereizt und gelocket wird. Ob ein höllischer Geist die Menschen im Paradies verführt habe, lasse sich nicht mit Bestimmtheit behaupten. Denn man könne nicht aus der Bibel beweisen, daß die im ersten Buch Mosis 3. 1. namhaft gemachte Schlange ein Teufel gewesen sei. „Bis hierher hatten die Zuhörer, namentlich die verehrtesten Herrn Scholarchen, aufmerksam zugehört", schreibt Böhmer in seiner dem Consistorium eingereichten Apologie. „Jetzt sagten Ihre Hochwürden Herr Pfarrer Senior Muhl: „Ja, die Schlange ist doch wohl der Teufel gewesen!" Böhmer: „Ich dächte doch kaum!" Muhl: „Ja, ja! Wo ich nicht irre, so hat der selige Herr Dr. Brenner dieses in seiner notitia salutis umständlich beschrieben." Böhmer: „Entscheidend läßt sich hierüber nichts festsetzen. Wenn man auch wirklich unter der Schlange den Teufel verstehen will, so ist diese Meinung kein Glaubensartikel, zumal da die Bibel nichts Deutliches hierüber sagt. Soviel ist gewiß, daß in jenem Capitel unmöglich alles, wie z. B. der Umstand, daß Gott den ersten Menschen Kleider gemacht habe, wörtlich verstanden werden kann." Magister Dadermann: „Ich dächte aber doch, in der Offenbarung Johannis stünde: „Der Drache, welcher die ganze Welt verführet". Böhmer: „Also verführt er Sie auch? Herr College! Ich dächte, was zu viel beweist, beweist nichts." Böhmer ging zu einer andren Lection über, Magister Dadermann beweist seine Rechtgläubigkeit mit dem vorwurfsvollen Worte: „Unsinn!"

Die in dieser Weise von Böhmer und Herwig veranlaßten Streitigkeiten über Orthodoxie und Heterodoxie regten die Wormser Bürgerschaft so sehr auf, daß die Verhandlungen des Raths, Scholarchats, Consistoriums häufigst in die heftigsten Zänkereien ausarteten, weil die beiden Vertreter des Aberglaubens und des Unglaubens in diesen Körperschaften und unter den Bewohnern der Stadt eifrige Freunde und Gegner hatten. Diese Zwistigkeiten wurden aber um so gefährlicher, weil unter den Einwohnern der Stadt schon längere Zeit auch ein Gegensatz zwischen den aristokratisch-oligarchischen Rathsgeschlechtern und der großen Bürgerschaft hervorgetreten war.

272 Kaiſer Leopold II. gibt dem Rath auf, eine Unterſuchung gegen Dr. Böhmer einzuleiten.

Schon in den ſiebziger Jahren des 18. Jahrhunderts hatte ſich in der gemeinen Bürgerſchaft dieſer Gegenſatz gegen das ariſtokratiſche Regiment des Dreizehner-Collegs oder des beſtändigen inneren Raths bethätigt. Dieſe Bewegung zielte darauf ab, den jüngeren und jährlich wechſelnden, ſog. äußern Rath, der aus zwölf Perſonen beſtand, über den Dreizehner-Rath, welcher der alte und eigentliche Magiſtrat der Stadt war, zu erheben. Im Jahre 1778 trugen die klagenden Bürger vom Reichskammergericht ein ihnen günſtiges Mandat davon, ließen auch in Wetzlar 1779 eine „Actenmäßige Geſchichts- und Proceß-Erzählung in Sachen einiger Raths-Glieder der Reichsstadt Worms wider das Dreizehner-Collegium daſelbſt" erſcheinen. Deshalb veröffentlichte das Dreizehner-Colleg im Jahre 1783 eine Schrift, in der der Beweis geführt wird, daß der beſtändige Dreizehner-Rath zu Worms der wahre Magiſtrat der Reichsſtadt ſei.*) Dieſe Schrift ſollte den „offenbaren Ungrund des auf die völlige Zerrüttung des Wohlſtands und der Verfaſſung der Reichsſtadt Worms abzielenden Klagwerks und des darunter verborgenen ingloſen Neuerungs- und Reformationsgeiſtes aufdecken" Im Jahre 1790 war die Bürgerſchaft noch nicht zum Frieden mit dem Rath der Dreizehner gekommen. Sie reichte dem Kaiſer Joſeph II. eine von dem Regierungsſecretär und Conrector Dr. Poſſelt in Karlsruhe verfaßte Schrift ein: „Die Bürger zu Worms und die Dreizehn Männer in Worms!" Weil der Dreizehner Knobe aus perſönlichen Beweggründen den Conrector Böhmer ſchützte und Veranlaſſung war, daß weder Rath, noch Conſiſtorium, noch Scholarchat ernſtlich gegen denſelben einſchritten, ſo wurde Böhmers Auftreten nicht nur in der von Dr. Poſſelt verfaßten und an Kaiſer Joſeph II. gerichteten Schrift der Wormſer Bürgerſchaft berührt, ſondern auch in einer an Leopold II. gerichteten Beſchwerdeſchrift ähnlichen Inhalts unter andren Beſchwerden hervorgehoben. So war denn die ſeltſame Parteibildung eingetreten, wonach der Freigeiſt, Naturaliſt und Anhänger der franzöſiſchen Revolution Dr. Böhmer von dem Dreizehner Knobe und allen oligarchiſchen Herrn des Raths, Conſiſtoriums, Scholarchats geſchont wurde, dagegen die Bürgerſchaft im Bunde mit dem orthodoxen und pietiſtiſchen Rector um den Beiſtand des katholiſchen Kaiſers Leopold II. ſich bewarb.

Unter dem 22. Oct. 1791 erſtattet der Reichshofrathsagent von Alt in Wien dem Rath einen Bericht „in der bürgerlichen Unruhen-Sache", in Folge deſſen der Rath am 1. Nov. verfügt, das Conſiſtorium ſolle ausführlichen Bericht über die gegen Profeſſor Böhner der irrigen Lehrſätze halben eingeleiteten Unterſuchung erſtatten. Am 3. Jan. 1792 wurde folgendes kaiſerliche Decret im Dreizehner-Rath verleſen. „Leopold der Zweite ꝛc. Wir können Euch gnädigſt nicht verhalten, daß unter anderm von der geſammten Bürgerſchaft zu Worms gegen Euch und das XIIIer Collegium angebrachten Beſchwerden uns auch angezeigt worden, als ob der neuerer Zeit zum Conrector der Wormſiſchen Stadtſchule berufene Georg Wilhelm Böhmer der daſigen Schuljugend ſo mancherlei irrige Meinungen und Lehrſätze beizubringen und die hierzu abzweckenden Lehrbücher einzuführen geſucht, daß der als Rector der Schule angeſtellte Herwig ſich nicht allein vor verpflichtet geglaubt, hierüber gebührende Anzeige zu machen, ſondern auch daß einige

---

*) „Der Dreizehner Rath zu Worms der wahre Magiſtrat der Reichsſtadt Worms", iſt der Titel der Schrift, die auf dem Titelblatte die Abbildung einer prächtigen Wormſer Münze aus dem Jahre 1686 trägt. Die Vorderſeite der Münze zeigt ein ſchönes Bild der Stadt, darüber zwei fliegende Drachen mit dem Wappen der Stadt, dem Schlüſſel ohne Stern. Darum die Umſchrift: S. Imperii Civitas libera Wormatia Metropolis Vangionum. Die Rückſeite zeigt in der Mitte den doppelköpfigen Reichsadler und darum die 13 Wappen der Mitglieder des Dreizehner-Collegs: auf dem Rande der Rückſeite die Umſchrift: Tredecim virorum inclytae reipubl. Wormationsis insignia. Im Jahre 1783 erfreute ſich noch der Rath ſolches Aufbids vergangener Herrlichkeit; noch ein Jahrzehnt — und die erſtarrte Reichsſtadt ward von der Hochfluth der franzöſiſchen Republik hinweg geſchwemmt.

Wormsische Bürger und Magistratspersonen bey Euch hierüber allbereits angetretten seyen und nun deren Untersuchung und Abstellung gebeten, indessen aber und bis dieses geschehen, ihre Kinder aus der Stadtschule genommen hätten. Damit wir nun über den Grund oder Ungrund dieses Punkts besonders, vollständig und auslangend unterrichtet werden, so begehren wir von Kaiserlichen Allerhöchsten Amtswegen hiemit gnädigst, Ihr wollt das, was ihr bisher in der Sache verfügt und mittelst eines hierauf ganz allein eingeschränkten Allerunterthänigsten Berichts in Zeit zweyer Monate anzeigen, falls ihr aber, wie doch nicht zu glauben, noch keine Untersuchung hierüber angestellt, solche alsogleich und ohne allen Umtrieb rechtlicher Ordnung nach vornehmen und den Befund nach ihrer förmlichen Beendigung allerunterthänigst vorlegen; und wir verbleiben Euch mit kaiserlichen Gnaden gewogen; Gegeben zu Wien d. 14. Oct. 1791." *)

gez. Leopold.

Der Rath decretirte sofort, das kaiserliche Mandat solle dem luth. Consistorium zu beschleunigtem Berichte übergeben werden. Bis zum 22. Jan. 1792 waren in den Verhandlungen über Böhmers Ketzereien und über den Streit zwischen diesem und dem Rector bei dem Rath, Scholarchat und Consistorium bereits 27 Berichte und Protocolle abgefaßt worden. Nachdem das Kaiserliche Mandat eingetroffen, schiebt Knobe die Schuld der Verschleppung der Böhmer'schen Angelegenheit von sich, indem er eine „Verwahrung" zu Protocoll gibt, wodurch er constatiren will, daß er in dem Scholarchat und Consistorium oftmals „mündlich" die Erledigung der Böhmer'schen Angelegenheit empfohlen habe. Er hatte aber durch sein Eintreten für Böhmer diese Erledigung erschwert. Nachdem der Kaiser verfügt, erinnert er daran, daß er für die Erledigung gesprochen, aber nicht daran, daß er durch seine persönliche Gereiztheit die Beseitigung des Scandals unmöglich gemacht hatte.

Ehe noch Böhmer in Folge des Kaiserlichen Mandats seine „Apologie" an das Consistorium abgab, scheute er sich nicht, den öffentlichen Redeact des Gymnasiums im Frühjahr 1792 in der Weise für die Zwecke seiner Vertheidigung zu benutzen, daß er durch den Mand seiner Schüler seine eigene Streitsache führen ließ. Dies kennzeichnet den Mann. Wie Böhmer schon zu Ostern 1791 beim öffentlichen Redeact des Gymnasiums seinen Schüler J. K. Stallmann aus Worms eine im Druck erschienene Rede über „Die Vortheile des Selbstdenkens" halten ließ, worin der unbedingten subjectivsten Freigeisterei das Wort geredet wird, so ließ er bei der Osterprüfung 1792 seinen Schüler Georg Lorenz Schöned eine sehr bittere und feindselige, später im Druck erschienene Rede halten: „Intoleranz der Abschaum der Hölle", worin Böhmer allen seinen Gegnern in leckter Weise eine Strafpredigt halten läßt. „Kann man einen Ludwig XIV. hochachten, der ganze Schaaren von Hugenotten ihres Glaubens wegen aus Frankreich vertreibt? - Einen sonst klugen Kurfürsten Johann Georg III. von Sachsen, der diesen Vertriebenen Aufenthalt in seinem Lande versagt, weil blinde Orthodoxe ihm vorspiegeln, Sachsen sei allezeit das Theater der reinen Lehre gewesen?" Niemand hat das Recht, über Anderer Meinungen zu tyrannisiren, am allerwenigsten über solche Dinge, wo es auf Ueberzeugung ankommt. Die Religion ist ja keine Zwangsreligion oder bloß äußerlicher mechanischer Gottesdienst. Schön fragt Wieland: „Was nennt man dulden? Menschen werden doch wohl, so lange kein ander Verhältniß und kein andrer Namen sie von den Pflichten der Menschheit loszählen kann, einander auf dem Erdboden dulden wollen? – Ich kann von einem Jeden fordern, daß er mich auf der Straße ungestört meines Weges gehen lasse, und soll es für eine Gnade halten, wenn ihr duldet, daß ich von überirdischen Dingen anders denke,

*) Original mit Siegel im Worms. Archiv.

wähne und träume als ihr, ohngeachtet ihr selbst um nichts dadurch gebessert seid, daß ich so und nicht anders über diese Dinge denke." Dann rühmt Böhmer die verewigten Kaiser Joseph II. und Leopold II. und König Friedrich II. von Preußen. „Intoleranz verfehlt ihren Zweck. Druck wegen der Religion macht nur hartnäckiger, Widerstand senriger." „Endlich überzeugt uns der allgemeine Gang der Natur, daß kein Sandkorn dem andern gleich sei, daß es also höchst unge- reimt ist, Andere wegen der Verschiedenheit ihrer Meinungen und Denkart, die doch größtentheils auf der natürlichen Verschiedenheit ihrer Geistes- und Körperlichen Kräfte, auf ihrer Erziehung und tausend anderen unwillkürlichen Umständen beruht, nicht bilden oder gar verdammen und verfolgen zu wollen." „Ein Laster, das den geheiligsten Rechten der Menschheit und der gesunden Vernunft widerstreitet, verdient doch wohl unsren ganzen Abscheu, wird mit Recht der Abschaum der Hölle genannt." Im Anschluß an diese Polemik läßt Böhmer seinen Schüler Pfeffels Gedicht vortragen: „Es stritten sich im Todesthal Ithuriel und Belial um einen angekommnen Schatten. Es war ein armer Inquisit, den wilde Priester in Madrid zu Gottes Preis gebraten hatten. Der Dämon sprach: ,Er starb im Bann, die Kirche selbst gab ihn der Hölle'. Der Seraph: ,Redlich war der Mann; im Paradies ist seine Stelle.'" ꝛc. Gleichzeitig läßt Böhmer aus demselben Geiste seinen Schüler Georg Friedrich Greiner aus Worms eine Rede vortragen: „Menschenliebe die Seele des Christenthums." „Wenn ich mit Menschen- und mit Engelzungen redete und hätte die Liebe nicht, so wäre ich ein tönend Erz und eine klingende Schelle." „Wenn ein Christ keine thätige Menschenliebe besitzt, so schmeichelt er sich umsonst mit einer Seligkeit durch den Glauben, wenn ihm die Liebe abgeht. Er gleicht einer Schelle, welche schönen Ton von sich gibt, aber bei näherer Besichtigung leer und leblos erscheint. Diese erhabenste Lehre bestätigt Jesus durch das reizendste Beispiel. Sein ganzes Leben war eine Reihe edler menschenfreundlicher Handlungen. Seine Liebe umfaßte selbst Feinde, und noch im Tode betete er für seine Mörder". Dieser Rede der Liebe reiht Böhmer Pfeffels Gedicht: „Der Bramine" an. Als der Bramine in seiner Andacht von dem zelotischen Minoriten tödtlich verletzt wird, tritt Jesus hinzu, verurtheilt diesen und rechtfertigt jenen mit den Worten: „Dieser ist, so wahr mein Vater lebt, kein Christ! Ein Satan ist er, ein Vergifter der menschlichsten Religion". „Und Du, wer bist Du? Herr!" „Ihr Stifter!" versetzte sanft des Menschen Sohn, den jetzt der Gottheit Stirnband schmückte, und warf dem Greis, der schreckenlos in süßer Anbetung zerfloß, vom Wolkenthron, der ihn entrückte, noch einen Blick der Weihe bar, der mehr für ihn als Taufe war." Rector und Visitator, Con- sistorium und Scholarchat, Städtmeister und Rath lassen solche Verurtheilung öffentlich über sich ergehen: ein Beweis dafür, daß das reichsstädtische Gemeinwesen, das zur Wahrung seiner Insti- tutionen und zur Verhütung gefährlicher Umwälzungen Jahrhunderte lang seine weltlichen und kirchlichen Ordnungen ängstlich beibehalten, nun nicht mehr in dem Stande war, den Gedanken der Aufklärung in rechter Weise, durch Aneignung des Berechtigten und Bekämpfung der Frechheit, zu begegnen, als sich die Weltanschauung Bahrdts in dem kleinen Professor Böhmer verkörpert hatte.

Am 27. Juli 1792 überreicht Prof. Böhmer zum Zweck der geforderten Berichterstattung an den Kaiser dem Consistorium eine im Wormser Archiv noch befindliche Vertheidigungsschrift von 223 Folioseiten unter dem Titel: „Pflichtmäßige Apologie oder Behauptung meiner Ehre und Unschuld gegen den sogenannten Officialbericht des Herrn Professor Herwig, einem löbl. Con- sistorium dieser freien Reichsstadt Worms gehorsamst überreicht von Dr. Georg Wilhelm Böhmer" ꝛc. In dieser Schrift, die für die Geschichte des Gymnasiums zu Worms besonders deshalb werthvoll ist, weil derselben als Beilagen alte Programme der Anstalt und andere geschichtliche Notizen beigefügt sind, behandelt Böhmer die Entstehung und den Verlauf seiner Streitigkeiten, vertheidigt sich gegen die Anklage, die Schuld von sechzehn Ketzereien auf sich geladen zu haben, und gegen alle ihm gewordenen Vorwürfe bis ins Einzelne. Könnte man von Böhmers leckem und leidenschaftlichem, intolerantem und hämischem Wesen, von seiner giftigen Freude an der Verhöhnung des Geistlosen und Geschmacklosen absehen, so würden die Gedanken, die der vor des Kaisers Richterstuhl geforderte Lehrer in der Apologie vorträgt, nicht nur lebendige Theilnahme für das Geschick des um seiner Ueberzeugung willen verfolgten Mannes, sondern sogar Mitleid mit seinem Geschick erregen, weil er sich dazu verstanden, inmitten des erstarrten und zopfigen Gemeinde-, Kirchen- und Schulwesens der geistlos und thatenlos in ihrem alten Glanze sich sonnenden Reichsstadt, einem so engherzigen Manne gegenüber, wie Rector Herwig war, Handtreue an Eides statt dafür zu leisten, daß er nichts gegen das lutherische Concordienbuch und die anderen symbolischen Bücher der lutherischen Kirche lehren wolle. In welcher Weise aber dieses Lutherthum in der Reichsstadt in die Erscheinung trat, dies beweisen am besten die von Böhmer in seiner Apologie zusammengestellten geschmacklosen und anstößigen Stellen des „neu vermehrten Wormsischen evangelisch lutherischen Gesangbuchs" aus dem Jahre 1758. In der Sitzung des Consistoriums vom 13. September wird zwar Böhmers Apologie zum zweitenmal hervorgeholt; aber zu einem Berichte des Consistoriums an den Rath oder des Raths an den Kaiser kam es nicht mehr. Denn im Anfang des October 1792 gerieth Worms in die Gewalt der Franzosen. Böhmers Religionsstreit war der letzte und nicht zum Austrag gebrachte Kirchenproceß der Frei- und Reichsstadt.

Im Streit mit dem Aberglauben konnte Böhmer selbst als Märtyrer Sieger bleiben. Allein Böhmer hatte sich in der Dienstführung solcher Nachlässigkeiten und Willkürlichkeiten schuldig gemacht, daß der Rath in mehrfacher Hinsicht sich genöthigt gesehen, einen sog. fiscalischen Proceß gegen Böhmer anzustrengen. Auch der Visitator Muhl, der von dem Scholarchen J. D. Knobe veranlaßt, in diesem Proceß vom 27. Juni 1791 an, in diesen Schulangelegenheiten eine Untersuchung führt, muß gegen Böhmer klagen, weil sich derselbe gelegentlich der Untersuchung unerhörter Beleidigungen gegen Muhl schuldig machte, indem er denselben in der Straßburger Zeitung in seinem Amte und persönlich schwer beleidigte und dem Visitator u. A. am 4. Juli 1791 in einem Wuthanfall die geballte Faust unter das Gesicht hielt, auch fortgesetzter Renitenz sich schuldig machte. Der Rath verfügt am 5. Juli 1791, daß die Sache Muhls an eine aus dem regierenden Städtmeister Sen. Hofmann, Schultheiß Wolff, Consulent Wandesleben bestehende Deputation verwiesen werde. Als die Deputation Böhmer zum erstenmal citirt, läßt er sagen, er habe Kurferien, trinke die Kur und könne sich in seine Geschäfte, die ihm Alteration verursachten, einlassen. Vom 10. Juli bis 5. December 1791 zieht Böhmer durch alle möglichen Schachzüge die Untersuchung hinaus. Am 13. December 1791 wird die Untersuchung in Betreff „des beleidigten Amts des Schulvisitators" für geschlossen erklärt.

Am 8. Juli 1791 hatte Böhmer bei dem Rath eine Nullitätsklage gegen Muhls Verfahren in der Untersuchung erhoben. Am 24. August 1791 übergibt der Secretär des bischöflichen Hofgerichts zu Worms an den Rath ein Document, durch das „beurkundet wird, daß in Sachen des Prof. Böhmer gegen Pfarrer Sen. Muhl, die widerrechtlich vorgenommene actus judicialea und andere nullitaten betr., die Appellation von ersterem am hiesigen fürstl. Hofgericht unterm 23. Aug. introducirt worden sei." Schon am 10. Aug. hatte Böhmer dem Rath diesen Schritt in Aussicht gestellt, da man seine wiederholte Nullitätsklage unberücksichtigt gelassen. Für die Appellation erbittet er sich die nöthigen Apostel, requirirt feierlichst acta, legt den Appellationsgulden bei, offerirt sich, eine Caution zu stellen und den Appellationseid in Person zu schwören. Indem aber Böhmer an das bischöfliche Hofgericht zu Worms in dieser Weise appellirte, provocirte er dadurch zugleich einen

276 Böhmer perhorrescirt die Wormser Untersuchungscommission und appellirt an das bischöfl. Holgericht.

Verfassungsstreit, weil der Rath diese Appellation als im Widerspruch mit dem Recht der Stadt nicht gelten lassen konnte. Am 30. August 1791 verwies der Rath dem Professor Böhmer seine Appellation, durch die er die jura civitatis zu gefährden suchte, „nachdrucksamst" und untersagte ihm die Fortsetzung seiner verwegenen Appellation unter Androhung einer Strafe von zehn Reichsthalern.

Nachdem, wie oben erwähnt ist, der Magistrat durch Decret vom 13. Dezember 1791 beschlossen, daß die Deputationsverhandlungen in der Sache des Seniors und Visitators Muhl gegen Böhmer, betr. die Beleidigung seines Visitatur-Amts erst nach Erledigung des gegen Böhmer angestrengten fiscalischen Processes actenmäßig inrotulirt werden sollten, und als dann am 26. Juni 1792 von dem Magistrat wiederholt worden war, daß die Muhl-Böhmer'schen Acten mit den Acten des fiscalischen Processes ad exteros, d. h. an eine auswärtige Juristenfacultät, zur Untersuchung und Beurtheilung geschickt werden sollten, beschwert sich Böhmer darüber, daß man den Untersuchungs acten mehrere seiner Vertheidigungsschriften nicht beigefügt habe. In einer derselben hatte er, „gestützt auf die Grundgesetze der Stadt unter Angelobung des fürchterlichsten und heiligsten Perhorrescenzeides gegen die Untersuchungscommissäre als höchst verdächtige Personen perhorrescirt, da es die sog. Stadtsformation einer jeden Partei erlaube, mehrere Mitglieder amplius. magistratus, ja den ganzen jedesmal regierenden Magistrat zu perhorresciren und sich Personen von der vorjährigen Regierung zu seinen Richtern zu erbitten." Am 12. Juli 1792 erklärt er, er nehme an Ungerechtigkeiten keinen Antheil, man möge machen, was man wolle, und entfernt sich schnell aus der Sitzung der deputirten Untersuchungs commissäre. Der Magistrat decretirte am 4. Sept. 1792, daß die von Böhmer namhaft gemachten Schriften den Untersuchungsacten beigefügt werden sollten. In der Renitenz Böhmers, der schon seit längerer Zeit revolutionäre französische Schriften und Zeitungen sammelte, las und in Worms verbreitete, erlebte bereits der Rath eine Auflehnung gegen seine Autorität, die nur das Vorspiel für die rasch aus Frankreich in Worms einziehende Revolution war.

Das nachfolgende letzte Decret des Raths vom 18. Sept. 1792, das dem Prof. Böhmer am 24. Sept. bei Amt in faciem publicirt wurde, gedenkt bereits des sich verbreitenden Geistes der Revolution. „Dem Herrn Professor Böhmer wird auf seinen bei löblicher Kanzlei gelegen heitlich der Inrotulation der wider ihn verhandelten Untersuchungsacten unter dem 31. des vorigen Monats ad Protocollum gegebenen mündlichen Receß ꝛc. folgendes revolutionis loco bedeutet: Obgleich von Einem Hochedlen Magistrat dem Herrn Professor Böhmer mittelst mehrerer Raths decrete vom 7., 17. und 21. Aug. die beschlossene Versendung aller ihn betreffenden und bisher verhandelten Untersuchungsacten ad exteros impartialen zu erkennen gegeben worden und bei dieser Magistratischen Entschließung eine jede von ihm eingelegt werden wollende Perhorrescenz für so gesetzwidrig als höchstbeleidigend und strafsällig zu ermessen: so habe nichts destoweniger derselbe in obigem Receß sich beigehen lassen, nicht nur die von ihm bisher ohne Grund eingelegt gewesene Perhorrescirung zum Beweis seiner Achtlosigkeit gegen die Magistratischen Verordnungen zu ver theidigen, sondern auch in dem Wahn, dieser Vertheidigung desto mehr Gewicht zu geben, am Ende des bezielten Recesses eine Behauptung aufzustellen, die mit der dahiesigen Regiments verfassung in dem entgegengesetztesten und ungereimtesten Widerspruch stehe, die auch in Ansehung der zwischen dem Bistum Worms und der hiesigen Reichsstadt bestehenden öffentlichen Verträge nicht Statt haben könne, und die also bei Ueberdenkung seines bisher so auf fallend geäußerten gesetzlosen Betragens und der sich gegenwärtig vorbereitenden aufrührerischen Gesinnungen als ein höchst gefährlicher und einer Empörung gleicher Grundsatz (dessen Realisirung der hiesigen Verfassung den unfehlbaren Umsturz zuziehen würde) um so mehr anzuziehen sei, als die hiesige „Stadtreformation" mit keiner Silbe davon erwähnet, darinnen auch in Rücksicht ihres hohen Alters und der erst in den nachherigen Zeiten mit Einführung des kanonischen Rechts in Uebung gekommenen Verhorrescenzen keine Erwähnung davon habe geschehen können, und doch auf dieses Statutenbuch, um seinen schädlichen Absichten einen Schein zu geben, auf eine emphatische Art sich berufen werden wolle. In Erwägung nun, daß auch das demselben zugegangene bedrohlichste Strafdecret vom 27. April 1792 nicht vermögend gewesen, ihn in die Schranken der Ordnung und der Gesetze zurückzuverweisen, und daher um so weniger dieses neuerdings sich zu Schulden gebrachte Vergehen (seiner bedenklichsten Folgen wegen) ungeahndet an sich ersitzen gelassen werden könne: als werde ihm auch die dißfalls sich zugezogene Strafe hiermit vorbehalten, in der Absicht, um derjenigen Juristenfacultät, an welche die sämmtlichen Böhmerischen Untersuchungsacten zu Ausstellung eines rechtlichen Gutachtens versendet werden sollen, es zu überlassen, ebenfalls auch dieses Vergehen in eine besondere gesetzliche Ueberlegung zu ziehen, und die ihm darnach gebührende Strafe zu bemessen und zu bestimmen." 2c. „Dem Hrn. Professor Böhmer am 22. Sept. 1792 bey Amt in faciem publicirt." In fidem gez. Krafft. Den Senior Muhl hatten die furchtbaren Aufregungen und Kämpfe aufgerieben, wie er es schon zwei Jahre vorher ahnend aussprach. Er war im Sommer 1792 gestorben. Zwölf Tage nach Erlaß des maßvollen Decrets, wodurch der Rath zu Worms Böhmer eröffnete, daß er dessen Proceß der unparteiischen Urtheil einer auswärtigen Juristenfacultät vorlegen werde, verrieth Böhmer die Stadt Worms an den französischen General Custine; und alsbald entfaltete er als Custines einflußreicher Geheimsecretär vom Herbst 1792 bis Frühjahr 1793 eine schmachvolle Thätigkeit.*)

„Custine scheint in Speier noch keine weitausgehenden Pläne auf Eroberungen in Deutschland gehegt zu haben", schreibt Remling.**) „Das nahe, von Truppen entblößte Worms erachtete er jedoch für eine ebenso lockende, als leichte Beute. Er beeilte sich daher, diese alte Reichsstadt, die ja nur eine Tagereise von Speyer entlegen ist, um so schneller zu überrumpeln zu lassen, da er Kunde erhalten hatte, Graf v. Erbach sei bereits angewiesen, Worms und Mainz mit 12,000 Mann zu besetzen. Custine, vom Wormser Professor Böhmer in Speyer begrüßt und von ihm eingeladen, die Ketten der Knechtschaft auch in Worms zu brechen, schickte daher bereits in der Nacht vom 3. October 1792 den Feldmarschall Neuwinger und den Obristen Houchard mit etwa vier bis fünf Tausend Mann und 12 Kanonen rheinabwärts. Sie zogen ohne weiteren Anstand durch die neutralen kurpfälzischen

---

*) Die Broschüren, Flugschriften 2c. von Böhmer, über und gegen Böhmer bilden eine kleine Bibliothek. Die Geschichte des Mainzer Revolutionsjahres 1792/93 nennt ihn auf jeder Seite. Besonders bemerkenswerth sind die ruchlosen Proclamationen, die er für den General Custine schrieb, und seine frechen Clubreden. Die Thätigkeit Böhmers während des Jahres 1792/93 wird in folgenden Schriften behandelt oder berührt: Bodenheimer, die Mainzer Patrioten in den Jahren 1792—1798, Mainz 1878; Schicksale der Stadt Mainz seit ihrer Erbauung 2c., Wien 1793; Darstellung der Mainzer Revolution, 2 Bde., Frankfurt und Leipzig bei Feb. 1793; Mainz im Genuße der Freiheit und Gleichheit, 1793; Geschichte der franz. Eroberungen und Revolution am Rheinstrom, vorzüglich in Hinsicht auf die Stadt Mainz, Frankfurt 1794 2c.; Klein, Georg Forster in Mainz 1788—1793, Gotha bei Perthes, 1863.

** Remling, die Rheinpfalz in der Revolutionszeit von 1792—1798, Berl. von Kleeberger in Speyer, 2. Ausg. 1867, Bd. 1, S. 79. Klein, Gesch. von Mainz während der ersten franz. Occupation 1792—1793, S. 42 2c. — Geschichte der franz. Eroberungen und Revolution am Rheinstrom, vorzügl. in Hinsicht auf d. Stadt Mainz, 1. Th. S. 44.

Städte Frankenthal und Oggersheim. Morgens am 4. October kamen sie vor den Mauern von Worms an. Da die Thore nicht verschlossen und nicht besetzt waren, rückten sie in möglichster Stille in Worms ein. Sie stellten sich, ohne irgend einen Widerstand zu erfahren, auf dem Marktplatze auf und nahmen die Stadt in Besitz. Die Thore wurden mit französischen Wachen besetzt und Niemand durfte, bei Kettenstrafe, die Stadt verlassen. Der Schrecken und die Angst, welche bei dem Einmarsche der Franzosen die Bewohner erfüllte, läßt sich nicht beschreiben. Alles schrie und winselte durcheinander!" Das erste und wichtigste Geschäft, was die Männer der Freiheit und Gleichheit vorzunehmen hatten, war die Ausschreibung einer unerschwinglichen Brandschatzung. Dem Kurfürsten von Mainz als Fürstbischof zu Worms, Friedrich Karl Joseph von Erthal, wurden 400000 Livres, dem Domcapitel 200000, der Stadt 600000 Livres angesetzt. Auch dem Mainzer Coadjutor Karl Theodor v. Dalberg, welcher einen Hof in Worms hatte, wurde eine beträchtliche Summe auferlegt. Diese Forderung rief bei allen Verlegenheit und Bestürzung hervor. Man machte von geistlicher und weltlicher Seite Vorstellung gegen solche unmöglich zu erschwingende Summen. Doch die Freiheitshelden drohten mit Feuer und Schwert die Stadt zu verwüsten. Man suchte nun durch Zuschüsse der einzelnen Bürger die Schatzung aufzubringen. Der Commandant Neuvinger erklärt am 5. Oct. in einem Anschlagzettel, „daß der General Cüstine zu dieser Besteuerung und Strenge durch nichts Anderes bewogen worden sei, als um hierdurch auf die kräftigste Art die Empfindlichkeit der französischen Nation über die Beleidigung an den Tag zu legen, welche sie durch den allzu deutlichen Schutz erlitten habe, den der Fürstbischof und der Magistrat zu Worms den grausamsten Feinden Frankreichs — den Emigranten angedeihen ließ." „Da die Collegiatstifter beim Ansatze der Brandschatzung nicht genannt waren und sohin die Stadt sowohl als wie das Domcapitel ihnen einen Antheil zuwenden wollten und konnten, so erbaten sich jene hierüber eine Erklärung vom General Cüstine. Die Folge war, daß nun auch den Stiftern und Klöstern Brandsteuern auferlegt wurden." „Der Stadt selbst ward die Hälfte der Auflage erlassen, weil sich Professor Böhmer, den Cüstine sich zu seinem Secretär wählte, für sie kräftig verwendet hatte." Als die Franzosen am 7. Oct. eiligst Worms verließen, weil ein preußischer Werbefeldwebel aus Wiesbaden, Namens Riel, und der Bediente des preußischen Gesandten Freiherrn v. Stein zu Mainz blinden Lärm erregt, indem sie in den Dörfern von Gundersblum bis Worms für 25000 Preußen Nachtquartiere bestellten: nahmen die Franzosen aus Worms elf Geiseln mit sich nach Landau, die für die Zahlung der Brandschatzung einstehen sollten, vier Magistratspersonen, zwei fürstbischöfliche Beamte, drei Ordenspatres und zwei Nonnen, die erst auf des Secretärs Böhmer Verwendung am 22. Nov. entlassen wurden.*) Böhmer bezog als Secretär Cüstine's einen monatlichen Gehalt von 500 Livres und aus Paris wurde ihm außerdem ein Geschenk von 10000 Livres für die Dienste des Verraths und der Lüge dargebracht.**)

---

*) Remling a. a. O. S. 83. Klein a. a. O. S. 40.

**) Hier nur eine Probe der schamlosen Proclamation, die Böhmer dem General Cüstine verfaßte. Die deutschen Soldaten werden darin aufgefordert, ihre Fahnen zu verlassen und den Franzosen zu dienen. „Im Hauptquartier zu Mainz den 30. Oct. 1792. Im ersten Jahre der Frankenrepublik. Proclamation des Frankenbürgers Cüstine, General der Armeen der Republik, an die auswärtigen Soldaten. — Der General der französischen Republik verkündet allen Soldaten aller gegen Frankreich Krieg führenden Mächte, daß die ins deutsche Reich eingedrungenen Franken weit davon entfernt sind, an den Einwohnern dieses Landes die Barbareien und Grausamkeiten rächen zu wollen, welche gegen ihr unglückliches Vaterland verübt worden sind. Ihre einzige Absicht ist diese, den Deutschen die Freiheit zu geben und sie der Sclaverei zu entziehen, zu welcher

Dr. Böhmer wird Custine's Geheimsecretär und ermuthigt ihn Mainz zu erobern.

Am 18. Oct. verläßt Custine Worms, um Mainz einzunehmen, nachdem bereits Abtheilungen seiner Streitmacht Mainz sich genähert hatten. Schon am 21. Oct. wird Mainz den Franzosen übergeben. Als am Abend dieses Tags Custine im Rathhaus an den Stadtvorstand eine Ansprache hält, steht Böhmer an seiner Seite und verdolmetscht sofort die französische Ansprache des Generals. Von der einflußreichen Stellung, die nun Böhmer in Mainz einnimmt, zeugen die Tagesblätter, Zeitschriften und Proclamationen des Mainzer Revolutionsjahres 1792/93. Nicht einmal die kurzen Angaben, die in Kleins „Geschichte von Mainz während der ersten französischen Occupation" und Remlings „Geschichte der Pfalz während der Revolutionsjahre" über Böhmer berichten, vermögen hier benutzt zu werden. Vom 22. October an gab Böhmer die „Mainzer Zeitung" heraus. In der Nr. 168 derselben berichtet Böhmer über sich selbst: „Der bisherige Professor zu Worms Dr. Georg Wilhelm Böhmer hat seine Stelle niedergelegt, setzt jetzt, sicher vor den wüthenden Verfolgungen des Wormser Magistrats, sein „Magazin über Theologie" fort und folgt als Secretär des Generals Custine den dreifarbigen Fahnen, nachdem er zuvor das Vergnügen gehabt, seinen Mitbürgern, die ihn eine Zeit lang verkannten, die ihnen auferlegte Contribution gänzlich abzubitten und von seinen Feinden, für welche er keine gänzliche Gnade erlangen konnte, den größten Theil ihrer Strafe durch seine Fürbitte abzuwenden." „Böhmer blieb von jetzt ab Redacteur der Zeitung, und in derselben erschien nun nichts mehr, was nicht ganz im Sinne der Partei war. Bald übertraf die Mainzer Zeitung an Frechheit, an Unverschämtheit und an Lügen selbst ihre Vorgänger, die zügellosen Pariser Blätter und die Straßburger Zeitungen." (Klein, a. a. O. S. 150). Schon am 22. October kündigt Böhmer in der Mainzer Zeitung die Gründung des Clubs der Freunde der Freiheit und Gleichheit, worin er von vornherein einer der schlimmsten Agitatoren war, mit folgenden Worten an: „Heute Abend um 6 Uhr wird eine Gesellschaft deutscher Freunde der Freiheit und Gleichheit aus allen Ständen in dem großen Academiesaale auf dem hiesigen Schlosse sich durch einen feierlichen Eid verbinden, frei zu leben oder zu sterben. Der Bürger General Custine hat ihr versprochen, diese Scene im Namen der Frankenrepublik durch seine Gegenwart zu verherrlichen. Der Zutritt steht jedem Teutschen frei, dem das Glück seines Vaterlandes und der an Sclavenketten seufzenden Menschheit ein heiliger Name ist. Nur bemerke man, daß Niemand zugelassen werden kann, der nicht zur Gesellschaft gehört oder durch Ablegung des genannten Eides ihr beitreten will. Sämmtliche Mitglieder unterzeichnen gleich nach dieser Feierlichkeit ihre Namen unter die Eidesformel in das Protokoll der Gesellschaft, welche sodann durch tägliche öffentliche Sitzungen die Freiheit und Gleichheit der Mainzer -- und vielleicht, gebe es Gott! auch die der übrigen Theile der großen deutschen Nation vorbereiten wird." Auch in Worms und andren rheinischen Städten organisirte Böhmer die republikanischen Gesellschaften und berichtete darüber in seiner Zeitung.

Hier folgt ein von Böhmer verfaßter Bericht der Mainzer Zeitung vom 26. Nov. 1792 über die von diesem am 11. November in Worms gegründete Gesellschaft der sog. Constitutionsfreunde: „Das Ungeheuer, Despotismus, wandte in Worms alle Kräfte an, um die Sclaverei

ihre Despoten sie verdammt haben. — Er macht allen Soldaten bekannt, daß diejenigen, welche sich unter die Fahnen der Freiheit begeben und die Fahnen der Knechtschaft verlassen wollten, von den Franken als Brüder aufgenommen und geliebt werden sollen. — Sie sollen Zeit Lebens fünf und vierzig Gulden jährliche Pension erhalten, außerdem fünfzehn Kreuzer täglichen Sold, gute Nahrung, freie Stockläge. Sie sollen als Menschen, als Freunde, als Brüder behandelt werden und das Bürgerrecht unentgeltlich erhalten. Dies, ihr Soldaten! verspricht Euch im Namen der Republik der General der Armeen der Republik, Custine. Dem Originale gleichlautend Dr. G. W. Böhmer."

zu erhalten. Deßungeachtet wurde am 11. Nov. 1792 Nachts 12 Uhr der Baum der Freiheit mit vielen Solennitäten an demselben Orte gepflanzt, von wo herunter ehemals Diener des Priesterfürsten von Worms dem Volke dieser Stadt alljährlich seine von ihm ernannten Despoten herab verkündigt hatten. Dr. Böhmer hielt unter diesem Baume in der Mitternachtsstunde eine Anrede an seine ehemaligen Mitbürger, in welcher er diese im Angesichte des Himmels und einer zahllosen Menge fränkischer Zuschauer beschwor, sich ja nie in eine Capitulation einzulassen und einander künftig ohne Rücksicht auf Geburt und Religion statt des bisherigen Hasses als Brüder zu lieben. Es bildete sich noch an dem nämlichen Tage – am 12. Nov. Morgens halb 10 Uhr – in dieser Stadt eine Gesellschaft der Freiheit und Gleichheit, deren erste öffentliche Versammlung im schönsten Saale des Schlosses, demselben, wo noch vor weniger als einem Jahre der ehemalige Prinz Condé gespeist hatte, gehalten wurde. Die Bürger Dorsch und Böhmer hielten die ersten öffentlichen Reden in dieser Gesellschaft. Auch wurde an demselben Tage in diesem Saale ein rothes und ein schwarzes Buch, jenes für die Freien, dieses für die Sclaven aufgelegt." ꝛc. — Remling erzählt, Conrad von Winkelmann, Stiftsherr zu St. Martin in Worms, habe sich an demselben Tage als Mitglied jener Gesellschaft eingeschrieben und sei deshalb am 19. Nov. 1792 von Custine zum Haupte der Stadt, zum Maire, ernannt worden; allein schon im Januar 1793 habe v. Winkelmann klug und in edler Absicht das Wormser rothe Buch bei Seite geschafft, um den Club zu zerstreuen und zu verhindern, daß mancher wegen eines unüberlegten Federzuges in Verdrießlichkeiten käme. (Remling, a. a. O. I. 97.)

An der Spitze der besonders auf Böhmers Betreiben von Custine in Mainz eingesetzten Verwaltung stand Bürger Dorsch, ein ehemaliger Professor der Theologie zu Mainz, der früher in Folge von Streitigkeiten mit seinen Vorgesetzten nach Straßburg entwichen war, sich mit Käthe, seiner Haushälterin, verheirathet hatte, und von den dortigen Jacobinern wieder nach Mainz geschickt worden war, um hier für die neue Freiheit zu wirken. Dorsch wurde von Custine zum Präsidenten der für die occupirten Gebiete von Mainz, Worms, Speyer ꝛc. französischen bestellten Administration ernannt, welcher alle anderen Behörden untergeordnet waren. Auch die geistliche Verwaltung sollte die Verordnungen dieser Administration befolgen. Allein dennoch war Dorsch's Administration, erzählen Klein und Remling, nicht die höchste Behörde des Landes. Denn Custine hatte angeordnet, daß ihren Verfügungen nur alsdann Folge zu leisten sei, wenn dieselben durch den General genehmigt und mit dem Siegel der Republik bekräftigt wären. „Custine aber hatte weder Sinn noch Zeit, sich diesen Verwaltungsarbeiten zu unterziehen. Er überließ sie daher größtentheils seinem Secretär Böhmer. Dieser legte aber wiederum seinem Herrn nur das vor, was ihm beliebte, so daß eigentlich Böhmer am Rhein regierte.*) Unter Böhmer stand sohin auch Dorsch. Dorsch liebte es aber, selbstständig zu gebieten, und da alle Eingaben zunächst an ihn gerichtet werden mußten, entschied er Vieles, ohne daß es zuvor dem General oder dessen einflußreichem Geheimschreiber vorgelegt und von jenem genehmigt war. Dorsch nahm seine Wohnung im kurfürstlichen Schlosse und räumte seiner ehemaligen Haushälterin nicht wenig Einfluß auf die Verwaltung ein. Klein erzählt: „Daß Dorsch, ein verheiratheter katholischer Geistlicher, als höchste Behörde — gleichsam an die Stelle des Kurfürsten — gesetzt wurde, sahen die Bürger in Mainz als Hohn an, den der lutherische Böhmer gegen die alte Regierung übte." „Dorsch

---

*) Als Beweis für die eigenmächtige und tyrannische Weise, mit der Böhmer regierte, erzählt Klein a. a. O., S. 24" Anm., folgenden Vorfall: „Als der Schultheiß von Laubenheim die Erlaubniß zu einer Musik nicht gab und deshalb die Bauern bei Böhmer klagten, schrieb Böhmer infamlich: „Schultheiß von Laubenheim! Deinen Kopf oder Musik!"

that wenig, gab selten Audienz und wartete gern den Damen auf." Unter den Frauen im Verkehre mit Custine, Böhmer und Dorsch waren von hervorragendem Einflusse Frau Dr. Daniels, geb. Zittier, Geliebte des Generals Custine, dann Käthchen, die Frau des Dorsch, die allein die kurfürstlichen Equipagen gebrauchte, und Böhmers Schwägerin, die schöne und geistreiche Wittwe des Bergmedicus Dr. Böhmer aus Clausthal, die in der Litteraturgeschichte bekannte Karoline Böhmer, Tochter des Prof. Michaelis in Göttingen, die später August Wilhelm v. Schlegel und nach der Scheidung von diesem den Philosophen Schelling heirathete. „An dieses Kleeblatt mußte sich wenden, wer irgend etwas im Mainzer Staate erhalten wollte." (Gesch. der franz. Erob., I. S. 231.) Böhmers Schwägerin Karoline übte durch ihren Geist und ihre außerordentliche Anziehungskraft auf die Kreise der Freiheitsfreunde einen sehr bedeutenden Einfluß aus. Die Beziehungen dieser dämonischen Frau zu Georg Forster und andren hervorragenden Clubisten gab August Hesse den Stoff zu seinem historischen Roman: „Dame Lucifer" (Köln, Zeitung, 1878, Mai—Juli, Wochenausgabe, Nr. 22—28). Für das Verhältniß Karolinens zu ihrem Schwager ist von Interesse, was sie am 27. October 1792 in einem von Georg Waitz veröffentlichten Briefe schreibt: „Ein Werkzeug Custine's ist mein Schwager Georg Böhmer, der seine Profeßur in Worms aufgegeben hat und so was von Secretär bei Custine ist. Mir sank das Herz, wie ich den Menschen sah — oh weh! — wollt und könnt Ihr den brauchen? Die sich bei solchen Gelegenheiten vordrängen, sind nie die besten."

Die Herrlichkeit der Mainzer Freiheitshelden geht bald zu Ende. Am 20. und 27. März 1793 geht die Armee des Königs Friedrich Wilhelm II. von Preußen bei Bacherach über den Rhein. Mainz wird blokirt, am 31. März verlassen die Franzosen Worms, am Nachmittag des 1. April zieht der König von Preußen in Worms ein, alle Glocken läuten zu seinem Empfang, die Herzen schlagen dem Befreier entgegen. Gleichzeitig mit Worms wird Speier befreit und der dortige Stadtrath wieder eingesetzt. Die Franzosen werden auch von der Kahe und Lueich vertrieben. Am 22. Juli wird Mainz den Deutschen übergeben. Custine wird am 31. August 1793 hingerichtet, weil er die Städte Frankfurt, Mainz, Condé und Valenciennes in die Gewalt der Feinde hatte fallen lassen. Houchard war an die Stelle Custine's getreten. Nach der Einnahme der Stadt Mainz durch die Deutschen wurden am 25. Juli 1793 41 Clubisten durch sächsische Dragoner gefänglich eingezogen und nach Coblenz transportirt. Unter diesen war auch Georg Wilhelm Böhmer. Seine Schwägerin Karoline kam in die Gefangenschaft nach Königstein und dann nach Cronberg. So hatte Böhmer's abentheuerliches und schmachbeladenes Glück ein schnelles Ende genommen. Was aus ihm geworden, wo und wie er endete, ist uns nicht bekannt. Nach einer Notiz des Revolutionsalmanachs vom Jahre 1797 (S. 210) schrieb er im Jahre 1796 in Paris mit Gesinnungsgenossen den Pariser Zuschauer. Noch einmal wendet er sich an den Rath zu Worms, dem er bei Custine gelegentlich der Verminderung der Kriegscontribution im Herbste 1792 nützlich gewesen war und von dem er deshalb Entgegenkommen erwarten konnte. Er hatte die Kühnheit, im October 1793 an den Magistrat der Stadt Worms die Bitte um eine ehrenvolle Entlassung aus seinem Dienste zu richten. Der Rath gewährte die Bitte.

Allein schon am 6. August 1793 war die durch den Abgang des Conrectors Böhmer erledigte Stelle auf des Rectors Sohn Friedrich August Herwig übertragen worden. Dieser dankte dem Rath dafür, „daß man dem alten, hülfsbedürftigen Vater seinen Sohn zur Unterstützung zuweise." So waren, als 1798 Worms französisch geworden, die letzten Lehrer des städtischen Gymnasiums: Rector Herwig sen., Conrector Herwig jun., Magister Dackermann und Cantor Linie. Nach dem Inhalt eines Schreibens des Maire Strauß vom 23. Oct. 1802 hatte das Gymnasium damals vier Lehrer und dreizehn Schüler: der jüngere Herwig war also damals noch an der Anstalt. Ein Jahr später war derselbe abgegangen, wohin er versetzt wurde, ist uns nicht bekannt. Die Anstalt ging unter den drei übrig bleibenden alten Lehrern rasch ihrem Verfall entgegen. Rector Herwig starb am 28. August 1803. Das katholische Seminarium hatte damals in den drei Lehrsälen seines zerfallenen Hauses 21 Schüler und 2 tüchtige Lehrer Müller und Staffer.

Nachtrag.

1. Grundzüge der Entwickelung des Gymnasiums und der Realschule zu Worms im 19. Jahrhundert.

Schon die am 23. Januar 1804 eröffnete dreiklassige und sechsjährige Secundärschule zu Worms sah sich unter dem französischen Regimente veranlaßt, griechischen Unterricht, wenn auch in dürftiger Weise, zu ertheilen und zugleich der Aufgabe eines Progymnasiums sich zu unterziehen. Diese Anstalt nannte sich, seitdem sie 1815 hessisch geworden, Gymnasium, obwohl sie von 1815 1820 nicht einmal die Einrichtungen eines wirklichen Progymnasiums besaß und sogar in den Jahren 1823 1828 in Folge von Mangel an Lehrkräften keinen griechischen Unterricht ertheilte. Nachdem die Anstalt von Director Dr. W. J. G. Curtman und Dr. W. Wiegand in den Jahren 1820 bis 1833 zu einem wirklichen Gymnasium erhoben und am 1. Oct. 1832 mit dem Rechte der Abhaltung der Maturitätsprüfung ausgestattet worden war, stellte sich schon in den dreißiger Jahren das Bedürfniß heraus, den nach dem Gymnasiallehrplan zu wenig beachteten Realunterricht zeitgemäß zu fördern. Bürgermeister F. Reuß wirkte seit 1838 dafür. Alle städtischen Behörden erklärten im Januar 1841, das Gymnasium müsse in seiner Organisation der Stadt erhalten bleiben, daneben sollten aber für künftige Kaufleute und Gewerbtreibende Parallel Unterrichtsstunden zum Zweck gründlicherer Ausbildung in den Naturwissenschaften, den neueren Sprachen und im kaufmännischen Rechnen eingerichtet werden. So kam denn die Organisation des Jahres 1842 zu Stande, nach welcher die Anstalt aus sechs Gymnasialklassen mit Parallel stunden für Gewerbtreibende in den mittleren Klassen bestand. Im Schuljahr 1841 1845 bestanden drei Realabtheilungen, und zwar coordinirt den Gymnasialklassen Quarta, Tertia, Secunda. Diese Einrichtung konnte natürlich den Forderungen realistischer Ausbildung nicht genügen. „Die Realisten waren genöthigt, in den untersten Klassen zwei Jahre lang in wöchentlich 8 oder 7 Stunden Latein zu lernen. Sie brachten es, zumal sie meistens ohne Lust und inneren Beruf dafür waren, in dieser Zeit kaum über die Elemente, von denen sie weder Genuß, noch sonderlichen Vortheil hatten, und blieben dabei in der Muttersprache, der Mathematik und'b den übrigen Realfächern sehr vernachlässigt." Die Mangelhaftigkeit dieser Einrichtung veranlaßte eine ganz neue Gestaltung der Anstalt, so daß vom Jahre 1852 an neben vier zweijährigen Gymnasialklassen (vergl. oben S. 235 den Lehrplan vom J. 1720) nach und nach vier selbständige, je einjährige Reallassen errichtet wurden (die 4. Real klasse Ostern 1856 gebildet), deren Schüler nur im Religions-, Gesang und Turnunterrichte zugleich mit den Schülern des Gymnasiums unterrichtet wurden. Diese Umbildung hatte alsbald zur Folge, daß Gymnasium und Realschule sich in die vorhandenen Schüler theilten: schon im Jahre

Entwickelung d. Gymnasiums 1832—1842, realistische Paralelabtheilungen 1842, selbständige Realschule 1852.

1852 hatten beide Anstalten gleich viele Schüler, nämlich je drei und siebzig. War in dieser Weise endlich eine selbständige Realschule geschaffen und den realistischen Bildungsbedürfnissen der Stadt Worms wenigstens theilweise in einer Zeit Genüge geleistet, in der sogar kleine Kreisstädte unsres Landes längst ihre Realschulen besaßen, so konnte die neue Organisation des Jahres 1852 beiden Anstalten für die Dauer doch nicht genügen. Die vierklassige Realschule erhob berechtigten Anspruch auf eine weitergehende, selbständige Entwickelung, und auch das vierklassige und achtjährige Gymnasium konnte bei dieser beschränkten Organisation nicht stehen bleiben. Als in solcher Lage nur eine gründliche Finanzreform beider Schulen, d. h. die Gewährung ausreichender Mittel von Seiten des Staats und der Stadt Worms, Hülfe bringen konnte, und als, ehe dies geschah, zwei extreme Parteien einander entgegentraten, von welchen die eine das Gymnasium zu Gunsten eines Realschulfonds, die andre die Realschule zu Gunsten des Gymnasialfonds schienen aufgehoben wissen zu wollen: trat im Jahre 1865 ein Organisationsplan hervor, der Gymnasium und Realschule beibehalten wissen wollte, und nach dem, analog der Organisation des Jahres 1842, die Realschule und das Gymnasium zwei gemeinschaftliche Unterklassen, Sexta und Quinta, haben sollten, in denen obligatorisches, also auch von allen Realisten zu lernendes Latein gelehrt werden sollte.

Hierauf sollte von der zunächst höheren Klasse an die Anstalt nach dem Bifurcationssystem in zwei vollständig getrennte Anstalten auseinandergehen. Nach diesem Plane wäre der gymnasiale Zweig der Anstalt im Vortheile gewesen, da er von der Quarta an einfach den Unterricht der gemeinschaftlichen Klassen Sexta und Quinta fortgesetzt hätte. Dagegen wäre es mißlich gewesen, wenn entweder alle aus der gemeinschaftlichen Quinta hervorgehenden Realisten das Lateinische, wie in einer Realschule I. Ordnung hätten weiter betreiben müssen, oder wenn der größere Theil der Realisten den zwei Jahre lang betriebenen Unterricht im Lateinischen würde aufgegeben haben. Das gedachte Project gelangte nicht zur Ausführung. Das Bedürfniß sehr vieler Bewohner der Stadt Worms und ihrer Umgegend trieb vielmehr dahin, in Worms neben dem Gymnasium zunächst eine Realschule zweiter Ordnung mit facultativem Latein zu errichten, wie solche schon lange in Mainz, Alzey, Bingen, Darmstadt, Offenbach, Michelstadt, Gießen, Friedberg und Alsfeld bestanden. Dieses praktische Bedürfniß wurde auch durch die großen geschichtlichen Ereignisse unterstützt, die wir seit 1866 erlebten. Die Schlacht von Königgrätz zwang unsre Anstalt, auf dem Boden der Wirklichkeit sich festzustellen und einzurichten; und die durch die Einrichtung des einjährigen freiwilligen Militärdienstes vermehrte Werthschätzung der Jugendbildung und die dadurch bedingte größere Beachtung der berechtigten Forderungen der höheren Schulen enthoben auch unsre beiden Anstalten allmählich vielen Schwierigkeiten, welche dieselbe lange Zeit gehemmt hatten. Die Großh. Oberstudien Direction verfügte unter dem 9. März 1868, daß die gleichen Klassen der hessischen Gymnasien auch gleichmäßig benannt werden sollen. In Folge dessen traten auch an dem Gymnasium zu Worms folgende Benennungen für die acht Jahrescurse seiner vier Klassen ein: Ober- und Unterprima, Ober- und Untersecunda (wie früher), Tertia (früher Obertertia), Quarta (früher Untertertia), Quinta (früher Oberquarta), Sexta (früher Unterquarta). Die neue Benennung hatte zur Folge, daß auch die Combinirung der Sexta und Quinta, Quarta und Tertia aufgehoben und wirklich sechs getrennte Klassen hergestellt wurden. So trat im Herbst 1868 eine Erweiterung des Gymnasiums in der Weise ein, daß die beiden unteren Gymnasialklassen Sexta und Quinta in besondere Klassen getrennt wurden, so daß nun das Gymnasium fünf Klassen hatte: 2jährige I, 2jähr. II, III & IV comb. (2jähr.), einjähr. V., einjähr. VI. Gleichzeitig wurde im Herbst 1868 auf die früheren vier einjährigen Reallassen eine zweijährige Oberklasse gesetzt, so daß nun auch die Realschüler in dem sechsjährigen Cursus der fünf Reallassen die Berechtigung zum einjährigen Freiwilligendienst erwerben konnten. Zum Zweck der Unterbringung der beiden neuen Klassen wurde im Jahr 1869 in einem an die alte „Amtskellerei" (das heutige Amtsgericht) und an den Anbau des Jahres 1868 angebauten dritten zweistöckigen Hänslein zwei Säle hergestellt, so daß die unfertigen Anstalten alsbald wieder in Wohnungsnoth gerathen mußten. Im ersten Semester des Schuljahrs 1870/71 wurden die Gymnasialtertia und Gymnasialquarta, die bis dahin noch in allen Fächern combinirt waren, fast ganz in zwei Klassen getrennt, indem jede von diesen Klassen seit dem 25. Juli 1870 im Deutschen, Lateinischen, Griechischen, Französischen und in der Geschichte einen besonderen Unterricht erhielt. Dagegen blieben diese Klassen in der Religionslehre, Mathematik, Naturkunde, sowie im Zeichnen, Schreiben, Singen und Turnen combinirt. Im Schuljahr 1871/72 wurden diese Klassen auch in der Mathematik getrennt; in der Naturkunde ꝛc. blieben sie combinirt. Zu Pfingsten 1873 wurde die zweijährige erste Realklasse im Unterricht des Französischen, Englischen und der Mathematik in zwei Klassen getrennt. Im Voranschlag des Staatsbudgets für 1873/75 wurden zwei neue Lehrerstellen creirt; die Abgeordneten Ebinger, Möllinger, Dr. Schröder förderten diese Bewilligung. Im Schuljahr 1874/75 wurde die zweijährige erste Realklasse beinahe vollständig in zwei Klassen getrennt, und der Lehrplan beider Anstalten wurde durchweg erweitert, so daß allen Klassen und Lehrfächern die gebührende Zahl von Unterrichtsstunden zugewiesen wurde. Die Combinirung der evangelischen Schüler des Gymnasiums und der Realschule im Religionsunterricht wurde am 7. Nov. 1876 aufgehoben, nachdem ein besonderer Lehrer für den evangelischen Religionsunterricht angestellt worden. Nachdem die hessischen Gymnasien einen neunjährigen Cursus erhalten, wurde zu Ostern 1876, als die in andren hessischen Gymnasien seiner Zeit deshalb errichteten sog. Untersexten in die Tertia einrückten, die hiesige Tertia durch Einschiebung einer Untertertia zweijährig gemacht; die Untertertia und die Obertertia wurden einstweilen im lateinischen und griechischen Unterricht in zwei Abtheilungen getrennt. Am 2. Nov. 1876 wurde die Vorschule des Gymnasiums und der Realschule mit 177 Schülern in vier theilweise combinirten Klassen eröffnet. Nach Ostern 1877 wurden diese vier Klassen vollständig getrennt. Zu Ostern 1878 wurden überdies die erste Vorklasse in zwei vollständig gleiche Parallelcöten getrennt. Ostern 1878 wurden die im übrigen Unterricht noch combinirten Gymnasialklassen Unter- und Obersecunda vorläufig im griechischen Unterricht getrennt. Nach Ostern 1879 wurden die Gymnasialklassen Unter- und Obertertia, sowie Unter- und Obersecunda in allen Lehrgegenständen in vier vollständig getrennte Klassen gespalten. In dem Gymnasium und in der Realschule sind die Zahl der Unterrichtsstunden der einzelnen Klassen und die Lehrpläne und Pensen derselben nach den vom Großherzoglichen Ministerium des Innern erlassenen Lehrplänen geregelt.

2. Die Directoren und Lehrer der französischen Secundärschule, des Großh. Hessischen Gymnasiums, der Großherzoglichen Realschule und der Vorschule zu Worms von 1804-1880.

1. Director und Lehrer der französischen Secundärschule, 1804—1815.

B. Gottlob Lorenz Schneidler, geboren 1761 zu Hildesheim in Hannover, war nach Vollendung der Studien eine Zeit lang Lector der französischen Sprache zu Mainz, dann Hofmeister am Landgräfl. Hess. Homburgischen Hofe, von welchem er den Hofrathstitel erhielt, privatisirte seit 1787 zu Frankfurt, studirte von 1796—1798 zu Jena Medicin, wurde hierauf Professor der Geschichte zu Mainz; am 22. Nov. 1803 wurde er Director der im Januar 1804 eröffneten Secundärschule zu Worms; nachdem er am 28. Sept. 1824 Mitglied der Pädagogcommission für die Provinz Rheinhessen geworden, wurde er in Folge langjähriger Erblindung am

1. Juni 1830 in Ruhestand versetzt und trat von der Direction der Anstalt im September 1830 zurück. Er starb am 10. April 1835 zu Homburg v. d. H., wo er seit seiner Pensionirung „den stillen Abend seines Lebens verlebte." (Vgl. Scriba's Lexicon der hess. Schriftsteller, I. S. 375, wo sich ein Verzeichniß seiner Schriften befindet). — Die andren Lehrer der dreiklassigen Secundärschule waren: Prof. **Christoph Lulay** von Heppenheim an der Bergstraße († 15. Juni 1839), Prof. **Friedrich Wilhelm Balbier** aus Wöllstein, beide seit 1804. Als letzterer 1811 zum Principal an der neu errichteten Schule zu Kaiserslautern befördert worden, trat an dessen Stelle **Adolf Diesterweg** aus Siegen, der spätere Seminardirector. Nach dessen Abgang im Januar 1813 wurde im folgenden Frühjahr **Georg Jacob Roller** von Wildberg im Württembergischen berufen. Die im Herbst 1813 erfolgte Ernennung des vierten Lehrers **Joseph Duesberg** aus Mainz zerrüttete in der Kriegszeit den knappen Fonds der Anstalt, bis derselbe im Sept. 1815 an eine neue Lehranstalt in Bingen versetzt wurde.

2. **Das Lehrercollegium des noch unvollständigen sechsjährigen Gymnasiums zu Worms unter Schneiblers Direction. Herbst 1815 bis Sept. 1830.**

Director: P. Gottlob Lorenz Schneibler; Lehrer: Prof. Chr. Lulay, Prof. G. J. Roller. Am 16. Juni 1829 wurde Dr. **Wilhelm Wiegand**, bis dahin Privatdocent an der Universität zu Gießen, zum ersten Lehrer ernannt. Am 25. Nov. 1829 wird Jacob Roßmann als Lehrer angestellt (pens. 12. Jan. 1864). Dr. Wiegand beginnt im August 1829 Unterricht im Griechischen zu ertheilen, das seit Herbst 1823 aus Mangel an einer geeigneten Lehrkraft ausgefallen war. Roßmann beginnt den Unterricht im Hebräischen und in der ev. Religionslehre, der seit 1803 nicht mehr ertheilt worden war. Hülfslehrer: für das Griechische Pfarrer **Zimmer** zu Worms, von Ostern 1819 bis Herbst 1823, für die Mathematik Lieutenant **Renning** von Pfingsten 1819 bis Juni 1820, dann wieder von 1824—1829.

3. **Das Lehrercollegium nach Schneiblers Rücktritt bis zur ersten Maturitätsprüfung des reorganisirten Gymnasiums. Herbst 1830 bis 18. Sept. 1833.**

Nach Schneiblers Pensionirung versah Dr. Wiegand seit Herbst 1830 dessen Stelle, bis Dr. H. J. G. **Curtman** im Dezember 1830 die Direction der Anstalt übernahm. Seine Collegen waren Dr. Wiegand, Lulay, Roßmann, Roller und als Hülfslehrer die Religionslehrer Wundt, ev. Pfarrer, Gon, kath. Pfarrer, und Zeichenlehrer Müller. Im September 1833 legte Curtman die Direction der Anstalt nieder und wurde Director der Realschule zu Offenbach. Curtman's letzte Amtshandlung war die Abhaltung der Schlußprüfungen und der ersten Maturitätsprüfung, die nach vorausgegangener schriftlicher Prüfung am 18. September 1833 unter dem Vorsitze des Großh. Oberstudienraths Schmitthenner von vier Schülern abgelegt wurde. (Curtman starb 0. Febr. 1871.) Dr. **Georg Lange** trat provisorisch am 1. Juni 1833 in die Anstalt ein († 1. Jan. 1843). Pfarrer Gon seit Herbst 1830 kath. Rel. Lehrer (bis August 1839).

4. **Das Lehrercollegium bis zur Errichtung paralleler Realabtheilungen zu den Mittelklassen des Gymnasiums. 1833—1842.**

Dr. W. Wiegand wurde am 14. Sept. 1833 provisorisch und am 4. März 1834 definitiv zum Director ernannt. (Am 3. April 1872 trat er in den von ihm gewünschten Ruhestand.) Am 2. Mai 1834 wird auch Dr. Georg Lange definitiv angestellt. Im Jahre 1833 tritt der Candidat **Konrad Müller** provisorisch, am 17. Juli 1835 definitiv als Lehrer der Mathematik in die Anstalt ein (bis 25. Jan. 1847.) — Im Nachfolgenden werden die Glieder des jeweiligen Lehrercollegiums nach der Zeit ihres Eintritts einfach nur zusammengestellt; dazu wird in Klammer die Zeit ihres späteren Austritts gefügt; wenn dieser durch den Tod erfolgte, wird dies besonders bezeichnet. — 1837, 12. April: Johann Baptist Scipp, def. seit 31. März 1842, (penj. 3. April 73.) — Hülfslehrer: Reinhard Hoffmann, Zeichenlehrer s. 7. Mai 34; Turnlehrer seit 16. Jan. 62, penj. 11. Mai 72. — Franz Schwabe, ev. Rel.-Lehr. s. 2. Juni 38. — J. B. Sänger, kath. Rel.-Lehr. seit 3. März 40. — (Ges.-Lehr. Leip, Stadtschullehrer, in Folge von Krankheit ausgetreten d. 20. Mai 38.

5. Anstellungen seit der Errichtung der Realabtheilungen bis zur Gründung der von dem Gymnasium getrennten Realschule, 1842—1852.

Ordentliche Lehrer: Am 31. März 1842 wurden angestellt: Dr. Maximilian Fuhr, def., (bis 17. Febr. 45 †). Dr. Heinrich Münzel, def., (bis 13. Mai 43). Heinrich Emanuel Pfaff, prov., (seit 6. Mai 42 def., penj. 16. Juni 53). Dr. Friedrich Schöbler (bis 25. Oct. 54). — 1843, 7. Oct.: Lic. Dr. Georg Zimmermann (bis 30. Sept. 58). 1844, 30. Nov.: Dr. Friedrich Eich, (penj. 1. Dec. 1860, † 25. Aug. 1879). 1846, 1. März: Dr. Ferdinand Höbel († 23. Aug. 75.) — 1847, 28. Mai: Ernst Klein (bis 25. Oct. 58). Hülfslehrer: Ludwig Road, ev. Rel. Lehrer, s. 15. Juni 1842, bis Frühjahr 1844: Georg Fuchs, ev. Rel. Lehrer, s. 4. Mai 1844 bis Frühjahr 1849. — Vicar Martel, ev. Rel. Lehrer, s. 16. Juli 49. Diesem folgt Peter Bennighof 1851—1859. Pfarrer Nicolaus Reuß, kath. Rel. Lehrer s. 1 Jan. 1848. Stadtbaumeister B. Ebenheimer, Lehrer d. techn. Zeichn., s. 31. März 42, († 23. März 46). Dessen Nachfolger Wilh. Waibler, 16. Mai bis 11. Juni 46. Ihm folgte Heinrich Ganz, Stadtbaumeister, s. 2. Dez. 46 bis 1. Juli 49. Franz Raus, Bau-Accessist, Lehrer d. techn. Zeichn., s. 26. März 51. Gesanglehrer H. Winkelmeier, s. 8. Apr. 43. Gesanglehrer Kunz s. 15. März 51 bis Sept. 55. Vorübergehende Vicare: Stadtschullehrer Holzamer, s. 20. Mai 43 bis Nov. 44. Der zu Worms privatisirende Dr. Merz ertheilte von Nov. 1844 bis Ostern 1845 stellvertretend Unterricht in engl. Sprache und Naturkunde. — v. Gallera im Schuljahr 1851/52, 52/53. Accessisten: A. Fritzmann, 7. Juni 45 bis 8. Apr. 46. Dr. Joh. Keller, s. 17. Apr. 49, vicarirte in 1850/51, 1851/52, 1852/53 für Dr. Eich. Dr. Joh. Burger, s. 4. Febr. 51. Im Frühjahr 1851 vicarirte einige Wochen Hr. Woodall.

6. Anstellungen seit der Errichtung der selbständigen Realschule in dem Zeitraum von 1852—1872.

Ordentliche Lehrer: 1854, 10. Febr.: Christian Schüler. · 1855, 3. Jan.: Dr. Otto Buchner, prov., (bis Herbst 55). — 1855, 17. Nov.: Dr. Friedrich Schleußner (bis 25. Jan. 58, †). 1852, 11. Sept.: Ferdinand Albert (bis 28. März 56). 1856, 9. Mai: Dr. Paul Reis (bis 20. Sept. 62). 1858, 1. Febr.: Dr. Conrad Schneider (bis Ostern 58). 1858, 29. Juni: Dr. Johann Burger (bis Frühjahr 1867). — 1858, 13. Oct.: Dr. Wilhelm Uhrig (bis Frühjahr 64). 1858, 3. Dez.: Dr. Ludwig Glaser (bis 31. Jan. 74). 1863, 21. Jan.: Dr. Rudolf Marx, prov., s. 21. Juni 65 def. 1864, 11. Apr.: Dr. Karl Cowald, prov. (bis 24. Aug. 65) und Dr. J. B. Feuling, prov. (bis 16. Aug. 64). — 1864, 16. Aug.: Peter Danz, prov., seit 23. März 65 def. 1865, 24. Mai: Emil Willenbücher (bis 7. Oct. 77). 1867, 3. Jan.: Dr. Jos. Schumacher (bis Mai 67, †). — 1867, 11. März: Hektor Olff, prov., s. 7. Oct. 68 def. (bis 30. Nov. 74). — 1867, 20. Juli: Joseph Heitger. 1868, 7. Sept.: Dr. Franz Weihrich, prov. (bis März 69). — 1868, 22. Oct.: Johannes Jacob Reuter, prov., s. 13. Juli 69 def. 1869, 25. März: Dr. Joseph Kieser, prov.

Lehrercollegium zur Zeit der getrennten Anstalten 1852-1880.

(bis 22. Juli 69). 1869, 3. Nov.: Dr. Franz Preiser, prov., bef. f. 20. Apr. 73 (bis 24. Oct. 74). 1869, 28. Juni: Johannes Bott, prov., bis 9. Nov. 69, geht nach Lauterbach, tritt wieder ein 31. Oct. 72, bef. f. 23. Dez. 74 (bis 30. März 77). 1870, 25. Juli: Dr. Karl Klein (bis 8. Dez. 73).

Hülfslehrer: August Wundt, ev. Rel. Lehrer f. Jan. 59 bis Juni 65. — Wilhelm Stamm, ev. Rel.-Lehrer, f. 12. Juni 65 (bis 23. April 68). — Dr. Wilhelm Bender, ev. Rel.-Lehrer f. 28. April 68, f. 12. April 69 Lehrer des Hebräischen (bis 30. April 76). (Gesanglehrer Eduard Steinwarz, f. 6. Mai 67. — Von Ostern bis Nov. 70 vicarirte die evang. Religionslehrerstelle Pfarrer Müller zu Worms. Accessisten: Emil Willenbücher, Herbst 52 bis Febr. 54. — Carl Eich, cand. theol., 1853/54. H. Konrad Schneider, f. 22. Mai 55, Gesanglehrer f. 18. Dez. 55 bis 18. Nov. 57. Dr. Philipp Hangen, Herbst 58 bis Herbst 59. Dr. J. B. Keuling, f. 5. Mai 62, Vicar f. Dez. 63. — Die jüdischen Religionslehrer standen anfänglich in keinem Verhältniß zur Schule, sondern der jüdische Religionsunterricht war eine Angelegenheit der jüdischen Gemeinde, welcher gestattet war, den Religionsunterricht der Gymnasiasten und Realschüler im Gymnasialgebäude abzuhalten. Gegenwärtig wird der israelitische Religionslehrer ebenso wie der katholische aus dem Etat der Anstalt dotirt. Die Namen der israelitischen Religionslehrer sind folgende: die Rabbiner Dr. Adler, f. 9. März 49, Dr. Lewysohn, f. 27. Oct. 51, Cant. Bessels f. 15. Dez. 56, Rabb. Dr. Rosenfeld f. 29. Oct. 60, Dr. Jaitrow f. 1. Dez. 64 bis 1. Aug. 66, Cantor Strauß, Dr. Alexander Stein f. 23. Mai 67. In Folge Verfügung Gr. O.-St. T. v. 9. Nov. 68 ertheilte der deutsch kath. Prediger Henneberg zu Osthofen in der Anstalt deutsch kath. Rel. Unterricht.

7. Anstellungen seit Frühjahr 1873.

Durch Allerhöchste Decrete vom 3. April 1873 wurde der Director der Realschule und des Progymnasiums zu Alzey Dr. Adalbert Beder zum Director, und der Lehrer am Schullehrerseminar zu Friedberg Friedrich Solbau zum Lehrer am Gymnasium x. ernannt. 1874, 19. Febr.: Dr. Philipp Wiederhold, prov. und Accessist (bis 21. April 74). 1874, 25. Febr.: Dr. August Nederling. 1874, 16. April: Dr. Philipp Diehl († 5. April 1879). 1874, 28. Oct.: Dr. Gustav Forbach, prov. und Accessist (bis Ostern 75). 1874, 26. Oct.: Dr. Hermann Oeler (bis Ostern 79). 1874, 1. Dez.: Dr. Friedrich Lucatell. 1875, 20. Jan.: Dr. Franz Staudinger, prov. und Accessist (bef. f. 5. Aug. 76). 1875, 2. April: Dr. Theodor Goldmann, prov. und Accessist (bef. f. 5. April 76). 1875, 1. Oct.: Dr. Hermann Geist, prov. und Accessist (bis 18. Oct. 76). 1876, 19. Oct.: Dr. Ernst Beermann, prov. und Accessist (bis 13. April 78). 1876, 7. Nov.: Dr. Karl Naumann (bis 31. März 80). — 1876, 1. Nov.: die Vorschullehrer Philipp Schüler und Heinrich Schmahl. 1877, 1. April: Vorschullehrer Edmund Hartmann, prov., bef. f. 10. Sept. 77. — 1877, 12. April: Otto Zimmermann. — 1877, 1. Mai: Vorschullehrer Wilhelm Pohl, prov. — 1878, 2. Mai: Hermann Kahn. 1878, 2. Mai: Dr. Wilhelm Hensell. 1878, 27. November: Dr. Horig, prov. und Accessist (bis September 79). 1879, 24. April: Friedrich Beder, prov., seit 4. Dez. 79 bef. 1879, 24. April: Friedrich Scholl, prov. — 1879, 20. Oct.: Dr. Ludwig Heilmann, Accessist seit Ostern 79, prov. f. 20. Oct. 79. — 1879, 20. Oct.: Karl Road, prov. und Accessist. — Hülfslehrer: Turnlehrer Schleidt, f. 14. Nov. 73. — Math. Religionslehrer der Vorschule Christian Danz (Nov. 76 bis 31. März 80).

Accessist, ohne Verwaltung einer ganzen Lehrerstelle: Julius Heilmann (Ostern 79 bis Ostern 80).

3. Einige wichtige äußere Ereignisse.

Die äußere und innere Lage des Gymnasiums und der Realschule zu Worms verbesserte sich begreiflicher Weise in gleichem Verhältnisse, wie diese Anstalten von der Stadt Worms gefördert wurden, in nähere Beziehungen zum hessischen Staate und seiner Regierung traten und von den mächtigen Strömungen des nationalen Lebens erfaßt und vorwärts getrieben wurden. Die Stadt Worms bewilligte im Jahre 1829 der Anstalt einen jährlichen Zuschuß von 1500 Gulden, um aus dem Fonds der Anstalt die Last der Pensionirung des erblindeten Directors Schneider bestreiten und die beabsichtigte Reorganisation der Anstalt durchführen zu können. Die Theilnahme des Staats an der Dotirung der Lehrer der Anstalt beschränkte sich seit 1820 zunächst darauf, daß die Lehrer durch landesherrliche Decrete angestellt wurden. Im Jahre 1834 wurde das Wormser Gymnasiallehrercolleg in die Großh. Civildienerwittwencasse aufgenommen. Im Jahre 1841 bewilligt die Stadt zum Zweck der damals beantragten Umbildung der Anstalt einen jährlichen Zuschuß von 2000 fl. zum Etat der Anstalt und eine einmalige Summe zur Erweiterung der Schullocale. Im Jahre 1842 genehmigten Staatsregierung und Stände auf Antrag des Landtagsabgeordneten der Stadt Worms, W. Waldenberg, daß die dienstunfähig werdenden Gymnasiallehrer zu Lasten des Staatspensionsfonds pensionirt werden. Zum Zweck der Errichtung selbständiger Realclassen bewilligten im Jahre 1852 Regierung und Stände auf Antrag des Landtagsabgeordneten der Stadt Worms Gymn.-Lehrer Dr. Eich einen jährlichen Zuschuß im Betrage von 2000 fl. zum Etat der Anstalt. Zu der im Jahre 1868 vorgenommenen Trennung der zweijährigen unteren Gymnasialclasse und der Errichtung der neuen zweijährigen Oberclasse der Realschule bewilligte der Staat einen jährlichen Zuschuß von 850 fl.; ebenso gab die Stadt Worms einen Zuschuß. Im Jahre 1869 wurden dem Lehrercollegium zu den Besoldungen die sog. Naturalzulagen bewilligt (Verf. Gr. C.-St.-D. vom 12. und 19. Apr.) Im sog. Nachtragsbudget des Staats für die Jahre 1873/75 trat endlich das Gymnasium und die Realschule zu Worms, wie ihre Schwesteranstalten, in ein festes Verhältniß zum Staat; auch wurden ihr damals zwei neue Lehrerstellen creirt. Im Schuljahr 1875/76 wurde die Verwaltung des Wormser Gymnasialfonds (Capitalien und Aecker) von der Verwaltung des jährlichen Gymnasialetats getrennt und eine besondere Gymnasial- und Realschulcasse gebildet. Im Staatsbudget für 1876/78 wurde eine ordentliche Lehrerstelle für den evangelischen Religionsunterricht geschaffen. Außerdem bewilligten in diesem Etat Regierung und Stände für den Bau des neuen Gymnasial- und Realschulgebäudes der Stadt Worms einen Zuschuß von 130000 Mark. Die Verwaltungs-Commission der Sparcasse spendete dazu 80000 Mark, und der Besitz des alten Gymnasialgebäudes verblieb der Stadt Worms. So hatte die Stadt zu den Kosten, die sich im Ganzen noch nicht auf 300000 Mark beliefen, sehr wenig beizutragen. Im Staatsbudget für 1879/82 wurden zum Zweck vollständiger Trennung der beiden Secunden und der beiden Tertien des Gymnasiums zwei neue Lehrerstellen bewilligt. Der Voranschlag des Gymnasiums und der Realschule zu Worms beläuft sich im Jahre 1880 in Einnahme und Ausgabe auf 69230 Mark. Die Einnahme besteht in 16400 Mark Staatsbeitrag, 16400 Mark städt. Beitrag, 7030 Mark aus dem Wormser Gymnasialfonds und 29400 Mark Schulgeld. Die Vorschule führt gegenwärtig noch eine besondere Rechnung. Sie erhält weder Zuschüsse vom Staate noch von der Stadt: alle ihre Ausgaben werden vom eingehenden Schulgeld bestritten. Von ihren Ueberschüssen kaufte sich die Vorschule Unterrichtsmittel und gute Subsellien. Ihre Einnahmen fließen in die Stadtcasse, welche die Ausgaben bestreitet. Der Gymnasialdirector ist Director der Vorschule, die in organischer Verbindung mit dem Gymnasium und der Realschule steht.

www.ingramcontent.com/pod-product-compliance
Lightning Source LLC
Chambersburg PA
CBHW031332230426
43670CB00006B/317